Lehrbuch der chinesischen Medizin

中醫學

Lehrbuch der chinesischen Medizin

Claus C. Schnorrenberger

area

Wichtiger Hinweis:
Die Erkenntnisse in der Medizin und Wissenschaft unterliegen dem ständigen Wandel der Forschung. Dieses Werk ist unter Aufwendung größtmöglicher Sorgfalt entstanden, und die darin gemachten Angaben entsprechen dem derzeitigen Wissensstand. Dennoch kann die Lektüre dieses Buches den Arztbesuch nicht ersetzen. Zudem wird keine Verantwortung zur Wirkung und Dosierung von Arzneimitteln übernommen. Für im Werk auftretende Fehler können Redaktion und Verlag keine Haftung übernehmen.

Redaktion area verlag gmbh

Claus C. Schnorrenberger: Lehrbuch der chinesischen Medizin

Genehmigte Lizenzausgabe für area verlag gmbh, Erftstadt

Einbandgestaltung: Bille Fuchs, Köln
Einbandabbildung: dpa, Frankfurt am Main
Redigitalisierung: GEM mbH, Ratingen
Printed in Hungary 2005
ISBN 3-89996-453-5

Inhaltsverzeichnis

Vorwort zur 3. Auflage

Die zweite Auflage des vorliegenden «Lehrbuchs der chinesischen Medizin für westliche Ärzte» erschien vier Jahre, die dritte erscheint sechs Jahre nach der ersten. Lediglich einige Korrekturen, namentlich in der *Pin-Yin*-Umschrift der chinesischen Fachbegriffe, waren notwendig; die allgemeine Anlage des Werkes blieb ohne jede Veränderung, zumal es sich bei der praktischen Arbeit westlicher Ärzte mit chinesischer Medizin und Akupunktur ungemein bewährt hat. Das Buch war die Grundlage zahlreicher Vorlesungen und Ärzteseminare, die der Verfasser in den vergangenen Jahren an Universitätskliniken, bei ärztlichen Fachgesellschaften und Fortbildungsveranstaltungen in zahlreichen Ländern Europas, Amerikas und Asiens abhielt. Dabei hat es von sachkundiger ärztlicher Seite international allgemeine Zustimmung erfahren.

Das Konzept des vorliegenden Lehrbuchs hat sich inzwischen aber auch in der Volksrepublik China durchgesetzt. Hier insbesondere

1. das Belassen der Schlüsselbegriffe der traditionellen chinesischen Medizin im Original und ihre Umschrift in *Pin-Yin*,
2. Die Interpretation dieser Originalbegriffe für das Verständnis westlicher Ärzte.

Die chinesische Fachzeitschrift «Chinese Acupuncture & Moxibustion» *(Zhong-Guo Zhen-Jiu)* brachte in Heft 6/1982 einen Vorschlag der Weltgesundheitsorganisation (WHO) in Zusammenarbeit mit chinesischen Experten, die Punktnamen der Akupunktur und die Fachbezeichnungen der chinesischen Medizin auf die gleiche Weise in *Pin-Yin* zu umschreiben wie im vorliegenden Werk. Erwähnt sei in diesem Zusammenhang, daß Übersetzungsvorschläge des Verfassers inzwischen in offizielle fremdsprachliche Publikationen maßgeblicher Akupunktur-Institute Chinas aufgenommen wurden.

Gedankt sei an dieser Stelle allen Freunden, Kollegen und Mitarbeitern für ihre Anregungen und für die Kritik, die bei den Korrekturen dieser Auflage verwertet werden konnte.

CLAUS C. SCHNORRENBERGER

Vorwort zur 1. Auflage

Kann die Beschäftigung mit traditioneller chinesischer Heilkunde westlichen Ärzten nützen? Hat nicht die moderne westliche Medizin die Welt erobert, wird sie nicht gerade in der Volksrepublik China aus guten Gründen zunehmend praktiziert? Dank ihrer wissenschaftlichen Methodik war es immerhin möglich, jahrtausendealte Plagen der Menschheit zu überwinden und das Gesicht unserer Erde zu verändern. Geht die chinesische Medizin somit nicht allenfalls transkulturell forschende Medizintheoretiker oder Medizinhistoriker etwas an, und ist es nicht ein Anachronismus, der westlichen Ärzteschaft ein Lehrbuch der chinesischen Medizin vorzulegen? Solche Fragen werden viele stellen, die dieses Buch in die Hand nehmen. Gehen wir deshalb gleich zu Anfang darauf ein.

Es gibt für westliche Ärzte gegenwärtig mehrere Gründe, sich mit chinesischer Heilkunde zu beschäftigen. Einer ist das Fußfassen der chinesischen Nadel- und Brenntherapie, der «Akupunktur», in allen westlichen Ländern. Bis heute wird diese zur traditionellen chinesischen Medizin gehörende Therapieform bei uns überwiegend als einfache Reflex-Therapie aufgefaßt. Ihre theoretischen Grundlagen sind westlichen Ärzten nahezu unbekannt. Optimale Ergebnisse bringt die Akupunktur aber nur, wenn sie auf der Basis gründlicher Kenntnisse der chinesischen Medizin-Theorie praktiziert wird. Diese Kenntnisse will das vorliegende Buch westlichen Ärzten vermitteln.

Ein weiterer Grund zur Beschäftigung mit chinesischer Medizin liegt in ihrem besonderen wissenschaftstheoretischen Ansatz. Es handelt sich nämlich um eine phänomenologisch orientierte Heilkunde, die von der ganzheitlichen Erfassung des menschlichen Organismus ausgeht, dessen Funktionen und Störungen sie dialektisch interpretiert, wobei sie sich auf qualitative Aussagen beschränkt. Sie ähnelt darin den alten abendländischen Medizinen, wie wir sie bei Hippokrates, Galenus, Celsus, Paracelsus und anderen finden. Diese kannten ebenfalls keine Exaktheit, Prüfbarkeit und Objektivität, da jene Epochen noch nicht über die naturwissenschaftliche Methode verfügten. Mit der chinesischen Medizin ist uns das lebendige Modell einer solchen «vorwissenschaftlichen» Heilkunde erhalten geblieben. Bedenkt man, daß sich die moderne Physik den Grenzen naturwissenschaftlicher Methodik genähert hat (Heisenberg), daß sie sich aufs Neue der «Einheit der Natur» (v. Weizsäcker) bewußt wird, und daß sich die westliche Medizin – wenn auch zögernd – anschickt, die neuen Grenzen und die Einheit in ihren Umrissen wahrzunehmen, so kommt dem Modell der chinesischen Medizin bei einschlägigen wissenschaftlichen Überlegungen besondere Bedeutung zu. Unter dem Aspekt einer «Kostendämpfung im Gesundheitswesen» enthält überdies die von Chinas Ärzten seit Jahrtausenden praktizierte Krankheitsverhütung neue Perspektiven für unsere Gesundheitspolitiker. In China wird all diesen Sachverhalten dadurch Rechnung getragen, daß man moderne westliche und traditionelle chinesische Medizin miteinander kombiniert, und zwar mit neuartigen therapeutischen Erfolgen.

Nach der Pionierarbeit «Die chinesische Medizin zu Beginn des XX. Jahrhunderts und ihr historischer Entwicklungsgang» von Professor Dr. med. Dr. phil. Franz Hübotter im Jahr 1929 stellt das vorliegende Werk die erste umfassende und authentische Schilderung der theoretischen Grundlagen der chinesischen Medizin durch einen westlichen Arzt in einer westlichen Sprache dar. Es stützt sich auf langjährige einschlägige Forschungen anhand chinesischer Originaltexte, auf den täglichen Umgang mit chinesischer Heilkunde in der Praxis, auf didaktische Erfahrungen in den Kursen des Deutschen Forschungsinstituts für Chinesische Medizin in Freiburg, auf ein mehr als drei Monate währendes, mit einem chinesischen Examen abgeschlossenes Studium der chinesischen Medizin und Akupunktur an der Universität Shanghai, auf praktische ärztliche Arbeit in der Akupunktur-Abteilung des Shanghaier *Hua-Dong*-Hospital und auf die eingehende Erörterung des gesamten dargebotenen Stoffes mit Professoren der Akademie für traditionelle Medizin in Shanghai während zweier China-Aufenthalte im Frühjahr 1976 und im Sommer 1977.

Das Buch ist als Lehrbuch angelegt. Es beginnt mit der Erläuterung der Grundbegriffe, geht dabei vom Einfachen aus und schreitet fort zum Komplizierteren. Nach und nach entwickelt sich so das große Mosaik der chinesischen Medizin, in dem jedes Steinchen seine Bedeutung hat. Lernziel des Buches ist es, seinen Benutzer zum Stellen einer traditionellen chinesischen Diagnose *(Bian-Zheng)* anzuleiten, was bisher von keiner westlichen Publikation konsequent versucht wurde. Eine chinesische Diagnose (wie könnte es anders sein!) bildet die Voraussetzung zu einer vernünftigen chinesischen Therapie, sei dies nun eine Akupunktur-Behandlung, eine Anwendung von Moxa, eine Arzneiverordnung, eine Massage oder anderes. Es ist ein Anliegen des Verfassers, gewisse Fehler bzw. Unzulänglichkeiten deutschsprachiger sinologischer Veröffentlichungen über chinesische Medizin zu korrigieren, die in den letzten Jahren von medizinischen Laien ohne einschlägige ärztliche Erfahrung verfaßt worden sind. Mehr noch als die moderne westliche ist die chinesische

Heilkunde eine Medizin der Praxis. Sie läßt sich deshalb nicht von philologisch-sinologischer Seite allein zuverlässig interpretieren. Es bedarf dazu sowohl theoretischer Kenntnisse als auch praktischer Erfahrungen mit der Materie, wie sie nur der Arzt haben kann, wenn die westliche Ärzteschaft vor schwerwiegenden Irrtümern und unsere Patienten vor Schäden bewahrt werden sollen.

Es sei hier darauf hingewiesen, daß für die meisten Begriffe der chinesischen Medizin eine genaue Übertragung in moderne westliche Sprachen nicht möglich ist, weil die besondere Terminologie der chinesischen Heilkunde einer mehr oder weniger nur Spezialisten verständlichen Fachsprache entstammt. Übersetzungen in westliche Sprachen (einschließlich des Lateinischen) wecken meist unerwünschte Assoziationen zum betreffenden Begriff, die im chinesischen Terminus nicht enthalten sind. Dies gilt beispielsweise für den Schlüsselbegriff *«Qi» (Ch'i),* dessen bisherige Übersetzung mit «Energie» zu erheblichen Mißverständnissen zwischen westlichen Akupunkteuren und medizinischer Wissenschaft geführt hat. Mit physikalischer Energie im modernen Sinne hat das *«Qi»* der alten chinesischen Heilkunde nämlich nichts zu tun. Auch andere Begriffe, wie *Yin* und *Yang, Shen, Qi-Fen, Xue-Fen, Jue* usw. lassen sich nicht eindeutig übertragen. Nach gründlicher Diskussion dieses für China ebenso wie für den Westen bedeutsamen Problems mit Fachleuten der chinesischen Medizin in Shanghai wurden deshalb zahlreiche Begriffe nicht übersetzt, sondern durch Transkription in *Pin-Yin*-Umschrift wiedergegeben und im Text ausführlich interpretiert. Bei den *übersetzten* Originalbegriffen wurde in allen wichtigen Fällen zur besseren Orientierung die *Pin-Yin*-Umschrift in Klammern angegeben. Die korrekte Aussprache der umschriebenen chinesichen Begriffe kann der Tabelle auf Seite (608) entnommen werden. In diesem Zusammenhang ist bemerkenswert, daß man heute in China bei der Einführung von Begriffen der modernen westlichen Medizin ins Chinesische ähnlich vorgeht. So werden zahlreiche chirurgische Operationsverfahren nach ihren westlichen Urhebern mit deren in chinesische Schriftzeichen transkribierten Namen benannt (die Gastrojejunostomie nach BILLROTH heißt auf Chinesisch «BILLROTH 2»), und in westlicher Medizin ausgebildete Ärzte verwenden im Chinesischen wörtlich Bezeichnungen der westlichen Medizin wie Parkinsonismus, Hysterie, BABINSKY-Reflex usw. Durch die hier erstmals erfolgte Übernahme chinesischer Begriffe in die westliche Nomenklatur soll neben dem Vermeiden von Fehlinterpretationen die chinesische Herkunft bestimmter Begriffe und Therapieformen anerkannt werden.

Mit dem vorliegenden Buch möchte der Verfasser nicht zuletzt auch seinen Dank abstatten: zunächst dem Ministerium für Jugend, Familie und Gesundheit der Bundesrepublik Deutschland, das ihm als erstem deutschen Arzt die Teilnahme an einem Akupunktur-Kurs an der 2. Medizinischen Hochschule Shanghai ermöglichte; dann der Regierung der Volksrepublik China, als deren Gast er von April bis Juli 1977 an der Akademie für Traditionelle Chinesische Medizin in Shanghai studieren durfte; außerdem seinen chinesischen Kollegen in Peking, Shanghai, Canton und Hangzhou, die ihm am Krankenbett und bei wissenschaftlichen Gesprächen auf viele Fragen bereitwillig Auskunft gaben. Dank gebührt ferner den Mitarbeitern des Deutschen Forschungsinstituts für Chinesische Medizin in Freiburg sowie der Sinologin Frau Dr. SABINE VOGEL, die bei der Vorbereitung einiger Texte behilflich war.

CLAUS C. SCHNORRENBERGER

1 Einleitung

1.1 Historischer Überblick

Bei historischer Betrachtung hat die chinesische Medizin der westlichen Heilkunde einiges voraus. Bereits vor mehr als zweitausend Jahren, in den Dynastien der «Frühlings- und Herbstperiode» (770–475 v. Chr.) und der «Streitenden Reiche» (475–221 v. Chr.), existierte in China die Aufzeichnung eines medizinischen Werkes, des Buches *«Nei-Jing»*. Die Werke des griechischen Arztes HIPPOKRATES, der von 466 bis 377 v. Chr. lebte und als Vater der westlichen Medizin gilt, entstammen einer jüngeren Epoche. Das *«Nei-Jing»* kann damit als das älteste medizinische Werk der Welt gelten. Es faßt die praktischen medizinischen Erfahrungen vorangegangener chinesischer Ärztegenerationen zusammen, begründet die theoretische Systematik der traditionellen Heilkunde Chinas und überliefert die Grundlagen der chinesischen Arzneitherapie und des Stechens und Brennens, der Akupunktur.*)

Beim Vergleich der Geschichte der chinesischen Medizin mit der der westlichen ergeben sich einige weitere Prioritäten für die Heilkunde Chinas. Eine ist die Anwendung von Betäubungsmitteln zur Vollnarkose bei Bauchoperationen und anderen chirurgischen Eingriffen durch den chinesischen Chirurgen und Akupunkteur *Hua-Tuo* vor mehr als eintausendsiebenhundert Jahren. *Hua-Tuo,* der von 112 bis 207 n. Chr. lebte, benutzte die berühmt gewordene Teemischung *«Ma-fei-san»* zur Anästhesie bei seinen kühnen Operationen. Der Arzt *Zhang Zhong-jing* (150–219 n. Chr.) schrieb damals sein Werk «Abhandlung über verschiedene Erkrankungen durch Kälteverletzung» *(Shang-Han Za-Bing Lun),* das die besondere dialektische Diagnostik der chinesischen Medizin entwickelt, die bis auf den heutigen Tag Gültigkeit hat. Dies war zur Zeit des griechisch-römischen Arztes GALEN (129–199 n. Chr.), der eine grundlegende und umfassende Lehre der Medizin verfaßte, die für die westliche Heilkunde bis ins ausgehende Mittelalter verbindlich blieb.

Ein weiterer Meilenstein in der Geschichte der chinesischen Heilkunde ist die Veröffentlichung des pharmazeutischen Sammelwerks *«Ben-Cao Gang-Mu»* im Jahre 1578 durch *Li Shi-Zhen.* Insgesamt sind uns mehr als sechstausend chine-

*) Die erste vollständige Übersetzung des 2. Teils des Buches *Nei-Jing* in eine westliche Sprache erschien unter dem Titel «Klassische Akupunktur Chinas – *Ling-Shu Jing*», herausgegeben von Claus C. Schnorrenberger im Hippokrates-Verlag, Stuttgart 1974.

sische medizinische Bücher überliefert, die von den verschiedensten Heilmethoden berichten und die den Ärzten Chinas bis heute als Nachschlagewerke dienen.

Einen bedeutenden Platz hat in der chinesischen Medizin stets die Präventivmedizin eingenommen. Gedanken zur Krankheitsverhütung stehen ganz am Anfang der ärztlichen Überlieferung des alten Chinas. So beschäftigt sich ein Dialog im ersten Kapitel des Buches *Nei-Jing* eingehend mit der Frage, wie der Mensch seine Gesundheit bewahren könne (1). Auf dieser Grundlage haben hygienische Maßnahmen und Ungezieferbekämpfung in der chinesischen Geschichte stets eine wichtige Rolle gespielt. In der *Tang*-Dynastie (618–907 n. Chr.) war den chinesischen Ärzten schon bekannt, daß die Lepra eine Infektionskrankheit ist; deshalb wurden Leprapatienten von den Gesunden isoliert. Schutzimpfungen gegen Pocken wurden nicht, wie man im Westen meint, erstmals durch den englischen Arzt JENNER (1749–1823) durchgeführt. Die Pockenimpfung wurde in China erfunden und hier etwa im 11. Jahrhundert n. Chr. erstmals angewendet, wobei man das Serum pockenkranker Patienten gesunden Menschen zur Verhütung einimpfte. Ein chinesisches Werk mit dem Titel «Neues Buch über die Pockenimpfung» *(Zhong-Dou Xin-Shu)*, ein Pionierwerk der Immunologie, war im 16. Jahrhundert in einigen Ländern Europas und Asiens bekannt (2).

Überhaupt hat die chinesische Medizin großen Einfluß auf die Entwicklung der Medizin anderer Länder genommen, selbst aber auch zahlreiche Anregungen ausländischer Medizinen verwertet. Bereits in der *Qin*- (221–206 v. Chr.) und der *Han*-Dynastie (206 v. Chr.–220 n. Chr.) fand ein Austausch medizinischen Wissens zwischen China, Korea, Vietnam und Japan statt, der später auf die arabische Welt, auf Rußland und die Türkei ausgedehnt wurde. Das chinesische Standardwerk der Arzneitherapie, das *«Ben-Cao Gang-Mu»* wurde in zahlreiche Sprachen, darunter lateinisch, koreanisch, japanisch, russisch, englisch und französisch, übertragen und fand im Abendland weite Verbreitung.

Durch den Einfluß westlicher Kolonialmächte kam es seit der Mitte des 19. Jahrhunderts zu einem Verfall der traditionellen Heilkunde in China. Die herrschende Oberschicht des Landes bevorzugte mehr und mehr die westliche Medizin, die traditionelle chinesische Heilkunst wurde als primitiv und rückständig diskriminiert, sie verkümmerte. Es kam zur regelrechten Unterdrückung der chinesischen Heilkunde während der *Kuo-Min-Tang*-Regierung (1912 bis 1949). Erst nach der Übernahme der Regierung durch *Mao Tse-tung* erlebte die traditionelle Medizin eine Wiedergeburt, die ihr inzwischen eine neue Weltachtung eingetragen hat. Heute hat man in der Volksrepublik China erkannt, daß die Zukunft der chinesischen Medizin in einer Verbindung zwischen traditioneller chinesischer und moderner westlicher Methodik liegt.

Ursprünglich bestand die chinesische Medizin aus vier verschiedenen Disziplinen. So unterschied man von der *Yin*-Dynastie (1324–1066 v. Chr.) bis zur *Zhou*-Dynastie (1066–221 v. Chr.) eine Ernährungs-Medizin *(Ying-Yang-Yi)*, eine Innere Medizin *(Nei-Ke)*, eine Äußere Medizin oder Chirurgie *(Wai-Ke)* und eine Tierheilkunde *(Shou-Yi)*. Von der *Tang*- (618–907 n. Chr.) bis zur *Song*-Dynastie (960–1279 n. Chr.) wurde die chinesische Medizin weiter gegliedert. Es entstanden elf verschiedene Fachrichtungen, nämlich:

1. Medizinische Behandlung für Erwachsene *(Da-Fang-Mai)*
2. Allgemeinmedizin *(Za-Yi)*
3. Kinderheilkunde *(Xiao-Fang-Mai)*
4. Behandlung von Lähmungserkrankungen *(Feng-Ke)*
5. Gynäkologie *(Fu-Ke)*
6. Augenheilkunde *(Yan-Ke)*
7. Zahnmedizin *(Kou-Chi)*
8. Hals- und Rachen-Heilkunde *(Yan-Hou)*
9. Orthopädie *(Zheng-Gu)*
10. Äußere Erkrankungen und Chirurgie *(Jin-Chuang)*
11. Nadel- und Brennbehandlung bzw. Akupunktur *(Zhen-Jiu)*

Gegenwärtig gibt es in der chinesischen Heilkunde die neun Spezialbereiche Innere Medizin, Äußere Medizin, Gynäkologie, Kinderheilkunde, Augenheilkunde, Rachen-Medizin, Orthopädie, Massage und Akupunktur. Jedes dieser Gebiete umfaßt einen großen Wissensstoff, der als ärztliches Fachgebiet gesondert studiert werden muß. Das einzige, was davon bisher im Westen bekannt wurde, ist ein Teilbereich der chinesischen Nadel- und Brenntherapie, die «Akupunktur». Alle verschiedenen Fachgebiete beruhen auf einer gemeinsamen theoretischen Grundlage, die im vorliegenden Werk erstmals für die westliche Ärzteschaft zusammenhängend dargestellt wird.

Neben der Verordnung besonderer Arzneimittel und der Anwendung von Akupunktur kennt die chinesische Heilkunde folgende therapeutische Spezialverfahren, die in den einzelnen Fächern der chinesischen Medizin nach Bedarf eingesetzt werden:

1. Schabe-Massage (z. B. mit einer Münze) *(Gua-Sha)*
2. Aufkleben von Arzneimitteln auf die Haut *(Bo-Tie)*
3. Schröpfkopf-Behandlung *(Huo-Guan)*
4. Einbügeln von Medikamenten in die Haut *(Yun-Fa)*
5. Wasserbehandlung (ähnlich unserer Kneipp-Behandlung) *(Shui-Liao)*
6. Bäder-Behandlung *(Yu-Fa)*

7. Behandlung durch Medikamentendampf und -rauch *(Xun-Zheng)*
8. Behandlung mit Bienenwachspackungen *(La-Liao)*
9. Schlamm-Behandlung *(Ni-Liao)*
10. Gymnastik und Bewegungsübungen *(Dao-Yin)*
11. Massage-Behandlung *(Tui-Na)*
12. Chinesische Atemtherapie *(Qi-Gong)*
13. Kneif-Behandlung der Wirbelsäule (vor allem bei Kindern) *(Nie-Ji)*
14. Einschneiden der Haut *(Ge-Zhi)*

Die verschiedenen Methoden werden heute in China in der Praxis vielfältig angewandt und nach Möglichkeit weiter entwickelt.

1.2 Das Wesen der chinesischen Heilkunde

Sucht man nach den typischen Merkmalen, die die Heilkunde Chinas von der modernen westlichen Medizin unterscheiden, stößt man auf zwei entscheidende Charakteristika:

1. Die ganzheitliche Betrachtungsweise des Menschen *(Zheng-Ti)*
2. Die dialektische Diagnostik und Therapie nach Syndromen *(Bian-Zheng)**

Chinas Heilkunde betrachtet den Menschen als eine organische Einheit, deren Zentrum von den Speicher- und Hohlorganen *(Zang-Fu)* gebildet wird und deren innere Kommunikation durch die Meridiane und Nebengefäße *(Jing-Luo)* erfolgt. Alle Phänomene der Welt, einschließlich des Menschen und der ihn umgebenden Natur, werden von der chinesischen Medizin interpretiert als Wechselwirkung zwischen *Yin* und *Yang*, den zwei verschiedenen Aspekten einer einheitlichen Wirklichkeit. Entstehung und Entwicklung von Krankheiten betrachtet die chinesische Medizin als Ergebnis der Auseinandersetzung zwischen der Abwehrkraft des Körpers *(Zheng)* und der krankheitserzeugenden Störung *(Xie)* bzw. als Ausdruck einer Unausgewogenheit zwischen *Yin* und *Yang*, oder als Resultat innerer Ursachen im menschlichen Organismus. So heißt es im ersten Teil des Buches *«Nei-Jing»*, im *Su-Wen:* «Wohin eine krankheitserzeugende Störung (*Xie*) reicht, dort ist das *Qi* (Funktion, ‹Energie›) bestimmt leer.» (3)

Und in der Ergänzung zum gleichen Buche *Su-Wen* steht: «Wo sich die Abwehrkraft *(Zheng)* befindet, dringt eine krankheitserzeugende Störung *(Xie)* nicht ein.» (4)

*) Mit «dialektisch» bzw. «Dialektik» ist hier eine vom altchinesischen *Yin-Yang*-Denken abgeleitete Methode gemeint, durch die Gegensätze im Sinne von «These» und «Antithese» aufgezeigt und therapeutisch zur Auflösung («Synthese») gebracht werden.

Zur Krankheitsdiagnostik verwendet die chinesische Medizin

1. die vier Untersuchungsmethoden *(Si-Zhen)*,
2. die acht Leitprinzipien *(Ba-Gang)*,
3. die Syndrome der Speicher- und Hohlorgane, der sechs Meridiane, des *Wei*, des *Qi*, des *Ying* und des Blutes sowie
4. die Syndrome der Drei Erwärmer.

Bei der Krankheitsbehandlung wird in der chinesischen Medizin größter Wert auf die Prävention gelegt. Hier kommt heute wie vor Jahrtausenden das Prinzip zur Anwendung, «den Patienten zu behandeln, bevor die Erkrankung ausbricht.» Ferner gilt als Grundregel bei jeder Krankheitsbehandlung, möglichst «den Ursprung der Erkrankung *(Ben)* zu bekämpfen». Zu den Behandlungsregeln gehört ferner, den Patienten ganz nach seiner individuellen Veranlagung, nach der geographischen Lage und nach der Jahreszeit zu therapieren.

1.2.1 Die ganzheitliche Betrachtungsweise

Die für die chinesische Medizin typische ganzheitliche Betrachtungsweise stützt sich hauptsächlich auf zwei Punkte:

1. Der menschliche Organismus gilt als organische Einheit.
2. Einheitlich sind auch die Beziehungen zwischen Mensch und Natur.

1.2.1.1 Der menschliche Körper als organische Einheit

Die chinesische Heilkunde geht davon aus, daß die verschiedenen Teile des menschlichen Körpers miteinander organisch in einer einheitlichen Verbindung stehen. Der Mittelpunkt dieses organischen Ganzen liegt in den fünf Speicherorganen, deren Beziehungen zu den anderen Körperteilen über das Meridiansystem *(Jing-Luo)* hergestellt wird, das nach traditioneller chinesischer Auffassung Blutgefäße und Nervenbahnen einschließt (vgl. Abschnitt 4). Die Wirkung des Meridiansystems zeigt sich an der Wechselbeziehung zwischen den einzelnen Speicher- und Hohlorganen und am Austausch zwischen den inneren Organen und anderen Körperteilen.

So ist z. B. das Herz über das Meridiansystem mit dem Dünndarm verbunden, es ist zuständig*) für die Blutgefäße, der Schlüssel zu seinem Verständnis

*) Der Begriff der «Zuständigkeit» oder «Verantwortlichkeit» (chinesisch: *Zhu*) entstammt der charakteristischen Systematik der chinesischen Heilkunde. Er bezeichnet sowohl eine Kausalbeziehung als auch eine Wechselwirkung zwischen Speicherorgan und zugehöriger Körperstruktur.

liegt an der Zunge (Abschn. 3.2.1.1). Die Lunge steht in Verbindung mit dem Dickdarm, sie ist verantwortlich für die Haut und die Körperbehaarung, der Schlüssel zu ihrem Verständnis liegt an der Nase (Abschn. 3.2.1.2). Die Milz steht über das Meridiansystem mit dem Magen in Verbindung, sie ist verantwortlich für die Muskeln und Extremitäten, der Schlüssel zu ihrem Verständnis ist der Mund (Abschn. 3.2.1.3). Die Leber steht mit der Gallenblase in Verbindung, sie ist zuständig für die Sehnen, der Schlüssel zu ihrem Verständnis sind die Augen (Abschn. 3.2.1.4). Die Nieren stehen über die Meridiane mit der Blase in Verbindung, sie sind zuständig für die Knochen, der Schlüssel zu ihrem Verständnis liegt an den Ohren (Abschn. 3.2.1.5).

Wenn die Eingeweide nicht regelrecht funktionieren, spiegelt sich dies nach Auffassung der chinesischen Medizin durch Vermittlung des Meridiansystems an der Körperoberfläche wider. Andererseits können Krankheiten, die in die Körperoberfläche eindringen, über die Meridiangefäße zu den Speicherorganen im Inneren fortgeleitet werden. Auch können sich die Speicher- und Hohlorgane über das Meridiansystem gegenseitig beeinflussen. Aufgrund dieses Zusammenhangs, der in den klassischen Texten im 45. Kapitel des Buches *Ling-Shu* beschrieben ist, schließt der chinesische Arzt bei der Krankheitsdiagnostik aus den sogenannten «Fünf Öffnungen» (Zunge, Nase, Mund, Augen und Ohren), aus der äußeren Erscheinung, aus der Gesichtsfarbe und dem Puls des Patienten auf Veränderungen im Körperinneren (5). So läßt sich feststellen, ob die inneren Organe im Zustand der Leere *(Xu)* oder der Fülle *(Shi)* sind, ob *Qi* und Blut stark bzw. üppig *(Cheng)* oder schwach *(Shuai)* sind, wie das gegenseitige Verhältnis von Abwehrkraft *(Zheng)* und krankheitserzeugender Störung *(Xie)* ist usw.

Nach der gleichen Beziehung wird in der Praxis der chinesischen Medizin die Behandlungsmethode des «Kühlens der Leber» *(Qing-Gan)* eingesetzt, wenn ein Patient an rot entzündeten, brennenden Augen leidet (Abschn. 7.1.3.4.3). Es wird die Methode des «Kühlens des Herzens» *(Qing-Xin)* und des «Ableitens von Dünndarm-Feuer» *(Xie Xiao-Chang-Huo)* angewandt, wenn ein Patient an Bläschen im Mund und auf der Zunge leidet (Abschn. 7.3.1.3 und 7.3.2.3). Grippale Infekte und Husten lassen sich heilen, indem man die Lungenfunktion der «Verbreitung» *(Xuan)* fördert. Bei Hauterkrankungen, bei Furunkeln und anderen Krankheitssyndromen der Körperoberfläche werden die Behandlungsmethoden des «Inneren Stützens» *(Tuo-Li)* und des «Inneren Vernichtens» *(Nei-Xiao)* angewandt, was ebenfalls auf der ganzheitlich angelegten Theorie der chinesischen Medizin beruht, für die das Innere und das Äußere des menschlichen Körpers eine untrennbare Einheit bilden.

1.2.1.2 Beziehungen zwischen Mensch und Natur

Die im vorhergehenden Abschnitt geschilderte ganzheitliche Betrachtungsweise beschränkt sich nicht auf den Menschen. Für die chinesische Medizin ist dieser eingebettet in die ihn umgebende Natur, in ständiger Wechselbeziehung zu einer ganzheitlich aufgefaßten Umwelt, im lebendigen Austausch mit dem Universum. Auch der traditionellen chinesischen Heilkunde ist es also selbstverständlich, daß der Mensch alle zum Leben notwendigen Voraussetzungen aus der ihn umgebenden Natur erhält. So heißt es im Buche *Su-Wen:* «Das Leben des Menschen ist aus dem *Qi* des Himmels und der Erde gebildet und wird durch die vier Jahreszeiten beeinflußt.» (6) Ähnlich heißt es im 9. Kapitel desselben Werkes: «Der Himmel ernährt den Menschen mit den fünf *Qi* (Witterungseinflüssen), die Erde versorgt ihn mit den fünf Geschmacksrichtungen (Getreidearten)» (7).

Die Nahrungsmittel, die nötige Luft zum Atmen nimmt der Mensch aus der ihn umgebenden Natur, der er sich anpassen muß, wenn er günstige Lebensbedingungen haben will. Dies gilt unter anderem für die Witterungsverhältnisse in den vier Jahreszeiten. Stets wurde in der chinesischen Medizin die Wetterlage als möglicher Ausgangspunkt einer Erkrankung angesehen. So konnten die Wärme des Frühlings, die Hitze des Sommers, die Kühle des Herbstes, die Kälte des Winters Krankheiten hervorrufen, weshalb sie in der chinesischen Heilkunde bis heute zu den Krankheitsursachen (Abschn. 5.2.1) gerechnet werden. Im Buche *Ling-Shu* heißt es: «Wenn es warm ist und man trotzdem dicke Kleidung trägt, öffnen sich die Poren und Schweiß strömt heraus ... Ist es kalt, schließen sich die Poren, die Nässe kann nicht heraustreten, sie wandert zur Blase, wird dort zu Urin und *Qi*» (8). Damit wird die natürliche Anpassung des Menschen an die Temperatur seiner Umgebung beschrieben: Bei Hitze tritt Schweiß aus, dieser verdunstet, um den Menschen an das warme Wetter anzupassen. Bei Kälte schließen sich die Poren, lassen weniger Schweiß austreten, die Flüssigkeiten werden als Urin ausgeschieden, die Körpertemperatur bleibt stabil. Eine ähnliche Anpassungsfähigkeit des menschlichen Körpers zeigt sich beim Wechsel seines Aufenthaltsorts, bei den Änderungen von Tag und Nacht usw. Falls die Regulationsfähigkeit des Körpers versagt, entstehen Krankheiten. Auch bei Infektionskrankheiten bzw. Epidemien kommt die einheitliche Wechselbeziehung zwischen Mensch und Umwelt zum Ausdruck. In China treten im Frühling besonders viele Wärme-Krankheiten auf; im Sommer finden sich vermehrt Hitzschläge, Ruhrerkrankungen, Malaria; im Winter leiden die meisten Patienten an Kälte-Erkrankungen. Zahlreiche chronische Leiden reagieren auf plötzliche Witterungsschwankungen. Hierher gehören die rheumatischen Erkrankungen (chinesisch: *Bi*), Asthma, Migräne. Andere Krankheiten werden durch den natürlichen Wechsel von Tag und Nacht beeinflußt. Einige sind am Vormittag leichter und nachmittags oder nachts heftiger, bei anderen ist es umgekehrt. (9)

Stets war der chinesischen Medizin die alte Menschheitserfahrung bewußt, daß man durch kluges Verhalten schädigenden Umwelteinflüssen entgehen kann. So warnt das Buch *Su-Wen:* «Wenn die fünf Infektionskrankheiten auf ihrem Höhepunkt sind, kann man sich leicht infizieren... der Mensch soll ihren giftigen Hauch vermeiden.» (10). Im gleichen Werk heißt es im 1. Kapitel: «Im Zustand der Schwäche vermeide man den krankheitserzeugenden Wind.» (11) Den Chinesen wurde schon früh von ihren Ärzten empfohlen, sich nach dem Essen regelmäßig den Mund auszuspülen. Ihnen wurde geraten, öfter die Kleidung zu wechseln, sich regelmäßig zu baden und Schutzimpfungen (beispielsweise gegen Pocken) durchführen zu lassen. Viel Wert wurde auch auf die Erhaltung der körperlichen Beweglichkeit gelegt. Der bereits erwähnte Arzt *Hua-Tuo* erfand dazu besondere gymnastische Übungen (vgl. Abschn. 8.1.1), deren Weiterentwicklung bis zum heutigen Tag unter der Bezeichnung *«Tai-Ji-Quan»* in ganz China populär ist.

Auch hier werden also beide Pole der dialektischen Beziehung Mensch – Umwelt berücksichtigt. Der Chinese wurde angehalten, sich der Natur anzupassen, ihm wurde aber auch die Notwendigkeit der Stärkung seiner körpereigenen Widerstandskraft klargemacht. Außerdem lehrten ihn seine medizinischen Klassiker, die Umwelt zu seinen Gunsten zu verändern. All dies sind entscheidende Bestandteile der traditionellen chinesischen Heilkunde.

1.2.2 Dialektische Syndrom-Diagnostik und Therapie

Die Diagnostik nach Syndromen *(Bian-Zheng)* und die mit ihr verbundene Therapie sind Besonderheiten der chinesischen Medizin. Mit Hilfe der dialektischen Diagnostik wird die vorliegende Erkrankung analysiert, differentialdiagnostisch gegen andere Erkrankungen abgegrenzt, nach ihrer Symptomatik eingeordnet und klassifiziert. Dazu benutzt die chinesische Medizin zahlreiche feststehende Syndrome, die dem Leser im 7. Abschnitt dieses Buches erläutert werden. Unmittelbar an diese Diagnosen schließt sich die Therapie der chinesischen Medizin, wobei das Syndrom und die Heilmethode zueinander passen müssen wie der Schlüssel zu einem Schloß. Damit ist die Syndrom-Diagnostik eine Voraussetzung für die Effektivität der Therapie, einerlei ob es sich dabei um Verordnung von Medikamenten, Massage, Moxa-Anwendung, Schröpfkopf-Verfahren, Akupunktur oder anderes handelt. Diese Therapie hat, genau wie in der westlichen Medizin, das Ziel, die Krankheit zu heilen. Sie dient aber gleichzeitig in dialektisch flexibler Weise zur Kontrolle der Diagnostik. Bleibt sie nämlich ohne Erfolg, hat der Arzt seine Diagnose zu überprüfen.

Nur wenn vor einer Behandlung eine dialektische Diagnostik nach den Methoden der chinesischen Medizin stattgefunden hat, die zu einem feststehenden chinesischen Syndrom führte, läßt sich überhaupt von einer rationalen Anwendung der chinesischen Heilkunde sprechen.

Die Besonderheit der dialektischen Diagnostik und der Therapie liegt darin, daß keine bloße symptomatische Behandlung stattfindet, daß es andererseits auch nicht notwendig ist (wie in der modernen westlichen Medizin) zunächst die Krankheit völlig zu erkennen, um sie dann mit einer *eindimensionalen* gezielten Behandlungsmethode anzugehen. Die chinesische Medizin geht davon aus, daß in verschiedenen Stadien einer Erkrankung unterschiedliche Symptome auftreten und daß sich bei verschiedenen Erkrankungen während unterschiedlicher Entwicklungsstadien gleichartige Symptome zeigen. Es gibt deshalb in der Therapie der chinesischen Medizin zwei grundlegend verschiedene Ansatzpunkte:

1. Die Anwendung verschiedener Heilmethoden bei gleicher Krankheit.
2. Anwendung der gleichen Heilmethode bei verschiedenen Krankheiten (Abschn. 8.2.3.2).

Die Syndrome der chinesischen Diagnostik (das *«Zheng»* aus dem Begriff *«Bian-Zheng»*, der «Krankheits-Syndrom» bedeutet) umfassen im wesentlichen folgende Einzelheiten:

1. Die zusammenfassende Beurteilung des Ursprungs der Erkrankung
2. Die Lokalisation der Erkrankung
3. Die charakteristischen Eigenschaften der Erkrankung
4. Eine Beurteilung des Kampfes zwischen krankheitserzeugender Störung *(Xie)* und Widerstandskraft *(Zheng)* des Patienten.

Nehmen wir als Beispiel die Dysenterie (Ruhr), bei der es im Verlauf der Krankheit verschiedene Stadien und Symptome gibt. Zuerst treten Bauchschmerzen mit blutigen und eitrigen Durchfällen auf. Später können sich im weiteren Verlauf die typischen Symptome des *Qi-Fen*-Syndroms und des *Blut-Fen*-Syndroms (Abschn. 7.4.2.2 und 7.4.2.4) mit Abwechseln von Fieber und Kälte und von wenig oder reichlich Nässe einstellen. Hier wendet die chinesische Medizin in den verschiedenen Phasen der Erkrankung je nach der vorliegenden Symptomatik unterschiedliche Heilmethoden an. Dies entspricht dem Grundsatz, bei «gleicher Erkrankung verschiedene Heilmethoden» einzusetzen.

Ein anderes Beispiel: Bei einer Nierenentzündung (Nephritis) mit Beeinträchtigung des Herzens können Ödeme auftreten, es kann nach der Theorie der chinesischen Medizin die Symptomatik einer *Yang*-Lehre erscheinen. In diesem Falle wird als Therapie angewandt:

1. Das Yang wärmen *(Wen-Yang)*
2. Den Verdampfungsprozeß fördern *(Hua-Qi)*
3. Wasser ausscheiden *(Li-Shui)*

Die drei Verfahren gelten als einheitliche Behandlungsmethode. Sie wirken gemeinsam auf die Entzündung der Nieren wie auch auf die Schwäche des Herzens. Hier werden also zwei verschiedene Krankheitszustände, die Nierenentzündung und die Herzschwäche, mit einer einheitlichen Therapie behandelt, was dem Grundsatz der chinesischen Medizin, bei bestimmten Erkrankungen «verschiedene Störungen mit gleicher Heilmethode» zu behandeln, entspricht. Dies wird im einzelnen im Abschnitt 8.2.3.2 erörtert.

Hier ist indessen darauf hinzuweisen, daß die dialektische Diagnostik der chinesischen Medizin zur umfassenden Krankheitsdiagnose nach modernen medizinischen Gesichtspunkten nicht immer ausreicht. Sie muß deshalb mit den exakten, objektiven und quantitativen Diagnoseverfahren der modernen westlichen Medizin verbunden werden, um Versäumnisse in der Therapie und Schädigungen des Patienten zu vermeiden.

1.3 Kurzer Überblick über die chinesische Medizintheorie

Die Lehre der chinesischen Medizin befaßt sich mit der Physiologie des menschlichen Organismus, mit seiner Pathologie (Krankheitsentstehung, Krankheitsursachen), mit den ärztlichen Untersuchungsmethoden, mit der dialektischen Diagnostik, mit der Therapie und der Krankheitsverhütung. Dementsprechend gliedert sich das vorliegende Lehrbuch in acht Kapitel.

1. Das erste Kapitel behandelt die historischen Aspekte und die wissenschaftstheoretische Abgrenzung der chinesischen Heilkunde gegenüber der modernen westlichen Medizin.
2. Im zweiten Kapitel werden die theoretischen Grundmodelle der chinesischen Heilkunde vorgestellt: die Lehre von *Yin* und *Yang* und die Theorie von den Fünf Elementen. Beide entstammen den Anfängen der chinesischen Kultur, haben einen dialektischen Ansatzpunkt und bilden die Grundlage der

speziellen Dialektik der chinesischen Heilkunde. Mit Hilfe von *Yin* und *Yang* wird der menschliche Körper einschließlich seiner physiologischen Funktionen und pathologischen Veränderungen analysiert. Auf dieser Basis sind auch die Regeln der Diagnostik und der Therapie entstanden.

Es handelt sich bei der Lehre von *Yin* und *Yang*, insbesondere bei der Theorie der Fünf Elemente, um vorwissenschaftliche Modelle, die den Ansprüchen moderner Naturwissenschaft nicht voll genügen, weil sie nicht quantifizierbar sind. Sie ergänzen aber die Betrachtungsweise der modernen westlichen Medizin entscheidend. Dies wird im Abschnitt 1.5 genauer ausgeführt.

3. Mit Hilfe der Lehre von den Speicher- und Hohlorganen *(Zang-Fu)* erklärt die chinesische Medizin die physiologischen Funktionen und pathologischen Veränderungen der inneren Organe sowie die wechselseitigen Beziehungen zwischen den Eingeweiden. Diese Lehre umfaßt zwei große Bereiche:
   a) die Theorie der Essenz *(Jing)*, des *«Shen»*, des *Qi* (Funktion, «Energie»), des Blutes *(Xue)* und der Körpersäfte *(Jing-Ye)*.
   b) die Lehre von den fünf Speicherorganen und sechs Hohlorganen.

   Essenz, *«Shen»*, *Qi*, Blut und Körpersäfte werden durch die Funktion der Speicher- und Hohlorgane gebildet, und jeweils in einem ihnen zugeordneten Speicherorgan «gespeichert», wovon ihre normale Funktion abhängt.

   Eine enge Beziehung besteht zwischen diesen Produkten der Speicher- und Hohlorgane und den inneren Organen. Dies gilt für den Fall der Gesundheit ebenso wie für die Krankheit. Eine richtige chinesische Diagnostik mit anschließender vernünftiger Behandlung läßt sich nur durchführen, wenn der Arzt die verschiedenen Funktionen der Speicher- und Hohlorgane und ihrer Produkte genau kennt.
4. Ein weiterer wichtiger Bestandteil des menschlichen Organismus sind die Meridiane und Nebengefäße *(Jing-Luo)*. Sie verbinden das Innere des Körpers mit seinen äußeren Partien, verknüpfen Oben und Unten, gewährleisten die Kommunikation der Organe im Körperinneren und ermöglichen den Kreislauf von *Qi* und Blut. Die zwölf Hauptmeridiane (Abschn. 4.2) spielen dabei in der Physiologie und Pathologie, bei der Diagnose und Therapie die wichtigste Rolle. Obwohl man sich heute in China über das wahre Wesen des Meridiansystems noch nicht völlig im klaren ist, steht doch fest, daß die Meridiane und Nebengefäße eine eminente klinische Bedeutung haben. Viele unbezweifelbare Wirkungen der chinesischen Medizin lassen sich nur mit Hilfe der Meridiane erklären.
5. Im fünften Kapitel werden die Krankheitsursachen *(Bing-Yin)* und die Pathologie *(Bing-Li)* der chinesischen Medizin erläutert. Hier geht es um die sechs krankheitserzeugenden Widrigkeiten, um Infektionskrankheiten, Er-

krankungen durch psychische Ursachen, Fehlernährung, Übermüdung, äußere Verletzungen, Tier- und Insektenbisse usw. Dabei ist entscheidend, daß die meisten Erkrankungen nur entstehen können, wenn eine Unausgewogenheit im menschlichen Körper oder ein Mißverhältnis zwischen Organismus und Umwelt vorliegt. Auch die Krankheitsentstehung wird in der chinesischen Medizin also dialektisch interpretiert, als Ergebnis einer inneren Ursache und eines äußeren Anlasses. (Abschn. 8.2.1)

6. Die chinesische Diagnostik umfaßt die vier Untersuchungsmethoden Sehen, Hören und Riechen, Fragen und Tasten. Die Differentialdiagnose der chinesischen Heilkunde befaßt sich mit der Diagnostik der häufigsten Erkrankungen und mit ihrer Abgrenzung gegenüber ähnlichen Krankheitsbildern.
7. Die Krankheits-Syndrome fassen das mit Hilfe der vier Untersuchungsmethoden gewonnene klinische Material, um den Ursprung der Erkrankung und den Krankheitsverlauf festzustellen. Das Ergebnis der dialektischen Diagnostik nennt man in der chinesischen Medizin «Krankheits-Syndrom» *(Zheng-Hou)*. Solche Syndrome, deren es in der chinesischen Medizin entsprechend den verschiedenen Störungen zahlreiche gibt, bilden eine Zusammenfassung der charakteristischen Eigenschaften der vorliegenden Erkrankung.

   Die Syndrom-Diagnostik bedient sich verschiedener Theorien, darunter die acht Leitprinzipien *(Ba-Gang)*, die Syndrome des *Qi*, des Blutes und der Körpersäfte *(Jin-Ye)*, die Syndrome der Speicher- und Hohlorgane, die Syndrome der sechs Meridiane, die Syndrome des *Wei*, des *Qi*, des *Ying* und des Blutes, die Syndrome der Drei Erwärmer. All diese verschiedenen dialektischen Methoden haben ihre Besonderheiten, die in den entsprechenden Kapiteln abgehandelt werden. Alle ergänzen sich im Sinne der Ganzheitslehre der chinesischen Medizin und stehen miteinander in untrennbarer Verbindung.
8. Das Schlußkapitel enthält die allgemeinen Regeln der chinesischen Medizin zur Krankheitsverhütung und zur Behandlung. Arzt und Patient sind stets in der besseren Position, wenn die Erkrankung am Ausbruch gehindert wird. Erkrankt ein Mensch dennoch, muß die Behandlung in logischem Zusammenhang zum Krankheitsbild bzw. zum Krankheits-Syndrom stehen. Die Behandlungsmethoden der chinesischen Medizin beruhen ohne Ausnahme auf der ganzheitlichen Betrachtungsweise und auf der dialektischen Diagnostik.

   Dabei gibt es wichtige Merksätze, die dem Arzt geläufig sein müssen, der sich mit chinesischer Medizin beschäftigt. Hierher gehören das Feststellen der Krankheitsursache vor einer Behandlung (Abschn. 8.2.2.1), die Frage nach der vordringlichen Behandlungsbedürftigkeit von Krankheitsursache

(Ben) oder äußerer Symptomatik *(Biao)* (Abschn. 8.2.2.2), das Stärken der Abwehrkraft und das Vertreiben der Störung (Abschn. 8.2.2.3), das Auffüllen der Leere und das Ablassen der Fülle (Abschn. 8.2.2.4), die normale Krankheitsbehandlung und die Therapie durch Gegenmittel (Abschn. 8.2.2.5), die Behandlung gemäß der Jahreszeit, der geographischen Lage und der Konstitution des Patienten (Abschn. 8.2.3.1).
Die chinesische Medizin entstammt der Praxis, ihr Hauptwert liegt in ihrer praktischen Anwendbarkeit. Die theoretischen Grundlagen der chinesischen Medizin sind zwar unabdingbare Voraussetzungen zu einer vernünftigen Therapie. Ohne Praxis sind sie aber leer und nutzlos. Hier liegt auch der Grund, weshalb nur praktisch tätige Ärzte mit guter Ausbildung in chinesischer und westlicher Medizin sinnvoll chinesische Heilkunde betreiben und interpretieren können. Alles andere führt zur Schädigung des Patienten und zur Beeinträchtigung des Ansehens der chinesischen Medizin, deren wirksame Durchsetzung in der westlichen Welt gerade erst begonnen hat.

1.4 Beziehungen zwischen westlicher und traditioneller chinesischer Medizin

Zunächst soll an dieser Stelle auf die *Gemeinsamkeiten* zwischen traditioneller chinesischer und moderner westlicher Medizin hingewiesen werden. Als erstes sei dabei herausgestellt, daß sich das theoretische System der chinesischen Medizin fraglos auf die gleiche Wirklichkeit bezieht, die auch die moderne Medizin im Auge hat, den menschlichen Organismus. Krankheiten sehen in China genauso aus wie im Westen: Die Patienten leiden an den gleichen Beschwerden und haben die gleichen Symptome. Daß dies auch schon zur Zeit der Niederschrift des Buches *Nei-Jing* so war, wurde der westlichen Welt kürzlich durch einen chinesischen Dokumentarfilm demonstriert. Er handelte von der pathologisch-anatomischen Sektion eines vor mehr als zweitausendeinhundert Jahren in einem Lack-Sarg konservierten Frauenkörpers, den man 1972 in China in einem Grab aus der westlichen *Han*-Dynastie (206 v. Chr.–24 n. Chr.) fand. Dabei zeigte sich, daß die Todesursache der Frau (es handelte sich um eine Dame der herrschenden Schicht) ein Herzinfarkt gewesen war. Alle anatomischen und histologischen Schnitte durch den Körper der Mumie zeigten dasselbe Bild, das wir bei Verstorbenen in der Gegenwart kennen. Im Magen fand sich noch die letzte Mahlzeit, in den Muskeln sah man Trichinen, die Gelenke zeigten rheumatische Verquellungen, an den Gefäßwänden ließ sich die Arteriosklerose ablesen, die die Chinesin gehabt hatte (12).

Außer solchen historischen Anhaltspunkten gibt es wissenschaftstheoretische und praktische Tatsachen, die darauf hinweisen, daß der traditionellen chinesischen und der modernen westlichen Medizin eine einheitliche Realität zugrunde liegt. Dazu gehören:

1. Die Übereinstimmung der bei uns im Westen sogenannten Akupunktur-Punkte (chinesisch: *Shu-Xue)* mit topographisch-anatomisch besonders markanten Stellen des menschlichen Organismus, die auch in der westlichen Anatomie eine feststehende Rolle spielen.
2. Ähnlichkeiten der physiologischen Beziehungen zwischen den inneren Organen nach der Lehre der chinesischen Medizin und nach den Erkenntnissen der modernen westlichen Physiologie.
3. Die Tatsache, daß die westliche Medizin im Grunde alle diagnostischen Elemente enthält, die die traditionelle chinesische Medizin kennt, nämlich:
   a) das gründliche Betrachten des Patienten,
   b) das Abhorchen seiner Körpergeräusche,
   das Wahrnehmen seines Körpergeruchs,
   c) das ärztliche Gespräch,
   d) die palpatorische Untersuchung einschließlich Pulsdiagnostik.

Als Ursachen für die teilweise weitergehende Differenzierung dieser Methoden der direkten Krankenuntersuchung im alten China kommen vor allem kulturelle und historische Bedingungen in Betracht. Früher galt es für chinesische Frauen als unschicklich, den Körper vor einem Arzt zu entblößen. Darum waren die chinesischen Mediziner gezwungen, sich bei der Beurteilung von Veränderungen des Körperinneren weitgehend auf die Zungen-, die Augen- und die Pulsdiagnostik zu beschränken. Diesem einfachen Sachverhalt verdanken wir heute die verfeinerte chinesische Diagnostik.

Weitere Gemeinsamkeiten ergeben sich beim Vergleich der Hauptkapitel eines westlichen Lehrbuchs der Differentialdiagnose innerer Krankheiten (13)*) mit den Hauptkapiteln eines traditionellen chinesischen Lehrbuches zum selben Thema. Das westliche Werk bringt in vierundzwanzig Kapiteln folgende Rubriken: Anämien, hämorrhagische Diathese, Fieber, Dyspnoe, Herzrhythmusstörungen, Zyanose, EKG-Veränderungen, Schmerzen im Thorax, Hypertonie, Hypotonie, Lungenverschattungen, vergrößerte Lymphknoten, Schmerzen im Abdomen, Diarrhoe, Obstipation, Gelbsucht, Milztumor, Blut-Eiweiß-Eiter im Urin, Ödeme, Schmerzen in den Extremitäten und im Bereich der Wirbelsäule, Lähmungen, Bewußtseinsverlust, Störungen des Wasserhaushalts. Das chinesische Lehrbuch führt folgende dreiunddreißig Abschnitte auf, die u. a. im Abschnitt 6.2 des vorliegenden Werkes berücksichtigt werden: Fieber, Kälteempfindlichkeit, Schweißausbrüche, Kopfschmerzen, Thoraxschmerzen, Schmerzen im Oberbauch, Schmerzen im Abdomen, Rückenschmerzen, Gelenk-

*) R. Hegglin, Differentialdiagnose innerer Krankheiten, Stuttgart 1963.

schmerzen, Hernien-Schmerzen, Verstopfung, Durchfall, Harnverhalt, Polyurie, Schwindel, Schlaflosigkeit, Durst, Appetitlosigkeit, übermäßiger Appetit, Erbrechen, Gelbsucht, Ödeme, Husten, Asthma, Dyspnoe, tonische und klonische Krämpfe, Bluterbrechen, Bluthusten, Nasenbluten, Zahnfleischbluten, Blut im Stuhl und im Urin, Lähmungen und Parästhesien, Herzklopfen (14).

Bei diesem Vergleich fällt auf, daß mehrere Kapitel des westlichen Werkes direkt durch moderne wissenschaftlichen Untersuchungsmethoden geprägt sind, nämlich die über EKG-Veränderungen, Lungenverschattungen, Hypertonie und Hypotonie. Auch andere Kapitel der westlichen Differentialdiagnostik verraten den Zugriff exakter medizinischer Untersuchungsverfahren: Herzrhythmusstörungen, Anämien, Störungen des Wasserhaushalts, Hämaturie, Pyurie und Proteinurie. Im Grunde handelt es sich aber bei der chinesischen und westlichen Diagnostik um die gleichen Kategorien der Krankheitserkennung. Vor allem werden bei der direkten Krankenuntersuchung von der traditionellen chinesischen und von der modernen westlichen Medizin die gleichen Funktionen geprüft. Die apparative, technisch ausgerichtete Diagnostik der westlichen Heilkunde prüft darüber hinaus zahlreiche Parameter nach den Erfordernissen der modernen Naturwissenschaft, d. h. hinsichtlich Exaktheit, Eindeutigkeit, Quantisierung der Begriffe, logischer Kohärenz, Prüfbarkeit und Objektivität, wodurch eine größere Sicherheit des Befundes erreicht wird. In jedem Fall – das sei hier wiederholt – steht der traditionelle chinesische Arzt bei seiner täglichen Arbeit also der gleichen Wirklichkeit gegenüber wie sein moderner westlicher Kollege.

1.4.1 Gemeinsame und unterschiedliche geschichtliche Positionen

Geht man von hier aus auf die historische Entwicklung zurück, finden sich noch mehr Parallelen zwischen der chinesischen und der abendländischen Medizin. Letztere war bis zur Einführung naturwissenschaftlicher Methodik, also bis etwa vor zweihundertfünfzig Jahren, in ihrer Theorie auf eine ähnliche Weise *phänomenologisch* angelegt wie die traditionelle chinesische.*) Die alte abendländische Medizin weist darum manche Parallele zur traditionellen chinesischen Heilkunde auf. Als Beleg dazu sei folgende Stelle aus der «Regelung der Lebensweise» des Hippokrates zitiert, in der eine der chinesischen *Yin-Yang*-Lehre analoge Beziehung zwischen Feuer und Wasser beschrieben

*) Als Charakteristikum einer «phänomenologischen Medizin» gilt hier die Fähigkeit zur Erfassung von Gesamtphänomenen, wie dies für die chinesische Heilkunde typisch ist. Im Gegensatz dazu orientiert sich die moderne westliche Medizin vorwiegend an quantisierten Einzelzügen (Parametern).

wird: «Alle Lebewesen und so auch der Mensch setzen sich aus zwei Grundbestandteilen zusammen, die nach ihrem Vermögen verschieden sind, aber zu demselben Ende zusammen wirken, nämlich aus Feuer und Wasser. Diese beiden zusammengenommen genügen für alles andere und für einander, jedes für sich aber weder für sich selbst noch für irgendein anderes. Das Vermögen, das jedes von beiden hat, ist folgendes: Das Feuer vermag alles fortwährend zu bewegen, das Wasser alles fortwährend zu ernähren. Zu seinem Teil herrscht ein jedes von beiden und wird beherrscht bis zu einem äußersten Maximum und Minimum.» (15) Auf die Therapie bezogen findet sich folgende Bemerkung in den Werken des spätmittelalterlichen deutschen Arztes Paracelsus: «Sie arzneien je nach Übereinstimmung Kaltes durch Warmes, Feuchtes durch Trockenes, Völle durch Entleerung, Nüchternes mit Anfüllen, wie die Natur alles durch seinen Gegensatz vertreiben lehrt.» (16) Diese letztere Stelle könnte einem Klassiker der chinesischen Medizin geradezu entnommen sein. Der Leser vergleiche damit die Ausführungen des vorliegenden Buches über dialektische Diagnostik im Kapitel 7 und über Therapie im Kapitel 8.

Die frühe abendländische Medizin war ebenso wie die traditionelle chinesische qualitativ angelegt, hatte ganzheitliches Gepräge und ging von dialektischen Überlegungen aus. Diese Merkmale verschwanden aus der westlichen Medizin mit der Einführung der modernen naturwissenschaftlichen Methodik, die eine Folge der philosophischen Erwägungen DESCARTES' und seiner Schüler war. Mit dem 18. Jahrhundert wurde in zunehmendem Maße die naturwissenschaftliche Methode zum Prüfstein der westlichen Medizin, die auf diesem Wege heute eine unbestrittene Weltgeltung erlangt hat. Allerdings hat die westliche Medizin im Überschwang ihrer durch exakte Methodik erzielten Erfolge das meiste ihrer alten Wurzeln vergessen bzw. verdrängt. Infolgedessen läuft sie Gefahr, eine gewisse Einseitigkeit zu entwickeln (vgl. Abschn. 1.5), und es ist für sie deshalb an der Zeit, sich auf ihre alten Quellen zu besinnen. Hierbei muß indessen ein Fehler vermieden werden, durch den alles Gewonnene zerstört werden könnte: Man darf und kann das Rad der Geschichte nicht zurückdrehen. Es läßt sich heute keine «vorkartesianische» Medizin mehr durchführen, die auf die naturwissenschaftliche Methodik der modernen Medizin verzichten würde.

1.4.2 Erkenntnis- und wissenschaftstheoretische Unterschiede zwischen moderner westlicher und traditioneller chinesischer Medizin

In der Volksrepublik China hat man dies klar erkannt. Chinas Führer *Mao Tse-tung* hatte bereits 1928 die Notwendigkeit einer Verbindung zwischen traditioneller chinesischer Medizin und moderner westlicher Medizin propagiert. Er kam zu seinem Programm auf zwei Wegen:

1. Durch dialektisches Denken, wie es in der chinesischen Tradition liegt, wie es aber auch vom «Dialektischen Materialismus» vertreten wird. In diesem Zusammenhang sei auf Maos Aufsatz «Über den Widerspruch» verwiesen, in dem er von einer «Einheit der Gegensätze» spricht. (17) Durch dialektische Behandlung von Gegensätzen vermeidet man im modernen China das, was man am Westen als «Metaphysik» oder «reaktionären Idealismus» kritisiert. In dieser Auffassung gelten sowohl der einseitige mechanistisch-kausale Standpunkt als auch der einseitige idealistische Standpunkt, der geistigen oder seelischen Kräften den Vorrang vor physischen einräumt, gleichermaßen als «falsche Metaphysik» (18).
2. Eine weitere Begründung der Richtlinie *Maos* lag in der besonderen gesundheitspolitischen Situation Chinas in den 40er, 50er und 60er Jahren. Damals standen in China zu wenig westliche Ärzte zur Versorgung der chinesischen Bevölkerung zur Verfügung, während es ein Heer traditioneller chinesischer Ärzte unterschiedlicher Qualität gab. Wir werden im folgenden sehen, daß *Mao* sowohl gesellschaftspolitisch als auch erkenntnis- bzw. wissenschaftstheoretisch mit seiner Anweisung genau das Richtige getroffen hat.

Ein entscheidender Unterschied zwischen der modernen westlichen und der altchinesischen Heilkunde liegt nämlich in verschiedenen erkenntnistheoretischen Ausgangspunkten. Das chinesische Heilsystem beginnt mit der Erfassung großer Zusammenhänge, aus denen es, gestützt auf vielfältige Beobachtungen und Analogieschlüsse, sein praktisches Vorgehen ableitet. Der westliche Mediziner setzt dagegen am Messen und Analysieren kleinster Bausteine an, durch deren Erkenntnis er zum Verständnis der Gesamtheit vorzustoßen hofft. Somit geht er genau den umgekehrten Weg. (19)

Da es hier um wissenschaftstheoretische Erwägungen geht, sei zunächst eine Definition des Begriffes «Wissenschaft» gegeben: «Zum Unterschied vom ungeordneten (Erfahrungs-)Wissen (Empirie) geht die Wissenschaft nicht bloß auf das Daß, sondern auch auf das Warum, die Gründe, Ursachen der Dinge. Sie schreitet analytisch vom ‹Ganzen› zu den ‹Teilen›, synthetisch von diesen zu jenem; durch Induktion von Erfahrungen und Beobachtungen zu Begriffen, Urteilen und Schlüssen, vom Einzelnen, Besonderen zum Allgemeinen, aber auch durch Deduktion vom Allgemeinen zum Besonderen, immer das eine am anderen prüfend. Der wissenschaftliche Fortschritt besteht in dem immer weiteren systematischen Vordringen in die Breite und Tiefe der Wirklichkeit, zu den Elementen des Seins und Geschehens und zur Erkenntnis ihrer Zusammenhänge, des großen Zusammenhangs der Wirklichkeit überhaupt, die wir Welt nennen.» (20)

Dieser im Westen entwickelte Wissenschaftsbegriff ist heute für die ganze Welt verbindlich, auch für die Volksrepublik China, die sich deshalb mit allen Kräften bemüht, ihren Menschen diese Auffassung von Wissenschaft nahezubringen, wenn auch in der Version des dialektischen Materialismus. China importiert gegenwärtig wissenschaftliche Ideen, technische Errungenschaften, Geräte und Produkte in steigendem Maße aus dem Westen.

Kehren wir von hier zur traditionellen chinesischen Medizin zurück, die zur Erkenntnis medizinischer Zusammenhänge, ebenso wie die moderne westliche Medizin, alle wissenschaftlichen Grundmethoden benutzt. Beide Medizinen verwenden die Induktion und die Deduktion bzw. die Kausalanalyse (vgl. Abschn. 5.2). Allerdings gehen die beiden Heilsysteme jeweils in umgekehrter Reihenfolge vor: Die chinesische Medizin beginnt mit der Deduktion, die westliche mit der Induktion. Worin unterscheiden sich aber die beiden Medizintheorien? Wir haben die beiden typischen Punkte, die für die traditionelle chinesische Medizin charakteristisch sind, oben schon genannt. Es sind

1. die ganzheitliche Erfassung des menschlichen Organismus *(Zheng-Ti)* und
2. die Syndrom-Diagnostik unter Berücksichtigung dieser Ganzheit *(Bian-Zheng)*.

Sowohl mit der Ganzheitsauffassung als auch mit der Dialektik hängt es zusammen, daß die traditionelle chinesische Medizin eine weniger genaue Objektivierung ihrer Befunde erreicht als die moderne westliche. Von ARISTOTELES stammt die Lehre, daß das Ganze mehr ist als die Summe seiner Teile (21). Im modernen naturwissenschaftlichen Sinne ist der Begriff der Ganzheit indessen eine Hypothese, die nicht bewiesen werden kann (22). Hier liegt der Grund, weshalb sich eine «Ganzheitsmedizin» unter rein naturwissenschaftlichen Aspekten nicht verwirklichen läßt.

Etwas anders verhält es sich im modernen Denken mit der Dialektik. Die westliche Naturwissenschaft und auch die Medizin verwenden zwar das dialektische Prinzip nicht explizit, es findet aber in der praktischen Forschung weitgehend Anwendung. Die beste und schärfste Prüfung einer Theorie ergibt sich immer aus der Annahme ihres Gegenteils, und dieses ist ein dialektisches Verfahren (23). Beziehungen bestehen auch zwischen der Dialektik und den durch den Physiker NIELS BOHR in die wissenschaftliche Diskussion eingeführten Begriff der Komplementarität. Bohr wies darauf hin, daß Begriffssysteme immer nur ein beschränktes, einseitiges Bild der Wirklichkeit vermitteln. also nur eine Sicht, und daß das Ganze erst durch entgegengesetzte Begriffssysteme ausgeschöpft wird (24).

Neben der Ganzheitsauffassung und der Dialektik ist der chinesischen Medizin aus westlicher Sicht ergänzend ein weiteres Charakteristikum anzufügen, nämlich

3. die Beschränkung auf qualitative Aussagen über den menschlichen Organismus und seine Störungen, d. h. das Fehlen von Exaktheit, Prüfbarkeit und Objektivität im modernen wissenschaftlichen Sinne.

Folgende Voraussetzungen werden bekanntlich in der modernen Naturwissenschaft zur Absicherung einer Theorie gefordert:

A. Exaktheit,
B. Prüfbarkeit,
C. Objektivität,
D. Fruchtbarkeit.

Exaktheit z. B. ist dann vorhanden, wenn ein theoretisches System

a) Eindeutigkeit,
b) Quantisierung der Begriffe,
c) logische Kohärenz aufweist (25).

Diese drei Kriterien sind in der theoretischen Medizin des Westens weitgehend erfüllt. Der traditionellen chinesischen Medizin fehlt dagegen bei vielen ihrer Angaben die Eindeutigkeit. Ihre Grundbegriffe *Yin – Yang*, Kälte – Hitze, Außen – Innen, Leere – Fülle usw. sind nicht eindeutig im Sinne wissenschaftlicher Definitionen. Das gleiche gilt für die sechs äußeren Krankheitsursachen (Wind, Kälte, Sommerhitze, Nässe, Trockenheit und Feuer) und es gilt für die fünf Körpersubstanzen (Essenz, *Qi*, Blut, Körpersäfte und «*Shen*»). Bei all diesen Begriffen vermischen sich materielle mit energetischen bzw. funktionellen Anteilen. Es handelt sich hier um ein «vorkartesianisches» System, in dem Subjektives und Objektives, Materielles und Energetisches, Psychisches und Physisches teilweise noch ungetrennt enthalten sind. Diesem System fehlt natürlich auch die Quantisierung. In der originalen Form geht es der chinesischen Medizin, wie gesagt, ausdrücklich um *Qualitäten*, die bestenfalls intersubjektiv ableitbar, aber einer Objektivierung im Sinne der modernen medizinischen Wissenschaft bis auf weiteres nicht zugänglich sind. Die Möglichkeit zur Quantisierung bestünde hier nur bei der Einführung moderner, d. h. westlicher wissenschaftlicher Methoden.

Auch die logische Kohärenz fehlt dem System der chinesischen Medizin an vielen Stellen. Hinsichtlich Exaktheit, und infolgedessen auch hinsichtlich Prüfbarkeit und Objektivität, ist es also mit dem theoretischen Gebäude der traditionellen chinesischen Heilkunde schlecht bestellt, was im modernen China völlig eingesehen wird.

Im Hinblick auf seine Fruchtbarkeit scheint das theoretische System der chinesischen Medizin indessen ungewöhnlich reich. Stellt es doch ein für die moderne westliche Heilkunde neues medizinisches Denkmodell bereit, das den Vorteil hat, sich auf eine mehr als zweitausendjährige Empirie stützen zu können. Eine Theorie ist dann fruchtbar, wenn sie ein einheitliches Prinzip für eine Vielfalt von Erscheinungen liefert – insbesondere dann, wenn der Zusammenhang den verschiedenen Phänomenen zunächst gar nicht anzusehen war. Dabei ist charakteristisch, daß sich der Begriff der Fruchtbarkeit einer Theorie nicht immer mit ihrer Sicherheit deckt.

Das einheitliche Prinzip der chinesischen Medizin ist in der Berücksichtigung funktioneller Abläufe im menschlichen Organismus zu sehen, die unter dem Oberbegriff «*Qi*» zusammengefaßt werden können.

Hier sei eine Feststellung des bedeutenden englischen Sinologen JOSEPH NEEDHAM angefügt, der über die Wissenschaftlichkeit des altchinesischen Denkens folgendes äußerte: «In wissenschaftlicher Hinsicht mußten die chinesischen Denker scheitern, vielleicht, weil sie den Kräften der Vernunft und der Logik zu sehr mißtrauten. Sie erkannten die Relativität, die Subtilität und die Unermeßlichkeit des Universums und trachteten nach einem Weltbild Einsteinscher Prägung, ohne die Grundlage dazu in einem Newtonschen gelegt zu haben. So konnte sich eine Wissenschaft nicht entwickeln.» (26) NEEDHAM hatte dabei offensichtlich den etwas eingeengten Wissenschaftsbegriff des 19. Jahrhunderts im Auge. Unsere zu Beginn dieses Abschnittes gegebene Definition von Wissenschaft aus philosophischer Sicht zwingt uns nicht zu einer derart strengen Beurteilung chinesischer Wissenschaft. Immerhin hat es im Abendland auch schon vor DESCARTES wissenschaftliches Denken gegeben, und mit diesem «vorkartesianischen» Denken ist die traditionelle chinesische Medizin auf eine Stufe zu stellen.

1.4.3 Auswirkungen auf die ärztliche Praxis

Aus guten Gründen wird heute in der Volksrepublik China die traditionelle chinesische Medizin mit Methoden der modernen wissenschaftlichen Heilkunde verbunden. Denn nur so kann für den Patienten volle therapeutische Sicherheit gewährleistet werden. Niemals hätte China den kostspieligen Weg der Einführung teurer medizinischer Geräte, Behandlungs- und Diagnoseausrüstungen beschritten, wenn seine eigene Medizin Gleichwertiges zu bieten hätte. Diese Tatsache muß hier scharf herausgestellt werden, da andernfalls in der westlichen Ärzteschaft ein falsches Bild von der Leistungsfähigkeit und den Möglichkeiten der chinesischen Medizin entstehen könnte. Nur durch illusionslose, wissenschaftlich fundierte Klarheit lassen sich von westlichen Patienten Schäden abwenden, die unweigerlich eintreten, wenn man die Methoden der traditionellen chinesischen Medizin überschätzt. Zum besseren Verständnis der unterschiedlichen diagnostischen Sicherheit der traditionellen chinesischen und der modernen westlichen Medizin seien hier einige Beispiele angeführt. Nehmen wir zunächst den Fall einer besonderen Bluterkrankung, den einer Gerinnungsstörung durch Fehlen der Thromboplastinvorstufe Faktor II. Diese ist genetisch bedingt und tritt bei beiden Geschlechtern auf. Bereits die Existenz einer solchen Krankheit ist der chinesischen Medizin vollkommen unbekannt. Die Störung kann folglich mit den Mitteln der traditionellen chinesischen Heilkunde weder diagnostiziert noch geheilt werden.

Außerdem sei ein Fall aus der Praxis geschildert, der leicht ein böses Ende hätte nehmen können. Zum Verfasser kam ein Patient mit der Bitte um Akupunkturbehandlung. Er war zuvor ohne Ergebnis fachinternistisch und fachneurologisch durchuntersucht worden. Die Anamnese ergab einen fünf Monate zurückliegenden Autounfall mit Totalschaden des Wagens und einer höchstens eine Minute dauernden Bewußtlosigkeit des Patienten, der sich anschließend wieder in bester Verfassung fühlte. Er spürte jetzt seit einigen Wochen ein allmähliches Nachlassen der Kraft und Geschicklichkeit der rechten Hand und des rechten Fußes mit Gleichgewichtsstörungen. Auch machte ihm das Schreiben mit der Hand zunehmend Schwierigkeiten. Er habe keine Kopfschmerzen, keine Benommenheit, fühle sich klar und leistungsfähig, sagte er bei der Untersuchung. Als von ärztlicher Seite auf einer nochmaligen genauen neurophysiologischen Überprüfung mit EEG bestanden wurde, reagierte der Patient ungehalten. Er habe keine Zeit zu verlieren, erklärte er, es sei doch neurologisch und internistisch nichts festzustellen, der Arzt möge bitte sofort mit der Akupunktur beginnen. Nach den speziellen Methoden der traditionellen chinesischen Diagnostik ergab sich beim Patienten kein auffälliger Befund. Dennoch bestand der Verfasser auf einer Wiederholung der neurologischen Untersuchung, die schon am anderen Vormittag an einer Spezialklinik vorgenommen wurde. Noch am Nachmittag des gleichen Tages lag der Patient auf dem Operationstisch einer neurochirurgischen Universitätsklinik, wo ihm ein großes subdurales Hämatom entfernt wurde. Nach Auskunft der Neurologen und des Operateurs war es höchste Zeit, den Eingriff ohne größeres Risiko für den Patienten vorzunehmen. Was wäre wohl geschehen, wenn der Mann wunschgemäß seine Diagnostik und Therapie nach chinesischer Medizin erhalten hätte? Eines Tages wäre er irgendwo ohnmächtig zusammengebrochen. Neurologische Diagnostik und Operation hätten dann unter wesentlich ungünstigeren Vorzeichen gestanden.

1.5 Traditionelle chinesische Heilkunde als Modell für eine «Neue Medizin» in Ost und West

An dieser Stelle beginnt nun allerdings die Gefahr, kausalanalytische und medizinisch-technische Methodik überzubewerten und sich in einen starren Positivismus zu verlieren, der in der praktischen Heilkunde nicht immer die besten Ergebnisse bringt, und zwar darum, weil er nicht in umfassender Weise wirklichkeitsgerecht ist.

Die Lösung des vorliegenden Problems liegt deshalb nicht in einem Entweder-Oder, sondern in einem Sowohl-Als-auch. *Mao Tse-tung* stellte für China die Richtlinie auf, westliche und chinesische Medizin zum allgemeinen Wohl zu einer Einheit zu verbinden und dabei die chinesische Medizin auf eine höhere Stufe zu heben (27). Genau das ist es, worum es hier geht. Zudem wäre eine Methodenkritik, ähnlich der, die im Abschnitt 1.4.2 für die traditionelle chinesische Medizin vorgebracht wurde, auch für die moderne westliche Medizin ein Gebot der Stunde. Bei zahlreichen Vertretern einer rein positivistisch orientierten Organmedizin begegnen wir heute im Westen einem Methoden-Monismus, der dem Wahrheitsanspruch der Wissenschaft nur unvollkommen Genüge tut. Darin liegt unter anderem der entscheidende Grund, weshalb die in China erarbeiteten Ergebnisse der Nadel- und Brenntherapie (Akupunktur) bisher im Westen überhaupt nicht verstanden und darum auch nicht verwertet werden konnten. Bei der Ablehnung bzw. Abwertung der «Akupunktur» durch offizielle ärztliche Gremien im Westen handelt es sich um Auswüchse eines unreflektierten Systemdenkens. Dieses Denken bedroht nicht nur die traditionelle chinesische Medizin im Westen, sondern auch die moderne westliche Medizin selbst. Charakteristisch für dieses Denken ist, daß hier die Wirklichkeit konstruiert wird, statt sie zu erfassen. Dabei läuft die Medizin Gefahr, zur bloßen Karikatur zu entarten. Dies geschieht in westlichen Arztpraxen und Kliniken überall dort, wo man anstelle eines Patienten nur noch einen Magen, einen Tumor, eine Gallenblase, eine Struma oder einen Blutdruck behandelt, das Ganze also zugunsten eines Einzelnen verdrängt und den kranken Menschen auf ein bloßes Symptom reduziert. Auf lange Sicht hat eine solche Medizin natürlich keine Chance. Diese Medizin ist es auch, die bei der Kritik der westlichen Öffentlichkeit am Ärztestand das eigentliche Ärgernis bildet, selbst wenn das nicht immer explizit zum Ausdruck kommt. Bei dem auf ein bloßes Symptom reduzierten Patienten wird nämlich die Therapie gefährlich «einfach». Der Arzt braucht nur noch das zum betreffenden Symptom im Rezepttaschenbuch angegebene Medikament herauszusuchen, das ihm die Pharmaindustrie fertig liefert. Damit hat er die ärztliche «Leistung» – abzurechnen nach einer Ziffer seiner Gebührenordnung – erbracht. Medizinische Kreise der Volksrepublik China, die genau wissen, wieviel ihr Land der modernen westlichen Heilkunde verdankt, kritisieren an der westlichen Medizin derartige Auswüchse und bezeichnen sie als «Metaphysik eines mechanistischen Materialismus». Nur wenn sie die Ganzheit des Menschen berücksichtigt, kann eine Medizin der Wirklichkeit gerecht werden. Der deutsche Philosoph MAX HORKHEIMER vertrat den Standpunkt, daß «das positivistische Denken richtig, aber nicht wahr» ist. (28) Genauso verhält es sich mit einer positivistisch orientierten, einseitig technisch-naturwissenschaftlich ausgerichteten Heilkunde.

Von den modernen Naturwissenschaften hat die Physik als erste das Problem erkannt, um das es sich hier handelt. Der Physiker WERNER HEISENBERG schrieb: «Die alte Einteilung der Welt in einen objektiven Ablauf der Welt in Raum und Zeit auf der einen Seite und die Seele, in der sich dieser Ablauf spiegelt, auf der anderen Seite, also die DESCARTESsche Unterscheidung von res cogitans und res extensa, eignet sich nicht mehr als Ausgangspunkt zum Verständnis der modernen Naturwissenschaft ... Die Naturwissenschaft steht nicht mehr als Beschauer vor der Natur, sondern erkennt sich selbst als Teil dieses Wechselspiels zwischen Mensch und Natur ... Die wissenschaftliche Methode des Aussonderns, Erklärens, Ordnens, wird sich der Grenzen bewußt, die ihr dadurch gesetzt sind, daß der Zugriff der Methode ihren Gegenstand verändert und umgestaltet, daß sich die Methode also nicht mehr vom Gegenstand distanzieren kann. Das naturwissenschaftliche Weltbild hört damit auf, ein eigentlich naturwissenschaftliches zu sein.» (29) Auch für die westliche Medizin enthält diese Passage die Aufforderung nach Öffnung zu eng gezogener Grenzen. Schon die Erfahrungen der täglichen ärztlichen Praxis weisen westliche Mediziner immer wieder auf diese Grenzen hin. Es gibt zahlreiche Erkrankungen, denen die moderne westliche Heilkunde ziemlich machtlos gegenübersteht: Migräne, Asthma bronchiale, rheumatische Gelenkschmerzen, Anfallsleiden, chronische Dermatosen, das Glaukom, gewisse Fälle von Sterilität bei Frauen, Schlafstörungen, Bettnässen, chronische Schmerzzustände usw. Patienten, die an diesen Störungen leiden, laufen in westlichen Ländern häufig von Arzt zu Arzt, dennoch bleiben alle medizinischen Maßnahmen erfolglos.

Bei unwirksamen Therapien muß man davon ausgehen, daß es sich hier um Fälle handelt, in denen das theoretische medizinische Modell, das der Arzt als Grundlage seines Handelns verwendet hat, überfordert war. In allen diesen Fällen sollte deshalb ein anderes theoretisches Modell bereitstehen, das dem Mediziner hilft, der komplexen Wirklichkeit der vorliegenden Erkrankung gerecht zu werden. In der modernen Physik und in anderen Naturwissenschaften ist es längst üblich, eine Theorie als «Modell» aufzufassen, als

«Näherung», die der Wirklichkeit nur unvollkommen gerecht wird. Dazu bemerkt der Kybernetiker K. Steinbuch: «Es ist auch möglich, daß ein und dasselbe Denkmodell (bzw. die Näherung) bei der Lösung unterschiedlicher Probleme einmal nützlich und einmal unbrauchbar ist.» (30) Zu dieser Einsicht sind breite Schichten der westlichen Medizin noch nicht gekommen. Obwohl zahlreiche Kranke im Westen durch chinesische Nadeltherapie geheilt werden konnten, so daß sie keine Medikamente mehr einzunehmen brauchen, wodurch auf lange Sicht beträchtliche Kosten eingespart werden können, gilt dies in den Augen der westlichen medizinischen Wissenschaft immer noch als eine Art primitiver Magie, und der Patient, dem solches widerfährt, setzt sich dem Verdacht aus, ein geistig abirrendes oder zurückgebliebenes Exemplar seiner Gattung zu sein. In Wahrheit ist hier aber die Medizin des Westens der zurückgebliebene Teil. Sie ist es, die es immer wieder versäumt, ihre Theorie an der Praxis zu korrigieren.

Dabei taucht natürlich die Frage auf, wie eine solche Korrektur zu bewerkstelligen sei. Eine Möglichkeit dazu bestünde in der Einführung der ganzheitlichen und dialektischen Methoden der traditionellen chinesischen Medizin in die westliche Heilkunde. Gleichzeitig müßten die Methoden der chinesischen Medizin objektiv untermauert werden, damit eine exakte Verifizierung der Grundannahmen der chinesischen Medizin erreicht würde. Ausgehend von der Akupunktur ist dies bereits durch mehrere westliche Forscher begonnen worden. (31) (32) (33) (34) Auch zahlreiche chinesische Forschungsinstitute konnten mit exakten Methoden wie EEG-, EKG-, Blut-, Liquor- und Urinuntersuchungen objektive Daten zur physiologischen Wirkungsweise der chinesischen Medizin bzw. der Akupunktur beisteuern.

So bedarf die chinesische Heilkunde heute der westlichen Medizin und ihrer Methodik, um volle Wissenschaftlichkeit, sprich: volle therapeutische Sicherheit zu erlangen. Andererseits bedarf die Medizin des Westens vermehrt eines an chinesischer Medizin geschulten dialektischen Denkens und eines Verständnisses dafür, was man philosophisch die «Einheit der Wirklichkeit» nennen könnte. Daß dieser Begriff einer einheitlichen Wirklichkeit auch in der modernen Naturwissenschaft große Bedeutung erlangt hat, wurde kürzlich durch den deutschen Physiker und Philosophen Carl-Friedrich v. Weizsäcker in seinem Werk «Die Einheit der Natur» (München 1971) dargestellt (35). Der bei westlichen Medizinern immer noch nicht einhellig akzeptierte Begriff der «Ganzheitsmedizin» bekommt dabei einen völlig neuen Sinn. Die «Einheit der Natur» bzw. die Einheit der Wirklichkeit gibt nunmehr den Rahmen ab für eine neue Weltmedizin, die sowohl Ganzheitsmedizin ist als auch weitgehend den im Abschnitt 1.4.2 geschilderten Voraussetzungen moderner Naturwissenschaft entspricht. Diese neue Heilkunde wäre das Ergebnis eines dialektischen Prozesses, bei dem aus der modernen westlichen Medizin als *These* und der traditionellen chinesischen als *Antithese* die *Synthese* der neuen Medizin entsteht.

Zum Beweis, daß dies keine Utopie, sondern teilweise bereits Wirklichkeit geworden ist, seien hier einige Neuerungen genannt, die in China durch die Verbindung moderner westlicher und traditioneller chinesischer Medizin entwickelt werden konnten: die Schmerzbetäubung durch Akupunktur bei chirurgischen Eingriffen, die Behandlung der Taubstummheit und des Grauen Stars (Katarakt) durch Akupunktur, die Behandlung von Knochenbrüchen durch kleine Schienen und frühzeitige Aktivierung des Patienten (36), die Behandlung von perforierten Magen-Ulcera und Darmlähmungen (Ileus) durch Kombination von chinesischer und moderner westlicher Medizin (37) (38), die konservative Behandlung von Nierensteinen durch Akupunktur und chinesische Medikamente, wie sie an der Akademie für traditionelle Medizin in Peking entwickelt wurde (39), die Therapie der akuten Appendicitis durch Akupunktur unter Kontrolle mit moderner westlicher Diagnostik, die Behandlung von Anfallsleiden (Epilepsie) durch chinesiche Nadeltherapie usw.

In der Volksrepublik China wurde diese wahrhaft revolutionäre Verbindung zwischen traditioneller chinesischer und moderner westlicher Medizin unter dem Spruch *Mao Tse-tungs* verwirklicht: «Das Alte in den Dienst des Neuen stellen, das Ausländische in den Dienst des Chinesischen stellen.» Auch die westliche Heilkunde sollte damit anfangen, die Errungenschaften der traditionellen chinesischen Heilkunde systematisch in den Dienst westlicher Patienten zu stellen.

2 Die theoretischen Grundmodelle: *Yin-Yang* und die Fünf Elemente

Die grundlegende Modellvorstellung der traditionellen chinesischen Medizin ist die Lehre von *Yin* und *Yang*. Ursprünglich wurden die Zeichen *Yin*

陰 (阴)

und *Yang*

陽 (阳)

für einfache Tatsachen des täglichen Lebens verwendet: *Yin* war die unbeleuchtete Seite eines von der Sonne angestrahlten Gegenstandes, *Yang* die beleuchtete. Etwa seit dem 4. Jahrhundert v. Chr. wurden *Yin* und *Yang* einerseits als «Kräfte» oder «Energien» aufgefaßt, andererseits aber auch materiell als komplementäre Dinge der gegenständlichen Welt verstanden.

Beide Auffassungen, die energetische und die materielle, werden in der traditionellen Medizin Chinas berücksichtigt. Für das moderne chinesische Denken, das vom dialektischen Materialismus bestimmt ist, gelten die Theorien von *Yin* und *Yang* und den Fünf Elementen *(Wu-Xing)* als «einfaches materialistisches und dialektisches Denken des Altertums» (40). Im Gegensatz zur Theorie von den Fünf Elementen, die im Unterricht an den medizinischen Hochschulen Chinas gegenwärtig mehr und mehr zurücktritt, konnte die *Yin-Yang*-Lehre ihren Platz als wissenschaftliches Modell behaupten.

Die medizinischen Autoren des frühen China erklärten mit dem *Yin-Yang*-Modell sowohl die Strukturen als auch die Funktionen und die pathologischen Veränderungen des menschlichen Körpers. Die *Yin-Yang*-Lehre war damit der Grundpfeiler der klinischen Diagnostik und Therapie. Sie nahm tiefen Einfluß auf die Entstehung des besonderen Denkens, das die traditionelle chinesische Medizin bestimmt. Während die Lehre von den Fünf Elementen auch durch andere Vorstellungen ersetzt werden kann, ist das *Yin-Yang*-Modell mit der Existenz der traditionellen chinesischen Medizin untrennbar verbunden. In der Volksrepublik China wird heute beim theoretischen Unterricht in traditioneller Medizin immer wieder darauf hingewiesen, daß beide Theorien durch historische Bedingungen von den «Unvollkommenheiten früherer Epochen beeinflußt»

(41) seien, daß man sie darum kritisch einsetzen und ihren Stellenwert richtig einschätzen müsse.

Der Wert der *Yin-Yang*-Theorie läßt sich am besten überprüfen in der Praxis. Verglichen mit der gegenwärtigen westlichen Medizin-Theorie vermittelt die *Yin-Yang*-Lehre einen dialektischen Zugang zum Verständnis der Ganzheit des menschlichen Organismus und seiner Funktionen, der der modernen westlichen Heilkunde fremd ist. Hier liegt eine Wurzel der vielseitigen Ergänzungsmöglichkeiten der modernen westlichen durch die traditionelle chinesische Medizin.

2.1 *Yin* und *Yang*

In der *Yin-Yang*-Lehre drückt sich die einfache Tatsache aus, daß alle Dinge oder Phänomene zwei gegensätzliche, sich ergänzende bzw. komplementäre Seiten enthalten. Beispiele dafür sind: Tag und Nacht, Sonnenschein und Regen, Hitze und Kälte, Bewegung und Ruhe usw. Im traditionellen chinesischen Denken haben Tag, Sonnenschein, Hitze und Bewegung *Yang*-Charakter; Nacht, Regen, Kälte und Ruhe haben *Yin*-Charakter. Die Gesamtheit aller Dinge der Welt gilt als abhängig von der Veränderung der beiden Aspekte *Yin* und *Yang*. So heißt es im ersten Teil des altchinesischen Medizinklassikers *Nei-Jing*, im Buche Su-Wen: «*Yin* und *Yang* sind das Wesen des Himmels und der Erde, die Gesetzmäßigkeit der zehntausend Dinge; sie sind Vater und Mutter jeder Veränderung, Anfang und Ende des Lebens und des Todes.» (42)

Nach chinesischer Tradition gehört alles, was sich bewegt, was nach oben steigt, was klar erkennbar und aktiv ist, was kräftige Funktion und Bewegung zeigt, zum *Yang*. Alles was sich ruhig verhält, was nach unten geht, was trübe oder verborgen ist, was sich passiv zeigt und schwache Funktionen hat, gehört zum *Yin*. In der chinesischen Überlieferung heißt es: «Der Himmel entspricht dem *Yang*, die Erde entspricht dem *Yin*.» Der Himmel befindet sich oben und gehört deshalb zum *Yang*; die Erde befindet sich unten und gehört deshalb zum *Yin*. Ferner gilt der Grundsatz: «Wasser ist *Yin*, Feuer ist *Yang*.» Weil das Wasser kalt ist und die Tendenz hat, nach unten zu steigen, gehört es zum *Yin*. Weil das Feuer heiß ist und zum Aufsteigen bzw. Aufflammen tendiert, gehört es zum *Yang*. Bei den Funktionen entspricht die Ruhe dem *Yin*, die Bewegung dem *Yang*. Ein Gegenstand in Ruhe entspricht dem *Yin*; in Bewegung entspricht er dem *Yang*.

Ein Grundsatz der chinesischen Medizin lautet: «*Yang* verwandelt sich in *Qi* (Funktion, «Energie»), *Yin* verwandelt sich in Gestalt (chinesisch: *Xing*)».

(43) Das heißt: Ein Phänomen gehört zum *Yang*, wenn es Bewegung oder Funktion *(Qi)* zeigt. Es gehört zum *Yin*, wenn es zu einem Ding mit einer Gestalt wird.

Unter gewissen Bedingungen sind *Yin* und *Yang* austauschbar. Dabei kann *Yin* zu *Yang* werden, *Yang* kann sich zu *Yin* umwandeln. Sowohl das *Yin* als auch das *Yang* kann weiter in Untereinheiten von *Yin* und *Yang* zerlegt werden. Ein Beispiel: Der Tag ist *Yang*, die Nacht ist *Yin*. Der Vormittag ist das *Yang* im *Yang*, der Nachmittag ist das *Yin* im *Yang*. Letztlich können so alle Phänomene der Welt nach den beiden Grundpolaritäten *Yin* und *Yang* aufgeschlüsselt und eingestuft werden, und jeder einzelne *Yin*- oder *Yang*-Aspekt kann wiederum in Untergruppen von *Yin* und *Yang* zerlegt werden.

Im Buche *Su-Wen* heißt es: «*Yin* und *Yang* kann man bis 10 zählen, man kann sie auch bis 100 erweitern, man kann sie aber auch bis 1000 auffächern und darüber hinaus auf 10 000 erweitern. Bis 10 000 kann man nicht mehr zählen, aber es gibt dabei nur einen Kern.» (44) Dieser Kern ist das theoretische Modell von *Yin* und *Yang*.

Tabelle 1: Einteilung nach *Yin* und *Yang*

	Naturphänomene				Mensch	Gewicht	Helligkeit
Yin	Erde	Nacht	Herbst/Winter	Kälte	Frau	schwer	dunkel
Yang	Himmel	Tag	Frühl./Sommer	Wärme	Mann	leicht	hell

	Menschlicher Organismus			
Yin	Bauch, innere Schichten der Extremitäten	untere Körperpartien, Körperinneres	Fünf Speicherorgane	Blut
Yang	Rücken, äußere Schichten der Extremitäten	obere Körperpartien, Körperoberfläche	Sechs Hohlorgane	*Qi*

	Körper-Funktionen				Störungen *(Xie)*
Yin	Absteigen	Richtung innen	Stabilität	Behinderung, Abschwächung	Kälte, Feuchtigkeit
Yang	Aufsteigen	Richtung außen	Dynamik	Verstärkung	Wind, Hitze

2.1.1 Die Lehre von *Yin* und *Yang* im einzelnen

2.1.1.1 *Yin* und *Yang* als Gegensätze *(Dui-Li)*

Mit der *Yin-Yang*-Lehre lassen sich die gegensätzlichen Aspekte eines Phänomens ausdrücken. Nehmen wir als Beispiel das Klima der verschiedenen Jahreszeiten: Im Sommer herrscht die *Yang*-Hitze vor, nach der Sommersonnenwende entwickelt sich eine *Yin*-Witterung, die das heiße *Yang* des Sommers bekämpft bzw. beschränkt. Der Winter ist der Höhepunkt der reinen *Yin*-Kälte. Nach der Wintersonnenwende entwickelt sich allmählich eine *Yang*-Witterung, die das kalte *Yin* des Winters einschränkt.

Im klassischen chinesischen Medizintext «*Lei-Jing Fu-Yi*» aus der *Ming*-Dynastie (1368–1644) heißt es: «Wer sich in großer Aktivität befindet, soll durch Ruhe reguliert werden. Wo das *Yang* auf dem Höhepunkt steht, soll es mit dem *Yin* überwunden werden» (45). Darin kommt die gegenseitige Kontrolle von Ruhe und Bewegung, d.h. von *Yin* und *Yang* zum Ausdruck. Infolge ihres Gegensatzes bekämpfen und begrenzen sich *Yin* und *Yang* wechselseitig: Wenn eine Seite das Übergewicht hat, mangelt es auf der anderen, und bei einer Schwäche der einen Seite wird die andere zu stark. Das wird in folgender Passage des Buches *Su-Wen* beschrieben: «Wenn das *Yin* stark wird, schwächt sich das *Yang* ab. Umgekehrt wird das *Yin* schwächer, wenn das *Yang* erstarkt» (46). Dieser Satz ist eine der Kernregeln der *Yin-Yang*-Theorie: *Yin* und *Yang* stehen miteinander im Kampf und begrenzen sich gegenseitig. Ohne diesen Kampf ist die notwendige Kontrolle der Gegensätze nicht möglich. An einer anderen Stelle des Buches *Su-Wen* heißt es: «*Yin* kämpft im Inneren, *Yang* macht draußen Unruhe» (47). Damit wird angedeutet, daß das *Yin* für das Innere zuständig ist, das *Yang* für das Äußere. Im gleichen Buche heißt es weiter: «Wenn sich *Yin* und *Yang* gegenseitig oben und unten bekämpfen, treten die Erscheinungen von Leere und Fülle deutlich hervor. Dabei wechseln sich *Yin* und *Yang* gegenseitig ab.» (48)

Aus all dem wird deutlich, daß sich die beiden Gegensätze *Yin* und *Yang* im Körper niemals ohne Wechselbeziehung und ohne Auseinandersetzung gegenüberstehen, daß sie sich vielmehr bekämpfen und verdrängen. Im heutigen China wird diese alte Theorie der traditionellen chinesischen Medizin im Sinne des dialektisch-materialistischen Denkens interpretiert: «Der ständige Kampf und die dauernde Verdrängung zwischen *Yin* und *Yang* treiben die Veränderung und Entwicklung der Dinge voran.» (49)

2.1.1.2 Die gegenseitige Abhängigkeit *(Yi-Cun)* von *Yin* und *Yang*

Als polare Gegensätze sind *Yin* und *Yang* voneinander abhängig. Eines ist nicht denkbar ohne das andere. *Yang* bedeutet oben, *Yin* bedeutet unten. Ohne Oben kann es kein Unten geben und umgekehrt. Nach der traditionellen chinesischen Vorstellung entspricht die linke Seite dem *Yang*, die rechte dem *Yin*.

Ohne rechte Seite gibt es keine linke, ohne linke keine rechte. Die Hitze entspricht dem *Yang*, die Kälte dem *Yin*. Ohne Hitze gibt es keine Kälte, ohne Kälte gibt es keine Hitze. Die Fülle *(Shi)* bzw. das Übermaß an Funktion entspricht dem *Yang*. Die Leere *(Xu)* bzw. die Schwäche der Funktion entspricht dem *Yin*. Ohne Fülle gibt es keine Leere, ohne Leere keine Fülle. So kennt die chinesische Medizin entsprechend der *Yin-Yang*-Beziehung zahlreiche dialektische Beziehungen im menschlichen Körper und in der Natur. Stets lebt das *Yang* vom *Yin*, das *Yin* vom *Yang*. Jede Seite bildet die wichtigste Lebensbedingung für die andere. Dieses gegenseitige Abhängigkeitsverhältnis von *Yin* und *Yang* nennt man im Chinesischen «gegenseitige Wurzel» *(Hu-Gen)*. Es schließt ein, daß *Yin* und *Yang* wechselseitig als Ursprung dienen, sich also gegenseitig hervorbringen. Allein kann das *Yin* dieses Hervorbringen nicht bewältigen, es braucht dazu das *Yang*. Das *Yang* wiederum kann allein nicht wachsen und gedeihen, es braucht dazu das *Yin*.

Im Buch *Su-Wen* heißt es ferner: «Das *Yin* sitzt im Inneren und ist der Wächter des *Yang*. Das *Yang* sitzt außen und ist der Bote des *Yin*» (50). Damit wird die gegenseitige Abhängigkeit von *Yin* und *Yang* erklärt. Hinsichtlich der Strukturen und Funktionen des menschlichen Organismus bedeutet das *Yin* die materiellen Bestandteile des Körpers und das *Yang* deren Funktion. Da sich die Materie im Körperinneren befindet, spricht die traditionelle chinesische Medizin vom «*Yin* im Inneren». Da sich die Funktionen des Körpers hauptsächlich in seinem Äußeren zeigen, heißt es «das *Yang* sitzt außen». Dabei ist das äußerlich sitzende *Yang* zu verstehen als Ergebnis oder Funktion der sich im Inneren des Körpers befindenden Materie bzw. Körperstrukturen, die dem *Yin* entsprechen. Das *Yang* wird so tatsächlich zum «Boten des *Yin*». Auch in der Auffassung der modernen westlichen Medizin bilden die im Körperinneren sitzenden Organstrukturen die materielle Grundlage für die verschiedenen Funktionen des Körpers. Die chinesische Medizin nennt dies «das *Yin* ist der Wächter des *Yang*».

2.1.1.3 Die gegenseitige Ergänzung und Begrenzung *(Xiao-Zhang)* von *Yin* und *Yang*

Yin und *Yang* befinden sich nie in Ruhe; ständig ergänzen und verändern sie sich wechselseitig. Dies schließt die Gegensätzlichkeit, die gegenseitige Abhängigkeit und gegenseitige Umwandlung von *Yin* und *Yang* ein. In der chinesischen Medizin gilt die Regel: «Wenn sich das *Yang* zurückzieht, vergrößert sich das *Yin*, und wenn sich das *Yin* zurückzieht, vergrößert sich das *Yang*.» (51)

Hierfür ein Beispiel aus der Witterung der Jahreszeiten. Wenn das Wetter vom Winter über den Frühling bis zum Sommer immer heißer wird, entspricht dies einem sich zurückziehenden *Yin* bei Vergrößerung des *Yang*. Wird das Wetter vom Sommer über den Herbst zum Winter immer kälter, entspricht das einem Zurückgehen des *Yang* bei Vergrößerung des *Yin*. So erklärt man in China die Veränderung von Kälte und Hitze in den vier Jahreszeiten mit dem An- und Abschwellen der wechselseitigen Beziehung zwischen *Yin* und *Yang*.

In der chinesischen Heilkunde deutet man mit dem Prinzip der gegenseitigen Ergänzung und Begrenzung von *Yin* und *Yang* die Entstehung der Organfunktionen *(Yang)* durch den Verbrauch von Nahrungsmitteln *(Yin)*. Das *Yang* wird dabei vermehrt, das *Yin* wird abgeschwächt. Andererseits verbraucht der Stoffwechsel der verschiedenen Nahrungsmittel *(Yin)* im Körper eine gewisse Menge an Energie *(Yang)*. Dies ist dann der umgekehrte Prozeß, bei dem sich das *Yin* verstärkt und das *Yang* schwächer wird. Unter normalen Bedingungen steht der Prozeß der Abschwächung und Verstärkung von *Yin* und *Yang* im Gleichgewicht. Geht die Abschwächung oder Verstärkung über eine gewisse Grenze hinaus, kann sich der Gleichgewichtszustand nicht einpendeln; es entsteht ein Übermaß von *Yin* oder *Yang*, was zur Entwicklung verschiedener pathologischer Prozesse und zur Entstehung von Krankheiten führt. Bei einem andauernden Gleichgewicht von *Yin* und *Yang* ist eine unendliche Stabilität der Stoffwechselvorgänge bzw. Lebensabläufe im Körper gewährleistet.

2.1.1.4 Die gegenseitige Umwandlung *(Zhuan-Hua)* von *Yin* und *Yang*

Beide Seiten der *Yin-Yang*-Beziehung können sich bis zu einem Grade entwickeln, bei dem sie sich in ihr Gegenteil umwandeln. So kann das *Yin* zum *Yang* werden, das *Yang* zum *Yin*. Während das Sichzurückziehen und das Sichvergrößern von *Yin* und *Yang* eine Veränderung der Quantität darstellt, handelt es sich beim Umwandlungsprozeß von *Yin* zu *Yang* bzw. *Yang* zu *Yin* um eine Änderung der Qualität.

Im Buche *Su-Wen* heißt es: «Wenn das *Yin* ein Maximum erreicht, wird es zum Yang» ... «Wenn die Kälte ihren Höhepunkt erreicht, wird sie zur Hitze, wenn die Hitze auf dem Höhepunkt ist, entwickelt sich Kälte» (52). Dies bedeutet, daß sich das *Yin* zum *Yang* umwandelt, wenn es einen Höhepunkt erreicht hat, und daß sich das *Yang* zum *Yin* verwandelt, wenn es ein Maximum erreicht hat. Auch in der Natur gilt die Regel, daß aus Kälte Wärme wird, wenn die Kälte ihren Höhepunkt erreicht hat, und daß Hitze sich zu Kälte verwandelt, wenn sie auf einem Maximum angekommen ist.

Bei der Regel der gegenseitigen Umwandlung von *Yin* und *Yang* ist stets zu bedenken, daß sich das *Yin* ohne einen gewissen Anteil *Yang* nicht umwandeln kann, und daß sich das *Yang* ohne *Yin* ebenfalls nicht umwandeln kann. Stets muß ein gewisses Quantum des Gegensatzes vorhanden sein, damit die Umwandlung überhaupt erfolgt.

Die Umwandlungsregel von *Yin* und *Yang* wird in der chinesischen Medizin zur Erklärung von Veränderungen bei Krankheitssymptomen benutzt. *Yang*-Syndrome können in *Yin*-Syndrome übergehen, Kälte-Syndrome können zu Wärme-Syndromen, Leere-Syndrome zu Fülle-Syndromen werden. Bei der Entwicklung von Krankheiten läßt sich der Umwandlungsprozeß von *Yang* zu *Yin* bzw. *Yin* zu *Yang* eindrucksvoll beobachten. Bei akuten Infektionen, beispielsweise bei einer Pneumonie oder infektiösen Dysenterie, kann man immer wieder folgende Krankheitsabschnitte unterscheiden: Zunächst besteht ein langdauernder Fieberzustand, bei dem die Abwehrkraft des Körpers *(Zheng-Qi)* verbraucht wird. Plötzlich tritt eine Senkung der Körpertemperatur ein, die Gesichtsfarbe wird blaß, die Extremitäten werden kalt, der Puls wird häufig so schwach, daß er kaum noch zu tasten ist. Dann ist das *Yang*-Syndrom zu einem *Yin*-Syndrom geworden. Ähnlich kann ein Fülle-Syndrom *(Yang)* zu einem Leere-Syndrom *(Yin)* werden, ein Leere-Syndrom zu einem Fülle-Syndrom. Eine zunächst in den äußeren Partien des Körpers *(Yang)* sitzende Erkrankung kann ins Innere *(Yin)* vordringen. Eine im Inneren *(Yin)* sitzende Krankheit kann in die äußeren Körperpartien *(Yang)* gelangen.

Die Lehre von *Yin* und *Yang* umfaßt also folgende einzelnen Punkte:

1. die Gegensätzlichkeit zwischen *Yin* und *Yang*.
2. die gegenseitige Abhängigkeit von *Yin* und *Yang*.
3. die gegenseitige Ergänzung und Begrenzung von *Yin* und *Yang*.
4. die gegenseitige Umwandlung von *Yin* und *Yang*.

Zum richtigen Verständnis der Theorie der chinesischen Medizin ist es wesentlich, diese vier einzelnen Punkte nicht isoliert zu betrachten, sondern in ihrer wechselseitigen Verbindung zu sehen. In Wirklichkeit hängt die gegenseitige Abhängigkeit von *Yin* und *Yang* mit der Gegensätzlichkeit der beiden Pole zusammen; die gegenseitige Ergänzung und Begrenzung steht in engem Zusammenhang zur gegenseitigen Abhängigkeit von *Yin* und *Yang*. Die gegenseitige Umwandlung von *Yin* und *Yang* ist ohne die drei ersten Punkte ebenfalls nicht denkbar. Es wäre falsch, die einzelnen charakteristischen Funktionen von *Yin* und *Yang* streng voneinander zu trennen. Man muß das dialektische Modell von *Yin* und *Yang* im Ganzen betrachten, seine innere Verbindung und wechselseitige Beeinflussung sehen. Man muß verstehen, daß beide

Pole sowohl Ursache als auch Wirkung sein können. Erst dann wird man die *Yin-Yang*-Lehre in der Praxis ohne Schwierigkeit verwerten können.

2.1.2 Anwendung der *Yin-Yang*-Lehre in der chinesichen Medizin

Die *Yin-Yang*-Lehre findet in allen Bereichen der traditionellen chinesischen Medizintheorie Anwendung. Sie dient zur Erklärung der morphologischen Strukturen des menschlichen Organismus, zur Erläuterung der physiologischen Funktionen der verschiedenen Organe, zum Verständnis der Pathologie, als Grundlage der klinischen Diagnostik und der Therapie.

2.1.2.1 Die Strukturen des menschlichen Organismus

Bei der Erklärung der Strukturen des menschlichen Organismus geht die *Yin-Yang*-Lehre davon aus, daß der lebendige Körper eine organische Einheit bildet. Da alle verschiedenen Organe des Menschen nicht nur in ihrer Funktion, sondern auch in ihrer Morphologie an dieser Einheit teilhaben (was schon daraus deutlich wird, daß sie alle aus einer 0,2 mm großen Eizelle entstehen), ist es sinnvoll, diese Einheit insgesamt in die komplementären Bereiche von *Yin* und *Yang* zu teilen.

Nach dieser Vorstellung gehört der menschliche Oberkörper zum *Yang*, der Unterkörper zum *Yin*. Die Körperoberfläche gehört zum *Yang*, das Körperinnere gehört zum *Yin*. Der Rücken des menschlichen Organismus entspricht dem *Yang*, der Bauch und die Vorderseite des Thorax entsprechen dem *Yin*. Alle äußeren Partien gehören zum *Yang*, alle inneren zum *Yin*. Bei den inneren Organen entsprechen die sechs Hohlorgane (Gallenblase, Dünndarm, Magen, Dickdarm, Blase und die Drei Erwärmer) dem *Yang*, die fünf Speicherorgane (Leber, Herz, Milz, Lunge und Niere) dem *Yin*. Da diese Aufstellung recht grob ist, werden die fünf Speicherorgane wiederum in Unterbereiche von *Yin* und *Yang* unterteilt. So gehören Herz und Lunge zum *Yang*, Leber, Milz und Nieren gehören zum *Yin*. Dabei gelten Herz und Lunge als *Yang* im *Yin*, Leber, Milz und Nieren als *Yin* im *Yin*.

Die einzelnen inneren Organe werden in sich nochmals nach *Yin* und *Yang* unterteilt. Das Herz enthält ein Herz-*Yin* und ein Herz-*Yang*, die Nieren bestehen aus einem Nieren-*Yin* und einem Nieren-*Yang* usw.

Bei den Meridianen und Nebengefäßen gelten die äußeren Verläufe der Meridiane als *Yang*, die inneren Verläufe als *Yin*.

In einem *Yin-Yang*-Verhältnis stehen auch Blut und *Qi* im menschlichen Körper. Das *Qi* (Funktion, «Energie») gehört zum *Yang*, das Blut *(Xue)* gehört zum *Yin*. Auch bei den Körpersäften gibt es ein *Yin-Yang*-Verhältnis zwischen dem «*Jin*» und dem «*Ye*» (vgl. Abschnitt 3.1.4). Trotz der sehr differenzierten Beziehungen der verschiedenen Teile des menschlichen Körpers von oben nach unten, innen nach außen, sowie der unterschiedlichen Strukturen der inneren Organe lassen sich in der chinesischen Medizin alle unter dem Prinzip von *Yin* und *Yang* zusammenfassen und erklären. Im Buche «*Su-Wen*» heißt es: «Das Leben des Menschen hat eine Gestalt, die untrennbar mit *Yin* und *Yang* verbunden ist.» (53)

2.1.2.2 Die physiologischen Funktionen des menschlichen Körpers

Auch die physiologischen Abläufe im menschlichen Körper werden von der chinesischen Medizin mit Hilfe der *Yin-Yang*-Lehre umfassend erklärt. Die normale Lebensaktivität des menschlichen Körpers ist nach dieser Lehre das Resultat der komplementären Beziehung zwischen *Yin* und *Yang*, die eine harmonische Einheit bildet. Eine solche einheitliche Beziehung besteht auch zwischen den *Funktionen* der verschiedenen Teile des Organismus (die dem *Yang* entsprechen) und den *materiellen Bestandteilen* des Körpers (die zum *Yin* gehören). Alle physiologischen Abläufe im menschlichen Körper basieren auf den materiellen Organstrukturen, an denen sie ablaufen.

Ein weiterer *Yin-Yang*-Gegensatz besteht in der traditionellen chinesischen Medizin zwischen dem sogenannten *Yin-Jing* (*Yin*-Essenz) und dem sogenannten *Yang-Qi* (*Yang*-Funktion bzw. *Yang*-Energie) (vgl. Abschnitt 3.1.1). Ohne die *Yin*-Essenz kann keine *Yang*-Funktion bzw. *Yang*-Energie produziert werden. Andererseits ist der laufende Ersatz der *Yin*-Essenz nur möglich durch die Wirkung des *Yang-Qi*. Wenn sich *Yin* und *Yang* bei den Funktionen des menschlichen Organismus nicht harmonisch ergänzen, entstehen Krankheiten. Wenn sie sich trennen, hört die Aktivität des menschlichen Lebens auf. Deshalb heißt es im *Su-Wen*: «Wenn das *Yin* ruhig und das *Yang* ausreichend vorhanden ist, sind die Lebensfunktionen unter Kontrolle. Wenn *Yin* und *Yang* sich trennen, werden *Jing* (Essenz) und *Qi* (Funktion, «Energie») ausgelöscht.» (54)

2.1.2.3 Die pathologischen Veränderungen des menschlichen Organismus

Für die traditionelle chinesische Medizin beruht die Entstehung jeder Erkrankung auf einer Unausgewogenheit zwischen *Yin* und *Yang*. Einer von beiden Polen ist entweder zu stark oder zu schwach. In der speziellen Pathologie der chinesischen Medizin hängt die Entwicklung von Krankheiten eng mit der dialektischen Beziehung zwischen körpereigener Widerstandskraft *(Zheng)* und krankheitserzeugender Störung *(Xie)* zusammen. Auch die Abwehrfunktion des Organismus gegen Krankheiten, das sogenannte *Zheng-Qi*, und die krankheitserzeugenden Elemente, das sogenannte *Xie-Qi*, ihre wechselseitige Beziehung bzw. ihr gegenseitiger Kampf lassen sich auf der Basis von *Yin* und *Yang* erklären.

Die krankheitserzeugenden Störungen *(Xie)* werden eingeteilt in *Yin*-Störungen *(Yin-Xie)* und *Yang*-Störungen *(Yang-Xie)*. Das *Zheng-Qi* besteht aus den beiden Anteilen der *Yin*-Essenz *(Yin-Jing)* und des *Yang-Qi (Yang-*Funktion). Es sei an dieser Stelle schon im Text vorgreifend erwähnt, daß die sogenannte «*Yin*-Essenz» ein spezifischer Flüssigkeitsanteil des menschlichen Organismus ist, der aus dem *Yin-Ye*, der allgemeinen *Yin*-Flüssigkeit, entsteht, die als Basis sämtlicher Flüssigkeiten des Organismus aufgefaßt wird. Wenn ein *Yang-Xie* eine Krankheit verursacht, ist dieses *Yang-Xie* stets stark, und das körpereigene *Yin* wird geschädigt. Auf diese Weise entstehen die von der chinesischen Medizin sogenannten Hitze-Erkrankungen oder Hitze-Syndrome. Wenn eine vorliegende Erkrankung durch ein *Yin-Xie*, also eine *Yin*-Störung, verursacht wird, hat dieses störende *Yin* das Übergewicht, und das körpereigene *Yang* ist schwach. In solchen Fällen entstehen Kälte-Krankheiten bzw. Kälte-Syndrome.

Wenn das körpereigene *Yang-Qi* im Zustand der Leere ist und sich nicht mehr mit dem körpereigenen *Yin* in Ausgleich setzen kann, so besteht die Tendenz zu einem durch *Yang*-Leere und *Yin*-Fülle verursachten Leere-Kälte-Syndrom.

Wenn die *Yin*-Flüssigkeit des Körpers *(Yin-Ye)* verausgabt ist, so daß sie sich nicht mehr mit dem körpereigenen *Yang* ausgleichen kann, entsteht ein durch *Yin*-Leere und *Yang*-Fülle verursachter Leere-Hitze-Zustand.

Obwohl die pathologischen Veränderungen im menschlichen Organismus kompliziert und wechselnd sind, lassen sie sich doch nach der chinesischen Medizin mit wenigen Grundsätzen der *Yin* und *Yang*-Lehre erklären. Diese sind:

1. Unausgewogene wechselseitige Beziehung zwischen *Yin* und *Yang (Yin-Yang Shi-Tiao)*.
2. Wenn das *Yin* siegt, entsteht Kälte; wenn das *Yang* siegt, entsteht Hitze.
3. Bei *Yang*-Leere entsteht Kälte, bei *Yin*-Leere entsteht Hitze.

Hinzu kommt ein weiterer Grundsatz: Wenn entweder das *Yin* oder das *Yang* eine erhebliche Einbuße erlitten hat, kann dies einen Mangel bei seinem komplementären Partner nach sich ziehen. Dann gilt die Regel:

4. Das *Yang* schadet dem *Yin*, oder

5. das *Yin* schadet dem *Yang*.

Durch eine solche Entwicklung entsteht schließlich der pathologische Zustand:

6. *Yin* und *Yang* sind beide im Leerezustand *(Yin-Yang Liang-Xu)*.

Dieser Fall tritt bei chronischen Krankheiten ein, die ursprünglich durch eine Schwäche des *Yang-Qi* des Organismus entstanden sind, im Verlauf aber auf die *Yin*-Essenz *(Yin-Jing)* des Körpers übergegriffen haben. In der weiteren Folge der Krankheitsentwicklung führt die Schwäche der *Yin*-Essenz zu einer weiteren Schwächung des *Yang-Qi* (*Yang*-Funktion). Derartige Zustände lassen sich in der Klinik häufig beobachten.

2.1.2.4 Anwendung der *Yin-Yang*-Lehre zur Krankheitsdiagnostik

Da die chinesische Medizin die Entstehung und Entwicklung von Krankheiten immer auf eine Unausgeglichenheit zwischen *Yin* und *Yang* zurückführt, können sämtliche Störungen, wie verwickelt und komplex ihre Symptome auch sein mögen, als Variante eines *Yin*-Syndroms *(Yin-Zheng)* oder eines *Yang*-Syndroms *(Yang-Zheng)* angesehen werden. Die in der Klinik der chinesischen Medizin benutzte «dialektische Diagnostik nach den acht Leitprinzipien» bildet die Basis zur Krankheitserkennung wobei *Yin* und *Yang* als Ausgangspositionen dienen. Die acht Leitprinzipien umfassen die für die chinesische Medizin wichtigsten Erscheinungsformen der menschlichen Pathologie, nämlich: Oberfläche *(Biao)* und Inneres *(Li)*, Kälte *(Han)* und Hitze *(Re)*, Leere *(Xu)* und Fülle *(Shi)*. Oberfläche, Hitze und Fülle gehören zum *Yang*, Inneres, Kälte und Leere zum *Yin*.

Um eine chinesische Diagnose zu stellen, muß man zunächst *Yin* und *Yang* richtig einschätzen. Erst danach kann man den Charakter der vorliegenden Krankheit erfassen und vom Einfachen ausgehend auch kompliziertere Sachverhalte analysieren.

Hierzu einige Beispiele anhand verschiedener diagnostischer Verfahren:

1. Untersuchung durch Betrachten: Ist die Hautfarbe eines Patienten gut durchblutet, rosig und klar, so hat die vorliegende Erkrankung *Yang*-Charakter. Ist sie trübe und dunkel, handelt es sich um eine *Yin*-Erkrankung.
2. Untersuchung durch Hören: Ist die Stimme des Patienten voll tönend, hat die vorliegende Erkrankung *Yang*-Charakter. Ist sie leise und stockend, gehört die Störung zu den *Yin*-Erkrankungen.
3. Untersuchung durch Betasten: Ist der Puls oberflächlich, schnell, stark, gleitend und gefüllt, hat die Erkrankung *Yang*-Charakter. Ist der Puls tiefliegend, langsam, klein, rauh und leer, liegt ein *Yin*-Zustand vor.

In diesem Sinne erklärt das Buch *Su-Wen*: «Ein guter Diagnostiker betrachtet die Hautfarbe, fühlt die Pulse des Patienten und unterscheidet zunächst nach *Yin* und *Yang*» (53).

2.1.2.5 Anwendung der *Yin-Yang*-Lehre zur Therapie

Eine Entwicklung von *Yin* oder *Yang* in Richtung Stärke oder Schwäche ist für die chinesische Medizin stets die Grundlage für die Entstehung von Krankheiten. Bei der Therapie gilt die Regulierung von *Yin* und *Yang* deshalb als grundlegendes Prinzip. In der Sprache der chinesischen Medizin heißt es, man solle auf ein «ebenes» *Yin* und ein «dichtes» *Yang* hinwirken und das wechselseitige Gleichgewicht zwischen *Yin* und *Yang* wiederherstellen.

So empfiehlt das Buch *Su-Wen*: «Man beobachte vorsichtig, wo sich *Yin* und *Yang* befinden, und reguliere sie mit dem Ziel, sie ins Gleichgewicht zu setzen.» (56) Wenn die *Yang*-Hitze *(Yang-Re)* stark ist und dadurch die *Yin*-Flüssigkeit *(Yin-Ye)* geschädigt wird, geschieht dies nach der zusätzlichen Regel (vgl. S. 59 f):

7. Wenn das *Yang* siegt, wird das *Yin* krank.

Dabei kann im Sinne eines circulus vitiosus auch dem *Yang* geschadet werden. Therapeutisch wird bei solchen Fällen in der chinesischen Medizin die Methode verwendet «die Hitze wird gekühlt» *(Re-Zhe Han-Zhi)*.

Wenn die *Yin*-Kälte stark ist, wird das *Yang-Qi* (*Yang*-Funktion) geschädigt. Dies geschieht nach dem Grundsatz:

8. Wenn das *Yin* siegt, wird das *Yang* krank.

In solchen Fällen kann auch dem verbleibenden *Yin* nach Art eines circulus vitiosus geschadet werden. Therapeutisch findet hier in der chinesischen Medizin die Methode «die Kälte wird erhitzt» *(Han-Zhe Re-Zhi)* Anwendung.

Wenn umgekehrt *nicht genügend* *Yin*-Flüssigkeit *(Yin-Ye)* vorhanden ist, um das *Yang* im Organismus zu beschränken, wird das *Yang* übermäßig stark. Ist andererseits das *Yang-Qi* (*Yang*-Funktion) nicht ausreichend, so daß das *Yin* nicht unter Kontrolle gehalten werden kann, geht das *Yin* aus dem wechselseitigen Kampf als Sieger hervor. In diesen Fällen soll das, was nicht genügend ist, durch die Therapie aufgefüllt werden. Dabei gilt der therapeutische Grundsatz: «Bei *Yang*-Erkrankungen soll das *Yin* zur Heilung herangezogen werden; bei *Yin*-Erkrankungen soll das *Yang* zur Heilung herangezogen werden.» Ferner gilt die Regel: «Die Herrschaft des Wassers soll verstärkt werden, um das Strahlen des *Yang* zu unterdrücken. Die Quelle des Feuers soll verbessert werden, um die Unterdrückung durch das *Yin* zu beseitigen.» Diese Behandlungsprinzipien stellen das Gleichgewicht zwischen *Yin* und *Yang* wieder her. Die Lehre von *Yin* und *Yang* wird bei der Therapie nicht nur zur Festlegung des Heilungsprinzips verwendet, sie wird auch benutzt, um die Eigenschaften und Wirkungen von Medikamenten zu charakterisieren. Damit wird die *Yin-Yang*-Theorie zu einer wichtigen Basis bei der Anwendung chinesischer Medikamente. Beispielsweise gehören die sogenannten kalten, feuchten Medikamente zum *Yin,* die warmen, trockenen und heißen Medikamente zum *Yang.* Medikamente mit saurem, bitterem oder salzigem Geschmack gehören zum *Yin.* Medikamente mit scharfem, süßem oder fadem Geschmack gehören zum *Yang.* Medikamente mit sedierender Wirkung gehören zum *Yin.* Medikamente mit tonisierender Wirkung gehören zum *Yang.*

Bei der Therapie soll der Arzt nach der vorliegenden Situation das Verhältnis von *Yin* und *Yang* bestimmen und auf dieser Basis das anzuwendende therapeutische Prinzip festlegen. Nach diesem Prinzip wird das geeignete Medikament ausgewählt, und so kann schließlich eine Heilung der vorliegenden Störung erreicht werden.

2.2 Die Fünf Elemente *(Wu-Xing)*

Neben der *Yin-Yang*-Lehre spielt in den Texten der traditionellen Medizin Chinas die Lehre von den sogenannten *Wu-Xing* (zu deutsch: fünf Bewegungen, fünf Wandlungsphasen oder fünf Elemente) eine große Rolle. Die Theorie der Fünf Elemente entstammt dem Denken des chinesischen Altertums. Sie geht von der primitiven Beobachtung aus, daß Holz, Feuer, Erde, Metall und Wasser die grundlegenden Stoffe sind, aus denen die Welt besteht und die der Mensch zum täglichen Leben braucht. Das frühe chinesische Denken brachte die Fünf Elemente untereinander in eine zyklische Beziehung (vgl. S. 67) und erklärte damit funktionelle Abläufe in der Natur, aber auch im menschlichen Leben. In der Medizin versuchte man die physiologischen Beziehungen der inneren Organe untereinander und die pathologischen Veränderungen im menschlichen Körper mit Hilfe der Fünf-Elementen-Lehre zu erklären. Ähnlich wie die *Yin-Yang*-Theorie mußte dieses Denkmodell infolge des Standes der Erkenntnisse im frühen China notgedrungen begrenzt bleiben. Während die *Yin-Yang*-Theorie durch die ihr zugrunde liegende Dialektik auch für das moderne wissenschaftliche Denken akzeptabel ist, bleibt die Fünf-Elementen-Lehre trotz aller interessanter Analogien, die sie zu erschließen vermag, größtenteils von metaphysischer Spekulation geprägt. Hier liegt der Grund, weshalb die Fünf-Elementen-Lehre heute an den Hochschulen der traditionellen Medizin in China nicht mehr gelehrt wird.

Mancher orthodoxe Anhänger der traditionellen chinesischen Medizin-Theorie mag dies bedauern. Die Befürchtung, daß das theoretische Modell der traditionellen Medizin Chinas ohne die Theorie der Fünf Elemente entstellt oder gar verfälscht werde, ist nicht ganz von der Hand zu weisen. Andererseits lassen sich die Fünf Elemente aber weitgehend in die *Yin-Yang*-Lehre einfügen und durch diese ersetzen. Um dem westlichen Arzt, der sich mit der Theorie der traditionellen chinesischen Medizin befassen will, ein besseres Verständnis für die Zusammenhänge der inneren Organe und der pathologischen Veränderungen im menschlichen Körper aus altchinesischer Sicht zu vermitteln, wird hier die Lehre der Fünf Elemente vollständig wiedergegeben. Es war, wie gesagt, eine altchinesische Ansicht, daß sich alle Dinge des Universums aus der Bewegung und Veränderung der fünf gegenständlichen Materien Holz, Feuer, Erde, Metall und Wasser entwickelt hätten. Bereits in der Zeit der *Shang*-Dynastie (16. Jh. bis 11. Jh. v. Chr.) galt in China laut Aufzeichnung des Buches *«Shang-Shu Da-Zhuan»* die Auffassung: «Wasser und Feuer gehören zum Lebensnotwendigen, zum Essen und Trinken, das das Volk benötigt. Metall und Holz sind zum Vergnügen und zur Produktion da. Die Erde ist der Ursprung aller Dinge und dient zum Nutzen des Menschen» (57).

Daraus geht hervor, daß die chinesische Bevölkerung im Altertum aus der Erfahrung des alltäglichen Lebens heraus zur Ansicht gekommen war, Holz, Feuer, Erde, Metall und Wasser seien die zum Leben unentbehrlichen fünf Materien. In späterer Zeit wurden die Eigenschaften dieser fünf Materien von den Substanzen abstrahiert und dazu verwendet, die *Funktionen* der Dinge untereinander zu erklären. Dabei galt die Gesetzmäßigkeit, daß sich die fünf Stoffe in einem Zyklus der gegenseitigen Förderung einerseits und Beschränkung andererseits befänden. Außerdem seien sie in ununterbrochener Bewegung und Veränderung begriffen. Aus diesem Grunde nannte man sie *«Xing»*, d. h. «Bewegungen».

In der Medizin dient die Lehre der Fünf Elemente oder Fünf Bewegungen zur Erklärung der Physiologie und Pathologie des menschlichen Körpers sowie seiner Beziehungen zur Außenwelt. Sie bildet ferner eine Grundlage für die dialektische Diagnostik und Therapie. Außerdem leiten sich von ihr Richtlinien zur Krankheitsverhütung her. Stets ist zu bedenken, daß die in den folgenden Abschnitten geschilderten vielfältigen Beziehungen des Systems der Fünf Elemente natürlich keineswegs von diesen Elementen «abhängig» sind. Sie beruhen vielmehr auf praktischen Erfahrungen, die im alten China aus genauer Beobachtung der Natur und des Menschen gewonnen wurden. In diesem Sinne sind auch die folgenden Abschnitte über die besonderen Eigenschaften der Fünf Elemente zu verstehen.

Im heutigen Unterricht an den Akademien der traditionellen Medizin in *Peking, Shanghai, Hangzhou, Canton* wird die Fünf-Elementen-Lehre in die *Yin-Yang*-Theorie eingearbeitet. Die beiden Elemente Holz und Feuer, die *Yang*-Charakter haben, werden dem *Yang* zugerechnet. Die beiden Elemente Metall und Wasser, die *Yin*-Charakter haben, werden dem *Yin* zugeordnet. Das Element Erde steht in der Mitte und bildet gewissermaßen einen Drehpunkt zwischen *Yin* und *Yang*.

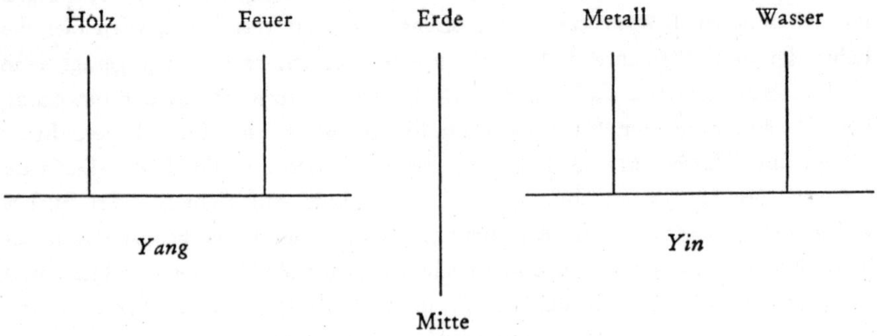

Abb. 1: Aufgehen der Fünf Elemente in *Yin* und *Yang*

2.2.1 Die Fünf-Elementen-Lehre im einzelnen

2.2.1.1 Beziehungen der Phänomene der Natur zu den Fünf Elementen

Die frühen Ärzte Chinas benutzten die Lehre von den Fünf Elementen zur Systematisierung ihrer Erfahrungen über die Funktionen der inneren Organe des menschlichen Körpers. Es waren also physiologische Abläufe, die mit dem Fünf-Elementen-System erfaßt wurden. Außerdem diente dieses System dazu, eine Ordnung in die vielfältigen Beziehungen zwischen Mensch und Natur zu bringen. Ähnlichkeiten zwischen diesen Beziehungen und den Fünf Elementen wurden ausschließlich auf der Basis von Analogien gefunden. Bestimmte Funktionen des menschlichen Körpers, der Jahreszeiten, der Wetterlage wurden miteinander verglichen, und es wurden gewisse, oftmals sehr lockere Gleichartigkeiten festgestellt. Bei der Zuordnung der verschiedenen Phänomene zu den einzelnen fünf Elementen spielte ihr Wesen, ihre Wirkung und ihre Gestalt eine Rolle.

Tabellarisch wurden die so gefundenen Analogien erstmals im Buche *Su-Wen* in einer Übersicht festgehalten, die wir im folgenden leicht verändert wiedergeben (58) (59).

Tabelle 2: Das System der Fünf Elemente

Natur						Fünf Elemente	Mensch				
Fünf Geschmacksrichtungen	Fünf Farben	Fünf Veränderungen	Fünf Witterungseinflüsse	Fünf Himmelsrichtungen	Fünf Jahreszeiten		Fünf Speicherorgane	Sechs Hohlorgane	Fünf Körperöffnungen	Körperstrukturen	Gefühle
sauer	blau	geboren werden	Wind	Osten	Frühling	Holz	Leber	Gallenblase	Augen	Sehnen	Wut
bitter	rot	wachsen	Hitze	Süden	Sommer	Feuer	Herz	Dünndarm	Zunge	Blutgefäße	Freude
süß	gelb	sich verändern	Nässe	Mitte	Spätsommer	Erde	Milz	Magen	Mund	Muskeln	Denken
scharf	weiß	sich zurückziehen	Trockenheit	Westen	Herbst	Metall	Lunge	Dickdarm	Nase	Haut und Körperhaare	Trauer
salzig	schwarz	sich verbergen	Kälte	Norden	Winter	Wasser	Nieren	Blase	Ohren	Knochen	Angst

Natürlich hat diese Methode der Eingliederung derart verschiedener Phänomene bzw. Gegenstände oder Funktionen mit Holz, Feuer, Erde, Metall oder Wasser direkt nichts zu tun. Es galt hier nur, die Besonderheiten der verschiedenen Dinge, ihre Eigenschaften abstrahiert zusammenzufassen und in ein verwendbares System zu bringen. Beispielsweise charakterisierte das alte chinesische Denken die Eigenschaften des Holzes folgendermaßen: Entstehung durch Wachsen, Nachgiebigkeit. Alle Dinge oder Phänomene, die gleiche Eigenschaften aufweisen, wurden im System der Fünf Elemente unter der Bezeichnung «Holz» zusammengefaßt.

Die typischen Eigenschaften des Feuers sind die *Yang*-Hitze und die nach oben schlagenden Flammen (medizinisch: im oberen Bereich des Körpers lokalisierte Hitze-Zustände bzw. Entzündungen). Alle Dinge, die diese Eigenschaften haben, wurden im System der Fünf Elemente dem «Feuer» zugeordnet.

Die besonderen Eigenschaften der Erde sind das Wachsen, das Ernähren und das Umwandeln. Phänomene, die diese Eigenschaften aufweisen, wurden im System der Fünf Elemente unter der Bezeichnung «Erde» zusammengefaßt. Die Eigenschaften des Metalls sind Klarheit, Sauberkeit, Sprödigkeit. Gegenstände oder Phänomene, die diese Eigenschaften besitzen, wurden unter der Rubrik «Metall» zusammengefaßt. Die Eigenschaften des Wassers sind Kälte, Schlüpfrigkeit und eine Tendenz zur Abwärtsbewegung. Gegenstände und Phänomene, die diese Eigenschaften besitzen, wurden deshalb unter dem «Wasser» aufgeführt.

2.2.1.2 Erzeugung *(Sheng)*, Unterdrückung *(Ke)*, Vervielfältigung *(Cheng)* und Verspottung *(Wu)* der Fünf Elemente untereinander

Die wechselseitigen Beziehungen der Phänomene bzw. Dinge wurden im altchinesischen Denken und damit auch in der traditionellen chinesischen Medizin durch die vier hauptsächlichen Funktionen der Fünf Elemente untereinander erklärt: durch das gegenseitige Erzeugen *(Sheng)*, das gegenseitige Unterdrücken *(Ke)*, das Vervielfältigen *(Cheng)* und das Verspotten *(Wu)*. «Sich gegenseitig erzeugen» bedeutet die Förderung und Unterstützung eines Elementes durch ein anderes: So erzeugt beispielsweise nach der Fünf-Elementen-Lehre das Holz das Feuer. Dies ist so zu verstehen, daß das Feuer durch Holz belebt, unterstützt und gefördert wird.

«Sich gegenseitig unterdrücken» bedeutet Beschränkung, Störung oder gar Auslöschung eines Elements durch ein anderes. Das Holz unterdrückt nach der Lehre der Fünf Elemente die Erde. «Die Unterdrückung überwinden» ist dazu die gegenläufige Tendenz. Wenn die Erde stark genug ist, kann sie sich der Unterdrückung durch das Holz widersetzen und dieses überwinden.

Die vollständige Reihenfolge der Erzeugung der Fünf Elemente ist: Holz erzeugt Feuer, Feuer erzeugt Erde, Erde erzeugt Metall, Metall erzeugt Wasser, Wasser erzeugt Holz. Nach dieser Ordnung entsteht ein unendlicher Kreislauf der Elemente untereinander.

Die Reihenfolge der Unterdrückung ist: Holz unterdrückt Erde, Erde unterdrückt Wasser, Wasser unterdrückt Feuer, Feuer unterdrückt Metall, Metall unterdrückt Holz. Auch hier ergibt sich eine unendliche Zirkulation der Unterdrückung. Umgekehrt zu dieser Zirkulationsfolge verläuft der Zyklus der Überwindung der Unterdrückung. In dieser der Überwindung entgegengerichteten Tendenz überwindet das Holz das unterdrückende Metall, das Metall überwindet das unterdrückende Feuer, das Feuer überwindet das unterdrükkende Wasser, das Wasser überwindet die unterdrückende Erde, die Erde überwindet das unterdrückende Holz.

Bei der Funktion der Erzeugung gibt es im Zyklus der Fünf Elemente zwei Seiten:

1. das Erzeugen
2. das Erzeugtwerden

Das Element, welches erzeugt, nennt man «Mutter»; das Element, das erzeugt wird, ist das «Kind». Aus diesem Grund wird die Beziehung des Erzeugens bzw. Erzeugtwerdens im Zyklus der Fünf Elemente auch die «Mutter-Kind-Beziehung» genannt.

Im Zyklus der Unterdrückung und Überwindung der Fünf Elemente gibt es ebenfalls zwei Seiten eines jeden Elementes:

1. die aktive Seite des Überwindens *(Wo Ke)*
2. die passive Seite des Überwundenwerdens *(Ke Wo)*.

In diesem Sinne heißt die Beziehung des gegenseitigen Überwindens der Fünf Elemente in der Lehre der traditionellen chinesischen Medizin auch das «Besiegtwerden» *(Suo-Sheng)* oder das «Nichtbesiegtwerden» *(Suo Bu-Sheng)*.

Erzeugung und Unterdrückung im Zyklus der Fünf Elemente sind im Grunde nicht voneinander zu trennen. Wenn es kein Erzeugen gibt, gibt es auch kein Entstehen von Phänomenen, kein Wachstum von Dingen. Wenn es keine Überwindung gibt, gibt es keine Grenzen des Wachstums, keine Entwicklung innerhalb normaler, im harmonischen Gleichgewicht stehender Beziehungen. Deshalb heißt es im Buche *«Lei-Jing Tu-Yi»* aus der Ming-Dynastie: «Der Prozeß der Entstehung kann nicht ohne Erzeugung, aber auch nicht ohne Kontrolle vor sich gehen. Ohne Geburt gibt es kein Wachstum, ohne Kontrolle wird erheblicher Schaden entstehen» (60). So versuchte man im alten

China die Bewegung und Veränderung aller Dinge in der Natur zu erklären, und die chinesischen Mediziner machten sich aufgrund dieser Theorie ein Bild von der wechselseitigen Anregung und Kontrolle der Organe des menschlichen Körpers.

Die Beziehung der «gegenseitigen Vervielfältigung» *(Cheng)* und «gegenseitigen Verspottung» *(Wu)* im Zyklus der Fünf Elemente ist die Folge eines gestörten Gleichgewichts innerhalb der Entwicklung der Phänomene. Das chinesische Zeichen *«Cheng»*, das wir hier mit «Vervielfältigung» wiedergeben, bedeutet soviel wie «die Schwäche ausnützen und eindringen». Das Zeichen *«Wu»*, das wir mit «Verspottung» wiedergeben, bedeutet, «sich auf die eigene Stärke stützen und die Schwäche unterdrücken». Es kann der Fall eintreten, daß sich zwei Elemente gegenseitig durch Vervielfältigung (d. h. Steigerung) und Verspottung so stark bedrängen, daß ein Übermaß gegenseitiger Verstärkung und Abwehr dagegen eintritt. In solchen Fällen ist die normale Harmonie im Zyklus der Fünf Elemente verlorengegangen. Geben wir dafür ein Beispiel: Wenn das *Qi* (d. h. die Funktion) des Holzes stark ist, wenn gleichzeitig das Metall das Holz nicht zur Norm ausgleichen kann, so greift das übermäßig stark gewordene Holz die Erde an und verursacht einen noch weiter abgeschwächten Zustand des Elements Erde. Die schädigende Wirkung des zu starken Holzes wird dadurch «vervielfältigt».

Oder ein anderes Beispiel: Normalerweise vermag das Metall das Holz zu unterdrücken. Wenn aber das *Qi* (Funktion) des Metalls nicht ausreicht oder wenn das *Qi* des Holzes zu stark ist, überwindet das Holz umgekehrt das Metall. Auch dies hat dann weitere pathologische Folgen, die sich auf andere Elemente (Feuer oder Wasser) auswirken können. Hier «verspottet» das Holz gewissermaßen die regulierende Funktion des Metalls.

Im Buch *«Su-Wen»* heißt es im Kapitel über die Fünf Elemente: «Wenn das *Qi* (Funktion) im Übermaß vorhanden ist, überwindet es das, was es überwinden kann, und verspottet das, was es (normalerweise) nicht besiegen kann. Wenn dieses *Qi* aber nicht stark genug ist, wird es von dem, das es selbst nicht zu besiegen vermag, verspottet, dieses vervielfältigt sich (nützt die Schwäche aus und dringt ein). Dasjenige, was dieses *Qi* gerade nur knapp besiegen kann, wird von ihm verspottet» (61). Dies ist die klassische chinesische Erklärung für die Beziehung der Vervielfältigung und Verspottung zwischen den Fünf Elementen.

2.2.2 Anwendung der Fünf-Elementen-Lehre in der chinesischen Medizin

Die chinesische Medizin benutzt die Theorie der Fünf Elemente in dreierlei Hinsicht: erstens in Form der Systematik der Fünf Elemente zur Einteilung der inneren Organe und der äußeren Strukturen des menschlichen Organismus; zweitens zur Erklärung der verschiedenen Phänomene der Physiologie und der Pathologie des menschlichen Körpers mit Hilfe der Beziehungen der Erzeugung, Unterdrückung und Vervielfältigung und Verspottung; drittens durch die Systematik der Fünf Elemente (einschließlich der obengenannten vier Beziehungen) zur klinischen Diagnostik und Therapie.

2.2.2.1 Einteilung und physiologische Funktionen der inneren Organe

Die chinesische Medizin teilt die inneren Organe des menschlichen Körpers nach den Fünf Elementen ein. Aufgrund einfacher Analogien werden dabei die unterschiedlichen Funktionen der verschiedenen Organe dem verschiedenen Charakter der Fünf Elemente zugeordnet. In dieser Systematisierung, die kaum die Bezeichnung wissenschaftlich beanspruchen darf, ist jeweils ein Speicherorgan *(Zang)* und ein Hohlorgan *(Fu)* einem der Fünf Elemente zugeordnet. (Über die Speicher- und Hohlorgane siehe Seite 77 f). Auf diese Weise entsprechen die Leber und die Gallenblase dem Holz, das Herz und der Dünndarm dem Feuer, die Milz und der Magen der Erde, die Lunge und der Dickdarm dem Metall, die Niere und die Blase dem Wasser.

Die chinesische Medizin erklärt den Zusammenhang zwischen Leber und Holz folgendermaßen: Das Holz hat die Eigenschaft des Wachsens und der Entstehung, und die Leber übernimmt im Körper die Funktion der Beförderung und Ausscheidung. Aus diesem Grunde wird die Leber dem «Holz» zugeordnet. Das Herz, *Yin*-Organ mit *Yang*-Charakter, hat eine wärmende Funktion. Das Feuer hat als besondere Eigenschaft die Hitze, die dem Yang entspricht. Deshalb wird das Herz dem «Feuer» zugeordnet. Die Milz wird in der traditionellen chinesischen Medizin als «Ursprung von Entstehung und Umwandlung» bezeichnet. Das Element «Erde» ist im chinesischen Denken ebenfalls durch die Erzeugung und Umwandlung aller Dinge charakterisiert. Aus diesem Grunde wird die Milz der «Erde» zugeordnet. Die Lunge hat die Funktionen der Verbreitung und des säubernden Herabführens. Auch das Metall hat als besonderes Charakteristikum die Klarheit und Sauberkeit; das chinesische Denken schreibt dem Metall ferner eine auflösende, verbreitende Funktion zu. Unter diesen Gesichtspunkten wird die Lunge dem «Metall» zugeordnet. Die Nieren haben nach der chinesischen Medizin zwei Aufgaben: die

Regulierung des Wassers sowie die Speicherung des Samens bzw. der Lebensessenz *(Jing)*. Wasser «hält den Abfluß feucht und durchgängig»; deshalb werden die Nieren dem «Wasser» zugeordnet.

Neben der hier angedeuteten Systematisierung der inneren Organe wird die Lehre der Fünf Elemente *(Wu-Xing)* zur Erklärung der physiologischen Funktionen der Speicherorgane und Hohlorgane verwendet. Dabei werden folgende Analogien herangezogen: Wie das Wasser das Holz erzeugt und ernährt, so ernährt die Essenz *(Jing)* der Nieren die Leber. Die Leber (Holz) speichert das Blut und unterstützt und ernährt auf diese Weise über das Blut das Herz (Feuer). Die Hitze des Herzens (Feuer) wärmt die Milz (Erde). Die Milz (Erde) bildet die Nahrungsessenz, das *«Shui-Gu Jing-Wei»* (vgl. S. 102). Dadurch regeneriert die Milz ständig die Lebensessenz *(Jing)* des Menschen (vgl. S. 80 f), die die Lunge stärkt. Das *Qi* der Lunge (Metall) säubert den Körper von Abfallstoffen und hat eine im Körper abwärts führende Funktion, wodurch sie die Niere (Wasser) unterstützt. Dies ist die Beziehung der Erzeugung unter den Fünf Speicherorganen des menschlichen Körpers.

Betrachten wir nun die Beziehung der «Unterdrückung», nach der im menschlichen Organismus nicht nur pathologische Entwicklungen, sondern auch die notwendige Kontrollfunktion der Organe untereinander erklärt werden. Das *Qi* (Funktion) der Lungen (Metall) säubert und hat eine im Körper abwärtslaufende Funktion. Dadurch ist es in der Lage, das pathologische «Aufsteigen des *Yang* der Leber» zu verhindern. Aufgrund ihrer Transport- und Ausscheidungsfunktion hält die Leber (Holz) im Körper Ordnung. Dadurch ist sie in der Lage, einer Verstopfung *(Yong-Yu)* der Milz vorzubeugen. Die Transport- und Umwandlungsfunktion der Milz (Erde) kann eine Überschwemmung des Körpers durch das Wasser der Niere verhindern. Durch die Flüssigkeit der Nieren (Wasser) kann übermäßiges Feuer des Herzens gedämpft werden. Die *Yang*-Hitze des Herzens (Feuer) vermag ein Übermaß der Säuberungsfunktion der Lunge auszugleichen.

Für die traditionelle chinesische Medizin war von jeher die Beziehung zwischen dem Menschen und seiner Umwelt von besonderer Bedeutung. Auch diese Beziehungen wurden im altchinesischen Denken durch die Fünf Elemente erklärt. Tabelle 2 zeigt, daß die fünf Witterungseinflüsse der vier Jahreszeiten und die fünf Geschmacksrichtungen der Speisen ebenfalls nach der Systematik der Fünf Elemente eingestuft wurden. Aus der Zuordnung der Witterungslagen und Geschmacksrichtungen zu den inneren Organen ergaben sich fördernde oder hemmende Beziehungen, die in der Physiologie und Pathologie des menschlichen Körpers und somit bei den Beziehungen des Menschen zu seiner Umgebung eine Rolle spielten.

2.2.2.2 Pathologische Beziehungen zwischen Speicher- und Hohlorganen

Die Beziehungen der Erzeugung, Unterdrückung, Vervielfältigung und Verspottung der Fünf Elemente werden zur Erläuterung pathologischer Entwicklungen im menschlichen Körper verwendet. Unter anderem erklärt die chinesische Medizin dadurch den gegenseitigen pathologischen Einfluß der verschiedenen inneren Organe aufeinander. Wie das Holz die Erde zerstört, so können Lebererkrankungen die Milz erreichen und schädigen. Milzerkrankungen können aber auch auf die Leber übergreifen. Dies wäre der der Unterdrückung entgegengesetzte Weg der «Überwindung», hier überwindet die Erde das unterdrückende Holz.

Sind sowohl Leber als auch Milz krank, beeinflussen sich beide gegenseitig pathologisch. In solchen Fällen ist das Holz (Leber) im Zustand der Blockierung *(Yu)*, die Erde (Milz) ist im Zustand der Leere *(Xu)*. Oder aber die Erde (Milz) ist in einem Stauungszustand *(Yong)*, und das Holz (Leber) ist blockiert *(Yu)*. Lebererkrankungen können auch das Herz beeinflussen, was der modernen westlichen Medizin bestens bekannt ist. Für die chinesische Medizin läuft dieser Zustand nach der Regel ab: «Wenn die Mutter krank ist, wird das Kind beeinflußt.» Wenn bei einer Lebererkrankung die Lunge beeinflußt wird, erklärt dies die traditionelle chinesische Medizin damit, daß das Holz (Leber) das Metall (Lunge) «überwindet». Werden durch eine Lebererkrankung die Nieren betroffen, gilt die Regel: «Das Kind ist krank und beeinflußt dadurch seine Mutter.»

Nach dem hier geschilderten Modell der Leberkrankheit werden in der chinesischen Medizin auch die Krankheiten der übrigen Speicherorgane interpretiert.

2.2.3 Die Fünf-Elementen-Lehre in Diagnostik und Therapie

Die chinesische Medizin bedient sich zur Krankheitsdiagnostik der vier Untersuchungsverfahren: Sehen *(Wan)*, Hören und Riechen *(Wén)*, Fragen *(Wèn)* und Tasten *(Qie)*. Dabei werden u. a. die Gesichtsfarbe, die Stimme, der Mundgeruch, die Zunge, die Pulse des Patienten untersucht, um darin wie in einem Spiegel die normalen oder krankhaft veränderten Funktionen der inneren Organe abzulesen. Im Buche *«Nan-Jing»* heißt es im 61. Kapitel: «Will man durch Betrachten eine Krankheit feststellen, muß man die Fünf Farben erkennen. Will man durch Hören eine Krankheit analysieren, muß man auf die Fünf verschiedenen Stimmen achten. Will man die Entstehung und Lokalisierung einer Krankheit durch Riechen feststellen, muß man die Fünf Gerüche unterscheiden. Wenn man die Pulse am Handgelenk betastet, kann man je nach deren Leere oder Fülle feststellen, in welchen inneren Organen die Krankheit liegt» (62).

Bei der hier verwendeten Einteilung in fünf Farben, fünf Töne, fünf Gerüche wird das System der Fünf Elemente zugrunde gelegt. Die Zuordnung der einzelnen Farben, Funktionen usw. zu den verschiedenen Speicherorganen ist aus Tabelle 2 ersichtlich. Die chinesischen Ärzte beurteilen die verschiedenen Gerüche, Gesichtsfarben, Stimmnuancen und Pulse gelegentlich aufgrund ihrer Beziehungen zum System der Fünf Elemente. Abweichungen vom normalen Charakter wurden nach den Regeln der Erzeugung, Unterdrückung und Überwindung analysiert. Wenn ein Patient beispielsweise eine blaßgrüne Gesichtsfarbe und Appetit auf Saures hat, wenn sein Puls dabei gespannt *(Xian)* wie eine Saite ist, liegt eine Lebererkrankung vor. Ist die Gesichtsfarbe rot, der Mundgeschmack bitter und der Puls weit *(Hong)*, wird die Diagnose eines «üppig starken Herzfeuers» gestellt. Patienten mit einem Leere-Syndrom der Milz haben eine blaugrüne Farbe, weil hier das Holz die Erde verdrängt. An gewissen Herzkrankheiten leidende Patienten haben häufig eine schwärzliche Gesichtsfarbe, weil dabei «das Wasser das Feuer unterdrückt» ... usw.

Die Entstehung oder Entwicklung von Krankheiten weist in vielen Fällen Züge auf, die den Beziehungen der Erzeugung und Unterdrückung bzw. Überwindung der Fünf Elemente ähneln. In der Therapie der chinesischen Medizin gilt der Grundsatz, bei der Behandlung erkrankter innerer Organe immer auch an die mit diesen Organen nach dem System der Fünf Elemente gekoppelten anderen Organe zu denken, alle Beziehungen zwischen den einzelnen Organen mit zu regulieren und auf diese Weise die Harmonie aller Abläufe im Körper zu fördern, damit eine rasche Heilung erreicht wird. Im 77. Kapitel des Buches *«Nan-Jing»* heißt es: «Wenn man eine Lebererkrankung feststellt, weiß man, daß auch die Milz davon beeinflußt wird. Deshalb muß man zunächst das *Qi* (Funktion) der Milz füllen.» (63) Hier zeigt sich die praktische Anwendung der Erzeugungs-, Unterdrückungs-, und Überwindungsregeln nach der Lehre der Fünf Elemente in der alten chinesischen Heilkunde. Im Laufe der Jahrhunderte wurden in China nach diesen Grundregeln zahlreiche ganz bestimmte Therapieformen ausgearbeitet. Dabei gingen die chinesischen Ärzte von der Vorstellung aus, daß das Metall entsteht, wenn man die Erde stärkt, daß das Holz gefördert wird, wenn man das Wasser anreichert, daß man das Holz unterdrückt, wenn man die Erde übermäßig unterstützt, daß man das Feuer begrenzt, wenn man das Wasser stärkt ... usw.

2.3 Interpretation der *Yin-Yang*-Lehre und der Theorie der Fünf Elemente für das moderne Verständnis

2.3.1 Historische Aspekte

Ein der *Yin-Yang*-Lehre ähnliches dialektisches Denken war auch schon dem abendländischen Altertum bekannt. Hier ist vor allem das dialektische Streitgespräch im Sinne PLATONS (427–347 v. Chr.) zu nennen, in dem bestehende Widersprüche durch dialektische Behandlung zur Auflösung geführt werden, wobei sich die Erkenntnis der Wahrheit eröffnet. Auch der frühen abendländischen Medizin war die Dialektik bekannt (vgl. Abschnitt 1.4.1).

Den auf PLATON zurückführenden Grundsatz des dialektischen Denkens von These – Antithese – Synthese griff der deutsche Philosoph GEORG WILHELM FRIEDRICH HEGEL Anfang des 19. Jahrhunderts auf. Er deutete den Entwicklungsprozeß der Weltgeschichte als dialektische Auseinandersetzung des «Weltgeistes» mit sich selbst. HEGEL faßte die Materie auf als eine Erscheinungsform des Geistigen, das hinter den Gegenständen der Welt stehe. Von ihm übernahm KARL MARX die dialektische Methodik und entwickelte daraus den dialektischen Materialismus, indem er anstelle des Weltgeistes den Begriff der Materie setzte. Von der marxistischen Theorie ausgehend schrieb *Mao Tse-tung* in seiner Abhandlung «Über den Widerspruch»: «Das Gesetz der Einheit der Gegensätze ist das fundamentalste Gesetz der materialistischen Dialektik.» (64). Hier vermischt sich im modernen China die alte eigene Tradition mit philosophischem Ideengut aus dem Abendland. Für das moderne, vom dialektischen Materialismus bestimmte chinesische Denken treiben *Yin* und *Yang* die Entwicklung und Veränderung der Dinge voran, analog dem dialektischen Prozeß, der die historische Entwicklung in Gang hält.

Eine gewisse Parallele zu den Fünf Elementen findet sich im abendländischen Denken auch, und zwar bei den vorsokratischen Philosophen Griechenlands. EMPEDOKLES und andere sprachen von den *vier* Elementen Feuer, Wasser, Erde, Luft, die sie als Urbestandteile des Alls ansahen. Auch zwischen diesen vier Elementen der Griechen gab es zahlreiche Wechselbeziehungen. Man kannte Verbindungen der einzelnen Elemente zu den Säften des menschlichen Körpers, zu Krankheiten und zu den verschiedensten Erscheinungen der Natur. Diese Lehre, die uns von ARISTOTELES übermittelt wurde, konnte sich in der abendländischen Welt mehr als zwei Jahrtausende halten. Ihr Schicksal war dabei unterschiedlich. Während sich die Philosophie bereits im 17. Jahrhundert von ihr abwandte, hielt die westliche Medizin bis hinein ins 18. und 19. Jahrhundert an ihr fest. (65) Jedenfalls war auch dieses System vielseitiger Entsprechungen ebensowenig wissenschaftlich wie die chinesische Fünf-Elementen-Theorie. Auf seiner Grundlage konnten sich allerdings bedeutende Denker, Philosophen und Ärzte des Abendlandes entwickeln, die das heutige Gebäude der westlichen Kultur mitgestalteten.

Der wissenschaftlich gebildete moderne Abendländer muß die Lehre von den Fünf Elementen mit erheblicher Skepsis aufnehmen. Sie ist bemerkenswerterweise auch schon im alten China auf heftige Kritik gestoßen. «Wenn das Metall das Holz zerstört und das System der fünf Elemente richtig ist», sagten die Skeptiker, «warum fressen dann nicht Affen (die dem Metall zugeordnet waren) Tiger (die dem Holz entsprachen)? Oder warum verspeisen nicht Hasen (die dem Holz zugeordnet waren) Drachen (die der Erde angehörten)?»

Dieser Vorwurf, der zuerst im 3. Jahrhundert v. Chr. aus dem Lager der Mohisten, Anhängern des *Mo-Zi,* laut geworden war, wurde im 1. Jahrhundert n. Chr. von *Wang-Chong* in seinem Werk *«Lun-Heng»* aufgegriffen (66). Heute gilt die Theorie von den Fünf Elementen in China als unwissenschaftlich und überholt.

2.3.2 Einschätzung der *Yin-Yang*-Lehre in der Medizin des modernen China

Während die durch *Yin* und *Yang* dargestellte Dialektik im heutigen China voll akzeptiert wird, findet man in modernen chinesischen Medizinwerken den Hinweis, daß diese Lehre teilweise von «metaphysischen Spekulationen» beeinflußt und mit «idealistischen Inhalten» erfüllt worden sei. Im Sinne der Ideen des dialektischen Materialismus wird anerkannt, daß die *Yin-Yang*-Lehre vom Aufbau der Welt durch Materie ausgehe und die Beziehung der Dinge untereinander unter den Gesichtspunkten der Bewegung und Veränderung erkläre. Im Gegensatz zum modernen dialektischen Materialismus wird das *Yin-Yang*-Denken als «schlichter Materialismus» eingestuft, der sich unter den bestimmten gesellschaftlichen und historischen Bedingungen früherer Epochen entwickelt habe.

Als Kern der *Yin-Yang*-Lehre wird herausgestellt, daß dadurch sowohl die negativen als auch die positiven Seiten verschiedenster Phänomene bzw. Dinge erfaßt und so deren Veränderung und Entwicklung erklärt werden können. Kritisiert wird, daß die *Yin-Yang*-Lehre nur in der Lage sei, diese Veränderungen *abstrahiert* zu erfassen, ohne dabei konkrete, d. h. objektive und quantitative Bedingungen zu berücksichtigen. Diese Kritik gilt auch für die moderne Medizin. Denn durch das Fehlen von quantisierten Aussagen, von Exaktheit, Prüfbarkeit und Objektivität entbehrt die traditionelle chinesische

Medizin einer für moderne Ansprüche entscheidenden wissenschaftlichen Dimension. Sie vermag die verschiedenen Aspekte der inneren Organe, des Blutes, des *Qi* usw. im menschlichen Körper nur teilweise zu erklären und muß deshalb, wenn überhaupt eine Sicherheit in Diagnostik und Therapie erreicht werden soll, durch moderne naturwissenschaftliche Diagnostik ergänzt werden. Dies wird gegenwärtig in allen Kliniken und Forschungsinstituten der chinesischen Medizin in der Volksrepublik China getan: Die Verfahren der traditionellen Medizin werden mit den Methoden der modernen westlichen Medizin verbunden.

2.3.3 Interpretation der Theorie von den Fünf Elementen

Auch die Fünf-Elementen-Lehre entstammt dem einfachen dialektischen Denken, das für das frühe China bezeichnend ist. In den Lehr- und Forschungsinstituten für traditionelle chinesische Medizin in der Volksrepublik China wird diese Theorie gegenwärtig nicht mehr verwendet. Wir haben oben geschildert, wie sie durch die *Yin-Yang*-Lehre ersetzt werden kann. Da die Fünf-Elementen-Lehre aber zum historischen Verständnis der chinesischen Medizin wesentlich ist, geben wir hier ebenfalls eine kurze Interpretation für das Verständnis westlicher Mediziner.

Mit der Fünf-Elementen-Lehre versuchte die traditionelle chinesische Medizin, die komplizierten physiologischen und pathologischen Beziehungen zwischen inneren Organen und äußeren Strukturen des menschlichen Organismus zu erklären. Es braucht kaum erwähnt zu werden, daß dieser Erklärungsversuch notdürftig war. Ein moderner Physiologe, der die Beziehungen zwischen den inneren Organen lediglich auf der Basis von «Erzeugung, Unterdrückung und Überwindung» zugemutet bekäme, würde sich kopfschüttelnd von den Fünf Elementen abwenden. Auch hier ist nochmals zu betonen, daß die traditionelle chinesische Medizin-Theorie unbedingt mit den Erkenntnissen moderner Medizinwissenschaft kombiniert werden muß, wenn sie überhaupt einen Wert für die ärztliche Praxis haben soll. In den Lehrinstituten der chinesischen Medizin der Volksrepublik China wird heute an der Fünf-Elementen-Lehre kritisiert, daß sie die lebendigen Verbindungen der Organe des menschlichen Körpers zu einer mechanischen Formel (nämlich der der Fünf Elemente) abstrahiert habe, daß man deshalb mit dieser Lehre die Physiologie und Pathologie des menschlichen Körpers nicht ausreichend erfassen könne. Außerdem ergebe, und dem wird jeder westliche Arzt zustimmen, die konsequente Anwendung der Fünf-Elementen-Lehre auf die inneren Organe Situationen und Beziehungen, die der physiologischen Wirklichkeit überhaupt nicht entsprechen. Ferner fehlt dieser Lehre auch die vom Standpunkt der Wissenschaft zu fordernde Exaktheit, Prüfbarkeit und Objektivität. Sie arbeitet ausschließlich auf der Basis von Analogien, und diese sind in der Physiologie des menschlichen Organismus nur mit größter Vorsicht verwendbar. – Wir haben diese Theorie hier in erster Linie deshalb erklärt, weil sie zum Verständnis der Entwicklung des medizinischen Denkens im alten China notwendig ist.

2.4 Zusammenfassung

In der Theorie der chinesischen Medizin entspricht der Ausgewogenheit von *Yin* und *Yang* die normale Funktion des menschlichen Organismus. Wenn *Yin* und *Yang* ihren normalen wechselseitigen Ausgleich verlieren, entstehen Krankheiten. Nach dem *Yin-Yang*-Modell werden die wichtigsten Körperstrukturen und -funktionen geordnet und in ihren Beziehungen bzw. ihrem Ablauf erklärt. Die *Yin-Yang*-Theorie ist vom Denken vergangener Epochen bestimmt. Als Ergänzung zur modernen westlichen Heilkunde eignet sie sich im wesentlichen unter zwei Aspekten:

1. als Modell zur ganzheitlichen Erfassung des menschlichen Organismus,
2. zum dialektischen Verständnis dieser Ganzheit auf der Basis der speziellen chinesischen Diagnostik. Zur Gewährleistung diagnostischer und therapeutischer Sicherheit ist die *Yin-Yang*-Lehre bei jeder Behandlung mit den exakten und objektiven Untersuchungsmethoden der modernen westlichen Heilkunde zu verbinden.

Ähnlich verhält es sich mit der Theorie der Fünf Elemente. Hier werden die gegenseitigen Beziehungen der inneren Organe nach einem altertümlichen zyklischen Modell erklärt. Bei der klinischen Arbeit und zur Klärung schwieriger Fälle, die sonst nicht mit den diagnostischen Möglichkeiten der modernen westlichen Heilkunde ausgeschöpft werden können, mag sich die Fünf-Elementen-Theorie gelegentlich als Leitfaden anbieten. Der Arzt muß sich dabei aber stets der erkenntnistheoretischen Grenzen dieses Modells bewußt bleiben. In der Volksrepublik China wird gegenwärtig versucht, die überlieferten alten Medizintheorien weiter zu analysieren und sie dem heutigen wissenschaftlichen Denken anzupassen. Es sei darauf hingewiesen, daß diese Einstellung nicht etwa nur ideologischen Erwägungen im Sinne des dialektischen Materialismus entspringt, sondern daß sie in erster Linie durch die Erfordernisse der Praxis, das heißt die Wirksamkeit und Sicherheit der ärztlichen Behandlung bestimmt ist.

3 Speicherorgane und Hohlorgane *(Zang-Fu)*

Die *Zang-Fu*-Lehre, d. h. die traditionelle chinesische Vorstellung von den inneren Organen des menschlichen Organismus, ist von der *Yin-Yang*-Theorie abgeleitet, die im vorhergehenden Kapitel erläutert wurde. Während die Anordnung der Speicherorgane und Hohlorgane nach dem Zyklus der Fünf Elemente (vgl. S. 62) in der heutigen Lehre der traditionellen Medizin in China weitgehend aufgegeben wurde, wird die Ordnung der inneren Organe nach dem *Yin-Yang*-System weiterhin gelehrt. Speicherorgane und Hohlorgane verhalten sich nach dieser Lehre zueinander wie *Yin* zu *Yang*, d. h. ihre wechselseitigen Beziehungen regeln sich nach genau den Grundsätzen, die für das Verhältnis zwischen *Yin* und *Yang* maßgeblich sind (vgl. S. 52 ff). Im einzelnen kennt die chinesische Medizin folgende Organpaare, die sich wie *Yin* zu *Yang* verhalten: Leber und Gallenblase, Herz und Dünndarm, Milz und Magen, Lunge und Dickdarm, Niere und Blase.

Allgemein gilt die *Zang-Fu*-Lehre in der traditionellen Medizin Chinas als Theorie zum Verständnis sämtlicher Eingeweide. Dies schließt ein:

1. den anatomischen Aufbau der Eingeweide,
2. ihre physiologischen Aktivitäten,
3. ihre pathologischen Veränderungen,
4. ihre wechselseitigen Beziehungen.

Im chinesischen Altertum wurde die *Zang-Fu*-Theorie mit «*Zang-Xiang*» bezeichnet. Dabei bedeutete «*Zang*» die inneren Organe des menschlichen Körpers*), «*Xiang*» bedeutete Symbol oder Gestalt. *Zang-Xiang* heißt soviel wie das «Abbild der inneren Organe an der Körperoberfläche». Dies weist auf die besondere chinesische Diagnostik hin, der ein besonderes Kapitel dieses Buches gewidmet ist. Die traditionelle chinesische Medizin erkennt nämlich Veränderungen und Krankheiten der inneren Organe an Veränderungen der Körperoberfläche, der Zunge, der Augen, des Pulsschlags usw. Somit kann man die *Zang-Fu*-Theorie beschreiben als «Lehre von den inneren Organen, ihren physiologischen Abläufen, pathologischen Veränderungen und wechselseitigen Be-

*) Das moderne Schriftzeichen «*Zang*» leitet sich von einem klassischen Schriftzeichen her, welches mit «*Cang*» zu transkribieren ist und «verbergen, speichern» bedeutet. In den *Cang*- (bzw. *Zang*-)Organen werden Blut, *Qi*, Essenz, *Shen* und Körpersäfte *(Jin-Ye)* gespeichert.

ziehungen einschließlich ihrer Diagnostik durch Betrachten äußerer Erscheinungen am menschlichen Körper».

Die *Zang-Fu*-Theorie ist, wie das meiste in der chinesischen Medizin, aus unmittelbaren Beobachtungen hervorgegangen, die chinesische Ärzte im Laufe der Jahrhunderte an ihren Patienten gemacht haben. Man mag heute aus westlicher Sicht vieles an der traditionellen Medizintheorie Chinas als unwissenschaftlich bzw. vorwissenschaftlich kritisieren, einen hohen empirischen Gehalt kann man dieser Lehre aber in keinem Falle absprechen. Die frühen chinesischen Ärzte hatten durch Beobachtung herausgefunden, daß bestimmte Erkrankungen im Körperinneren immer mit ganz bestimmten äußeren Veränderungen des Körpers zusammenfallen und daß bei normalem Funktionieren der inneren Organe, also bei Gesundheit, ebenfalls ein entsprechendes normales äußeres Spiegelbild da ist.

Dies war der Anfang eines einfachen Verständnisses der Funktionsabläufe an den inneren Organen mittels Betrachten und Untersuchen der Körperoberfläche und der erste Schritt zu einer sinnvollen Therapie. Bei einer starken Erkältung treten beispielsweise im weiteren Verlauf Fieber, Kälteempfindlichkeit, Husten und andere Lungensymptome auf. Hier kann man mit einem schweißtreibenden Medikament die Lungen reinigen und die Krankheit heilen. Der Lunge wird die Eigenschaft des «Verbreitens» *(Xuan-Fa)* zugeschrieben, ferner steht die Lunge mit der Haut und den Haaren in Verbindung. Wenn ein Patient schwitzt, findet sich bei einer Lungenerkrankung das Ergebnis (der Schweiß) an Haut und Haaren. Von solcher Art sind die Analogien, die Chinas Heilkundige zwischen inneren Organen und Körperoberfläche hergestellt haben.

Oder ein anderes Beispiel. Bei Menschen mit depressiver Stimmung findet man oft folgende zusätzliche Symptome: Der Kranke hat ein gestautes Gefühl unter dem Rippenbogen (die alte westliche Medizin nannte diesen Zustand deshalb «Hypochondrie»), er leidet an Verstopfung und Appetitlosigkeit. Wendet man hier die Behandlungsmethode der «Regulierung des Leber-*Qi*» *(Tiao-Li Gan-Qi)* an, lassen sich solche Symptome allmählich beseitigen. Die Leber hat in der traditionellen chinesischen Medizin eine ausscheidende und befördernde *(Shu-Xie)* Funktion. Außerdem vermag die Leber unter Umständen die Funktion von Magen und Milz zu beeinflussen, was ebenfalls durch die Praxis herausgefunden und (vgl. S. 66 f) im alten China mit der Gesetzmäßigkeit der Fünf Elemente erklärt wurde. Durch solche Beobachtungen ist die Theorie der Speicher- und Hohlorgane entstanden.

Aber auch die direkte anatomische Erforschung der inneren Organe hat für die Medizin des frühen China immer eine bedeutende Rolle gespielt. Einen Schlüsseltext dazu finden wir im Buche *Nei-Jing Ling-Shu*, wo es heißt: «Ein acht Fuß großer Mensch hat Haut und Fleisch. Von außen kann man durch Messen, Fühlen und Tasten Erkenntnisse über den Zustand seines Körperinneren erhalten. Nach seinem Tode kann man ihn sezieren und untersuchen. Der Zustand der Speicherorgane, die Länge der Hohlorgane, die Zahl der Einkerbungen, die Länge der Gefäße ..., – sie haben alle ihr bestimmtes Maß.» (67) In der chinesischen Geschichte gibt es Berichte über die Sektion von Leichen und Beobachtungen innerer Organe, die auch bildlich dargestellt wurden (vgl. das Werk *«San-Cai Tu-Hui»)* (68). Obwohl die so gewonnenen anatomischen Erkenntnisse relativ undifferenziert waren, haben sie doch auf die Entwicklung der Lehre von den Speicherorganen und Hohlorganen eine erkennbare Auswirkung gehabt.

Die Lehre von den inneren Organen *(Zang-Fu)* umfaßt im wesentlichen zwei Bereiche:

1. a) die 5 Speicherorgane (Herz, Lunge, Milz, Leber und Nieren) und 6 Hohlorgane (Galle, Dickdarm, Magen, Dünndarm, Blase und 3 Erwärmer),
   b) die gegenseitigen Beziehungen zwischen den 5 Speicherorganen und 6 Hohlorganen,
   c) die besonderen und dauerhaften Eingeweide *(Qi-Heng Zhi-Fu)*: Gehirn, Gefäßsystem, Knochen, Knochenmark, Gallenblase, Gebärmutter, ferner
   d) Haut und Haare, Sehnen, Muskeln, Nase, Mund, Augen, Ohren, Zunge und Geschlechtsorgane,
2. folgende Körperstoffe, die mit den inneren Organen eng zusammenhängen: *Jing* (Essenz), *Qi* (Funktion), *Xue* (Blut), *Jin-Ye* (Körpersäfte) und *Shen* (Geist).

Die *Zang-Fu*-Lehre geht grundsätzlich von der Ganzheitsvorstellung des menschlichen Organismus aus und richtet sich nach der dialektischen Interpretation der Funktionen im menschlichen Körper. Dabei werden in der *Zang-Fu*-Theorie organische und psychische Veränderungen gleichermaßen berücksichtigt, was für den westlichen Arzt zunächst schwer verständlich ist. Psychische Funktionen werden in der chinesischen Medizin den inneren Organen aufs engste zugeordnet und sind nicht, wie in der westlichen, grundsätzlich von Organstörungen getrennt. Sie werden deshalb innerhalb der chinesischen Medizin auch nicht durch ein besonderes Fachgebiet (Psychiatrie oder Psychologie) betreut. In der klinischen Praxis verwendet man die *Zang-Fu*-Lehre als Grundlage der Diagnostik und Behandlung, sie gilt somit als eine der Schlüsseltheorien der traditionellen chinesischen Heilkunde.

Bemerkenswert ist, daß die inneren Organe nach der Lehre der chinesischen Medizin zwar den Organbegriffen der modernen westlichen Medizin entsprechen, zusätzlich aber weitere wichtige physiologische und psychologische

Funktionen umfassen, die von der chinesischen Medizin ebenfalls unter der Bezeichnung des betreffenden Organs verstanden werden. Zum Beispiel entspricht das chinesische «*Xin*» nicht genau dem westlichen Begriff «Herz» der modernen Medizin. In der chinesischen Medizin vertritt das «*Xin*» (Herz) außer dem anatomischen Begriff des Herzens auch noch gewisse Funktionen des Kreislauf- und des Nervensystems. Zukünftige Forschungen über chinesische Medizin werden u. a. die Aufgabe haben, die Begriffe der inneren Organe der chinesischen und der westlichen Medizin miteinander zu vergleichen und in genauere Beziehung zu setzen.

3.1 Mit den inneren Organen zusammenhängende Körperstoffe und -funktionen *(Jing, Qi, Xue, Jin-Ye, Shen)*

3.1.1 Essenz *(Jing)*

3.1.1 Essenz *(Jing)*. Das *Jing* gilt in der chinesischen Medizin als die Grundmaterie, aus der der menschliche Organismus besteht. Es ist zudem die materielle Basis seiner Funktionen, Leistungen und Aktivitäten. Im Buch «*Su-Wen*» heißt es: «Das *Jing* ist der Ursprung (die Grundlage) des Körpers.» (69).

Die chinesischen Mediziner unterscheiden Herkunft und Funktion dieser Essenz folgendermaßen:

1. Nach der Herkunft unterscheidet man
   a) eine angeborene und
   b) eine erworbene Essenz.
2. Nach der Funktion unterscheidet man eine Essenz
   a) der Fortpflanzungskraft, die ebenfalls als «*Jing*» bezeichnet wird, und
   b) eine Essenz *(Jing)* der inneren Organe.

3.1.1.1 Ursprung der Essenz

3.1.1.1.1 Angeborene Essenz (1 a): Diese wird von den Eltern vererbt. Sie bildet die ursprüngliche Materie für die embryonale Entwicklung und den Aufbau des menschlichen Körpers. Im Buch «*Ling-Shu*» heißt es: «Der Anfang des Menschen beginnt mit dem *Jing*» (70). Da der Mensch dieses *Jing* von seinen Eltern vererbt bekommt, nennt man es das «angeborene *(Xian-Tian) Jing*».

3.1.1.1.2 Erworbene *(Hou-Tian)* Essenz: Sie stammt aus der Verarbeitung von Nahrungsmitteln und Getränken im Körper. Feste und flüssige Nahrung werden nach dem Essen verdaut und im Magen zu flüssiger feiner Materie umgewandelt. Diese geht ins Blut über, ernährt, wie die chinesische Medizin formuliert, die fünf Speicherorgane und «begießt» die sechs Hohlorgane. Dadurch wird das Wachstum des Körpers garantiert und die Lebensaktivität des Menschen erhalten. Weil dieser aus der Nahrung stammende Stoff von Milz und Magen *nach* der Geburt aus Lebensmitteln erzeugt wird, heißt er die «erworbene Essenz». Er wird auf die Eingeweide verteilt und ist die materielle Grundlage der Funktionen der verschiedenen inneren Organe. Deshalb wird er auch als «Essenz der inneren Organe» bezeichnet.

Das angeborene und das erworbene *Jing* (bzw. Essenz) stehen untereinander in enger Verbindung, sie ergänzen und fördern sich gegenseitig. Vor der Geburt erzeugt das angeborene *Jing* die Organe, die nach der Geburt aus der Nahrung das erworbene *Jing* herstellen können. Nach der Geburt ernährt das erworbene *Jing* ununterbrochen das angeborene *Jing* und trägt dadurch zu dessen Erhaltung bei. Beide Arten der Essenz unterstützen sich auf diese Weise wechselseitig. So heißt es im Buche «*Su-Wen*»: «Die Nieren sind für das Wasser zuständig. Sie nehmen das «*Jing*» (Essenz) der fünf Speicherorgane und sechs Hohlorgane auf und speichern es in ihrem Inneren. Wenn die fünf Speicherorgane gesund sind, arbeiten die Nieren reibungslos» (71). Dies kommt daher, daß sich das erworbene «*Jing*» ständig zum «*Jing*» der inneren Organe umwandelt, welches dem angeborenen *Jing* ununterbrochen als Nahrung dient. Das angeborene *Jing* wird in den Nieren gespeichert, es regeneriert sich fortwährend aus dem erworbenen *Jing*. Diese beiden Arten von *Jing* sind die materielle Basis der lebendigen Funktionen des menschlichen Organismus.

3.1.1.2 Funktionen der Essenz

3.1.1.2.1 Wachstum und Fortpflanzung

Eine besondere Funktion der Essenz ist ihre Wirkung auf das Wachstum des Körpers und die Erzeugung von Nachkommen (2 a). In diesem Zusammenhang wird die Essenz deshalb auch als «*Jing* der Fortpflanzung» bezeichnet.

3.1.1.2.2 Essenz und Funktion der inneren Organe (2b)

In der chinesischen Medizin wird auf diesen Aspekt des *Jing* größter Wert gelegt. Das *Jing* ist der Ursprung des gesamten Lebens, aus ihm wird der menschliche Organismus vor der Geburt aufgebaut. Es ist aber auch die materielle Basis der Lebensaktivitäten, die ständig durch Nahrungszufuhr ergänzt wird. Das *Jing* bedingt somit die Aktivitäten der inneren Organe, ermöglicht die Zeugung neuer Individuen und die Fortpflanzung der Generationen. In der ärztlichen Ausbildung an der «Akademie für chinesische Medizin» in Shanghai wird dieses *Jing*, das in die beiden Untergruppen des angeborenen und erworbenen *Jing* zerfällt, als das *wesentliche Fundament der traditionellen chinesischen Medizintheorie* und als der eigentlich typische Punkt bezeichnet, in dem sich moderne westliche und herkömmliche chinesische Medizin unterscheiden.

3.1.2 *Qi* (Funktion, Aktivität, «Energie»)

Ein weiterer Baustein zur Entstehung des menschlichen Körpers und Unterhaltung seiner Funktionen ist das *«Qi»*. Das Vorhandensein des *Qi* wird für den traditionellen chinesischen Arzt durch die Aktivität der inneren Organe des menschlichen Körpers bewiesen. Unter Aktivität sind hier sowohl die physiologischen (normalen) als auch die pathologischen (krankhaften) Funktionen des Körpers zu verstehen. Das *Qi* hat Anteil an sämtlichen Tätigkeiten der inneren Organe.

Allgemein versteht man in der chinesischen Medizin unter *«Qi»*:

1. die im Körperinneren fließenden, Nährstoffe enthaltenden Nahrungsessenzen *(Jing-Wei)*, zu denen das sogenannte Nahrungs-*Qi* *(Shui-Gu Zhi Qi)* gehört.
2. bedeutet *«Qi»* die Funktion und Aktivität der inneren Organe und der Körperstrukturen (z. B. das *Qi* der fünf Speicherorgane und sechs Hohlorgane, das *Qi* der Meridiane usw.).
3. wird der Begriff *«Qi»* in Verbindung mit pathologischen Veränderungen bzw. Funktionsstörungen des Organismus verwendet (z. B. «das *Qi* des Magens läuft nicht abwärts» *(Wei-Qi Bu Jiang)*, «das *Qi* der Leber stört den Magen» *(Gan-Qi Fan Wei)* usw.).

Entsprechend der Ganzheitsauffassung vom menschlichen Organismus und seinen Funktionen, die für die chinesische Medizin bezeichnend ist, unterteilt sich das «allgemeine *Qi*» des menschlichen Körpers in verschiedene Untergruppen. Nach der Lokalisierung in verschiedenen Körperpartien und nach verschiedener Funktion trägt das *Qi* unterschiedliche Benennungen: *Qi* der Atmung, *Qi* der Nahrungsflüssigkeiten, *Qi* der 5 Speicherorgane usw.

Aufgrund ihrer Entstehung und Funktion werden folgende Hauptarten des *Qi* unterschieden:

1. *Yuan-Qi* (Ursprungs-*Qi*)
2. *Zong-Qi* (*Atmungs-Qi*)
3. *Ying-Qi* (Nahrungs-*Qi*)
4. *Wei-Qi* (Abwehr-*Qi*)

Ferner besitzen alle inneren Organe ein eigenes *Qi* (eine eigene Funktion bzw. Aktivität): Es gibt ein Leber-*Qi*, Herz-*Qi*, Milz-*Qi*, Lungen-*Qi* und Nieren-*Qi*. Diese verschiedenen Arten von *Qi* stehen in Verbindung mit dem allgemeinen *Qi*, d. h. mit der Funktion des gesamten Organismus sowie mit der Funktion der sogenannten Meridiane des Körpers (vgl. S. 150 ff).

3.1.2.1 Entstehung und Funktion des *Yuan*-(Ursprungs-)*Qi*

Das *Yuan-Qi* wird auch als *Qi* des Ursprungs, *Qi* des Lebens, als echtes *Qi* oder als echtes *Yuan-Qi* bezeichnet. Es stammt aus der Zeit *vor der Geburt* des Menschen und entwickelt sich hauptsächlich aus der angeborenen Essenz (vgl. S. 80). Es wird in den Nieren gespeichert und ist abhängig von ständiger Nahrungszufuhr, d. h. von der Zufuhr des erworbenen *Jing*-(Essenz-)-*Qi*. Nur so kann es seine Aufgaben ohne Unterbrechung erfüllen. Darum heißt es im Buche *«Ling-Shu»*: «Das echte *Qi (Zhen-Qi)* besteht seit der Geburt. Es mischt sich mit dem Nahrungs-*Qi (Gu-Qi)* und ernährt den Körper» (72).

Das *Yuan-Qi* verbreitet sich mit Hilfe der Drei Erwärmer (vgl. S. 125) im ganzen Organismus. Durch den Antrieb des *Yuan-Qi* funktionieren die inneren Organe regelrecht. Damit wird das normale Wachstum des menschlichen Körpers unterhalten. Auch die Entstehung des *Qi* der fünf verschiedenen Speicherorgane und der sechs Hohlorgane ist auf das *Yuan-Qi* angewiesen. Je mehr *Yuan-Qi* im Körper vorhanden ist, umso stärker sind die inneren Organe und umso weniger krankheitsanfällig ist der Mensch. Wenn dagegen das *Yuan-Qi* bei der Geburt schwach ist oder durch lange Krankheit vermindert wurde, dann ist auch das *Qi* der inneren Organe schwach und kann sich nicht gegen Störungen *(Xie-Qi)* zur Wehr setzen (vgl. S. 209). In solchen Fällen entstehen Krankheiten. Bei der Therapie muß immer darauf geachtet werden, daß das *Yuan-Qi* des Patienten gestärkt und normalisiert wird.

Zusammenfassend ist über das *Yuan-Qi* zu sagen, daß es aus zwei Elementen besteht:

1. einem Reservoir in den Nieren, das sich aus der angeborenen Essenz *(Jing)* herleitet,
2. aus durch Magen und Milz verarbeitetem Nahrungs-*Qi*, das in Zusammenhang steht mit der erworbenen Essenz *(Jing)*.

Das *Yuan-Qi* verteilt sich in den verschiedenen Schichten des Körpers und verwandelt sich dabei je nach der speziellen Struktur und Funktion dieser Körperschicht. Bei diesem Prozeß teilt es sich auf und nimmt dann die verschiedensten Namen an: z. B. *Wei-Qi* (Magen-Funktion), *Gan-Qi* (Leber-Funktion), *Shen-Qi* (Nieren-Funktion) usw. Diese Funktionen *(Qi)* der inneren Organe *(Zhang-Fu Zhi Qi)* spielen eine wichtige Rolle bei der Organtätigkeit.

3.1.2.2 Entstehung und Aufgabe des *Zong*-(Atmungs-)*Qi*

Das *Zong-Qi* ist eine Verbindung aus der eingeatmeten Luft (dem sogenannten «Natur-*Qi*») und dem durch Milz und Magen bei der Verdauung gebildeten Extrakt des Nahrungssaftes *(Shui-Gu Jing-Qi)*. Das *Zong-Qi* wird in der Lunge erzeugt und sammelt sich im Inneren des Thorax an. Es ermöglicht die *Atembewegung*, die *Aktion des Herzens* und *die Funktion des Kreislaufs*. Aus diesem Grunde hat das *Zong-Qi* mit der Kraft des Atems und der Stimme, mit dem Blutkreislauf und mit der Aktivität des ganzen Körpers zu tun. Das *Zong-Qi* treibt das *Qi-Xue* (Aktivität des Blutes bzw. «Blut-Energie») im Meridian-System und in den Gefäßen an. Es regelt die Temperatur des Körpers und bestimmt die Aktivität der Gliedmaßen.

Im Buche *Ling-Shu* heißt es: «Das *Zong-Qi* sammelt sich in der Brust und tritt durch die Kehle heraus. Es geht ins Herz, in die Blutgefäße und ermöglicht außerdem das Atmen» (73). Ähnlich heißt es an einer anderen Stelle desselben Buches: «Wenn das *Zong-Qi* nicht herabsteigt, stockt das Blut in den Adern und wird blockiert.» (74) Dies bedeutet, daß das *Zong-Qi* nicht bloß auf Funktion und Stärke von Atmung und Blutkreislauf einwirkt, sondern daß seine fehlerhafte Funktion auch eine Stauung in den Blutgefäßen verursachen kann.

3.1.2.3 Entstehung und Aufgabe des *Ying*-(Nahrungs-)*Qi*

Das *Ying-Qi* (Nahrungs-Funktion) entsteht aus dem erworbenen *Jing-Qi* (vgl. S. 80 f), das sich aus der Nahrungsflüssigkeit *(Shui-Gu)* herleitet. Im Buche *Ling-Shu* heißt es: «Das *Gu* (Hülsenfrüchte, Getreide) geht in den Magen und verbreitet sich bis hin zur Lunge. Die Fünf Speicherorgane und die sechs Hohlorgane bekommen gemeinsam dieses *Qi*. Die klaren Anteile davon werden *Ying* (Nahrungsfunktion) genannt ... dieses *Ying* befindet sich in den Adern ... und bewegt sich ununterbrochen» (75).

Hieraus geht hervor, daß das *Ying*-(Nahrungs-)*Qi* der chinesischen Medizin eine Art feiner Substanz ist, die durch Milz und Magen in die Lunge transportiert wird. Sie geht in die Blutadern und zirkuliert in den Gefäßen gemeinsam mit dem Blut. Dabei dient sie der ständigen Erneuerung des Blutes. Während sie mit dem Blut im Körper kreist, *ernährt* sie den gesamten Organismus. Aus diesem Grund wird das *Ying-Qi* auch Nahrungsenergie genannt.

Die wichtigsten Funktionen des *Ying-Qi* sind indessen nicht mit denen des Blutes gleichzusetzen. Blut und *Ying-Qi* unterscheiden sich voneinander. Für die chinesische Medizin befinden sich Blut und *Ying-Qi* gemeinsam in den Blutgefäßen. Man kann sie trennen, aber sie haben dann keine eigene Funktion mehr. Ihre wechselseitigen Beziehungen sind sehr eng, deshalb werden sie häufig gemeinsam genannt, obwohl es sich bei jedem Teil um etwas Eigenständiges handelt.

3.1.2.4 Entstehung und Funktion des *Wei*-(Abwehr-)*Qi*

Das *Wei-Qi* zirkuliert außerhalb der Gefäße. Seine Hauptaufgabe ist es, durch Verteilung in Thorax und Abdomen die Speicherorgane und Hohlorgane zu erwärmen. Eine weitere wichtige Funktion ist seine Zirkulation auf der Haut und in den Muskeln (außerhalb der Gefäße), wo es die Abwehrkraft des Körpers bildet.

Der Mensch bringt das *Wei-Qi* schon bei der Geburt mit. Es wird mitten in den Nieren von deren *Yang-Qi* erzeugt. Deshalb heißt es in der chinesischen Medizin: «Das *Wei* (Abwehrfunktion) entsteht aus dem Unteren Erwärmer» (vgl. S. 125). Zu seiner richtigen Funktion ist das *Wei-Qi* auf die aus Milz und Magen im Mittleren Erwärmer entstandene feine Nahrungs-Essenz *(Shui-Gu Jing-Wei)* angewiesen, aus der es sich ununterbrochen ergänzt. Deshalb heißt es im Buche *Ling-Shu*, *Wei-Qi* (Abwehrkraft) und *Ying-Qi* (Ernährungsenergie) gleichen sich darin, daß sie beide vom *Shui-Gu* (der Nahrungsflüssigkeit) ernährt werden. Der Unterschied zwischen beiden besteht in folgendem: «Das Klarere ist das *Ying*, das Trübere ist das *Wei*. Das *Ying* befindet sich *in* den Adern, das *Wei* befindet sich *außerhalb* der Adern» (76).

Obwohl sich das *Wei-Qi* außerhalb der Blutgefäße befindet, ist es bei seiner Verbreitung im Körper doch auf das *Qi* der Lunge angewiesen. In diesem Sinne heißt es im altchinesischen Buch *«Zhong-Cang-Jing»*: «Das *Wei* kommt von oben» (77). So läßt sich zusammenfassend sagen, daß das *Wei-Qi* im Unteren Erwärmer gebildet, im Mittleren Erwärmer ernährt wird und sich vom Oberen Erwärmer her ausbreitet.

Das *Wei-Qi* (Abwehr-Funktion) stellt einen Teil des *Yang-Qi* im menschlichen Körper dar. Es hat einen kräftigen Charakter, schnelle Beweglichkeit, bewegt sich außerhalb der Gefäße und verbreitet sich im gesamten Körper. Im Körperinneren gelangt es bis zu den Eingeweiden, im äußeren Teil des Körpers bis zu den Poren der Haut. Es übt eine wichtige Funktion bei der Erwärmung der inneren Organe, der Regulierung der Haut und der Haare, beim Öffnen und Schließen der Hautporen aus. Durch diese Eigenschaften schützt es die Körperoberfläche gegen äußere Störungen. Im Buche *Ling-Shu* heißt es: «Das *Wei-Qi* ist etwas, das das Fleisch erwärmt, die Haut erfüllt, die Poren fett und kräftig macht und das für das Öffnen und Schließen zuständig ist.» (78)

3.1.3 Das Blut *(Xue)*

In der Theorie der chinesischen Medizin ist der Begriff «Blut» *(Xue)* zum erheblichen Teil mit dem gleichzusetzen, was die westliche Medizin unter «Blut» versteht. Es kommen jedoch beim Begriff «Blut» der chinesischen Heilkunde einige Funktionen hinzu, die im folgenden erläutert werden. Nach der traditionellen chinesischen Theorie entsteht das Blut durch Absorption von Nährstoffen in Milz und Magen. Seine Hauptfunktion ist die Ernährung des Körpers, die Versorgung des Meridiansystems, der Muskeln, der Haut, Haare und Eingeweide. Eine andere Bezeichnung für das Blut ist deshalb *Ying-Xue* (d. h. Ernährungs-Blut).

3.1.3.1 Entstehung des Blutes

Die Entstehung des Blutes wird in der chinesischen Medizin folgendermaßen beschrieben:

1. Milz und Magen sind die Quellen der Entstehung des Blutes. Der wichtigste Grundstoff des Blutes ist die Essenz der Nahrungsflüssigkeiten *«Shui-Gu Jing-Wei»*, die durch Verdauung und Umwandlung aus Nahrungsmitteln und Getränken entsteht. Im Buche *Ling-Shu* heißt es: «Der Mittlere Erwärmer (vgl. S. 125) bekommt das *Qi* und nimmt den Saft (chinesisch *«Zhi»*), beide verwandelt er zu rotem Blut» (79).
2. Das *Ying-Qi* (Ernährungs-Funktion) geht in das Herz und in dessen Blutgefäße, wo es die Aufgabe hat, das Blut zu erzeugen und zu ernähren. Hierzu heißt es im Buch *«Ling-Shu»*: «Das *Ying-Qi* (Ernährungs-Funktion) erzeugt die Körpersäfte *(Jin-Ye)*. Diese werden in die Adern geschickt und hier zu Blut verwandelt.» (80)

3. Zwischen (Essenz) *Jing* (vgl. S. 80 f) und Blut besteht eine Beziehung der wechselseitigen Umwandlung. Im chinesischen Medizin-Klassiker *«Zhang-Shi Yi-Tong»* heißt es: «Wenn man das *Qi* (Funktion, Aktivität) nicht vergeudet, so wird die (Essenz) *Jing* zurück zu den Nieren geschickt und dort als *Jing* (Essenz) gespeichert. Wenn die (Essenz) *Jing* nicht ausströmt, geht sie zur Leber zurück und verwandelt sich in Blut» (81). Dies entspricht einer Erfahrung aus der klinischen Praxis der traditionellen chinesischen Medizin, nach der sich der Verbrauch von *Jing* und der Verlust von Blut gegenseitig beeinflussen können.

3.1.3.2 Funktionen des Blutes

Im Blut sind alle für den menschlichen Körper notwendigen Nährstoffe enthalten. Die Kreislaufbewegung des Blutes durch den ganzen Körper wird durch den Antrieb des *Qi* ermöglicht. Sowohl Blut als auch *Qi* (Aktivität, Funktion, «Energie») werden von der chinesischen Medizin als *Substanzen* aufgefaßt. In diesem Sinne heißt es: «Das *Qi* ist der Herrscher des Blutes» – und weiter: «... das Blut ist die Mutter des *Qi*». (82)

Blut und *Qi* stehen in einer so engen Wechselbeziehung, daß die chinesische Medizin beide zu einem Begriff zusammenfaßt, dem *«Qi-Xue»*. Sie gehören zur materiellen Basis des menschlichen Organismus, stehen in einer Wechselwirkung, arbeiten eng zusammen, wandeln sich ineinander um (83). Auf diese Weise können verschiedene Krankheiten entstehen, die im Abschnitt 7.2 eingehend erörtert werden.

Aus dem oben Gesagten geht hervor, daß der Entstehungsprozeß des Blutes nicht nur mit den Organen Milz und Magen, sondern auch mit dem Herzen, den Lungen und den Nieren in Beziehung steht. Sämtliche Organe des menschlichen Körpers – im Inneren die fünf Speicherorgane und sechs Hohlorgane, im Äußeren die Haut, die Muskeln, die Sehnen, die Knochen – brauchen zu ihrer Ernährung das Blut, um ihre normalen Funktionen erfüllen zu können. Ist genügend Blut vorhanden, dann ist der Organismus gesund und stark. Ist das Blut nicht ausreichend, ist der Körper schwach. Darum heißt es im Buch *Ling-Shu:* «Wenn der Haushalt des Blutes ausgewogen ist, sind die Gefäße in guter Verfassung. *Yin* und *Yang* stehen in wechselseitigem Ausgleich, Sehnen und Knochen sind stark, die Gelenke sind beweglich» (84).

3.1.4 Die Körpersäfte *(Jin-Ye)*

Unter dem *Jin-Ye* versteht die chinesische Medizin alle normalen Flüssigkeiten des menschlichen Körpers. Das *Jin-Ye* umfaßt die von den Organen ausgehende Sekretion, z. B. Speichel, Magensaft, Darmsaft usw. Es enthält zwei Untergruppen:

1. das *«Jin»*, einen klaren und dünneren Anteil,
2. das *«Ye»*, einen trüberen und dickflüssigeren Anteil.

Gewöhnlich wird das *Jin-Ye* als einheitlicher Begriff verstanden und nicht getrennt verwendet.

Die Entstehung des *Jin-Ye* wird folgendermaßen erklärt: Das *Shui-Gu* (Nahrungsflüssigkeit) wird von Milz und Magen aufgenommen, verarbeitet und durch die Wirkung des «Verdampfungsprozesses» in den Drei Erwärmern zum *Jin-Ye* umgewandelt. Das *Jin* geht über die Drei Erwärmer zu den Eingeweiden im Körperinneren, zu Haut und Haaren im Äußeren und verbreitet sich im gesamten Körper. Das *Ye* geht ebenfalls durch die Drei Erwärmer in die Knochen, die Gelenke, zu den Körperöffnungen (Augen, Nase, Ohren usw.), zum Gehirn und zum Mark (in der chinesischen Medizin wird unter «Mark» sowohl Knochenmark als auch Rückenmark verstanden) und entfaltet dort seine Wirkung. Das *Jin-Ye* wird durch die Funktionen der Lunge, der Milz, der Niere, der Drei Erwärmer und der Blase erzeugt und entsprechend in den Stoffwechsel eingebaut. Es entstammt dem *«Shui-Gu Jing-Wei»* (feine Nahrungsessenz) und wird nach dem Umwandlungsprozeß als *Jin-Ye* im ganzen Körper verteilt, um die fünf Speicherorgane und sechs Hohlorgane, die vier Extremitäten und alle Knochen (man spricht hier in der chinesischen Medizin von den «hundert Knochen» des menschlichen Körpers) zu ernähren. Dabei spielen folgende physiologischen, für die traditionelle chinesische Medizin grundlegenden Prozesse eine Rolle: die Verdauung durch den Magen, die Trennung von Klarem und Trübem im Dünndarm, die Beförderung durch das Milz-*Qi* (Funktion der Milz), die Verbreitung und Herabführung des Lungen-*Qi*, der Durchgang und die Regulierung durch die Drei Erwärmer, die Ausscheidung durch Nieren und Blase.

Das *Jin-Ye* wäre im Sinne der modernen westlichen Medizin am ehesten durch den Begriff der lymphatischen und serösen Körperflüssigkeiten wiederzugeben.

Jin und *Ye* haben unterschiedliche Aufgaben, die beiden wichtigsten des *Jin* sind:

a) Es verbreitet sich im ganzen Körper, ölt und ernährt die Eingeweide, die

Muskeln, die Adern und die Haut. So heißt es im Buch *Ling-Shu:* «Das *Jin* erwärmt die Muskeln und erfüllt die Haut» (85).

b) Es trägt zusammen mit anderen Stoffen zur Bildung des Blutes bei, ergänzt ununterbrochen die Flüssigkeiten im Organismus und ermöglicht so den Kreislauf durch den gesamten Körper. In diesem Sinne heißt es im 81. Kapitel des Buches *Ling-Shu:* «Wenn *Jin* und *Ye* miteinander in harmonischem Austausch stehen, verändern sie sich und werden zu rotem Blut» (86).

Auch das *Ye* hat zwei verschiedene Wirkungen:

a) Es füllt die Essenz *(Jing)* auf und ergänzt das Mark (Knochenmark und Rückenmark) des Körpers. Sämtliches Mark des Körpers (Knochenmark, Rückenmark und Gehirn) wird vom *Ye* ernährt.*)

b) Es ölt die Gelenke, befeuchtet die Körperöffnungen (Mund, Augen, Nase, Ohren) und nährt die Haut.

Der Unterschied zwischen *Jin* und *Ye* wurde oben dargestellt. Gewöhnlich wird das *Ye,* das die Essenz *(Jing)* füllt und das Mark des Körpers ergänzt, dieser Essenz *(Jing)* zugeordnet und deshalb auch *Jing-Ye* genannt, was soviel wie «Essenz der Körperflüssigkeiten» bedeutet (a). Das *Ye* (b), das die Haut ernährt und die Gelenke ölt, wird dagegen als *Jin-Ye* dem *Jin* (siehe oben) zugerechnet. Dies alles ist im Begriff *«Jin-Ye»* der chinesischen Medizin enthalten.

3.1.5 Das *«Shen»* (Lebens-Geist)

Das *«Shen»* ist ein Sammelbegriff für alle lebendigen Aktivitäten des menschlichen Körpers. Es ist eine Abstraktion sämtlicher Körperfunktionen auf höchster Ebene, die sich im äußeren Erscheinungsbild des Menschen zeigen. Im *«Shen»* ist das Bewußtsein, die geistige Aktivität, die Funktion des Denkens enthalten. Darüber hinaus umfaßt das *«Shen»* aber auch die Funktionen der 5 Speicher- und 6 Hohlorgane, der Essenz *(Jing),* des *Qi* (Funktion, Aktivität), des Blutes *(Xue)* und des *Jin-Ye* (Körperflüssigkeiten).

Aus diesem Grunde wird das *Shen* in zwei Untergruppen geteilt:

1. das *«Shen»* im weiteren Sinne,
2. das *«Shen»* im engeren Sinne.

Im weiteren Sinne bedeutet das *«Shen»* die äußere Erscheinung der Aktivitäten des gesamten menschlichen Körpers. Es schließt alle pathologischen und

*) Das Gehirn gilt in der chinesischen Medizin zusammen mit Knochenmark und Rückenmark als Teil des «Markes».

physiologischen Eigenschaften und Symptome ein, die sich an der Oberfläche des menschlichen Körpers zeigen. Das *«Shen»* im engeren Sinne bedeutet das vom Herzen *(Xin)* gesteuerte Bewußtsein des Menschen, die Aktivität seines Denkens, sein seelisches Befinden.

In diesem Abschnitt wird nur über das *«Shen»* im weiteren Sinne (1.) gesprochen. Das *«Shen»* im engeren Sinne wird im Kapitel über das Herz (s. Seite 93) abgehandelt.

3.1.5.1 Entstehung des *«Shen»*

Alle Funktionen und Aktivitäten des menschlichen Körpers entspringen aus der Essenz *(Jing)* und dem *Qi* (Funktion) als den materiellen Grundlagen. Auch das *«Shen»* entsteht aus der Essenz und aus dem *Qi* bereits vor der Geburt, muß aber nach der Geburt ununterbrochen aus der feinen Nahrungs-Essenz *(Shui-Gu Jing-Wei)* ergänzt werden, wenn es seine Funktionen richtig entfalten soll. In diesem Sinne heißt es im Buch *Ling-Shu:* «Deshalb gehört das *‹Shen›* zur Essenz *(Jing)* und zum *Qi* (Funktion) des *Shui-Gu* (Nahrungsflüssigkeiten)» (87). Dies bedeutet, daß die Essenz *(Jing)* und das *Qi* (Funktion) des *Shui-Gu* nach der Geburt ununterbrochen das angeborene *Jing* (Essenz) und *Qi* (Funktion) ernähren. Es handelt sich hier also um den gleichen Prozeß, den wir bereits im Abschnitt 3.1.1 bei der angeborenen und erworbenen Essenz beschrieben haben.

Ist der Nachschub von Essenz und *Qi* durch die Nahrung gewährleistet, dann verfügt der Körper über ausreichend *Qi* (Aktivität) und Blut *(Xue)*. Die fünf Speicherorgane und die sechs Hohlorgane befinden sich in harmonischer Wechselbeziehung, und die Lebenskraft ist stark. *Jing* (Essenz) und *Shen* (Lebensgeist) sind dann ebenfalls kräftig.

3.1.5.2 Funktionen des *«Shen»*

In der traditionellen chinesischen Medizin wird das äußere Erscheinungsbild des Menschen, der Ausdruck der physiologischen und pathologischen Erscheinungen am menschlichen Körper, mit der Bezeichnung eines «üppigen» oder «mageren» *Shen-Qi* («Funktion des Lebensgeistes») beschrieben. Wir haben gesagt, daß Essenz und *Qi* die materielle Basis des *«Shen»* sind. Aus diesem Grunde ist das *Shen-Qi* üppig, wenn der menschliche Körper genügend Essenz und *Qi* sowie genügend starke Kreislauffunktion hat. Wenn z. B. das sogenannte *Jing-Shen* (Essenz-Geist) gefüllt ist, ist die Gesichtsfarbe, die Körperoberfläche rosig und glatt, die Augen glänzen. Wenn umgekehrt das *Jing-Qi* (Essenz-Funktion) nicht ausreicht, wenn das Blut nicht genügend vorhanden ist, wenn die Funktionen der Speicher- und Hohlorgane nicht im harmonischen Einklang stehen, dann sieht der Mensch matt aus, sein Gesicht glänzt nicht, die Augen sind stumpf. Dabei ist das *«Shen-Qi»* schwach oder ungenügend.

Die Einschätzung des *Shen-Qi* nach «Üppigkeit» oder «Magerkeit» ist deshalb ein wichtiger Teil der chinesischen Diagnostik durch Beobachtung. So heißt es im Buch *«Su-Wen»:* «Derjenige, der *‹Shen›* hat, entfaltet sich. Derjenige, der *‹Shen›* verliert, stirbt» (88).

Jing (Essenz), *Qi* (Funktion), *Xue* (Blut), *Jin-Ye* (Körpersäfte) sind die grundlegenden materiellen Bestandteile, aus denen der menschliche Organismus aufgebaut ist. Diese vier verschiedenen Materien gehören allesamt im weiteren Sinne zur Essenz *(Jing)*. Die gegenseitige Beziehung zwischen Essenz *(Jing)* und *Qi* (Funktion) ist folgende: Das *Qi* kann sich in der Essenz verbergen. Das *Qi* (Funktion) kann auch zu Essenz *(Jing)* umgewandelt werden. Im Sinne der Wechselbeziehung von *Yin* und *Yang* bedingen sich *Yin*-Essenz und *Yang*-Funktion gegenseitig in ihrer Existenz. Durch diesen Prozeß werden die Lebensaktivitäten des menschlichen Körpers gewährleistet.

Jing (Essenz), *Qi* (Funktion), *Xue* (Blut), und *Jin-Ye* (Körpersäfte) sind auch die materielle Basis des *«Shen»*. Aus diesem Grunde ändert sich das *«Shen»* gemäß Fülle (Üppigkeit) oder Magerkeit von *Qi* (Funktion) und Blut, die beide mit dem *Jing* (Essenz) und mit dem *Jin-Ye* (Körpersäfte) in engem Zusammenhang stehen.

Mit dem Ursprung des *«Shen»* befaßt sich das 8. Kapitel des Buches *«Ling-Shu»*, des maßgeblichen chinesischen Klassikers der Nadel- und Brenntherapie. In der Darstellung dieses Werkes entspringt das *«Shen»* der Essenz *(Jing)*. Mit dem *«Shen»* verbunden sind andere geistig-seelische Dimensionen, die in der chinesischen Medizin *«Hun»* (reine Seele), *«Po»* (Körper-Seele), *«Xin»* (Herz), *«Yi»* (Gesinnung, Vorstellung), *«Zhi»* (Wille), *«Si»* (Nachdenken), *«Zhi»* (Weisheit), *«Lü»* (Planen, Überlegen) genannt werden (89) (90).

All diese verschiedenen geistigen Aktivitäten sind dem *«Shen»* eng zugeordnet. Das *«Shen»* steht sowohl mit den Funktionen als auch den materiellen Bestandteilen des Körpers in inniger Verbindung. Dies galt in der chinesischen Medizin von jeher. Eine Trennung von Geistigem bzw. Seelischem und Körperlichem im westlichen Sinne ist der chinesischen Heilkunde unbekannt. Das *«Shen»* hängt über die Essenz *(«Jing»)* und das *«Qi»* (Funktion) eng mit den inneren Organen des Organismus zusammen. Dies entspricht dem Denken des dialektischen Materialismus, das heute in der Volksrepublik China herrscht. Es liegt indessen auch modernsten Ansichten der westlichen Philosophie bzw. Physik, wie sie u. a. von Carl Friedrich von Weizsäcker in seinem Buch «Die Einheit der Natur» dargestellt worden sind (91), nicht allzu ferne. Die strikte Trennung körperlicher Substrate und Funktionen auf der einen und geistig-seelischer Aktivitäten auf der anderen Seite, wie sie für die moderne westliche Medizin typisch ist, hat unsere Heilkunde oft in Schwierigkeiten gebracht. Probleme dieser Art, mit denen sich die westliche Medizin seit Jahrzehnten teilweise vergeblich abmüht, haben für die traditionelle chinesische Medizin nie bestanden. Chinas Heilkunde bietet somit ein monistisches Modell zur Überwindung theoretischer Mängel, die die dualistisch orientierte westliche Heilkunde bis heute belasten, obwohl der praktisch tätige Mediziner sie nicht selten durchschaut.

3.2 Die Speicher- und Hohlorgane im einzelnen

Unter den Speicher- und Hohlorganen versteht die chinesische Medizin die fünf Speicherorgane Leber, Herz, Milz, Lunge und Niere sowie die sechs Hohlorgane Gallenblase, Dünndarm, Magen, Dickdarm, Blase und die Drei Erwärmer. Das Speicherorgan Herz schließt das Perikard (den Herzbeutel) ein, das in der chinesischen Medizin gelegentlich auch als eigenständiges Organ betrachtet wird.

Man trennt Speicher- und Hohlorgane nach ihrer Funktion: Die fünf *Speicher*organe *(Zang)* haben ihren Namen, weil sie das *Jing* (Essenz), das *Qi* (Funktion, Energie), das *Xue* (Blut) und das *Jin-Ye* (Körperflüssigkeiten) speichern. Die sechs Hohlorgane dienen demgegenüber der Aufnahme, Verdauung, Absorption und Ausscheidung der Nahrungsmittel, ferner dienen sie teilweise der Verbreitung der Nährstoffe im Körper. Die Hauptaufgabe der Speicherorgane *(Zang)* ist das «Speichern», die Hauptaufgabe der Hohlorgane *(Fu)* ist das «Weiterleiten». In diesem Sinne heißt es im Buche *«Su-Wen»*: «Die fünf Speicherorgane speichern das *Jing* (Essenz) und das *Qi* (Funktion, Aktivität) und lassen sie nicht abfließen. Sie können deshalb wohl voll sein, sollen aber nicht im Zustand der Fülle sein. Die sechs Hohlorgane leiten die Nahrungsmittel weiter, ohne sie zu speichern. Daher können sie im Zustand der Fülle sein, dürfen aber nicht voll sein» (92).

Außer den sechs Hohlorganen kennt die chinesische Medizin noch die «außergewöhnlichen bzw. besonderen und dauerhaften» Hohlorgane *(Qi-Heng Zhi Fu)*. Hierher gehören das Gehirn, die Blutgefäße, die Knochen, das

Mark (Knochenmark und Rückenmark), die Galle und der Uterus. «Außergewöhnlich» heißt hier soviel wie «anders»; «dauerhaft» bedeutet «immerwährend». Weil sich diese besonderen inneren Organe *ständig* von den normalen fünf Speicherorganen und sechs Hohlorganen unterscheiden, werden sie außergewöhnliche und dauerhafte Hohlorgane genannt. In ihren physiologischen Funktionen und pathologischen Veränderungen stehen sie aber in enger Beziehung zu den Speicher- und Hohlorganen. Deshalb werden sie auch in der Theorie der chinesischen Medizin zusammen mit den Speicher- und Hohlorganen aufgeführt und nicht in einem besonderen Kapitel abgehandelt.

3.2.1 Die Fünf Speicherorgane *(Wu-Zang)*

3.2.1.1 Das Herz *(Xin)*

Das Herz befindet sich in der Brusthöhle, zu seinem Schutz ist es vom Perikard (Herzbeutel) umgeben. Seine physiologische Funktion ist der Transport des Blutes. In der chinesischen Medizin ist das Herz aber auch für das Bewußtsein (chinesisch *«Shen-Zhi»*) zuständig. Der diagnostische Schlüssel zum Verständnis *(Kai-Qiao)* der physiologischen und pathologischen Funktion des Herzens ist die Zunge. Die Funktion des Herzens drückt sich für die chinesische Medizin aber auch im Äußeren des Körpers, vor allem im Gesicht aus; aus diesem Grunde heißt es: «Sein Glanz bzw. seine Schönheit zeigt sich im Gesicht.»

3.2.1.1.1 Zuständigkeit für die Blutgefäße und «sein Glanz zeigt sich im Gesicht»

Dies bedeutet, daß das Herz für den Transport des Blutes zuständig ist, daß es das Blut in die Adern treibt, wodurch der Körper Nährstoffe zugeführt bekommt. Die Blutadern sind die Leitungen für den Transport der Blutflüssigkeit *(Xue-Ye)*. Durch die Zusammenarbeit von Herz und Blutadern kann sich das Blut in den Adern bewegen. Das Herz hat dabei die leitende Funktion. Im Buch *«Su-Wen»* heißt es: «Das Herz ist für das Blut und die Adern des Körpers zuständig*)» (93). Im Sinne der ganzheitlichen Auffassung des menschlichen Organismus ist hier unter «Adern» bzw. «Gefäßen» das Meridiansystem zu verstehen, in dem Blut und *Qi* transportiert werden.

Die Funktion des Bluttransportes wird durch das *Qi* (Funktion, Aktivität) des Herzens ermöglicht. Nur wenn das Herz-*Qi* reichlich vorhanden ist,

*) S. Fußnote S. 30.

kann das Blut in den Adern ununterbrochen in eine bestimmte Richtung fließen. Weil sich Herz-*Qi*, Blut und Gefäßsystem gegenseitig beeinflussen, spiegelt sich ihre gemeinsame Funktion in der Gesichtsfarbe. Aus diesem Grunde können physiologische oder pathologische Zustände wie z. B. Fülle oder Mangel an Herz-*Qi* bzw. Fülle oder Mangel an Blut bzw. Störungen im Kreislaufsystem an der Gesichtsfarbe abgelesen werden. Ist z. B. das Herz-*Qi* üppig und sind die Adern gut mit Blut gefüllt, so schlagen die Pulse regelmäßig und kräftig, und die Gesichtsfarbe ist rosig. Ist nicht genügend Herz-*Qi* vorhanden, dann sind die Adern blutleer. Dabei sind die Pulse fein und schwach, die Gesichtsfarbe ist blaß, der Kreislauf gerät ins Stocken. Der Puls kann rauh und uneben sein, man bemerkt Stillstände des Pulsschlages (Pulsdefizit, Arrhythmie). In solchen Fällen ist die Gesichtsfarbe bläulich-blaß. Dazu heißt es im Buch *«Su-Wen»*: «Der Glanz des Herzens spiegelt sich auf dem Gesicht wider, seine Kräftigkeit kann an den Pulsen festgestellt werden» (94).

3.2.1.1.2 Zuständigkeit für das Bewußtsein *(Shen-Zhi)*

«Bewußtsein» bedeutet hier die Aktivität der Gedanken eines Menschen. Nach Ansicht der westlichen Medizin ist das Gehirn für die geistigen und gedanklichen Aktivitäten zuständig. Das Gehirn des Menschen reagiert auf äußere Ereignisse. Die chinesische Medizin hingegen meint, daß das Bewußtsein *(Shen-Zhi)* mit den fünf Speicherorganen zusammenhängt und hier insbesondere mit dem Herzen.

Im Buch *«Ling-Shu»* heißt es: «Das Herz ist für die Verantwortung gegenüber den Dingen da.» (95) Äußere Dinge aufzunehmen und durch Aktivität der Gedanken zu verarbeiten, ist also nach der Theorie der chinesischen Medizin ein Prozeß, der vom Herzen ausgeführt wird.

Jing (Essenz) und *Xue* (Blut) sind die materielle Grundlage dieser Aktivitäten des Bewußtseins. Das Blut wird vom Herzen dirigiert. So wird deutlich, daß das Bewußtsein über das Herz auch mit dem Blutkreislauf eine enge Beziehung hat. Der Mensch hat ein klares Bewußtsein, wenn das Herz genug *Qi* (Aktivität, Funktion) und Blut besitzt. Dann sind seine Gedanken schnell, sein Geist ist kräftig. Ist nicht genügend Blut vorhanden, bedeutet dies krankhafte Veränderungen für Herz und *«Shen»* (Geist). In solchen Fällen treten Schlaflosigkeit, lebhafte Träume, Vergeßlichkeit, Unruhe auf. Hat das Blut Hitze *(Re)*, wird das Herz gestört, was bis zur geistigen Verwirrung oder zur Bewußtlosigkeit führen kann.

3.2.1.1.3 Zuständigkeit für den Schweiß

Schweiß entsteht aus dem *«Jin-Ye»*. Im Buch *«Ling-Shu»* heißt es: «Schweiß tritt als Ausscheidung aus den Poren. Das ist *Jin*.» Das *«Jin-Ye»* ist ein wichtiger Bestandteil des Blutes. In der chinesischen Medizin sagt man deshalb: «Blut und Schweiß haben den gleichen Ursprung.» (96) Wird zuviel Schweiß abgesondert, schadet das dem *Jin*, und es wird Blut verbraucht. Andererseits haben Patienten mit Mangel an *Jin* und Blut nicht genügend Reserven zum Schwitzen. In solchen Fällen ist es ungünstig zu schwitzen. Daher heißt es im *«Ling-Shu»*: «Mangel an Schweiß bedeutet, daß Blut fehlt, Mangel an Blut bedeutet, daß Schweiß fehlt.» (97)

Schweiß und Blut haben, wie gesagt, den gleichen Ursprung. Da das Blut vom Herzen gesteuert wird, sagt die chinesische Medizin, Schweiß sei «der Saft des Herzens». (98) Bei Erkrankungen stellt man Anzeichen von Herzklopfen und unruhigem Herzschlag fest, wenn zuviel Schweiß abgesondert und dadurch zuviel Herz-Blut verbraucht wurde.

Die Ausscheidung von Schweiß kommt dadurch zustande, daß das *Yang-Qi* des Körpers das *Jin-Ye* verdampft. Bei zuviel Schweißabsonderung sagt die traditionelle chinesische Medizin: «*Jin* (Körpersaft) nimmt Schaden und Blut wird verausgabt.» (99) Gleichzeitig wird aber auch zuviel Herz-*Qi* (d. h. *Yang-Qi*) verbraucht. So kann unter gewissen krankhaften Bedingungen übermäßiges Schwitzen das Sterben des *Yang* fördern (vgl. Abschn. 7.1.1.4.3).

Bei zuviel Schweißabsonderung kann das *Qi-Xue* (Aktivität des Blutes) des Herzens verbraucht oder auch dem *Qi-Xue* geschadet werden. Sind umgekehrt *Qi* und *Xue* des Herzens nicht ausreichend vorhanden, können bei Schweißausbrüchen krankhafte Erscheinungen auftreten. So kann z. B. krankhaftes Schwitzen *(Zi-Han)* durch eine Leere des *«Herz-Qi»* verursacht werden und dadurch, daß das *Qi* nicht mehr fest ist. Ist das *Herz-Yin* leer, bekommt das *Yang* kein *Yin* mehr. Dann entstehen nächtliche («räuberische») Schweißausbrüche *(Dao-Han)*, was bei der klinischen Diagnostik in jedem Falle berücksichtigt werden muß.

3.2.1.1.4 Der Schlüssel zum Verständnis ist die Zunge

Vorbemerkung: Das Sich-Ausdrücken eines Organs heißt chinesisch *«Kai-Qiao»*. Für das Herz liegt dieses Ausdrücken an der Zunge, für die Leber an den Augen usw. Wir übersetzen *«Kai-Qiao»* hier mit «Schlüssel zum Verständnis».

Das Herz befindet sich im Thorax. Der innere Verlauf des Herzmeridians geht nach oben zur Zunge. Auf diesem Wege gelangt das *Qi-Xue* (Energie-Blut) des Herzens bis hin zur Zunge, wo es nach den Vorstellungen der chinesischen Medizin die physiologischen Funktionen der Zunge ermöglicht. Ist das Herz krank, kann man das aufgrund dieser Verbindung leicht an der Zunge erkennen. Reicht z. B. das Blut im Herzen nicht aus, ist die Zunge blaß. Wenn das Herzfeuer nach oben steigt oder wenn das *Yin* des Herzens leer ist, sieht die Zunge rot aus oder ist mit Bläschen bedeckt. Stockt das Herzblut, ist die Farbe der Zunge dunkelviolett, und es zeigen sich dunkle Flecken auf der Zunge. Bei einem Hitzezustand des Herzens oder wenn das Zentrum des Herzens durch Schleim*) verwirrt *(Tan-Mi Xin-Qiao)* ist, wird die Zunge steif und die Artikulation undeutlich (chinesisch heißt dies: die Sprache ist verstopft).

Weil die physiologischen Wirkungen und pathologischen Veränderungen des Herzens die Zunge direkt beeinflussen können, kennt man in der chinesischen Medizin die Sprichwörter: «Das Herz drückt sich durch die Zunge aus» und «Die Zunge ist der Keim des Herzens.»

3.2.1.1.5 (Anhang) Das Perikard *(Xin-Bao)*

Xin-Bao (Perikard) heißt in wörtlicher Übersetzung Herzbeutel. Zu ihm gehört der Perikard-Meridian (vgl. S. 169). Der Herzbeutel umgibt das Herz zu dessen Schutz. Er wird immer zuerst angegriffen, wenn eine äußere Störung (chinesisch: *Xie-Qi*) das Herz angreifen möchte. So heißt es im Buche *«Ling-Shu»*: «Jede Störung, die sich im Herzen befindet, ist auch im Herzbeutel vorhanden.» (100) Die durch äußere Störungen *(Xie-Qi)* verursachten Krankheitssymptome des Herzbeutels sind tatsächlich die gleichen wie beim Herzen selbst.

Ist z. B. eine «Hitzestörung» in das Innere gelangt, dann entsteht eine Verwirrung des Geistes *(Shen-Hun)*. Dabei wird die Sprechweise undeutlich, und auch andere Symptome von Geistesstörungen treten auf. Diese Krankheit bezeichnet man als «Hitze im Perikard». (Abschn. 7.4.2.3.2)

In alten Zeiten benutzte die chinesische Medizin zum Verständnis der Funktion des Herzens die Bezeichnung: «Das Herz hat als Organ den Charakter eines Fürsten.» Es werde daher von einer äußeren Störung nicht angegriffen, und zu seinem Schutz sei der Herzbeutel da, der Störungen des Herzens außen abzufangen habe. Im heutigen theoretischen Unterricht der chinesischen Medizin in der Volksrepublik China wird dieser Ausspruch nicht mehr verwendet, da er als typisch für die besiegte Feudalklasse betrachtet wird. Er ver-

*) *Tan* = «Schleimflüssigkeiten» im weitesten Sinne

deutlicht indessen gut die beherrschende Stellung des Herzens innerhalb der fünf Speicherorgane.

Neben dieser Schutzfunktion hat der Herzbeutel *(Xin-Bao)* in der chinesischen Medizin eine Kreislauffunktion und wird den Blutgefäßen *(Xue-Mai)* zugerechnet. Ebenso wie das Herz umfaßt der chinesische Begriff *«Xin-Bao»* neben einer rein anatomischen Bedeutung, nämlich der des Perikards (1), ganz bestimmte physiologische Funktionen (2). Außerdem hat er durch seine engen Beziehungen zum Herzen Einflüsse auf das Zentralnervensystem, auf die Aktivität des Intellekts und auf die Psyche (3). Wir haben oben geschildert, daß auch der Begriff «Herz» *(Xin)* der chinesischen Medizin 1. rein anatomisch das Organ Herz, 2. die physiologische Funktion der Blutzirkulation und 3. bestimmte geistig-seelische Funktionen umfaßt, die in der westlichen Medizin dem Zentralnervensystem zugerechnet werden.

3.2.1.2 Die Lunge *(Fei)*

Die Lunge befindet sich im Brustkorb, nach oben reicht sie bis zur Kehle. Der Begriff «Lunge» *(Fei)* umfaßt in der chinesischen Medizin 1. die Struktur, 2. physiologische Funktionen. Der diagnostische Schlüssel *(Kai-Qiao)* zum Verständnis der physiologischen und pathologischen Funktionen der Lunge ist die Nase. Dies bedeutet: An der Färbung oder Veränderung der Nase können Veränderungen der Lunge abgelesen werden. Eine physiologische Funktion der Lunge ist die Atmung. Die Lunge ist zuständig für das *Qi* (Funktion, Aktivität) des gesamten Organismus, das von ihr beherrscht wird. Die chinesische Medizin schreibt der Lunge weitere Funktionen zu, nämlich «das Verbreiten» und das «säubernde Herabführen». Ferner bewerkstelligt die Lunge einen Teil der Regulation des *Jin-Ye*, indem sie auf die Schweißsekretion an der Haut und an den Haaren einwirkt. Schließlich unterstützt die Lunge noch das Herz beim Antrieb der Blutzirkulation.

3.2.1.2.1 Zuständigkeit für das Qi *(Zhu-Qi)* und Leitung der Atmung *(Si Hu-Xi)*

Die Zuständigkeit der Lunge für das *Qi* hat eine doppelte Bedeutung: Die Lunge ist zunächst für das *«Qi»* (Atemluft, Atemfunktion) des Atmens zuständig, da sie eine Kontrolle über die Atmung ausübt. Die Lunge ist der Ort, an dem sich äußeres und inneres *Qi* (in diesem Falle ist mit *Qi* «Luft» gemeint) austauschen. In diesem Sinne heißt es im Buch «*Su-Wen*»: «Die Luft *(Qi)* der Natur geht bis zur Lunge.» (101)

Der menschliche Körper bekommt «klare Luft» (chinesisch: *Qing-Qi*), d. h. Sauerstoff, durch das Atmen. Gleichzeitig wird aus dem Körper «trübe Luft» *(Zhuo-Qi*, unser «Kohlendioxyd») ausgeatmet. Durch die Einatmung des Klaren und Ausatmung des Trüben, oder wie es in der chinesischen Medizin auch formuliert wird, «durch das Ausspucken des Alten und das Einnehmen des Neuen», wird die Luft innerhalb des Körpers mit der Luft der Natur ausgetauscht. Der Austausch des Alten durch das Neue geschieht im menschlichen Körper durch das Auswechseln von trüber und frischer Luft in den Lungen.

Außerdem ist die Lunge für das *Qi* (Funktion) des Körpers zuständig. Die Lunge steht in engem Zusammenhang mit der Entstehung des *Zong-Qi* (Atmungsfunktion) (vgl. S. 84). Das *Zong-Qi* ist eine Kombination des aus den Nährstoffen *(Shui-Gu)* entstandenen *Jing*-(Essenz)*Qi* und der durch die Lunge eingeatmeten Luft. Das *Zong-Qi* wird in der Brust gespeichert und geht bis hinauf zur Kehle, um den Atem zu regulieren. Damit verhält es sich ebenso wie das Lungen-*Qi*. In der chinesischen Medizin heißt es: «Die Lunge ist auf die hundert pulsierenden Gefäße ausgerichtet.» (102) Das *Zong-Qi* (Atmungsfunktion) geht durch die Gefäße des Kreislaufs und verbreitet sich so im ganzen Körper. Es ernährt die Organe und trägt damit zur normalen Funktion und Aktivität der Organe bei. Auf diese Weise kann die Lunge dafür sorgen, das *Qi* des ganzen Körpers zu erhalten. So heißt es im Buch «*Su-Wen*» im Kapitel über die Entstehung der Fünf Speicherorgane: «Für das ganze *Qi* (der fünf Speicherorgane) ist die Lunge verantwortlich.» (103)

Wenn das *Qi* der Lungen normal ist, ist die Atmung frei. Ist das *Qi* der Lungen unzureichend, entsteht ein Krankheitssyndrom der *Qi*-Leere und -Schwäche *(Qi-Xu Bu Zu)*. Dabei kann das *Qi* des ganzen Körpers vermindert oder geschwächt sein, Der Patient leidet an Atemnot, ist kurzatmig, hat einc leise Stimme, fühlt sich matt und kraftlos.

3.2.1.2.2 Zuständigkeit für Verbreitung *(Xuan-Fa)* und säuberndes Herabführen *(Su-Jiang)*

«Verbreiten» *(Xuan-Fa)* bedeutet soviel wie zerstreuen. Hierunter ist in der chinesischen Medizin zu verstehen, daß sich das *Qi*, das Blut, das *Jin-Ye* durch den Antrieb des Lungen-*Qi* im ganzen Körper verbreiten. Dieser Prozeß läuft im Körperinneren bis zu den Speicher- und Hohlorganen sowie zu den Meridianen und Nebengefäßen *(Jing-Luo)*. Im Äußeren geht er bis zu den Muskeln, zur Haut und den Haaren. Im «*Ling-Shu*» heißt es: «Wenn der Obere Erwärmer geöffnet wird, so ist der Geschmack der fünf Getreidearten zu unterscheiden. Die Haut wird geräuchert, der Körper gefüllt, die Haare werden bereichert. Das Ganze ist wie eine Bewässerung durch Nebel, und das heißt ‹*Qi*›.» (104) Was hier als «Öffnung des Oberen Erwärmers» bezeichnet wird, bezieht sich auf die Funktion der «Verbreitung der Lunge» (vgl. S. 125). Wird das Lungen-*Qi* nicht mehr verbreitet, ist es verstopft, so finden sich klinisch folgende Symptome: beengter luftgefüllter Brustkorb, verstopfte Nase, Husten und Asthma.

«Säuberndes Herabführen» *(Su-Jiang)* bedeutet Säubern und Austreiben. Die Lunge befindet sich im Brustkorb. Durch Säubern und Austreiben wird das Lungen-*Qi* «durchgängig» gemacht. Wenn das Lungen-*Qi* nicht auf natürliche Weise ausgetrieben werden kann, verläuft es in die falsche Richtung nach oben. Dann ist das *Qi* in der Lunge blockiert, und es lassen sich folgende klinische Symptome feststellen: Druck auf der Brust, Husten, Kurzatmigkeit usw.

Das «Verbreiten» und das «säubernde Herabführen» der Lunge sind zwei Funktionen, die sich gegenseitig unterstützen und bedingen und in enger Verbindung miteinander stehen. In der Klinik läßt sich oft feststellen, daß ohne die normale «Verbreitung» der Lunge auch die Säuberung beeinträchtigt wird und umgekehrt. Erst wenn beide Funktionen normal ablaufen, ist der Weg für das *Qi* durchgängig, die Atmung ist regelmäßig, der Austausch von äußerer und innerer Luft geht ungehindert vonstatten. Nur dann können sich *Qi* (Aktivität, Funktion), Blut *(Xue)* und *Jin-Ye* im ganzen Körper verbreiten. Nur dann werden die unbrauchbaren Flüssigkeiten zur Blase transportiert und aus dem Körper ausgeschieden.

Die Funktionen der «Verbreitung» und des «Säuberns» der Lunge sind nicht nur im normalen Fall miteinander kombiniert, sie stehen auch bei krankhaften Störungen in gegenseitiger Verbindung. Wenn eine Krankheitsstörung *(Xie)* die Körperoberfläche angreift, kann sich das Lungen-*Qi* nicht mehr voll bis zur Körperoberfläche ausbreiten. Dann entstehen Husten und Atemnot. Wenn sich in der Lunge Auswurf ansammelt, ist die Säuberung der Lunge behindert. Dadurch entstehen Symptome wie Husten, Druck auf der Brust, Röcheln in der Kehle, und es wird zugleich eine Störung im Bereich der Verbreitung des *Qi* hervorgerufen.

3.2.1.2.3 Verantwortlichkeit für Haut- und Körperbehaarung, «ihr Glanz zeigt sich an den Körperhaaren», Regulierung des Wasserhaushalts

Mit «Haut und Körperhaaren» meint die chinesische Medizin die Oberfläche des Körpers. Dazu gehören die Haut, die Poren und die Körperbehaarung. Diese Schicht ist wichtig für die Abwehr krankheitserzeugender Angriffe von Störungen *(Xie)*. Die Lunge transportiert durch ihre Funktion der Verbreitung die Nahrungsmittelessenz *(Shui-Gu Jing-Wei)* zur Haut und zu den Haaren. Auf diese Weise werden Haut, Muskeln und Haare der Körperoberfläche ernährt, und deshalb gilt in der chinesischen Medizin der Grundsatz: «Der Glanz der Lunge zeigt sich an der Körperbehaarung.»

Wenn das *Wei-Qi* (Abwehrfunktion) zur Körperoberfläche transportiert wird, entstehen folgende Ergebnisse: «Das Fleisch wird erwärmt, die Haut wird gefüllt, die Poren werden fett, Öffnen und Schließen der Poren wird reguliert.» (78) Auf diese Weise wird der Körper gegen äußere Störungen geschützt, da diese abgewehrt werden können. Weil die Lunge nach Auffassung der chinesischen Medizin mit der Haut und den Haaren in Zusammenhang steht, beeinflussen sich diese bei Krankheitszuständen oft gegenseitig. Dringt beispielsweise eine Störung *(Xie)* in den Körper ein, so verläuft sie oft über die Haut und die Haare bis hin zur Lunge und greift diese an. Dann entstehen Erkrankungen der Lungen-Abwehr *(Fei-Wei)*.

Ist das *Qi* der Lunge schwach und nicht in der Lage, das *Jing* (Essenz) zur Haut und zu den Haaren zu transportieren, so sieht die Haut runzlig und trocken aus. In solchem Fall ist stets eine ungenügende Abwehrlage des Körpers gegenüber äußeren Störungen vorhanden.

Das *Wei-Qi* (Abwehrfunktion) steht mit der Verbreitung des Lungen-*Qi* im Zusammenhang. Das *Wei-Qi* ist für das Öffnen und Schließen der Poren zuständig. Bei Lungenerkrankungen mit Abschwächung des Lungen-*Qi* sind deshalb häufig vermehrte Schweißausbrüche festzustellen. Wenn das Lungen-*Qi* ganz fehlt, kann das zu völligem Ausbleiben der Schweißproduktion führen.

Der Einfluß der Lunge auf den Wasserhaushalt *(Shui-Tong)* steht in Verbindung mit der Aufrechterhaltung des Flüssigkeitsaustausches, auf den die Lunge ebenfalls einwirkt. Diese Funktion ist möglich durch die oben beschriebene «Verbreitung» und «Säuberung» der Lunge. Zur Ausscheidung von Flüssigkeitsresten aus dem menschlichen Körper gibt es vier Wege: den Urin, den Schweiß (einschließlich Verdunstung über die Haut), Atem und Stuhlgang. Dabei kommt der Urin- und der Schweißproduktion die Hauptrolle zu. Der wichtigste Weg ist die Ausscheidung von Flüssigkeiten durch den Urin. Die feinen Nahrungssubstanzen *(Shui-Gu Jing-Wei)* werden nach der Verarbeitung in Magen und Milz durch das Lungen-*Qi* im ganzen Körper verteilt. Das Lungen-*Qi* schickt aber auch durch seine herabführende Funktion die Flüssigkeiten bis zu den Nieren. Nach Verdampfung in den Nieren wird die Flüssigkeit zur Blase weitergeleitet und als Urin ausgeschieden. Im Buch «*Su-Wen*» heißt es: «Das Getrunkene geht in den Magen, wertvolles *Jing*-*Qi* (Essenz) wird erzeugt und nach oben zur Milz transportiert. Die Milzfunktion (Milz-*Qi*) verbreitet die Essenz *(Jing)* nach oben zur Lunge. Diese reguliert die Wasserabsonderung und transportiert die Flüssigkeiten nach unten zur Blase.» (105)

Damit wird dieser wechselseitige Prozeß im Sinne der chinesischen Medizin beschrieben. Die Lungenfunktion (Lungen-*Qi*) kann den Austausch von Wasser und Flüssigkeit im Körper fördern, deshalb heißt es in der chinesischen Heilkunde: «Die Lunge ist die obere Quelle des Wassers.» (106)

3.2.1.2.4 Der Schlüssel zum Verständnis *(Kai-Qiao)* ist die Nase

Rein äußerlich gesehen ist die Nase der Durchgangsort des Atems zur Lunge. Deswegen heißt es in der chinesischen Medizin: «Die Nase ist die Öffnung der Lunge.» Das Atmen und das Riechen stützen sich nach Auffassung der chinesischen Medizin hauptsächlich auf die Funktion des Lungen-*Qi*. Ist das Lungen-*Qi* harmonisch und ausgewogen, so ist der Atem frei und der Geruchsinn normal.

Im Buch *«Ling-Shu»* heißt es: «Weil das Lungen-*Qi* (Lungen-Funktion) bis zur Nase reicht, nimmt die Nase Gerüche wahr, wenn die Lunge in Ordnung ist.» (107)

Aufgrund des gleichen Zusammenhangs ist die Nase oft ein Weg des Eindringens für störendes *Qi (Xie-Qi)* in die Lunge. Wenn beispielsweise eine Wärme-Hitze-Störung die Lunge angreift, tritt sie oft durch Mund und Nase ein. Die Beziehung zwischen Nase und Lunge läßt sich auch an bestimmten Krankheitszeichen ablesen. Greift eine äußere Störung *(Xie)* die Lunge an – kann sich das Lungen-*Qi* nicht mehr normal ausbreiten – treten Symptome wie verstopfte Nase, Nasenfluß, Abstumpfen des Geruchsinns usw. auf. Bei übermäßiger Lungen-Hitze, die sich in der Lunge staut, kann man oft ein Vibrieren der Nasenflügel beobachten.

Nasenerkrankungen lassen sich nach Regeln der chinesischen Medizin deshalb oft durch eine Behandlung der Lunge heilen. Ist beispielsweise die Nase verstopft, läuft sie oder ist der Geruchsinn beeinträchtigt, wird die Methode «Das Verstopfte durch Verbreitung der Lunge zerstreuen» *(Xin-San Xuan-Fei)* angewandt. Nasenpolypen und Dauerschnupfen lassen sich durch Akupunkturbehandlung auf dem Lungenpunkt am Ohr erfolgreich angehen.

Der Kehlkopf ist das eigentliche Tor des Atems und zugleich das Stimmorgan. Der Lungenmeridian der chinesischen Medizin läuft an der Kehle vorbei, wodurch die Durchlässigkeit für Luft und die Stimmfunktion direkt dem Lungen-*Qi* unterstellt sind. Krankhafte Veränderungen der Lunge können

Symptome hervorrufen wie Keuchen, Heiserkeit und andere Störungen des Kehlkopfes. Wenn eine äußere Störung *(Xie)* die Lunge angreift und sich demzufolge das Lungen-*Qi* nicht ausbreiten kann, verliert der Patient nicht selten die Stimme, er wird heiser oder bekommt eine andere Erkrankung des Kehlkopfes.

3.2.1.3 Die Milz *(Pi)*

Nach der Theorie der chinesischen Medizin hat die Milz die Aufgabe der Umwandlung und Weiterbeförderung der Nahrungsstoffe, der Regulation des *Jin-Ye* (Körperflüssigkeiten) und der Kontrolle des Blutes. Sie ist außerdem für die Muskeln und die vier Extremitäten zuständig. Ihr topografischer Sitz ist im Mittleren Erwärmer. Der Schlüssel zum diagnostischen Verständnis der Milz ist der Mund, ihr «Glanz» zeigt sich an den Lippen.

3.2.1.3.1 Zuständigkeit für Transport und Umwandlung *(Yun-Hua)*

Die Transport- und Umwandlungsfunktion *(Yun-Hua)* der Milz umfaßt zwei Bereiche: 1. Transport und Umwandlung der Nahrungsessenz *(Shui-Gu Jing-Wei)*, 2. Transport und Umwandlung des Wassers und der Nässe *(Shui-Shi)*. Beide Aufgaben werden durch das *Qi* der Milz bewerkstelligt.

1. Transport und Umwandlung der Nahrungsessenz: Hierbei geht es in erster Linie darum, daß die Milz nach der Theorie der chinesischen Medizin verdaute Nahrungsstoffe aufnimmt und weitertransportiert. Wenn die Nährstoffe verdaut sind, wird die aus ihnen extrahierte Nahrungs-Essenz *(Shui-Gu Jing-Wei)* durch die Milz aufgenommen. Die Nahrungsessenz steigt nach oben, zum Herzen, zu den Gefäßen und weiter zur Lunge. Sie wird außerdem zum ganzen Körper weitergeleitet, um die fünf Speicher- und sechs Hohlorgane, die vier Extremitäten, die «100 Knochen», Haut, Haare, Sehnen und Muskeln sowie andere Strukturen zu ernähren. Die Zuständigkeit der Milz für Umwandlung und Transport des *Shui-Gu*-Stoffes besteht also in der Verdauung der Nahrungsessenz, in deren Aufnahme und Weitertransport. Bei normaler Funktion der Milz spricht die chinesische Medizin von «gesund transportieren» *(Jian-Yun)*. Hat das Milz-*Qi* diese «gesunde Bewegung», so läuft die Verdauung und der Transport der Nahrungsessenz normal ab. Im umgekehrten Falle, wenn sich das *Qi* der Milz nicht gesund bewegt, versagt sowohl die Umwandlungs- als auch die Transportfunktion. Dann entstehen folgende Symptome: Blähungen, Durchfall, Müdigkeit, Gewichtsabnahme, Mangelerscheinungen (Malabsorptions-Syndrom).

2. Transport und Umwandlung der Wasser-Nässe. Mit dieser Bezeichnung meint die chinesische Medizin, die Förderung des Flüssigkeitswechsels im Körper durch die Milz. Beim Transport der Nahrungsessenz *(Shui-Gu Jing-Wei)* durch die Milz wird auch die vom Organismus benötigte Flüssigkeit zu den Organen geleitet, um deren Ernährung zu gewährleisten. Die aus dem Stoffwechsel übriggebliebene Flüssigkeit geht im weiteren Verlauf abwärts zu den Nieren und wird durch die Blase ausgeschieden. Transport und Umwandlung der Flüssigkeit sowie deren Austausch werden gemeinsam durch die Funktionen der «Verbreitung» und des «säubernden Herabführens» des Lungen-*Qi* und durch den «Transport» und die «Umwandlung» der Wasser-Nässe der Milz durchgeführt. Transport und Umwandlung der Wasser-Nässe der Milz sind entscheidend dafür, daß der Organismus genügend Flüssigkeit hat und daß die Wasser-Nässe *(Shui-Shi)* nicht ins Stocken gerät. Auf diese Weise ist die Balance des Flüssigkeitsaustausches im Körper gewährleistet.

Werden diese Funktionen der Milz gestört, so entstehen alle möglichen Krankheiten durch «Wasserverstopfung». Durch solche Wasserblockierung kann es zu vermehrter Schleimbildung im Körper und zu Auswurf aus den Lungen kommen. Sitzt die Schleimansammlung in den Muskelpartien, entsteht ein wässriges Ödem. Sitzt sie im Darm, entsteht Durchfall. Ist sie in der Bauchhöhle lokalisiert, tritt ein Aszites auf. In diesem Sinne heißt es im Buch *«Su-Wen»:* «Alle Arten von Nässe-Schwellungen rühren von der Milz her» (108).

Die Funktionen der Milz bei Transport und Umwandlung von Nahrungsessenz und Wasser-Nässe stehen in enger Verbindung. Wenn die Transport- und Umwandlungsfunktion der Milz nicht einwandfrei abläuft, treten deshalb krankhaft Störungen in beiden verschiedenen Bereichen auf.

3.2.1.3.2 Kontrolle des Blutes *(Tong-Xue)*

«Kontrolle» heißt in diesem Falle zügeln, kontrollieren und regieren. Die Milz kann das Blut dadurch kontrollieren, daß das *Qi* der Milz die Blutflüssigkeiten zügelt und so verhindert, daß das Blut aus den Adern heraustritt und Blutungen verursacht. Die Milz ist eine Quelle für die Entstehung von *Qi-Xue* (Blut-Aktivität). Sie hat deshalb die Funktion der Zügelung des Blutstroms.

Nach der Theorie der chinesischen Medizin ist das *«Qi»* der Meister des Blutes. Aus diesem Grunde hängt das *«Qi»* der Milz eng mit der Blutzirkulation zusammen. Wenn das Milz-*Qi* gesund und stark ist, zirkuliert das Blut normal, sein Fluß verläuft gezügelt, es tritt nicht aus den Adern heraus. Ist das *Qi* der Milz aber schwach, verliert es seine Zügelungsfunktion. Dann tritt das Blut aus den Adern heraus; es entstehen verschiedene Arten von Blutungen, wie z. B. Nasenbluten, Hämatome, unstillbare Blutungen bei kleinen Verletzungen, starke Blutungen bei Frauen im Zusammenhang mit der Periode usw.

Wenn die Milz das Blut nicht zu kontrollieren vermag und derartige starke bzw. unstillbare Blutungen auftreten, kommt es daher, daß das *Qi* das Blut nicht zügeln kann.

3.2.1.3.3 Verantwortlichkeit für Muskeln und Extremitäten

Die Verantwortlichkeit der Milz für die Muskeln beruht nach der chinesischen Medizin darauf, daß die Milz die Nahrungsessenz *(Shui-Gu Jing-Wei)* transportiert. Milz und Magen werden in der chinesischen Medizin das «erworbene Vermögen» *(Hou-Tian Zhi Ben)* genannt. Damit ist gemeint, daß das angeborene *Jing* (Essenz) ständig durch von Milz und Magen verdaute Nahrung ergänzt werden muß, um die Körperkräfte zu erhalten (vgl. S. 80). Die Milz hat die Aufgabe, die Nahrungs-Essenz *(Shui-Gu Jing-Wei)* zu transportieren, um die Muskeln zu ernähren. Wenn genügend Nährstoffe im Körper vorhanden sind, sind die Muskeln prall. Die Milz spielt darum eine entscheidende Rolle für die Stärke oder Schwäche der Muskeln. Schon im Buch *«Su-Wen»* heißt es: «Die Milz ist für die Muskeln des Körpers zuständig» (109).

Die normalen Funktionen der Arme und Beine sind vom normalen Nährstofftransport der Milz-*Qi* abhängig. Wenn das *Milz-Qi* stark ist, verbreitet sich das *Qi* des klaren *Yang (Qing-Yang)* im ganzen Körper. In solchen Fällen sind die Muskeln prall, weil genügend Nährstoffe im Körper vorhanden sind, die vier Extremitäten sind kräftig und leicht beweglich.

Funktioniert die Milz umgekehrt nicht regelrecht und wird das klare *Yang (Qing-Yang)* nicht verbreitet, so sind nicht genügend Nährstoffe im Körper vorhanden. Muskelschwäche, Kraftlosigkeit, Müdigkeit der vier Extremitäten treten auf. In diesem Sinne heißt es in *«Su-Wen»*: «Wenn die Milz erkrankt, sind die vier Gliedmaßen nicht benutzbar. Warum ist dies so? ... Eine kranke Milz kann die Flüssigkeiten *(Jin-Ye)* vom Magen nicht transportieren, und die vier Extremitäten bekommen so kein Nahrungs-*Qi (Shui-Gu-Qi)*. Das *Qi* des Körpers wird schwächer, die Adern sind nicht mehr durchlässig, Sehnen, Knochen und Muskeln haben keine Lebenskraft mehr und sind deshalb unbenutzbar» (110). Wenn bei einem Patienten die vier Extremitäten schwach oder lahm sind, wird deshalb in der chinesischen Medizin nach der Methode behandelt, die Milz zu stärken *(Jian-Pi)*. Denn, wie gesagt, die Beweglichkeit der vier Gliedmaßen hängt von der normalen Transportfunktion der Milz ab. Umgekehrt kann aber auch die regelmäßige Bewegung der vier Extremitäten die Aktivität und Funktion des Milz-*Qi* fördern. Krankengymnastik, regelmäßige körperliche Übungen werden aus diesem Grunde in der chinesischen Medizin zur Heilung chronischer Milzerkrankungen eingesetzt.

3.2.1.3.4 Der Schlüssel zum Verständnis ist der Mund, «der Glanz zeigt sich an den Lippen»

Der Zusammenhang zwischen Milz und Mund wird in der chinesischen Medizin dadurch erklärt, daß der Geschmack der Speisen in enger Verbindung mit der Transport- und Umwandlungsfunktion der Milz zu verstehen ist. Wenn das Milz-*Qi* gesund und stark ist, hat der Mensch guten Appetit und einen normal entwickelten Geschmackssinn. Ist die Milz nicht in Ordnung, treten Änderungen des Appetits und Anomalitäten des Geschmacksinns auf. Man findet Appetitlosigkeit, Verlust des Geschmacksinns, ferner einen spontan entstehenden ekligen Geschmack, der meist durch von außen eingedrungene Nässestörungen *(Shi-Xie)* (vgl. S. 222) entsteht. Aus diesem Grunde heißt es im Buch *Ling-shu*: «Das *Qi* der Milz geht bis zum Mund. Wenn die Milz harmonisch ist, kann der Mund die fünf Getreidearten unterscheiden.» (111) Da die Milz für die Muskeln zuständig ist und die Verfassung der Milz am Mund abgelesen werden kann, sind Mund und Lippen die Anhaltspunkte für die Stärke oder Schwäche von Umwandlung und Transport der Nahrungsessenz durch die Milz. Wenn sich das Milz-*Qi* gesund bewegt, bekommen die Muskeln genügend Nahrung, die Lippen sind rot und glänzend. Versagt diese Funktion der Milz, so findet der Transport der Nahrungsessenz *(Shui-Gu Jing-Wei)* nicht statt. Dieser Fall liegt besonders häufig vor bei Patienten, die unter chronischen Verdauungsstörungen leiden. Diagnostisch findet man bei ihnen häufig schlaffe, gelbliche und glanzlose Lippen. In diesem Sinne spricht die chinesische Medizin davon, daß die Milz «ihre Öffnung bzw. den Zugang zu ihrem Verständnis *(Kai-Qiao)* am Mund» hat und daß «ihr Glanz auf den Lippen» liegt.

3.2.1.4 Die Leber *(Gan)*

Die Leber liegt unterhalb des rechten Rippenbogens. Nach der chinesischen Medizin hat sie folgende Funktionen:

1. Speicherung und Regulation des Blutes *(Cang-Xue)*,
2. Transport und Ausscheidung von Stoffen *(Shu-Xie)*,
3. Zuständigkeit für die Sehnen,
4. der Schlüssel zum Verständnis liegt an den Augen,
5. ihr Glanz zeigt sich an den Fingernägeln.

3.2.1.4.1 Verantwortlichkeit für die Speicherung *(Cang)* des Blutes

Die Leber hat die Funktion, Blut zu speichern und die Blutmenge zu regulieren. Entsprechend dem physiologischen Bedarf wird die Blutmenge der verschiedenen Teile des menschlichen Körpers laufend verändert. Wenn der Mensch schläft, vermindert sich der Blutbedarf des Bewegungsapparates. Die überschüssige Blutflüssigkeit bleibt dann in der Leber gespeichert. Wenn die Muskulatur bei körperlicher Anstrengung mehr Blut benötigt, gibt die Leber das gespeicherte Blut frei, um den Bedarf je nach Stärke der Tätigkeit zu decken. In der Tang-Dynastie schrieb der chinesische Arzt *Wang-Bing* in seinem Kommentar zum *«Su-Wen»*: «Die Leber speichert das Blut, und das Herz transportiert es. Wenn sich der Mensch bewegt, geht das Blut zu den Adern. Wenn der Mensch ruht, läuft das Blut zur Leber zurück.» (112) Damit wird die Regulation der zirkulierenden Blutmenge im Zusammenhang mit der Speicherungsfunktion der Leber erklärt.

Aufgrund dieser Speicherungsfähigkeit der Leber für das Blut haben auch alle Speicher- und Hohlorgane des menschlichen Körpers einen besonders engen Zusammenhang mit der Leber. Ist die Leber krank und versagt ihre Blutspeicherungsfunktion, so beeinflußt das den Gesamtbereich aller menschlichen Aktivitäten. Gleichzeitig treten auch leicht Erkrankungen des Blutes auf. Verfügt die Leber beispielsweise nicht über genügend Blut, entstehen Augenflimmern, Verkrampfungen von Sehnen und Muskeln, Verminderung der Periodenblutung bei der Frau, was bis zur Amenorrhoe gehen kann. Wenn das *Qi* der Leber quer *(Heng)* oder in falsche bzw. Gegenrichtung *(Ni)* verläuft, oder wenn der *Qi*-Mechanismus gestört ist, treten Blutspucken, Nasenbluten, übermäßige Periodenblutungen usw. auf.

3.2.1.4.2 Zuständigkeit für Beförderung und Ausscheidung *(Shu-Xie)*

«Beförderung» (Transport) und «Ausscheidung» bedeutet Verbreitung im Körper sowie Filtration und Ausscheidung von Stoffen. Damit ist gemeint, daß die physiologische Funktion der Leber das Befördern von Stoffen innerhalb des Stoffwechsels zur Aufgabe hat und daß sie eine Reihe von Stoffen aufnimmt, filtriert und ausscheidet. Diese Funktion wird in der chinesischen Medizin mit der «Ordnungsliebe» *(Xi-Tiao-Da)* des Leber-*Qi* beschrieben. Die Beförderung und das Ausscheiden des Leber-*Qi* bezieht sich hauptsächlich auf das Steigen und Fallen *(Sheng-Jiang)*, die Regulierung und den Ablauf des *Qi*-Mechanismus im menschlichen Körper. Unter dem «*Qi*-Mechanismus» werden sämtliche Funktionen verstanden, die in Verbindung mit den Speicher- und Hohlorganen des Körpers stehen. Funktioniert beim *Qi*-Mechanismus die Regulierung und Strömung ungehindert, dann sind die Beziehungen zwischen oben und unten, innen und außen im menschlichen Körper normal und die physiologischen Abläufe der inneren Organe funktionieren regelrecht. Ist der *Qi*-Mechanismus dagegen nicht in Ordnung, dann verläuft das Steigen und Fallen *(Sheng-Jiang)* der *Qi*-Funktionen ungeregelt, und es treten pathologische Erscheinungen an den inneren Organen auf. Die Leberfunktion der Beförderung und der Ausscheidung beeinflußt das Steigen und Fallen (d. h. das Gleichgewicht der auf- und absteigenden Funktionen) sowie die Regulierung und das Fließen des *Qi*-Mechanismus im menschlichen Körper. (Vgl. 5.3.3) Dies zeigt sich hauptsächlich in zwei Bereichen:

1. auf dem Gebiet der Psyche,
2. im Bereich der Verdauungsfunktion.

1. Im psychischen Bereich: In der heutigen Lehre der traditionellen chinesischen Medizin werden die psychischen bzw. stimmungsmäßigen Aktivitäten des Menschen als Reaktion des Großhirns auf die objektiven Dinge der Umwelt aufgefaßt. Im Zuge ihrer jahrtausendelangen Beobachtung unzähliger Patientenfälle hat die chinesische Medizin Zusammenhänge zwischen der «Beförderung» und «Ausscheidung» *(Shu-Xie)* des Leber-*Qi* und dem psychischen Verhalten des Menschen herausgefunden. Deshalb gilt die Regel, daß die psychische Verfassung des Menschen nicht nur vom Herzen gelenkt wird, sondern außerdem mit dem *Qi* der Leber in enger Verbindung steht. Nur wenn Beförderung und Ausscheidung des Leber-*Qi* normal verlaufen und wenn der *Qi*-Mechanismus ungestört funktioniert, steht das *Qi-Xue* (Aktivität, Energie und Blut) des Menschen im Ausgleich und seine seelische Verfassung ist im Gleichgewicht. Versagt die Funktion des Leber-*Qi*, ist der *Qi*-Mechanismus nicht ausgewogen, so entstehen abnorme psychische Veränderungen. Diese zeigen sich hauptsächlich in zwei Formen:

a) Depression mit leichter Erregbarkeit. Wenn das Leber-*Qi* gestaut (blokkiert) ist, findet man ein Spannungsgefühl am Rippenbogen, der Patient ist bedrückt und traurig. Er neigt dazu, in Tränen auszubrechen und sieht alles pessimistisch. Wenn es sich um eine Frau handelt, kann die Periodenblutung unregelmäßig werden. Ist das *Qi* der Leber erregt, neigt der Patient zu Ungeduld und Zornausbrüchen. Schlaflosigkeit und viele Träume treten auf. Häufig wird bei diesem Zustand auch über Schwindelgefühl, Kraftlosigkeit, Ohrensausen oder Taubheit geklagt. All diese Beschwerden lassen sich auf das Versagen der «Beförderung» und «Ausscheidung» *(Shu-Xie)* der Leber zurückführen.

b) Ein solches Versagen der Beförderung und der Ausscheidung kann aber auch durch lange oder besonders heftige Umweltreize auf die Psyche, durch starken Zorn oder übermäßigen Kummer verursacht werden. Dies kann das Leber-*Qi* verstopfen und eine Unausgewogenheit des *Qi*-Mechanismus hervorrufen, wodurch weitere Symptome im körperlichen und seelischen Bereich bedingt sind. Im Zusammenhang damit kennt die chinesische Medizin zwei besondere Lehrsätze:

1. «Die Leber liebt Ordnung, sie liebt nicht die Betrübtheit» und
2. «großer Zorn schadet der Leber».

Die Funktion der «Beförderung» und «Ausscheidung» der Leber beeinflußt direkt die Regulierung sowie das Auf und Ab des *Qi*-Mechanismus. *Qi* und Blut verhalten sich zueinander wie eine Gestalt und ihr Schatten. Wenn das *Qi* fließt, bewegt sich auch das Blut. Ist das *Qi* blockiert, stockt auch der Blutfluß. Wenn das Leber-*Qi* blockiert ist und das *Qi* das Blut nicht in Bewegung bringen kann, strömt das Blut nicht normal und die Speicherungsfunktion der Leber für das Blut wird beeinträchtigt. Es treten Schmerzen an den Rippen und an der Brust, bei Frauen Unregelmäßigkeiten der Periode auf. Bei schweren Fällen gerinnt das Blut, Thromben entstehen, die Periode bleibt ganz aus, usw. Wenn großer Zorn, heftige Wut der Leber schaden, steigt das *Qi* der Leber in «umgekehrter Richtung nach oben». Das Gesicht und die Augen des Patienten röten sich, es kommt zu blutigem Erbrechen und zum Nasenbluten. Verläuft das Leber-*Qi* «quer», ist der *Qi*-Mechanismus gestört, dann kann die Leber nicht die normale Blutmenge speichern; in solchen Fällen kommt es zu unkontrollierbaren Blutungen. Derartige Zustände werden in der Klinik häufig beobachtet.

2. Auswirkungen auf die Verdauung:

Die Funktionen der «Beförderung» und der «Ausscheidung» *(Shu-Xie)* der Leber wirken regulierend auf die Funktion des *Qi*-Mechanismus, bringen diesen in Fluß und helfen ferner dem *Qi* von Milz und Magen beim Auf- und Absteigen *(Sheng-Jiang)*. Darüber hinaus stehen «Beförderung» und «Ausscheidung» in Verbindung mit der Sekretion von Gallensaft. «Beförderung» und «Ausscheidung» des Leber-*Qi* sind deshalb eine wichtige Voraussetzung zur

Erhaltung der normalen Verdauungsfunktion von Milz und Magen. Ist diese Funktion der Leber gestört, verläuft die Verdauung nicht mehr normal, die Sekretion und Ausscheidung des Gallensaftes wird beeinträchtigt, Verdauungsstörungen sind die Folge.

In der Klinik trifft man häufig Patienten mit blockiertem *Qi* der Leber. Sie klagen über Druck und Schmerzen am Thorax und am Rippenbogen, sind ungeduldig, jähzornig und seufzen auffällig. Alles das ist durch eine Verstopfung des Leber-*Qi* bedingt, wobei das *Qi* des Magens im Körper nicht normal sinkt *(Jiang)* und das *Qi* der Milz nicht normal steigt *(Sheng)*. Der erstere Fall heißt in der chinesischen Medizin: «Das Leber-*Qi* greift den Magen an», der zweite Fall: «Leber und Milz sind nicht ausgeglichen.» (7.3.3.7)

Die Leber ist somit für die wichtige Funktion der «Beförderung» und der «Ausscheidung» zuständig, sie reguliert ferner den *Qi*-Mechanismus. Außerdem hat sie die Funktion, die Drei Erwärmer durchgängig zu halten und den Weg des Wassers im Körper zu bahnen bzw. zu regulieren. Wenn diese wichtigen Funktionen und zusätzlich die Ausbreitung des Leber-*Qi* versagt, wenn das *Qi* nicht zügig verläuft, wird die Durchgängigkeit der Drei Erwärmer (vgl. S. 125) beeinträchtigt. In diesem Fall zeigen die Patienten Ödeme und Aszites im Abdominalbereich, was beides durch ein Versagen des Flüssigkeitsaustausches hervorgerufen wird.

3.2.1.4.3 Zuständigkeit für die Sehnen, «ihr Glanz liegt an den Nägeln»

Die Sehnen sind nach der Lehre der chinesischen Medizin Muskelhäute. Sie entsprechen den Faszien der westlichen Medizin und schließen den ganzen Muskelstrang ein. Im Buch *«Su-Wen»* heißt es: «Die Leber ist verantwortlich für die Sehnen und Muskelhäute» (113). Sehnen und Muskelfaszien sind eine einheitliche Organisation, die die Gelenke und Muskeln verbindet und bei Bewegungen maßgeblich mitwirken. Darum heißt es im gleichen Kapitel des Buches *«Su-Wen»*: «Die Leber unterstützt die Sehnen, ist für die Bindung der Knochen zuständig und für die Gelenke nützlich» (114). Daß die Leber tatsächlich für die Sehnen verantwortlich ist, liegt nach Auffassung der chinesischen Medizin daran, daß Sehnen und Faszien vom Blut gespeist werden, das in der Leber gespeichert ist. Die Bewegung der Glieder und Gelenke hängt also letzten Endes nicht allein von der Funktion der Sehnen, sondern von der Stärke oder Schwäche des Blutes und der Leber ab. Nur wenn die Leber genug Blut zur Verfügung stellt, kann sie die Sehnen mit *«Qi»* füllen. Dann bekommen die Sehnen und Faszien genügend Nahrung, normale Bewegungsabläufe sind möglich. Hat die Leber nicht genug Blut, können die Sehnen nicht ernährt werden. Es treten Gliederzittern, Taubheitsgefühl in den Extremitäten, Behinderung der Streck- und Beugefunktion auf. Wenn störende Hitze *(Xie-Re)* die Säfte *(Jin)* des Körpers verdunstet, so daß der Patient schwitzt, wird auch Blut verbraucht, wodurch es zur Mangelernährung der Sehnen kommt. Bei solchen Krankheitszuständen können Gliederzucken, Fieberkrämpfe mit «Arc du cercle» und Kieferklemme auftreten. Diese Erkrankungen nennt die chinesische Medizin «Leber-Wind» *(Gan-Feng)*. Darüber heißt es im Buch *«Su-Wen»*: «Für alle Krämpfe und Ohnmachtszustände ist die Leber verantwortlich» (115). Alle plötzlichen Verkrampfungen hängen für die chinesische Medizin mit dem «Wind» zusammen (vgl. Abschn. 5.2.1.1).

Die Stärke oder Schwäche des Leber-Blutes beeinflußt die Bewegung der Sehnen. Ein Ausspruch der chinesischen Medizin lautet: «Die Krallen sind das Äußere der Sehnen» (115 a). In diesem Sinne läßt sich die Stärke oder Schwäche des Leberblutes am Glanz oder an der Stumpfheit der Finger- oder Fußnägel ablesen. Ist das Blut der Leber ausreichend, sind die Sehnen stark und kräftig, die Nägel sind elastisch und fest. Ist das Leber-Blut leer, sind die Sehnen kraftlos, die Nägel sind dünn, weich, deformiert oder brechen leicht ab.

Im Buch *«Su-Wen»* heißt es darum: «Die Leber ist verbunden mit den Sehnen und ihr Glanz liegt an den Nägeln» (116).

3.2.1.4.4 Der Schlüssel zum Verständnis *(Kai-Qiao)* sind die Augen

Das *Jing-Qi* der fünf Speicher- und sechs Hohlorgane wird von den Blutadern in die Augen transportiert. Deshalb haben die inneren Organe und die Augen eine besonders enge Beziehung, bei der der Leber die wichtigste Rolle zukommt. Dies liegt daran, daß die Leber für die Speicherung des Blutes zuständig ist, und daß nach der chinesischen Medizin der Lebermeridian aufwärts bis zu den Augen führt. Im Buch *«Ling-Shu»* heißt es: «Das Leber-*Qi* geht bis zu den Augen. Wenn die Leber ausgeglichen ist, dann können die Augen die fünf Farben unterscheiden» (117).

Für die chinesische Medizin hängt die Funktion der Augen also in erster Linie von der Ernährung der Augen durch die Leber ab. Chinesische Ärzte haben bei Augenleiden oft festgestellt, daß die Leberfunktion im Sinne der chinesischen Medizin nicht in Ordnung ist. Wenn z. B. das *Yin* der Leber nicht ausreicht, werden die Augen trübe und stumpf. Reicht das Blut der Leber nicht aus, entstehen Nachtblindheit und unklares Sehen. Setzt sich im Leber-meridian Wind-Hitze *(Feng-Re)* fest, sind die Augen gerötet, geschwollen und schmerzhaft. Steigt das Feuer der Leber flammend aufwärts, sind die Augen ebenfalls rot und Tränenflüssigkeit kristallisiert sich zu Absonderungen in den Augen. Steigt das *Yang* der Leber nach oben, klagt der Patient über Schwindelgefühl. Bewegt sich «Leber-Wind» im Inneren, dreht der Patient die Augäpfel nach oben oder schielt.

Aufgrund jahrhundertelanger klinischer Beobachtung hält die chinesische Medizin ihre Ansicht, daß die Leber ihren diagnostischen Ort an den Augen hat, für erwiesen.

3.2.1.5 Die Nieren *(Shen)*

Die Nieren befinden sich in der Lendenpartie rechts und links von der Wirbelsäule. Die physiologische Funktion der Nieren besteht nach der chinesischen Medizin in erster Linie darin, *Jing* (Essenz) zu speichern und Mark (chinesisch: *Sui*), worunter Knochenmark und Rückenmark zu verstehen sind, zu produzieren. Deshalb sind die Nieren für die Knochen zuständig und zugleich eine Quelle der Zeugung und des Wachstums. Ferner sind die Nieren verantwortlich für die Aufnahme des *Qi* und für den Wasserhaushalt. Der diagnostische Schlüssel *(Kai-Qiao)* der Nieren liegt an den Ohren, an den Geschlechtsorganen und am After (den «zwei *Yin*»). Ihr Glanz zeigt sich an den Haaren des Kopfes.

3.2.1.5.1 Speicherung der Essenz, Zuständigkeit für Fortpflanzung und Wachstum

In den Nieren wird das «angeborene» *Jing (Xian-Tian Zhi Jing)* gespeichert. Dieses muß ständig von dem «erworbenen» *Jing* (Essenz) ernährt und ergänzt werden, wenn es seine Funktion uneingeschränkt entfalten soll. Das *Jing* (Essenz) kann zu *Qi* (Funktion, Aktivität) umgewandelt werden. So ist das aus dem Nieren-*Jing* (Nieren-Essenz) entstandene *Qi* das *Qi* des Speicherorgans Niere. Wenn das Nieren-*Jing* auch besondere Funktionen hat, kann es doch im Grunde nicht vom *Qi* der Niere getrennt werden. Ist genügend Nieren-*Jing* vorhanden, ist auch das *Qi* der Nieren stark. Ist das *Jing* der Nieren nicht ausreichend, resultiert daraus eine Schwäche des *Qi* der Nieren.

Die menschliche Zeugungsfähigkeit und das Wachstum des menschlichen Organismus hängen hauptsächlich vom *Jing-Qi* (Essenz-Funktion) der Nieren ab. Von der Kindheit an entsteht beim Menschen allmählich mehr *Jing-Qi*

(Essenz-Aktivität) in den Nieren. Deshalb unterliegt der Mensch dem Zahnwechsel, dem Wachstum und anderen Veränderungen seines Körpers. Bis zur Pubertät ist das *Jing-Qi* der Nieren voll entwickelt. Dann entsteht daraus Zeugungsfähigkeit (chinesisch *Tian-Gui*), womit in der chinesischen Medizin die Grundfunktion der Fortpflanzungsfähigkeit bezeichnet wird. Aufgrund dieses «*Tian-Gui*» erzeugen die Männer Samen, die Frauen bekommen ihre regelmäßige Periodenblutung. Das «*Tian-Gui*» führt also zur Reife der Geschlechtsorgane und zur Ausbildung der Fruchtbarkeit. Im hohen Alter schwächt sich das *Jing-Qi* der Nieren allmählich ab. Die Funktion der Geschlechtsorgane und die Zeugungsfähigkeit werden weniger und erlöschen schließlich. Auch die Gestalt der Menschen verändert sich, wird gebrechlich und schwach. Deshalb heißt es im «*Su-Wen*»: «Wenn der Mann 18 Jahre alt ist, hat er ein starkes Nieren-*Qi*. Zeugungsfähigkeit ist vorhanden, *Jing-Qi* wird freigesetzt, *Yin* und *Yang* harmonieren miteinander. Der Mann kann Kinder zeugen. ... Wenn ein Mann 56 Jahre alt ist, ist seine Zeugungskraft *(Tian-Gui)* erschöpft, die Samenproduktion wird geringer, die Nieren werden schwach, Gestalt und Körper sind allmählich erschöpft. Ist der Mann 64 Jahre, fallen ihm Zähne und Haare aus. ... Wenn die Frau 14 Jahre alt ist, erzeugt die Zeugungsfähigkeit *(Tian-Gui)* ihre Periodenblutung. Ihr *Ren-Mai* (Dienergefäß bzw. Konzeptionsgefäß) ist nun durchlässig, das *Tai-Chong*-Gefäß (d. h. der außergewöhnliche Meridian *Chong-Mai*) ist üppig. Die Periode kommt regelmäßig, die Frau kann Kinder bekommen. Ist sie 49 Jahre alt, ist ihr *Ren-Mai*-Gefäß leer. Das *Tai-Chong*-Gefäß schwächt sich ab, die Zeugungsfähigkeit *(Tian-Gui)* ist erschöpft. Ihr «Erdkanal» (d. h. die Gebärmutter) ist verstopft, ihre Gestalt ist verbraucht, sie kann keine Kinder mehr gebären» (118).

Aus dieser Stelle wird ersichtlich, daß das *Jing-Qi* der Nieren nach Ansicht der chinesischen Medizin für das menschliche Wachstum und die Zeugungsfähigkeit unerläßlich ist.

Auch im pathologischen Bereich stehen alle abnormen Erscheinungen des Wachstums und der Zeugungsfähigkeit mit den Nieren in Verbindung. Hierher gehören: Sterilität, Zeugungsunfähigkeit, geringes Längenwachstum bei Kindern, Sehnen- oder Knochenerweichungen, Knochenverkrümmungen. All dies wird von der traditionellen chinesischen Medizin auf eine Schwäche des *Jing-Qi* zurückgeführt.

Das Nieren-*Jing* (Essenz) wird dem *Yin*, das Nieren-*Qi* (Aktivität, Funktion) dem *Yang* zugerechnet. Eine andere Bezeichnung für das Nieren-*Jing* ist deshalb in der chinesischen Medizin «Nieren-*Yin*» *(Shen-Yin)* oder «ursprüngliches *Yin*» *(Yuan-Yin)* oder aber «echtes *Yin*» *(Zhen-Yin)*. Entsprechend heißt das Nieren-*Qi* auch das «Nieren-*Yang*» *(Shen-Yang)*, das «ursprüngliche *Yang*» *(Yuan-Yang)* oder das «echte *Yang*» *(Zhen-Yang)*.

Nieren-*Yin* und Nieren-*Yang* umfassen beide Seiten – die *Yin*-Seite und die *Yang*-Seite der physiologischen Funktionen der Nieren. So bedeutet «Nieren-*Yin*» die Funktion, die einzelnen Speicher- und Hohlorgane zu ölen und anzufeuchten. «Nieren-*Yang*» bezeichnet die Funktion, Speicher- und Hohlorgane zu wärmen und zur Aktivität zu bringen. Nieren-*Yin* und Nieren-*Yang* leiten sich beide aus dem *Jing-Qi* (Essenz-Aktivität) der Nieren her. Nieren-*Yin* und Nieren-*Yang* stehen im menschlichen Körper im Gleichgewicht; halten sich gewissermaßen gegenseitig in Schach und bedingen sich wechselseitig. Ist dieser Gleichgewichtszustand gestört, entstehen Krankheiten: entweder eine Nieren-*Yin*-Leere oder eine Nieren-*Yang*-Leere. Eine Nieren-*Yin*-Leere kann entstehen, wenn Nieren-*Jing* (Essenz) aus Gründen schlechter Ernährung fehlt. Dann hat der Patient Lendenschmerzen, Knieschmerzen oder Schwäche in den Knien, Augenflimmern, Konzentrations- und Gedächtnisschwäche. All diese Krankheiten entstehen durch ein unzureichendes Nieren-*Yin*. Dabei können gleichzeitig durch ein unkontrollierbares, infolge der Nieren-*Yin*-Leere entstandenes «Feuer» (d. h. Hitzezustand im Körper) weitere Symptome beobachtet werden, nämlich starkes Schwitzen infolge *Yin*-Schwäche und *Yang*-Übermaß, Schwindel und Ohrensausen, bei Männern nächtliche Samenergüsse, bei Frauen sexuelle Träume.

Wenn das Nieren-*Yang* leer ist, entstehen folgende Symptome: Durch das Fehlen der Wärme-Funktion der Nieren und mangelndem Antrieb der Speicher- und Hohlorgane spürt der Patient geistige Ermüdung, seine Lenden und Knie werden kalt oder schmerzen. Der ganze Körper und die vier Extremitäten können im weiteren Verlauf erkalten. Häufiges Wasserlassen tritt ein, Impotenz oder Ejaculatio praecox bzw. verminderte Zeugungsfähigkeit zeigen sich. Bei Frauen kommt es zur Unfruchtbarkeit, was nach der Lehre der chinesischen Medizin durch Kälte in der Gebärmutter erklärt wird, die die normale Funktion des Uterus beeinflußt. Sowohl eine Leere des Nieren-*Yin* als auch eine Leere des Nieren-*Yang* lassen sich auf einen Mangel an *Jing-Qi* zurückführen. In diesem Mangel haben die Leere des Nieren-*Yin* und die Leere des Nieren-*Yang* also ihre innere Verbindung. Erreicht die Nieren-*Yin*-Leere einen gewissen Grad, ist immer auch das Nieren-*Yang* gefährdet. Hat umgekehrt die Leere des Nieren-*Yang* eine gewisse Stärke, kann dies auch dem Nieren-*Yin* schaden. Nicht selten tritt infolge dieses Zusammenhangs deshalb die Leere von Nieren-*Yin* und Nieren-*Yang* gleichzeitig auf.

In der klinischen Diagnostik der chinesischen Medizin und bei der Behandlung mit Medikamenten oder Akupunktur werden die Nieren-Leere-Krankheiten ohne auffallende Kälte- oder Wärme-Symptomatik in Krankheiten mit «Nieren-*Jing*(Essenz)-Leere» und Krankheiten mit «Nieren-*Qi*-Leere» unterteilt. Liegt dabei ein Fall «innerer Hitze» vor, nennt man das «Nieren-*Yin*-Leere». Sind bei solchen Krankheiten Körper und Gliedmaßen kalt, spricht man von «Nieren-*Yang*-Leere».

3.2.1.5.2 Zuständigkeit für das Wasser

Im vorhergehenden Absatz wurde erläutert, daß die Niere die Aufgabe hat, das *Jing* (Essenz) zu speichern. Damit hängt die Aufgabe zusammen, den Wasserhaushalt zu regulieren. Das Speicherorgan Niere übernimmt die Regulation und den Austausch der Körperflüssigkeiten *(Shui-Ye)* was nach der Lehre der chinesischen Medizin hauptsächlich vom *«Yang-Qi»* der Nieren bewerkstelligt wird.

Der Flüssigkeitsaustausch durch die Niere hat zwei Aspekte: 1. wird dabei das aus den Nahrungsmitteln extrahierte *«Jin-Ye»* (Körperflüssigkeiten) im ganzen Körper verbreitet, um die Organe zu «ölen», also beweglich zu halten. Die Niere sorgt dafür, daß die Körperflüssigkeiten *(Jin-Ye)* ihre Funktion voll entfalten können. 2. haben die Nieren die Aufgabe, die von den verschiedenen Körperorganen nicht mehr verwertbare, benutzte Flüssigkeit aus dem Körper auszuscheiden.

Das der Niere zugeordnete *Yang-Qi* ist für den Austausch des Wasserhaushalts zuständig. Nach Ansicht der chinesischen Medizin kommt hier vor allem der Funktion der *Yang*-Niere, «das Klare nach oben zu leiten und das Trübe nach unten zu senken» Bedeutung zu.

Beim Verdauungsprozeß gelangt das Wasser zunächst in den Magen, anschließend wird es über die Milz nach oben zur Lunge geleitet. Dort wird es durch das Lungen-*Qi* gefiltert und fließt sodann in die Nieren zurück. Diese nach unten zur Niere fließenden Flüssigkeiten zerteilen sich wiederum in eine «klare» und eine «trübe» Portion. Durch die «Verdampfungsfunktion» des *Yang-Qi* der Nieren wird die klare Flüssigkeit erneut nach oben zu den Lungen geschickt und von dort aus weiter im ganzen Körper verteilt; die trübe Flüssigkeit wird zur Blase geleitet und anschließend ausgeschieden. Durch diesen Kreislauf ist das Gleichgewicht des Flüssigkeitshaushaltes im menschlichen Körper gewährleistet. Ist das *Yang-Qi* der Nieren nicht ausreichend und versagt die «Verdampfungsfunktion», entsteht eine Störung beim Flüssigkeitsaustausch, was Erkrankungen zur Folge haben kann.

3.2.1.5.3 Zuständigkeit für die Aufnahme des «*Qi*» *(Na-Qi)*

Die Atmung ist die Aufgabe der Lunge. Das *Qi* (hier im Sinne von Sauerstoff der Luft) der Einatmung muß nach der chinesischen Medizin bis hin zu den Nieren aufgenommen werden. Darum heißt eine Regel: «Die Lunge ist für das Atemholen zuständig, die Nieren für das Aufnehmen des *Qi* (hier Atemluft)» (119). Diese doppelte Funktion ist bei der Atmung von besonderer Bedeutung. Denn nur bei ausreichendem *Yang-Qi* der Niere und bei normaler Zufuhr von *Qi* der Atemluft, sind die Luftröhre und das Bronchialsystem frei durchgängig und der Atem geht regelmäßig. Sind die Nieren im Zustand der Leere, ist nach der Theorie der chinesischen Medizin der «Ursprung *(Gen-Ben)* nicht stabil», da das eingeatmete *Qi* der Luft nicht von den Nieren aufgenommen wird. Es treten pathologische Erscheinungen auf, z. B. Überwiegen der Ausatmung über die Einatmung, Schwierigkeiten beim Einatmen, keuchender Atem, Asthma usw.

Die hier von der Theorie der chinesischen Medizin angedeutete Verbindung zwischen Nieren als Energiereservoir des menschlichen Körpers und Lungen bzw. Atemluft ist die theoretische Grundlage für die chinesische Atemtherapie «*Qi-Gong*». Dabei wird durch Kontrolle des Atems und bewußtes Leiten des Atem-*Qi* im Organismus mit speziellen Atemtechniken eine Aufladung der Nieren mit Energie und damit eine Regeneration des gesamten Organismus erreicht.

3.2.1.5.4 Zuständigkeit für die Knochen, Produktion des Knochenmarks, Zuleitung zum Gehirn, «ihr Glanz zeigt sich an den Kopfhaaren»

Die Zuständigkeit der Niere für Knochen und Knochenmark hängt zusammen mit der Funktion des *Jing-Qi* (Essenz), das in der Niere gespeichert wird und das Wachstum des Körpers fördert. Die Nieren speichern nach der Lehre der chinesischen Medizin die Essenz *(Jing)*; diese Essenz produziert Mark *(Sui)*, das innerhalb der Knochen sitzt und die Knochen ernährt.

Ist das Nieren-*Jing* ausreichend, so ist die Regeneration des Knochenmarks gewährleistet. Dieses Mark ernährt die Knochen, sie werden dadurch kräftig und widerstandsfähig. Ist das Nieren-*Jing* nicht ausreichend, entsteht nicht genügend Mark, die Knochen können folglich nicht ernährt werden; Schwäche der Knochen mit Zerbrechlichkeit, Porosität oder ungenügendem Knochenwachstum tritt auf.

Wenn sich bei Kleinkindern die Fontanellen nicht normal schließen, wenn ihre Knochen weich und übermäßig biegsam bleiben, wird dies in der chinesischen Medizin auf ein «unzureichendes angeborenes *Jing-Qi* der Nieren» zurückgeführt.

In der Klinik werden häufig Lenden- und Knieschmerzen beobachtet, wenn nicht genügend Nieren-Essenz *(Shen-Jing)* vorhanden und das Knochenmark leer ist. Bei solchen Patienten ist auch meist eine allgemeine Schwäche des Körpers zu finden. Ihre Beine sind schlapp, sie können sich nicht normal bewegen. In der chinesischen Medizin werden solche Zustände mit Medikamenten behandelt, die die Nieren tonisieren *(Bu-Shen)* und die dadurch das Wachstum der Knochen und des Knochenmarks fördern.

Weil die Nieren für das Mark zuständig sind, das die Knochen ernährt, und weil nach der chinesischen Medizin die Zähne als «Reste der Knochen» gelten, ist auch das Zahnwachstum auf die Ernährung durch Nieren-*Jing* (Essenz) angewiesen. Wenn genügend Nieren-*Jing* vorhanden ist, sind die Zähne hart und kräftig. Ist das Nieren-*Jing* nicht ausreichend oder abgenutzt, werden die Zähne wacklig und fallen aus. Zahnschmerzen, Parodontose, wakkelnde Zähne werden in der chinesischen Medizin deshalb durch «Tonisierung der Nieren-Leere», also über die Nieren behandelt. Ist die Nierenstörung behoben, verschwinden auch die Zahnbeschwerden.

Der Begriff «Mark» *(Sui)* umfaßt in der chinesischen Medizin Knochenmark und Rückenmark. Das Rückenmark geht aufwärts zum Gehirn, welches nach dieser Theorie durch einen Zusammenschluß des Markes entsteht. In diesem Sinne heißt es im Buch *«Ling-Shu»*: «Das Gehirn ist das Meer des Markes» (120).

Die Funktion des Gehirns ist die Steuerung der geistigen Aktivität und des Denkens. In der chinesischen Medizin wird das Gehirn deshalb auch «Sitz des ursprünglichen Verstandes» (120 a) genannt. Auch die Gehirnmasse ist von ununterbrochener Ernährung durch das *Jing* (Essenz) der Nieren abhängig. Deshalb wird die geistige Aktivität des Menschen in der chinesischen Medizin als ein Ergebnis der Nierenfunktion betrachtet. Menschen, deren Nieren-*Jing* (Essenz) zu gering ist, haben außer Lendenschmerzen, Gliederschwäche, Schwindel, Konzentrationsmangel, Schlaflosigkeit, meist auch verlangsamte Reaktionen ihres Denkens bzw. ein schlechtes Gedächtnis.

Jing und Blut *(Xue)* stehen in wechselseitiger Abhängigkeit. Ist genügend *Jing* (Essenz) vorhanden, ist auch das Blut im Körper reichlich. Da die Ernährung der Kopfhaare durch das Blut erfolgt, nennt die chinesische Medizin die Haare die «Reste des Blutes». Obwohl die Ernährung der Haare ursprünglich durch das Blut erfolgt, befindet sich der Ursprung der Haare doch im *Qi* der Nieren. Aus diesem Grunde heißt es im Buch *«Su-Wen»*: «Wenn ein Mädchen sieben Jahre alt ist, ist ihr Nieren-*Qi* mäßig üppig, die ersten Milchzähne werden ausgestoßen, die Haare wachsen», und weiter: «Wenn ein Junge acht Jahre alt ist, ist sein Nieren-*Qi* in Fülle, seine Haare wachsen und der Zahnwechsel tritt ein» (121).

So gelten die Haare in der chinesischen Medizin als das äußere Erscheinungsbild der Nieren. Wachstum oder Ausfallen der Haare, ihr Glanz oder ihre Stumpfheit, hängen mit der Üppigkeit oder Schwäche des *Jing-Qi* (Essenz) zusammen. In der Jugend und in den besten Lebensjahren ist das Nieren-*Jing* üppig und die Haare glänzen. Ältere Menschen leiden an Mangel oder Schwäche ihres Nieren-*Qi*, ihre Haare werden weiß und fallen aus. Deshalb heißt es im zehnten Kapitel des Buches «*Su-Wen*»: «Was den Zusammenschluß der Nieren mit den Knochen betrifft, so sieht man ihren Glanz an den Kopfhaaren» (122).

3.2.1.5.5 Der Schlüssel zum Verständnis *(Kai-Qiao)* liegt an den Ohren und an den beiden *Yin*

Die Hörfähigkeit des Menschen hängt von der Ernährung der Ohren durch das *Jing-Qi* (Essenz) der Nieren ab. Die Nieren sind zuständig für die Speicherung des *Jing* (Essenz). Wenn das *Jing-Qi* der Nieren üppig ist, wird die Hörfähigkeit scharf. In diesem Sinne heißt es im Buch «*Ling-Shu*»: «Das Nieren-*Qi* geht bis zu den Ohren. Wenn die Nieren im ausgewogenen Zustand sind, können die Ohren die fünf Töne wahrnehmen» (123).

Ist nicht genügend Nieren-*Jing* vorhanden, tritt Ohrensausen auf, die Hörfähigkeit nimmt ab. Bei alten Menschen ist das Nieren-*Jing* leer und schwach, deshalb leiden sie häufig an Schwerhörigkeit oder Taubheit.

Die beiden *Yin* bedeuten in der chinesischen Medizin das «vordere *Yin*» und das «hintere *Yin*», womit After, Harnröhre und Geschlechtsorgane gemeint sind. Das vordere *Yin* hat die Aufgabe, Wasser auszuscheiden, und es dient der Fortpflanzung. Das hintere *Yin* dient der Ausscheidung von Stuhlgang. Obwohl die Ausscheidung des Wassers über die Blase erfolgt, ist sie doch abhängig von der «Verdampfungsfunktion» des *Yang-Qi* der Nieren. Außerdem wird die Fortpflanzungsfähigkeit des Menschen von den Nieren beeinflußt. Häufiges Wasserlassen und Impotenz sind auf einen Mangel an Nieren-*Yang* zurückzuführen.

Die Ausscheidung des Stuhlgangs erfolgt durch das hintere *Yin*. Sie wird auch von der wärmenden Funktion des Nieren-*Qi* beeinflußt. Bei Mangel an Nieren-*Yang* tritt klinisch Verstopfung auf als Folge eines Zustandes, der in der chinesischen Medizin «*Yang*-Leere-Feuer-Schwäche *(Yang-Xu Huo-Cui)*» genannt wird.

Bei einer Leere sowohl des Nieren- wie des Milz-*Yang* kann umgekehrt aber auch Durchfall auftreten. Beide Ausscheidungsfunktionen, Urin und Stuhlgang, stehen also mit den Nieren im Zusammenhang. Für die chinesische Medizin sind deshalb: «... die Nieren für beide Ausscheidungen zuständig» (123 a).

3.2.1.6 Anhang: *Ming-Men* und Gebärmutter

3.2.1.6.1 *Ming-Men*

Der Begriff *«Ming-Men»* erscheint zuerst im Buch *«Nei Jing»*, wobei jedoch ein Punkt am Auge gemeint ist, und zwar der *«Jing-Ming»* (1. Punkt des Blasenmeridians), nicht der heutige *«Ming-Men»* (4. Punkt des *Du-Mai).* Im 36. Kapitel des *«Nan-Jing»* wird der Begriff *«Ming-Men»* erstmals auf ein inneres Organ bezogen. Hier heißt es: «Die beiden Nieren sind nicht gleich. Die linke ist die Niere, die rechte ist das Organ *Ming-Men»* (124).

In späterer Zeit bestanden in China verschiedene Ansichten über Lokalisation und Aufgabe dieses *Ming-Men*-Organs. In der *Ming*-Dynastie (1368 bis 1644 n. Chr.) schrieb der chinesische Arzt *Chang Jie-Bin:* «Der *Ming-Men* ist die Wurzel des *Yuan-Qi* (ursprüngliches *Qi*), er ist das Haus des Wassers und des Feuers. Ohne ihn kann das *Yin-Qi* (*Yin*-Aktivität oder -Funktion) nicht gedeihen. Das *Yang-Qi* der fünf Speicherorgane kann sich nicht ohne ihn verbreiten» (125). Dieser Autor meinte, die Funktion des *Ming-Men* umfasse sowohl die Wirkung des Nieren-*Yin* als auch des Nieren-*Yang*. Doch gab es auch andere Ansichten. So betonte in der *Ming*-Dynastie der Arzt *Zhao Xian:* «Die Lokalisierung des *Ming-Men* ist jeweils 1,5 *Cun* zwischen beiden Nieren.» Er bezeichnete das *Yang-Qi* des menschlichen Körpers als das «Feuer des *Ming-Men»* (126).

Aus der Sicht klinischer Erfahrung liegt bei schwachem *«Ming-Men-*Feuer» nahezu der gleiche Krankheitszustand vor wie bei nicht ausreichendem Nieren-*Yang*. In der Therapie der chinesischen Medizin werden hier Medikamente eingesetzt, die das *Ming-Men*-Feuer «tonisieren» (chinesisch: *Bu Ming-Men-Huo*). Diese Medikamente stärken gleichzeitig das Nieren-*Yang*. So wird aus der therapeutischen Erfahrung heraus deutlich, daß es sich beim *«Ming-Men*-Feuer» etwa um das gleiche handelt wie beim Nieren-*Yang*. Zahlreiche Theoretiker der chinesischen Medizin meinen heute, der Name *«Ming-Men»* sei nur deshalb eingeführt worden, um die Bedeutung des Nieren-*Yang-Qi* zu unterstreichen.

3.2.1.6.2 Gebärmutter *(Nü-Zi Bao)*

Die Gebärmutter ist zuständig für Menstruation und Schwangerschaft. Sie steht in enger Verbindung mit dem Speicherorgan Niere und mit den außergewöhnlichen Meridianen *Chong-Mai* und *Ren-Mai* (Dienergefäß). Dieses erklärt die chinesische Medizin damit, daß die Niere zuständig ist für die Geschlechtsorgane, und daß der *Chong-Mai* und der *Ren-Mai* von der Gebärmutter ausgehen. Letzteres gilt natürlich nur für Frauen. Beim Mann sind unter dem Begriff «*Nü-Zi Bao*» die männlichen Fortpflanzungsorgane zu verstehen.

Ist das *Qi* der Niere kräftig und reicht das *Qi-Xue* (Aktivität-Blut) des *Chong-Mai* und *Ren-Mai* aus, so ist die Periodenblutung normal, die Frau kann schwanger werden, und der Embryo kann sich entwickeln. Ist das *Qi* der Niere leer und das *Qi-Xue* (Aktivität-Blut) des *Chong-Mai* und *Ren-Mai* (Dienergefäß) nicht ausreichend, treten Menstruationsstörungen, Amenorrhoe, Sterilität usw. auf.

Die Gebärmutter hat außerdem eine enge Verbindung zu den drei Speicherorganen Herz, Leber und Milz. Da die Menstruation und die Entwicklung der Schwangerschaft von der Aktivität des Blutes abhängt, ist folgende Verbindung erklärlich: Das Herz ist zuständig für das Blut als Motor der Kreislauffunktion. In der Leber wird das Blut gespeichert. Die Milz kontrolliert und regiert das Blut (vgl. S. 103). Ist die Funktion des Herzens, der Leber oder der Milz gestört, wird häufig die normale Funktion der Gebärmutter beeinträchtigt.

3.2.1.7 Interpretation von Nieren-*Yang* und Nieren-*Yin* nach Gesichtspunkten der modernen medizinischen Forschung

Während seiner Tätigkeit an der Akademie für Traditionelle Chinesische Medizin in Shanghai hatte der Verfasser Gelegenheit, mit chinesischen Ärzten verschiedener Krankenhäuser und wissenschaftlicher Institute über Forschungsergebnisse zur traditionellen chinesischen Medizin zu diskutieren. Durch Mitarbeiter der ersten medizinischen Fakultät der Universität Shanghai bekam er Einblick in ein Forschungsprojekt, bei dem sechs verschiedene Erkrankungen, die sich nach der Theorie der chinesischen Medizin entweder durch Nieren-*Yin*-Leere oder Nieren-*Yang*-Leere auszeichneten, mit der therapeutischen Methode des Tonisierens der Niere *(Bu-Shen)* behandelt worden waren. Im einzelnen handelte es sich um

1. Metrorrhagien (abnorme funktionelle Blutungen des Uterus),
2. Asthma bronchiale,

3. Schwangerschaftserbrechen,
4. Arteriosklerose,
5. Neurasthenie und
6. vasomotorische Angioneurose.

Während der Behandlung wurden die Veränderungen des Nieren-*Yin* und Nieren-*Yang* laufend kontrolliert. Dabei wurde einerseits die dialektische Diagnostik der chinesischen Medizin eingesetzt, und es wurden chinesische Medikamente zur Behandlung verwendet. Andererseits nahm man alle möglichen modernen Laboratoriumsuntersuchungen vor, einschließlich der Bestimmung der 17-Ketosteroide in Urin und Blut bei den Patienten mit Nieren-Leere. Ferner wurde das Blutvolumen in den Extremitäten gemessen, und es wurde der «Cold-pressure-Test» durchgeführt.

Man erhielt dadurch folgende Aufschlüsse:

1. Trotz ihrer Verschiedenheit werden die sechs oben genannten Krankheiten in der chinesischen Medizin unter dem Oberbegriff der «Nieren-Leere» zusammengefaßt, wobei vor allem Funktionen des Nervensystems und des Flüssigkeitshaushalts im Organismus gestört sind. Bei den objektivierenden Untersuchungen zeigten sich Abweichungen in der Reaktion des Nervensystems, des Gefäßsystems sowie in der Ausscheidung der 17-Ketosteroide im 24-Stunden-Urin.

Je nach Art der Nieren-Leere wurden im Sinne der chinesischen Medizintheorie drei Patientengruppen unterschieden:

a) Patienten mit einer Leere des Nieren-*Yang*. Bei ihnen zeigte vor allem das Nervensystem und der Flüssigkeitshaushalt eine Veränderung in Richtung «Unterfunktion». Zudem lag bei Patienten mit Nieren-*Yang*-Leere die im 24-Stunden-Urin ausgeschiedene Menge an 17-Ketosteroiden erheblich unter der Norm. Behandelte man einen solchen Patienten mit Medikamenten, die das Nieren-*Yang* tonisieren, so änderte sich die 17-Ketosteroid-Ausscheidung im Urin rasch bis zur Norm.
b) Patienten mit einer Leere des Nieren-*Yin* zeigten ein vermehrtes Flüssigkeitsvolumen in den Extremitäten (im Sinne einer vasomotorischen Angioneurose). Der Patient ermüdete leicht und war kraftlos. Die beobachteten Änderungen im Flüssigkeitshaushalt waren nicht einheitlich, es zeigten sich erhebliche Unterschiede bei verschiedenen Probanden.
c) Patienten mit Leere sowohl des Nieren-*Yin* als auch des Nieren-*Yang* zeigten erhebliche pathologische Veränderungen im Nervensystem und in den Körperflüssigkeiten. Die Patienten zeigten auffallend leichte Ermüdbarkeit und Schwäche. Besonders schwer betroffen waren alle Regulationsmechanismen im Körper.

Aus der Untersuchung in Shanghai wird in China geschlossen, daß bei Patienten mit Nieren-Leere im Sinne der traditionellen chinesischen Medizin die Regulationsmechanismen des Nervensystems und der Körperflüssigkeiten erheblich gestört sind. Am deutlichsten trifft dies bei Patienten mit Nieren-*Yang*-Leere zu, bei denen offensichtlich die Nebennierenrindenfunktion beeinträchtigt und die Belastungsfähigkeit des Nervensystems niedriger ist als bei Gesunden. Auch die Patienten mit einer Leere sowohl von Nieren-*Yin* als auch Nieren-*Yang* zeigten starke Abweichungen gegenüber der Norm mit besonderer Empfindlichkeit des Nervensystems und mit einer Schwäche der Nebennierenrindenfunktion. Bei dieser Gruppe hielten die Abweichungen aber nicht lange an. Patienten mit Nieren-*Yin*-Leere zeigten starke Abweichungen im Bereich der Körperflüssigkeiten und der Blutzirkulation.

2. Insgesamt gesehen bestehen bei den oben erwähnten sechs Krankheiten Störungen der inneren Sekretion. Im Sinne der westlichen Medizin hängt die Arteriosklerose von einer Störung des Cholesterin-Stoffwechsels ab, das Schwangerschaftserbrechen hängt mit Störungen der inneren Sekretion und des Nervensystems zusammen usw.

Wenn man Krankheiten dieser Gruppe im Sinne der chinesischen Medizin angeht und die vorliegende Störung des Nieren-*Yin* bzw. -*Yang* reguliert, werden gute Erfolge erreicht, was sich mit modernen Laboruntersuchungen objektivieren läßt. Durch die Studie wird der Zusammenhang zwischen Nieren-Leere, Störungen des Nervensystems und der inneren Sekretion unterstrichen. Bronchialasthma und Angioneurose lassen sich mit Nebennierenrindenhormon (Cortison) behandeln. Im Sinne der chinesischen Medizin hängt das Asthma mit der Entwicklung des gesamten Körpers, mit der Konstitution des Patienten, d. h. mit dessen *Jing* (Essenz) zusammen. Beziehungen zwischen der Menstruation und Hormonen sind der westlichen Medizin ebenfalls geläufig.

All dies zeigt, daß mit dem Nieren-*Yin* und Nieren-*Yang* der chinesischen Medizin ein zentraler Bereich des menschlichen Organismus umschrieben wird, der auch in der westlichen Medizin eine entscheidende Rolle spielt. Die Ergebnisse der Shanghaier Untersuchungen sind natürlich nur erste Anhaltspunkte. Weitere Untersuchungen werden nötig sein, um genauere Aufschlüsse über die Dimension zu bringen, die dem Nieren-*Qi* entspricht. Festzuhalten bleibt, daß bei den Fällen von Nieren-Leere Funktionen des Nervensystems, des Flüssigkeitshaushalts und des Hormonsystems betroffen sind.

3.2.2 Die sechs Hohlorgane *(Liu-Fu)*

3.2.2.1 Die Gallenblase *(Dan)*

Die Gallenblase sitzt an der Leber und speichert nach Auffassung der chinesischen Medizin das *Jing-Zhi* (Essenz-Saft), d. h. die Gallenflüssigkeit. Aus diesem Grunde wird die Gallenblase auch «das Haus des mittleren *Jing*» genannt. Das «mittlere *Jing*» bedeutet das *Jing* (Essenz) des Mittleren Erwärmers (vgl. S. 125).

Die Gallenflüssigkeit, das *Jing-Zhi* der chinesischen Medizin, wird von der Leber produziert. In den alten chinesischen Texten wird dies folgendermaßen beschrieben: «Der Rest des *Qi* der Leber läuft in die Gallenblase, sammelt sich hier und wird zum *«Jing-Zhi»* (128). Die Gallenflüssigkeit fließt weiter in den Darm und trägt hier zur Verdauung der Nahrung bei. Die Galle ist gelb und von bitterem Geschmack. Bei Gallenerkrankungen steigt die Gallenflüssigkeit «in Gegenrichtung auf», verursacht bitteres Erbrechen und einen bitteren Geschmack im Mund. Wenn sich die Gallenflüssigkeit nach außen verbreitet, werden die Haut des Patienten, seine Augen und seine Gesichtsfarbe gelb.

Das *Qi* der Gallenblase steht in Verbindung mit dem psychischen Zustand des Menschen. Seelische Erkrankungen und psychosomatische Störungen wie Schlaflosigkeit, übermäßige Träume, Herzklopfen usw., werden deshalb in der chinesischen Medizin oft über die Gallenblase behandelt.

Die Gallenblase steht mit Magen und Milz in enger Verbindung und unterstützt diese bei der Verdauungsfunktion. Sie hat für die chinesische Medizin eine doppelte Aufgabe:

1. Speicherung der Galle,
2. Absonderung der Gallenflüssigkeit in den Verdauungskanal.

Hinsichtlich ihrer Funktion der Aufnahme und Speicherung von Gallenflüssigkeit gehört sie zu den sechs Hohlorganen. Hinsichtlich der Exkretion von Gallensaft gehört sie zu den «außergewöhnlichen und dauerhaften Hohlorganen» *(Qi-Heng Zhi Fu)* (vgl. S. 92).

3.2.2.2 Der Magen *(Wei)*

Der Magen ist zuständig für die Aufnahme und Verdauung der Speisen *(Shui-Gu)*. Der Magen sitzt unterhalb des Zwerchfells, er öffnet sich nach oben in die Speiseröhre, nach unten in den Dünndarm. Die obere Öffnung des Magens (Cardia) heißt in der chinesischen Medizin «das obere *Wan*». Die untere Öffnung des Magens, der Pylorus, wird «das untere *Wan*» genannt. Zwischen oberem und unterem *Wan* liegt das mittlere *Wan*, das den eigentlichen Magen umfaßt. Diese drei Teile des Magens werden insgesamt als «Magen-*Wan*» *(Wei-Wan)* bezeichnet (129).*)

Wenn die Nahrung mit dem Mund aufgenommen wurde, geht sie durch die Speiseröhre und gelangt in den Magen. Die chinesische Medizin nennt den Magen aus diesem Grund «das Meer der Nahrungsstoffe» *(Shui-Gu Zhi Hai)*. Die im Magen liegenden Nährstoffe werden durch das *Qi* (Aktivität, Funktion) des Magens zerkleinert, verdaut und weiter abwärts in den Dünndarm geleitet. Die aus dem *Shui-Gu*, also aus den Nahrungsstoffen, extrahierte Nahrungsessenz *(Jing-Wei)* wird vom Magen zur Milz geleitet, durch die Milz zum ganzen Körper transportiert, um Organe und Muskeln zu ernähren. Nach der Geburt des Menschen hängt sein allgemeiner Zustand hauptsächlich von der Ernährung ab. Dabei spielt von den inneren Organen die gemeinsame Wirkung von Milz und Magen eine entscheidende Rolle. Milz und Magen werden deshalb in der chinesischen Medizin «das erworbene Vermögen» *(Hou-Tian Zhi Ben)* genannt.

Magen und Milz haben die wichtige Aufgabe der Extraktion von Essenz *(Jing-Wei)* aus den Nährstoffen. Deshalb wird in der klinischen Diagnostik und Therapie bei jedem Patienten größter Wert auf die Einschätzung der Stärke oder Schwäche des Magen-Milz-*Qi* (Magen-Milz-Funktion) gelegt. Allgemein gilt die Regel, daß eine Krankheit mit nicht abgeschwächtem Magen-*Qi* relativ leicht heilbar ist. Hat dagegen das Magen-*Qi* bereits abgenommen, ist die Erkrankung immer ernster. In der traditionellen chinesischen Medizin gilt die Regel: «Das Magen-*Qi* ist das wichtigste am Menschen... Wenn Magen-*Qi* vorhanden ist, so ist noch Leben da, wenn Magen-*Qi* fehlt, ist der Tod nahe» (130). Eine wichtige Regel der chinesischen Medizin für die Arzneiverordnung und Akupunktur ist darum das Prinzip: «Das Magen-*Qi* bewahren» *(Bao Wei-Qi)*.

3.2.2.3 Der Dünndarm *(Xiao-Chang)*

Die wichtigste Funktion des Dünndarms ist nach der chinesischen Medizin die Trennung der «klaren» *(Qing)* und der «trüben» *(Zhuo)* Flüssigkeiten. Nach oben steht der Dünndarm in Verbindung mit dem Magen. Er nimmt die

*) In der westlichen Literatur über chinesische Medizin und Akupunktur werden diese Drei *Wan* häufig verwechselt mit den drei Erwärmern «*San-Jiao*» (vgl. S. 125).

Nährstoffe *(Shui-Gu)* vom Magen auf, verarbeitet sie und führt gleichzeitig die Trennung in klare und unklare Substanzen durch.

Der klare Teil wird «Nahrungs-Essenz» *(Shui-Gu-Jing-Wei)* genannt. Dieser klare Anteil wird absorbiert und durch die Milz zum gesamten Körper weitergeleitet, wo er den Ablauf der wichtigen Lebensprozesse ermöglicht. Der unklare Anteil *(Zhuo)* wird zum Dickdarm geleitet. Der vom Stoffwechsel übrig gebliebene wäßrige Verdauungssaft geht weiter abwärts zur Blase.

Das Buch *«Su-Wen»* beschreibt diese Funktion mit: «Die Substanzen aufnehmen und umwandeln» (131). Weil der Dünndarm Klares und Trübes scheidet, tritt nach Ansicht der chinesischen Medizin bei jeder Dünndarm-Erkrankung außer einer Beeinträchtigung der Verdauungsfunktion auch ein abnormer Wasser- bzw. Urinverlust auf.

3.2.2.4 Der Dickdarm *(Da-Chang)*

Der Dickdarm steht nach oben mit dem Dünndarm in Verbindung. Er nimmt den Inhalt des Dünndarms auf, absorbiert das übrige Wasser, dickt den Kot ein und scheidet diesen durch den After aus. Der Dickdarm ist somit das für den Transport des Abfalls *(Zao-Po)* verantwortliche Speicherorgan.

Bei Dickdarmerkrankungen ist meist diese Transport- und Ausscheidungsfunktion gestört. Beim Zustand der Dickdarm-Leere kann beispielsweise das Wasser nicht absorbiert werden, es entsteht Durchfall mit kollernden Geräuschen im Darm. Bei einem Fülle-Hitze-Zustand des Dickdarms *(Da-Chang Shi-Re)* wird demgegenüber zuviel Wasser und Darmsaft verdampft, und es tritt Verstopfung auf.

3.2.2.5 Die Blase *(Pang-Guang)*

Die Blase sitzt im Unterleib. Sie gehört zu den Organen des Körpers, die den Flüssigkeitsaustausch leiten. Ihre wichtigsten Funktionen sind das *«Jin-Ye»* (Körperflüssigkeiten im weitesten Sinne) zu speichern und den Urin auszuscheiden.

Anmerkung: Auch der von der Blase vor der Ausscheidung gespeicherte Urin wird in der chinesischen Medizin unter dem Oberbegriff des *Jin-Ye* (vgl. S. 88) aufgefaßt.

Beim Stoffwechsel des Wassers im Körper können die Körperflüssigkeiten *(Jin-Ye)* nur durch die Verdampfungswirkung *(Qi-Hua)* des dem Unteren

Erwärmer zugehörigen *Yang-Qi* zu Urin verwandelt und anschließend aus dem Körper ausgeschieden werden. Der Untere Erwärmer enthält die Niere, deren Funktion im Abschnitt 3.2.1.5 geschildert wurde. Das *Yang-Qi* der Niere ist zugleich das *Yang-Qi* des Unteren Erwärmers, und es ist für die Verdampfung des *Jin-Ye* zu Urin zuständig. Die alten chinesischen Mediziner meinten, diese Funktion der Urinerzeugung sei auch eine Aufgabe der Blase. So heißt es im Buch «*Su-Wen*»: «Die Blase speichert das *Jin-Ye*, das nach der Verdampfung ausgeschieden wird» (132). Diese Ansicht ist revisionsbedürftig, da Chinas frühe Ärzte nicht die physiologischen Kenntnisse hatten, über die wir heute verfügen. Sie ist ein weiterer Hinweis dafür, daß die traditionelle chinesische Medizin in ihrer überlieferten Form heute nicht mehr allein bestehen kann, sondern daß sie auf die Ergänzung durch Erkenntnisse der modernen westlichen Medizin angewiesen ist. Immerhin ist es noch gerechtfertigt, die Funktion von Blase und Niere gemeinsam unter der Bezeichnung «Unterer Erwärmer» zusammenzufassen. Wenn die Verdampfungsfunktion von Blase und Niere nicht ausreicht, wird zu wenig Urin produziert und das Wasserlassen ist ungenügend. (Vgl. Abschn. 7.3.2.5.2)

Ein anderes Krankheitsbild der chinesischen Medizin ist der «Verlust der Kontrollfunktion der Blase», wobei übermäßiges Wasserlassen auftritt und der Urin vom Patienten nicht gehalten werden kann.

3.2.2.6 Die Drei Erwärmer *(San-Jiao)*

Der Begriff der Drei Erwärmer ist eine Zusammenfassung des Oberen, Mittleren und Unteren Erwärmers. Der Obere Erwärmer liegt oberhalb des Zwerchfells; er umfaßt die Speicherorgane Herz und Lunge. Der Mittlere Erwärmer liegt im Oberbauch, etwa auf Höhe des Magens; er umfaßt das Speicherorgan Milz und das Hohlorgan Magen. Und der Untere Erwärmer liegt unterhalb des Nabels im Unterbauch; er umfaßt die beiden Speicherorgane Leber und Niere und die drei Hohlorgane Dünndarm, Dickdarm und Blase.

Die physiologische Aufgabe der Drei Erwärmer ist nach der Theorie der chinesischen Medizin die Kontrolle über die «Verdampfung» *(Qi-Hua)* im Organismus. Die Drei Erwärmer sind außerdem Durchgangsstationen für die wichtigsten Stoffwechselprodukte, Nahrungs-Essenz *(Shui-Gu Jing-Wei)* und Körperflüssigkeiten *(Shui-Ye)*. Die Aufnahme und Verdauung der Nahrung, die Verbreitung des *Jing-Qi* (Essenz) und die Ausscheidung der Stoffwechselprodukte hängen eng mit der Funktion der Drei Erwärmer zusammen.

Die Hauptaufgabe des Oberen Erwärmers ist es, den Atem zu lenken. Ferner ist der Obere Erwärmer zuständig für die Blutgefäße und für die Verteilung des *Jing-Qi* (Essenz) im Körper, um Muskeln, Sehnen und Knochen zu wärmen und zu ernähren und um die Poren der Haut zu regulieren, d. h. zu öffnen und zu schließen. Im Buch *«Ling-Shu»* werden all diese Funktionen beschrieben mit: «Der Obere Erwärmer ist wie ein Nebel» (133). Mit «Nebel» meint die chinesische Medizin die sich von hier aus überall im Körper verbreitende Funktion der Nahrungsessenz *(Shui-Gu Jing-Qi)*.

Der Mittlere Erwärmer hat folgende Aufgaben: Die Verdauung der Nahrungsmittelstoffe *(Shui-Gu)* und die Umwandlung der Nährstoffe *(Ying)* zu den im Blut befindlichen Nahrungssubstanzen *(Ying-Xue)* mit Hilfe der Lunge und des Gefäßsystems. Im gleichen Kapitel des Buches *«Ling-Shu»* wird dies beschrieben: «Der Mittlere Erwärmer hat die Aufgabe des Einweichens» (134). Hier meint das Wort «Einweichen» die Auflösung und Verdauung der Nahrungsmittel *(Shui-Gu)*.

Der Untere Erwärmer hat folgende Funktionen: Er trennt das «Klare» *(Qing)* vom «Trüben» *(Zhuo)*, und er scheidet gleichzeitig die Abfallstoffe des Körpers und das überschüssige Wasser des Stoffwechsels aus. Dazu heißt es im Buch *«Ling-Shu»*: «Der Untere Erwärmer hat die Funktion eines Kanals» (135), womit das Abfließen des Wassers und die Ausscheidung der trüben bzw. unreinen Verdauungsrückstände bezeichnet wird.

Oberer, Mittlerer und Unterer Erwärmer schließen die fünf Speicherorgane und sechs Hohlorgane ein. Der Obere Erwärmer ist zuständig für den Atem und für die Verbreitung der Essenz-Funktion *(Jing-Qi)* im Körper. Der Mittlere Erwärmer ist zuständig für Verdauung und Transport *(Yun-Hua)*, der Untere Erwärmer hat als wichtigste Aufgabe die Trennung von Trübem und Klarem sowie die Ausscheidung. All dies hängt mit dem Stoffwechsel der Nahrungs-Essenz *(Shui-Gu Jing-Wei)* und der Wasserflüssigkeiten *(Shui-Ye)* im Körper zusammen. Oberer, Mittlerer und Unterer Erwärmer führen ihre Aufgaben in erster Linie durch die Funktion der «Verdampfung» *(Qi-Hua)* aus. Die Drei Erwärmer sind nach Ansicht der chinesischen Medizin das Organ für die «Verdampfung» im menschlichen Körper. Dieser Verdampfungsprozeß der Drei Erwärmer wird unterhalten durch das *Yuan-Qi* (ursprüngliche Aktivität) und das *Qi* des Magens. Deshalb heißt es im 38. Kapitel des Buches *«Nan-Jing»*: «Die wichtigste Eigenschaft des *Yuan-Qi* ist, daß es das ganze übrige *Qi* leitet» (136).

3.3 Beziehungen zwischen den inneren Organen

Speicherorgane und Hohlorgane haben im menschlichen Körper unterschiedliche Aufgaben. Sie sind aber im Sinne einer Arbeitsteilung und Zusammenarbeit miteinander verbunden und bilden so eine organische Ganzheit, die die normalen Abläufe im menschlichen Körper sichert. Eine gegenseitige Beeinflussung von Speicherorganen und Hohlorganen findet nicht nur im normalen Falle, sondern auch bei Erkrankungen statt. Die gründliche Kenntnis der Theorie der Speicher- und Hohlorgane ist deshalb für ein Verständnis der chinesischen Heilkunde, insbesondere aber für die Syndrom-Diagnostik *(Bian-Zheng)* der chinesischen Medizin (vgl. S. 412 ff), entscheidend wichtig. In den folgenden Abschnitten werden die Beziehungen zwischen Speicherorganen und Speicherorganen, Speicherorganen und Hohlorganen, sowie Hohlorganen und Hohlorganen erläutert.

3.3.1 Beziehungen zwischen Speicherorganen und Speicherorganen

3.3.1.1 Herz und Lunge:

Das Herz ist zuständig für das Blut des ganzen Köpers; die Lunge ist zuständig für das *Qi* (Aktivität, Funktion) des ganzen Körpers. Die ungehinderte Zusammenarbeit zwischen beiden sichert den normalen Transport des *Qi-Xue* (Funktion-Blut) und erhält den Stoffwechsel der Organe im menschlichen Organismus. Das *Qi* (Aktivität, Funktion) entspricht dem *Yang*, das Blut *(Xue)* entspricht dem *Yin*. Der Transport des Blutes im menschlichen Körper ist auf den Antrieb durch das *Qi* (Aktivität, Funktion) angewiesen. Andererseits braucht das *Qi* das Blut, um sich im Körper verteilen zu können.

Im Buch «*Su-Wen*» heißt es: «Die Lunge richtet sich in alle Richtungen auf die 100 Adern aus» (137). Das Herz ist zuständig für die Blutgefäße, die sich in der Lunge zur Aufnahme des «*Qi* der Natur» (d. h. Sauerstoff der Luft) versammeln. So sind Herz und Lunge voneinander abhängig wie das Blut vom *Qi* (Aktivität, Funktion). Wird das Blut nicht durch das *Qi* angetrieben, kann es sich nicht bewegen, es stockt und bildet Blutstauungen *(Yu-Xue)*. Wenn andererseits das *Qi* ohne Blut ist, hat es keine Basis und kann nicht gehalten werden.

In der Praxis sieht man oft Patienten, bei denen zu wenig Blut und gleichzeitig zu wenig *Qi* (Aktivität, Funktion) vorhanden ist. Deshalb heißt es in der traditionellen chinesischen Medizin: «Das *Qi* (Aktivität, Funktion) dirigiert das Blut, das Blut ist der Behälter des *Qi*. Wenn sich das *Qi* bewegt, bewegt sich auch das Blut. Ist das *Qi* gestaut, stockt auch das Blut» (138).

Häufige pathologische Veränderungen im Körper durch Wechselwirkung von Herz und Lunge sind:

a) Das *Qi* der Lunge ist schwach, das *Zong-Qi* (Atmungsenergie) in den Gefäßen des Herzens reicht nicht aus. Im chronischen Falle liegt ein «Leerezustand von Lunge und Herz» *(Fei-Xin Liang-Xu)* vor. Das *Qi* des Herzens kann das Blut des Herzens nicht antreiben. Es kommt zu einer Blockierung des Herz-Blutes mit Schmerzen im Herzen und in der Brust. Dieser Zustand entspricht der Angina pectoris in der modernen westlichen Medizin mit Neigung zu einem Herzinfarkt (vgl. Abschn. 7.3.3.1).
b) Das *Qi* des Herzens ist nicht ausreichend. Das Blut ist blockiert, bewegt sich nicht genügend und staut sich in den Lungengefäßen. Dadurch entsteht eine Beeinträchtigung der Funktionen *(Xuan-Jiang)* des *Qi* der Lunge, weshalb Husten auftritt. Dieser Zustand entspricht dem cardialen Asthma der westlichen Medizin.
c) Das Herz ist nach der Theorie der chinesischen Medizin zuständig für das Feuer. Wenn das Herzfeuer zu stark wird, verletzt es das *Yin* der Lunge. Dabei treten beim Patienten Erregungszustände, Schlaflosigkeit, Husten und Blutspucken auf. Dieser Zustand kann in der westlichen Medizin in verschiedene Krankheitsgruppen eingeordnet werden, darunter in erster Linie die Insuffizienz des rechten Herzens mit Lungenstauung, Leberstauung usw., ferner Lungeninfarkt, Tuberkulose, chronische Bronchitis usw.

3.3.1.2 Herz und Milz

Das Herz ist zuständig für das Blut. Die Milz kontrolliert das Blut und trägt zur Erzeugung des Blutes bei. Wenn das *Qi* der Milz stark ist, bestehen genügend Reserven zur Erzeugung des Blutes, und das Herz-Blut ist ausreichend. Ist das *Qi* der Milz im Zustand der Leere, so versagt die Transportfunktion der Milz (vgl. S. 102), und die Produktion des Blutes ist nicht ausreichend. Dies führt zu einer Leere des Herz-Blutes. Zum Beispiel leiden Patienten nach längerer Appetitlosigkeit an Symptomen von unzureichendem Herz-Blut: Herzklopfen, Gedächtnisschwäche, blasse schlechte Gesichtsfarbe, kraftloser Puls treten auf.

Durch zu vieles Grübeln und fruchtloses Nachdenken kann das Herz-Blut geschädigt werden. Die dadurch bedingte Blutleere führt zu einer Unterversorgung der Milz, dies wiederum läßt das *Qi* der Milz unzureichend werden und behindert zusätzlich die Erzeugung von Blutflüssigkeit *(Xue-Ye)*. Das läßt wiederum einen vermehrten Mangel an Herz-Blut entstehen, so daß schließlich ein Leerezustand sowohl des Herzens als auch der Milz *(Xin-Pi Liang-Xu)* auftritt (vgl. Abschn. 7.3.3.2).

3.3.1.3 Herz und Leber

Die Beziehungen von Herz und Leber beruhen auf folgenden Eigenschaften der beiden Organe:

1. Nach der Theorie der chinesischen Medizin speichert die Leber das Blut, das Herz ist zuständig für das Blut. Herz und Leber erfüllen so gemeinsame physiologische Aufgaben bei der Bewegung der Blutflüssigkeiten. Wenn Herz-*Yin* und -Blut oder Leber-*Yin* und -Blut nicht ausreichend vorhanden sind, beeinflussen sich beide Organe in pathologischer Weise. Wenn das Blut des Herzens nicht ausreicht, gerät das Leber-Blut dadurch in einen Zustand der Leere. Ist das Leber-Blut nicht ausreichend, wird das Herz-Blut *(Xin-Xue)* ebenfalls geschwächt.
   Die klinischen Erscheinungen eines nicht ausreichenden Herz-Blutes im Sinne der traditionellen chinesischen Medizin sind: schneller Herzschlag, Herzklopfen, fahle Gesichtsfarbe. Gleichzeitig tritt meist auch ein Mangel an Leber-Blut mit folgenden Symptomen auf: Schwindel, Flimmern vor den Augen, glanzlose Nägel, Zittern von Armen und Beinen usw.
2. Nach der Theorie der chinesischen Medizin ist die Leber zuständig für «Beförderung» *(Shu)* und «Ausscheidung» *(Xie)*. Das Herz ist zuständig für das Bewußtsein *(Shen-Zhi)*. Mit der Funktion der «Beförderung» und «Ausscheidung» hängt der Einfluß der Leber auf psychische Funktionen des Menschen zusammen (vgl. S. 107). Seelisch-geistige Aktivitäten des Menschen werden also von Herz und Leber zugleich beeinflußt.

Herz und Leber sind beide auf die Versorgung mit Blut angewiesen. Wenn die beiden Speicherorgane Herz und Leber erkrankt sind, gibt es auch stets eine Beeinträchtigung des geistig-seelischen Zustandes eines Menschen. Patienten mit nicht ausreichendem Leber-Blut *(Gan-Xue)* leiden deshalb außer an den oben erwähnten Symptomen – Schwindel, Flimmern vor den Augen, glanzlosen Nägeln – meist auch an Schlaflosigkeit, übermäßigen Träumen, allgemeiner Unruhe und Schreckhaftigkeit. Ist das Herz-*Yin* nicht ausreichend, so entsteht häufig der Zustand des «im Inneren üppigen Leere-Feuers» *(Xu-Huo Nei-Cheng)*. Dabei treten dann außer den oben genannten Symptomen schneller Herzschlag, Herzklopfen, Schlaflosigkeit, übermäßig viele

Träume – zugleich auch die Symptome einer Leber-Erkrankung (im Sinne der chinesischen Medizin) auf: Nervosität, Neigung zu Wutanfällen, Schwindelzustände, gerötete Augen usw.

3.3.1.4 Herz und Nieren

Obwohl das Herz ein Speicherorgan ist, also im Gegensatz zu den Hohlorganen *Yin*-Charakter trägt, gehört es doch dem *Yang* des Körpers an, weil es im oberen Körperbereich sitzt und die Eigenschaft des Feuers hat. Die Niere entspricht demgegenüber dem *Yin*, da sie im unteren Bereich des Körpers sitzt und die Eigenschaften des Wassers hat. Nach der Theorie der chinesischen Medizin ist es für die Gesundheit des menschlichen Organismus notwendig, daß das Herz-Feuer abwärts geht zur Niere, um hier das Nieren-*Yang* zu unterstützen und gemeinsam mit diesem das Nieren-*Yin* zu erwärmen, damit das Wasser der Nieren nicht in einen Kältezustand kommt. Das Nieren-Wasser muß demgegenüber zum Herzen hochsteigen und das *Yin* des Herzens unterstützen, um mit diesem gemeinsam das Herz-*Yang* zu versorgen, so daß das Herz-*Yang* nicht übermäßig stark wird.

Diese wechselseitige «*Yin-Yang*-Durchquerung» des Körpers, die gegenseitige Unterstützung von Feuer und Wasser, wird in der chinesischen Medizin «Feuer-Wasser-Unterstützung» *(Shui-Huo Ji-Ji)* oder «gegenseitige Verbindung von Herz und Nieren» *(Xin-Shen Xiang-Jiao)* genannt. Ist das Feuer des Herzens nicht ausreichend, so kommt es nicht nach unten zur Niere, um das *Yang* der Nieren zu wärmen. Dann kann das Nierenwasser sich nicht entfalten und nicht zum Herzen emporsteigen, wie dies nötig wäre. Herzklopfen, schneller Herzschlag, Ödeme treten auf. Diesen Zustand nennt die chinesische Medizin «das *Qi*» (Funktion, Aktivität) des Wassers bedrückt das Herz». Wenn das Nieren-Wasser nicht ausreichend ist, kann es nicht nach oben steigen, um das Herz-*Yin* zu unterstützen. Dann tritt ein übermäßig starkes Herz-*Yang* auf mit folgenden Symptomen: Herzklopfen, Erregungszustände, Schlaflosigkeit, übermäßig viele Träume usw. Diesen Zustand nennt man in der chinesischen Medizin: «Herz und Niere verbinden sich nicht» *(Xin-Shen Bu Jiao)* (139). Durch die gleiche Ursache kann auch der Zustand einer *Yin*-Leere mit üppigem Feuer *(Yin-Xu Huo-Wang)* auftreten, für den Bläschen im Mund und auf der Zunge typisch sind (vgl. Abschn. 7.3.1.1.3 und 7.3.3.3).

Das Herz ist zuständig für das Bewußtsein; die Niere ist zuständig für die Knochen und für die Erzeugung des Markes (Knochenmark und Rückenmark), das sie zum Gehirn leitet. Deswegen hängt die geistig-seelische Aktivität des Menschen nach der Theorie der chinesischen Medizin sowohl vom Herzen als auch von der Niere ab. Ist das *Yin* der Niere nicht ausreichend, wird das *Yang* des Herzens üppig, d. h. übermäßig stark. Dieser Zustand ist das oben erwähnte Syndrom «Herz und Niere verbinden sich nicht». Dabei finden sich als Symptome Schlaflosigkeit, Gedächtnisschwäche, übermäßig viele Träume usw.

3.3.1.5 Milz und Lunge

Die Milz ist zuständig für den Transport und für die Umwandlung *(Yun-Hua)*, sie ist außerdem der Ort der Erzeugung des *Qi-Xue* (Aktivität-Blut) nach der Geburt des Menschen. Die Kraft des *Qi* der Lunge *(Fei-Qi)* ist abhängig von der ununterbrochenen Versorgung durch Nahrungs-Essenz *(Shui-Gu Jing-Qi)*. Aus diesem Grunde hängt die Stärke oder Schwäche des Lungen-*Qi* zum erheblichen Teil von Stärke oder Schwäche des *Qi* der Milz ab. In der chinesischen Medizin gilt die Regel: «Die Milz ist die Quelle des *Qi*, die Lunge ist der Drehpunkt *(Shu)* des *Qi*» (140). Dies bedeutet, daß die Milz die Fähigkeit hat, die Lunge zu unterstützen und das *Qi* der Lunge zu stärken.

Die Milz ist auch zuständig für den Transport der Wasser-Nässe *(Shui-Shi)*. Der Stoffwechsel des Wassers und der Körperflüssigkeiten ist aber auch abhängig von der «Verbreitung» *(Xuan-Fa)* und «Säuberung» *(Su-Jiang)* der Lunge. Deshalb ermöglicht erst die Zusammenarbeit von Lunge und Milz im Organismus das reibungslose Funktionieren im Stoffwechsel des Wassers und der Körperflüssigkeiten. Aufgrund dieses Zusammenhangs zwischen Milz und Lunge wirken auch pathologische Veränderungen dieser beiden Organe gegenseitig aufeinander ein. Wenn beispielsweise die Transportfunktion der Milz versagt, kann die Wasser-Nässe *(Shui-Shi)* nicht befördert werden, sie staut sich und erzeugt schleimigen Auswurf *(Tan-Yin)*. Dies beeinflußt die Funktion der «Verbreitung und Ausscheidung» *(Xuan-Jiang)* des Lungen-*Qi*, Husten und Atemnot treten auf. Deshalb heißt es in der chinesischen Medizin: «Die Milz ist die Quelle des Schleims *(Tan)*, die Lunge ist der Behälter des Schleims» (141).

In bestimmten Fällen von länger dauernder Leere des Lungen-*Qi* verwendet man in der chinesischen Medizin Behandlungsmethoden, die die Milz stärken *(Bu-Pi)* und die Transportfunktion *(Yun)* des Milz-*Qi* stärken. Dabei erholt sich das *Qi* der Lunge. Man nennt diese Methode in der Klinik der chinesischen Medizin: «Die Milz tonisieren, um die Lunge zu fördern» *(Bu-Pi Yi-Fei)*.

Wenn die Lunge erkrankt ist, beeinflußt sie das Speicherorgan Milz. Bei einer Leere des Lungen-*Qi* versagt die Funktion der «Verbreitung» *(Xuan)*, was ungünstig für den Stoffwechsel der Körperflüssigkeiten ist. Als Folge sammeln sich unbrauchbare Flüssigkeiten des Körper-Stoffwechsels an und blockieren als Nässe-Störung *(Shi-Xie)* das *Qi* der Milz. Auf diese Weise entstehen Ödeme, Blähungen im Abdomen, dünnflüssige Stühle und allgemeine Müdigkeit. Dieses Krankheitsbild tritt relativ häufig auf.

3.3.1.6 Leber und Lunge

Der Leber-Meridian führt, wie die Blutgefäße aus der Leber, nach oben, dringt durch das Zwerchfell und tritt in die Lunge ein. Das Aufsteigen *(Sheng)* und die Ausbreitung *(Fa)* des Leber-*Qi* sowie das Säubern *(Su)* und Herabführen *(Jiang)* des Lungen-*Qi* beziehen sich gleichermaßen auf das Aufsteigen *(Sheng)* und Absteigen *(Jiang)* des gesamten *Qi*-Mechanismus im menschlichen Körper. Wenn das *Qi* der Leber blockiert *(Yu)* ist, erzeugt dieses blockierte *Qi* Feuer, welches aufsteigt und das *Yin* der Lunge verletzt. Dieser Zustand heißt in der chinesischen Medizin: «Das Feuer der Leber schädigt die Lunge» (142). Dabei sind die häufigsten Symptome Husten, Atemnot, blutiger Auswurf, Völlegefühl und Schmerzen im Thorax und an den Rippen. Wenn andererseits die Säuberung und das Herabführen der Lunge *(Su-Jiang)* versagt, kann zu starkes Aufsteigen und Ausbreiten *(Sheng-Fa)* der Leber-Funktion entstehen. Dann sind die Symptome Völlegefühl und ziehende Schmerzen in der Brust und an den Rippen, Schwindelzustände und Kopfschmerzen (vgl. Abschn. 7.3.1.4.2)

3.3.1.7 Nieren und Lunge

Die Beziehungen zwischen Niere und Lunge beruhen vor allem auf den Funktionen des Stoffwechsels der Körperflüssigkeiten und der Atmung. Die Lunge ist zuständig für das *Qi* des ganzen Organismus. Die Körperflüssigkeiten können nur mit Hilfe der Regulierung des Lungen-*Qi* alle Organe des Körpers und schließlich die Blase erreichen. Deshalb heißt es in der chinesischen Medizin: «Die Lunge ist die obere Quelle des Wassers» (vgl. S. 101).

Die Niere hat die Fähigkeit, die Körperflüssigkeiten zu verdampfen und ihr Aufsteigen *(Sheng)* und Absteigen *(Jiang)*, d. h. ihre Regulierung, zu fördern. Lunge und Niere ermöglichen gemeinsam den normalen Stoffwechsel der Körperflüssigkeiten. An einer pathologischen Veränderung in diesem Stoffwechsel sind deshalb stets die beiden Speicherorgane Lunge und Niere gemeinsam beteiligt.

Im Buch «*Su-Wen*» heißt es: «Bei Wassererkrankungen ist der Mensch unten angeschwollen, der Bauch ist dick. Oben herrscht Atemnot, der Patient kann nicht flach liegen; und nach diesen Erscheinungen diagnostiziert man die vorliegende Erkrankung» (143). Ferner heißt es an der gleichen Stelle: «Der Ursprung ist die Niere. Diese ist von der Lunge abhängig. Beide zusammen können eine Wasser-Stauung hervorrufen» (144). Damit wird die jedem Arzt geläufige Erscheinung beschrieben, daß Patienten mit generalisierten Ödemen nicht flach liegen können, da ein Lungen-Ödem Atemnot bewirkt. Für die chinesische Medizin liegt bei solchen Fällen die Ursache im Speicherorgan Niere. Die chinesische Medizin kennt das Krankheitsbild «Wasser-Kälte zielt auf die Lunge» *(Shui-Han She-Fei)*. Bei diesem Zustand sind die Körperflüssigkeiten blockiert, steigen nach oben, pressen das Speicherorgan Lunge ab, da hier das Nieren-*Yang* nicht mehr in der Lage ist, die klaren Flüssigkeiten zum Aufsteigen und die trüben Flüssigkeiten zum Absteigen zu bringen. Die klinischen Symptome sind dabei Atemnot bzw. Orthopnoe.

In Verbindung mit dem Atmen der Lunge muß hier die Fähigkeit der Niere erwähnt werden, das eingeatmete *Qi* aufzunehmen und dadurch das *Jing-Qi* (Essenz-Aktivität) der Niere stark werden zu lassen. Im normalen Fall wird das eingeatmete *Qi* durch die Lunge gereinigt *(Su)* und herabgeführt *(Jiang)*, damit es die Niere erreicht. Wenn das *Qi* der Niere aber nicht ausreichend ist, kann das *Qi* der Atmung nicht aufgenommen werden. Es steigt dann hoch und bewirkt Atemnot. Deshalb heißt es in der chinesischen Medizin: «Die Lunge ist zuständig für den Atem, die Niere ist zuständig für die Aufnahme des *Qi*» (145).

Wenn das *Yin* der Lunge nicht ausreichend ist, beeinflußt es außerdem oft das *Yin* der Niere und umgekehrt: Wenn das *Yin* der Niere nicht kräftig ist, entsteht durch die *Yin*-Leere üppiges Feuer, das das *Yin* der Lunge verbrennen und schädigen kann. Der Fall, daß das *Yin* der Lunge im Zustand der Leere ist, findet sich z. B. bei Tuberkulose. Nach längeren Erkrankungen kann es dazu kommen, daß Niere und Lunge beide im Zustand der Leere *(Fei-Shen Liang-Xu)* sind. Dann finden sich folgende Symptome: Kraftlosigkeit in Lenden und Knien, Spermatorrhoe (d. h. Impotenz) bei Männern, Amenorrhoe bei Frauen.

3.3.1.8 Leber und Milz

Die Leber speichert das Blut und ist zuständig für «Beförderung und Ausscheidung» *(Shu-Xie)*. Die Milz kontrolliert und erzeugt das Blut, sie ist außerdem zuständig für Transport und Umwandlung *(Yun-Hua)*. Das Auf- und Absteigen der Funktionen von Milz und Magen *(Sheng-Jiang)* steht in enger Beziehung zu den Funktionen der Beförderung und Ausscheidung des Leber-*Qi*. Wenn die Leber regelrecht funktioniert, verläuft die Beförderung und Ausscheidung ungehindert. Das Auf- und Absteigen (bzw. die Regulierung) der Funktionen von Milz und Magen ist ausgewogen, die Erzeugung von Blutflüssigkeit ist ausreichend.

Bei einem psychisch bedrückten oder unruhigen Menschen ist die Funktion der Beförderung und Ausscheidung der Leber gestört. Dadurch wird das Auf- und Absteigen der Funktionen von Milz und Magen beeinträchtigt, es entsteht eine Unausgewogenheit von Leber und Milz oder Leber und Magen (7.3.3.7 und 7.3.3.8). Dies kann nach großer Aufregung eintreten, wobei die häufigsten Symptome Brust- und Rippenschmerzen, Appetitlosigkeit, Blähungen, Aufstoßen und Völlegefühl nach dem Essen sind. Der Zustand entspricht einer fehlenden Beförderungs- und Ausscheidungsfunktion *(Shu-Xie)* der Leber. Dadurch wird die normale Regulierung des Auf- und Absteigens der Funktionen von Milz und Magen pathologisch beeinflußt.

Eine Erkrankung der Leber kann die Milz beeinflussen, eine Milzkrankheit kann aber auch auf die Leber wirken. Wenn z. B. das *Qi* der Milz nicht ausreicht, ist die Verdauungsfunktion und Absorptionsfähigkeit für verdaute Nährstoffe und damit die Regeneration des Blutes schlecht. Eine solche Erkrankung kann die Leber ungünstig beeinflussen, wobei Leber-Blut nicht ausreichend vorhanden ist. Ferner versagt dabei die Transportfunktion der Milz, Körperflüssigkeiten werden im Inneren des Körpers blockiert. Dadurch entsteht nach längerer Zeit im Körperinneren Hitze, die sich mit der gestauten Flüssigkeit zu Nässe-Hitze verbindet und den Mittleren Erwärmer in Form von «Dampf» blockiert. Dies kann sich ungünstig auf die Funktion der Beförderung und Ausscheidung der Leber auswirken, und die Gallenflüssigkeit kann nicht in den Darm ausgeschieden werden, sie steigt – entgegen ihrer normalen Verlaufsrichtung – ins Blut, es entsteht eine Gelbsucht.

So können Lebererkrankungen Milzstörungen nach sich ziehen, Milzerkrankungen können Lebererkrankungen verursachen. Auf dieser Basis entstehen häufig Krankheitszustände, bei denen sowohl die Leber als auch die Milz betroffen ist.

3.3.1.9 Milz und Nieren

Die Milz beginnt ihre Funktion in der Auffassung der chinesischen Medizin erst nach der Geburt des Menschen; die Niere ist bereits vor der Geburt aktiv. In der Niere wird das *Jing* (Essenz) gespeichert, wozu die Umwandlung der Nahrungsessenz *(Shui-Gu Jing-Qi)* durch die Milz Voraussetzung ist. Andererseits benötigt diese Funktion des Milz-*Qi* ihrerseits die Wärme des *Yang* der Niere zur Aufrechterhaltung der Transportfunktion. So unterstützen und beeinflussen sich Niere und Milz vor der Geburt und nach der Geburt gegenseitig.

Im Krankheitsfalle gibt es folgende Zustände:

1. Wenn das *Yang* der Niere nicht ausreicht, kann es das *Yang* der Milz nicht wärmen, wodurch der Zustand eines nicht ausreichenden *Yang* der Milz steht.
2. Wenn das Milz-*Yang* nicht ausreichend ist, kann die Nahrungsessenz nicht umgewandelt werden, was wiederum zu einem mangelnden Nieren-*Yang* führt. Es entsteht ein Zustand der Leere von Milz- und Nieren-*Yang*, der klinisch ziemlich häufig ist. (Vgl. Abschn. 7.3.3.9)

3.3.1.10 Leber und Nieren

Die Leber speichert das Blut, die Niere speichert das *Jing* (Essenz). Die Beziehungen zwischen Leber und Niere beziehen sich hauptsächlich auf Essenz *(Jing)* und Blut. Im normalen Lebensablauf benötigt das Leber-Blut die Ernährung durch das *Jing* (Essenz) der Nieren. Aber nur, wenn das Leber-Blut üppig und stark ist, kann sich Blut zu Essenz *(Jing)* umwandeln, und nur dann ist das *Jing* (Essenz) der Niere ausreichend. Wenn das *Jing* (Essenz) der Niere verausgabt ist, führt dies zu einem Zustand von unzureichendem Leber-Blut. Wenn das Leber-Blut nicht ausreichend ist, kann dies andererseits zur Erschöpfung des Nieren-*Jing* (Essenz) führen. Die beiden Speicherorgane Leber und Niere können so gleichzeitig schwach oder stark werden. Deshalb heißt es in der chinesischen Medizin: «Leber und Niere haben die gleiche Quelle» (146).

Nach der Lehre der chinesischen Medizin gehören Leber und Niere zum Unteren Erwärmer. Leber-*Yin* und Leber-*Yang*, Nieren-*Yin* und Nieren-*Yang* beeinflussen sich gegenseitig. Bei einem Mangelzustand des einen kommt das andere in einen pathologischen Füllezustand; bei einem Füllezustand des einen entsteht ein Mangelzustand des anderen. Wenn z. B. das *Yin* der Niere nicht ausreichend ist, bewirkt dies zugleich ein nicht ausreichendes *Yin* der Leber, was wiederum ein heftig aufsteigendes *Yang* der Leber hervorruft. Dieses starke Leber-*Yang* «bewegt sich maßlos» und schädigt zusätzlich das *Yin* der Niere, so daß der Zustand des nicht ausreichenden Nieren-*Yin* noch verstärkt wird. (Vgl. Abschn. 7.3.1.4.2 und 7.3.3.10)

3.3.2 Beziehungen zwischen Speicherorganen und Hohlorganen

Die Beziehungen zwischen Speicherorganen und Hohlorganen richten sich in der chinesischen Medizin nach dem dialektischen Begriffspaar Oberfläche *(Biao)* und Inneres *(Li)*. Das Speicherorgan entspricht dem *Yin*, das Hohlorgan entspricht dem *Yang*. Das *Yin* ist gleichbedeutend mit dem Inneren, das *Yang* ist gleichbedeutend mit der Oberfläche. Oberfläche und Inneres stehen in der chinesischen Medizin in der gleichen dialektischen Beziehung wie *Yin* und *Yang* (vgl. S. 52). So hängt das Herz mit dem Dünndarm, die Lunge mit dem Dickdarm, die Milz mit dem Magen, die Leber mit der Gallenblase, die Niere mit der Blase zusammen, jeweils ein Speicherorgan mit einem Hohlorgan, ein *Yin* mit einem *Yang*, ein Innen *(Li)* mit einer Oberfläche *(Biao)*. Die Verbindung zwischen Innerem und Oberfläche, *Yin* und *Yang* wird nach der Lehre der chinesischen Medizin im menschlichen Körper durch die Meridiane bewerkstelligt. Diese verbinden Speicherorgan und Hohlorgan, Oberfläche und Inneres zu einer dialektisch gesteuerten Ganzheit.

Diese Verbindungen regeln nicht nur die physiologischen Beziehungen im Körper, sie bestimmen auch die Abläufe pathologischer Prozesse.

3.3.2.1 Herz und Dünndarm

Der Herz-Meridian kommt vom Herzen und geht zum Dünndarm. Der Dünndarm-Meridian kommt vom Dünndarm und verbindet sich mit dem Herzen. Hier wird eine Beziehung von Oberfläche zu Innerem, von einem Hohlorgan zu einem Speicherorgan durch die entsprechenden zugehörigen Meridianverläufe hergestellt.

Diese innere Verbindung zwischen Herz und Dünndarm wird deutlich bei bestimmten pathologischen Prozessen, beispielsweise wenn sich das Feuer des Herzens abwärts zum Dünndarm bewegt und hier die Körperflüssigkeit verdampft. Es entsteht ein sogenannter «Dünndarm-Fülle-Hitze-Zustand» *(Xiao-Chang Shi-Re)* mit wenig Wasserlasssen und rötlichem heiß-dampfendem Urin. Wenn umgekehrt im Dünndarm ein Hitzezustand vorliegt, kann diese Hitze über den Meridian zum Herzen hochsteigen und das Herz mit Hitze «ansengen». Dies verursacht beim Patienten Erregungszustände, Ausschlag und Bläschen am Mund und auf der Zunge. (Vgl. Abschn. 7.3.2.3)

3.3.2.2 Lunge und Dickdarm

Der Lungen-Meridian steht mit dem Dickdarm-Meridian in Verbindung. Lunge und Dickdarm bilden damit eine Oberfläche-Innen-Beziehung, aufgrund derer sie sich bei ihren physiologischen Abläufen und auch im Krankheitsfalle gegenseitig beeinflussen.

Wenn das *Qi* der Lunge normal säubert und herabführt *(Su-Jiang)*, d. h. wenn die Regulierung des Lungen-*Qi* ungehindert vonstatten geht, ist auch die Dickdarmfunktion normal und die Darmentleerung ist gut. Besteht hingegen eine Verstopfung *(Ji-Zhi)* im Dickdarm, beeinflußt dies umgekehrt die Funktion des Säuberns und Herabführens *(Su-Jiang)* des Lungen-*Qi*. Wenn diese Funktion des Lungen-*Qi* versagt, werden die Körpersäfte *(Jin-Ye)* nicht nach unten geleitet, und es treten Schwierigkeiten bei der Darmentleerung auf. Bei einem Fülle-Hitze-Zustand des Dickdarms mit Verstopfung kann es ebenfalls dazu kommen, daß das Lungen-*Qi* nicht herabsteigt *(Jiang)*, was Atemnot bewirkt.

3.3.2.3 Milz und Magen

Milz und Magen gelten in der chinesischen Medizin als wichtigste Verdauungsorgane. Die Milz ist zuständig für den Transport *(Yun-Hua)* des *Shui-Gu*, der Magen ist zuständig für das Aufnehmen und das Verdauen der Nährstoffe. Die Eigenschaften der Milz sind nach der Lehre der chinesischen Medizin: «... daß sie die Trockenheit liebt und die Nässe verabscheut.» (147) Der Magen liebt demgegenüber das Benässen, er verabscheut die Trockenheit. Wenn das *Qi* der Milz hochsteigt, bedeutet dies nach der Lehre der chinesischen Medizin «Einigkeit»; wenn das *Qi* des Magens sich senkt, bedeutet dies «Friedlichkeit». Die beiden Meridiane von Magen und Milz haben gemeinsam eine Oberflächen *(Biao)*- und Inneres *(Li)*-Beziehung.

Die Milz ist, wie gesagt, zuständig für Transport und Umwandlung, der Magen für das Aufnehmen. Der Magen nimmt die Nährstoffe *(Shui-Gu)* auf und verdaut sie, dies ist die Basis für die Transportfunktion der Milz. Die Milz ihrerseits befördert die Nahrungsessenz *(Shui-Gu Jing-Wei)*, damit der Magen weitere Nahrung aufnehmen, bewahren und verdauen kann. Das eine

Organ transportiert, das andere nimmt auf; beide vereinigen sich, um die Aufgabe der Verdauung, Absorption und Beförderung von Nahrung zu vollbringen. Verdaut der Magen schlecht, wird auch die Transportfunktion der Milz in Mitleidenschaft gezogen. Ist die Umwandlung der Milz nicht normal, wird auch die Aufnahmefähigkeit des Magens gestört. Klinisch äußert sich dies darin, daß Appetitlosigkeit, Völlegefühl nach dem Essen (eine Störung der Nahrungsaufnahme des Magens) auftreten, häufig gemeinsam mit Verdauungsstörungen, die durch unnormale Transportfunktion der Milz verursacht werden. In der Therapie der chinesischen Medizin werden deshalb die Methoden, den Magen zu harmonisieren *(He-Wei)* und den Appetit anzuregen *(Kai-Wei)* gemeinsam mit der Methode der Stärkung der Milz *(Jian-Pi)* und Anregung der Milz *(Xing-Pi)* angewandt.

Das *Qi* der Milz befördert die Nahrungsessenz aufwärts zum Herzen und zur Lunge. Durch die Wirkung des *Zong-Qi* wird diese Nahrungsessenz *(Shui-Gu Jing-Wei)* im ganzen Körper verteilt. Nach oben erreicht es den Kopf und die Augen, seitlich erreicht es die vier Extremitäten, nach innen erreicht es die Speicherorgane und Hohlorgane, nach außen erreicht es die Haut und die Muskeln; kurz, es verteilt sich überall hin. Die charakteristische Eigenschaft des Milz-*Qi* ist das Aufsteigen *(Sheng)*. Die chinesische Medizin sagt, das Milz-*Qi* sei «zuständig für das Aufsteigen». Wenn es steigt, bedeutet dies «Einigkeit». Steigt das Milz-*Qi* bei krankhaften Veränderungen nicht auf, entsteht der Zustand «das klare *Yang* steigt nicht hoch». Dies ist ein Zeichen des Versagens der Transportfunktion der Milz. Appetitlosigkeit, Völlegefühl nach dem Essen, allgemeine Kraftlosigkeit sind dafür die typischen Symptome. Wenn das Milz-*Qi* nicht steigt, sondern nach unten versinkt, tritt ein Syndrom auf, das die chinesische Medizin «das *Qi* des mittleren Erwärmers sinkt nach unten» nennt (148). Anzeichen dafür sind: Prolaps des Rektum, unregelmäßige Periodenblutungen, Prolaps uteri, schlechte Entleerung des Darms usw. (Vgl. Abschn. 7.3.1.3.1 b).

Mit dem Spruch «die Milz liebt die Trockenheit und verabscheut die Nässe» meint die chinesische Medizin, daß die Transportfunktion der Milz beeinträchtigt wird, wenn sich Wasser-Nässe staut. Wasser-Nässe *(Shui-Shi)*, die gestaut ist, stört wiederum die Transportfunktion der Milz. Dann wird Wasser-Nässe nicht transportiert, der Patient leidet unter allgemeiner Müdigkeit, Ödemen, weichem und ungeformtem Stuhl. Zugleich wird das *Yang* der Milz von der Nässe beeinträchtigt, was beim Patienten Appetitlosigkeit und Völlegefühl nach dem Essen auslöst.

Das *Qi* des Magens befördert die verdauten Nahrungsstoffe *(Shui-Gu)* in den Darm. Wenn die Nahrungsaufnahme und Verdauung normal sind, und wenn Aktivität und Blut *(Qi-Xue)* ausreichen, besteht zwischen Magen und Darm eine abwechselnde Beziehung von Leere und Fülle. In der chinesischen Medizin heißt es, daß das *Qi* des Magens «zuständig ist für das Absteigen». Läuft diese Funktion einwandfrei ab, bedeutet das «Einigkeit». Wenn sich das Magen-*Qi* indessen nicht senkt, bleibt das Essen im Magen blockiert, Völlegefühl und Magenschmerzen treten auf. Wenn das *Qi* des Magens in Gegenrichtung hochsteigt, treten Schluckauf oder Erbrechen ein. In der chinesischen Medizin gilt der Grundsatz: «Der Magen liebt das Benässen, er verabscheut die Trockenheit.» (149) Dies bedeutet, daß Nahrungsaufnahme und Verdauung normal sind, wenn die Flüssigkeitssäfte *(Jin-Ye)* des Magens ausreichen. Dann wird die Nahrung *(Shui-Gu)* normal verdaut und regelmäßig in den Darm weitergeleitet. Wenn die Funktion des Magens unnormal ist, sind die Verdauungssäfte *(Jin-Ye)* nicht ausreichend oder aber es herrscht im Magen (nach der Theorie der chinesischen Medizin) «üppiges Feuer». Dann sind Magen und Darm trocken und können nicht bewässert werden. Es entsteht eine Blockierung mit den Symptomen Verstopfung, Blähungen im Bauch, Bauchschmerzen usw.

Milz und Magen verhalten sich zueinander wie *Yin* zu *Yang*. Dies bedeutet, daß sie auch Trockenheit und Nässe untereinander ausgleichen. Sie beeinflussen und ergänzen sich in der Funktion des Auf- und Absteigens *(Sheng-Jiang)*; beide unterhalten die Verdauungsfunktion und die Absorbierung von Nährstoffen im menschlichen Körper. Sie beeinflussen sich auch gegenseitig bei allen abnormen Zuständen bei der Verdauung und Nahrungsaufnahme. Wenn das klare *Qi* nicht aufsteigt, wird davon die Funktion des trüben *Qi* beeinflußt, das sich nicht senken kann. Wenn sich das trübe *Qi* nicht senkt, bewirkt dies, daß das klare *Qi* nicht nach oben steigt. Diese beiden Krankheitsverläufe sind mit den Funktionen von Milz und Magen verbunden und treten oft gemeinsam auf als Ausdruck einer Störung der Milz- und Magenfunktion. Wenn das *Qi* des Magens sich nicht senken kann, entsteht oft gleichzeitig der Fall, daß das *Qi* der Milz nicht aufsteigt. Die Störung des Milz-*Qi* bedingt Durchfall, die Störung des Magen-*Qi* ruft Magenschmerzen, Völlegefühl im Magen und unangenehmes Aufstoßen hervor.

3.3.2.4 Leber und Gallenblase

Die Gallenblase ist mit der Leber verbunden. Auch ihre Meridiane haben eine gemeinsame Beziehung: die Gallenblase entspricht der Oberfläche *(Biao)*, die Leber dem Inneren *(Li)*. Die Gallenblase hat die Fähigkeit, Galle zu speichern und auszuscheiden. Sie unterstützt damit die Verdauungsfunktion des Magens und des Darms. Die Gallenflüssigkeit wird in der Leber gebildet. Wenn die Funktion der «Beförderung» *(Shu)* und der «Ausscheidung» *(Xie)* der Leber gestört ist, beeinträchtigt dies die Bildung von Gallenflüssigkeit. Ist andererseits die Ausscheidung der Galle gestört, wirkt dies wiederum auf die Leber zurück. So treten krankhafte Erscheinungen an Gallenblase oder Leber meist gleichzeitig bzw. in Wechselwirkung auf.

Bei einer Leber-Galle-Nässe-Hitze-Störung tritt z. B. Gelbsucht ein. Durch den Übertritt von Galle ins Blut und in die Gewebe bekommt der Patient eine gelbe Farbe und hat einen bitteren Geschmack im Mund. Zugleich treten aber auch Symptome einer Stauung und Blockierung des Leber-*Qi* auf mit Schmerzen in den Rippen, Völlegefühl am Rippenbogen und Schwindel.

Alle Medikamente, die «die Leber befördern und das *Qi* ordnen» *(Shu-Gan Li-Qi),* haben auch einen ausscheidenden Effekt auf die Galle *(Li-Dan).* Diese therapeutische Erfahrung unterstreicht zusätzlich die enge Beziehung zwischen der Leber und der Gallenblase.

3.3.2.5 Nieren und Blase

Die Meridiane von Niere und Blase sind im Sinne von Innerem *(Li)* und Oberfläche *(Biao)* miteinander verbunden. Eine wichtige Funktion der Blase ist die «Verdampfung» *(Qi-Hua)* (vgl. S. 114), die von der Stärke oder Schwäche des Nieren-*Qi* abhängt. Das *Qi* der Niere hilft der Blase bei der Verdampfung der Körpersäfte *(Jin-Ye),* außerdem beim Wasserlassen, d. h. bei der Kontrolle des Öffnens und Schließens der Blase.

Ist das *Qi* der Niere ausreichend, kann die Blase den Urin halten und sich normal öffnen und schließen. Dies ist die Voraussetzung zu einem geregelten Wasseraustausch des menschlichen Organismus. Ist das *Qi* der Niere nicht ausreichend, kann die Blase den Urin nicht halten. Schließen und Öffnen der Blase versagt, das Wasserlassen geschieht ohne Kontrolle, übermäßige Urinproduktion oder Harninkontinenz treten auf. Für die chinesische Medizin hängt somit das Zurückhalten und Ausscheiden des Urins nicht nur von der Blase, sondern auch von der Niere als dem zugehörigen Speicherorgan ab.

3.3.3 Beziehungen zwischen Hohlorganen und Hohlorganen

Die Beziehungen zwischen Hohlorgan und Hohlorgan beruhen hauptsächlich auf der Übermittlung von Stoffen. Die Nahrung kommt in den Magen und wird nach der Verdauung zum Dünndarm weitergeleitet. Im Dünndarm wird das Klare *(Qing)* vom Trüben *(Zhuo)* gesondert. Nahrungssubstanz *(Ying-Yang Wu-Shi)* wird durch die Milz absorbiert und im ganzen Körper verteilt. Der Abfall *(Zao-Po)* der Nahrung wird über den Dünndarm in den Dickdarm geführt. Dieser entwickelt daraus den Kot, der durch den After ausgeschieden wird. Dies ist grob gesagt der Verlauf der Nahrung in den sechs Hohlorganen. Die Aufnahme, Verdauung und Absorption der Nahrung, die Verbreitung und Ausscheidung der Körperflüssigkeiten *(Jin-Ye)* und des Abfalls *(Zao-Po)* wird so gemeinsam von den sechs Hohlorganen durchgeführt.

Die Übermittlung der Nährstoffe *(Shui-Gu)* in den sechs Hohlorganen ruft einen ununterbrochenen Wechsel von Aufnahme und Ausscheidung, Leere *(Xu)* und Fülle *(Shi)* hervor. Deshalb müssen die sechs Hohlorgane des Körpers stets durchgängig sein, damit in diesem Wechsel keine Blockierung auftritt, denn andernfalls würde eine Erkrankung entstehen. Die frühen Ärzte Chinas drückten dies so aus: «Die sechs Hohlorgane müssen stets durchgängig sein» (150), und «Bei Erkrankungen von Hohlorganen muß ein ungehinderter Durchgang geschaffen werden» (151).

Dieser Satz gilt im übrigen sinngemäß auch für die moderne westliche Medizin, bei der es ebenfalls wichtig ist, daß die Hohlorgane durchgängig gehalten werden. In der chinesischen Medizin gelten bei akuten Erkrankungen der Hohlorgane folgende Behandlungsregeln:

1. Innen Durchgang schaffen, indem man nach unten ableitet *(Tong-Li Gong-Xia)*,
2. das *Qi* bewegen, indem man eine Blockierung auflöst *(Xing-Qi Dao-Zhi)*,
3. den Magen harmonisieren, indem man das in Gegenrichtung aufsteigende *Qi* senkt *(He-Wei Jiang-Ni)*.

Sinngemäß lassen sich alle diese Regeln mit den therapeutischen Grundsätzen der westlichen Medizin völlig in Einklang bringen.

3.4 Stoffwechsel von Nahrung, Flüssigkeiten und Blut

3.4.1 Absorption und Verteilung der Nahrung

Die Nahrung wird durch den Mund aufgenommen, passiert die Speiseröhre und kommt in den Magen. Durch die Verdauungsfunktion des Magens und die Transportfunktion *(Yun-Hua)* der Milz wird die Nahrung weiter zum Dünndarm geleitet. Der Dünndarm trennt nach der Theorie der chinesischen Medizin das «Klare» *(Qing)* vom «Trüben» *(Zhuo)*. Das «Klare» bedeutet die Substanz der «Essenz» *(Jing-Wei)*, die nach oben zur Milz geht und absorbiert wird. Das «Unklare» ist der Abfall *(Zao-Po)*, der zum Dickdarm weitergeführt wird, wo Wasser absorbiert und der Darminhalt zu Kot eingedickt wird. Die Ausscheidung dieser «trüben» Substanzen erfolgt durch den After. Nach Ansicht der chinesischen Medizin spielen also bei der Verwertung der Nahrung und bei der Verdauung vor allem die Milz, der Magen, der Dünndarm und der Dickdarm eine Rolle.

Die Nahrungssubstanz wird nach ihrer Verarbeitung in der Auffassung der chinesischen Medizin von der Milz absorbiert; zugleich werden die Nährstoffe bzw. deren Rückstände zu den sechs Hohlorganen weitergeleitet und an die Speicherorgane Herz, Lunge, Leber und Niere verteilt. Speicher- und Hohlorgane werden so mit Nahrung versorgt, damit ihre Aktivität erhalten bleibt. Der Prozeß der Nahrungsausbreitung geschieht durch die Meridiane und Blutgefäße. Im Buche *Su-Wen* heißt es: «Das *Tai-Yin* ist das bewegende *Qi* in den drei *Yin*, ... es ist auch das bewegende *Qi* in den drei *Yang*» (152). Mit dem «*Tai-Yin*» und seinem «*Qi*» ist hier die Funktion der Milz gemeint. Zur Milz gehört in jedem Fall auch der Magen, da Milz und Magen ja in einer Beziehung «Innen-Oberfläche» *(Li-Biao)* stehen.

Die von der Milz im Körper verbreitete Nahrungs-Essenz *(Shui-Gu Jing-Wei)* hat folgende Aufgaben:

1. die Essenz *(Jing)* zur Leber hin zu verteilen,
2. die Essenz *(Jing)* reichlich in den Gefäßen bereitzustellen,
3. das *Qi* der Meridiane *(Jing-Qi)* in der Lunge zu sammeln.

Die Nahrungsessenz verbindet sich mit dem durch die Lunge eingeatmeten Sauerstoff, sie fließt in die Gefäße des Herzens und Kreislaufs und verteilt sich so im ganzen Körper. Bei diesem Verlauf hat das von der Milz nach der Geburt beförderte «*Shui-Gu Jing-Qi*» (Funktion der Nahrungsessenz) ständig die Nieren-Essenz *(Shen-Jing)* zu ergänzen. Es sei hier daran erinnert, daß die Nieren-Essenz *(Shen-Jing)* vor der Geburt des Menschen die Nahrung für den Fötus bildet. Nach der Geburt steht sie in enger Beziehung zum *Yuan-Qi* (vgl. S. 83).

Auch das Nieren-*Qi* hängt von der Umwandlungs- und Transportfunktion der Milz ab, durch die es ernährt wird. Die beiden Speicherorgane Milz und Niere stehen deshalb nach der Lehre der chinesischen Medizin in einem gegenseitigen Abhängigkeitsverhältnis, da sie untereinander die «angeborene» und die «erworbene» Essenz-Funktion *(Jing-Qi)* austauschen. Wichtig ist in der chinesischen Medizin, daß die Absorption und Verteilung der Nahrung nicht allein von der Transport-Funktion des Milz-*Qi* abhängt, sondern außerdem von den Funktionen der Beförderung und Ausscheidung *(Shu-Xie)* des Leber-

Qi, vom Erwärmen durch das *Qi* der Niere, von der Verbreitung *(Xuan-San)* durch das *Qi* der Lunge und der Vermittlung durch die Blutgefäße des Herz-Kreislauf-Systems. Versagt ein Organ in dieser Kette, beeinflußt dies die Absorption und Verteilung der Nahrung im Körper. Alle am Verdauungs- und Verteilungsprozeß beteiligten Organe stützen und fördern sich wechselseitig, aber sie beschränken sich auch (im Sinne der Fünf Elemente). Bei diesem gegenseitigen Stützen und Beschränken wird die Gesamtheit dieser Organe deutlich, die «Ganzheit» des Verdauungsablaufes, der eine gemeinsame Leistung aller beteiligten Einzelorgane ist. Durch die Versorgung mit Nahrungs-Substanz sind die fünf Speicherorgane in der Lage, die Essenz *(Jing)* über die Blutgefäße und das Meridian-System zur Haut, den Haaren, Muskeln, Sehnen und Knochen zu senden, um deren normale Funktionen zu gewährleisten. In der chinesischen Medizin werden Symptome wie trockene Haut und trockene Haare, schlaffe Muskeln und schlaffe Gelenke als Anzeichen für eine nicht ausreichende Versorgung mit Essenz *(Jing)* durch die fünf Speicherorgane gewertet. Die Therapie derartiger Zustände wird deshalb in der chinesischen Heilkunde häufig mit der Behandlung der zugehörigen fünf Speicherorgane begonnen.

3.4.2 Stoffwechsel und Regulation der Flüssigkeiten *(Shui-Ye)*

Der Stoffwechsel und die Regulation des Wassers steht im Körper normalerweise in einem Ausgleich, der vor allem von den inneren Organen Milz, Lunge, Niere, Blase und den Drei Erwärmern aufrecht erhalten wird. Im Laufe des Stoffwechsels der Körperflüssigkeiten entstehen verschiedene Mischungszustände von klaren und trüben Flüssigkeiten. Man unterscheidet in der chinesischen Medizin folgende Zustände:

1. gemischter Zustand von Klarem und Trübem,
2. wenig trübe Flüssigkeiten inmitten von Klarem,
3. wenig klare Flüssigkeit inmitten von Trübem.

Normalerweise steigt das «Klare» nach oben, das «Trübe» sinkt abwärts, sodaß im menschlichen Organismus eine ununterbrochene Kette steigender und sinkender Bewegungen abläuft. Die Körperflüssigkeiten, die sich im Magen und im Dünndarm befinden, werden von der Milz absorbiert und aufwärts zur Lunge geleitet. Sie entwickeln sich durch die gemeinsame «Verdampfungsfunktion» *(Qi-Hua)* von Lunge, Milz, Niere und den Drei Erwärmern zu den lymphatischen Körpersäften *(Jin-Ye)*, die den ganzen Körper versorgen. Die unbrauchbaren Körperflüssigkeiten werden durch die Poren der Haut und die

Blase aus dem Körper ausgeschieden. Die Ausscheidung des verbrauchten und die Aufnahme des frischen Wassers, der Verlauf der Absorption, die Verteilung und Verdampfung der Flüssigkeiten im Körper halten einen relativen Gleichgewichtszustand des Wasserstoffwechsels aufrecht.

Das Wasser in der Lunge ist von klarem Charakter. Der klare Anteil dieses Klaren wird durch die verbreitende Funktion *(Xuan-Fa)* des Lungen-*Qi* und durch die Vermittlung des Herz-Kreislauf-Systems zu den Muskeln, zur Haut und den Haaren geschickt. Der trübe Anteil des klaren Wassers in der Lunge wird durch die regulierende, säubernde und nach unten führende Funktion *(Su-Jiang)* des Lungen-*Qi* abwärts zur Niere befördert. Die in den Muskeln, in Haut und Haaren befindlichen Körperflüssigkeiten werden teilweise zu Schweiß umgewandelt und ausgeschieden, der übrige Teil kehrt wieder ins Gefäßsystem und damit in den Blutkreislauf zurück. Die zur Niere gelangenden Körperflüssigkeiten sind «trübe». Mit Hilfe der Verdampfungsfunktion des Nieren-*Yang* wird aus diesem «Trüben» wieder «Klares» destilliert, das zur Lunge aufsteigt und sich von hier weiter im Körper verteilt. In der Niere bleibt das «Trübe» der trüben Körperflüssigkeiten zurück, wird zur Blase geleitet und als Urin ausgeschieden.

Das Herunterleiten der Körperflüssigkeiten von der Lunge und ihr Aufsteigen von der Niere ist eine gemeinsame Wirkung, bei der verschiedene Organfunktionen beteiligt sind, nämlich

1. Die Funktionen der Ausbreitung und des Herabführens *(Xuan-Jiang)* des Lungen-*Qi*,
2. die Verdampfungsfunktion des Nieren-*Yang*,
3. die verteilende Funktion des Speicherorgans Milz,
4. das Auf- und Absteigen der Körperflüssigkeiten in den Drei Erwärmern.

Wenn ein Organ aus dieser Kette versagt, ist der Flüssigkeitsstoffwechsel gestört und eine Erkrankung durch Blockierung im Wasserhaushalt tritt ein, wobei Ödeme und Wassereinlagerungen auftreten.

Dementsprechend gibt es in der Therapie der chinesischen Medizin verschiedene Methoden, das aus einem dieser Gründe zurückgehaltene Wasser zur Ausscheidung zu bringen, nämlich:

1. Ausscheiden des Wassers durch Anregung der Verbreitungsfunktion *(Xuan)* der Lunge *(Xuan-Fei Li-Shui)*,
2. Ausscheidung des Wassers durch Stärkung der Milz *(Jian-Pi Li-Shui)*,
3. Ausscheidung des Wassers durch Wärmen der Niere *(Wen-Shen Li-Shui)*,
4. Regulation des Wasserdurchflusses in den Drei Erwärmern *(Shu-Tong San-Jiao Shui-Dao)*.

Die Verdampfungsfunktion des Oberen, Mittleren und Unteren Erwärmers beim Stoffwechsel der Körperflüssigkeiten zeigt sich vor allem an den Organen Lunge, Milz und Niere. Wenn der Obere Erwärmer nicht durchgängig bzw. verstopft ist, beeinflußt dies die Funktion der Verbreitung des Lungen-*Qi*; Körperflüssigkeiten bleiben im Oberen Erwärmer gestaut, der Patient leidet unter Husten. Wenn der Mittlere Erwärmer nicht durchgängig ist, wird die verteilende Funktion des Milz-*Qi* beeinflußt; Flüssigkeiten sammeln sich im Mittleren Erwärmer. Ist der Untere Erwärmer verstopft, wird die Verdampfungsfähigkeit des Nieren-*Yang* beeinflußt, und die Körperflüssigkeiten bleiben im Unteren Erwärmer stehen.

Klinisch beobachtet man bei solchen Störungen des Oberen Erwärmers Ödeme oberhalb der Hüften bzw. im Oberbauch. Dies wird behandelt mit der Methode der Verbreitung *(Xuan)* der Lunge, wobei man den Patienten zum Schwitzen bringen muß *(Xuan-Fei Fa-Han)*.

Ödeme unterhalb der Hüften werden nach der Methode behandelt: Wasserausscheiden durch Anwärmen des *Yang (Wen-Yang Li-Shui)*. Ausgesprochene Unterbauch-Ödeme behandelt man mit der Methode: Ausscheidung des Wassers durch Stärkung der Milz *(Jian-Pi Li-Shui)*. Diese Arten der Behandlung sind bewährte Methoden bei Störungen im Oberen, Mittleren oder Unteren Erwärmer.

Die Regulation des Stoffwechsels der Körperflüssigkeiten ist eine gemeinsame Leistung von Lunge, Milz, Nieren bzw. den Drei Erwärmern, wobei die Nieren am wichtigsten sind. Die Verdampfungsfunktion der Drei Erwärmer wird durch das Nieren-*Qi* ermöglicht. Die Quelle des Nieren-*Yang* liegt im *Yang* der Milz. Nieren-*Yang* und Nieren-*Qi* sind weitgehend identisch. Vom Nieren-*Yang* hängt die Verdampfungsfunktion der Nieren und die Urinausscheidung durch die Blase ab.

3.4.3 Entstehung und Kreislauf der Blutflüssigkeiten *(Xue-Ye)*

Die Blutflüssigkeiten *(Xue-Ye)* werden durch das *Ying-Qi* (Ernährungs-Funktion) und die Essenz der Niere *(Shen-Jing)* gebildet. Die Milz bildet die essentielle Substanz *(Jing-Wei-Wu-Zhi)* der Nahrungsessenz *(Shui-Gu Jing-Wei)*, entwickelt sie 1. zu *Ying-Qi* (Nahrungs-*Qi*), 2. zu Körpersäften *(Jin-Ye)* und leitet die beiden zur Lunge. Durch die Funktion des Lungen-*Qi* werden Nahrungs-*Qi* und Körpersäfte zu den Herzgefäßen geleitet, wo sie den Ausgangsstoff der Blutflüssigkeiten bilden. Das *Ying-Qi* bildet die eigentliche Nahrungsfunktion und wird mit dem Blut im ganzen Körper verteilt. Die chinesische Medizin beschreibt das *Ying-Qi* folgendermaßen: «Es versorgt die Extremitäten und führt nach innen zu den fünf Speicherorganen und sechs Hohlorganen» (153).

Die Nahrungssubstanzen in den Blutflüssigkeiten sind aber auch eine Quelle zur Erzeugung der Nieren-Essenz *(Shen-Jing)*. Die Nieren-Essenz ihrerseits erzeugt das Mark, welches für das Knochenwachstum zuständig und gleichzeitig die wichtigste Substanz zur Bluterzeugung ist. Damit sind die wechselseitigen Beziehungen zwischen Essenz *(Jing)* und Blut beschrieben. Die Entwicklung der Blutflüssigkeiten wird von den Speicherorganen Milz, Lunge, Herz und Niere gemeinsam durchgeführt.

Nach der chinesischen Medizin ist das Herz zuständig für den Blutkreislauf. Dieser ist aber tatsächlich eine gemeinsame Leistung des Herzens, der Lunge, der Leber und der Milz. Die Blutflüssigkeit *(Xue-Ye)* kreist in den Blutgefäßen bzw. Meridianen. Alles Blut des Meridian- und Gefäßsystems sammelt sich in der Lunge, wo «Klares» eingeatmet und «Trübes» ausgeatmet wird. Dies entspricht der Abatmung von Kohlendioxyd und der Aufnahme von Sauerstoff. Die eingeatmete frische Luft, das «Klare», wie es die chinesische Medizin nennt, gelangt ins Blut, kreist mit diesem in den Adern, erwärmt und versorgt den ganzen Organismus. Die chinesische Medizin drückt dies folgendermaßen aus: «Die Lunge ist nach den 100 Adern hin geöffnet» (154). Das bedeutet: Es besteht eine enge Verbindung zwischen der Lunge und dem Kreislauf der Körper-Blutflüssigkeiten. Außerdem ist die Verbindung des Kreislaufs mit Leber und Milz sehr eng. Die Zirkulation der Blutflüssigkeiten im Körper wird von der Funktion der Beförderung *(Shu)* und Ausscheidung *(Xie)* des Leber-*Qi* beeinflußt; andererseits vermag die Leber Blut zu speichern und je nach Notwendigkeit im Körper abzugeben oder aufzunehmen, um den Kreislaufmechanismus intakt zu halten. Die Milz ist eine wichtige Quelle zur Erzeugung der Blutflüssigkeiten, ferner hängt die normale Kreislauffunktion des Blutes in Meridianen und Gefäßen und von der Kontrollfunktion *(Tong-She)* des Milz-*Qi* über das Blut ab.

Der Kreislauf der Blutflüssigkeiten beruht also auf der Kooperation von Herz, Lunge, Leber und Milz. Versagt ein Organ in dieser Kette, kommt es zu Störungen des Blutkreislaufs. Liegt beispielsweise der Krankheitsfall einer Herz-Lungen-*Qi*-Leere vor, entsteht eine Blockierung *(Yu-Zhi)* der Blutbewegung, die sich im Inneren des Körpers durch Schmerzen, äußerlich durch Ödeme äußern kann. Bei einer Milz-Leere entsteht der Fall «das *Qi* nimmt das Blut nicht auf», was zu Erkrankungen mit gesteigerter Blutungsneigung führt (155). Wenn die Leber nicht befördert und ausscheidet *(Shu-Xie)*, wird der Transport der Blutflüssigkeiten im Körper beeinflußt. Es entstehen Krankheitszustände durch ein Mißverhältnis zwischen *Qi* (Aktivität, Funktion) und Blut.

3.5 Zusammenfassung

Die Theorie der Speicher- und Hohlorgane, in früherer Zeit *Zang-Xiang* genannt, dient in der traditionellen chinesischen Medizin zur Erklärung physiologischer Abläufe im Körper und pathologischer Entwicklungen der Organfunktionen auf der Basis der wechselseitigen Beziehungen zwischen den fünf Speicherorganen und sechs Hohlorganen, zwischen Essenz *(Jing)*, Funktion *(Qi)*, Blut *(Xue)*, Körpersäften *(Jin-Ye)* und Geist-Seele *(Shen)*.

Die Essenz *(Jing)* bekommt der Mensch bereits vor der Geburt von seinen Eltern. Nach der Geburt wird sie ständig durch die Nahrungsessenz *(Shui-Gu Jing-Qi)* ergänzt. Diese Essenz *(Jing)* wird in den Nieren gespeichert. Sie ist die Ursprungssubstanz des gesamten Lebens und die materielle Basis aller Funktionen des menschlichen Organismus.

Auch das *Qi* (Funktion bzw. «Energie») ist eine der Grundsubstanzen *(Ji-Ben Wu-Zhi)* zur Erschaffung des menschlichen Körpers und Erhaltung der Lebensabläufe. Die Existenz dieses «*Qi*» spiegelt sich wider in den organischen Funktionen der Speicherorgane und Hohlorgane. Nach der Lage im Körper, an der sich die jeweilige Funktion *(Qi)* abspielt, gibt es verschiedene Funktionsarten: *Yuan-Qi* (Ur-Funktion), *Zong-Qi* (Atmungs-Funktion), *Ying-Qi* (Ernährungs-Funktion) und *Wei-Qi* (Abwehr-Funktion). Obwohl die Benennungen dieser verschiedenen Funktionen unterschiedlich sind, entstehen sie alle vor oder nach der Geburt aus der Essenz *(Jing)* und sind bei allen Abläufen des Körpers wechselseitig eng miteinander verbunden.

Das Blut wird hauptsächlich durch Milz und Magen gebildet. Zwischen der Essenz *(Jing)* und dem Blut besteht eine Beziehung der gegenseitigen Umwandlung. Die Blutflüssigkeiten kreisen ständig durch den gesamten Körper, um ihn zu ernähren. Die Körpersäfte *(Jing-Ye)*, eine Sammelbezeichnung für alle Körperflüssigkeiten, verbreiten sich durch den ganzen Körper, ölen und ernähren Speicherorgane und Hohlorgane und sind außerdem ein wichtiger Bestandteil der Blutflüssigkeiten. Die Geist-Seele *(Shen)* bildet einen wichtigen Anhaltspunkt für die Aktivitäten des Lebens im Organismus, und das «*Shen*» drückt sich im Körperäußeren aus. Es ist hier diagnostisch von besonderer Bedeutung. Es wirkt aber auch auf die Funktionsabläufe im Körperinneren entscheidend ein.

Essenz *(Jing)*, Funktion *(Qi)*, Blut *(Xue)* und Körpersäfte *(Jin-Ye)* sind die *materielle Basis* des menschlichen Organismus. *«Qi»* bedeutet die Verwirklichung der aktiven Funktionen und Mechanismen bei den physiologischen Abläufen im Körper. *«Shen»* ist ein wichtiges Merkmal der Lebensaktivitäten im Körper. Es sei hier nochmals darauf hingewiesen, daß die chinesische Medizin monistisch angelegt ist, also die Wirklichkeit als Einheit auffaßt, während die westliche Heilkunde vom dualistischen Denken (Materie und Energie, Leib und Seele, Natur und Geist, Subjekt und Objekt usw.) ausgeht (vgl. u. a. S. 43). Der eigentliche Fehler, der bisher im Westen von nahezu allen Interpreten der chinesischen Medizin gemacht wurde, liegt in der dualistisch orientierten Deutung des Monismus der chinesischen Heilkunde.

Die chinesische Medizin unterscheidet

1. Fünf Speicherorgane: Herz, Lunge, Milz, Leber und Nieren (zusätzlich: Perikard),
2. Sechs Hohlorgane: Gallenblase, Magen, Dünndarm, Dickdarm, Blase und die Drei Erwärmer,
3. Die besonderen und dauerhaften Eingeweide: Gehirn, Mark (Knochenmark und Rückenmark), Knochen, Blutgefäße, Gallenblase, Gebärmutter.

Die Funktionen der Speicherorgane und Hohlorgane sind unterschiedlich; sie stehen untereinander in enger Verbindung, arbeiten gemeinsam und bilden eine untrennbare Einheit im menschlichen Organismus. Die Grundlagen zum Verständnis der pathologischen Veränderungen im menschlichen Organismus sowie die Basis der Syndrom-Diagnostik der chinesischen Medizin sind:

1. das Betrachten der einzelnen Funktionen der Speicherorgane und Hohlorgane,
2. das Inbeziehungsetzen dieser Funktionen zur Gesamtfunktion aller Organe.

Tabelle 3: Speicherorgane und Hohlorgane

Speicherorgane	Gemeinsame Funktionen:	Speichern die Essenz-Funktion *(Jing-Qi)*, ohne etwas zu befördern
	Spezielle Funktionen:	Herz: Zuständig für Blutgefäße und Bewußtsein, Schlüssel zum Verständnis: Zunge
		Lunge: Zuständig für *Qi*, Verbreitung und Herabführen, Haut und Körperhaare, Regulierung des Wasserhaushalts, Schlüssel zum Verständnis: Nase
		Milz: Zuständig für Transport und Umwandlung, Kontrolle des Blutes, zuständig für Muskeln und die vier Extremitäten, Schlüssel zum Verständnis: Mund
		Leber: Zuständig für Beförderung und Ausscheidung, Speicherung des Blutes, zuständig für Sehnen, Schlüssel zum Verständnis: Augen
		Nieren: Speicherung der Essenz, zuständig für die Knochen, Erzeugung des Markes und Zuleitung zum Gehirn. Zuständig für Wachstum, Zeugungsfähigkeit und Wasser. Regelt Stuhlgang und Wasserlassen, Schlüssel zum Verständnis: Ohren, Geschlechtsorgane und After
		Perikard: Bildet die äußere Hülle des Herzens
Hohlorgane	Gemeinsame Funktion:	Transportieren die Nahrung *(Shui-Gu)* ohne zu speichern
	Spezielle Funktionen:	Magen: Zuständig für Aufnahme der Nahrung
		Dünndarm: Zuständig für Trennung von Klarem und Trübem
		Dickdarm: Zuständig für den Transport der Abfallstoffe
		Blase: Zuständig für Speicherung von Körpersäften und für Urinausscheidung
		Drei Erwärmer: Kontrolle des *Yuan-Qi*, Regulierung des Wasserhaushalts
		Gallenblase: Speicherung der Gallenflüssigkeit
Besondere und dauerhafte Eingeweide	Gemeinsame Funktion:	Speichern ohne zu befördern
	Spezielle Funktionen:	Gehirn: Meer des Markes, Zentrum des Geistes
		Mark: Versorgung von Gehirn und Knochen
		Knochen: Beherbergung des Markes, bedeutsam für Struktur und Festigkeit des Körpers
		Gefäße: Beherbergung des Blutes, Kreislauf des *Qi* und des Blutes
		Gebärmutter: Zuständig für Menstruation und Gebären

4 Meridiane und Nebengefäße *(Jing-Luo)*

Die Theorie der Meridiane (chinesisch: *Jing-Luo*) gehört zu den wichtigsten Lehren der traditionellen chinesischen Heilkunde. Sie dient zur Erklärung der physiologischen Funktionen und der pathologischen Veränderungen im menschlichen Organismus, ferner zum Verständnis der gegenseitigen Beziehungen der inneren Organe untereinander. Sie spielt in der Therapie mit chinesischen Medikamenten eine Rolle, bei der chinesischen Massage, vor allem aber bei der Akupunktur-Behandlung. In jüngster Zeit ist die Meridian-Theorie der chinesischen Medizin wieder in den Mittelpunkt der Diskussion gerückt worden durch die Wirkungen der Akupunktur-Analgesie bei operativen Eingriffen. Hier reichen nämlich bisher die neurophysiologischen Erkenntnisse auf der Basis der modernen westlichen Medizin nicht aus, um den Gesamtkomplex der Schmerzbetäubung durch Nadeln bei Operationen zu erklären. In der Volksrepublik China ist man heute der Ansicht, daß die Meridian-Theorie der traditionellen chinesischen Medizin gerade durch die Effekte der Akupunktur-Analgesie erneut zur Geltung gekommen ist.

Zum Verständnis der Meridian-Theorie ist die Einsicht nötig, daß es sich bei der traditionellen chinesischen Heilkunde um eine «vorkartesianische» Medizin handelt, der die strikte Trennung von Subjektivem und Objektivem, Psychischem und Körperlichem, Funktionellem und Materiellem – wie dies für die moderne Naturwissenschaft Voraussetzung ist – noch nicht möglich war. Infolgedessen enthält die chinesische Meridian-Theorie (ähnlich wie die Theorie der Speicher- und Hohlorgane) neben dem Ansatz zur Erkenntnis von Bahnverläufen im menschlichen Organismus auch vieles, das nur durch subjektive Empfindungen des Patienten festgelegt werden konnte. Die Meridian-Verläufe, wie sie in der heutigen Akupunktur-Lehre gelten, sind zum großen Teil durch subjektive Angaben der mit Akupunktur behandelten Patienten festgelegt worden. Stach man beispielsweise eine Nadel in den Punkt *He-Gu* (Dickdarm-Meridian 4) am Handrücken, so breitete sich eine kribbelnde oder ziehende Sensation, manchmal auch eine Wärmeempfindung, von der Hand über den Unterarm und zum Hals aufsteigend aus. Dieses Phänomen ist auch heute noch durch Akupunktur bei zahlreichen Patienten auszulösen, und auf dieser Grundlage wurden erste Spekulationen über die Verbindungswege zwischen den empirisch gefundenen Akupunkturpunkten angestellt.

Eine andere Basis der chinesischen Meridian-Theorie waren die Ergebnisse primitiver Leichensektionen im alten China. Dabei hatte man festgestellt, daß im Körperinneren, unter der Haut und innerhalb der Muskeln, strangartige Gebilde verliefen, die man «*Jing-Luo*» nannte, ohne im Sinne der modernen Medizin nach Arterien, Venen oder Nervensträngen zu differenzieren. Infolgedessen enthält der Begriff des «Meridian-Systems», wie er für die chinesische Medizin verbindlich ist, sowohl Funktionen des Blut- und Lymph-Gefäßsystems, als auch des peripheren und vegetativen Nervensystems (156). Für die eigentlichen Meridianlinien war bis heute keine genaue anatomisch-histologische Verifizierung möglich. Zwar hat der Koreaner *Kim Bong-Han* in den sechziger Jahren ausführliche Studien über ein angebliches Kanalsystem im menschlichen Körper vorgelegt (157), das den Meridianen der chinesischen Medizin entsprechen sollte; Nachprüfungen seiner Behauptungen in der Volksrepublik China und in Europa konnten seine Resultate jedoch nicht bestätigen. *Kims* Behauptungen gelten heute als widerlegt (158).

Der «vorkartesianische» Charakter der chinesischen Medizin, ihre mangelnde Trennung zwischen Subjektivem und Objektivem, mag vom naturwissenschaftlichen Standpunkt bedauert werden. Indessen liegt gerade hier die besondere Chance der chinesischen Medizin, die Ganzheit des menschlichen Organismus zu erfassen, was sie zu einer bedeutsamen Ergänzung und Erweiterung des oft einseitigen Standpunkts der modernen, rein naturwissenschaftlich orientierten Schulmedizin macht. Die Besonderheiten der chinesischen Heilkunde, nämlich

1. die Berücksichtigung der Ganzheit *(Zheng-Ti)* und
2. die Syndrom-Diagnostik *(Bian-Zhen)* anhand qualitativ bestimmter Phänomene im menschlichen Organismus sind eben mit dem vorkartesianischen Charakter der chinesischen Medizin eng verbunden.

4.1 Erklärung, Aufbau und Funktion des Meridian-Systems

4.1.1 Der Begriff der Meridiane und Nebengefäße

Das Meridian-System, chinesisch «Jing-Luo», besteht aus den sogenannten Hauptmeridianen *(Jing-Mai)* und den Nebengefäßen *(Luo-Mai)*.

«*Jing*» bedeutet «Weg». Der «*Jing*» ist der Hauptstamm des Meridian-Systems; er verläuft nach der Lehre der chinesischen Medizin in vertikaler Richtung und hauptsächlich in tieferen Körperschichten. «*Luo*» bedeutet «netzartiges Gewebe». Die «*Luo-Mai*» sind Abzweigungen der Hauptmeridiane *«Jing-Luo»*. Sie verlaufen quer und verteilen sich an der Körperoberfläche. Die Nebengefäße *(Luo-Mai)* sind also Abzweigungen der Hauptstämme *(Jing-Mai)* und mit diesen eng verbunden.

Im Buch *«Ling-Shu»* heißt es im Kapitel *«Jing-Mai»*: «Es gibt 12 Hauptmeridiane *(Jing-Mai)*. Sie verlaufen tief und versteckt in den Muskeln. Man kann sie nicht sehen.» Und an der gleichen Stelle: «Alle Gefäße *(Mai)*, die an der Oberfläche schweben und sichtbar sind, gehören zu den Nebengefäßen *(Luo-Mai)*» (159).

Im Buch *«Yi-Xue Ru-Men»* heißt es: «Der Meridian *(Jing)* ist die Straße und der Weg, die Seitenzweige sind die Nebengefäße *(Luo)*» (160).

Meridiane und Nebengefäße *(Jing-Luo)* verbreiten sich über den ganzen menschlichen Körper. Sie sind die Passage für den Transport des *Qi*, des Blutes *(Xue)* und der Körpersäfte *(Jin-Ye)*. Durch die verbindende Funktion des Meridian-Systems werden die inneren Organe mit den äußeren Körperöffnungen, mit Haut, Haaren, Sehnen, Muskeln und Knochen verknüpft, so daß ein einheitliches Ganzes entsteht.

4.1.2 Der Aufbau des Meridian-Systems

Das Meridian-System der chinesischen Medizin wird gebildet von den

1. zwölf klassischen Meridianen *(Zheng-Jing)*,
2. den acht außergewöhnlichen Meridianen *(Qi-Jing Ba-Mai)*,
3. den Nebengefäßen *(Luo-Mai)*,
4. den zwölf Meridian-Verbindungen *(Jing-Bie)* und
5. den zwölf Meridian-Sehnen *(Jing-Jin)*.

Tabelle 4: Aufbau des Meridian-Systems

Meridiane (*Jing-Mai*)	Zwölf Haupt-Meridiane	Hand	3 *Yin*	Hand-*Tai-Yin* (Lungen-Meridian)
				Hand-*Shao-Yin* (Herz-Meridian)
				Hand-*Jue-Yin* (Perikard-Meridian)
			3 *Yang*	Hand-*Tai-Yang* (Dünndarm-Meridian)
				Hand-*Shao-Yang* (3 Erwärmer-Meridian)
				Hand-*Yang-Ming* (Dickdarm-Meridian)
		Fuß	3 *Yin*	Fuß-*Tai-Yin* (Milz-Meridian)
				Fuß-*Shao-Yin* (Nieren-Meridian)
				Fuß-*Jue-Yin* (Leber-Meridian)
			3 *Yang*	Fuß-*Tai-Yang* (Blasen-Meridian)
				Fuß-*Shao-Yang* (Gallenblasen-Meridian)
				Fuß-*Yang-Ming* (Magen-Meridian)
	Acht außergewöhnliche Gefäße			*Du-Mai* (Lenker-Gefäß)
				Ren-Mai (Diener-Gefäß)
				Chong-Mai
				Dai-Mai
				Yin-Qiao-Mai
				Yang-Qiao-Mai
				Yin-Wei-Mai
				Yang-Wei-Mai
Luo-Gefäße	*Bie-Luo:*			Insgesamt 15, zweigen von den Hauptmeridianen ab und verbinden Oberfläche (*Biao*) und Inneres (*Li*) der Meridiane
	Sun-Luo:			Kleine Abzweigungen der *Bie-Luo*
	Fu-Luo:			Oberflächlich an der Haut verlaufende *Sun-Luo*
Sonstige Bahnen:	Zwölf Meridian-Verbindungen:			Hier nicht behandelt. Entspringen von den 12 Hauptmeridianen
	Zwölf Meridian-Sehnen:			Hier nicht behandelt. Verbinden die Knochen des menschlichen Körpers miteinander.

4.1.3 Die Funktionen der Meridiane und Nebengefäße

Das Meridian-System *(Jing-Luo)* der chinesischen Medizin ist unter vier Hauptaspekten von Bedeutung, nämlich in physiologischer, pathologischer, diagnostischer und therapeutischer Hinsicht.

4.1.3.1 Physiologische Aspekte

Das Meridian-System verbindet die verschiedenen Teile des menschlichen Körpers miteinander, es ist der Durchgangsweg des *Qi-Xue* (Blut und Funktion), es enthält die Widerstandskraft *(Wei)* gegen äußere Störungen *(Wai-Xie)*, und es verteidigt so den Organismus. Die verschiedenen Organe des Menschen, die die chinesische Medizin unterscheidet, nämlich die fünf Speicherorgane, sechs Hohlorgane, die vier Extremitäten, die neun Körperöffnungen, die Haut, die Muskeln, Sehnen, Gefäße und Knochen, haben zwar alle verschiedene Einzelfunktionen, bilden jedoch eine Einheit, indem sie zu einem gemeinsamen Zweck zusammengefaßt funktionieren. Dadurch kann der Mensch eine harmonische Ausgewogenheit zwischen Außen und Innen, Oben und Unten seines Körpers erhalten, wodurch die «Ganzheit und die Gesundheit» des Menschen gewährleistet ist.

Die gegenseitige Verbindung und Zusammenarbeit der verschiedenen Teile wird nach Ansicht der chinesischen Medizin hauptsächlich durch das Meridiansystem *(Jing-Luo)* gewährleistet. Dabei spielt vor allem die Blut-Funktion bzw. Blut-Aktivität *(Qi-Xue)* eine wichtige Rolle, denn alle Körperorgane sind auf die Versorgung mit *Qi-Xue* angewiesen, um ihre Aufgaben normal ausführen zu können. Nach Ansicht der chinesischen Medizin wird Blut-Aktivität *(Qi-Xue)* ausschließlich durch das Meridian-System im Körper verteilt. Dadurch werden die inneren und äußeren Körperorgane versorgt, und die Abwehrmechanismen bleiben erhalten. So heißt es im Buch *«Ling-Shu»*: «Die Hauptmeridiane befördern Blut und *Qi (Xue-Qi)*, welche *Yin* und *Yang* ernähren, Sehnen und Knochen versorgen und die Glieder ölen» (161).

4.1.3.2 Pathologische Aspekte

Nach der Theorie der traditionellen chinesischen Medizin zeigen sich Krankheiten am Meridian-System hauptsächlich in der Phase der Veränderung oder Umwandlung eines krankhaften Prozesses. Treten Abnormitäten im Meridian-System auf, ist in jedem Fall die Meridian-Funktion *(Jing-Qi)* nicht kräftig. Das Meridian-System *(Jing-Luo)* wird dann leicht von äußeren Störungen *(Wai-Xie)* angegriffen, was die Entstehung von Krankheiten begünstigt. In der weiteren Entwicklung einer Erkrankung läuft die äußere Störung *(Xie)* nach der Theorie der chinesischen Medizin auf dem Wege des Meridian-Systems von außen nach innen. Diesen Prozeß nennt man «die Umwandlung von außen *(Wai)* nach innen *(Nei)* bzw. von der Oberfläche *(Biao)* zum Inneren *(Li)*».

Im Buch *«Su-Wen»* heißt es: «Zunächst ist die äußere Störung *(Xie)* bei der Haut zu Gast. Dann öffnen sich die Poren, und die Störung *(Xie)* verweilt als Gast in den Nebengefäßen *(Luo-Mai)*. Wenn die Nebengefäße überfüllt sind, drängt die äußere Störung *(Xie)* weiter in die Hauptmeridiane *(Jing-Mai)*. Sind diese überfüllt, läßt sich die äußere Störung in den Speicherorganen und Hohlorganen nieder» (162).

Hier wird die Ansicht der chinesischen Medizin genau beschrieben. Danach drängt die äußere Störung *(Xie)* durch die Poren der Haut in den Körper hinein, geht zunächst in die Nebengefäße *(Luo-Mai)*, dann in die Hauptmeridiane *(Jing-Mai)* und erreicht schließlich Speicher- und Hohlorgane. Man nennt dies eine «Umwandlung vom Oberflächlichen zum Inneren». Dabei ist das Meridian-System

1. die Passage zur Umwandlung der äußeren Störung *(Wai-Xie)* von der Oberfläche *(Biao)* zum Inneren (Li) und
2. ein wichtiger Verbindungsweg für den wechselseitigen Einfluß zwischen Speicherorgan und Hohlorgan, oberflächlicher und innerer Erkrankung.

Speicherorgane und Hohlorgane können sich nämlich durch die Verbindung des Meridian-Systems *(Jing-Luo)* wechselseitig beeinflussen. So kann eine Leber-Erkrankung die Milz und den Magen stören, «Feuer im Herzen» *(Xin-Re)* drängt in den Dünndarm hinein, bei einer Leere des Nieren-*Yang* stört die Funktion des Wassers *(Shui-Qi)* das Herz und belästigt die Lunge. Erkrankungen der inneren Organe können zudem gewisse Partien der Körperoberfläche beeinflussen. So kann Magen-Feuer *(Wei-Huo)* Schwellungen des Zahnfleisches herbeiführen, Leber-Feuer *(Gan-Huo)* bewirkt entzündete Augen und Sehstörungen, bei Gallen-Feuer *(Gan-Huo)* treten Ohrenschmerzen und Taubheit auf.

4.1.3.3 Diagnostische Bedeutung

Weil das Meridian-System *(Jing-Luo)* die Verbindungskanäle von den Speicher- und Hohlorganen zum übrigen Organismus darstellt, wobei nach der chinesischen Medizin in den Meridianen ein bestimmter Kreislauf mit festen Anfangs- und Endpunkten herrscht, kann man aufgrund der Meridian-Theorie Krankheitsdiagnosen stellen. Dabei wird die äußere Erscheinung der Krankheit gemeinsam mit dem Meridian-Verlauf *(Jing-Luo)*, mit den dazugehörigen Speicher- und Hohlorganen als Ganzes betrachtet, indem die einzelnen Teile aufeinander einwirken.

Auf dieser Basis erklärt die chinesische Medizin beispielsweise, daß Schmerzen unterhalb des Rippenbogens meistens von Leber- oder Gallenkrankheiten herrühren. Dies ist natürlich auch der westlichen Medizin bekannt, nur wird es von der chinesischen Medizin etwas anders, nämlich mit Hilfe der Meridianverläufe erklärt; denn beiderseits unterhalb der Rippen verlaufen die Hauptmeridiane der Leber und der Galle.

Wenn in der Mitte der Supraklavikulargrube, am Punkt *Que-Pen* (Magenmeridian 12), Schmerzen bestehen, ist dies für den chinesischen Arzt ein Hinweis auf eine Lungenerkrankung, da der Lungenmeridian durch die Supraklavikulargrube nahe am Punkt *Que-Pen* verläuft.

In ganz ähnlicher Weise kann man bei Kopfschmerzen nach der Lage der Schmerzen am Kopf einschätzen, welcher Meridian im Einzelfall betroffen ist. So gehören Stirnkopfschmerzen zum *Yang-Ming* (Magen- und Dickdarm-Meridian), Schläfenkopfschmerzen gehören zum *Shao-Yang* (Gallenblasen-Meridian und Meridian der Drei Erwärmer), Scheitelkopfschmerzen gehören zum *Tai-Yang* (Blasen- und Dünndarm-Meridian) usw.

Die Erkrankungen der inneren Organe, die sich im Meridian-System *(Jing-Luo)* durch ganz bestimmte Symptome widerspiegeln, werden weiter unten (s. Seite 159 ff) mit ihren wichtigsten Symptomen bei jedem einzelnen Meridian beschrieben.

4.1.3.4 Therapeutische Bedeutung

In der Therapie der chinesischen Medizin wird die Meridian*(Jing-Luo)*-Theorie in sämtlichen Einzelbereichen ausgiebig angewandt, vor allem bei der medikamentösen Behandlung und bei der Nadel- und Brenntherapie *(Zhen-Jiu)*. Bei der Medikamenten-Behandlung geht man davon aus, welche einzelnen Medikamente hauptsächlich auf bestimmte Organ-Meridian-Einheiten wirken. In diesem Zusammenhang folgt die chinesische Medizin einem oft zitierten alten Spruch: «Das Medikament führt zum Hauptmeridian *(Jing)*» (163). So «führt» beispielsweise die Pflanze «Ephedra sinica Stapf» (chinesisch: *Ma-Huang*) zum Lungen- und zum Blasen-Meridian. Ihre pharmakologische Wirkung ist die Schweißproduktion, Linderung des Asthmas, Ausschwemmung von Wasser *(Fa-Han Ping-Chuan Li-Niao)*.

Die Heilpflanze «Bupleurum scorzoneraefolium Willd.» (chinesisch: *Chai-Hu)* führt zum Leber- und Gallenmeridian. Ihre pharmakologische Wirkung ist die Auflösung von Stauungen, In-Fluß-bringen des verstopften *Qi*, Auflösen von Hitze *(Kai-Yun Shu-Xing-Jie-Qi Jie-Re)*.

Bei der Akupunktur-Behandlung gilt die Theorie, daß bestimmte Einstich-Punkte auf festgelegten Meridianen liegen. Daher gilt zur Behandlung bestimmter erkrankter Organe die Regel: «Den Einstichpunkt nach dem erkrankten Meridian auswählen» (164). Beispielsweise nimmt man bei Magenschmerzen den Punkt *Zu-San-Li*, den 36. Punkt des Magen-Meridians. Bei bestimmten Lebererkrankungen nimmt man den Punkt *Qi-Men*, den 14. Punkt des Leber-Meridians usw. Auch bei der heute in China und im Westen immer mehr verwendeten Akupunktur-Analgesie wird die Meridian*(Jing-Luo)*-Theorie als theoretische Grundlage benutzt. Man sticht hierbei gezielt die Punkte ganz bestimmter Meridianverläufe, um in den zugehörigen Körperbereichen Schmerzen herabzusetzen. Bei der Massagebehandlung der chinesischen Medizin (chinesisch: *An-Mo* oder *Tui-Na*) dient die Lehre von den Meridianen ebenfalls als Grundlage.

4.2 Die Zwölf Hauptmeridiane *(Zheng-Jing)*

4.2.1 Bezeichnung und Einteilung der Hauptmeridiane

Die chinesische Medizin unterscheidet 12 hauptsächliche Meridiane, die in Hand-Meridiane und Fuß-Meridiane, *Yin*-Meridiane und *Yang*-Meridiane eingeteilt werden. So gibt es 3 *Yin*-Meridiane der Hand, 3 *Yang*-Meridiane der Hand, 3 *Yin*-Meridiane des Fußes und 3 *Yang*-Meridiane des Fußes.

Jeder *Yin*-Meridian hat einen mit ihm verbundenen und ihm entsprechenden *Yang*-Meridian; jeder *Yang*-Meridian steht mit einem entsprechenden *Yin*-Meridian in Verbindung. Ferner hat jeder Meridian eine innere Verbindung zu einem Organpaar, wodurch der Meridianverlauf weitgehend bestimmt wird. Die *Yang*-Meridiane entsprechen stets Hohlorganen. Sie laufen an den lateralen Partien der Extremitäten. Die *Yin*-Meridiane entsprechen Speicherorganen, sie laufen an den medialen Seiten der Extremitäten. Die Hand-Meridiane *(Shou-Jing)* laufen an den oberen Extremitäten, die Fuß-Meridiane *(Zu-Jing)* an den unteren Extremitäten.

Tabelle 5: Benennung und Einteilung der zwölf Hauptmeridiane

Yin oder *Yang* Meridian / Hand oder Fuß	*Yin*-Meridiane gehören zu Speicherorganen, mit Hohlorganen verbunden (laufen an Innenseiten)	*Yang*-Meridiane gehören zu Hohlorganen, mit Speicherorganen verbunden (laufen an Außenseiten)	Lage des Meridianverlaufs	
Hand	*Tai-Yin* (Lungen-Meridian)	*Yang-Ming* (Dickdarm-Meridian)	Obere	vorn
	Jue-Yin (Perikard-Meridian)	*Shao-Yang* (3 Erwärmer-Meridian)	Extremität	Mitte
	Shao-Yin (Herz-Meridian)	*Tai-Yang* (Dünndarm-Meridian)		hinten
Fuß	*Tai-Yin* (Milz-Meridian)	*Yang-Ming* (Magen-Meridian)	Untere	vorn bis Mitte
	Jue-Yin (Leber-Meridian)	*Shao-Yang* (Gallenblasen-Meridian)	Extremität	Mitte bis vorn
	Shao-Yin (Nieren-Meridian)	*Tai-Yang* (Blasen-Meridian)		hinten

4.2.2 Verlauf und Haupterkrankungen der Meridiane*)

*) Vgl. hierzu: Claus C. Schnorrenberger, Die topographisch-anatomischen Grundlagen der chinesichen Akupunktur. Drei Wandtafeln mit begleitendem Text für die Praxis, Hippokrates Verlag, Stuttgart 1976.

Die 12 Hauptmeridiane der chinesischen Medizin werden in der Literatur erstmals im Kapitel über die Meridiangefäße des Buches *Ling-Shu* erwähnt (165). Im vorliegenden Abschnitt wird der Verlauf der Hauptmeridiane mit seinen äußeren und inneren Verläufen, Verbindungen untereinander, Abzweigungen *(Luo)*, Punkten *(Xue)* und Verbreitungsbereichen in den Abbildungen 2–22 dargestellt.

Zeichenerklärung der Abbildungen

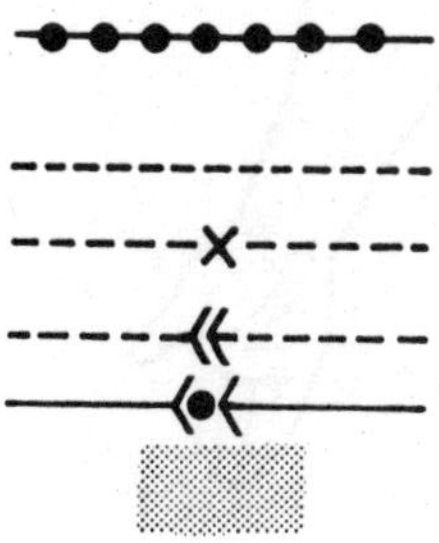

Meridian-Verlauf und Meridian-Punkte an der Körperoberfläche

Meridian-Verlauf im Körperinneren

Zuständigkeit des Meridians für ein inneres Organ

Verbindung des Meridians mit

Luo-Punkt des Meridians

Verbreitung und Verteilung des Meridians

4.2.2.1 Lungen-Meridian *(Shou-Tai-Yin Fei-Jing)*

Der Lungen-Meridian entspringt am Mittleren Erwärmer *(Zhong-Jiao)*, verbindet sich abwärtslaufend mit dem Dickdarm, geht von hier aus aufwärts zum Magen, tritt durchs Zwerchfell und vereinigt sich mit der Lunge. Er erreicht durch die Luftröhre die Kehle, läuft von hier schräg abwärts zur Achselhöhle, zieht an der Vorderseite des Oberarms, an der Beugeseite des Unterarms entlang, über die Pulstaststelle *(Cun-Kou)* bis zum Fingernagelrand der radialen Seite des Daumens. Eine Abzweigung geht vom Handgelenk über den Handrücken bis zur radialen Seite der Spitze des Zeigefingers, wo sie sich mit dem Dickdarm-Meridian verbindet (s. Abb. 2).

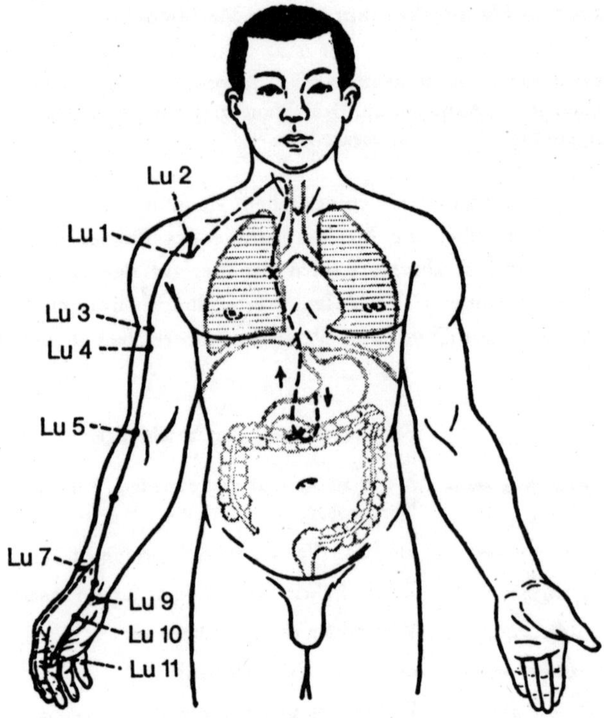

Abb. 2: Lungen-Meridian

Wichtigste Erkrankungen: Völlegefühl in der Brust, Schmerzen in der Supraklavikulargrube (Punkt *Que-Pen,* Magen-Meridian 12), Husten, Atemnot, Schmerzen im Unterarm, Schmerzen in der Rückseite der Schulter, geschwollene und schmerzhafte Mund- und Rachenhöhle, Tonsillitis usw.

4.2.2.2 Dickdarm-Meridian *(Shou-Yang-Ming Da-Chang-Jing)*

Der Dickdarm-Meridian verläuft von der radialen Seite der Zeigefingerspitze über den Handrücken aufwärts die Vorderseite des Armes entlang. Von der Schulter zieht er nach hinten abwärts zum Dornfortsatz des 7. Halswirbels (Punkt *Da-Zhui,* Lenkergefäß 14). Von der Schulter zieht er ferner nach vorn abwärts zur Supraklavikulargrube (Punkt *Que-Pen,* Magenmeridian 12), wo er sich in zwei Verläufe teilt. Ein Zweig geht in den Brustkorb hinein, verbindet sich mit der Lunge, tritt durchs Zwerchfell und erreicht den Dickdarm. Der andere Zweig steigt von der Supraklavikulargrube am Hals aufwärts, läuft über die Wange und verbindet sich mit den Zähnen des Unterkiefers. Außerdem läuft er zum Mundwinkel und zur Oberlippe, wo er sich mit dem Dickdarmmeridian der gegenüberliegenden Seite kreuzt. Er läuft weiter zum Nasenflügel und verbindet sich hier mit dem Magen-Meridian (s. Abb. 3).

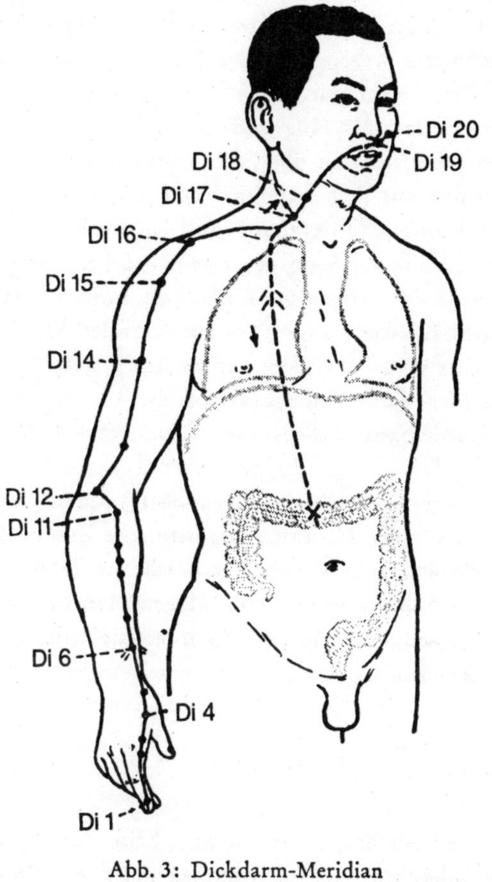

Abb. 3: Dickdarm-Meridian

Wichtigste Erkrankungen: Zahnschmerzen im Unterkiefer, geschwollene und schmerzhafte Rachenhöhle, Nasenbluten, trockener Mund, geschwollene äußere Halspartien, Schmerzen und Bewegungsstörungen an der Vorderseite des Unterarms und an der Schulter usw.

4.2.2.3 Magen-Meridian *(Zu-Yang-Ming Wei-Jing)*

Der Magen-Meridian beginnt an der Seite des Nasenflügels und steigt auf bis zum inneren Augenwinkel, wo er sich mit dem Blasen-Meridian verbindet. Von hier zieht er zum unteren Orbitalrand (Punkt *Cheng-Qi*, erster Punkt des Magen-Meridians) und steigt zu den Zähnen des Oberkiefers abwärts. Er umkreist die Lippen, verbindet sich am Punkt *Cheng-Jiang* (Dienergefäß 24) mit dem Magen-Meridian der Gegenseite und zieht vor den Ohren und seitlich an der Stirn aufwärts zum Schläfenwinkel. Vom Unterkieferwinkel steigt er abwärts die Kehle entlang zur Supraklavikulargrube, wo er sich aufteilt. Ein Zweig geht durch den Brustkorb zum Zwerchfell und zum Magen, verbindet sich mit der Milz und führt abwärts zur Leistenbeuge. Der andere Zweig geht oberflächlich über die Brustwarze den Bauch entlang bis zur Leiste, wo er sich mit dem tieferen Verlauf trifft. Der Magen-Meridian zieht dann an der Vorderseite des Ober- und Unterschenkels abwärts bis zum Fußrücken und zur fibularen Seite der zweiten Zehe. Am Unterschenkel hat der Magenmeridian zwei Seitenäste. Einer geht vom Punkt *Zu-San-Li* (36. Punkt des Magen-Meridians) abwärts bis zur lateralen Seite der dritten Zehe. Ein anderer Ast führt vom Fußrücken zur medialen Seite der Großzehe, wo er sich mit dem Milz-Meridian verbindet (s. Abb. 4).

Wichtigste Erkrankungen: Hohes Fieber mit starken Schweißausbrüchen, Nasenbluten, Ausschlag an der Lippe (Herpes simplex), trockener Mund, Kopfschmerzen, geschwollene und schmerzhafte Mund- und Rachenhöhle, geschwollener äußerer Hals, Neurasthenie, manische Zustände, Völlegefühl im Magen und Unterbauch, peristaltische Geräusche im Darm, Aszites, Schmerzen und Bewegungsstörungen in den vom Magen-Meridian durchzogenen Partien (Brust, Bauchwand, Leistenpartie, Vorderseite von Ober- und Unterschenkel, Knie, Fußrücken).

4.2.2.4 Milz-Meridian *(Zu-Tai-Yi Pi-Jing)*

Der Milz-Meridian beginnt an der tibialen Seite der großen Zehe, er zieht über den inneren Fußknöchel aufwärts und kreuzt sich 8 *Cun* über diesem mit dem Leber-Meridian. Er zieht weiter die innere Seite der unteren Extremitäten entlang und gelangt über die Leistenbeuge ins Bauchinnere, wo er zur Milz geht und eine Verbindung zum Magen abgibt. Dann durchbricht er das Zwerchfell, kommt in den Brustkorb, verläuft aufwärts an den Rippen entlang, erreicht die Zungenwurzel und breitet sich unter der Zunge aus. Eine

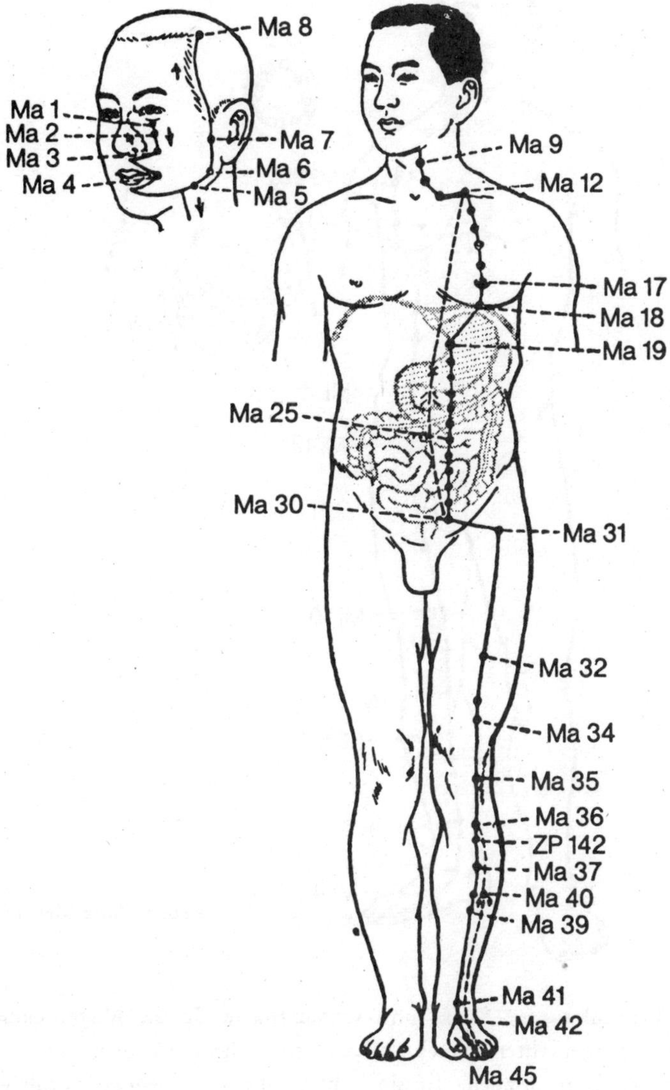

Abb. 4: Magen-Meridian

Abzweigung führt vom Zwerchfell über den Magen zum Herzen, wo sie sich mit dem Herz-Meridian verbindet (s. Abb. 5).

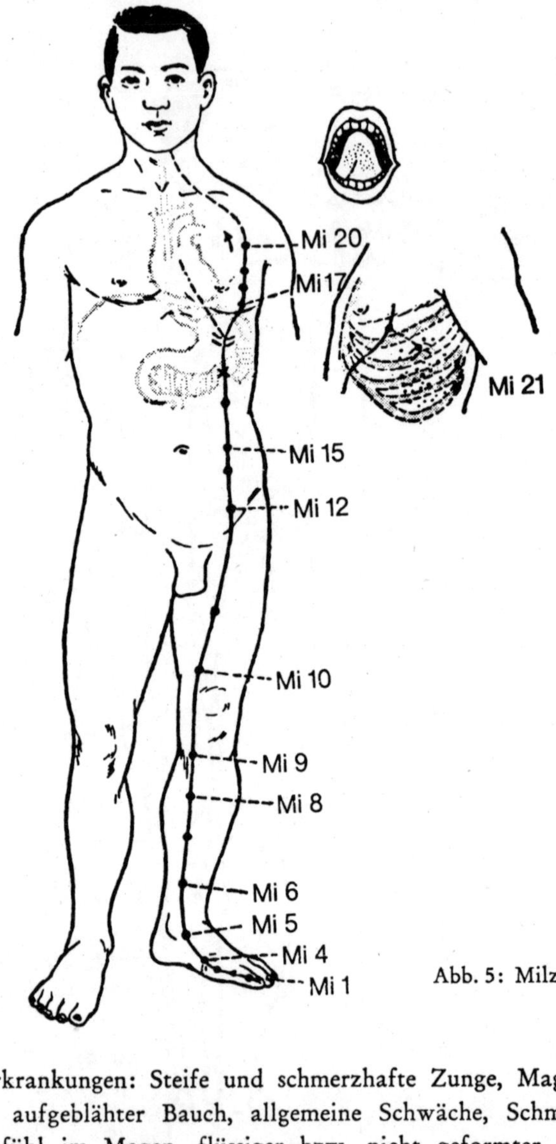

Abb. 5: Milz-Meridian

Wichtigste Erkrankungen: Steife und schmerzhafte Zunge, Magenschmerzen, Erbrechen, aufgeblähter Bauch, allgemeine Schwäche, Schmerzen am Körper, Völlegefühl im Magen, flüssiger bzw. nicht geformter Stuhlgang, Verdauungsstörungen, Ödeme, Schmerzen und Parästhesien im Verlauf des Meridians, Bewegungsstörungen der großen Zehe, Dysmenorrhoe usw.

4.2.2.5 Herz-Meridian *(Shou-Shao-Yin Xin-Jing)*

Der Herz-Meridian entspringt in der Mitte des Herzens. Er ist nach Definition der chinesischen Medizin «dem Herzen zugehörig» *(Xin-Xi)*, und er teilt sich in drei Äste: Der erste geht vom Herzen abwärts durchs Zwerchfell und verbindet sich mit dem Dünndarm. Der zweite steigt nach oben entlang der Speiseröhre und läuft durch den Rachen aufwärts zu den Augen, mit denen er in Verbindung steht (chinesisch: *Mu-Xi)*. Der dritte geht durch die Lunge zur Achselhöhle und zieht an der Innenseite der oberen Extremitäten bis zur radialen Seite des kleinen Fingers, wo er sich mit dem Dünndarm-Meridian verbindet (s. Abb. 6).

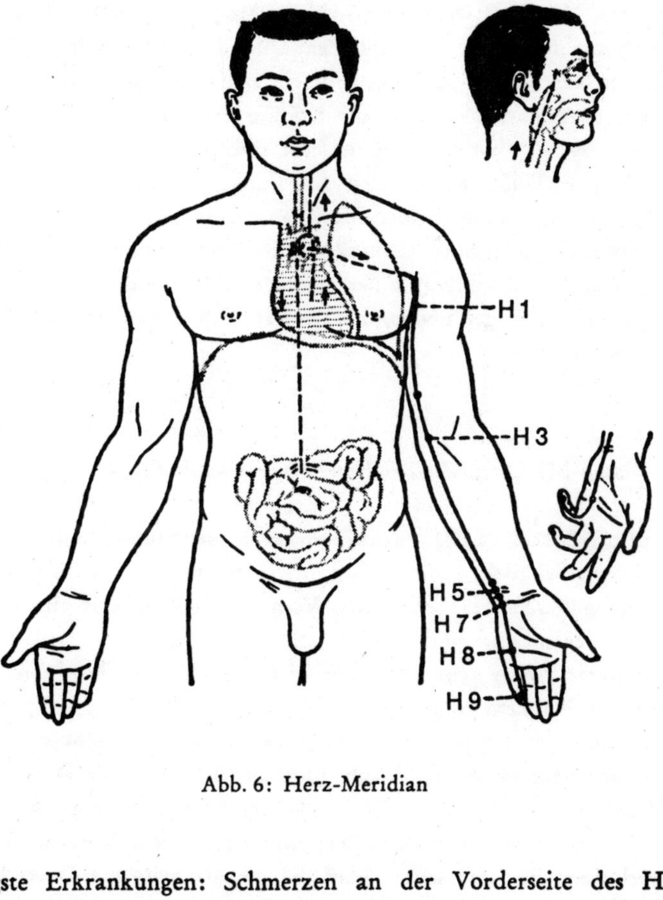

Abb. 6: Herz-Meridian

Wichtigste Erkrankungen: Schmerzen an der Vorderseite des Herzens, Brustschmerzen, trockener Hals, starker Durst, gelbe Augen, Schmerzen und

Parästhesien an der Beugeseite der oberen Extremität, Hitzegefühl im Handteller, Herzklopfen, psychische Störungen.

4.2.2.6 Dünndarm-Meridian *(Shao-Tai-Yang Xiao-Chang-Jing)*

Der Dünndarm-Meridian beginnt an der ulnaren Seite des kleinen Fingers, läuft die Streckseite der oberen Extremität entlang, zieht etwas hinter dem Schultergelenk aufwärts, überquert das Schulterblatt, verbindet sich am Punkt *Da-Zhui* (Lenkergefäß 14) mit dem Lenkergefäß, wendet sich von hier zur Supraklavikulargrube, tritt in die Thoraxhöhle ein und verbindet sich mit dem Herzen. Von hier wendet er sich abwärts, tritt durchs Zwerchfell, verbindet sich mit dem Magen und mit dem Dünndarm. Ein weiterer Zweig steigt vom Herzen auf an der Speiseröhre hoch, läuft am Hals nach oben, gelangt zum äußeren Augenwinkel und zur Schläfe und zieht hinein ins Ohr. Von diesem Ast gibt es eine Abzweigung, die über die Wangen bis zum inneren Augenwinkel verläuft, wo sie sich am Punkt *Jing-Ming* (erster Punkt des Blasen-Meridians) mit dem Blasen-Meridian verbindet (s. Abb. 7).

Wichtigste Erkrankungen: Schmerzen im Unterbauch, Taubheit, Gelbfärbung der Augen, Schwellungen der Wange, Schwellungen und Schmerzen im Rachen, Lähmungen der oberen Extremität, Schmerzen und Parästhesien im Verlauf des Meridians.

4.2.2.7 Blasen-Meridian *(Zu-Tai-Yang Pang-Guang-Jing)*

Der Blasen-Meridian beginnt am inneren Augenwinkel, läuft über die Stirn aufwärts zum Schädel, wo er sich am Scheitel mit dem Punkt *Bai-Hui* (20. Punkt des Lenkergefäßes) verbindet. Vom Scheitel verläuft eine Abzweigung zur Schläfengegend und zu den Ohren, die sie umkreist.

Ein weiterer Zweig geht vom Scheitel in den Schädel hinein und zum Gehirn, tritt am Nacken wieder heraus und teilt sich hier in zwei parallele Verläufe, die an jeder Körperseite parallel zur Wirbelsäule abwärts ziehen. Der erste Verlauf liegt im Abstand von 1,5 *Cun,* der zweite Verlauf im Abstand von 3 *Cun* zur dorsalen Medianlinie. Der erste Verlauf zieht vom Nacken bis zur Lende, wo er sich mit der Niere und der diesem Meridian zugehörigen Blase verbindet. Er läuft weiter über die dorsale Seite des Oberschenkels abwärts bis zur Kniekehle.

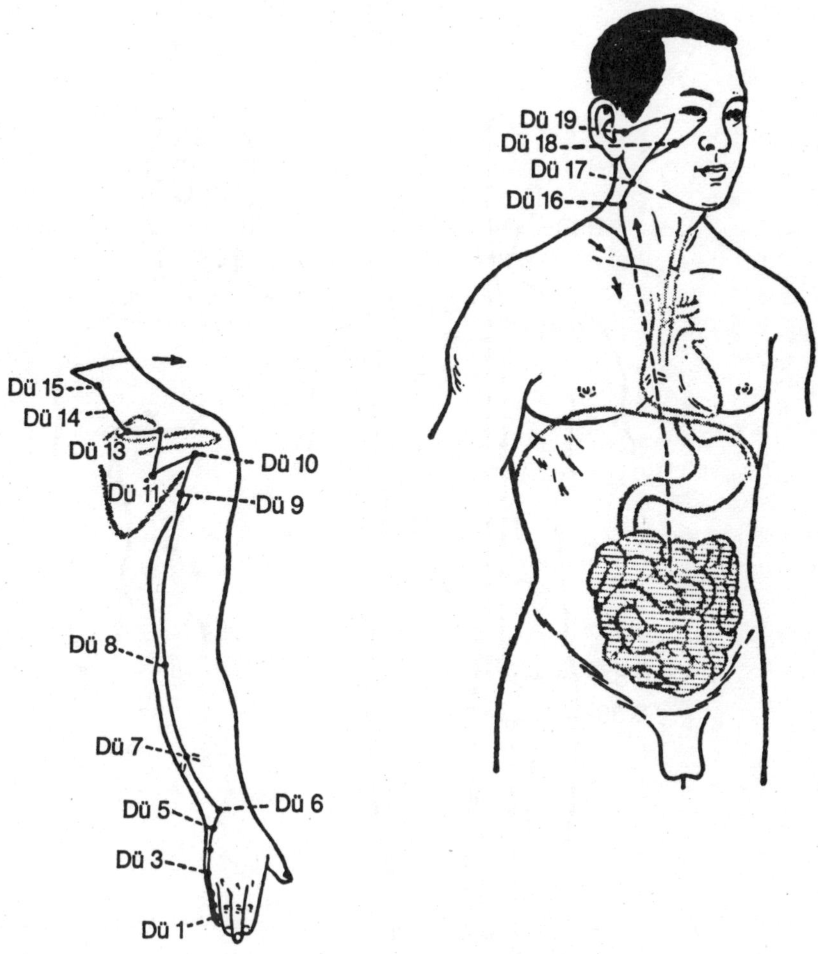

Abb. 7: Dünndarm-Meridian

Der zweite Verlauf des Blasen-Meridians am Rücken geht vom Nacken über das Schulterblatt abwärts bis zur Kniekehle, wo er sich mit dem ersten Trajekt verbindet. Von der Kniekehle verläuft der Blasenmeridian an der dorsalen Partie des Unterschenkels entlang bis hinter den äußeren Fußknöchel, zieht an der Außenseite des 5. Metatarsale bis zur Spitze der Kleinzehe, wo er sich mit dem Nierenmeridian trifft (s. Abb. 8).

Wichtigste Erkrankungen: Mangelnde Urinausscheidung und Harnverhalt, Enuresis, manische Zustände, Kopfschmerzen, Augenkrankheiten, Schmerzen

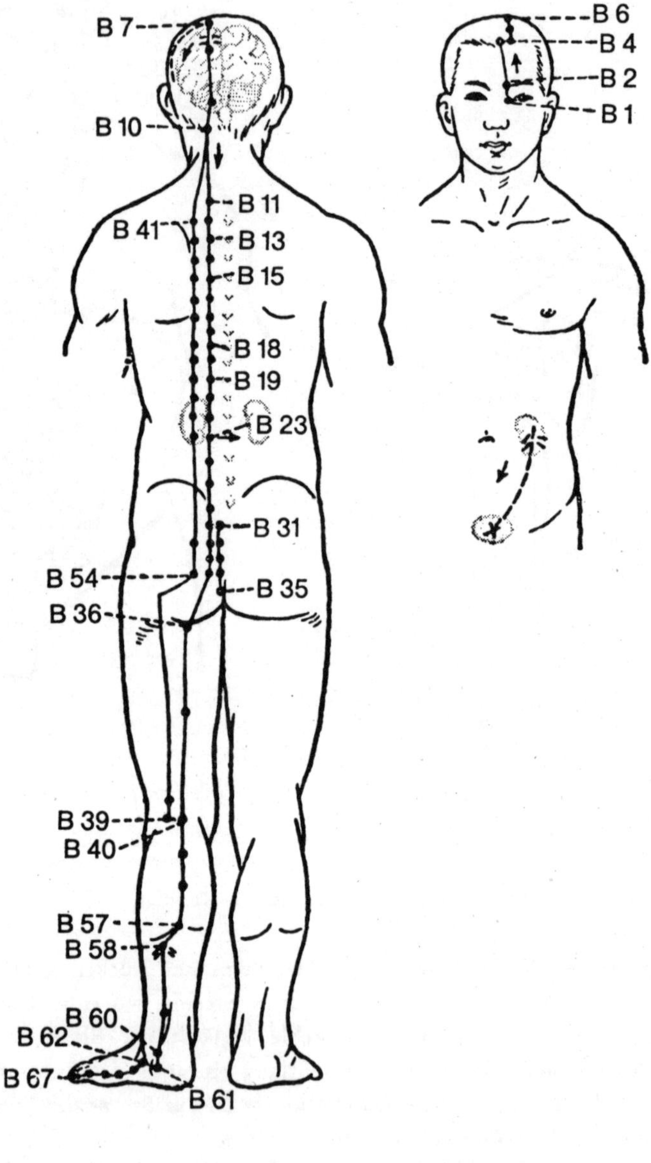

Abb. 8: Blasen-Meridian

und Bewegungseinschränkungen in den vom Meridian durchquerten Körperzonen, Nasenbluten, Halbseitenlähmungen der unteren Extremitäten, Schmerzen und Bewegungseinschränkungen im Kniegelenk, in der Wade, der Ferse und in der kleinen Zehe.

4.2.2.8 Nieren-Meridian *(Zu-Shao-Yin Shen-Jing)*

Der Nieren-Meridian beginnt unterhalb der kleinen Zehe, verläuft zur Fußsohle und zum inneren Fußknöchel, den er umkreist. Er zieht an der Innenseite der unteren Extremität entlang, wobei er hinter Leber- und Milz-Meridian verläuft. Von der Rückseite des Oberschenkels zieht er zum unteren Ende der Wirbelsäule (Punkt: *Chang-Qiang*, 1. Punkt des Lenkergefäßes), verläuft die Wirbelsäule entlang aufwärts zur Niere, von wo er einen Ast zur Blase abgibt.

Eine Abzweigung entspringt in der Niere, steigt auf zur Leber, durchbohrt das Zwerchfell, tritt in die Lunge ein und trifft sich mit dem Perikard-Meridian. Dieser Verlauf teilt sich innerhalb der Lunge in zwei Teile: Der erste verbindet sich mit dem Herzen und verteilt sich innerhalb des Brustkorbs, der zweite läuft den Hals entlang nach oben und endet an der Zungenwurzel (s. Abb. 9).

Wichtigste Erkrankungen: Schwindel, Ohrensausen, Spermatorrhoe (dies bedeutet in der chinesischen Medizin sowohl Ausfluß von Samen als auch Potenzstörungen), Atemnot, Blutspucken, Schwindel, trockener Mund und trockene Zunge, Schwellungen und Schmerzen im Rachen, Lendenschmerzen, Ödeme, Verstopfung, Durchfall, Flimmern vor den Augen, Unruhegefühl im Herzen, psychische Störungen (Unruhe, Erregtheit), Muskelschwäche der unteren Extremitäten, Hitzegefühl an der Fußsohle, Schmerzen in den vom Meridian durchzogenen Körperpartien, Rücken- und Lendenschmerzen.

4.2.2.9 Perikard-Meridian *(Shou-Jue-Yin Xin-Bao-Jing)*

Der Perikard-Meridian entspringt in der Thoraxhöhle; er gehört zum Herzbeutel. Von hier geht er abwärts durch das Zwerchfell, tritt in die Bauchhöhle ein und verknüpft nacheinander die drei Teile des Oberen, Mittleren und Unteren Erwärmers *(San-Jiao)*. Ein weiterer Zweig läuft von der Thoraxhöhle zu den Rippen, gelangt zur Achselhöhle und zieht in der Mitte der Beugeseite des Arms nach distal bis zur Spitze des Mittelfingers.

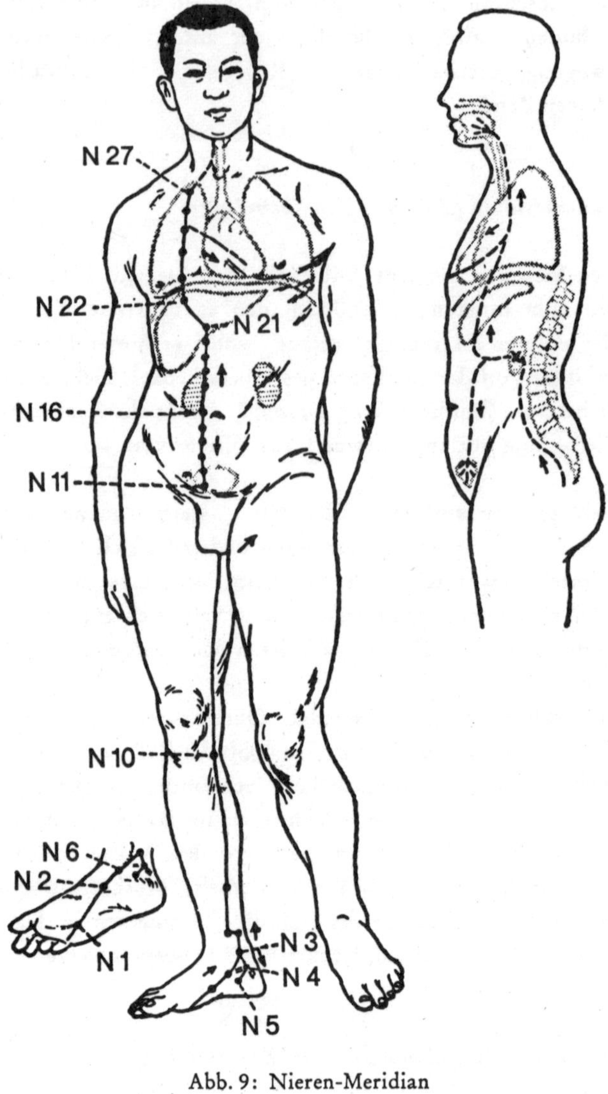

Abb. 9: Nieren-Meridian

Von der Innenfläche der Hand (Punkt *Lao-Gong*, 8. Punkt des Perikard-Meridians) geht eine Abzweigung an der ulnaren Seite des Ringfingers entlang bis zu dessen Spitze, wo sie sich mit dem Meridian der 3 Erwärmer verbindet (Abb. 10).

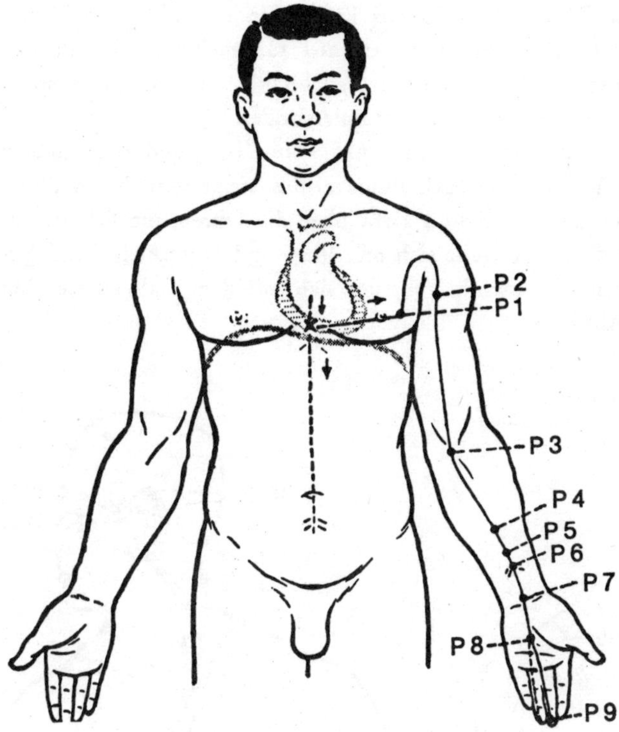

Abb. 10: Perikard-Meridian

Wichtigste Erkrankungen: Angstzustände, psychische Störungen, Herzklopfen, Kurzatmigkeit, Schmerzen im Thorax, Engegefühl im Brustkorb, Angina Pectoris, psychische Erregungszustände, muskuläre Verkrampfungen im Arm und Ellbogen, Hitzegefühl in der Handfläche, Schmerzen in den vom Meridian durchzogenen Körperpartien usw.

4.2.2.10 Meridian der Drei Erwärmer *(Shou-Shao-Yang San-Jiao-Jing)*

Dieser Meridian beginnt an der ulnaren Seite des Ringfingers, zieht über den Handrücken und das Handgelenk, geht an der Streckseite des Arms mitten zwischen Elle und Speiche entlang über den Ellbogen bis zur Rückseite der Schulter. Von hier läuft er über die Schulter nach vorn und abwärts in die Supraklavikulargrube, weiter bis zur Mitte der Brust, wo er sich mit dem

Punkt *Shan-Zhong* (Dienergefäß 17) verbindet und in die Thoraxhöhle eindringt, um Kontakt mit dem Perikard aufzunehmen. Von dort steigt er abwärts durchs Zwerchfell in die Bauchhöhle und verbindet so den Oberen, Mittleren und Unteren Erwärmer miteinander.

Eine Abzweigung geht vom Punkt *Shan-Zhong* und vom Inneren des Brustkorbs aufwärts zur Supraklavikulargrube, steigt seitlich am Hals empor, gelangt hinter die Ohren und zieht über die Ohren zur Schläfe. Er steigt abwärts zur Wange, verteilt sich an Ober- und Unterkiefer und gibt einen Ast zum äußeren Augenwinkel ab, der sich mit dem Gallenblasen-Meridian verbindet (s. Abb. 11).

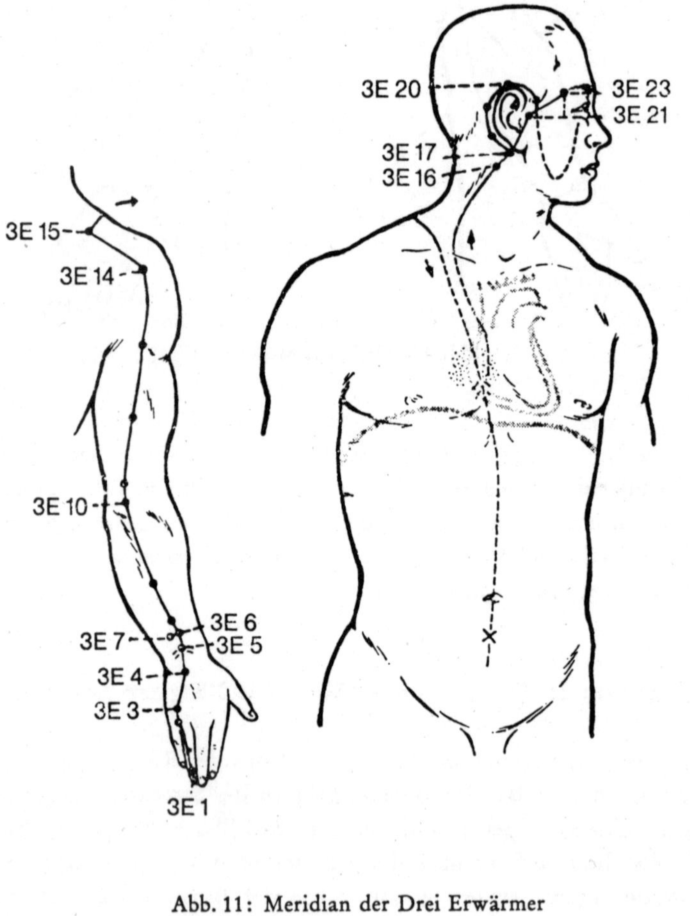

Abb. 11: Meridian der Drei Erwärmer

Wichtigste Erkrankungen: Geblähtes Abdomen, Ödeme, Enuresis, Miktionsstörungen, Taubheit, Ohrensausen, geschwollene und schmerzhafte Mund- und Rachenhöhle, Schwellungen der Wange und Schmerzen hinter den Ohren, Schmerzen und Parästhesien im Bereich der Achsel, des Oberarms und Ellbogens, Bewegungsstörungen im kleinen Finger und im Ringfinger usw.

4.2.2.11 Gallenblasen-Meridian *(Zu-Shao-Yang Dan-Jing)*

Dieser Meridian beginnt am äußeren Augenwinkel, steigt am Seitenrand der Stirn empor, gelangt hinter das Ohr, steigt von hier erneut an der Schläfenpartie hoch und zieht über die Stirn bis zum Punkt *Yang-Bai* (14. Punkt des Gallenblasen-Meridians). Von hier zieht er erneut aufwärts zur Stirn und zur Schläfe, weiter über den Hinterkopf abwärts zum Nacken und zur Supraklavikulargrube.

Ein besonderer Ast für das Ohr entspringt hinter dem Ohr, geht ins Ohr hinein, tritt vor dem Ohr wieder heraus und endet am äußeren Augenwinkel. Von hier steigt ein Ast abwärts zum Punkt *Da-Ying* (5. Punkt des Magen-Meridians), trifft den Meridian der Drei Erwärmer unterhalb der Orbita, steigt weiter abwärts bis zum Punkt *Jia-Che* (6. Punkt des Magen-Meridians), läuft weiter am Hals entlang und tritt in die Supraklavikulargrube ein.

Von hier nimmt der Gallenblasen-Meridian einen doppelten Verlauf: Einer geht durch das Innere der Thoraxhöhle zum Zwerchfell, verbindet sich mit Leber und Galle, zieht zur Leiste, umkreist die Schambehaarung und führt von dort quer zum Hüftknochen. Ein zweiter Ast geht von der Supraklavikulargrube abwärts zur Achsel, zieht an der Seite des Brustkorbs entlang, passiert den Rippenbogen und gelangt zur Hüfte, um sich hier mit dem anderen Ast des Meridians zu vereinigen. Von dort zieht der Gallenblasen-Meridian lateral an der unteren Extremität abwärts und erreicht über den äußeren Fußknöchel die fibulare Seite der 4. Zehe. Eine Abzweigung geht von hier über den Fußrücken bis zur lateralen Seite der Großzehe, wo sie sich mit dem Leber-Meridian verbindet (s. Abb. 12).

Wichtigste Erkrankungen: Intermittierende Fieberzustände, bitterer Geschmack im Mund, häufiges Aufstoßen, Schmerzen an den Rippen, Malaria, Kopfschmerzen, Schmerzen im Ober- und Unterkiefer, Schmerzen am äußeren Augenwinkel, Ohrensausen, Erbrechen, Migräne, Lähmungen der unteren Extremität, Schmerzen und Parästhesien in den vom Meridian durchzogenen Körperpartien usw.

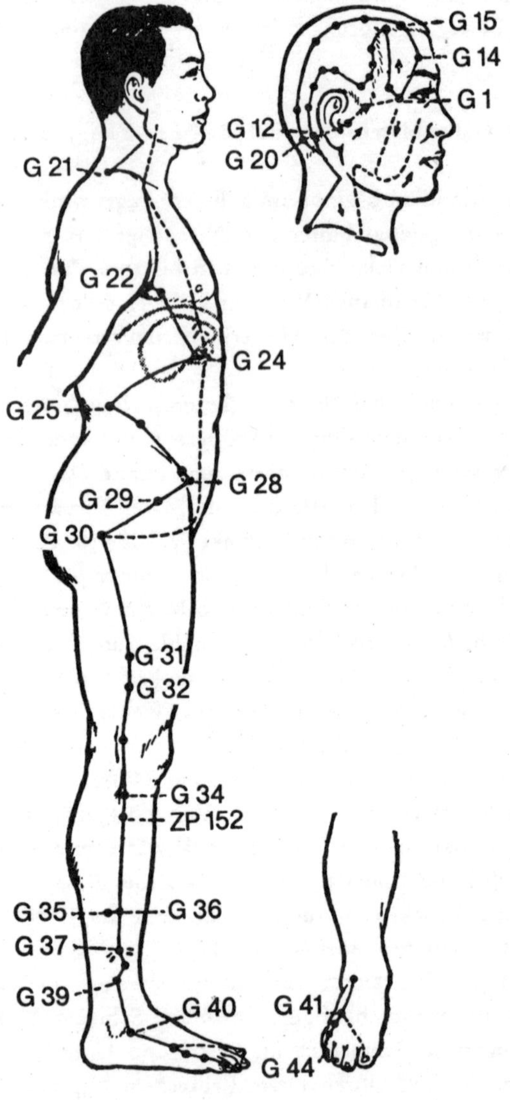

Abb. 12: Gallenblasen-Meridian

4.2.2.12 Leber-Meridian *(Zu-Jue-Yin Gan-Jing)*

Dieser Meridian beginnt an der lateralen Seite des Rückens der Großzehe, geht über den Fußrücken zum inneren Fußknöchel und zieht vorn an der medialen Seite der unteren Extremität am Bein aufwärts. Etwa in der Mitte der Wade (*8 Cun* oberhalb des inneren Fußknöchels) kreuzt er den Milzmeridian und erreicht die Rückseite des Unterschenkels und der Kniekehle. Er zieht an der Innenseite des Oberschenkels weiter nach oben, umkreist die Geschlechtsorgane, geht über den Unterleib aufwärts an beiden Seiten des Magens vorbei, erreicht die Leber und verbindet sich mit der Galle. Von hier geht er weiter aufwärts durch das Zwerchfell, verteilt sich an den Rippen, dringt in die Lunge ein und verbindet sich mit dem Lungen-Meridian.

Ein anderer Ast geht von den Rippen an der hinteren Partie der Kehle entlang bis zum Pharynx und zur Nase und nimmt Verbindung auf mit dem Auge. An den Augen teilt er sich in zwei Äste, einer geht abwärts und umkreist die Lippen, ein anderer geht über die Stirn weiter nach oben und verbindet sich mit dem Lenkergefäß (s. Abb. 13).

Wichtigste Erkrankungen: Schmerzen und Völlegefühl am Rippenbogen und auf der Brust, Erbrechen, Durchfall, Hernien-Schmerzen, Lumbago, Miktionsstörungen (Enuresis und Urinretention), Störungen der Periodenblutung bei Frauen, Schwindel, Flimmern vor den Augen, Schmerzen am Scheitel, Schmerzen in der Innenseite der unteren Extremität usw.

4.2.3 Verlauf und Verbindung der Meridiane an der Körperoberfläche und im Körperinneren

In diesem Abschnitt werden der Verlauf und die Richtung der Meridiane sowie ihre gegenseitige Kreuzung besprochen. Ferner wird das Verhältnis von inneren Meridianverläufen *(Li)* zu den äußeren Trajekten *(Biao)* erörtert, und es wird die Ordnung und Reihenfolge der Meridiane im Sinne der chinesischen Medizin erläutert.

Bei den 12 Meridianen gibt es eine Gesetzmäßigkeit ihres «Kreislaufs» im menschlichen Körper, die sich nach dem Meridianverlauf an der Hand *(Shou)* oder am Fuß *(Zu)*, nach dem *Yin*-Charakter oder *Yang*-Charakter erklärt. Dabei gibt es folgende grundlegenden Gesetzmäßigkeiten:

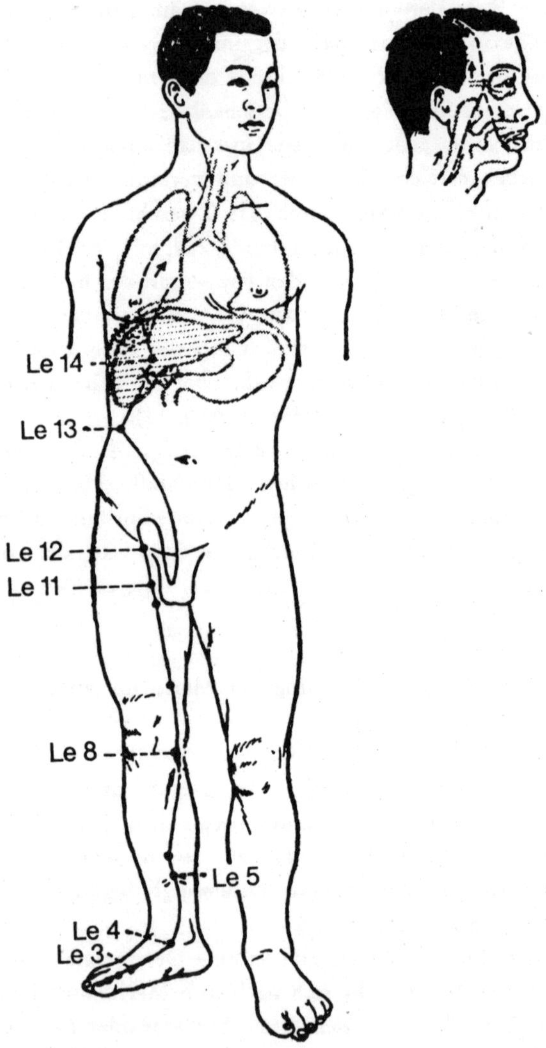

Abb. 13: Leber-Meridian

4.2.3.1 Grundregel des Verlaufs und der Verbindung der Meridiane

Die 3 *Yin*-Meridiane der Hand laufen von der Brust zur Hand abwärts, wo sie sich mit den 3 *Yang*-Meridianen der Hand treffen. Diese ziehen von der Hand aufwärts zum Kopf, wo sie sich mit den 3 *Yang*-Meridianen des Fußes vereinigen. Letztere laufen vom Kopf abwärts zum Fuß und treffen dort mit den 3 *Yin*-Meridianen des Fußes zusammen. Die 3 *Yin*-Meridiane des Fußes laufen von den Füßen aufwärts zum Abdomen und zur Brust, wo sie sich mit den 3 *Yin*-Meridianen der Hand vereinigen (s. Abb. 14).

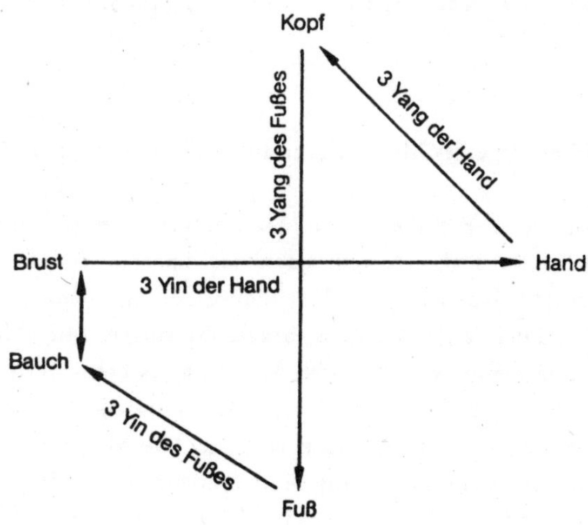

Abb. 14: Verlauf und Verbindung der 12 Hauptmeridiane

4.2.3.2 Beziehungen von Körperoberfläche *(Biao)* und Körperinnerem *(Li)* beim Verlauf der Meridiane

Die 12 *Yin*- und *Yang*-Meridiane von Hand und Fuß stehen im Körperinneren mit den Speicherorganen und Hohlorganen in Verbindung. Ein *Yin*-Meridian gehört stets zu einem Speicherorgan *(Zang)*, ein *Yang*-Meridian gehört zu einem Hohlorgan *(Fu)*.

Nach der Theorie der chinesischen Medizin entspricht ein Speicherorgan *(Zang)* dem Inneren *(Li)*, ein Hohlorgan *(Fu)* entspricht der Oberfläche *(Biao)*. Die Meridiane haben jedoch in sich selbst nochmals ein solches Verhältnis von Oberfläche zu Innerem, wobei ihr Verlauf im Körper als Inneres *(Li)*, ihr Verlauf an der Körperoberfläche als Äußeres *(Biao)* gilt.

An den Extremitäten nehmen die *Yin-* und *Yang*-Meridiane typische Verläufe an der Streckseite *(Yang)* und Beugseite *(Yin)* ein. Es gibt dabei nur eine Ausnahme: Der Lebermeridian kreuzt *8 Cun* über dem inneren Fußknöchel den Milzmeridian, wobei er zeitweise vom *Yin*-Bereich in den *Yang*-Bereich überwechselt.

Hand-Meridiane und Fuß-Meridiane sind gegenseitig miteinander verbunden. Im Körperinneren stehen die mit den *Yin*-Meridianen gekoppelten Speicherorgane und die mit den *Yang* verbundenen Hohlorgane ebenfalls untereinander in Verbindung, was wiederum einer *Biao-Li*-Beziehung entspricht (s. Tab. 5, S. 158).

4.2.3.3 Die Reihenfolge des Meridianverlaufs im menschlichen Körper

Die 12 Meridiane der chinesischen Medizin verteilen sich im Inneren und Äußeren des Körpers. Dabei besteht nach der Theorie der chinesischen Heilkunde ein geregelter Kreislauf der Meridiane, der mit dem Lungen-Meridian beginnt und über Dickdarm-Meridian, Magen-Meridian, Milz-Meridian, Herz-Meridian, Dünndarm-Meridian, Blasen-Meridian, Nieren-Meridian, Perikard-Meridian, Meridian der Drei Erwärmer, Gallenblasen-Meridian und Leber-Meridian wieder den Lungen-Meridian erreicht. Die Meridiane sind dabei wie ein geschlossener Ring ohne Anfang und Ende miteinander verbunden. Im Buche *«Su-Wen»* heißt es: «Die Meridiane fließen ununterbrochen und kreisen ohne Ende» (166).

Die Reihenfolge der Meridiane ist in der Tabelle 6 dargestellt.

Tabelle 6: Verbindung, Verlauf und Verteilung der zwölf Hauptmeridiane

Reihenfolge und Verbindung	Lungen-Meridian → (Zeigefingerspitze)	Dickdarm-Meridian → (Beiderseits der Nase)	Magen-Meridian → (Zehenspitze)	Milz-Meridian →
	Herz-Meridian → (Kleinfingerspitze)	Dünndarm-Meridian → (Innerer Augenwinkel)	Blasen-Meridian → (Kleinzehenspitze)	Nieren-Meridian →
	Perikard-Meridian → (Ringfingerspitze)	Drei-Erwärmer-Meridian → (Äußerer Augenwinkel)	Gallenblasen-Meridian → (Großzehenspitze)	Leber-Meridian → (zurück zum Lungen-Meridian)
Verlauf	3 *Yin* der Hand	3 *Yang* der Hand	3 *Yang* des Fußes	3 *Yin* des Fußes
	von der Brust zur Hand	von der Hand zum Kopf	vom Kopf zum Fuß	vom Fuß zum Bauch
Verteilung	Obere Extremität		Untere Extremität	
	Innenseite	Außenseite		Innenseite
	Lungen-Meridian (vorn) Perikard-Meridian (Mitte) Herz-Meridian (hinten)	Magen- und Dickdarm-Meridian (vorn) Gallenblasen und Drei Erwärmer-Meridian (Mitte) Blasen- und Dünndarm-Meridian (hinten)		Milz-Meridian (vorn) Leber-Meridian (Mitte) Nieren-Meridian (hinten)

4.3 Die acht außergewöhnlichen Meridian-Gefäße *(Qi-Jing Ba-Mai)*

Die 8 besonderen oder außergewöhnlichen Meridiane der chinesischen Heilkunde umfassen das Lenker-Gefäß *(Du-Mai)*, das Diener-Gefäß *(Ren-Mai)*, manchmal auch Konzeptions-Gefäß genannt, ferner die Gefäße *Chong-Mai, Dai-Mai, Yin-Wei-Mai, Yang-Wei-Mai, Yin-Qiao-Mai* und *Yang-Qiao-Mai*. Diese Gefäße werden in der chinesischen Medizin als «außergewöhnliche» bezeichnet, da sie keine direkte Verbindung zu den Speicher- und Hohlorganen *(Zang-Fu)* im Körperinneren haben und sich auch sonst von den 12 Hauptmeridianen *(Zheng-Jing)* unterscheiden.

Nach der Theorie der chinesischen Medizin entspringen die 8 außergewöhnlichen Gefäße aus den 12 Hauptmeridianen und kehren wieder zu diesen zurück. Ihre Aufgabe ist dabei, Blut und Funktion *(Qi-Xue)* der Hauptmeridiane zu regulieren. Wenn nämlich die Blutfunktion *(Qi-Xue)* in den 12 Meridianen übermäßig stark ist, fließt *Qi-Xue* in die 8 außergewöhnlichen Meridiane hinein und wird dort gespeichert.

Die Verläufe und wichtigsten Erkankungen der 8 außergewöhnlichen Meridiane sind:

4.3.1 Lenker-Gefäß *(Du-Mai)*

Das chinesische Zeichen «*Du*» bedeutet soviel wie Lenker oder Gouverneur. Das Lenkergefäß zieht in der Mitte des Rückens entlang, es lenkt die *Yang*-Meridiane des ganzen Körpers. Deshalb wird es in der chinesischen Medizin auch «das Meer der *Yang*-Gefäße» genannt.

Verlauf: Der *Du-Mai* kommt nach Ansicht der chinesischen Medizin aus der Gebärmutter *(Nü-Zi Bao)*, der bei Männern die Geschlechtsorgane entsprechen. Er läuft von hier abwärts zum Punkt *Hui-Yin* (1. Punkt des *Ren-Mai*) in der Mitte des Dammes. Bei Männern liegt dieser Punkt *Hui-Yin* zwischen Anus und Skrotum, bei Frauen liegt er zwischen Anus und der hinteren Kommissur der Schamlippen. Der *Du-Mai* zieht von hier nach hinten und von der Rückenmitte aufwärts zum Nacken und zum Gehirn. Vom Nacken aus zieht er in der Schädelmitte über den Kopf, zur Stirn, Nase, Oberlippe und zu den oberen Schneidezähnen. Eine Abzweigung dieses Meridians steht in Verbindung mit der Niere und dem Herzen (s. Abb. 15).

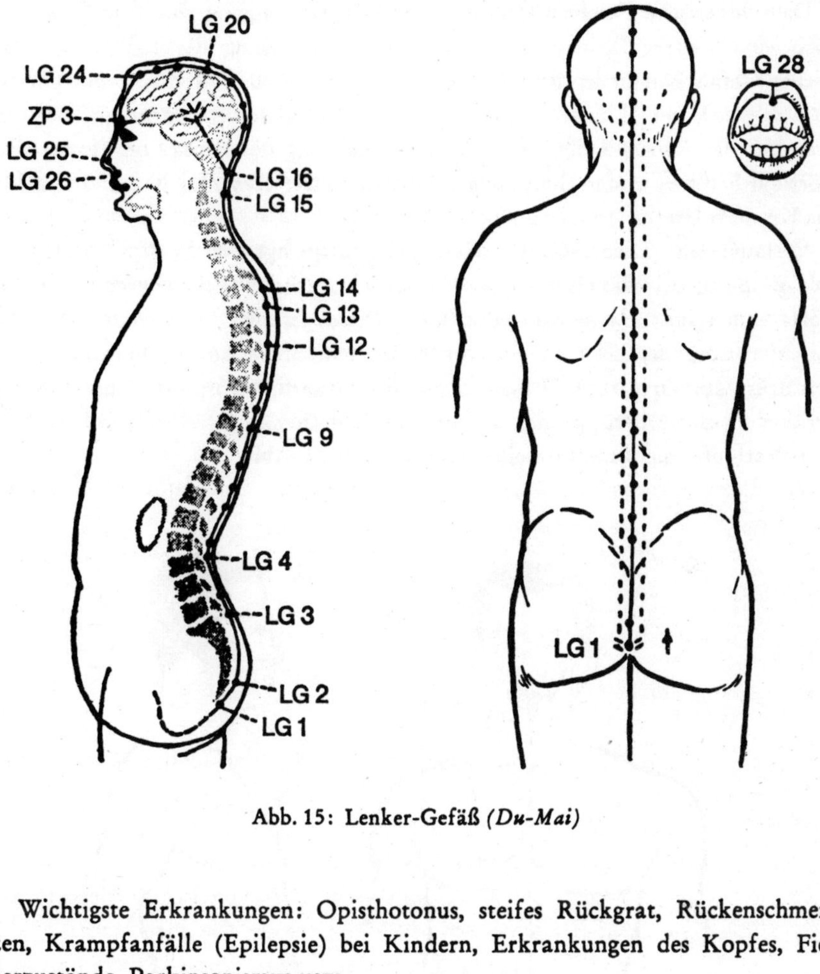

Abb. 15: Lenker-Gefäß *(Du-Mai)*

Wichtigste Erkrankungen: Opisthotonus, steifes Rückgrat, Rückenschmerzen, Krampfanfälle (Epilepsie) bei Kindern, Erkrankungen des Kopfes, Fieberzustände, Parkinsonismus usw.

4.3.2 Diener- bzw. Funktions-Gefäß *(Ren-Mai)*

Das chinesische Zeichen *Ren* hat die Bedeutung «eine Verantwortung tragen» oder «eine Funktion übernehmen». Der *Ren-Mai* läuft in der Mitte des Bauches und der Brust in der vorderen Medianlinie des Körpers. Er hat seinen Namen, da er verantwortlich ist für die *Yin*-Gefäße des ganzen Körpers. In der chinesischen Heilkunde heißt er deshalb auch «das Meer der *Yin*-Gefäße».

Das chinesische Zeichen «*Ren*» hat im Zusammenhang mit dem *Ren-Mai* noch eine weitere Bedeutung, nämlich «die Ernährung des Embryos». Das Diener-Gefäß kommt in der Auffassung der chinesischen Medizin vom Uterus *(Nü-Zi Bao)*, bei Männern entspringt es an den Geschlechtsorganen. Bei der Frau hat der *Ren-Mai* die Funktion der Ernährung des Kindes im Mutterleib; wörtlich heißt es in der chinesischen Medizin: «Der *Ren-Mai* ist zuständig für das Kind im Uterus (166 a)».

Verlauf: Das Diener-Gefäß *(Ren-Mai)* entspringt bei Frauen im Uterus *(Nü-Zi Bao)*, bei Männern an den Geschlechtsorganen. Es zieht von hier abwärts zum Punkt *Hui-Yin* (1. Punkt des Dienergefäßes), geht weiter über die Geschlechtsorgane, läuft in der vorderen Medianlinie am Abdomen und an der Brust aufwärts zum Hals, erreicht die Unterlippe, umkreist die Lippen, berührt an der Oberlippe den Punkt *Yin-Jiao* (Lenkergefäß 28), teilt sich in zwei Verläufe, die bis unter beide Augen führen (s. Abb. 16).

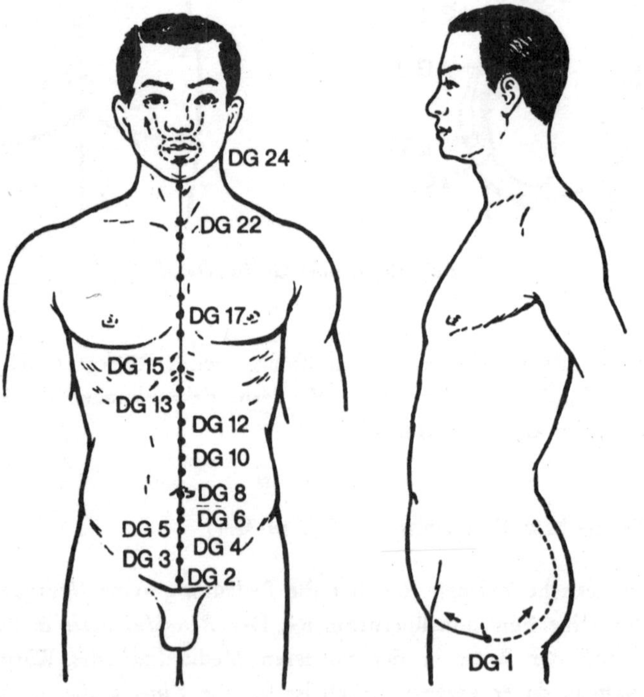

Abb. 16: Diener-Gefäß *(Ren-Mai)*

Wichtigste Erkrankungen: Bruchschmerzen, Fluor albus, Störungen der Periodenblutung, Erkrankungen des Urogenitalsystems, Schmerzen im Unterbauch, Spermatorrhoe, Impotenz, Atembeschwerden, Husten, Asthma, Neigung zu Fehlgeburten, Sterilität bei Frauen usw.

4.3.3 *Chong-Mai* (Gefäß des kräftigen Aufsteigens)

Der *Chong-Mai* ist für die chinesische Medizin der wichtigste Leiter der gesamten Blut-Funktion *(Qi-Xue)* im Körper. Das *Chong-Mai*-Gefäß läuft aufwärts zum Kopf und abwärts zu den Füßen, wobei es das *Qi-Xue* der 12 Meridiane reguliert. Es wird deshalb in den Texten der chinesischen Medizin auch «Meer der 12 Meridiane» oder «Meer des Blutes» genannt.

Verlauf: Der *Chong-Mai* kommt vom Uterus bzw. beim Mann von den Geschlechtsorganen. Er teilt sich in drei Äste: der erste geht an die Hinterwand der Bauchhöhle und steigt zur Wirbelsäule, in der er aufwärts zieht. Der zweite Ast geht zur Vorderwand der Bauchhöhle, steigt über den Bauchnabel nach oben zum Brustkorb, zur Kehle und zum Mund und umkreist die Lippen. Der dritte Ast führt an der Innenseite des Ober- und Unterschenkels abwärts bis zur Großzehe.

Wichtigste Erkrankungen: Störung der Periodenblutung, Amenorrhoe, mangelnde Laktation, Koliken, Bauchschmerzen, Erbrechen von Blut und in falscher Richtung aufsteigendes *Qi* usw.

4.3.4 *Dai-Mai* (Gürtel-Gefäß)

Das Gürtel-Gefäß *(Dai-Mai)* kontrolliert sämtliche vertikal verlaufenden Meridiane. Es umkreist die Hüfte wie ein Gürtel, wodurch sich sein Name erklärt.

Verlauf: Das Gürtelgefäß entspringt unterhalb des Rippenbogens und umkreist die Hüfte (s. Abb. 18).

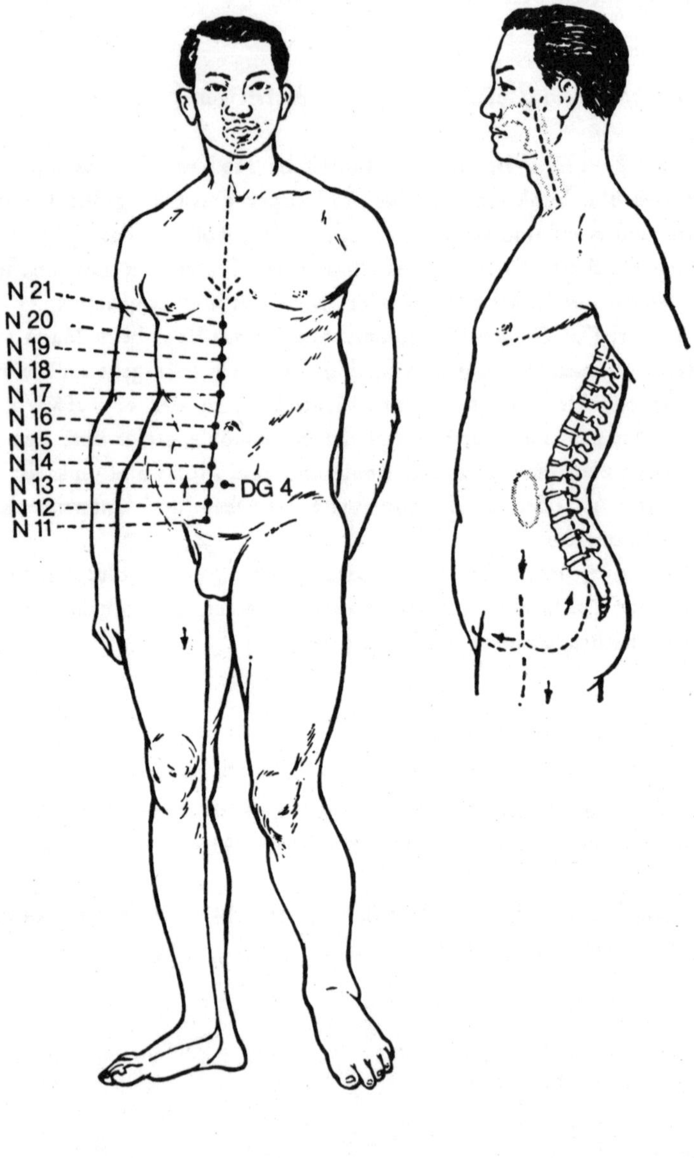

Abb. 17: *Chong-Mai*

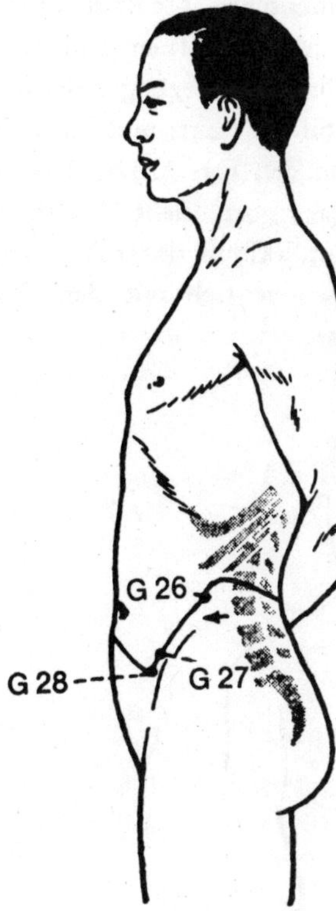

Abb. 18: *Dai-Mai*

Wichtigste Erkrankungen: Ausfluß, Prolaps uteri, Völlegefühl im Bauch, Kraftlosigkeit im Unterkörper, Schwäche und Kraftlosigkeit in den Hüften usw.

4.3.5 *Yin-Qiao-Mai* und *Yang-Qiao-Mai* (*Yin-* und *Yang*-Gefäß der Beweglichkeit)

Das chinesische «*Qiao*» bedeutet hier Beweglichkeit, Geschicklichkeit oder Gewandtheit. Die physiologischen Funktionen von *Yin-Qiao-Mai* und *Yang-Qiao-Mai* sind: der *Yang-Qiao* ist zuständig für das *Yang* der rechten und der linken Körperseite. Der *Yin-Qiao* ist zuständig für das *Yin* der linken und rechten Körperseite.

Nach der Theorie der chinesischen Medizin versorgen beide die Augen, wobei sie zuständig sind für deren Öffnen und Schließen. Außerdem sind beide Gefäße verantwortlich für die Bewegungen der unteren Extremitäten.

Verlauf: Die *Qiao*-Gefäße bilden rechts und links ein *Yin*- und *Yang*-Paar. Beide *Qiao*-Gefäße entspringen den Fersen. Der *Yin-Qiao* läuft an der hinteren inneren Seite des Beines nach oben, zieht über die Geschlechtsorgane, über Abdomen und Thorax zur Supraklavikulargrube, am Kehlkopf entlang und zum inneren Augenwinkel, wo er sich mit dem *Yang-Qiao-Mai* trifft (s. Abb. 19).

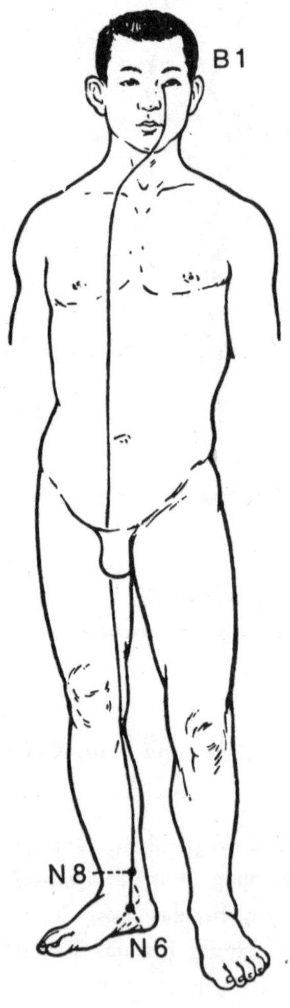

Abb. 19: *Yin-Qiao-Mai*

Der *Yang-Qiao* entspringt am äußeren Fußknöchel, zieht an der Außenseite des Beins und an der lateralen Thoraxpartie nach oben zur hinteren äußeren Thoraxpartie. Er verläuft zur Achsel, die Außenseite des Halses hinauf zum Mundwinkel und erreicht den inneren Augenwinkel, wo er sich mit dem *Yin-Qiao* verbindet. Er läuft dann mit dem Blasen-Meridian weiter zur Stirn und trifft sich im Nacken am Punkt *Feng-Chi* mit dem Gallenblasen-Meridian (s. Abb. 20).

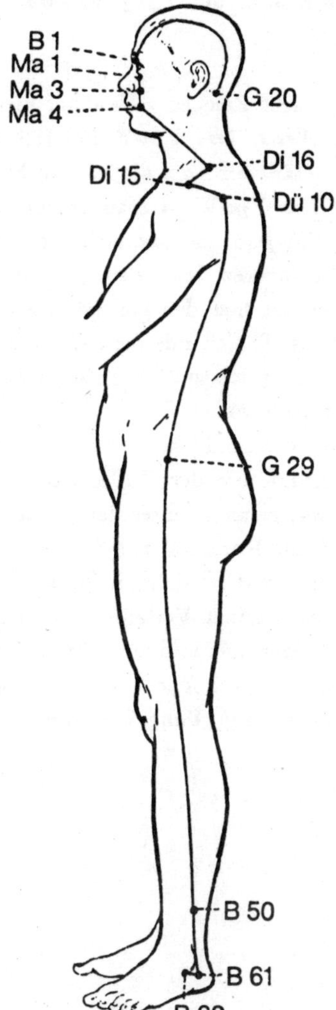

Abb. 20: *Yang-Qiao-Mai*

Wichtigste Erkrankungen für den *Yin-Qiao:* Übermäßige Schläfrigkeit, Muskelatrophie und Parästhesien der unteren Extremität, übermäßige Pronationsstellungen des Fußes, Schmerzen im Kehlkopf usw.; für den *Yang-Qiao:* übermäßige Supinationsstellung des Fußes, Schlaflosigkeit, Schmerzen und Rötung im inneren Augenwinkel, Bewegungsstörung, Muskelatrophie und Parästhesien der unteren Extremitäten, psychische Störungen usw.

4.3.6 *Yin-Wei-Mai* und *Yang-Wei-Mai (Yin-* und *Yang*-Gefäß der Verbindung)

Das chinesische Zeichen «*Wei*» hat hier die Bedeutung von «verbinden, zusammenschließen». Das *Yin-Wei*-Gefäß verbindet die 3 *Yin*-Meridiane, das *Yang-Wei*-Gefäß verbindet die 3 *Yang*-Meridiane untereinander.

Verlauf: Das *Yin-Wei*-Gefäß entspringt an der Innenseite der Wade, am Punkt *San-Yin-Jiao,* an dem sich die 3 *Yin*-Meridiane des Fußes treffen. Es läuft an der inneren Seite der unteren Extremität nach oben, gelangt zum Abdomen, nimmt hier den gleichen Verlauf wie der Milz-Meridian, steigt zu den Rippen, trifft sich mit dem Leber-Meridian. Es verläuft weiter aufwärts zur Kehle, wo es sich am Punkt *Tian-Tu* (Dienergefäß 22) mit dem *Ren-Mai* verbindet (s. Abb. 21).

Das *Yang-Wei*-Gefäß kommt vom äußeren Fußknöchel, nimmt am Bein den gleichen Verlauf wie der Gallenblasen-Meridian, steigt über die Hüfte den Rumpf hinauf, gelangt hinter der Achselhöhle zur Schulter, läuft den Nacken entlang über die Kopfseite zur Schläfe, biegt von der Stirn nach hinten, läuft zum Nacken und trifft sich am Punkt *Feng-Fu (Du-Mai* 16) mit dem Lenkergefäß. Während seines Verlaufs tritt es in Verbindung zum Blasen-Meridian, Gallenblasen-Meridian und zum *Yang-Qiao-Mai* (s. Abb. 22).

Wichtigste Erkrankungen: *Yin-Wei:* Schmerzen im Thorax, Herzschmerzen, Magenschmerzen. *Yang-Wei:* wechselnde Fieberschübe mit Schüttelfrost.

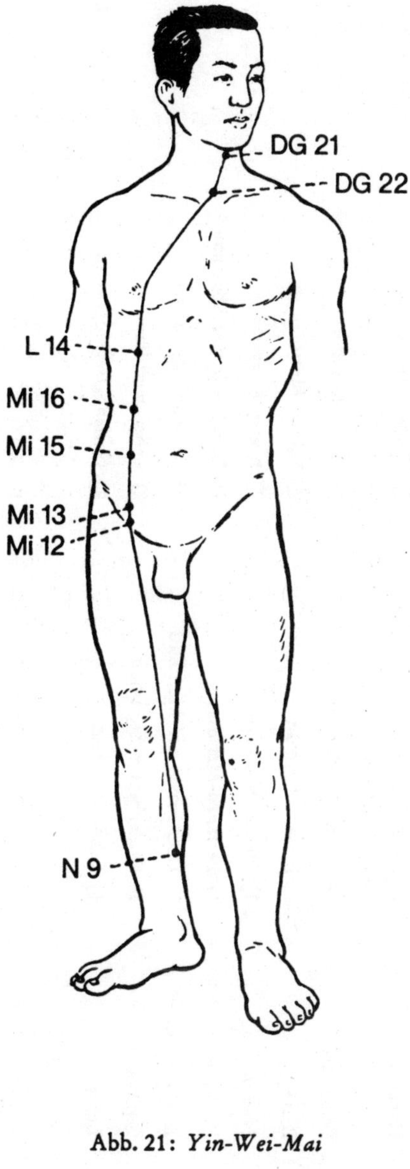

Abb. 21: *Yin-Wei-Mai*

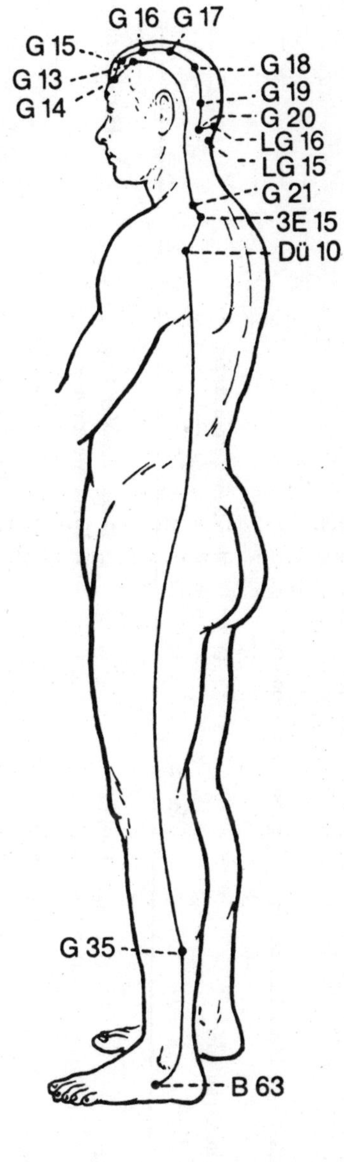

Abb. 22: *Yang-Wei-Mai*

Tabelle 7: Meridian-Treffpunkte in Speicher- und Hohlorganen

Speicherorgan oder Hohlorgan	Meridian-Verbindungen		
Lunge	1) Lungen-Meridian 4) Nieren-Meridian	2) Dickdarm-Meridian 5) Leber-Meridian	3) Herz-Meridian
Dickdarm	1) Dickdarm-Meridian	2) Lungen-Meridian	
Magen	1) Magen-Meridian 4) Dünndarm-Meridian	2) Milz-Meridian 5) Leber-Meridian	3) Lungen-Meridian
Milz	1) Milz-Meridian	2) Magen-Meridian	
Herz	1) Herz-Meridian 4) Nieren-Meridian	2) Dünndarm-Meridian	3) Milz-Meridian
Dünndarm	1) Dünndarm-Meridian	2) Herz-Meridian	
Blase	1) Blasen-Meridian	2) Nieren-Meridian	
Nieren	1) Nieren-Meridian	2) Blasen-Meridian	3) Lenker-Gefäß *(Du-Mai)*
Perikard	1) Perikard-Meridian	2) Drei-Erwärmer-Meridian	
Drei Erwärmer	1) Drei-Erwärmer-Meridian	2) Perikard-Meridian	
Gallenblase	1) Gallenblasen-Meridian	2) Leber-Meridian	
Leber	1) Leber-Meridian	2) Gallenblasen-Meridian	3) Nieren-Meridian

Tabelle 8: Verlauf der Fünfzehn *Luo*-Abzweigungen *(Bie-Luo)*

Stamm-Meridian	Name des *Luo*-Punktes	Lokalisation	Benachbarter Meridian
Luo-Abzweigung des Lungen-Meridians	*Lie-Que* (Lunge 7)	1,5 *Cun* oberhalb des Handgelenks	Geht mit dem Dickdarm-Meridian
des Herz-Meridians	*Tong-Li* (Herz 5)	1,5 *Cun* oberhalb des Handgelenks	Geht mit dem Dünndarm-Meridian
des Perikard-Meridians	*Nei-Guan* (Perikard 6)	2 *Cun* oberhalb des Handgelenks	Geht mit dem 3-Erwärmer-Meridian
des Dünndarm-Meridians	*Zhi-Zheng* (Dünndarm 7)	5 *Cun* oberhalb des Handgelenks	Vereinigt sich mit dem Herz-Meridian
des Dickdarm-Meridians	*Pian-Li* (Dickdarm 6)	3 *Cun* oberhalb des Handgelenks	Geht zum Lungen-Meridian
des 3 Erwärmer-Meridians	*Wai-Guan* (Drei-Erwärmer 5)	2 *Cun* oberhalb des Handgelenks	Verbunden mit dem Herz-, zuständig für den Perikard-Meridian
des Blasen-Meridians	*Fei-Yang* (Blase 58)	7 *Cun* oberhalb des Fußknöchels	Geht mit dem Nieren-Meridian
des Gallenblasen-Meridians	*Guang-Ming* (Gallenblase 37)	5 *Cun* oberhalb des Fußknöchels	Geht mit dem Leber-Meridian
des Magen-Meridians	*Feng-Long* (Magen 40)	8 *Cun* oberhalb des Fußknöchels	Geht mit dem Milz-Meridian
des Milz-Meridians	*Gong-Sun* (Milz 4)	Am proximalen Ende des Os Metatarsale 1	Geht mit dem Magen-Meridian
des Nieren-Meridians	*Da-Zhong* (Niere 4)	Hinter und unter dem medialen Fußknöchel	Geht mit dem Blasen-Meridian
des Leber-Meridians	*Li-Gou* (Leber 5)	5 *Cun* oberhalb des medialen Fußknöchels	Geht mit dem Gallenblasen-Meridian
des Diener-Gefäßes *(Ren-Mai)*	*Jiu-Wei* (Diener-Gefäß 15)	Unter der Spitze des Schwertfortsatzes des Brustbeins	Erstreckt sich zur Brust
des Lenker-Gefäßes *(Du-Mai)*	*Chang-Qiang* (Lenker-Gefäß 1)	Unter der Spitze des Steißbeins	Erstreckt sich zum Kopf
Großes *Luo* der Milz	*Da-Bao* (Milz 21)	3 *Cun* unterhalb der Achselhöhle	Verteilt sich im Brustkorb und an den Rippen

4.4 Anhang: Interpretation des Meridian-Systems für westliche Ärzte

Auch in China herrschen über das Wesen des Meridian-Systems seit langem verschiedene Ansichten. Dieses ist bis heute nicht endgültig geklärt. Immerhin hat die Akupunktur-Analgesie in den letzten Jahren neue Erkenntnisse über die Eigenschaften des Meridian-Systems gebracht, wobei gewisse Aufschlüsse gewonnen werden konnten. In China gelten folgende Theorien zur Erklärung des Meridian-Systems (167):

4.4.1 Beziehungen zwischen Meridianen und Nervensystem

Das für die chinesische Nadeltherapie grundlegende Phänomen ist das sogenannte «*De-Qi*». Hierbei entsteht im genadelten Körperteil ein Ziehen, ein taubes Gefühl, manchmal eine Empfindung der Schwere, gelegentlich auch Schmerzen oder ein kleiner elektrischer Schlag. Alle diese Empfindungen breiten sich für den Patienten subjektiv wahrnehmbar in der Richtung des Meridianverlaufs aus.

Dieses «*De-Qi*» bedeutet soviel wie «Ankommen des *Qi* der Meridiane». Die Vertreter der traditionellen chinesischen Medizin sind der Ansicht, daß das «*De-Qi*» eine Wirkung der Meridianverläufe sei.

Neuere Forschungen in China ergaben, daß dieses «*De-Qi*» abhängig ist von einer intakten Nervenfunktion. Sticht man nämlich querschnittsgelähmte Patienten unterhalb der Querschnitts-Läsion, empfindet der Behandelte das Ankommen des *Qi* nicht, einerlei wie stark man sticht und welche Stellen man dazu auswählt. Sticht man einen Querschnittsgelähmten indessen oberhalb seiner Querschnitts-Läsion, hat er das typische «*De-Qi*»-Gefühl. Dies weist darauf hin, daß das «*De-Qi*» eng mit dem Nervensystem zusammenhängt.

Ein ganz ähnlicher Sachverhalt liegt vor, wenn man halbseitig gelähmte Patienten an der gelähmten Seite akupunktiert. In diesen Fällen läßt sich ebenfalls kein «*De-Qi*» auslösen. Auch wenn die genadelten Punkte vorher mit Betäubungsmitteln (beispielsweise Novokain) lokal anästhesiert werden, läßt sich anschließend mit Nadeln von diesem Punkt kein «*De-Qi*» mehr erzielen.

Dies zeigt, daß das typische Gefühl der Akupunktur, das «*De-Qi*», wesentlich auf der Unversehrtheit des Nervensystems beruht.

Anatomische Untersuchungen an den Akupunkturpunkten haben gezeigt, daß etwa die Hälfte aller Akupunkturpunkte am Körper eine direkte Verbindung zum Nervensystem besitzen. Bei der anderen Hälfte der Punkte laufen Nervenbahnen im durchschnittlichen Abstand von 0,5 cm am Punkt vorbei. Um den Zusammenhang zwischen «*De-Qi*» und schmerzstillender Wirkung der

Akupunktur aufzudecken, wurden in China (u. a. am Physiologischen Institut der Universität *Shanghai*) Tierversuche durchgeführt. Dabei führte man Elektroden sowohl in periphere Nerven als auch in verschiedenen Hirnarealen ein, die Elektroden wurden mit Meßgeräten verbunden. Anschließend wurden verschiedene Akupunkturpunkte mit Nadeln gestochen, zugleich wurden dem Versuchstier an anderen Körperstellen Schmerzen durch elektrischen Strom zugefügt.

Beide Reize, das Stechen bzw. Stimulieren der Akupunkturnadeln und die Schmerzempfindung, ließen sich mit Hilfe der im Gehirn eingesetzten Elektroden am Versuchstier objektivieren. Nach den Ergebnissen des Physiologischen Instituts der Universität *Shanghai* laufen die beiden verschiedenen Reize, der Einstich der Akupunkturnadel und der Schmerzreiz durch elektrischen Strom, jedoch unterschiedlich schnell zum Gehirn. Der Stich in einen Akupunkturpunkt wird relativ rasch über den Nervenweg zum Gehirn fortgeleitet. Der Schmerzreiz durch elektrischen Strom, der an den Elektroden im Gehirn eine andere Form von Potentialen erzeugt, läuft langsamer. Jeder einzelne Reiz löst im Gehirn eine Sensation aus, die dem *«De-Qi»* ähnlich ist, wobei die beiden verschiedenen Reize sich jedoch bei der Wahrnehmung offenbar gegenseitig beeinträchtigen. Wenn das *«De-Qi»* durch die eingestochene Nadel überwiegt, wenn also die von den akupunktierten Stellen ausgehenden Impulse stärker sind als die Schmerzimpulse durch elektrischen Strom, werden letztere, also die Schmerzimpulse, überdeckt, vermindert oder sogar ausgelöscht.

Die beiden unterschiedlichen Empfindungen, die hier im Gehirn registriert werden, der Reiz der eingesetzten Akupunkturnadel und der Schmerzreiz durch elektrischen Strom, werden nach westlichen und chinesischen Forschungen über zwei verschiedene Arten von Nervenfasern im Rückenmark fortgeleitet: Die Stichempfindung verläuft in den markhaltigen Fasern der sogenannten A-Delta-2-Gruppe; der durch elektrischen Strom an verschiedenen Körperstellen erzeugte Schmerz läuft in den marklosen C-Fasern. Der Transport in den A-Delta-2-Fasern geht wesentlich schneller als die Übertragung in den C-Fasern (168). In jedem Falle ist man heute in China aufgrund der Erfahrungen mit der Akupunktur-Analgesie überzeugt, daß das vom Patienten subjektiv registrierte *«De-Qi»*, das sich im Tierversuch auch über Elektroden im Gehirn objektivieren läßt, die Basis für eine effektive Schmerzausschaltung bei Operationen darstellt.

Bei weiteren Versuchen zur Bestimmung des Stellenwertes des Nervensystems bei der Akupunkturwirkung, die ebenfalls im Physiologischen Institut der Universität *Shanghai* gemacht wurden, wurde die Akupunkturnadel dicht an einen Nervenstrang herangestochen; die Nadel wurde sodann mit Batteriestrom gereizt, sodaß der Stromreiz direkt auf den Nerven wirkte. Auch dies erbrachte bei Versuchstieren eine gute analgetische Wirkung. Ausgehend von diesen Beobachtungen ist man heute in China der Ansicht, daß das Meridian-System *(Jing-Luo)* der traditionellen chinesischen Medizin mit dem Nervensystem in enger Verbindung steht.

Nach Untersuchungen des Physiologischen Instituts in *Shanghai* wird die Akupunkturwirkung durch neutrale Leitung von der Peripherie in den dorsolateralen Säulen (Hinterseitenstrang) des Rückenmarks zentripetal zum Gehirn geleitet. Der zentromediale Kern des Thalamus und der «Nucleus raphé» spielen beim Vorgang der Schmerzausschaltung im Gehirn eine wesentliche Rolle. Wird beim Versuchstier der Nucleus raphé zerstört, ist keine Schmerzausschaltung durch Akupunktur mehr möglich (169).

4.4.2 Chinesische Theorie über die gemeinsame Wirkung von Nervensystem und Meridian-System bei der Akupunktur-Analgesie

In der Volksrepublik China gibt es zahlreiche Kliniken und Forschungsgruppen, die trotz der oben mitgeteilten Forschungsergebnisse annehmen, Nervensystem und Meridian-System seien grundsätzlich voneinander getrennt und hätten besondere Funktionen. Es sei falsch, das Meridian-System einfach durch das Nervensystem zu ersetzen. Nach dieser Auffassung wird die Schmerzausschaltung bei Operationen allerdings hauptsächlich auf dem Nervenwege hervorgebracht, während die übrigen Wirkungen des Meridian-Systems bei der Therapie auf andere, noch weitgehend ungeklärte Weise erfolgen solle.

Für die Richtigkeit der Theorie des Nervensystems gibt es folgende Anhaltspunkte:

1. Schmerzschwelle und Suggestion.
   Man nimmt an, daß das Einstechen der Nadel die kontrollierende Wirkung des Großhirns verstärkt, wodurch auch die Schmerzschwelle erhöht wird. Dies läge auf einer ähnlichen Ebene, wie der Effekt einer Hypnose oder Suggestion.
2. Akupunktur-Effekte bei Querschnittsgelähmten.
   Es ist experimentell nachgewiesen, daß ein normal funktionierendes Nervensystem die wichtigste Vorbedingung für die Schmerzausschaltung durch Akupunktur bei Operationen ist. An querschnittsgelähmten Patienten kann keine Schmerzbetäubung stattfinden, wenn die Nadeln unterhalb der Querschnittsläsion im gelähmten Gebiet eingesetzt werden.

3. Akupunktur nach Lokalanästhesie.
Durch Lokalanästhesie von Akupunkturpunkten mit Prokain-Derivaten wurde nachgewiesen, daß eine schmerzstillende Wirkung durch eingestochene Nadeln stets mit dem normalen Funktionieren der sensiblen Nervenfasern in Verbindung steht. Lokalanästhesierte Akupunkturpunkte geben nämlich keine «*De-Qi*»-Empfindung mehr.

Trotz dieser Beobachtungen ist man heute in China der Ansicht, daß die Identifikation des Meridian-Systems *(Jing-Luo)* mit dem Nervensystem nicht alle klinischen Effekte der Akupunktur erklären kann. Dabei wird darauf hingewiesen, daß die typische Empfindung des «*De-Qi*», nämlich das Ziehen, Taubheitsgefühl, die Schwere des gestochenen Gliedes und die Schmerzempfindung, oft nicht im Nervenverlauf folgt, sondern in typischer Weise die Linie des Meridians nachzeichnet. Sticht man beispielsweise den Punkt «*Nei-Guan*» (Perikard 6), breitet sich die Empfindung entlang dem Perikard-Meridian zentripetal zur Achselhöhle und zur Brust aus; sie geht nicht etwa zentrifugal den Nervenweg entlang zu den Fingern. Auch die klinische Erfahrung, daß man die rechte Seite des Körpers durch Einstechen von Nadeln an der linken schmerzunempfindlich machen kann, spricht für die Zuverlässigkeit der alten Meridian-Theorie. In der chinesischen Medizin gilt hier die Regel: «Wenn die linke Seite erkrankt ist, sticht man die rechte; ist die rechte Seite erkrankt, nimmt man die linke» (170). Auf dieser Basis kann man auch wirksame Punkte für die Akupunktur-Analgesie auswählen und damit gute Erfolge erzielen.

Nach dem anatomischen Verlauf der Physiologie des Nervensystems verteilt sich ein Nervenstrang in einem bestimmten Körperbereich und kann nur in diesem Bereich wirksam sein. Ein an der linken Körperseite verlaufender Nerv kann nach neurophysiologischen Erkenntnissen auch nur an der linken Seite wirken. Die Kreuzungen des Meridian-Systems von der linken zur rechten Seite, die durch die sogenannten Meridianverbindungen *(Jing-Bie)* ermöglicht werden, haben in der modernen Theorie des Nervensystems keine Parallele. Nach der Meridian-Theorie leiten die Meridiane der rechten und der linken Körperseite *gemeinsam* zum gleichen inneren Speicherorgan oder Hohlorgan, wodurch eine Verbindung zwischen beiden nicht nur an der Körperoberfläche, sondern auch im Körperinneren hergestellt wird.

Zusammenfassend läßt sich sagen, daß die Akupunktur-Analgesie heute in China sowohl durch neurophysiologische Erkenntnisse der modernen Medizin als auch durch die traditionelle chinesische Meridian-Theorie *(Jing-Luo)* erklärt wird. Die Theorie des Nervensystems der westlichen Medizin genügt dabei nicht zur Erklärung sämtlicher Phänomene der Akupunktur-Analgesie.

Aus diesem Grund decken sich die Interpretationen der analgetischen Wirkung der Akupunktur durch die moderne westliche Medizin und die Erklärung der analgetischen Wirkung durch die traditionelle chinesische Medizin nicht völlig. In der Volksrepublik China wird empfohlen, die Nerven-Theorie und die Meridian-Theorie nebeneinander bestehen zu lassen und nicht zu versuchen, eine durch die andere zu ersetzen.

4.4.3 Neurohumorale Theorie zur Erklärung des Meridian-Systems

Nach Ansicht der traditionellen chinesischen Medizin transportiert das Meridian-System nicht nur das *«Qi»*, sondern auch das Blut. Wir haben oben erläutert, daß diese Ansicht durch unvollkommene anatomische Kenntnisse der alten chinesichen Mediziner zustande gekommen ist (vgl. S. 150 ff). Die Stränge bzw. Bahnen des chinesischen Meridian-Systems umfassen also Nervenleitungen, Blutgefäße und Lymphgefäße. Diese Ansicht ist jedoch heute aufgrund der differenzierteren Erkenntnisse der modernen westlichen Medizin in der traditionellen Form kaum noch aufrecht zu erhalten.

In jedem Fall haben die Meridiane *(Jing)* seit eh und je als Transportwege für Körperflüssigkeiten gegolten. Das Zeichen *«Jing»* heißt nämlich in Verbindung mit dem Meridian-System soviel wie «Abzugskanal». Damit wird ein Hohlraumsystem angedeutet, in dem Flüssigkeiten zirkulieren.

Auch dieser Theorie ist man in den Forschungsinstituten der Volksrepublik China nachgegangen. Man fand zunächst klinische Hinweise für eine humorale Wirkung der Akupunktur darin, daß Nadelreize nicht nur flüchtige Sensationen am Nervensystem auslösen, sondern oft auch anhaltende Veränderungen im Körper bewirken können. Solche Wirkungen stehen nun fast immer in Verbindung mit einer Änderung von humoralen Faktoren des Organismus.

Ebenfalls im Physiologischen Institut in *Shanghai* wurde festgestellt, daß eine Akupunktur tatsächlich Veränderungen in den Körperflüssigkeiten auslöst. Bei Ratten, Hunden und Kaninchen wurden die Kreisläufe zweier verschiedener Tiere künstlich miteinander verbunden (170 a). Stach man nun eins der Tiere mit einer Akupunkturnadel, so zeigte sich der analgetische Effekt nicht nur bei dem gestochenen Tier, sondern auch bei dem nicht genadelten Tier, dessen Kreislauf mit dem des gestochenen Tieres in Verbindung stand.

Ein weiterer Versuch, im Physiologischen Institut der Universität *Shanghai* unternommen, wurde an drei Kaninchen durchgeführt. Alle drei etwa 2 kg schwer waren in leinenen Hängematten aufgehängt. Den Tieren wurden die

Augen verbunden. Es wurde ihnen mit einem heißen Lichtstrahl die Schnauze gereizt. Nach sechs Sekunden zogen die Kaninchen die irritierte Nase zurück. Nun wurde eins der Tiere mit einer Stahlnadel am Punkt *Zu-San-Li* des Hinterlaufs akupunktiert und danach wiederum mit dem heißen Licht gereizt. Es dauerte jetzt nach der Akupunktur mehr als 20 Sekunden, bis das Tier den Kopf wegzog. Die Schmerzschwelle hatte sich also deutlich gehoben. Darauf wurde das zweite Kaninchen am Punkt *Zu-San-Li* akupunktiert, worauf sich ebenfalls eine Erhöhung der Schmerzschwelle zeigte. Dem zweiten Kaninchen wurde mit einer Kanüle etwas Liquor cerebrospinalis aus dem Nacken entnommen und dem dritten Tier, das nicht mit Nadeln vorbehandelt war, ins Ventrikelsystem eingespritzt. Auch beim dritten Tier war daraufhin die Schmerzschwelle deutlich erhöht.

Nach dieser Versuchsserie isolierte man im Phyiologischen Intitut in *Shanghai* aus der Gehirnmasse der Kaninchen eine signifikant erhöhte Menge an 5-Hydroxytryptamin (Serotonin) (171) (172). Daß Serotonin bei der Akupunkturwirkung einen entscheidenden Effekt hat, läßt sich experimentell auch noch auf andere Weise feststellen. Man weiß, daß die Synthese von Serotonin im Organismus durch Parachlorophenylalanin verhindert wird. Nach Einspritzung dieses Stoffes zeigten Versuchstiere keine Erhöhung der Schmerzschwelle durch Akupunktur mehr. Demgegenüber wird die Produktion von Serotonin im Körper durch 5-Hydroxytryptophan gefördert. Die Injektion dieses Stoffes hat eine fördernde Wirkung auf den Akupunktur-Effekt, indem sie die Erhöhung der Schmerzschwelle im Körper unterstützt (173). Zu ähnlichen Ergebnissen kam der Wiener Neurologe Birkmayer mit Mitarbeitern des Ludwig-Boltzmann-Instituts für Neurochemie. (173 a) (173 b)

Andere klinische Versuche in China haben gezeigt, daß Patienten, die wegen akuter Appendicitis akupunktiert wurden, nach der Behandlung einen erhöhten Spiegel an Nebennierenrindenhormonen im Blut aufwiesen. Auch Follikelhormon (Östrogen) und Gelbkörperhormon (Progesteron) werden nach Akupunkturbehandlung vermehrt ausgeschieden, was die Ovulation im Eierstock fördert. Auf dieser Basis dürfte die Wirksamkeit der Akupunktur bei weiblicher Sterilität zu verstehen sein. In jüngster Zeit wird die Wirkung der Akupunktur mit den sogenannten endogenen Opiaten (Encephalo-Endorphine) in Zusammenhang gebracht (174 a) (174 b) (174 c). Im Jahre 1976 entdeckten Mayer und Price, daß die Wirkung einer Akupunktur-Analgesie 5 bis 10 Minuten nach Injektion von Naloxone abrupt unterbrochen werden kann. Naloxone ist ein Antagonist zu den Endorphinen, das sind morphiumähnliche Faktoren, die im Organismus entstehen, und die eine schmerzunterdrückende

Wirkung haben. Daraus wurde die Hypothese abgeleitet, daß die Akupunkturwirkung auf dem Weg über endogene Opiate erfolge. Im Physiologischen Institut Shanghai konnte die Beobachtung von Mayer und Price bestätigt werden (174 d). Die Hypothese wird gegenwärtig an mehreren westlichen Forschungsinstituten und Kliniken überprüft (174 e). Hier läge eine Möglichkeit, die Wirkung der Akupunktur-Analgesie, eventuell auch der therapeutischen Akupunktur, über einen neuro-humoralen Faktor zu erklären.

4.4.4 Das Phänomen des verminderten Hautwiderstandes über den Akupunkturpunkten

In der Volksrepublik China und in westlichen Ländern wurden Untersuchungen über den elektrischen Widerstand der Haut über den Akupunkturpunkten angestellt. Es besteht eine enge Verbindung zwischen den Punkten der Haut mit vermindertem elektrischem Widerstand und den Akupunkturpunkten (174 f). Indessen gibt es zahlreiche Hautpunkte mit vermindertem elektrischem Widerstand, die nicht mit Akupunkturpunkten der chinesischen Medizin zusammenfallen. Der verminderte elektrische Widerstand der Haut kann darum nur begrenzt zum Aufsuchen der Akupunkturpunkte auf der Haut dienen, und die von kommerziell orientierten westlichen Unternehmen angebotenen Suchgeräte für Akupunkturpunkte am menschlichen Körper, die vor allem Anfängern zum Finden der Einstichpunkte dienen sollen, haben deshalb nur sehr begrenzten Wert.

Wichtig ist an dieser Stelle der Hinweis, daß die unter 4.4.1 bis 4.4.4 mitgeteilten naturwissenschaftlichen Objektivierungen zum Meridian-System keinesfalls das Wesen der *Jing-Luo* der chinesischen Medizin völlig zu fassen vermögen. Die Meridian-Theorie ist ein Teil der *vorkartesianisch* angelegten chinesischen Medizin; sie kennt nicht die strikte Trennung von Subjektivem und Objektivem, Psychischem und Somatischem, Funktionellem und Materiellem, wie sie für die moderne Naturwissenschaft verbindlich ist. Das ist ihre Schwäche, darin liegt jedoch auch ihr zukunftsweisender Aspekt. Die moderne Physik hat uns gelehrt, daß sich die Trennung in Subjekt und Objekt nach dem Modell der mechanistischen Auffassung des 19. Jahrhunderts nicht zum vollen Verständnis der uns umgebenden Wirklichkeit eignet (175). Die traditionelle chinesische Medizin bietet ein Modell, das diese Trennung nicht zur Grundlage seines Denkens und Handelns macht. Es wäre jedoch falsch, sich angesichts der ungeheueren Fortschritte der modernen Naturwissenschaft als Mediziner auf ein solches altes medizinisches Denkmodell zurückzuziehen, ohne es kritisch zu betrachten und am Maßstab naturwissenschaftlicher Erkenntnisse zu überprüfen. Für die Zukunft kann nur eine Medizin sinnvoll sein, die auf den naturwissenschaftlichen Erkenntnissen der modernen Physik aufbaut, die immer wieder objektivierende Prüfungen zur eigenen Kontrolle durchführt, die aber andererseits die Komplexität der Wirklichkeit im Auge behält und auf Schritt und Tritt in der Lage ist, nicht nur vom Objektiven zum Subjektiven eine Brücke zu schlagen, sondern beides unter einem gemeinsamen Nenner zu verstehen. Dazu vermag die traditionelle chinesische Medizin eine Richtlinie abzugeben.

4.5 Zusammenfassung

Das Meridian-System *(Jing-Luo)* der chinesischen Medizin gilt als Weg für den Durchgang des *Qi-Xue* (Blut-Funktion). Dieses *Qi-Xue* zirkuliert in den Meridianen *(Jing)*, die sowohl als Blutgefäße als auch als Nervenbahnen zu verstehen sind. Das Meridian-System versorgt den ganzen Organismus. Durch die Kreislaufbewegung des *Qi-Xue* werden nach Auffassung der chinesischen Heilkunde *Yin* und *Yang* miteinander verbunden, Sehnen und Knochen werden geschmeidig gehalten (wörtlich: «geölt»), und die Gelenke bleiben beweglich.

Die chinesische Medizin unterscheidet Hauptmeridiane *(Zheng-Jing)* und außergewöhnliche Meridiane *(Qi-Jing)*. Hinzu kommen eine Reihe anderer Gefäß-Verläufe, wie *Luo*-Gefäße *(Luo-Mai)*, Meridian-Verbindungen *(Jing-Bie)*, Meridian-Sehnen *(Jing-Jin)*, sowie Hautzonenverläufe der Meridiane *(Pi-Bu)*, deren Darstellung einem speziellen Lehrbuch der Akupunktur vorbehalten bleiben muß.

Die 12 klassischen Meridiane werden nach Hand-Meridianen und Fuß-Meridianen, *Yin*-Meridianen und *Yang*-Meridianen eingeteilt. Bei ihrem Verlauf gibt es folgende Regel: Die drei *Yin*-Meridiane der Hand verlaufen von der Brust zu den Fingerspitzen, die drei *Yang*-Meridiane ziehen von der Hand zum Kopf aufwärts. Die drei *Yang*-Meridiane des Fußes verlaufen vom Kopf abwärts zu den Zehen, die drei *Yin*-Meridiane des Fußes ziehen von den Füßen aufwärts zum Bauch.

Im Sinne der dadurch vorgezeichneten Zirkulation bewegen sich das *Ying-Qi* (Ernährungs-Funktion) und das *Wei-Qi* (Abwehr-Funktion) ununterbrochen im Meridian-System.

Die 12 Meridiane stehen in enger Verbindung mit den Speicher- und Hohlorganen; dabei entspricht jeweils einem Speicher- oder Hohlorgan ein bestimmter Abschnitt von Oberfläche *(Biao)* und Innerem *(Li)*, von *Luo*-Gefäß und weiteren Anhängen des Meridian-Systems *(Shu)*, z. B. den Hautarealen *(Pi-Bu)*. In diese Entsprechung gehören auch die Hauptverläufe der Meridiane *(Zheng-Jing)* und die Meridian-Verbindungen *(Jing-Bie)*. All dies ist im Verhältnis von *Ying* und *Yang* eingeteilt (vgl. S. 52) und steht miteinander in Verbindung.

Die acht Außergewöhnlichen Gefäße *(Qi-Jing Ba-Mai)* sind: *Du-Mai* (Lenkergefäß), *Ren-Mai* (Diener- oder Funktionsgefäß), *Chong-Mai* (Aufstiegs-Gefäß), *Dai-Mai* (Gürtelgefäß), *Yin-Wei-Mai* und *Yang-Wei-Mai* (Verbindungsgefäße), *Yin-Qiao-Mai* und *Yang Qiao-Mai* (Gefäße der Beweglichkeit). Der Unterschied der Außergewöhnlichen Gefäße zu den Hauptmeridianen beruht darin, daß die ersteren keine Oberfläche-Innen-Beziehung *(Biao-Li)* besitzen und nicht mit den Speicher- und Hohlorganen in direkter Verbindung stehen. Die Aufgabe der Außergewöhnlichen Gefäße ist, das *Qi-Xue* (Blut-Aktivität) der Hauptmeridiane zu speichern. Der *Du-Mai* verläuft in der Mitte der Rückseite des Rumpfes, der *Ren-Mai* in der Mitte der Vorderseite des Körpers.

In der chinesischen Medizin wird manchmal auch von den 14 klassischen Meridianen gesprochen: Darunter sind die 12 Hauptmeridiane plus *Du-Mai* und *Ren-Mai* zu verstehen.

Nach Ansicht der chinesischen Medizin ist das Leben und die Aktivität des Menschen nicht denkbar ohne die Funktion des *Qi-Xue*, dessen Beförderung vom Meridian-System *(Jing-Luo)* abhängt. Physiologisch gesehen hat das Meridian-System nach Auffassung der chinesischen Medizin die Aufgabe, das *Qi-Xue* im Körper zu befördern. In pathologischer Hinsicht dient das Meridian-System, wie wir weiter unten sehen werden, auch als Beförderungsbahn für in den Körper eingedrungene pathogene Störungen *(Bing-Xie* bzw. *Xie-Qi)*. Deshalb spiegelt sich im Meridian-System der Ablauf einer Erkrankung auf typische Weise wider.

Bei der Diagnostik der chinesischen Medizin wird der Meridian-Verlauf am menschlichen Körper und sein Verhältnis zur Körperoberfläche *(Biao)* sowie den inneren Organen *(Li)* stets sorgfältig berücksichtigt. So dient die Meridian-Theorie in der chinesischen Heilkunde seit langem als Leitfaden bei der Krankheitserkennung. Der moderne westliche Arzt hat stets zu berücksichtigen, daß die Meridian-Theorie vorwissenschaftlich und unvollkommen ist, daß auch in China darüber weitere Forschungen angestellt werden, und daß sie deshalb nur kritisch und unter Berücksichtigung ihres besonderen Stellenwerts einzusetzen ist.

5 Krankheitsursachen *(Bing-Yin)* und Pathologie *(Bing-Li)*

Nach Ansicht der chinesischen Medizin stehen der menschliche Organismus und seine inneren Organe mit der Umwelt in einer wechselseitigen, einheitlichen Verbindung. Die verschiedenen Strukturen des Körpers stehen dabei in einem dialektischen Widerspruch zueinander, den sie durch ihre physiologischen Aktivitäten ständig auflösen, um das Gleichgewicht des Körpers zu erhalten, wodurch die physiologische Normal-Lage des Menschen bewahrt wird. Ist dieser wechselseitige Gleichgewichtszustand der verschiedenen Teile des menschlichen Organismus gestört, tritt eine Erkrankung ein.

Alle Einflüsse, durch die die wechselseitige Balance, der Gleichgewichtszustand, gestört wird und die so eine Erkrankung hervorrufen, nennt man in der chinesischen Medizin «Krankheitsursachen» *(Bing-Yin)*. Durch die Einwirkung der verschiedensten Krankheitsursachen auf den Körper wird das *Yin* oder *Yang* zu Üppigkeit *(Sheng)* oder Schwäche *(Pian)* verändert, das Verhältnis zwischen Widerstandskraft des Körpers *(Zheng)* und äußeren Störungen *(Xie)* wird zu ungunsten der Widerstandskraft verschoben. Alle hieraus resultierenden Veränderungen gehören in den Bereich der Pathologie *(Bing-Li)* der chinesischen Medizin. Durch subtile Beobachtungen über Jahrhunderte erkannten die alten Mediziner Chinas, daß sehr unterschiedliche Faktoren zu einer Erkrankung führen können, z. B.: Veränderungen des Klimas, ansteckende Krankheiten, psychische Erregung, Diätfehler, Anstrengungen, äußerliche Verletzungen, Bisse von Tieren oder Insekten. Ferner gelten nach der Theorie der chinesischen Medizin noch einige unnormale Produkte des menschlichen Organismus als Krankheitserreger, so «gestautes» Blut *(Yu-Xue)*, Schleimflüssigkeiten *(Tan-Yin)* usw.

Die Theorie der Krankheitsursachen und pathologischen Veränderungen des Körpers stützt sich in der chinesischen Medizin auf einfache Beobachtungen der alten Ärzte, die nach dem Modell von *Yin* und *Yang* dialektisch miteinander in Verbindung gebracht wurden. Im Gegensatz zur modernen westlichen Medizin verfügt die Diagnostik der chinesischen Medizin nur über die Möglichkeit, *qualitative* Veränderungen festzustellen, während sich die westliche Medizin heute überwiegend auf quantitative diagnostische Verfahren stützen kann. Sicher ist eine auch quantitative Diagnostik der nur qualitativen Krankheitserkennung überlegen. Es darf aber nicht vergessen werden, daß gewisse Aufschlüsse über den menschlichen Organismus nur durch qualitative

Methodik zu erreichen sind. Insofern bilden westliche und chinesische Medizin eine gegenseitige Ergänzung. In der Volksrepublik China wird darüber hinaus die quantitative und objektive Überprüfung der Annahmen der traditionellen chinesischen Medizin angestrebt, um die vorwissenschaftlichen Theorien der chinesischen Ärzte für das moderne ärztliche Denken nutzbar zu machen.

5.1 Die Entstehung von Krankheiten

Die Entwicklung von Krankheiten ist mit komplizierten Vorgängen im menschlichen Organismus verbunden. In der chinesischen Medizin wird der hier tangierte Gesamtkomplex unter einem Hauptnenner zusammengefaßt, nämlich unter dem Begriff der «Störung des *Yin-Yang*-Ausgleichs». Dabei gibt es zwei wesentliche Ursachen, die zu einer derartigen *Yin-Yang*-Störung führen:

1. eine Beeinträchtigung der normalen Funktionen des menschlichen Organismus,
2. Krankheitsfaktoren, die von außen oder innen auf den Körper einwirken und seine normalen Abläufe bzw. sein Gleichgewicht stören.

Die traditionelle chinesische Medizin nennt die Widerstandskraft des Organismus, die Krankheitsfaktoren abwehren kann, das *«Zheng-Qi»* oder einfach *«Zheng»*. Nicht ausreichendes oder vermindertes *«Zheng-Qi»* ist die eigentliche Ursache einer Erkrankung. Sämtliche Faktoren, die eine Erkrankung bewirken, nennt die chinesische Medizin *«Xie-Qi»* oder einfach *«Xie»*, d. h. «Störung». Auch dieses *«Xie»* ist eine Vorbedingung einer Erkrankung. Der Beginn und die Entwicklung einer Krankheit hängt ab von der dialektischen Beziehung und vom Kampf zwischen *«Zheng»* und *«Xie»*.

In der chinesischen Medizin spielt die Widerstandskraft des menschlichen Körpers, das *«Zheng-Qi»* eine wesentliche Rolle. Im Buch *«Su-Wen»* heißt es: «Wenn Widerstandskraft *(Zheng-Qi)* im Körper ist, kann eine äußere Störung *(Xie)* nichts ausrichten» (176). Im gleichen Werk wird ferner betont: «Wohin eine Störung *‹Xie›* kommt, dort ist die Widerstandskraft *(Zheng-Qi)* bestimmt leer» (177). Normalerweise ist das *Zheng-Qi* des Körpers üppig und voll, so daß eine äußere Störung *(Xie-Qi)* nicht Fuß fassen kann. Wenn in solchem Falle auch einmal äußere Störungen eindringen, wird doch keine Erkrankung eintreten. Das geschieht nur, wenn die Widerstandskraft *(Zheng-*Qi) zu schwach ist, um den eindringenden äußeren Störungen zu widerstehen. Dann kann das *Xie-Qi* die Schwäche ausnützen, eindringen und eine Störung der Blutfunktion *(Qi-Xue)* der inneren Organe *(Zang-Fu)* bewirken, so daß eine Krankheit auftritt. Eine solche Schwäche in der Widerstandskraft

(Zheng-Qi) ist nicht nur der Hauptgrund für eine Erkrankung, auch der Krankheitsverlauf, ihr Schweregrad, ihre Heilbarkeit hängt vom Verhältnis zwischen Widerstandskraft und äußerer Störung, in erster Linie aber von der Widerstandskraft *(Zheng)* ab. Wenn im Kampf zwischen Widerstandskraft und Störung die Widerstandskraft die Oberhand behält, bessert sich die Krankheit und der Patient kann geheilt werden. Vermag die Widerstandskraft die Störung aber nicht zu besiegen, verschlechtert sich der Zustand und der Patient wird nicht geheilt. Stärke oder Schwäche der Widerstandskraft *(Zheng-Qi)* des Körpers hängt ab von der Konstitution des Menschen, von seiner augenblicklichen körperlichen Verfassung, von der Umgebung, vom Essen und vom körperlichen Training. Die Konstitution eines Menschen ist in erster Linie von vererbten Faktoren abhängig. Dazu heißt es im Buch «*Ling-Shu*»: «Von Geburt gibt es kräftige und zarte, schwache und starke, kleine und große *Yin*-Typen und *Yang*-Typen» (178). Dies bedeutet, daß der Mensch schon bei der Geburt eine gewisse konstitutionelle Eigenart besitzt, die im Leben beim Auftreten von Krankheiten eine bestimmende Bedeutung hat. Wenn z. B. Wind und Kälte *(Feng-Han)* die Oberfläche des Körpers angreifen, entsteht bei manchen Menschen eine Erkältung mit starkem Schwitzen *(Zhong-Feng)*, ein Leerezustand der Oberfläche; bei anderen eine Erkältung ohne Schwitzen *(Shang-Han)*, ein Füllezustand der Oberfläche. Bei beiden Erkrankungen ist die Störung *(Xie)* die gleiche, nämlich Wind und Kälte. Die Erscheinung der Krankheit ist aber unterschiedlich, da sie von der Konstitution des erkrankten Menschen mitgeprägt wird.

Obwohl die traditionelle chinesische Medizin die Körper-Seele-Trennung nicht in dem Maße vollzieht wie die moderne westliche, hat sie doch seit frühesten Zeiten erkannt, daß auch psychische Veränderungen einen Einfluß auf die inneren Organe *(Zang-Fu)* und die damit verbundene Blut-Funktion *(Qi-Xue)* haben. Die Entstehung und der Verlauf von Krankheiten können auf diese Weise beeinflußt werden. Wenn der Kranke z. B. große Aufregungen hat, werden sein Schlaf und sein Appetit beeinträchtigt, es kann zum Gewichtsverlust kommen.

Im Buch «*Ling-Shu*» heißt es: «Übermäßige Freude oder zu starker Ärger verletzen die Speicherorgane *(Zang)*. Wenn die Speicherorgane geschädigt sind, tritt eine Erkrankung des *Yin* auf.» (179) Mit «*Yin*» ist hier das Körperinnere gemeint.

Dies weist darauf hin, daß der chinesischen Medizin die Pathogenität psychischer Einflüsse schon zur Zeit der Niederschrift des «*Nei-Jing*» bekannt war. Im modernen China wird den Ärzten nahegelegt, in ihren Patienten einen «revolutionären Optimismus» zu entwickeln, d. h. sie in eine Zuversichtliche Stimmung zu bringen; wir würden im Westen sagen: sie durch positive Suggestion psychisch zu beeinflussen. Man weiß nämlich, daß Zuversicht und positive Einstellung die Widerstandskraft steigern, mit deren Hilfe eine Erkrankung besiegt werden kann. Auf diese Weise wird das *«Zheng»* neu belebt, von außen eingedrungene Störungen aller Art *(Xie-Qi)* werden aus dem Organismus vertrieben.

Ähnlich wie die westliche Medizin hat auch die traditionelle chinesische Heilkunde den Einfluß geographischer Faktoren auf die menschliche Gesundheit von jeher richtig eingeschätzt. Im Buch *«Su Wen»* heißt es: «Der Osten ist das Gebiet, in dem alles gedeiht und lebt. Hier ist der Platz der Fische und des Sandes, das Meeresufer begrenzt das Wasser, das Volk nährt sich von Fischen und liebt das Salzige ... Die Farbe der Menschen ist hier dunkel, sie neigen dazu, sich gehen zu lassen, und ihre hauptsächlichen Erkrankungen sind Geschwülste» (180).

So haben Chinas frühe Ärzte den Einfluß der Umgebung und der Lebensweise auf den Menschen und seine Erkrankungen eingeschätzt. Während damals hauptsächlich eine Anpassung des Menschen an seine Umgebung befürwortet wurde, neigt man heute in der Volksrepublik China dazu, den Menschen zur *Umgestaltung* seiner Umgebung zu ermutigen. Mit Hilfe einer größtenteils vom Westen importierten Technologie ist China heute in der Lage, seinen Menschen eine erträgliche Umgebung zu geben, anders als in früheren Jahrhunderten. Dies gilt auch für den Fall einer Erkrankung.

Weitere wichtige Faktoren, die das Auftreten von Krankheiten beeinflussen, sind nach Ansicht der chinesischen Medizin die Nahrung und die körperliche Betätigung eines Menschen. Bei ausgewogener Kost, geregelter körperlicher Arbeit und vernünftigem sportlichem Training ist das *Qi-Xue* (Blut-Aktivität) reichlich vorhanden, die Widerstandskraft *(Zeng-Qi)* ist stark, der Mensch kann äußeren Störungen *(Wai-Xie)* widerstehen und seine Gesundheit erhalten. Bei schlechtem oder unregelmäßigem Essen, mangelnder körperlicher Betätigung, fehlendem sportlichem Training, wird das *Qi-Xue* (Aktivität, Blut) ungenügend; es kann zu einer *Qi-Xue*-Verstauung kommen. Sehnen und Knochen werden schlaff, die Widerstandskraft *(Zheng-Qi)* des Körpers ist in einem Leerezustand, sie kann sich äußeren Störungen *(Wai-Xie)* nicht widersetzen, so entstehen Krankheiten. Die Widerstandskraft *(Zheng-Qi)* wird also durch die Konstitution des Menschen, seinen psychischen Zustand, seine Umgebung, seine Lebensweise, seine Ernährung und sein körperliches Training beeinflußt. Alle diese Faktoren tragen zur Stärke oder Schwäche der Widerstandskraft *(Zheng-Qi)* bei, die beim Auftreten von Krankheiten den inneren Faktor im Körper darstellt.

Die Widerstandskraft *(Zheng-Qi)* ist aber nicht der einzige Faktor bei der Entstehung von Krankheiten, es muß immer eine äußere Störung (Wai-Xie) hinzukommen. In diesem Sinne heißt es im Buche «Ling-*Shu*»: «Die Entstehung der hundert verschiedenen Erkrankungen wird durch Wind, Regen, Hitze, Kälte, Nässe, Freude oder Ärger bewirkt» (181). Damit ist sowohl die Einwirkung des Wetters als auch psychischer Faktoren angedeutet. Wenn eine äußere Störung besonders stark ist, beispielsweise bei schweren Infektionskrankheiten, kann sie sogar die normal entwickelte Widerstandskraft eines Menschen überwinden. Deshalb heißt es im Buch *«Su-Wen»* über die Vorbeugung und Vermeidung ansteckender Krankheiten, der Mensch solle in sich nicht nur eine starke Widerstandskraft *(Zheng-Qi)* bewahren, er solle auch «ansteckende Gifte» vermeiden (182). Damit wird, neben der richtigen Einschätzung äußerer ansteckender Krankheiten, auch auf die Bedeutung der Krankheitsverhütung hingewiesen.

Alle Arten von krankheitserzeugenden Faktoren wirken nach der chinesischen Heilkunde auf die Ausgewogenheit von *Yin* und *Yang*, den ungehinderten Fluß des *Qi-Xue*, auf die Speicher- und Hohlorgane und auf das Meridian-System ein. Dabei sind äußerliche Krankheitsfaktoren von Bedeutung, diesen stehen indessen innere Faktoren des Körpers, z. B. die Widerstandskraft, entgegen. Diese durchaus rationale Auffassung der chinesischen Medizin, die bis in die frühesten Stufen der chinesischen Kultur zurückreicht, hat animistische Vorstellungen Krankheiten als Wirkung «böser Geister» oder «Teufel» abgelöst. Sie hat außerdem dazu geführt, daß Krankheit im alten China nicht als unabänderliches Schicksal hingenommen, sondern bekämpft wurde. Somit hat sie antimetaphysischen Charakter, was von besonderer Bedeutung für die Vereinbarkeit der traditionellen chinesischen Medizin mit den Gedanken des dialektischen Materialismus ist.

Es wird im modernen China immer wieder betont, daß eine dialektische Interpretation der Krankheitsentstehung der einseitigen Betonung äußerer Krankheitserreger überlegen ist, wie sie für die moderne westliche Medizin typisch ist. Im heutigen China kritisiert man die Auffassung der westlichen Medizin, die die Mikrobe, den Krankheitserreger, in den Mittelpunkt des pathologischen Ablaufs stellt, als «einseitige, falsche Metaphysik». Diese Kritik ist nicht ganz von der Hand zu weisen. Krankheit ist nicht nur ein äußerliches Geschehen, dem der Mensch unterworfen ist. Krankheit ist, und hier hat die traditionelle chinesische Medizin völlig recht, ein dialektischer Prozeß zwischen dem erkrankten Organismus und dem von außen eingedrungenen Krankheitserreger. Im medizinischen Unterricht an den Hochschulen Chinas werden solche Erkenntnisse, die ihre Wurzeln in der alten chinesischen

Tradition haben, heute häufig mit Aussprüchen *Mao Tse-tungs* belegt. Die dialektische Beziehung zwischen Abwehrkraft des Organismus und Krankheitserregern, wie sie in China von jeher üblich ist, läuft nämlich mit einer ganz bestimmten Anschauung des dialektischen Denkens parallel, das dem heutigen China sein charakteristisches Gepräge gegeben hat. Da dieser Zusammenhang für das Verständnis der chinesischen Medizin im modernen China wichtig ist, sei hier eine typische Stelle aus dem Werk *Mao Tse-tungs* zitiert, die den angesprochenen Sachverhalt folgendermaßen beschreibt:

«Die Grundursache der Entwicklung eines Dinges liegt nicht außerhalb, sondern innerhalb desselben; sie liegt in seiner inneren Widersprüchlichkeit. Allen Dingen wohnt diese Widersprüchlichkeit inne, und sie ist es, die die Bewegung und Entwicklung dieser Dinge verursacht. Diese innere Widersprüchlichkeit der Dinge ist die Grundursache ihrer Entwicklung, während der Zusammenhang und die Wechselwirkung eines Dinges mit anderen Dingen sekundäre Ursachen darstellen. Somit tritt die materialistische Dialektik der Theorie von der äußeren Ursache, vom äußeren Anstoß, die dem metaphysischen mechanischen Materialismus und dem metaphysischen vulgären Evolutionismus eigen ist, der dialektischen Auffassung entschieden entgegen. Es ist klar, daß rein äußere Ursachen nur eine mechanische Bewegung der Dinge hervorzurufen vermögen... in Wirklichkeit wird selbst die durch einen äußeren Einfluß ausgelöste mechanische Bewegung ebenfalls mittels der inneren Widersprüchlichkeit der Dinge bewerkstelligt» (183).

Dieses Zitat zeigt neben der Art und Weise, wie heute in China die Ideen *Mao Tse-tungs* mit dem medizinischen Unterricht verbunden werden, die Kontinuität zwischen altchinesischem Denken und modernen marxistischen Theorien. Es zeigt außerdem, wie flexibel die Auffassung der heute in China herangebildeten Mediziner ist. Diese Auffassung wird nicht nur an den Schulen der traditionellen chinesischen Medizin gelehrt, sondern auch an den Fakultäten, die moderne westliche Medizin unterrichten.

5.2 Krankheitsursachen *(Bing-Yin)*

Obwohl die Auffassung über die Entstehung von Krankheiten in der traditionellen chinesischen Medizin etwas anderes ist als in der modernen westlichen, spricht man auch hier von Krankheitsursachen *(Bing-Yin)* im Sinne kausal bedingender Faktoren. In den Anfangszeiten der Systematisierung der chinesischen Medizin benutzte man zur Erforschung der Krankheitsursachen hauptsächlich eine Methode, die im Chinesischen als «*Gui-Na*» bezeichnet wird, was am ehesten mit «Induktion» zu übersetzen ist. Dabei werden typische Krankheitssymptome entweder dem *Yin* oder dem *Yang*, der Wärme oder der Kälte, der Leere oder der Fülle usw. zugeordnet. In diesem Sinne heißt es im Buch *«Nei-Jing» (Su-Wen)*: «Eine Störung *(Xie)* kommt entweder vom *Yin* oder vom *Yang*» (184). Hier ist zu beachten, daß in der chinesischen Medizin die induktive Methodik stets auf einer «Deduktion» (Ableitung des Besonderen aus dem Allgemeinen, Gegensatz der Induktion) basiert, nämlich auf der Zuordnung jeder Einzelbeobachtung zum *Yin* oder *Yang*.

In der *Han*-Dynastie (206 v. Chr.–220 n. Chr.) beschrieb der chinesische Arzt *Zhang Zhong-jing* in seinem Buch *«Jin-Gui Yao-Lüe»* drei Arten der Krankheitsentstehung:

1. Innere Faktoren, zu denen eine Störung *(Xie)* im Meridian-System *(Jing Luo)* und in den inneren Organen *(Zang-Fu)* gehört;
2. Äußere Faktoren, zu denen er eine Stauung der Blutzirkulation in den vier Extremitäten und an den neun Körperöffnungen rechnete, wobei die äußere Störung im Bereich der Haut sitzt. (Die neun Öffnungen sind in der chinesischen Medizin die sieben Öffnungen des Kopfes zuzüglich After und Harnröhre).
3. Sexuelle Verletzungen, Verwundungen durch scharfe Gegenstände, Tiere oder Insekten (185).

In der *Song*-Dynastie (960–1279 n. Chr.) hat der Mediziner *Chen-Yan* die Theorie des *Zhang Zhong-Jing* modifiziert und die sechs störenden Widrigkeiten *(Liu-Yin Xie-Qi)* als die entscheidenden äußeren Faktoren bezeichnet, die den menschlichen Organismus stören. Als innere Faktoren faßte er Störungen der fünf Speicherorgane *(Zang)* durch psychische Beeinträchtigungen auf. Verletzungen durch scharfe Gegenstände und Störungen durch falsche Ernährung faßt *Chen-Yan* als Krankheitsursachen auf, die weder innerlich noch ausgesprochen äußerlich angreifen. Seine Theorie der «drei Bedingungen» gilt auch heute noch in der traditionellen chinesischen Medizin, obwohl sie wissenschaftstheoretisch gesehen an äußerliche Faktoren gebunden bleibt und den inneren Grund einer Erkrankung nicht ausreichend berücksichtigt (186). Heute gelten folgende Faktoren als Hauptursache für Erkrankungen:

1. Die äußerlich ansteckenden sechs Widrigkeiten *(Liu-Yin)*, nämlich: Wind, Kälte, Sommerhitze, Nässe, Trockenheit und Feuer;
2. die innerlich verletzenden sieben psychischen Abnormitäten (Freude, Wut, Sorgen, Kummer, Traurigkeit, Angst und Furcht);
3. äußere Verletzungen, Diätfehler, Übermüdung usw. (187).

Zum Vorgang der Erkennung von Krankheitsursachen in der chinesischen Medizin sei hier noch folgendes angemerkt: Im deutschsprachigen sinologischen Schrifttum wird gelegentlich behauptet, die Methodik der traditionellen chinesischen Medizin sei ausschließlich «induktiv-synthetisch», die der modernen westlichen Medizin ausschließlich «kausal-analytisch» (188). Diese Annahme geht von der Übersetzung des chinesischen Begriffes *«Gui-Na»* aus, an den sie sich sklavisch anlehnt, ohne die übrigen wissenschaftstheoretischen Methoden der traditionellen chinesischen Medizin zu berücksichtigen, die ebenfalls bei der Erkennung von Krankheitsursachen verwendet werden. Es sind dies folgende: Zunächst das analysierende Betrachten (chinesisch *«Fen-Shi»)* mit dem die auf der Basis von *Yin-Yang*-Entsprechungen abgeleiteten Beobachtungen gegeneinander abgegrenzt und zur Aufstellung einer Diagnose geordnet werden. Ohne eine derartige Analyse ist weder in der chinesischen noch in der westlichen Medizin eine Krankheitsursache festzustellen.

Zweitens ist das bei der Diagnostik der chinesischen Heilkunde verwendete *«Tui-Li»* genannte Verfahren, die logische Schlußfolgerung (am besten mit «Deduktion» zu übersetzen), eine ebenfalls zur kausalen Erkennung von Krankheiten unerläßliche Voraussetzung. Induktive und deduktive Methodik sind also gemeinsam mit der Analyse der vorgefundenen Symptome Vorbedingungen für *jede* Art medizinischer Diagnostik. Es ist sachlich falsch, *einen* dieser beiden miteinander gekoppelten Erkenntniswege als typische Merkmal der westlichen *oder* chinesischen Medizin herauszustellen. Der eigentliche Unterschied zwischen moderner westlicher und traditioneller chinesischer Heilkunde liegt auf einer anderen Ebene. Hier sind drei Punkte zu nennen, in denen sich die traditionelle chinesische Medizin von der modernen westlichen unterscheidet:

1. die ganzheitliche Erfassung des menschlichen Organismus *(«Zheng-Ti»)*,
2. der dialektische Zugang zur Feststellung von Syndromen *(«Bian-Zheng»)*,
3. die Beschränkung der chinesischen Medizin auf qualitative Aussagen über den menschlichen Organismus und seine Störungen, also das Fehlen von Exaktheit, Prüfbarkeit und Objektivität im modernen wissenschaftlichen Sinne (189).

Wir haben oben schon ausgeführt, daß die qualitative Beurteilung von Krankheitssymptomen eng mit dem vorkartesianischen Charakter der chinesischen Heilkunde zusammenhängt, der eine Objektivierung im Sinne der Naturwissenschaft noch nicht bekannt war. Dies ist eine Schwäche der chinesischen Medizin, aber auch ihr Vorzug. In den Vorlesungen über chinesische Medizin an den Universitäten der Volksrepublik China werden das Analysieren *(Fen-Xi)*, die induktive Zuordnung von Krankheitssymptomen *(Gui-Na)* sowie die deduktive Schlußfolgerung *(Tui-Li)*, als gleichberechtigte Methoden zur Krankheitserkennung der chinesischen Heilkunde gelehrt. Es kommt dabei darauf an, «die Erscheinung einer Krankheit zu analysieren» *(Fen-Xi Ji-Bing)*, «durch dialektische Diagnostik den Krankheitsgrund zu erkennen» *(Bian-Zheng Qiu-Yin)*, außerdem «den Zustand zu prüfen, um den Grund zu erforschen» *(Shen-Zheng Qiu-Yin)*, sowie schließlich «die Ursache des Krankheits-Syndroms festzustellen» *(Bing-Yin Bian-Zheng)* (190). All dies setzt sowohl induktive als auch analytische und deduktive Methodik voraus.

5.2.1 Die sechs krankheitserzeugenden Widrigkeiten *(Liu-Yin)*

Darunter versteht die chinesische Medizin sechs klimatische Veränderungen der Natur, nämlich Wind, Kälte, Sommerhitze, Nässe, Trockenheit, Feuer, die auch einfach als die «6 *Qi*» bzw. «sechs klimatischen Funktionen» *(Liu-Qi)* bezeichnet werden. Es handelt sich dabei um den Wind des Frühjahrs, die Hitze (das Feuer) des Sommers, die Trockenheit des Herbstes, die Kälte des Winters, sowie die Nässe des verlängerten Sommers, der in China wesentlich feuchter ist als im Westen. Diese sechs unterschiedlichen klimatischen Einflüsse formen sich im Jahreslauf ständig ineinander um, so wie sich das Klima der vier Jahreszeiten verändert.

Der Mensch hat es im Laufe seiner Entwicklung aus der primitiven Gesellschaft gelernt, sich durch geeignete Maßnahmen an die unterschiedlichen klimatischen Einflüsse anzupassen und seine angeborene Widerstandskraft weiter zu verstärken. Durch irgendeinen Grund (innere Faktoren oder Umwelteinflüsse), wenn die Abwehrkraft geringer wird, wenn man sich den klimatischen Veränderungen nicht anpassen kann, oder aber wenn eine ungewöhnliche Abweichung des Klimas eintritt, auf die der Mensch nicht eingestellt ist, können die klimatischen Einflüsse zu Krankheitsursachen werden, sie greifen den Körper an und führen zu Störungen seiner Funktion. Dabei werden die «sechs Witterungseinflüsse» *(Liu-Qi)* zu den sechs Widrigkeiten *(Liu-Yin)* bzw. zu den sechs äußeren Störungen *(Liu-Xie)*. In der traditionellen chinesischen Medizin werden diese «sechs Krankheitsursachen» vor allem als Gründe äußerlicher Erkrankungen angesehen. Nach der Erfahrung der chinesischen Medizin hängen alle durch die «sechs Krankheitsursachen» verursachten Störungen vom Klima oder von der Umwelt ab. Im Frühjahr herrscht der Einfluß des Windes *(Feng)* vor, deshalb treten in dieser Jahreszeit oft Winderkrankungen auf. Im Winter ist es kalt, weswegen dann Kälteerkrankungen *(Han-Bing)* häufig sind. Im Sommer leidet der Mensch unter den Einflüssen der Sommerhitze *(Shu)*, weswegen in dieser Jahreszeit Hitzeerkrankungen vorwiegen. Dies trifft insbesondere für China zu, wo die Temperaturen im Sommer wesentlich höher sind als in Europa. Wenn in der Umgebung eines Menschen, z. B. seiner Wohnung, Nässe *(Shi)* herrscht, wird er leicht von einer Nässe-Störung *(Shi-Xie)* angegriffen usw.

Die sechs krankheitserzeugenden Widrigkeiten *(Liu-Yin Xie-Qi)* können einzeln auf den Körper wirken und dabei eine typische Erkrankung hervorrufen, die eindeutig auf die jeweils vorliegende Störung hinweist. Sie können aber den Menschen auch zu zwei oder drei Störungen gemeinsam angreifen, wobei dann Wind-Kälte-Erkrankungen (Erkältungen), Nässe-Hitze-Durchfälle, Wind-Kälte-Nässe-Störungen *(Feng-Han-Shi-Bi)* usw. entstehen. (Vgl. S. 212.) Die sechs durch äußere klimatische Einwirkungen bedingten Krankheitsursachen *(Liu-Yin Xie-Qi)* beeinflussen sich nicht nur während ihres Aufenthalts im menschlichen Organismus wechselseitig, sie können sich auch unter gewissen Bedingungen im Körper ineinander umwandeln. Wenn z. B. Wind-Kälte *(Feng-Han)* nicht beseitigt wird, entsteht Hitze *(Re)*. Wenn die Wärme und Nässe des langen chinesischen Spätsommers über längere Zeit einwirken, verletzen sie das *Yin* des Körpers usw.

Vom Standpunkt der modernen klinischen Medizin bezieht sich diese Lehre der sechs Krankheitsursachen einerseits auf biologische Agentien wie Bakterien, Viren, Parasiten usw. Sie umfaßt aber auch chemische und physikalische Einwirkungen, die den natürlichen Abläufen im Körper schaden. Mit den sechs Krankheitsursachen der chinesischen Medizin *(Liu-Yin)* sind also alle möglichen Faktoren gemeint, die auf den Körper wirken und Krankheiten erzeugen können. Im heutigen Unterricht der traditionellen chinesischen Medizin in den Universitäten Chinas wird darauf hingewiesen, daß die frühe chinesische Medizin nicht in der Lage war, Mikroben, Viren oder kleinere Parasiten zu erkennen. Die Einführung von mikroskopischen Untersuchungen und mikrobiologischen Diagnose-Verfahren blieb dem China der jüngsten Zeit überlassen, wodurch die Möglichkeiten zur Bekämpfung und Verhinderung von Krankheiten unermeßlich gesteigert wurden. Es wird jedoch betont, daß die Lehre von den sechs Krankheitsursachen *(Liu-Yin)* und den krankheitserzeugenden Störungen *(Bing-Xie)* die Wirkungen von äußerlichen Krankheitserregern (Bakterien, Viren, Parasiten) einschließe. Sie habe zwar nicht den «Krankheitserreger» im Sinne der modernen Medizin beschreiben können, wohl aber die Auswirkungen dieser Erreger auf den menschlichen Organismus. Die systematische Beschreibung dieser Auswirkungen auf den menschlichen Körper wird in der chinesischen Medizin sehr gründlich durchgeführt. Deshalb ist die diesbezügliche Methodik auch heute noch von großem klinischem Wert.

Neben den äußerlich ansteckenden Krankheitsfaktoren gibt es in der chinesischen Heilkunde andere Störungen, die ebenfalls die typischen Erscheinungen einer Erkrankung durch Wind, Kälte, Nässe, Trockenheit oder Feuer haben, die jedoch mit klimatisch bedingten äußerlichen Krankheitsursachen nichts zu tun haben. Um diese Erkrankungen von den äußeren sechs Krankheitseinflüssen zu unterscheiden, nennt man sie «inneren Wind» *(Nei-Feng)*, «innere Kälte» *(Nei-Han)*, «innere Nässe» *(Nei-Shi)*, «innere Trockenheit» *(Nei-Zao)* und «inneres Feuer» *(Nei-Huo)*. Solch ein vom Körperinneren erzeugter Wind, eine innere Kälte, Nässe, Trockenheit oder inneres Feuer sind typische Symptome einer pathologischen Funktion der inneren Organe *(Zang-Fu)*. Sie haben mit den Krankheiten, die durch äußerlich ansteckende Krankheitsstörungen *(Wai-Gan Xie-Qi)* verursacht werden, nichts zu tun.

5.2.1.1 Wind *(Feng)*

Die traditionelle chinesische Medizin unterscheidet einen «äußeren Wind» *(Wai-Feng)* von einem «inneren Wind» *(Nei-Feng)*. Der äußere Wind ist der klimatische Einfluß des Windes der Natur, der in allen vier Jahreszeiten vorkommt, in China jedoch im Frühjahr am stärksten ist. Zum Verständnis der Wirkung des Windes ist die Auffassung der chinesischen Medizin wichtig, daß eine Kältestörung *(Han-Xie)*, eine Nässe-Störung *(Shi-Xie)*, eine Trockenheitsstörung *(Zao-Xie)* und eine Hitze-Störung *(Re-Xie)* den Körper nur angreifen können, wenn sie dabei vom Wind unterstützt werden. Der Wind trägt die äußere Störung gewissermaßen erst an den Organismus heran. Auf diese Weise entstehen kombinierte Erkrankungen wie Wind-Kälte, Wind-Nässe, Wind-Wärme, Wind-Hitze usw. Die Windstörung *(Feng-Xie)* gilt gewissermaßen als Vorläufer einer äußerlichen ansteckenden Erkrankung. Das ist für die westliche Medizin insofern interessant, als der griechische Arzt Hippokrates ebenfalls die Winde und die verschiedenen Jahreszeiten als wichtige Faktoren bei der Krankheitsentstehung ansah. Aus der hippokratischen Schule stammt u. a. der immer noch gebräuchliche Krankheitsname «Malaria», was soviel heißt wie «schlechter Wind». Im Buch *«Su Wen»* heißt es ganz ähnlich: «Der Wind ist der Anfang der 100 Krankheiten» (191). Dies deutet auf gewisse Parallelen zwischen der frühen abendländischen und der traditionellen chinesischen Heilkunde hin.

Demgegenüber ist der Begriff des «inneren Windes» *(Nei-Feng)* nur der chinesischen Medizin geläufig. Er hängt mit einer Störung der Leber-Funktion zusammen, bei der das *Yang* der Leber zu stark wird. Der innere Wind wird deshalb auch «Leber-Wind» *(Gan-Feng)* genannt. Die chinesische Medizin kennt die Diagnose: «Der Leber-Wind bewegt sich innen» *(Gan-Feng Nei-Dong)*. Die Haupterscheinungen dieses inneren bzw. Leberwindes sind: Schwindel, Zittern, Krämpfe. Im Buch *«Su-Wen»* heißt es: «Alle Winde, die zum Schwindel führen, gehören zur Leber» (192).

5.2.1.1.1 Charakteristische Eigenschaften einer Wind-Störung *(Feng-Xie)*

Die Wind-Störung *(Feng-Xie)* ist nach der Lehre der chinesischen Medizin eine *Yang*-Störung; die charakteristischen Eigenschaften des Windes sind das «Öffnen» *(Kai)* und das «Austreiben» *(Xie)*. Der Wind *(Feng)* ist die Hauptwitterung *(Qi)* des Frühjahrs. Er hat die Eigenschaft, sich nach oben zu erheben *(Sheng-Fa)*, aufzusteigen und nach außen zu drängen. Aufgrund dieser Eigenschaften wird er zu den *Yang*-Störungen gerechnet.
(Qi) des Frühjahrs. Er hat die Eigenschaft, sich nach oben zu erheben *(Shing-*Fa), aufzusteigen und nach außen zu drängen. Aufgrund dieser Eigenschaften wird er zu den *Yang*-Störungen gerechnet.

Da eine solche Wind-Störung nach oben steigt und nach außen drängt, da sie einen *Yang*-Charakter hat, der auf Verbreitung und Verstreuung gerichtet ist, greift sie den Menschen nach der Lehre der chinesischen Medizin hauptsächlich an den oberen Körperpartien (am Kopf) und an der Haut an. Deshalb sind auch oft Lungen befallen. Dabei führt der Wind zur Öffnung der Poren, zur Ausscheidung durch die Haut und zur Reaktion der Körperbehaarung. Die hier auftretenden klinischen Erscheinungen sind vor allem Schweißausbrüche und Windempfindlichkeit des Patienten.

Typische Eigenschaften des Windes *(Feng)*: Der Wind ist stets beweglich und verändert sich ständig. Dies gilt auch für die durch Wind hervorgerufenen Krankheitssymptome am menschlichen Körper. Ihr Sitz ist nicht auf eine bestimmte Stelle lokalisiert, sie bewegen sich und wandern im Körper herum. Die vom Wind *(Feng)* verursachten Krankheitserscheinungen sind dementsprechend sehr veränderlich. Dies trifft u. a. für zahlreiche rheumatischen Syndrome (chinesisch: *Bi-Zheng*) zu. Solche Krankheitszustände sind der chinesischen und der westlichen Medizin gleichermaßen bekannt. Die Schmerzen wandern dabei von oben nach unten, von rechts nach links, sie sind ganz unbestimmt und wechselnd. Für die chinesische Medizin kommt hier ursächlich eine Windstörung in Frage; die entstehende Krankheit nennt man «wanderndes *Bi*» *(Xing-Bi)* oder «Wind-*Bi*» *(Feng-Bi)*. Eine andere Art von Windstörungen sind z. B. wandernde Hautausschläge, wie man sie bei «Wind»-

Pocken findet. Sie sind unregelmäßig am Körper verteilt, treten auf und verschwinden. Die chinesische Medizin deutet dies als typisches Zeichen für den Einfluß des Windes. Die westliche Medizin weiß, daß bei den «Wind»-Pocken ein Virus-Erreger ursächlich beteiligt ist. Interessant ist aber, daß auch die westliche Medizin, jedenfalls im deutschen Sprachgebrauch, diese Krankheit mit dem «Wind» in Zusammenhang bringt.

Nach der chinesischen Medizin ist eine Wind-Erkrankung in hohem Maße veränderlich, sie wechselt schnell ihren Sitz und ihre Erscheinung. Zu den Wind-Erkrankungen gehören zahlreiche häufige Infektionskrankheiten, bei denen die Wind-Störung *(Feng-Xie)* der Vorläufer zum Angehen der Erkrankung ist, die meist schnell eintritt und sich rasch entwickelt.

Zu den Wind-Erkrankungen gehören in der chinesischen Medizin aber auch Massenblutungen im Gehirn, also apoplektische Insulte, die mit plötzlicher Ohnmacht und rasch wechselndem Krankheitsverlauf einhergehen. Diese Zustände heißen in der chinesischen Medizin *«Zhong-Feng»*, worunter hier der Schlaganfall zu verstehen ist.

Dieser Begriff *«Zhong-Feng»* hat in der chinesischen Medizin zwei Bedeutungen:

1. ist darunter der «innere Wind» *(Nei-Feng)* zu verstehen (vgl. Abschn. 5.2.1.1.2 b). In diesem Fall bedeutet *«Zhong-Feng»* eine Massenblutung der Gefäße des Gehirns, also einen Schlaganfall. Dieser Zustand wird auch *«Zu-Zhong»*, d. h. soviel wie «plötzliche Wind-Erkrankung» genannt. Ursächlich kann sie bedingt sein durch eine Verausgabung von *Yin*-Essenz *(Yin-Jing)* oder durch eine Schädigung der Leber infolge Zorn oder Ärger, die zur Üppigkeit des Leber-*Yang* geführt hat. Auf diese Weise entsteht dann Leber-Wind, der sich im Körperinneren bewegt *(Gan-Feng Nei-Dong)*. Die Erkrankung kann aber auch durch andere Ursachen hervorgerufen werden, nämlich
   a) durch zu fettes Essen, wodurch im Körperinneren eine Schleim-Hitze-Verstopfung *(Tan-Re Nei-Yong)* entsteht, die Wind *(Feng)* erzeugt;
   b) durch Verausgabung des *Qi* und Blut *(Qi-Xue)*, die einen sog. Leere-Wind *(Xu-Feng)* hervorruft;
   c) durch den plötzlichen Angriff einer Wind-Störung *(Feng-Xie)* von außen bei schwacher Konstitution bzw. einer Leere *(Xu)* des Patienten.

Anm.: In der alten chinesischen Medizin-Literatur wird die Erkrankung *«Zhong-Feng»* in zwei Gruppen unterteilt, nämlich in *Lei-Zhong-Feng* und in *Zhen-Zhong-Feng*. Unter dem *Lei-Zhong-Feng* versteht man das plötzliche Einsetzen der Krankheitssymptome mit Bewußtlosigkeit, Hinfallen des Kranken, Halbseitenlähmung, schief verzogenem Mund, verdrehten Augen und Sprachbehin-

derung. Dabei wird nach Sitz und Schwere der Erkrankung differenziert in einen Befall der *Luo*-Gefäße *(Zhong-Luo)*, der Meridiane *(Zhong-Jing)*, der Hohlorgane *(Zhong-Fu)* oder der Speicherorgane *(Zhong-Zang)*. Das *Zhong-Luo* ist die leichteste Erkrankungsform, das *Zhong-Zang*, also der Befall der Speicherorgane, die schwerste. Im Sinne der modernen westlichen Medizin handelt es sich in all diesen Fällen um Erkrankungen des Gehirns und der Hirnnerven, um Hirnblutungen, Hirnembolien oder -thrombosen.
Beim *Zhen-Zhong-Feng* finden sich außer den beim *Lei-Zhong-Feng* auftretenden Erscheinungen im Anfangsstadium der Erkrankung Fieber, Wind- und Kälteempfindlichkeit. In einer anderen Interpretation bedeutet *Lei-Zhong-Feng* eine nur kurz dauernde Bewußtlosigkeit ohne Halbseitenlähmung, ohne verzogenen Mund und verdrehte Augen. Dann handelt es sich um ein sogenanntes *Jue*-Syndrom (vgl. Abschn. 7.4.1.6). Entweder liegt ein *Qi-Jue* (gestautes bzw. verknüpftes *Qi*), ein *Shi-Jue* (gestaute Nahrung) oder ein *Xue-Jue* (gestautes Blut) vor.

2. Der Begriff des *Zhong-Feng* hat in der chinesischen Medizin aber noch eine weitere Bedeutung. Es wird darunter auch eine oberflächliche Winderkrankung, eine äußere ansteckende Windstörung *(Wai-Gan Feng-Xie)* verstanden. Der Patient leidet hierbei an Schweißausbrüchen, Kopfschmerzen, Fieber, hat einen oberflächlichen, weichen *(Fu-Huan)* Puls. Dieses Krankheitsbild wird erstmals beschrieben im altchinesischen Klassiker *«Shang-Han Lun»* (261).

Klinische Besonderheiten der Wind-Krankheiten: Der Wind *(Feng)* ist nach der Lehre der chinesischen Medizin zuständig für die Beweglichkeit. Damit ist bei den klinischen Erscheinungen ziemlich alles gemeint, was mit abnormen Bewegungen verbunden ist. Hierher gehört das Hin- und Herschwanken eines Patienten, z. B. bei Schwindelzuständen, das Zittern der Extremitäten, Krampfzustände der Gliedmaßen. Aber auch Zustände der abnormen *Unbeweglichkeit* wie steifer Nacken, Tetanus, Krampfanfälle werden von der chinesischen Medizin zu den Wind-Syndromen *(Feng-Zheng)* gerechnet. Im Buch *«Su-Wen»* heißt es dazu: «Wenn der Wind siegt, tritt Beweglichkeit auf» (193), und weiter: «Alle heftigen Krampfzustände gehören zum Wind» (194).

Zu den Wind-Erscheinungen gehören auch abnorme Veränderungen der Sehnen und der Augen, da der Wind mit der Leber zusammenhängt, die für die Augen und Sehnen zuständig ist. All diese Erscheinungen können auch bei «innerem Wind» *(Nei-Feng)* eintreten. Die Leber ist zuständig für die Speicherung des Blutes, man erkennt ihren Zustand an den Augen, sie ist verantwortlich für die Sehnen. Wenn durch unzulängliche Leberfunktion «innerer Wind» erzeugt wird, zeigen sich Symptome vor allem an diesen der Leber zugeordneten Körperstrukturen.

Die mit dem Wind verbundene Beweglichkeit von Krankheitssymptomen zeigt sich sowohl bei äußeren ansteckenden als auch bei inneren Krankheitszuständen, die auf den Einfluß von Wind zurückgehen. Bei «inneren Wind-Erkrankungen» ist hier beispielsweise der Schwindel zu nennen, der mit einer Hypertonie in Verbindung steht, die durch Leber-Wind hervorgerufen wird. Bei äußerlichen, ansteckenden Erkrankungen wie z. B. bei epidemischer Meningitis, bei Grippeepidemien mit hohem Fieber mit Wind-Krämpfen und Zuckungen sind dies die klinischen Erscheinungen der in den Körper eingedrungenen Wind-Störung *(Feng-Xie)*, die sich im Inneren des Organismus bewegt.

5.2.1.1.2 Häufig auftretende Wind-Syndrome *(Feng-Zheng)*

a) Äußerer Wind *(Wai-Feng)*

Wenn eine Wind-Störung *(Feng-Xie)* den Körper angreift, treten vor allem folgende Symptome auf: Fieber, Windempfindlichkeit, Schweißausbrüche, oberflächlicher, langsamer und weicher Puls *(Fu-Huan-Mai)*. In diesem Falle hat das *Feng-Xie* die Oberfläche *(Biao)* angegriffen. Weitere Symptome der gleichen Störung sind Halsschmerzen, Husten, Schnupfen mit laufender Nase. In diesem Falle hat die Wind-Störung auf die Lunge übergegriffen. Da die Lunge nach Ansicht der chinesischen Medizin für die Haut und die Haare zuständig ist, erscheinen das Krankheitsbild mit der Windstörung an der Oberfläche und das Bild der Windstörung der Lunge oft gleichzeitig. In der Klinik der chinesischen Medizin heißt der gesamte Komplex «Shang-Feng», d. h. soviel wie «Verletzung durch Wind». Hiermit ist die ganz gewöhnliche Erkältung gemeint.

Es wurde schon gesagt, daß der Wind oft mit anderen äußeren Störungen gemeinsam den Körper angreift. Kombiniert mit Kälte ergibt dies ein Wind-Kälte-Syndrom *(Feng-Han-Zheng)*, das dem äußeren Kältezustand (vgl. S. 218) verwandt ist. Wind kombiniert mit Hitze ergibt ein «Wind-Hitze-Syndrom» *(Feng-Re-Zheng)*, bei dem folgende Erscheinungen auftreten: hohes Fieber, mäßige Kälteempfindlichkeit, roter und geschwollener Rachen, gelbgefärbter Urin, rote Zunge mit gelbem Zungenbelag, schneller Puls *(Shu-Mai)* usw.

Ist der Wind mit Nässe kombiniert, heißt dies «Wind-Nässe-Syndrom» *(Feng-Shi-Zheng)*. Dabei sind die Haupterscheinungen: Fieber (welches nachmittags stärker wird), Windempfindlichkeit, Schweißausbrüche mit wandernden Gelenkschmerzen, Gelenkschwellungen.

Ferner kennt die chinesische Medizin das «Wind-Wasser-Syndrom» *(Feng-Shui-Zheng)*. Dabei sind die Haupterscheinungen: Fieber, Windempfindlichkeit, Schweißausbrüche, ödematöses Gesicht, leichte Schwellungen am ganzen Körper, verminderte Urin-Ausscheidung usw.

b) Innerer Wind *(Nei-Feng)*

Die Haupterscheinungen sind jeweils: Krämpfe, Nackensteifigkeit, Verdrehen der Augen nach oben, Krampfzustände oder Parästhesien in den Extremitäten, Flimmern vor den Augen, Schwindelzustände, halbseitige Lähmungen, Zittern der Extremitäten. Alle diese Erscheinungen entstehen ursächlich durch eine Leere des Leber- und Nieren-*Yin (Gan-Shen-Yin-Xu)*. Dabei steigt das *Yang* des Windes *(Feng-Yang)* nach oben. Die verschiedenen Störungen können aber auch durch hohes Fieber entstehen, bei dem die Körpersäfte *(Jin-Ye)* durch die Hitze beeinträchtigt und verausgabt werden. Ferner kann eine Blut-Leere *(Xue-Xu)* die Ursache sein, bei der Sehnen und Gefäße nicht ausreichend ernährt werden. Da all diese Erscheinungen von der Leber abhängen, spricht die chinesische Medizin hier von «Leber-Wind» *(Gan-Feng)* bzw. vom «inneren Wind».

5.2.1.2 Kälte *(Han)*

Die Kälte ist der hauptsächliche Witterungseinfluß des Winters. Ähnlich wie beim Wind unterscheidet die chinesische Medizin eine «innere» und eine «äußere» Kälte. Letztere wird durch äußere Kälteeinflüsse hervorgerufen. Man unterteilt sie in

1. *Shang-Han,* d. h. verletzende Kälte, womit die ganz gewöhnliche Erkältung gemeint ist, die an der Körperoberfläche sitzt und die Muskeln angreift;
2. *Zhong-Han,* d. h. mittlere bzw. innere Kälte. Hier dringt die Kälte-Störung *(Han-Xie)* bis zu den inneren Organen vor.

Anm.: Der Begriff «*Shang-Han*» hat in der chinesischen Medizin mehrere Bedeutungen:

1. versteht man unter *Shang-Han* alle äußerlich ansteckenden fieberhaften Erkrankungen, womit im engeren Sinne ein oberflächliches *Tai-Yang*-Syndrom *(Tai-Yang Biao-Zheng)* gemeint ist. Dabei sind die Hauptsymptome Fieber, Kälteempfindlichkeit, Unfähigkeit zum Schwitzen, Kopfschmerzen, Nackensteife, oberflächlicher straffer *(Fu-Jin)* Puls.
2. In der modernen chinesischen Medizin ist der Begriff «*Shang-Han*» die Bezeichnung für den Typhus, was mit der unter 1. genannten Bedeutung nicht verwechselt werden darf.

Shang-Han bedeutet in der Pathologie der traditionellen chinesischen Medizin allgemein die Schädigung und den Befall eines Patienten durch eine Kältestörung *(Han-Xie)*.

Die «Innere Kälte» *(Nei-Han)* unterscheidet sich von der äußeren Kälte *(Wai-Han)* dadurch, daß sie das Resultat eines nicht ausreichenden *Yang* des Körpers ist, wobei alle Funktionen des Organismus beeinträchtigt werden.
Bei der «Äußeren Kälte» kann sich das *Yang-Qi* des Organismus nicht wie normal bis zur Körperoberfläche hin ausbreiten. Die chinesische Medizin nennt dies: die Kältestörung *(Han-Xie)* «fesselt» *(Shu)* die Körperoberfläche und die Muskeln.
Innere Kälte und äußere Kälte sind grundsätzlich voneinander verschieden, haben jedoch vieles gemeinsam und beeinflussen sich auch gegenseitig. Ein Patient mit einer *Yang*-Leere und daraus resultierender innerer Kälte, wird immer auch leicht von äußerer Kälte angegriffen. Andererseits kann die äußere Kälte in den Körper eindringen, hier die *Yang*-Funktionen *(Yang-Qi)* schädigen und so zusätzlich innere Kälte hervorrufen.

5.2.1.2.1 Charakteristische Eigenschaften einer Kältestörung *(Han-Xie)*:

a) Die Kälte *(Han)* gehört zu den *Yin*-Störungen *(Yin-Xie)*, dadurch können die *Yang*-Funktionen *(Yang-Qi)* beeinträchtigt werden. Wenn die Kältestörung die Körperoberfläche fesselt *(Shu)*, wird die Abwehrfunktion *(Wei-Yang)* geschädigt, woraus eine besondere Kälteempfindlichkeit des Patienten resultiert. Dringt die Kältestörung nach innen, werden Milz, Magen oder das *Yang* der Lungen und der Nieren geschädigt. Damit wird die Fähigkeit des Körpers, die Extremitäten zu erwärmen und mit Blut zu versorgen beeinträchtigt, ferner die Verdauungsfunktion, die Verdampfung und Verarbeitung des Wassers im Körper behindert. Folgende Symptome treten auf: kalte und steife Extremitäten, kalter Rumpf, Durchfälle, die unverdautes Essen enthalten, reichliche Ausscheidung von klarem Urin, Erbrechen von Flüssigkeiten, wässriger Speichel. Dazu heißt es im Buch «*Su-Wen*»: «Wenn bei einer Erkrankung die wässrigen Flüssigkeiten des Körpers klar und kalt *(Leng)* sind, kommt es von der Kälte *(Han)*» (195).
b) Auswirkungen der Kälte:
Die Kälte verursacht eine Blockierung und erzeugt Schmerzen. Mit «Blokkierung» *(Ning-Zhi)* ist soviel wie Verstauung, Versperrung, schlechter Durchgang gemeint. Dieser Begriff hat in der chinesischen Medizin etwa den gleichen Sinn wie das Gefrieren des Wassers zu Eis bei kaltem Wetter draußen in der Natur. Eine Kälte-Störung *(Han-Xie)* verstaut und blokkiert den Fluß des *Qi-Xue* (Energie-Blut) im ganzen Körper, sodaß Stauungen und Schmerzen entstehen. Die chinesische Heilkunde kennt den Aus-

spruch: «Wenn kein Durchgang da ist, entstehen Schmerzen» (196).
Im Buch *«Su-Wen»* heißt es: «Ein Patient, der Schmerzen hat, hat auch viel Kälte durch Witterungseinfluß *(Han-Qi)*. Weil die Kälte da ist, hat man Schmerzen.» (197) Und an einer anderen Stelle des gleichen Buches heißt es: «Die Kältestörung bzw. die kalte Witterung *(Han-Qi)* drängt in die Meridiane herein, bleibt hier stecken und erzeugt eine Stauung. Wenn die Kälte außerhalb der Gefäße ist, (gewissermaßen als Gast) wird die Blutmenge vermindert. Wenn sich die Kälte in den Gefäßen befindet, wird das *Qi* blockiert, und es entstehen Schmerzen» (198).
Krankheitsfälle mit durch Kälte hervorgerufenen Schmerzen gibt es sehr häufig. Wenn z. B. die äußeren Körperpartien durch Kälte geschädigt sind, werden das *Ying* (Ernährung) und das *Wei* (Abwehr) blockiert und Schmerzen im ganzen Körper treten auf. Dringt die Kältestörung direkt in den Magen und Darm hinein, entstehen Bauch- und Magenschmerzen.

c) Klinische Symptome von Kälte-Störungen:
Nach der Lehre der chinesischen Medizin hat die Kälte die Eigenschaft, zu «ziehen» und etwas zusammenzuziehen. Im Buch *«Su-Wen»* heißt es dazu: «Die Kälte zieht das *Qi* (Funktion, Energie) zusammen» (199). Damit ist gemeint, daß der *Qi*-Mechanismus der Organe und Gefäße im Körper beengt und blockiert wird. Sitzt die Kälte in den Blutgefäßen, ziehen sich die Blutgefäße zusammen, das Blut stockt. Die klinischen Erscheinungen sind in diesem Falle: ein gespannter Puls *(Jin-Mai)*, verschiedenartige Schmerzzustände usw.
Wenn die Kälte in den Haaren, an der Haut und in den Hautfalten sitzt, schließen sich die Poren der Haut, das *Wei-Yang* (Abwehr-*Yang*) wird abgesperrt. Dann treten Kälteempfindlichkeit, Fieber, mangelhafte Schweißentwicklung auf. Wenn die Kälte in den Sehnen und Muskeln und im Meridian-System *(Jing-Luo)* sitzt, kann sich der Patient nicht strecken, ist steif, kalt und gefühllos.

5.2.1.2.2 Häufig auftretende Kälte-Syndrome

a) Äußeres Kältesyndrom:
Diese Störung tritt hauptsächlich in zwei verschiedenen Formen auf:
1. äußerlich ansteckende Kälte-Störung *(Wai-Gan Han-Xie)*: Hier «fesselt» die Kältestörung nach der Lehre der chinesischen Medizin die Oberfläche des Körpers. Das *Wei-Yang* (Abwehr-*Yang*) kann sich nicht ausbreiten. Deswegen fiebert der Patient, leidet an Kälteempfindlichkeit

und kann nicht schwitzen. In der chinesischen Medizin gilt die Regel, daß die Lunge mit Haut und Haaren zusammenhängt. Wenn die Kälte-Störung in die Lunge eindringt, werden die Funktionen der Verbreitung und Säuberung *(Xuan-Jiang)* des Lungen-*Qi* beeinträchtigt. Als Symptome treten verstopfte Nase, Husten und Atemnot auf.
Wenn die Kälte-Störung in die Meridian-Gefäße *(Jing-Mai)* eintritt, ziehen sich die 6 Hauptmeridiane zusammen, das *Qi-Xue* wird blockiert bzw. «gerinnt» *(Ning-Zhi)*, Kopfschmerzen, Schmerzen im Rumpf und in den Extremitäten treten auf.

2. Die Kälte beschädigt Milz und Magen. Dieser Zustand wird meistens ausgelöst durch rohes oder zu kaltes Essen, das der Patient gierig heruntergeschlungen hat. Dabei tritt eine Erkältung der Bauchorgane auf, die Kältestörung *(Han-Xie)* schädigt das *Yang-Qi* von Milz und Magen. Die Funktion des Auf- und Absteigens *(Sheng-Jiang)* wird beeinträchtigt, Transport und Umwandlung *(Yun-Hua)* der Nahrungsstoffe *(Shui-Gu)* durch die Milz erfolgen nicht, Darmgeräusche, Schmerzen im Magen und Unterbauch, Erbrechen und Durchfall treten auf.

b) Inneres Kältesyndrom:

Wenn beim Patienten eine Leere des *Yang* besteht, wird nach der Vorstellung der chinesischen Medizin im Inneren des Organismus Kälte erzeugt. Man nennt dies «innere Kälte durch *Yang*-Leere» *(Yang-Xu Li-Han)*. Die dabei auftretenden klinischen Erscheinungen sind sehr verschieden und hängen von den physiologischen Eigenschaften der betroffenen inneren Organe ab. Wenn man den Sitz der Kälte nach den Drei Erwärmern einteilt, ergibt sich folgendes Bild:

1. Kälte im Oberen Erwärmer: Dabei sind das *Yang* des Herzens und der Lunge im Zustand der Leere, das *Qi-Xue* (Blut-Aktivität) ist blockiert, der Patient ist kälteempfindlich, hat Schmerzen auf der Brust und im Rücken, er leidet an Husten und Kurzatmigkeit, seine Gesichtsfarbe ist bläulich-grün, die Lippen sind violett.
2. Kälte und Leere im Mittleren Erwärmer: Bei diesem Zustand ist das *Yang* der Milz nicht ausreichend, was im Körperinneren nachteilig auf die Transportfunktion der Milz *(Yun-Hua)* wirkt. Im Inneren des Körpers treten Blähungen und Durchfälle auf, äußerlich lassen sich die Extremitäten nur schwer erwärmen. Bei nicht ausreichendem *Yang* des Magens, versagt die Verdauungsfunktion. Schmerzen im Magen und im Unterbauch treten auf, Flüssigkeitserbrechen und Appetitlosigkeit kommen hinzu.

3. Bei Leere und Kälte im Unteren Erwärmer ist das *Yang* der Niere nicht ausreichend, sodaß die Verdampfungsfunktion *(Qi-Hua)* der Nieren versagt. Es treten Kältegefühl, Schmerzen in den Lenden, bei Männern Impotenz, bei Frauen klarer und dünner Ausfluß, häufiges Wasserlassen oder auch mangelndes Wasserlassen auf. Der Unterbauch, die Knie und die Waden sind kalt.

5.2.1.3 Sommerhitze *(Shu)*

Die Hitze *(Shu)* ist der hauptsächliche klimatische Einfluß des Sommers. Sie besteht aus dem *Qi* (Funktion, Wirkung) des Feuers und der Hitze bzw. des Brennens *(Huo-Re)*. Im Buch *Su-Wen* heißt es: «Am Himmel nennt man es Hitze *(Re)*, auf der Erde nennt man es Feuer *(Huo)* ... Den Charakter nennt man Sommerhitze *(Shu)*» (200). Die Differenzierung Himmel – Erde ist hier so zu verstehen, daß vom Himmel die unterschiedlichen Witterungseinflüsse kommen, während auf der Erde durch Verbrennen von Gegenständen Feuer entsteht. Erkrankungen durch Sommerhitze *(Shu)* treten nur im Sommer auf. In China werden die Sommer-Hitze-Krankheiten nach dem Zeitpunkt ihres Auftretens folgendermaßen unterteilt: Treten sie vor dem Sommeranfang auf, nennt man sie Krankheiten durch Wärme *(Wen)*, treten sie nach dem Sommeranfang auf, heißen sie Krankheiten durch Sommerhitze *(Shu)*.

5.2.1.3.1 Charakteristische Eigenschaften einer Sommerhitze-Störung

a) Die Sommerhitze ist eine *Yang*-Störung; ihre Eigenschaft ist feurige Hitze *(Huo-Re)*. Die Sommerhitze ist nach der Lehre der chinesischen Medizin das *Qi* der brennenden Hitze während der Sommerzeit und gehört deshalb zu den *Yang*-Störungen. Aus diesem Grunde haben Patienten, die durch Sommerhitze *(Shu)* erkranken, stets Symptome, die für ein Feuer-Hitze-Syndrom *(Huo-Re-Zheng)* typisch sind, nämlich: hohes Fieber, trockener Mund, weiter stromartiger Puls *(Hong-Mai)*, reichlich Schweißausbrüche usw.

b) Eine weitere Eigenschaft der Sommerhitze ist, daß sie aufsteigt *(Sheng)*, und sich ausbreitet *(San)*. Bei ihrer Einwirkung auf den Körper vermindert sie *(Hao)* das *Qi* und verletzt *(Shang)* die Körpersäfte *(Jin)*.
Die Sommerhitze-Störung hat nach den Beobachtungen chinesischer Mediziner aufsteigenden und sich ausbreitenden Charakter. Dies zeigt sich bei einer Erkrankung durch Sommerhitze daran, daß die Hautporen geöffnet werden und Schweißausbrüche auftreten. Das Schwitzen bei sommerlicher

Hitze ist vom physiologischen Standpunkt eine Anpassungsfunktion des Menschen an zu starke Hitzeeinwirkung. Bei übermäßigen Schweißverlusten werden aber die Körpersäfte *(Jin)* vermindert und geschädigt, sodaß Durst, trockener Mund, psychische Erregung, verminderte Urinausscheidung, rötlicher Urin auftreten. Übermäßige Schweißverluste schaden nicht nur den Körpersäften *(Jin)*, sie schaden auch dem *Qi* (Funktion, Aktivität). In diesem Sinne heißt es im Buch *«Su-Wen»*: «Die Hitze öffnet die Poren der Haut, dadurch erhält die Abwehrkraft *(Wei)* Durchgang; starke Schweißausbrüche treten auf, wodurch das *Qi* geschädigt wird» (201).
Bei geringfügiger Verminderung *(Hao)* des *Qi* wird der Mensch kurzatmig und kraftlos; bei starker Beeinträchtigung kann plötzliche Ohnmacht und Bewußtlosigkeit eintreten.

c) Eine weitere typische Eigenschaft der Sommerhitze *(Shu)* ist, daß sie meist verbunden mit Nässe *(Shi)* auftritt. Dies gilt vor allem für China, wo während längerer Hitzeeinwirkung im Sommer stets auch viel Regen fällt. Durch die Verdampfung ist die Luftfeuchtigkeit in bestimmten Gegenden (z. B. in *Shanghai* und in *Hangzhou)* während des Sommers extrem hoch. Die dabei auftretenden Erkrankungen zeigen deshalb gleichzeitig die Symptome der Sommerhitze-Störung *(Shu-Xie)* und die einer Nässe-Störung *(Shi-Xie)*. Chinesische Mediziner kennen die Redensart: «Die Sommerhitze ist oft heimlich mit Nässe verbunden» (202). In solchen Erkrankungsfällen treten außer den typischen Hitzesymptomen auch noch andere Erscheinungen auf wie Müdigkeit in den Gliedmaßen, Appetitlosigkeit, Völlegefühl in der Brust, Erbrechen, dünner, nicht geformter Stuhl, wenig und nur tropfenweise Urinausscheidung, schwacher und oberflächlicher Puls *(Ru-Mai)*, klebriger Zungenbelag usw., alles Erscheinungen eines Nässe-Syndroms.

5.2.1.3.2 Häufig auftretende Sommerhitze-Syndrome:

a) Beschädigung durch Sommerhitze *(Shang-Shu)*. Dies ist ein Krankheitszustand, bei dem der Patient während des Sommers von der Sommerhitze angegriffen wird. Die Symptome sind: fiebrige Hitze, reichlicher Schweißausbruch, Erregungszustände, starker Durst, trockener Mund, Kurzatmigkeit, allgemeine Kraftlosigkeit, leerer und schneller Puls *(Xu-Shu-Mai)*.
b) Hitzschlag *(Zhong-Shu)*: Bei diesem Zustand tritt die Sommerhitze-Störung *(Shu-Xie)* ins Körperinnere ein. Man unterscheidet dabei leichte und schwere Erkrankungsfälle. Im leichteren Falle treten Kopfschmerzen und Erbrechen auf. Bei den schwereren Fällen wird der Kranke plötzlich be-

wußtlos, seine Gesichtsfarbe wird grau, er hat Atemnot, kalte Schweißausbrüche, steife und kalte Arme und Beine, sein Puls ist groß *(Da)* und zugleich leer *(Xu)*. Solche Zustände treten bei Menschen auf, die ohne Kleidung oder Kopfbedeckung in brennender Sonne im Freien arbeiten oder die in geschlossenen Räumen bei hohen Temperaturen tätig sind. Die Sommerhitze-Störung *(Shu-Xie)* dringt in den Körper hinein, der *Qi*-Mechanismus und die Gefäße werden blockiert, es kommt zu einem völligen Fehlen der Körpersäfte *(Jin-Qi)*.

c) Sommerhitze-Nässe-Syndrom *(Shu-Shi-Zheng)*: Hierbei sind die wichtigsten Symptome leichtes Fieber, das am Nachmittag stärker wird, beklemmendes Gefühl in der Brust, Brechreiz, Appetitlosigkeit, Schwäche in Armen und Beinen, dünner, nicht geformter Stuhl, gelber Urin, schwacher Puls *(Ru-Mai)*, klebriger und gelber Zungenbelag. Die alten chinesischen Ärzte hatten für dieses Syndrom folgende Differenzierung: Wenn die Hitze stärker war als die Nässe, sprachen sie von Hitze-Wärme *(Shu-Wen)*. War die Nässe stärker als die Hitze, sprachen sie von Nässe-Wärme *(Shi-Wen)*. Sie unterschieden also ein Sommerhitze-Wärme-Syndrom *(Shu-Wen-*Zheng) von einem «Nässe-Wärme-Syndrom» *(Shi-Wen-Zheng)*.

Zum Unterschied von den übrigen Störungen Wind, Kälte, Nässe, Trockenheit und Feuer, bei denen es jeweils einen äußeren und inneren Erkrankungszustand gibt, kennt die chinesische Medizin bei der Sommerhitze *(Shu)* nur die Erkrankungsform durch die äußere Einwirkung. Eine «innere Sommerhitze» gibt es also nicht.

5.2.1.4 Nässe *(Shi)*

In der chinesischen Medizin unterscheidet man eine «äußere» Nässe *(Wai-Shi)* und eine «innere» Nässe *(Nei-Shi)*. Unter äußerer Nässe versteht man den Witterungseinfluß der Nässe in der Natur. Dieser Nässeeinfluß wirkt am stärksten während des langen (chinesischen) Sommers; deshalb treten Nässeerkrankungen meist in dieser Jahreszeit auf.

Die dem Menschen schadende äußere Nässe kann witterungsbedingt sein, sie kann aber auch von der Art der Arbeit oder der Umgebung abhängen. Menschen, die feucht wohnen, auf dem Wasser arbeiten, die im Regen stehen oder gehen müssen, sind besonders anfällig für eine Erkrankung durch störende Nässe *(Shi-Xie)*.

Die innere Nässe entsteht durch ein Versagen der Transportfunktion der Milz bei einer Leere und Schwäche von Milz und Magen. Bei dieser Störung können die Nahrung *(Shui-Gu)* und die Flüssigkeiten *(Jin-Ye)* des Körpers nicht ausreichend transportiert werden. Dazu heißt es im Buch *«Su-Wen»*: «Alle Nässe und alle Schwellungen kommen von der Milz» (203).

5.2.1.4.1 Charakteristische Eigenschaften einer Nässe-Störung *(Shi-Xie)*

a) «Die Nässe ist schwer und trübe.» Mit «schwer» ist gemeint «schwer von Gewicht». Alle Krankheiten, die durch eine Nässestörung hervorgerufen werden, zeichnen sich durch Schwere und Müdigkeit in den betroffenen Gliedmaßen und Körperteilen aus. Wenn beispielsweise Nässe im Kopf sitzt, kann das klare *Yang (Qing-Yang)* nicht aufsteigen, der Kopf ist schwer und dumpf, der Patient hat das Gefühl als sei sein Schädel mit einer festen Bandage umwickelt. Im Buch *«Su-Wen»* heißt es: «Weil Nässe vorhanden ist, fühlt sich der Kopf wie umwickelt an» (204).
Befindet sich Nässe in den Gliedmaßen, sind diese schwer und können kaum gehoben werden. Eine typische Erkrankung in der chinesischen Medizin ist das sogenannte «Wind-Kälte-Nässe-*Bi*», wobei *«Bi»* soviel wie Rheuma bedeutet. Wenn dabei die Glieder besonders schwer sind, steht die Nässestörung im Vordergrund, und man nennt dies «Nässe-*Bi*». Die Eigenschaft «trüb» der Nässe bedeutet Trübe und Unklarheit der Körperabsonderungen. Bei einer Nässeerkrankung ist der Urin getrübt, es treten Durchfälle mit Eiter im Stuhl auf; es besteht blutiger Ausfluß bei Frauen, Geschwüre mit blutigen, wäßrigen oder eitrigen Absonderungen (Furunkel oder Karbunkel) zeigen sich. Dies alles gehört zur pathologischen Erscheinung der «Trübheit» durch Nässe, wie sie die chinesische Medizin beschreibt.

b) Die Nässe zeichnet sich durch «Klebrigkeit» aus. Diese typische Eigenschaft der Nässe gliedert sich in zwei Unterarten:
   1. Hinsichtlich der Krankheitssymptomatik: Hierbei sind die Darmentleerungen klebrig und zäh, das Wasserlassen ist verzögert usw.;
   2. Hinsichtlich des Krankheitsverlaufs: Dieser ist langsam, zögernd, chronisch und schwierig zu heilen. Dies trifft beispielsweise bei Wind-Nässe-Erkrankungen *(Feng-Shi-Bing)* und bei Nässe-Wärme-Erkrankungen *(Shi-Wen-Bing)* zu.

c) Die Nässe gehört zu den *Yin*-Störungen, sie schadet dem *Yang-Qi* des Körpers und behindert den *Qi*-Mechanismus. Nässe und Wasser sind verwandt. Beide haben die Eigenschaft der Schwere, der Trübe und der Klebrigkeit, deshalb gehört die Nässestörung *(Shi-Xie)* zum *Yin*. Für den Transport *(Yun-Hua)* der Wassernässe *(Shui-Shi)* im Körper ist die Milz zuständig.

Wenn das *Yang-Qi* der Milz nicht ausreichend ist, führt dies häufig zu einer Stauung von Wasser-Nässe im Körper. Da diese Nässe ihrerseits eine *Yin*-Störung *(Yin-Xie)* ist, unterdrückt und vermindert sie zusätzlich das *Yang-Qi* der Milz. Deshalb sagt die chinesische Medizin: «Die Nässe behindert die Milz» und «die Milz verabscheut die Nässe» (205).

Wenn das *Yang* der Milz von einer Nässe-Störung unterdrückt und vermindert wird, kann die Wasser-Nässe *(Shui-Shi)* nicht befördert werden, sie sammelt sich im Körper, gelangt bis zur Haut und bildet hier Ödeme. Sie kann auch in den Magen und Darm eindringen und hier Durchfälle verursachen. Im Buch *«Su-Wen»* heißt es: «Wenn die Nässe im Körper siegt, treten Durchfälle auf. Ist die Nässe ungewöhnlich stark, wird das Wasser blockiert, und es entstehen Ödeme» (206). Da sich eine Nässe-Störung durch Trübheit, Klebrigkeit und Schwere auszeichnet, da sie gleichzeitig das *Yang* der Milz unterdrückt, ist nicht nur die Transportfunktion der Milz beeinträchtigt, sondern es treten bei Nässe-Erkrankungen auch Druckgefühl im Bauch, Blähungen, Magendrücken und Magenschmerzen auf. Dies entsteht dadurch, daß die Nässestörung den *Qi*-Mechanismus blockiert und den *Qi*-Transport behindert.

5.2.1.4.2 Häufig auftretende Nässe-Erkrankungen

a) Äußeres Nässe-Syndrom *(Wai-Shi-Zheng):*

1. Die Beschädigung des Körpers durch Nässe *(Shang-Shi)* nennt man auch «Nässe an der Oberfläche» *(Biao-Shi)*. Dabei treten folgende Symptome auf: Kälteempfindlichkeit, Fieber, Schweißausbrüche ohne Nachlassen des Fiebers, Schmerzen im Kopf und im Körper, Völlegefühl in der Brust, auffallender Mangel an Durst, dünner, weißer und glitschiger Zungenbelag, schwacher oberflächlicher, langsamer und weicher Puls *(Ru-Huan-Mai)*.
2. Nässe-*Bi*, auch *«Zhuo-Bi»* genannt. Bei diesem Zustand, der nur schwierig zu heilen ist, bleiben die Beschwerden meist an einem bestimmten Punkt sitzen. Oft sitzen hartnäckige Schmerzen im Handgelenk oder im Ellbogen fest. Bei dieser Erkrankung ist die Nässe-Störung *(Shi-Xie)* das hauptsächliche Übel. Die typischen Symptome sind: Schwere und Schmerzen in den Gliedern, bei schlimmeren Fällen kann der Patient die Glieder nicht mehr strecken oder beugen; geschwollene Gliedmaßen, an einem Punkt fixierter Schmerz, Taubheitsgefühl in den Muskeln.

b) Inneres Nässe-Syndrom *(Nei-Shi-Zheng):*
Diese Erkrankung wird meist von einem Versagen der Milz hervorgerufen. Dabei sind die klinischen Erscheinungen: vermindertes Wasserlassen, klebriger Zungenbelag, schwacher und oberflächlicher Puls *(Ru-Mai).* Sitzt die Nässestörung im Oberen Erwärmer, entsteht ein Völle- und Druckgefühl in der Brust. Wenn das klare *Yang (Qing-Yang)* beeinträchtigt wird, treten Schwindel und Augenflimmern auf. Blockiert die Nässe-Störung den Mittleren Erwärmer, entstehen Durst, Völlegefühl im Oberbauch, Appetitlosigkeit, klebriger Mund, süßer Geschmack, Durchfall, Schweregefühl in Armen und Beinen. Sitzt die Nässe-Störung im Unteren Erwärmer, hat der Patient geschwollene Füße und trüben Urin; wenn es sich um eine Frau handelt, tritt Ausfluß auf.

5.2.1.5 Trockenheit *(Zao)*

Die Trockenheit ist der hauptsächliche Witterungseinfluß des Herbstes. Wenn eine Krankheit durch einen äußerlichen Trockenheitseinfluß *(Zao-Xie)* hervorgerufen wird, gehört sie zu den äußeren Trockenheitszuständen. Da derartige Störungen (insbesondere in China) vor allem im Herbst auftreten, nennt man sie auch «Herbst-Trockenheit». Die Trockenheitsstörung *(Zao-Xie)* dringt meist durch Mund und Nase in den menschlichen Körper ein. Die erste störende Einwirkung beginnt meist erst bei der Abwehrkraft *(Wei)* der Lungen.

Neben der «äußeren» Trockenheit kennt die chinesische Medizin auch noch eine «innere» Trockenheit *(Nei-Zao).* Diese unterscheidet sich von der äußeren Trockenheit dadurch, daß sie ausschließlich durch eine Verminderung der Körpersäfte *(Jin)* und des Blutes *(Xue)* im Körper verursacht wird. Die äußere Trockenheit tritt vor allem gemischt in Form von Wärme-Trockenheit *(Wen-Zao)* und Kühle-Trockenheit *(Liang-Zao)* auf. In China hat man die Beobachtung gemacht, daß der Wärme-Trockenheitszustand meist bei Herbstanfang auftritt, wenn es noch warm ist. Die Kühle-Trockenheits-Störung befällt die Patienten dagegen eher im vorgeschrittenen Herbst, wenn es draußen schon kühl ist.

5.2.1.5.1 Charakteristische Eigenschaften einer Trockenheits-Störung *(Zao-Xie)*

Die typische Eigenschaft dieser Störung ist eben ihre Trockenheit. Dadurch werden die Körpersäfte *(Jin-Ye)* des Organismus verletzt. Wenn eine Trokkenheitsstörung den Körper angreift, die Körpersäfte *(Jin)* schädigt, sodaß im Körper Trockenheit entsteht, zeigen sich beim Patienten Symptome der Verminderung der Körpersäfte *(Jin-Ye)*. Die häufigsten Erscheinungen sind dabei: trockener Mund und trockene Nase, trockene, rissige Haut, glanzlose Haare, trockener Stuhlgang, wenig tropfenweiser Urin, trockener Husten mit wenig Schleim, trockener Zungenbelag, feiner Puls *(Xi-Mai)*.

Im Buch «*Su-Wen*» heißt es: «Zu große Trockenheit *(Zao)* läßt Dürre entstehen» (207) und im «*Ling-Shu*» wird erklärt: «Wenn alles trocken, verdorrt, verwelkt, rissig und runzlig wird, ist das ein Zeichen von Trockenheit *(Zao)*» (208).

5.2.1.5.2 Häufig auftretende Erkrankungen durch Trockenheit

a) Äußeres Trockenheits-Syndrom *(Wai-Zao-Zheng)*

1. Kühle-Trockenheit *(Liang-Zao)*: Dieser Zustand wird zu den Trockenheits-Störungen gerechnet, er neigt aber einem Kälte*(Han)*-Syndrom zu. Die dabei auftretenden Symptome sind: Fieber, Kälteempfindlichkeit, Kopfschmerzen ohne Schweißausbrüche, trockener Mund und Rachen, trockene Haut, Husten ohne oder mit wenig Auswurf, dünner, weißer und trockener Zungenbelag.
   Die Kühle-Trockenheits-Störung hat die Eigenschaft, die äußere Oberfläche des Körpers zu «fesseln». Im Körperinneren blockiert sie die Lunge, so daß die Abwehrkraft der Lunge *(Fei-Wei)* sich nicht ausbreiten *(Xuan)* kann und die Säuberung *(Su)* der Lunge versagt. Dieses Kühle-Trockenheits-Syndrom hat Ähnlichkeit mit der äußeren Kälte *(Wei-Han)*. Allerdings ist beim Trockenheits-Zustand ein Mangel an Funktion der Körpersäfte *(Jin-Qi)* im Körperinneren deutlicher.
2. Wärme-Trockenheit *(Wen-Zao)*: Hierbei handelt es sich um eine Trokkenheit, die mehr die Eigenschaften der Hitze *(Re)* aufweist. Die typischen Symptome sind dabei: Fieber, schwache Empfindlichkeit gegen Wind und Kälte, Kopfschmerzen, spärliche Schweißproduktion, Husten ohne Auswurf oder höchstens wenig klebriger festsitzender Schleim, Rükkenschmerzen, trockene Haut, Nase und trockener Hals, Durst, Erregungszustände, gerötete Zungenspitze und -seiten.

Dieser Zustand wird entweder direkt durch eine äußere Wärme-Trokkenheitsstörung *(Wen-Zao-Xie-Qi)* hervorgerufen, oder er tritt bei Patienten auf, deren Körpersäfte *(Jin)* vermindert bzw. von einer Trokkenheits-Störung angegriffen worden sind. Dieser Wärme-Trockenheits-Zustand ähnelt dem Syndrom, bei dem die Körpersäfte durch Wärme und Hitze beschädigt sind *(Wen-Re-Jin-Shang-Zheng)*. Doch verläuft eine Erkrankung durch Wärme-Trockenheit mit Austrocknung der Körpersäfte *(Jin-Ye)* oft schwerer und schneller als ein einfaches Hitze-Syndrom *(Re-Zheng)*.

b) Inneres Trockenheits-Syndrom. Dieses wird meist durch hohes Fieber infolge äußerer ansteckender Erkrankungen verursacht oder durch übermäßiges Schwitzen, wobei die Körpersäfte *(Jin)* geschädigt werden, so daß im Körper Trockenheit entstehen kann. Ein solcher Zustand kann aber auch auftreten, wenn Essenz und Blut *(Jing-Xue)* im Körper vermindert sind, beispielsweise bei längerer Erkrankung eines Patienten, bei starken Schweißausbrüchen, bei Durchfällen, übermäßigem Medikamentengebrauch, wodurch die Körpersäfte *(Jin)* verletzt und die Flüssigkeiten *(Ye)* verbraucht worden sind. Es kann aber auch eine Störung der Verdauung oder eine innere Blockierung durch verstautes Blut als Ursache eines inneren Trockenheitszustandes vorliegen.
Die klinischen Symptome sind dabei: starker Durst, trockene und rissige Haut, glanzlose Haare, Verstopfung, Magerkeit, trockene Zunge, wenig Speichel und Körpersäfte, feiner und rauher Puls *(Xi-Se-Mai)*. Die Ursachen dieses Krankheitsbildes sind eine Beschädigung des Blutes *(Shang-Xue)* und eine Verminderung der Körpersäfte *(Shao-Jin)*. Man nennt diesen Zustand in der chinesischen Medizin auch «Verlust der Säfte» *(Jin-Kui)* oder «Trockenheit des Blutes» *(Xue-Zao)*.

5.2.1.6 Feuer *(Huo)*

Die Begriffe Feuer und Hitze werden in der chinesischen Medizin oft synonym verwendet, da sie vieles gemeinsam haben. Bei einem Feuer-Syndrom *(Huo-Zheng)* treten oft die Symptome der Hitze *(Re)* auf. Das Feuer *(Huo)* ist in der chinesischen Medizin aber etwas anderes als die Hitze *(Re)*. Das Feuer kommt meist aus dem Inneren des Körpers. Außerdem sind die Hitze-Symptome des Feuers klarer und deutlicher als die Symptome der Hitze; im wesentlichen handelt es sich dabei um alle möglichen Entzündungszustände.

Eine Beeinträchtigung des Körperfeuers deutet oft auf eine Erkrankung des Nieren-*Yang* hin. So kennt die chinesische Medizin den Zustand der *Ming-*

Men-Feuer-Schwäche, bei der Symptome des Feuers auftreten, da das Nieren-*Yang* nicht ausreichend ist (vgl. Abschn. 3.2.1.6.1). Solche Feuer*(Huo)*-Erkrankungen unterscheiden sich von den Hitze*(Re)*-Störungen.

Eine Feuer-Erkrankung kann wohl direkt durch einen äußeren Befall *(Xie-Qi)* von Wärme-Hitze *(Wen-Re)* hervorgerufen werden. Sie kann aber auch durch Wind *(Feng)*, Kälte *(Han)*, Sommer-Hitze *(Shu)*, Nässe *(Shi)*, Trockenheit *(Zao)* erzeugt werden, die nach innen *(Li)* eindringen und hier Hitze *(Re)* und Feuer *(Huo)* bewirken. Ebenfalls kann eine Feuer-Erkrankung durch ein Versagen der Funktion der Speicherorgane und Hohlorgane sowie durch seelische Erregung verursacht werden. Deshalb heißt es in der chinesischen Medizin: «Alle fünf verschiedenen Witterungseinflüsse *(Qi)* können Feuer erzeugen» (209), und «die fünf verschiedenen seelischen Zustände können sich allesamt zu Feuer entwickeln» (210).

Insbesondere wird das in der Klinik der chinesischen Medizin oft beobachtete Leber-Feuer, Gallen-Feuer und Herz-Feuer meist durch seelische Erregung hervorgerufen, die zu einer Blockierung des *Qi*-Mechanismus *(Qi-Ji)* geführt hat.

5.2.1.6.1 Charakteristische Eigenschaften des Feuers

a) Hier gelten in der chinesischen Medizin die Grundregeln: Das Feuer *(Huo)* entspricht einer sehr starken Hitze *(Re)*; die typische Auswirkung des Feuers ist das «flammende Aufsteigen» *(Yan-Shang)*. Feuer äußert sich im menschlichen Organismus durch die Symptomatik der Hitze. Das Feuer *(Huo)* ist indessen stärker als die Hitze *(Re)*. Die typischen Erscheinungen einer Hitzeerkrankung sind: Fieber, Hitzeempfindlichkeit, Erregungszustände, Unruhe, gerötetes Gesicht, rote Augen, rote Zunge, gelber Zungenbelag, rötlicher Urin, schneller Puls *(Shu-Mai)*, geröteter und geschwollener Hals, rote Geschwüre. In der chinesischen Medizin gilt die Entzündung als charakteristische Symptomatik des Feuers. Klinisch kennt man das Krankheitsbild der «Entzündung durch Aufsteigen des Herzfeuers» *(Xin-Huo Shang-Yan)* mit Ausschlag an der Zunge und Bläschen im Mund. Ferner ist das Krankheitsbild der «Entzündung durch Aufsteigen des Magenfeuers» *(Wei-Huo Shang-Yan)* bekannt. Dabei finden sich Schmerzen und Schwellungen des Zahnfleisches. Außerdem kennt die chinesische Medizin den Zustand der «Entzündung durch Aufsteigen des Leber-Feuers» *(Gan-Huo Shang-Yan)*, wobei als typisches Symptom die Augen gerötet und schmerzhaft sind.

b) Eine weitere typische Eigenschaft des Feuers ist, daß es die Körpersäfte *(Jin-Ye)* verbrennt und verbraucht. Die störende Einwirkung der Feuer-Hitze *(Huo-Re Xie-Qi)* führt im Körper am schnellsten zum Verbrauch der Körperflüssigkeiten *(Jin-Ye)*. Deshalb treten bei Feuer-Hitze-Erkrankungen *(Huo-Re-Bing-Zheng)* neben der Hitze-Symptomatik außerdem die Erscheinungen eines Eintrocknens der Körperflüssigkeiten *(Jin)* und einer Verminderung der Körpersäfte *(Jin-Ye)* auf. Dabei finden sich folgende Symptome: trockener Mund, trockene Zunge, starker Durst mit Gier nach kalten Getränken, wenig Speichel, spärlicher Urin, trockener Stuhl.

c) Eine weitere Eigenschaft des Feuers: «Es treibt das Blut, daß es sich wild bewegt.» Die Feuer-Hitze-Störung *(Huo-Re-Xie-Qi)* beschädigt die kleinen Blutgefäße *(Mai-Luo)*, macht die Bewegung des Blutes maßlos und läßt Blutverluste und Hämatome entstehen. Die klinischen Symptome sind dabei: Bluterbrechen, Nasenbluten, Blut im Stuhl und im Urin, Blutflecke unter der Haut.

Diese Erscheinungen kommen meistens von der Feuer-Hitze *(Huo-Re)*, wenngleich es auch noch andere Ursachen gibt. Wenn zum Beispiel eine üppige Feuerstörung *(Huo-Xie Chi-Cheng)* vorliegt, die die Bewegung des Blutes wild auftreibt *(Pai-Xue Wang-Xing)*, treten Blutergüsse, Nasenbluten, psychische Erregung, trockener Mund und trockene Zunge sowie ein schneller Puls *(Shu-Mai)* auf.

Bei Wärme-Hitze-Erkrankungen *(Wen-Re-Bing)* kann die Hitze *(Re)* in das sogenannte «*Xue-Fen*-Stadium» (vgl. S. 541) eintreten. Dann erscheinen ebenfalls die Symptome des «bewegten Blutes» *(Dong-Xue)*, nämlich Bluterbrechen, Nasenbluten, Hämatome unter der Haut usw.

5.2.1.6.2 Häufig auftretende Feuer-Syndrome

a) Fülle-Feuer *(Shi-Huo):* Diese Art Erkrankung verläuft meist rasch und akut, weil die Abwehrenergie des Körpers *(Zheng-Qi)* noch üppig *(Cheng)* ist. Die Hauptsymptome sind: gerötetes Gesicht und gerötete Augen, Erregungszustände, Fieber, Hitzeempfindlichkeit, trockener Mund, Vorliebe für kalte Getränke, Verstopfung oder Durchfall, spärlicher roter Urin, rote Zunge, gelber Zungenbelag, schneller und voller Puls *(Shu-Shi-Mai)*, der besonders kräftig ist.

In schwereren Fällen ist der Geisteszustand des Patienten verwirrt, der Kranke tobt und ist unruhig, es treten Blutungen auf. Er leidet an roten Geschwüren und Schwellungen, an Hitzezuständen und Schmerzen. Er erbricht Blut, hat Nasenbluten, Blut im Urin und Stuhl, Blutflecke unter der Haut.

b) Leere-Feuer *(Xu-Huo):* Diese Erkrankung verläuft gewöhnlich chronisch und langsam. Das Leere-Feuer wird hauptsächlich von der Leere und Schwäche der Abwehrenergie *(Zheng-Qi)* des Körpers verursacht. Dabei tritt ein Zustand auf, den die chinesische Medizin «üppiges Feuer durch *Yin*-Leere» *(Yin-Xu Huo-Wang)* nennt. Die Symptome sind dabei: beide Wangen gerötet, das Herz im Zustand der Unruhe oder Hitze, «dampfende Hitze» in den Knochen, wellenartige Hitzeanfälle, Erregungszustände, Schlaflosigkeit, nächtliches Schwitzen, spärlicher roter Urin, trockener Mund und Hals, rote Zunge mit wenig oder ohne Zungenbelag, feiner und schneller Puls *(Xi-Shu-Mai).*

5.2.2 Ansteckende Erkrankungen *(Yi-Li)*

Die ansteckenden Erkrankungen werden nach Auffassung der chinesischen Medizin von äußeren Krankheitsursachen hervorgerufen. Sie unterscheiden sich aber von den sechs Widrigkeiten *(Liu-Yin).* Sie beruhen vielmehr auf Krankheitserregern, die eine starke und akute Ansteckungsfähigkeit besitzen. In der chinesischen Medizin bedeutet eine ansteckende Erkrankung *(Yi-Li)* soviel wie eine starke heftige Infektionskrankheit, die den Körper schwer beeinträchtigt.

Schon in der frühen chinesischen Medizinliteratur wird über solche Erkrankungen durch «außergewöhnliches *Qi*» *(Yi-Qi),* «heftiges *Qi*» *(Li-Qi),* «ansteckendes Qi» *(Li-Qi)* oder «giftiges *Qi*» *(Du-Qi)* berichtet. Im Buch *«Su-Wen»* heißt es: «Die fünf Epidemien (Li) sind insgesamt sehr ansteckend, man braucht hier nicht nach der Stärke zu fragen, ihre Krankheitserscheinungen sind dieselben» (211). Die alten chinesischen Ärzte haben also schon früh die Ansteckungskraft von Epidemien erkannt. Im Buch *«Zhu-Bing-Yuan Hou-Lun»,* das in der *Sui*-Dynastie (581–680 n. Chr.) geschrieben wurde, heißt es: «Wenn der Mensch von schädlichem *Qi* berührt wird, erkrankt er. Dieses Krankheits-*Qi* wird rasch übertragen und kann eine ganze Familie vernichten.» (212) Bereits im 6. Jahrhundert n. Chr. hatte man also in China die Gefährlichkeit ansteckender Seuchen erkannt. Aus der Ming-Dynastie (1368–1644 n. Chr.) wird uns im Buch «Abhandlung über Wärme-Infektionen» *(Wen-Yi-Lun)* folgende Erkenntnis überliefert: «Der Weg einer ansteckenden Krankheit geht durch die Nase und durch den Mund» (213). Hier wird also bereits der Ansteckungsweg einer Epidemie richtig beschrieben. Unter den ansteckenden Erkrankungen *(Yi-Li)* versteht die chinesische Medizin vor allem Parotitis epidemica, Dysenterie, Diphtherie, Cholera, Pest, Typhus usw.

Die gemeinsamen Symptome all dieser ansteckenden Erkrankungen sind Erregungszustände, Unruhe, geistige Verwirrung, graue oder dunkle Verfärbung des Gesichtes, tiefer unregelmäßiger Puls *(Chen-Dai-Mai)* oder tiefer und langsamer Puls *(Chen-Chi-Mai)*. Der Patient hat einen weißen, puderartigen, klebrigen oder dicken, gelben und trockenen Zungenbelag.

Wenn sich eine ansteckende Erkrankung *(Yi-Li)* zu einer Epidemie entwickelt, hat dies meist folgende Ursachen:

1. eine unnormale Veränderung der Witterung, beispielsweise starke Dürre, große Hitze, hohe Luftfeuchtigkeit, außergewöhnliche Kälte usw.,
2. ungünstige Umweltverhältnisse und mangelnde Hygiene,
3. eine Schwäche der Abwehrkraft *(Zheng-Qi)* des Patienten,
4. verspäteter Behandlungsbeginn nach Ausbruch der Erkrankung bei einzelnen Patienten,
5. soziale und ökonomische Bedingungen der jeweiligen Gesellschaft.

Dieser letzte Punkt wird im Unterricht an den medizinischen Hochschulen der Volksrepublik China gegenwärtig besonders betont. Dies mag uns im Westen übertrieben erscheinen. Für China hat die neue Gesellschaftsordnung indessen ganz erhebliche Verbesserungen im Bereich des Gesundheitswesens gebracht. Viele endemische Erkrankungen (Cholera, Schistosomiasis, Malaria, Pest usw.) konnten weitgehend unter Kontrolle gebracht bzw. ausgerottet werden. Außerdem wurde eine der wichtigsten Krankheits- und Todesursachen in China nahezu ausgeschaltet: der Hunger bzw. die chronische Unterernährung.

Zu einer wesentlichen Verbesserung der Lebensbedingungen hat auch die Kampagne gegen die «Vier Plagen», nämlich die Fliegen, Läuse, Ratten und Kakerlaken geführt. Der entscheidende Antrieb der chinesischen Bevölkerung bei den gesundheitspolitischen Maßnahmen war der Ausspruch *Mao-Tse-tungs*: «Setzt die Vorbeugung an die erste Stelle.» Mit diesem Satz befindet sich *Mao* nicht nur nach der modernen medizinischen Wissenschaft auf der richtigen Linie, er verfolgt damit auch die uralte medizinische Tradition Chinas, daß der Arzt in erster Linie Krankheiten verhüten und sie in zweiter Linie heilen soll.

5.2.3 Erkrankungen durch seelische Ursachen

5.2.3.1 Seelische Krankheitsursachen in der chinesischen Medizin

Seelische Einflüsse und Veränderungen, die im Menschen Freude, Wut, Kummer, Nachdenken, Trauer, Angst oder Schrecken auslösen, werden von der chinesischen Medizin unter dem Oberbegriff der «Sieben Gefühle» *(Qi-Qing)* zusammengefaßt. Diese sieben Gefühle sind unter alltäglichen Umständen normale Reaktionen des Menschen auf objektive Sachverhalte und gehören zur normalen geistig-seelischen Funktion. Wenn aber eines der sieben Gefühle, Freude *(Xi)*, Wut *(Nu)*, Kummer *(You)*, Denken *(Si)*, Trauer *(Bei)*, Angst *(Kong)* und Schrecken *(Jing)*, übermäßig stark wird, plötzlich sehr heftig auftritt oder über längere Zeit besteht, wird die psychische Ausgeglichenheit des Menschen gestört, und seine Kraftreserven werden angegriffen. Dabei wird dann das *Yin* und *Yang* des Körperinneren und das *Qi-Xue* (Blut-Aktivität) gestört, die Funktion der inneren Organe *(Zang-Fu)* wird beeinträchtigt, die Zirkulation des Meridiansystems *(Jing-Luo)* wird verwirrt, und eine Erkrankung kann eintreten.

Die psychischen Krankheitsursachen, ausgelöst durch die «sieben Gefühle», wirken anders auf den menschlichen Organismus als die sechs Widrigkeiten *(Liu-Yin Xie-Qi)*. Letztere dringen durch Mund und Nase, über Haut und Haare in den Körper ein (vgl. Abschn. 5.2.1); die psychisch verursachten Krankheiten beeinflussen demgegenüber die mit ihnen verbundenen inneren Organe direkt und bewirken so primär innere Erkrankungen.

Ganz allgemein gilt in der chinesischen Medizin aber die Regel, daß sowohl die sechs Widrigkeiten als auch die sieben psychischen Veränderungen nur dann eine Erkrankung auslösen können, wenn sie die Ausgewogenheit von *Yin* und *Yang*, den Fluß des *Qi-Xue*, die Funktion der inneren Organe *(Zang-Fu)* und das Meridian-System *(Jing-Luo)* stören. In der chinesischen Heilkunde gelten deshalb die Einflüsse der Psyche *(Qing-Zhi)* nur als ein Krankheitsfaktor, nicht aber als letzte Ursache der Erkrankung. Vielmehr wird die Krankheitsentstehung in der chinesischen Medizin ausdrücklich plurifaktoriell aufgefaßt. Die eigentliche innere Ursache einer Erkrankung liegt auch bei psychisch bedingten Leiden in der besonderen Funktion der Strukturen des erkrankten Organismus.

5.2.3.2 Beziehungen zwischen seelischer Erregung *(Qing-Zhi)* und inneren Organen

Zwischen den psychischen Aktivitäten und den inneren Organen *(Nei-Zang)* gibt es in der chinesischen Heilkunde enge Beziehungen. Das «*Jing-Qi*» (Essenz-Aktivität) der fünf Speicherorgane gilt für die chinesische Medizin nämlich als materielle Basis der psychischen Funktionen. Die verschiedenen psychischen Reaktionen bzw. Gefühle können ferner nur auf ganz bestimmte, mit ihnen verbundene innere Organe wirken. Umgekehrt zeigt sich die Einwirkung der verschiedenen Gefühle oft erst an der gestörten Funktion ganz bestimmter, mit ihnen gekoppelter Organe.

Im Buch «*Su-Wen*» heißt es: «Die fünf Speicherorgane des Menschen entwickeln die fünf verschiedenen Arten von *Qi* (Funktion), sie erzeugen Freude *(Xi)*, Wut *(Nu)*, Trauer *(Bei)*, Kummer *(You)* und Angst *(Kong)*» (214). Im gleichen Text heißt es außerdem: «Das mit der Leber verbundene Gefühl ist die Wut *(Nu)*, das mit dem Herzen verbundene Gefühl ist die Freude *(Xi)*, das mit der Milz verbundene Gefühl ist das Denken *(Si)*, das mit der Lunge verbundene Gefühl ist der Kummer *(You)*, das mit den Nieren verbundene Gefühl ist die Angst» *(Kong)* (215). Damit sind die Beziehungen zwischen den verschiedenen Gefühlen und den inneren Organen für die traditionelle chinesische Heilkunde festgelegt.

Aufgrund dieser Beziehungen wurden den sieben Gefühlen *(Qi-Qing)* in der chinesischen Heilkunde von jeher auch bestimmte pathologische Veränderungen an den inneren Organen *(Zang-Fu)* zugeschrieben. So heißt es im Buch «*Su-Wen*»: «Die Wut verletzt die Leber, die Freude verletzt das Herz, das Denken verletzt die Milz, der Kummer verletzt die Lunge, die Angst verletzt die Nieren» (216). Die seelische Erregung verletzt dabei die inneren Speicherorgane *(Nei-Zang)* dadurch, daß sie ihren *Qi*-Mechanismus beeinflussen und ihre normale Funktion stören. Im Buch «*Su-Wen*» heißt es dazu weiterhin: «Die 100 Erkrankungen werden durch das *Qi* (Aktivität, Funktion) verursacht. Die Wut *(Nu)* treibt das *Qi* nach oben, die Freude *(Xi)* mildert das *Qi* ab, die Trauer *(Bei)* löst das *Qi* auf, die Angst *(Kong)* führt das *Qi* nach unten, ... der Schrecken *(Jing)* verwirrt das *Qi*, ... das Denken *(Si)* blockiert das *Qi*» (217). Damit wird im einzelnen beschrieben, wie die verschiedenen psychischen Veränderungen in der Vorstellung der chinesischen Medizin die Funktionen im Organismus beeinflussen. Durch Wut wird das *Qi* nach oben getrieben. Dies bedeutet, daß das Leber-*Qi* in Gegenrichtung aufwärts steigt *(Gan-Qi Shang-Ni)*. Dabei steigt auch gleichzeitig die Blut-Aktivität *(Xue-Qi)* nach oben. Freude mildert das *Qi* ab, sodaß die Stimmung des Menschen heiter und fröhlich wird. Das *Qi-Xue* (Aktivität, Blut) ist ausgewogen, Ernährungs- und Abwehrfunktion *(Ying-Wei)* sind ausgeglichen. Übermäßig starke Freude kann allerdings die Herzfunktion *(Xin-Qi)* abschwächen und verteilen, sodaß sie nicht gespeichert werden kann. Trauer löst das *Qi* auf; Trauer schadet den Lungen und verschwendet das *Qi*. Angst treibt das *Qi* (Funktion, Aktivität) im Körper abwärts. Angst kann das Nieren-*Qi* beschädigen, sodaß das *Qi* im Körper abwärts sinkt. Bei einem plötzlichen Schreck hat der Mensch das Gefühl, sein Herz hätte keine Stütze, was allen Menschen gleichermaßen bekannt ist. Wir haben dafür im deutschen Sprachgebrauch das Bild: «Das Herz fällt in die Hose.» Bei diesem Zustand sind die geistigen Leistungen des Menschen eingeschränkt. Die chinesische Medizin sagt: «Der Schreck verwirrt das *Qi*.» Längeres Nachdenken oder Grübeln *(Si)* verstopft das *Qi* im Körper, sein Transport und seine Bewegung laufen nicht mehr glatt ab. Dies heißt in der chinesischen Heilkunde: «Das Denken blockiert das *Qi*» (218).

Hier ist darauf hinzuweisen, daß die Beziehungen zwischen den «sieben Gefühlen» und den inneren Organen keine absolut festgelegten Zuordnungen sind. Der menschliche Organismus ist für die chinesische Medizin ein einheitliches Ganzes. Unter den fünf Speicherorganen und sechs Hohlorganen ist das Herz das wichtigste Organ. Es ist der Sitz der «geistigen Essenz» *(Jing-Shen)*. Die verschiedenen psychischen Veränderungen können wohl die ihnen zugeordneten inneren Organe beeinflussen, stets beeinflussen sie aber die Funktion des Herzens mit, und durch diese Herzfunktion wirken sie zusätzlich auf die übrigen inneren Organe ein. Im Buch *«Ling-Shu»* heißt es: «Das Herz ist das wichtigste der fünf Speicherorgane und sechs Hohlorgane, ... Traurigkeit, Kummer und Angst bewegen das Herz. Durch diese Bewegung geraten die fünf Speicherorgane und sechs Hohlorgane in Schwankung» (219). Ebenso wie seelische Erregungen die Funktion der inneren Organe beeinflussen können, werden umgekehrt psychische Erregungen durch unnormale Funktion der entsprechenden inneren Organe hervorgerufen. Dazu heißt es im Buch *«Ling-Shu»*: «Wenn das *Qi* der Leber im Zustand der Leere ist, entsteht Angst *(Kong)*, ist es im Zustand der Fülle, entsteht Wut *(Nu)*, ... Wenn das *Qi* des Herzens im Zustand der Leere ist, entsteht Trauer *(Bei)*, wenn es im Zustand der Fülle ist, entsteht unendliches Lachen» (220).

So können Fülle oder Leere des *Qi* (Funktion, Aktivität) der verschiedenen Speicherorgane unterschiedliche seelische Zustände erzeugen, da die Tätigkeit der inneren Organe eine Beziehung zu bestimmten seelischen Veränderungen hat. Seelische Erregungen durch die «sieben Gefühle» wirken andererseits auf die inneren Organe zurück, wobei in erster Linie die Herzfunktion gestört wird, was zu den verschiedensten Erkrankungen führen kann. Schlimmstenfalls ergibt sich durch eine infolge seelischer Erregung gestörte Organfunktion eine verstärkte Rückwirkung auf die Psyche, sodaß ein circulus vitiosus entsteht, den der Arzt mit einer geeigneten Behandlung durchbrechen muß.

5.2.3.3 Durch seelische Erregungen *(Qing-Zhi)* verursachte Krankeits-Syndrome

Andauernde und übermäßige psychische Reize können, wie wir oben erläutert haben, nach Ansicht der chinesischen Medizin die Speicherorgane und Hohlorgane *(Zang-Fu)* schädigen und eine Krankheit hervorrufen. Die diesbezüglichen speziellen Erkrankungen der inneren Organe werden im Kapitel 7, Abschnitt 7.3 «Krankheits-Syndrome der inneren Organe» abgehandelt. Die klinische Symptomatik eines durch seelische Störungen bedingten Krankheitsbildes betrifft meist die inneren Organe Herz, Leber und Milz. Bei einer Funktionsstörung des Herzens durch seelische Erregung treten vor allem folgende Symptome auf: Schreckhaftigkeit, Angst, Schlaflosigkeit, geistig-seelische Unruhe. Dies kann auch zur Verwirrung des Geistes, zu unkontrolliertem Lachen oder Weinen kommen. Die chinesische Medizin nennt diesen Zustand «Reizbarkeit des Speicherorgans» *(Zang-Zao)* (221). Dabei kann es zu psychischer Gereiztheit, Unruhe, Tobsucht und Wut oder mangelnder geistiger Klarheit kommen.

Wenn psychische Irritationen die Funktionen der Leber stören, zeigen sich beim Patienten Depressionen, allgemeine Unruhe, leichte Erregbarkeit, Völlegefühl und Schmerzen unterhalb des Rippenbogens, Aufstoßen, Seufzen, Globus-Gefühl im Hals. Bei Frauen treten Unterleibsschmerzen und unregelmäßige Periodenblutung auf.

Beeinträchtigen psychische Störungen die Funktion von Milz und Magen, führt dies nach der Theorie der chinesischen Medizin vor allem zu zwei verschiedenen Krankheitsbildern:

1. Wenn die Störung vom Herzen kommt und zu Milz und Magen fortschreitet, führt dies zu einem Leerezustand sowohl im Herzen als auch in der Milz. Die Symptome sind hier: Appetitlosigkeit, Blähungen, schlechter Stuhlgang, Ausbleiben der Periodenblutung oder zu starke Menstruation bei Frauen (vgl. Abschn. 7.3.3.2).
2. Geht die Störung von der Leber aus und schreitet zu Milz und Magen fort, so findet sich entweder der Zustand eines mangelnden Ausgleichs zwischen Leber und Magen *(Gan-Wei-Bu-He)* oder der mangelnden Übereinstimmung zwischen Leber und Milz *(Gan-Pi Bu-He)*. Dabei sind die klinischen Symptome Völlegefühl und Schmerzen im Magen und Oberbauch, Appetitlosigkeit, Erbrechen, Aufstoßen, ungeformter Stuhl (vgl. Abschn. 7.3.3.7 und 7.3.3.8).

Insgesamt läßt sich sagen, daß die durch seelische Faktoren bedingten Erkrankungen neben der Organveränderung auch auffallende psychische Veränderungen des Patienten zeigen. Die Heilung oder Verschlimmerung einer solchen Erkrankung hängt entscheidend von einer Besserung oder Verschlechterung des psychischen Zustands ab. Die psychische Verfassung eines auf diese Weise erkrankten Patienten bildet einen wichtigen Faktor für die Behandlung und die Vorbeugung von inneren Erkrankungen, die auf solche Weise entstanden sind.

5.2.4 Falsche Ernährung *(Yin-Shi)* und körperliche Erschöpfung *(Lao-Juan)* als Krankeitsursachen

Als Grundbedingungen zur Erhaltung der menschlichen Gesundheit gelten in der Gesellschaftsordnung der Volksrepublik China ausreichende Ernährung und körperliche Arbeit. Der westliche Mensch ist eher geneigt, anstelle von körperlicher Arbeit zu setzen: körperliche Betätigung. Doch dies ist eine Frage der unterschiedlichen Gesellschaftsordnungen in China und im Westen.

Wenn die Ernährung zu gering oder zu reichlich ist, wenn keine Ausgewogenheit zwischen Erschöpfung und Ruhe nach der Arbeit besteht, wird die Widerstandskraft des Menschen beeinträchtigt, was zu Erkrankungen führen kann. Bei übermäßiger Ermüdung ist sowohl das *Qi* der Milz verausgabt als auch die Abwehrkraft *(Zheng-Qi)* zu gering. Übermäßige sexuelle Betätigung schadet der Essenz-Aktivität *(Jing-Qi)* der Leber und Niere, was zu vielerlei Typen von Leere und Schwäche im Organismus führen kann.

5.2.4.1 Falsche Ernährung

Richtige Nahrung ist eine Grundbedingung zur Erhaltung des menschlichen Lebens. Durch falsche Ernährung kann es zu Erkrankungen kommen. Die Milz (vgl. Abschn. 3.2.1.3) ist für den Transport der Nahrungsessenz *(Shui-Gu Jing-Wei)* verantwortlich. Der Magen gilt in der chinesischen Medizin als das «Meer der Nahrung» *(Shui-Gu Zhi Hai)*. Bei jeder Art von Fehlernährung sind deshalb hauptsächlich die Funktionen von Milz und Magen gestört. Nach der Theorie der chinesischen Medizin erzeugt eine Fehlernährung häufig Nässe *(Shi)*, Hitze *(Re)*, Schleim *(Tan)* und führt zur Entwicklung anderer Erkrankungen. Im Anschluß an eine durchgemachte schwere Erkrankung ist im Körper stets noch ein Rest der krankheitserzeugenden Störung *(Xie)* vorhanden. Fehlernährung kann dazu führen, daß eine überstandene Krankheit erneut ausbricht.

Falsche Ernährung tritt hauptsächlich in drei Gruppen auf:

1. unregelmäßige Nahrungsaufnahme,
2. unreine Nahrung,
3. einseitige Ernährung.

5.2.4.1 Unregelmäßige Nahrungsaufnahme

Im günstigsten Falle ist die Menge der Nahrung eben gerade ausreichend. Sowohl Unterernährung als auch Überernährung können zu Krankheiten führen. Im Buch «*Ling-Shu*» heißt es: «Wenn der Mensch einen halben Tag ohne Nahrung ist, wird seine Aktivität *(Qi)* schwach, ist er einen ganzen Tag ohne Nahrung, nimmt seine Aktivität *(Qi)* ab» (222). Diese Meinung der alten chinesischen Ärzte beruht auf der Ansicht, daß die Nahrung *(Shui-Gu)* die Quelle der Aktivität und des Blutes *(Qi-Xue)* ist. Wenn man bei Hunger nichts ißt, bei Durst nichts trinkt, werden die Aktivität und das Blut *Qi-Xue* des Körpers nicht ausreichend ersetzt. Nach einiger Zeit nimmt dieses *Qi-Xue* ab, und schließlich tritt eine Erkrankung auf.

Der Hunger und die Mangelernährung waren im alten China gewohnte Zustände. Durch Hunger erzeugte Krankheiten und Funktionsstörungen sind deshalb in der chinesischen Medizin bestens bekannt. Die Symptome einer Unterernährung können indessen auch durch eine Störung der Funktionen von Magen und Milz hervorgerufen werden. Auch dabei nimmt die aufgenommene Menge an Nahrung ab, es kommt zu Erscheinungen der Unterernährung. Diese Erkrankung ist in China wie im Westen auch bei guter allgemeiner Ernährungslage anzutreffen (z. B. Malabsorptions-Syndrom).

Vor allem in den wohlhabenden Industriestaaten des Westens ist die *Überernährung* häufig. Hierbei wird die Verdauungsfähigkeit des Organismus überfordert, Magen und Darm werden gestört bzw. geschädigt.

Der Krankheitszustand bei Verletzung von Milz und Magen durch falsche Ernährung zeigt im allgemeinen folgende klinische Symptome: Völlegefühl und Schmerzen im Oberbauch, Druckempfindlichkeit über dem Magen, Unwohlsein und Erbrechen nach dem Essen, saurer Geruch des Erbrochenen und des Stuhlgangs, übelriechendes Aufstoßen usw.

Im Buch «*Su-Wen*» heißt es: «Eine doppelte Nahrung verletzt Darm und Magen» (223). Krankheiten dieser Art sieht man häufig bei Kindern, deren Verdauungsfähigkeit schwächer ist als beim Erwachsenen und die deshalb viel stärker auf regelmäßige Nahrungszufuhr angewiesen sind. Das «verstaute» *(Zhi)* Essen entwickelt im Körperinneren Hitze *(Re)*, es erzeugt Schleim *(Tan)*, folgende klinische Erscheinungen treten auf: Hitze in den Hand- und Fußflächen, Hitzegefühl über dem Bauch, gerötete Wangen, wellenartig auftretende Hitze am Nachmittag, Völlegefühl in der Brust und im Bauch, übermäßig viel Schleim *(Tan)*. In diesem Fall beschädigt die verstaute Nahrung die Milz und den Magen, Nahrungs- und Abwehrfunktion stehen nicht im ausgeglichenen Verhältnis *(Ying-Wei Bu-He)*. Es kann bei solchen Zuständen auch leicht eine äußerliche ansteckende Erkrankung auftreten, wobei Fieber und Kälteempfindlichkeit des Patienten auffallen.

5.2.4.1.2 Unreine Nahrung

Verunreinigte Nahrung kann Erkrankungen des Magens und Darms bewirken. Die häufigsten Symptome einer solchen Lebensmittelvergiftung sind Magenschmerzen, Erbrechen, Durchfall. In besonders schlimmen Fällen können diese Symptome sehr heftig sein, dabei kann zusätzlich Bewußtlosigkeit eintreten.

5.2.4.1.3 Einseitige Ernährung

Einseitige Ernährung kann zu allen möglichen Erkrankungen führen. Einseitige Aufnahme von Fett, Süßigkeiten, scharfen und gewürzten Speisen führen nach der Theorie der chinesischen Medizin im Körper zur Entwicklung von Nässe *(Shi)*, Schleim *(Tan)*, Hitze *(Re)*, oder sie lassen Magengeschwüre entstehen. Zuviel rohe Nahrung oder zu kalte Getränke schaden dem *Yang-Qi* der Milz und des Magens und erzeugen «innere Kälte» (vgl. Abschn. 5.2.1.2.2), wobei Bauchschmerzen und Durchfälle auftreten.

Übermäßig scharfe Speisen bewirken nach der Lehre der chinesischen Medizin eine Anhäufung von Hitze im Magen und Darm *(Chang-Wei Ji-Re)* mit trockenem hartem Stuhl oder blutenden Hämorrhoiden. Auch übermäßiger Genuß von Wein, Zigaretten, Kaffee oder Tee ist für den Körper schädlich. Die alten chinesischen Ärzte waren außerdem der Ansicht, daß die den fünf Speicherorganen zugeordneten Geschmacksrichtungen (vgl. Abschn. 2.2.1.1 und Tabelle 2) bei einseitiger und übermäßiger Einwirkung die Funktion *(Qi)* des jeweiligen Speicherorgans beschädigen könnten. Diese Ansicht wird zwar heute an den Hochschulen der chinesischen Medizin nicht mehr bedingungslos geteilt; in der klinischen Praxis läßt man sich davon jedoch bei der diätetischen Beratung von Patienten immer noch leiten.

5.2.4.2 Körperliche Erschöpfung *(Lao-Juan)*

Übermüdung und Erschöpfung schaden nach Ansicht der chinesischen Medizin hauptsächlich der Aktivität *(Qi)* der Milz. Dabei treten folgende Symptome auf: Verminderung der Aktivität *(Qi)* im allgemeinen, Kraftlosigkeit, Schwäche in Armen und Beinen, Unlust zum Reden, Atemnot nach Bewegung, allgemeine Abgeschlagenheit. Im Buch «*Su-Wen*» heißt es: «Durch körperliche Arbeit wird das *Qi* (Funktion) verausgabt» (224). Dabei ist allerdings zu bedenken, daß eine Erkrankung nur durch übermäßige Erschöpfung, nicht aber durch normale körperliche Arbeit bewirkt wird. Normale körperliche Betätigung, sei es nun als Arbeit oder Gymnastik und Sport, stärkt vielmehr die allgemeinen Körperkräfte und beugt Erkrankungen vor. Aus diesem Grunde wird in China u. a. großer Wert auf regelmäßige körperliche Übungen gelegt, beispielsweise in Form der volkstümlichen Gymnastik «*Tai-Ji-Quan*». Im heutigen China wird überdies streng darauf geachtet, daß ein Mensch bei der Arbeit seine Kräfte nicht unmäßig verausgabt. Es darf am Tage höchstens 8 Stunden gearbeitet werden, damit die Menschen Zeit zur Entspannung und Erholung finden.

Mangelnde körperliche Bewegung, das Fehlen jeglicher Tätigkeit, bringt die Funktionen *(Qi)* und das Blut *(Xue)* zum Stocken, so daß sich das *Qi-Xue* nicht bewegt. Dies beeinflußt wiederum die Verdauungsfunktionen von Milz und Magen. Dabei treten Appetitlosigkeit sowie Kraftlosigkeit in Armen und Beinen auf.

In der Theorie der chinesischen Medizin gilt übermäßige sexuelle Betätigung ebenfalls als schädlich. Dies gilt auch für zu viele Geburten bei Frauen. Es wird dadurch die Nieren-Essenz *(Shen-Jing)* vermindert und geschädigt. Rückenschmerzen, allgemeine Kraftlosigkeit, Schwindel, Ohrensausen, bei Männern Impotenz, bei Frauen Störungen der Periodenblutung (Amenorrhoe, Ausfluß usw.) treten auf. All das wird unter dem Begriff der «sexuellen Erschöpfung» *(Fang-Lao)* zusammengefaßt.

5.2.5 Trübe und klare Schleimflüssigkeiten *(Tan-Yin)* und gestautes Blut *(Yu-(Xue)* als Krankheitsursachen

Unter Schleim und blockiertem Blut versteht die chinesische Medizin pathologische Produkte des Organismus. Beide können als krankheitserzeugende Störungen *(Bing-Xie)* direkt oder indirekt auf die Speicherorgane und Hohlorgane einwirken und den Krankheitsverlauf beeinflussen. Sie werden deshalb in der chinesischen Medizin unter die Krankheitsursachen *(Bing-Yin)* eingereiht.

5.2.5.1 Trübe und klare Schleimflüssigkeiten *(Tan-Yin)*

Trübe *(Tan)* und klare *(Yin)* Schleimflüssigkeiten sind nach der Lehre der chinesischen Medizin beides pathologische Produkte des Körpers. Den dickflüssigen und klebrigen Anteil könnte man mit Schleim *(Tan)* übersetzen, den dünnflüssigen, klaren Anteil mit Speichel *(Yin)*, wobei allerdings die pathologischen Eigenschaften dieses «Speichels» festzuhalten sind. Beide zusammen heißen Schleimflüssigkeiten *(Tan-Yin)*.

Wenn dieser «Schleim», für den die moderne westliche Medizin keinen gleichbedeutenden Begriff hat, im Körper entsteht, kann er viele neue krankhafte Funktionen im Körper hervorrufen und besondere Erkrankungen bewirken. Die chinesische Medizin kennt eine ganze Reihe verschiedener Krankheitszustände, die alle durch Schleim *(Tan)* bedingt sind. Es gibt deshalb bei den traditonellen chinesischen Ärzten den Ausspruch (225): «Die 100 Erkrankungen werden sehr oft durch Schleim *(Tan)* verursacht.» Mit «100 Erkrankungen» ist hier die Gesamtheit aller Krankheiten gemeint. Der Schleim *(Tan-Yin)* bedeutet in der chinesischen Medizin wohlgemerkt nicht bloß das bei Bronchialerkrankungen entstehende schleimige Sekret. Der Begriff Schleim bezieht sich vielmehr auf die Produktion von schleimigen Stoffen im Körperinneren. Diese Stoffe können die Ursache zahlreicher Krankheitszustände werden.

5.2.5.1.1 Entwicklung der Schleimflüssigkeiten *(Tan-Yin)* im Organismus

Nach Ansicht der chinesischen Medizin entstehen Schleimflüssigkeiten *(Tan-Yin)* durch eine «Verstauung» der Körpersäfte *(Jin-Ye)*. Dieser pathologische Prozeß steht vor allem mit den drei Speicherorganen Lunge, Milz und Niere in Verbindung. Wenn die normale Funktion von Lunge, Milz und Niere versagt, wenn dazu noch die Krankheitsfaktoren Kälte, Hitze oder *Qi*-Feuer *(Qi-Huo)* auftreten, beeinflußt dies die normale Verteilung und den Transport der Körpersäfte *(Jin-Ye)*. Die Körpersäfte *(Jin-Ye)* verstauen sich, im Körperinneren entsteht Nässe *(Shi)*, diese entwickelt sich zu Schleim *(Tan)* und Speichel *(Yin)*. In der chinesischen Medizin heißt es: «Die Milz ist die Quelle des Schleims *(Tan)*; die Lunge ist der Behälter des Schleims» (226).

Wenn das *Yang* der Nieren leer und schwach ist, können die Flüssigkeiten *(Shui-Ye)* nicht verdampfen und ihren normalen Kreislauf im Körper vollführen. Auch dies ist in der chinesischen Medizin ein Grund, aus dem Krankheiten durch Schleim *(Tan-Yin)* entstehen können.

Der entwickelte Schleim *(Tan)* bewegt sich zusammen mit dem *Qi* im Körper, gelangt nach außen zu den Sehnen und Knochen, nach innen zu den Speicherorganen und Hohlorganen, steigt nach oben und unten, nach links und rechts und beeinflußt die Funktion aller Strukturen des Organismus. Wenn auf diese Weise die Zirkulation des *Qi*-Mechanismus beeinträchtigt wird, so daß das Auf- und Absteigen *(Sheng-Jiang)* und die Bewegung von *Qi* und Blut *(Xue)* nicht mehr reibungslos funktionieren, treten alle möglichen Krankheiten auf, die die chinesische Medizin «Schleim-Erkrankungen» nennt. Dabei kann der trübe Schleim *(Tan-Zhuo)* die Lungen angreifen, die Verbreitungs- und Säuberungsfunktion *(Xuan-Jiang)* beeinflussen, sodaß Husten und Atemnot entstehen. Wenn der trübe Schleim *(Zhuo-Tan)* den Magen angreift, versagt das Abwärtsleiten *(Jiang)* des Magens, Übelkeit und Erbrechen treten auf. Wenn der Schleim *(Tan)* die Durchgängigkeit des Herzens beeinträchtigt *(Tan-Mi Xin-Qiao)*, ist der Geist nicht klar, der Patient redet irre, ist bewußtlos oder in seinen geistigen Funktionen gestört (vgl. Abschn. 7.3.1.1.5).

Die dem Schleim *(Tan-Yin)* zugehörenden flüssigen Speichelbestandteile *(Yin)* können sich ebenfalls an den verschiedensten Stellen des Körpers festsetzen. Sie können die Muskeln angreifen, sich zwischen den Rippen ablagern, am Zwerchfell anlegen, zwischen die Darmschlingen setzen und auf diese Weise viele Krankheiten hervorrufen.

5.2.5.1.2 Merkmale der durch Schleimflüssigkeiten *(Tan-Yin)* erzeugten Krankheits-Syndrome

Die chinesische Medizin kennt zahlreiche Erkrankungen, die durch Schleim *(Tan)* hervorgerufen werden. Zunächst handelt es sich dabei ganz allgemein um den beim Husten abgesonderten Schleim *(Tan)*, wie ihn auch die westliche Medizin kennt. Dann aber wird dieser Begriff erweitert, wie wir dies bereits oben angedeutet haben. Der erweiterte Begriff des «Schleims» wird zur Ursache zahlreicher Störungen des Organismus. Je nach der Disposition des Patienten und den jeweils betroffenen Körperorganen unterscheidet man folgende Zustände: Schleim in der Lunge: dabei tritt Husten mit schleimiger Absonderung auf. Schleim im Herzen: dies verursacht Herzklopfen und geistige Verwirrung, die sich bis zur völligen Orientierungslosigkeit steigern kann. Schleim im Magen: hierbei tritt Übelkeit oder Erbrechen auf; Schleim, der in entgegengesetzter Richtung zum Kopf aufsteigt *(Shang-Ni Tou-Bu)*, wobei Schwindel und Ohrensausen auftreten. Schleim, der sich an den Rippen ablagert, wobei Völlegefühl in der Brust, Atemnot, Schmerzen in den Rippen und am Rücken und beim Husten auftreten. Schleim, der sich in den vier Extremitäten festsetzt, wobei Parästhesien und Schmerzen in den Armen und Beinen auftreten. Schleim, der sich im Meridian-System *(Jing-Luo)*, in Sehnen und Knochen festsetzt, wobei Lymphstauungen, schleimige Ablagerungen oder Schwellungen in verschiedenen Körperregionen entstehen. Wenn Schleim *(Tan)* das *Qi* (Aktivität, Funktion) blockiert, verstopft sich meist die Kehle, sodaß der Patient einen Kloß im Hals verspürt. Wenn der Schleim die Meridian-Funktion *(Jing-Qi)* des Meridians der Drei Erwärmer blockiert, kann dies nach Ansicht der chinesischen Medizin zur Ursache einer Malaria werden.

Aber nicht nur durch Festsetzen von Schleim *(Tan)*, auch durch Verstauung von «Speichel» *(Yin)* gibt es für die chinesische Medizin zahlreiche Krankheitszustände. Wenn beispielsweise Speichel *(Yin)* in die Muskeln eindringt, entstehen Schwellungen (Myogelosen) und Ödeme. Dringt der Speichel in den Thoraxraum und in die Rippenpartien ein, entstehen Völlegefühl und Schmerzen in der Brust und an den Rippen. Wenn der Speichel *(Yin)* oberhalb des Zwerchfells sitzt, muß der Patient husten, hat Atemnot und kann nicht flach im Bett liegen. Sitzt der Speichel *(Yin)* direkt im Bereich des Zwerchfells (d. h. zwischen dem oberen und mittleren Erwärmer), hat der Patient einen trockenen Mund, Völlegefühl im Bauch, leidet an Appetitlosigkeit; außerdem hört man Wasser im Bauch «plätschern».

Die allgemeinen klinischen Symptome, die durch eine Schleim*(Tan-Yin)*-Erkrankung hervorgerufen werden, sind: Husten mit viel Schleim *(Tan)*, schleimiges Röcheln im Hals, Gefühl der Völle und Blockierung, Ödeme, Erbrechen, Schwindel, Herzklopfen. Dabei findet sich ein klebriger Zungenbelag, der Puls ist gespannt und gleitend *(Xian-Hua-Mai)*.

5.2.5.1.3 Durch trüben Schleim *(Tan)* verursachte Krankheits-Syndrome

1. Wind-Schleim *(Feng-Tan)*: Hierbei hat der Patient sowohl die Symptome der Beweglichkeit *(Dong)* des Windes *(Feng)* wie auch die eines Schleim-Syndroms *(Tan-Zheng)*. Die chinesische Medizin nennt dies ein «Wind-Schleim-Syndrom». In diese Krankheitsgruppe gehört der apoplektische Insult, der in der Sprache der chinesischen Medizin *«Zhong-Feng»* genannt

wird und dessen Krankheitszeichen Schwindel, plötzliche Bewußtlosigkeit, schleimiges Röcheln im Hals, steife Zunge, schief nach oben gezogene Augen und Mund, empfindungslose Extremitäten, Halbseitenlähmung sind. In die Gruppe der Wind-Schleim-Syndrome *(Feng-Tan-Zheng)* gehören auch die Krampfanfälle bei Epilepsie, deren Symptome plötzliche Bewußtlosigkeit mit Krämpfen und Speichelfluß bzw. Schaum vor dem Munde sind.

2. Hitze-Schleim *(Re-Tan):* Hierbei sind die Symptome Erregung und Hitze, Verstopfung mit hartem Stuhlgang, heißer Kopf und heißes Gesicht, Halsschmerzen und geistige Verwirrung.
3. Kälte-Schleim *(Han-Tan):* Die Krankheitszeichen sind stechende Schmerzen in den Knochen (Knochen-*Bi*), Unfähigkeit des Kranken, Hände und Füße zu heben, starke Kälteempfindlichkeit, Husten mit dünnflüssigem Schleim, tiefer und langsamer Puls *(Chen-Chi-Mai).*
4. Nässe-Schleim *(Shi-Tan)*: Die typischen Symptome sind Schwere und Kraftlosigkeit im ganzen Körper, Müdigkeit und Schwäche.
5. Schleim-Kern *(Tan-He),* womit eine Lymphadenose gemeint ist, die meist am Hals sitzt, jedoch auch an anderen Stellen des Körpers auftreten kann. Es handelt sich dabei um eine Verdickung unter der Haut, die nicht gerötet, nicht geschwollen, nicht schmerzhaft, sondern nur von fester Konsistenz ist. Beim Palpieren fühlt sie sich weich und schlüpfrig an. Falls sie aufbricht, was gelegentlich vorkommt, heilt das entstandene Geschwür nur schwer.
6. Pflaumen-Kern-*Qi* *(Mei-He-Qi)*: Hierbei hat der Patient das Gefühl, als ob ihm ein Pflaumenkern im Halse stecken geblieben sei, der sich nicht aufwärts und abwärts bewegt. Zugleich hat er ein Völlegefühl im Thorax. Die chinesische Medizin nennt diesen Zustand «Verknotung der Schleim-Funktion» *(Tan-Qi Bo-Jie).*

5.2.5.1.4 Durch klare Schleimflüssigkeiten bzw. Speichel *(Yin)* verursachte Krankheits-Syndrome

1. Hängender Speichel *(Xun-Yin):* Hierbei treten Schmerzen im Rücken, Atemnot und Husten, Völlegefühl im Thorax auf.
2. Überfließender Speichel *(Yi-Yin)*: Bei diesem Zustand bestehen Schmerzen und Schweregefühl im Körper. In schwereren Fällen sind die vier Extremitäten geschwollen, ziehende Schmerzen in den Gliedern treten auf, der Patient hat Husten und verspürt Atemnot, er hat keine Schweißproduktion und ist kälteempfindlich.

3. Abzweigender Speichel *(Zhi-Yin):* Hierbei leidet der Patient an Husten und Atemnot, kann im Bett nicht flach liegen, hat ein geschwollenes Gesicht.

Zur Differentialdiagnostik der Schleim-Syndrome *(Tan-Yin-Zheng)* der chinesischen Medizin ist es wichtig, die Stärke und Menge des vorhandenen Schleims *(Tan)* einzuschätzen. Bei Lungenerkrankungen mit schleimigem Auswurf geschieht das nach dessen Farbe (weiß oder gelb), nach dem Grad der Zähigkeit des Schleims usw. Dies ist gemäß den diagnostischen Kriterien in der chinesischen Medizin nötig, um festzustellen, ob es sich um einen Kälte-Schleim-Zustand oder um einen Hitze-Schleim-Zustand handelt. Das Ergebnis ist entscheidend für die Therapie mit Akupunktur oder chinesischen Medikamenten, bei der, wie schon mehrmals erwähnt, die Krankheits-Syndrome *(Bian-Zheng)*, denen das 7. Kapitel dieses Buches gewidmet ist, den Ausgangspunkt bilden.

5.2.5.2 Gestautes Blut *(Yu-Xue)*

Eine schlechte Kreislauffunktion, teilweise Stockung des Blutkreislaufs und aus den Gefäßen ausgetretenes und als Hämatom im Gewebe abgelagertes Blut nennt die chinesische Medizin «Blut-Stauung» *(Yu-Xue)*.

5.2.5.2.1 Entstehung einer Blut-Stauung

Voraussetzung zur Entstehung einer Blutblockierung ist zunächst eine Blokkierung des *«Qi» (Qi-Zhi)* oder eine Leere des *«Qi» (Qi-Xu)*, wodurch das Blut nicht vorangetrieben wird und sich staut. Andere Ursachen können eine äußere Verletzung, ein Unfall oder sonstige Einwirkungen sein, die innere Blutungen im Körper hervorrufen. Wenn sich derartige Blutungen nicht rechtzeitig auflösen, entsteht eine «Blut-Stauung». Dieses blockierte Blut trägt wiederum zur Behinderung des freien Umlaufs des *Qi-Xue* bei, so daß schließlich eine Blut-Stauung mit *Qi*-Blockierung *(Xue-Yu Qi-Zhi)* entsteht.

Zu den «Blut-Stauungen» gehören auch Blockierungen in den unteren Extremitäten, bei denen Blut und *Qi* nicht mehr durchgängig ist *(Qi-Xue Bu Tong)*. Bei schwereren Fällen dieser Art kann es bis zur völligen Stagnierung des *Qi* und Blut kommen, so daß der betreffende Körperteil abstirbt. Die chinesische Medizin nennt dieses: «Knochen angreifendes Geschwür» *(Tuo-Gu-Ju)*. Die Behandlung solcher Zustände in der chinesischen Medizin erfolgt durch Kombination chirurgischer Maßnahmen mit der Verabreichung traditioneller chinesischer Medikamente. Wenn das gestaute Blut *(Yu-Xue)* die Blutkapillaren blockiert, kann nach Ansicht der chinesischen Medizin kein frisches Blut in die Meridiane einströmen. Bei dieser Interpretation ist zu bedenken, daß die Meridiane der chinesischen Medizin neben Nervenbahnen auch die Blutgefäße umfassen (vgl. S. 151). Durch diese pathologische Bedingung entsteht ein Zustand, bei dem Blutflüssigkeit aus den Gefäßen heraustritt *(Xue-Ye Wai-Yi).*

5.2.5.2.2 Merkmale eines Blut-Stauungs-Syndroms

Je nach Lage des blockierten Blutes im Körper sind die Symptome einer «Blut-Stauung» verschieden. Sitzt die Blockierung im Herzen, findet sich vor allem eine Herzsymptomatik: Druckgefühl in der Brust, präkordiale Schmerzen, zyanotische Lippen usw. Sitzt die Blockierung im Magen- und Darmbereich, finden sich folgende Symptome: Bluterbrechen, Hämoptoe, Teerstühle usw. Befindet sich die Blockierung im Bereich des Unteren Erwärmers, treten Unterleibsschmerzen, bei Frauen Störungen der Periodenblutung wie Amenorrhoe oder unregelmäßige Menstruation auf.

Die Symptome einer solchen Blut-Blockierung können sehr vielfältig sein; insgesamt zeigen sie folgende Gemeinsamkeiten:

1. Schmerzen: Schmerzen sind das häufigste Symptom einer Blut-Stauung. Das blockierte Blut staut sich in den Gefäßen und Meridianen, das *Qi-Xue* (Blut-Aktivität) hat damit schlechten Durchgang. Typisches Zeichen solcher durch blockiertes Blut verursachter Schmerzen ist die Fixierung an einem festen Ort. Die Schmerzen sind stechend und anhaltend, der betreffende Körperteil ist druckempfindlich.
2. Schwellung: Dieser Zustand tritt vor allem bei Blut-Stauungen infolge äußerer Verletzungen ein. Wenn dies die inneren Organe betrifft, kann man am Ort des blockierten Blutes eine harte Geschwulst tasten. Wenn sich das gestaute und blockierte Blut nicht auflöst, gehört die Schwellung nach den Grundsätzen der chinesischen Medizin zu den Fülle-Zuständen *(Shi-Zheng).* Dies trifft zu für Schwellungen der Leber, der Milz (Milz-Tumor) und für Geschwülste im Unterbauch durch Extrauterin-Gravidität.
3. Blutungen *(Chu-Xue):* Blutungen sind ein häufiges Symptom einer Blut-Stauung, und zwar hauptsächlich bei Frauen mit unregelmäßigen Periodenblutungen sowie nach Geburten. Die Farbe solcher Blutungen ist dunkelrot, oft sind sie von koaguliertem Blut begleitet.

4. Allgemeine Symptome der Blut-Stauung: In diesem Zustand ist die Gesichtsfarbe des Patienten dunkel, die Haut fleckig, die Farbe der Zunge ist dunkel-violett, der Puls ist fein und rauh *(Xie-Se)*. Wenn die Blut-Blockierung auf das Herz übergreift, treten beim Patienten psychische Störungen auf, die sich bis zum Wahnsinn steigern können.

5.2.6 Äußere Verletzungen, Bisse von Tieren, Befall durch Insekten

In der chinesischen Medizin bedeuten äußere Verletzungen *(Wai-Shang)* alle Arten von stumpfen oder spitzen Verletzungen sowie Verletzungen durch Feuer und Chemikalien. Meist treten solche äußeren Verletzungen an der Haut, an Muskeln, Sehnen und Knochen auf, wo sie eine Blut-Stauung mit Schwellung und Schmerzen bewirken. Es können dabei Blutungen nach außen mit Verlust von Körperflüssigkeit *(Ye)* entstehen; Sehnenverletzungen und Knochenbrüche oder Verrenkungen können auftreten.

Wenn in die entstandenen Wunden äußere Störungen *(Wai-Xie)* eindringen, wird das Krankheitsbild kompliziert und schwer. Dies ist beispielsweise der Fall, wenn in eine Wunde Tetanus-Bazillen eindringen. Werden durch äußere Einwirkungen die inneren Organe *(Nei-Zang)*, die großen Blutadern oder der Kopf verletzt, kann es zu stärkeren Blutungen kommen, der Patient kann bewußtlos werden, schlimmstenfalls kann dadurch der Tod eintreten.

Durch Tiere und Insekten werden meist nur Haut- oder Muskelverletzungen verursacht. Wenn es sich aber um den Biß einer Giftschlange oder eines tollwütigen Hundes handelt, dringt nach der Lehre der chinesischen Medizin Gift von der Oberfläche ins Körperinnere hinein, sodaß schließlich eine Vergiftung des ganzen Organismus entsteht.

5.2.7 Parasiten

Mehrere Arten von Parasiten sind der traditionellen chinesischen Medizin seit Jahrtausenden bekannt, beispielsweise Darmparasiten, wie Spulwürmer, Madenwürmer und Bandwürmer. In der chinesischen Medizin herrschte von jeher die Auffassung, daß Darmparasiten durch unreine Nahrung begünstigt werden. Parasiten beziehen ihre Nahrung aus dem Körper ihres Wirtes, weshalb nach einiger Zeit beim Patienten ein Zustand der Leere an Blut und Aktivität *(Qi-Xue-Xu)* und ein allgemeiner Schwächezustand entstehen.

Im Buch «*Jing-Yue Quan-Shu*» heißt es: «Wenn der Mensch längere Zeit durch Würmer geschädigt wird, treten Bauchschmerzen und Appetitlosigkeit auf, er nimmt langsam an Gewicht ab und wird mager» (227). Dies stimmt durchaus mit den modernen klinischen Beobachtungen bei Parasitenerkrankungen überein. Zudem finden sich in solchen Fällen bei betroffenen Patienten häufig Verstopfungen der Gallengänge durch Askariden. Wenn zuviele Würmer im Darm vorhanden sind, kann dies ferner zu einem aufgetriebenen Bauch mit Blähungen führen.

5.3 Grundregeln der chinesischen Pathologie

Ebenso wie die moderne westliche Medizin kennt auch die traditionelle chinesische Heilkunde eine Pathologie *(Bing-Li)*. Sie ist die Lehre von der Krankheitsentstehung, -entwicklung und -veränderung. Ausbruch, Entwicklung und Veränderung einer Krankheit hängen entscheidend von der Konstitution des Patienten und von der Stärke des Einflusses der Krankheitserreger ab; ferner steht sie in Beziehung zur Umwelt des Erkrankten. Nach Ansicht der traditionellen chinesischen Medizin, die sich, wie wir schon gesehen haben, von der der westlichen in wesentlichen Punkten unterscheidet, hängen die Ursache, Entwicklung und Veränderung einer Krankheit nicht in erster Linie von äußeren Einflüssen ab, sondern von der inneren Uneinigkeit des erkrankten Organismus. Dies ist in den Kapiteln über *Yin* und *Yang*, über die Zirkulation des *Qi-Xue* (Blut-Aktivität) und über die inneren Organe bereits angeklungen. Eine Unausgeglichenheit zwischen *Yin* und *Yang*, eine Blokkierung des *Qi-Xue*, eine Abschwächung der Widerstandskraft *(Zheng-Qi)* des Menschen sind die primären Krankheitsursachen, zu denen als sekundäre die äußeren klimatischen Störungen *(Xie-Qi)* sowie die bakteriellen oder viralen Infektionen *(Yi-Li)* hinzutreten.

Der Ausbruch und die Entwicklung einer Krankheit können bei den verschiedenen Erkrankungen sehr unterschiedlich sein. Von der Pathologie *(Bing-Li)* der chinesischen Medizin aus gesehen handelt es sich dabei indessen stets um die gleichen Grundabläufe: die wechselseitige Umwandlung und Beeinflussung einer Störung *(Xie)* und der Abwehrkraft *(Zheng)* des Körpers, das Ungleichgewicht zwischen *Yin* und *Yang*, Abnormitäten im Mechanismus des *Qi* und Störungen des ungehinderten Auf und Ab im Körper *(Sheng-Jiang Shi-Chang)*. Die Pathologie der Blut-Aktivität *(Qi-Xue)*, der Körpersäfte *(Jin-Ye)*, der Speicherorgane und Hohlorgane *(Zang-Fu)*, des Meridian-Systems *(Jing-Luo)*, der sechs Meridianverläufe, der Körperabwehr *(Wei)*, der Körperfunktion *(Qi)*, der Ernährung *(Ying)*, des Blutes *(Xue)* und der Drei Erwärmer wird in den entsprechenden Kapiteln dieses Buches behandelt. Sie sind deshalb nicht im vorliegenden Abschnitt aufgeführt.

5.3.1 Wechselwirkung zwischen krankheitserregender Störung *(Xie)* und Abwehrkraft *(Zheng)*

Den Verlauf einer jeden Krankheit kann man mit der chinesischen Medizin als Kampf zwischen Abwehrkraft des Körpers *(Zheng)* und pathogenen Störungen *(Xie)* betrachten. Gegenseitige Umwandlung und Beeinflussung der Störung und der Abwehrkraft entscheiden über die Entwicklung einer Krankheit. Im Laufe der Entwicklung können verschiedenste Symptome, pathologische Veränderungen und Erscheinungen am Körper auftreten. Grundsätzlich teilt man die Erkrankungen in der chinesischen Medizin nach ihrem äußerlichen *(Biao)* oder innerlichen *(Li)* Sitz ein. Die von außen eingedrungene Störung, Kälte *(Han)* oder Hitze *(Re)*, vermag je nach Stärke der Abwehrkraft bzw. nach Stärke der äußeren Störung von der Oberfläche des Körpers *(Biao)* zum Inneren *(Li)* vorzudringen oder nicht. Wenn die äußere Störung stark *(Xie-Cheng)* und die Abwehrkraft im Zustand der Leere *(Zheng-Xu)* ist, ergibt sich ein anderes Bild, als wenn die Abwehrkraft stark ist und die Störung zum Abziehen zwingt. Es kann auch sein, daß Abwehrkraft und Störung gleich stark sind, so daß ein gemischtes Bild von Leere *(Xu)* und Fülle *(Shi)* auftritt.

Wenn eine starke äußere Störung vorliegt, gleichzeitig aber auch eine kräftige Abwehrkraft vorhanden ist, die der Störung energisch Widerstand leistet, entsteht ein Hitze-Syndrom *(Re-Zheng)* mit Fülle-Zustand *(Shi-Zheng)* und *Yang*-Zustand *(Yang-Zheng)*. Wenn andererseits die äußere Störung *(Xie)* stark, die Abwehrkraft *(Zheng)* aber schwach ist und der Störung nicht widerstehen kann, entwickelt sich ein Kälte-Syndrom *(Han-Zheng)* mit Leere-Zustand *(Xu-Zheng)* und *Yin*-Zustand *(Yin-Zheng)*. Dabei sind die Leere der Abwehrkraft *(Zheng-Xu)* und die Fülle der äußeren Störung *(Xie-Shi)* gemischt vorhanden.

Nehmen wir als Beispiel eine äußerliche ansteckende Erkrankung *(Wai-Gan Bing-Zheng)*: Wenn die äußere Störung die Haut und die Haare durchbricht, den Körper über die Öffnungen von Nase und Mund angreift, ist die Abwehrkraft des Körpers *(Zheng-Qi)* noch nicht im Zustand der Leere. Die Krankheitserscheinungen sitzen in diesem Fall an der Haut, an den Haaren, in den Poren und im Meridian-System *(Jing-Luo)*. Wenn bei einer solchen Erkrankung die Abwehrkraft *(Zheng-Qi)* leer und schwach wird, entwickelt sich die Erkrankung von der Körperoberfläche *(Biao)* nach innen *(Li)*, von den Hohlorganen zu den Speicherorganen, vom *Yang* zum *Yin*. Dazu heißt es im Buch «*Su-Wen*»: «Eine üppige *(Cheng)* Störung *(Xie)* erzeugt eine Fülle *(Shi)*. Wenn dabei die Essenz-Funktion *(Jing-Qi)* vermindert wird, entsteht eine Leere» *(Xu)* (228). Nach dieser Beschreibung hängt der Leere- oder Fülle-zustand bei einer Erkrankung von der gegenseitigen Beeinflussung zwischen Abwehrkraft *(Zheng)* und äußerer Störung *(Xie)* ab.

Die häufigsten pathologischen Veränderungen bei einem Fülle-Syndrom *(Shi-Zheng)* sind die äußerlich ansteckenden sechs Widrigkeiten *(Wai-Gan Liu-Yin)*, ferner Blockierungszustände *(Zhi)* von Schleim *(Tan)*, Nahrung *(Shi)*, Blut *(Xue)* und Wasser *(Shui)*. Typisch für einen Leerezustand *(Xu-Zheng)* ist eine schwache Konstitution des Kranken, die auch erst im Verlauf einer länger dauernden Krankheit auftreten kann. Dabei sind die Funktionen aller inneren Organe abgeschwächt, *Yin* und *Yang* im Körper sind nicht ausgeglichen, die Blut-Aktivität *(Qi-Xue)* und die Körpersäfte *(Jin-Ye)* sind nicht ausreichend.

Im Verlauf einer Krankheit kann sich das Verhältnis zwischen pathogener Störung *(Xie)* und Abwehrkraft *(Zheng)* verändern, wodurch sich das Krankheitsbild bessern oder verschlechtern kann. Beispielsweise kann sich die Abwehrkraft erholen und verstärken, wodurch sich der Einfluß der Störung *(Xie)* allmählich abschwächt. Die Krankheit wendet sich dann zur Besserung und kann geheilt werden. Im umgekehrten Fall ist die Prognose weniger günstig.

Es gibt aber auch den Fall, bei dem das Kräfteverhältnis zwischen äußerer Störung und Abwehrkraft annähernd gleich ist, bei dem die Störung nur mühsam überwunden werden kann, so daß eine geschädigte Abwehrkraft und damit eine dauernde weitere Anfälligkeit des Patienten zurückbleibt. Es kann auch vorkommen, daß die Abwehrkraft ohnehin zu sehr geschwächt war und die äußere Störung nicht beseitigen konnte. Dann wird häufig im weiteren Verlauf im Körperinneren ein Blockierungszustand *(Yu-Jie)* von Schleim *(Tan)*, Nahrung *(Shi)*, Wasser *(Shui)* oder Blut *(Xue)* entstehen, woraus sich ein gemischtes Leere-Fülle-Syndrom entwickelt. Alle diese unterschiedlichen Verlaufsformen sind bei der pathologischen Betrachtung einer Krankheitsentwicklung zu bedenken.

5.3.2 Unausgewogenheit zwischen *Yin* und *Yang* *(Yin-Yang Shi-Tiao)*

Die mangelnde Ausgeglichenheit zwischen *Yin* und *Yang* bedeutet, daß entweder das *Yin* oder das *Yang* zu unnatürlicher Stärke bzw. Schwäche neigt. In diesem Falle können die natürlichen Beziehungen zwischen *Yin* und *Yang* nicht einwandfrei ablaufen; es tritt entweder ein Kälte *(Han)*, oder Hitze *(Re)*-, ein Leere *(Xu)*- oder Fülle *(Shi)*-Syndrom auf.

Dieses fehlende Gleichgewicht zwischen *Yin* und *Yang* ist in der chinesischen Medizin eine Zusammenfassung aller Gleichgewichtsstörungen im menschlichen Organismus; es schließt Störungen der Beziehung zwischen *Yin* und *Yang* ebenso ein wie Störungen zwischen Aktivität und Blut *(Qi* und *Xue)*, Ernährung *(Ying)* und Abwehr *(Wei)* usw. Es ist für die chinesische Medizin die eigentliche Ursache *(Gen-Ben Yuan-Yin)* sämtlicher krankhafter Veränderungen. Nur durch das fehlende Gleichgewicht zwischen *Yin* und *Yang* können überhaupt Krankheiten im menschlichen Körper entstehen.

Die chinesische Medizin verwendet die *Yin-Yang*-Beziehung zur Darstellung der inneren Widersprüchlichkeiten bzw. dialektischen Beziehungen im menschlichen Körper. Das Besondere an der *Yin-Yang*-Beziehung ist ihre Einheitlichkeit bei aller Gegensätzlichkeit ihrer beiden Bestandteile. Sie gewährleistet eine ständige relative Ausgewogenheit, die den Ablauf der normalen Lebensfunktionen garantiert. Ist diese grundlegende Balance gestört, wird entweder das *Yin* oder das *Yang* in Richtung Stärke oder Schwäche verschoben. Der normale Ausgleich zwischen dem *Yin*- und dem *Yang*-Pol findet nicht statt, es entsteht eine Krankheit.

Diese kann sich in einer Vielzahl pathologischer Erscheinungen äußern. Wenn bei einem Ungleichgewicht das *Yang* dominiert, wird das *Yin* geschädigt. Bei diesem Zustand erkrankt das *Yin*, und es entwickelt sich ein Hitze-Syndrom *(Re-Zheng)*. Dominiert andererseits das *Yin*, wird das *Yang* geschädigt. In diesem Fall tritt ein Kälte-Syndrom *(Han-Zheng)* infolge einer Erkrankung des *Yang* auf. Im Falle einer *Yang*-Leere *(Yang-Xu)* und einer Fülle des *Yin (Yin-Cheng)* findet man beim Patienten die Symptome der Leere und Kälte *(Xu-Han)*; bei einem Zustand der *Yin*-Leere *(Yin-Xu)* wird das *Yang* übermäßig stark, es entsteht beim Patienten ein Leere-Hitze-Syndrom *(Xu-Re-Zheng)*.

Die mangelnde Ausgewogenheit zwischen *Yin* und *Yang* kann sich in den verschiedensten Strukturen des Körpers äußern. Es kann eine Unausgewogenheit zwischen Funktion und Blut *(Qi* und *Xue)* vorhanden sein, es kann auch eine Gleichgewichtsstörung zwischen Ernährung *(Ying)* und Abwehr *(Wei)* vorliegen, es kann sich um ein Ungleichgewicht zwischen den inneren Organen *(Zang-Fu)* oder im Meridian-System *(Jing-Luo)* handeln. Bei der Bewertung solcher Zustände ist zu bedenken, daß die Abwehr *(Wei)* und die Funktion *(Qi)* dem *Yang* entsprechen, daß Ernährung *(Ying)* und Blut *(Xue)* dem *Yin* angehören. Wenn die wechselseitige und einheitliche Beziehung zwischen Abwehr und Funktion *(Wei-Qi)* auf der einen Seite, Ernährung und Blut *(Ying-Xue)* auf der anderen Seite gestört ist, handelt es sich im Grunde um eine mangelnde Ausgewogenheit zwischen *Yin* und *Yang*. Diese Wechselbeziehung sei an folgendem Beispiel deutlich gemacht: Der Zustand einer *Qi*(Funktions)-Verstauung *(Qi-Zhi)* kann zur Blockierung von Blut *(Xue-Yu)* im Körper führen. Andererseits kann blockiertes Blut aber auch eine *Qi*-Verstauung zur Folge haben. Eine *Qi*-Leere *(Qi-Xu)* kann zu einem absoluten Fehlen von Blut *(Xue-Tuo)* führen; eine große Blutleere *(Xue-Tuo)*, wie sie beispielsweise nach schweren Blutungen auftritt, kann andererseits zu einem völligen Fehlen von *Qi* (Aktivität, Funktion) führen. Die wechselseitige Beeinflussung von Funktion *(Qi)* und Blut *(Xue)* im Krankheitsfalle ist ein Zeichen mangelnder Ausgewogenheit zwischen *Qi* (Aktivität) und Blut *(Xue)* bzw. zwischen *Yin* und *Yang*. Hierfür ein Beispiel: Bei einem oberflächlichen Wind-Kälte-Syndrom *(Feng-Han Biao-Zheng)* mit Kopfschmerzen, Fieber, Kälteempfindlichkeit, Schmerzen im ganzen Körper, ohne oder mit Schweißausbruch gehört der gesamte Symptomenkomplex zu einer Unausgewogenheit zwischen Ernährung und Abwehr, *Yin* und *Yang (Ying-Wei Yin-Yang)*.

Jede Funktionseinheit zwischen Speicherorgan und Hohlorgan und Meridianverlauf hat ihre besondere Aufgabe im Körper. Untereinander haben diese Funktionseinheiten innere Beziehungen. Auf diese Weise entsteht ein einheitliches organisches Ganzes, wobei die Funktionen und wechselseitigen Beziehungen der inneren Organe verschieden, aber doch zu einer gemeinsamen Aufgabe vereinigt sind. Für die unterschiedliche Arbeitsteilung zwischen den Organen gibt es zahlreiche Beispiele: Die Lunge ist zuständig für Verbreitung *(Xuan-Fa)* und säuberndes Herabführen *(Su-Jiang)*. Die Leber ist zuständig für die Speicherung des Blutes und für das Ausscheiden *(Shu-Xie)*. Die Milz ist zuständig für das Steigen *(Sheng)*, der Magen ist zuständig für das Senken *(Jiang)* der Nahrungsextrakte im Körper. Die Lunge ist zuständig für den Atem *(Qi)*. Die Niere ist zuständig für die Aufnahme des *Qi* *(Na-Qi)* usw. Jedes Organ hat seine eigene Funktion, alle arbeiten sie indessen zu einem gemeinsamen Zweck zusammen. Diese gegensätzlichen und insgesamt doch einheitlichen Aufgaben werden in der chinesischen Medizin durch die *Yin-Yang*-Beziehung verdeutlicht.

Auch pathologische Veränderungen der Beziehungen zwischen den inneren Organen und den zugehörigen Meridianen kann man unter dem Begriff der Gleichgewichtsstörung zwischen *Yin* und *Yang* zusammenfassen.

Hier einige Beispiele für verwickeltere Störungen nach dem Muster der Unausgeglichenheit zwischen *Yin* und *Yang:* Bei einer *Yin*-Leere von Leber und Niere *(Gan-Shen-Ying-Xu)* ist das *Yang* der Leber üppig und steigt nach oben. Der Patient hat ein rotes Gesicht, leidet an Schwindel, Schlaflosigkeit, Gedächtnisschwäche. Er hat einen trockenen Mund und eine trockene Kehle Schmerzen in den Lenden und in den Knien. Auch dies ist im Grunde eine

Unausgewogenheit zwischen *Yin* und *Yang*. Wenn die Niere nicht in der Lage ist, Wasser auszuscheiden, steigt das Herzfeuer nach oben *(Xin-Huo Shang-Yan)*. Der Patient verspürt starke Erregung am Herzen, leidet an Schlaflosigkeit oder hat viele Träume. Auch das ist eine Unausgewogenheit zwischen *Yin* und *Yang*.

Wenn das *Yang* des Magens zu stark, das *Yin* der Milz nicht ausreichend ist, entsteht eine hartnäckige Verstopfung. Dies ist ebenfalls eine Störung zwischen *Yin* und *Yang*. Wenn das *Yang* der Niere nicht ausreichend ist, versagt die Verdampfungsfunktion der Blase *(Pang-Guang Qi-Hua)*, der Patient kann schlecht Wasser lassen. All dies ist im Grunde eine Unausgewogenheit zwischen *Yin* und *Yang*, zwischen Speicherorgan und Hohlorgan *(Zang-Fu)*, zwischen Meridian und Nebengefäß *(Jing-Luo)*.

Sämtliche pathologischen Veränderungen im menschlichen Körper, sei es zwischen Ernährung und Abwehr-Funktion und Blut, Speicherorganen und Hohlorganen, Meridianen und Nebengefäßen, stehen mit einer mangelnden Ausgewogenheit zwischen *Yin* und *Yang* in enger Verbindung. Die Ursachen, die zu einer Unausgewogenheit zwischen *Yin* und *Yang* führen, sind vielfältig; sie können hier nicht im einzelnen aufgeführt werden. Besonders häufig tritt eine *Yin-Yang*-Störung mit Unausgewogenheit zwischen Ernährungs- und Abwehrfunktion, *Qi* und Blut bei Milzerkrankungen auf. Eine Gleichgewichtsstörung zwischen *Yin* und *Yang* bzw. Wasser und Feuer *(Shui-Huo-Yin-Yang Shi-Tiao)* findet sich oft bei Nierenerkrankungen. Die *Milz* gilt in der chinesischen Medizin als Quelle der Erzeugung von Blut-Aktivität *(Qi-Xue)* nach der Geburt (vgl. S. 103). Die Niere erzeugt das *Qi*-Blut *(Qi-Xue)* bereits vor der Geburt. Deshalb ist die Niere in der chinesischen Medizin die eigentliche Wurzel einer harmonischen Beziehung zwischen *Yin* und *Yang (Yin-Yang Zhi Gen)*. Für die Therapie gilt in der chinesischen wie in der westlichen Medizin die Regel, daß man vor der Behandlung die Krankheitsursache *(Yuan-Yin)* festzustellen hat. Diese Ursache ist in der chinesischen Heilkunde in den meisten Fällen eine Gleichgewichtsverschiebung zwischen *Yin* und *Yang*, wobei der Arzt allerdings weiter differenzieren muß, um seine Behandlungsmethoden richtig ansetzen zu können. Wenn die Unausgeglichenheit zwischen *Yin* und *Yang* beispielsweise im Bereich von Milz-Niere liegt, ist zur Therapie eine Methode einzusetzen, die auf diese beiden Organe wirkt. Das gleiche gilt bei *Yin-Yang*-Störungen, die sich an anderen Organen äußern. Schwierig wird die Diagnostik bzw. Therapie gelegentlich bei gemischten Krankheitsbildern, in denen mehrere Organe in unterschiedlicher Stärke gleichzeitig *Yin*- und *Yang*-Symptomatik zeigen. Genaues hierüber wird im Kapitel 7 dieses Buches mitgeteilt.

5.3.3 Unregelmäßigkeiten des *Qi*-Mechanismus (Störungen des Aufsteigens und des Absteigens) *(Sheng-Jiang Shi-Chang)*

Unter Aufsteigen und Absteigen *(Sheng-Jiang)* versteht die chinesische Medizin allgemein die Regulierung der wichtigsten Funktion im menschlichen Körper. Es handelt sich dabei um die wichtigsten Umwandlungsprozesse des *Qi*, deren die chinesische Medizin vier unterscheidet, nämlich: Aufsteigen, Absteigen, Ausscheiden und Aufnehmen. Dabei geht es im einzelnen um

1. Das Aufsteigen des klaren *Yang*
2. Das Absteigen des trüben *Yin*
3. Das Ausscheiden bzw. «Ausspucken» des Alten
4. Das Einnehmen bzw. Aufnehmen des Neuen.

So hat der Magen die Funktion des Absteigens *(Jiang)*, die Milz hat die Funktion des Aufsteigens *(Sheng)*. Häufig findet sich die krankhafte Veränderung, daß die Funktion des Magens *(Qi)* nicht ab-, sondern aufsteigt; dann muß der Mensch erbrechen. Wenn die Funktion *(Qi)* der Milz nicht auf-, sondern absteigt, leidet der Kranke an allgemeiner Schwäche, da die Nahrungs-Essenz *(Shui-Gu Jing-Wei)* im Körper nicht richtig verteilt werden kann.

Ein wesentlicher Teil des «Auf- und Absteigens» ist die Verdampfungsfunktion *(Qi-Hua)* im menschlichen Körper (vgl. S. 125). Dabei steigt das klare *Yang (Qing-Yang)* auf, das trübe *Yin (Zhuo-Yin)* steigt ab. Zum gleichen Prozeß gehört, daß mit dem Ausatmen «Verbrauchtes ausgespuckt» *(Tu-Gu)* und «Neues aufgenommen» *(Na-Xin)* wird. So ist das «Auf- und Absteigen» im menschlichen Körper Ausdruck der Erneuerung des Alten durch das Neue und somit ein grundlegender Vorgang zur Erhaltung der Lebensabläufe.

Die Milz ist zuständig für das Aufsteigen *(Sheng)*, der Magen ist zuständig für das Absteigen *(Jiang)*. Nach Auffassung der chinesischen Medizin sind Milz und Magen die «Quelle der erworbenen Kräfte des Organismus» *(Hou-Tian Zhi-Ben)*. Beide entsprechen dem Mittleren Erwärmer und sind das eigentliche Zentrum der Funktion des Auf- und Absteigens *(Sheng-Jiang)*. Das Aufsteigen führt von hier nach oben zu Herz und Lunge, das Absteigen führt abwärts zur Leber und zur Niere. Alle Funktionen der Speicherorgane stehen mit der Funktion des Auf- und Absteigens von Milz und Magen in enger Verbindung: das Aufsteigen der Leber *(Gan Zhi Sheng-Fa)*, die Säuberungsfunktion der Lunge *(Su-Jiang)*, die eine absteigende *(Jiang)* Komponente enthält. Das Absteigen des Herz-Feuers *(Xin-Huo Xia-Jiang)*, das Aufsteigen des Nieren-Wassers *(Shen-Shui Shang-Sheng)*, die Verbreitungsfunktion *(Xuan-Fa)* des Lungen-*Qi*, die Verdampfung des Nieren-*Yang (Shen-Yang Zheng-Teng)*, die Atem-Funktion *(Hu-Qi)* der Lunge, das Aufnehmen des *Qi (Na-Qi)* der Niere.

Wenn die Funktion des Auf- und Absteigens von Magen und Milz nicht normal verläuft, kann sich das klare *Yang (Jing-Yang)* im Körper nicht ausbreiten, die «erworbene Essenz» *(Hou-Tian Zhi Jing)* kann nicht gespeichert werden. Das klare *Qi (Qing-Qi)* aus der Nahrung kann nicht in den Stoffwechsel eingebaut werden, die Körperabfälle können nicht ausgeschaltet werden. Nach der Lehre der chinesischen Medizin müssen folgende Abläufe, die mit dem Auf- und Absteigen von Milz und Magen in enger Beziehung stehen, im Organismus normal funktionieren: «Das klare *Yang (Qing-Yang)* muß oben austreten, das trübe *Yin (Zhuo-Yin)* muß unten austreten. Das klare *Yang* öffnet die Poren der Haut, das trübe *Yin* geht zu den fünf Speicherorganen. Das klare *Yang* kräftigt die vier Extremitäten, das trübe *Yin* befindet sich schließlich in den sechs Hohlorganen» (228 a).

Das Auf- und Absteigen *(Sheng-Jiang)* ist der grundlegende Mechanismus beim Ablauf aller Funktionen im menschlichen Körper, die mit der «Verdampfungsfunktion» *(Qi-Hua Gong-Neng)* im Körper zusammenhängen (vgl. S. 114). Dieses Auf- und Absteigen ist auch der grundlegende Ablauf in den dialektischen Beziehungen des Meridian-Systems *(Jing-Luo)*, der Speicher- und Hohlorgane *(Zang-Fu)*, des *Yin* und *Yang*, der Aktivität des Blutes *(Qi-Xue)*. Alle Strukturen des menschlichen Körpers, die die chinesische Medizin unterscheidet, nämlich: die fünf Speicherorgane und sechs Hohlorgane, die Oberfläche *(Biao)* und das Innere *(Li)*, Innen *(Nei)* und Außen *(Wai)*, die vier Extremitäten, die neun Körperöffnungen sind von diesem grundsätzlichen funktionellen Ablauf abhängig. Dies gilt für die normale Funktion der Strukturen ebenso wie für ihre pathologischen Veränderungen.

Dazu einige Beispiele: Wenn sich das trübe *Yin (Zhuo-Yin)* des Magens nicht senkt, sondern in Gegenrichtung nach oben steigt, muß der Mensch erbrechen. Wenn das klare *Qi (Qing-Qi)* nicht steigt, leidet der Patient an Taubheit, verminderter Sehkraft oder Schwindel. Wenn eine Leere des Milz-*Qi* besteht, die sich nach unten senkt, hat der Patient Durchfall oder einen Prolaps des Rektums. Wenn die Niere das *Qi* nicht aufnimmt, leidet der Kranke an Atemnot oder Kurzatmigkeit. Eine Beeinträchtigung im Mechanismus der Reinigung der Lunge *(Su-Jiang)* führt dazu, daß das *Qi* in Gegenrichtung verläuft *(Qi-Ni)*; der Patient leidet an Husten und Atemnot. Wenn der Mechanismus des Aufsteigens der Leber beeinträchtigt ist *(Gan Shi Sheng-Fa)*, hat der Patient Völlegefühl in der Brust, leidet an Depressionen oder psychischer Erregung. Wenn das Feuer des Herzens nicht absinkt *(Xin-Huo Bu Jiang)* und wenn das Nieren-Wasser nicht steigt *(Shen-Shui Bu Sheng)*, stehen Herz und

Niere nicht mehr auf natürliche Weise miteinander in Verbindung. Dann zeigen sich beim Patienten Erregungszustände, Schlaflosigkeit, Impotenz und Rückenschmerzen. Mögen die Krankheitssymptome auch verschieden sein, mag es sich auch um unterschiedliche erkrankte Organe handeln, in allen diesen Fällen ist die Beeinträchtigung des Auf- und Absteigens *(Sheng-Jiang Shi Chang)* die grundlegende Störung.

5.4 Pathogenese der Speicherorgan-Erkrankungen

5.4.1 Pathogenese der Herzkrankheiten (siehe Abb. 23, S. 256)

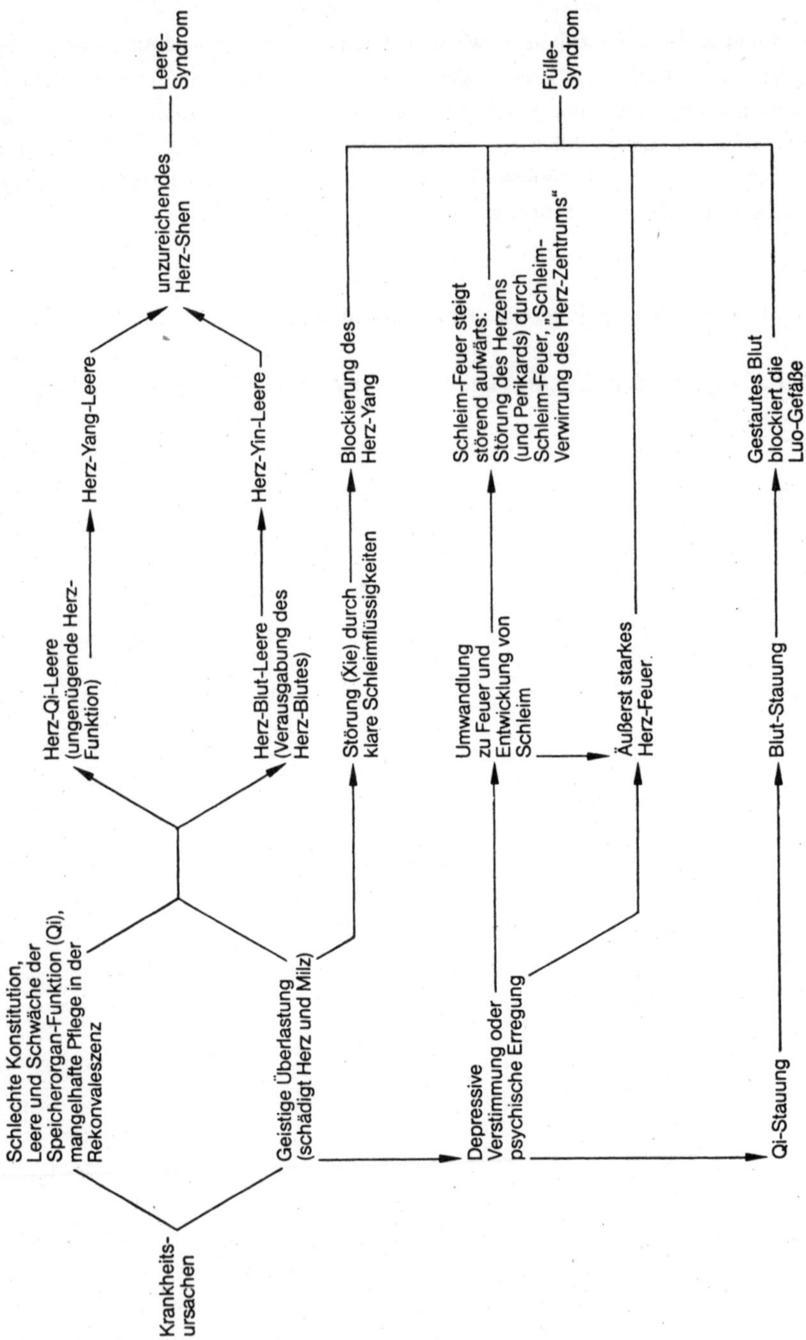

5.4.1. (Abb. 23) Pathogenese der Herzkrankheiten

5.4.2 Pathogenese der Lungenkrankheiten (siehe Abb. 24)

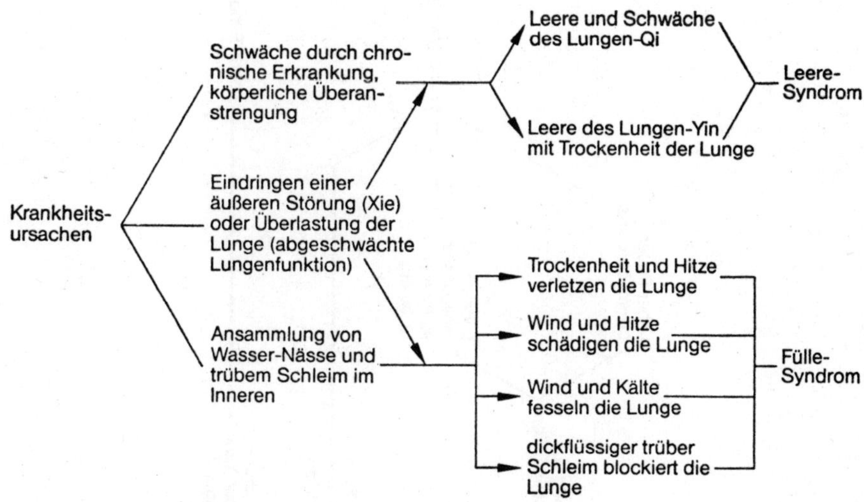

5.4.2. (Abb. 24) Pathogenese der Lungenkrankheiten

5.4.3 Pathogenese der Milzkrankheiten (siehe Abb. 25)

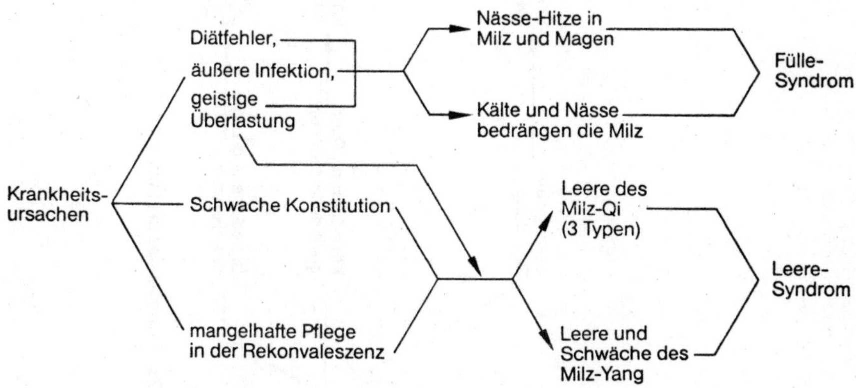

5.4.3. (Abb. 25) Pathogenese der Milzkrankheiten

5.4.4 Pathogenese der Leberkrankheiten (siehe Abb. 26)

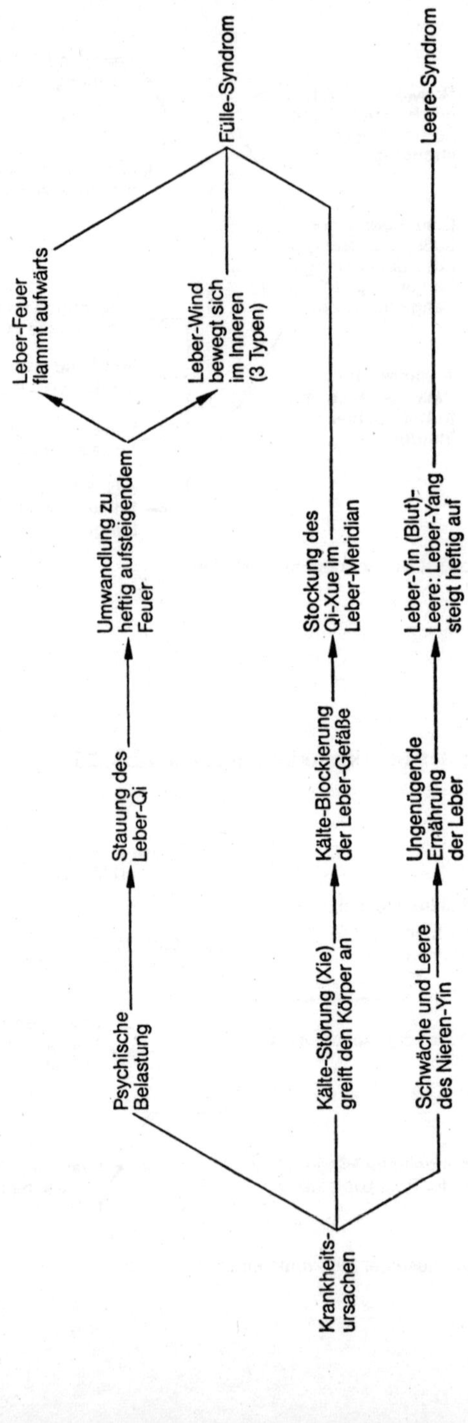

5.4.4. (Abb. 26) Pathogenese der Leberkrankheiten

5.4.5 Pathogenese der Nierenkrankheiten (siehe Abb. 27)

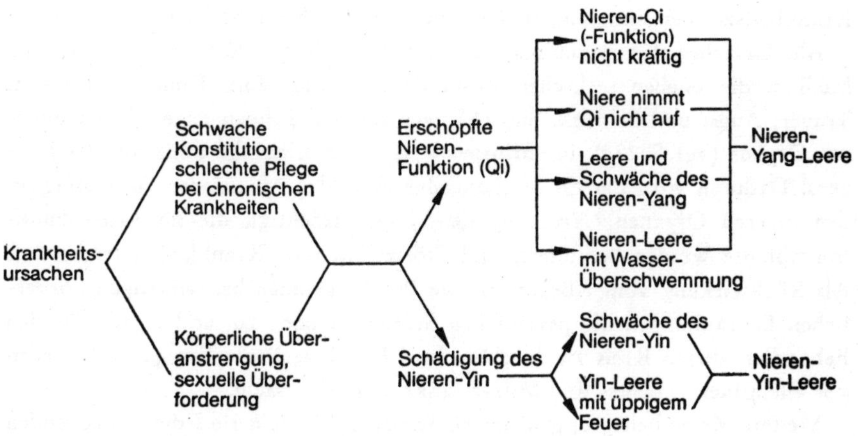

5.4.5. (Abb. 27) Pathogenese der Nierenkrankheiten

5.5 Zusammenfassung

Die Entstehung und Veränderung von Erkrankungen hängt nach der Theorie der chinesischen Medizin entscheidend von der Abwehrkraft des Menschen *(Zheng)* und von der Stärke der Störung *(Xie)* ab. Als Krankheitsfaktoren gelten in der chinesischen Medizin die «sechs krankheitserzeugenden Widrigkeiten» *(Liu-Yin Xie-Qi),* ferner ansteckende Krankheiten *(Yi-Li),* seelische Erregung, falsche Ernährung und übermäßige körperliche Erschöpfung.

Die durch all diese Einflüsse im Körper hervorgerufene grundlegende Störung ist ein Gleichgewichtsverlust zwischen *Yin* und *Yang,* der zur Ursache einer jeden weiteren Entwicklung der Erkrankung wird. Unter dieser Voraussetzung können Wind, Kälte, Sommerhitze, Nässe, Trockenheit oder Feuer, die sechs krankheitserzeugenden Widrigkeiten, in den Körper eindringen und zum Ausgangspunkt einer ansteckenden Erkrankung werden. Die sechs Störungen haben verschiedene Eigenschaften, die sich in den von ihnen verursachten klinischen Symptomen zeigen. Dies ist für die Diagnostik der chinesischen Medizin wesentlich. Neben den äußeren Störungen gibt es auch vom Körperinneren erzeugte ähnliche Störungen, die die chinesische Medizin ebenfalls mit Wind *(Feng),* Kälte *(Han),* Nässe *(Shi),* Trockenheit *(Zao)* und Feuer *(Huo)* bezeichnet. Diese inneren Störungen sind ausnahmslos Resultate gestörter Organfunktionen im Körperinneren. Die von ihnen hervorgerufenen Krankheitszeichen sind den entsprechenden fünf äußeren Störungen ähnlich.

Als Ursachen für psychisch bedingte Krankheiten kennt die chinesische Medizin die «sieben seelischen Zustände»: Freude, Wut, Kummer, Denken, Trauer, Angst und Schreck. Sie schädigen meist die ihnen zugeordneten inneren Organe (vgl. S. 232), beeinflussen jedoch vor allem die Funktion des Herzens. Dadurch wird der *Qi*-Mechanismus bzw. der Ablauf der Funktionen in den inneren Organen *(Nei-Zang Qi-Ji)* beeinträchtigt, die normalen Funktionsabläufe werden behindert, und Störungen bzw. Krankheiten treten auf. Als Rückwirkung vom Körper auf die Psyche nehmen bei derartigen körperlichen Erkrankungen die psychischen Störungen noch zu, und es gilt für den Behandler, diesen Kreis zu durchbrechen. Durch seelische Erregungen werden vor allem Herz-, Leber- und Milz-Krankheiten verursacht.

Weitere Krankheitsgruppen der chinesischen Medizin sind die ansteckenden Erkrankungen *(Yi-Li),* die Ernährungsstörungen, körperliche Erschöpfung, äußerliche Verletzungen, Parasitenbefall und Schädigungen durch pathologische Körperprodukte wie Schleimflüssigkeiten *(Tan-Yin),* blockiertes Blut *(Yu-Xue)* usw. Alle diese Krankheitszustände unterscheiden sich deutlich voneinander, können sich indessen unter bestimmten Voraussetzungen verändern und zu anderen Erkrankungen entwickeln. Die traditionelle chinesische Medizin unterscheidet eine ganze Reihe verschiedener Krankheitsursachen und -entwicklungen. Bei der Beurteilung eines Krankheitsbildes ist es für den chinesischen Arzt ebenso wichtig, zu einer klaren Beurteilung des vorliegenden Zustandes zu kommen, wie für den modernen westlichen Mediziner. Der chinesische Arzt bedient sich dabei folgender erkenntnistheoretischer Methoden:

1. der Analyse *(Fen-Xi),* bei der die einzelnen Symptome kritisch gegeneinander abgewogen und abgegrenzt sowie hinsichtlich ihrer Kausalität bei der Krankheitsentstehung gewertet werden;
2. der Synthese *(Zong-He),* bei der die analytisch gewonnenen Einzelergebnisse zusammengefügt werden;
3. der Induktion *(Gui-Na),*
4. der Deduktion *(Tui-Li),* worunter die logische Schlußfolgerung zu verstehen ist (229).

Mit all diesen Methoden wird die Krankheitsursache festgelegt, und dieses ist der entscheidende Schritt der Krankheitsdiagnostik der chinesischen Medizin, die im folgenden Kapitel beschrieben wird.

Trotz der großen Vielfalt der Krankheitssymptome und -verläufe konzentriert sich die traditionelle chinesische Medizin auf drei Hauptursachen, die bei jeder Krankheit entscheidend sind:

1. die Unausgewogenheit zwischen *Yin* und *Yang*,
2. das dialektische Kräftespiel zwischen Körperabwehr *(Zheng)* und krankheitserzeugender Störung *(Xie)*,
3. Störungen des Auf- und Absteigens *(Sheng-Jiang)* der Körperfunktionen.

Diese drei grundlegenden Mechanismen stehen selbstverständlich in enger Verbindung miteinander und lassen sich nicht trennen. Wichtig ist indessen, bei der Beurteilung eines Krankheitsverlaufs stets die hauptsächliche Veränderung zu erkennen und ihr die nebensächlichen Veränderungen, d. h. die sekundären Funktionsstörungen, unterzuordnen.

6 Diagnostik *(Zhen-Fa)*

Wenn man eine vernünftige Entscheidung über die Behandlung einer Krankheit treffen will, hat zuvor eine gründliche Untersuchung des Patienten zu erfolgen. Dies gilt in der traditionellen chinesischen Heilkunde ebenso wie in der modernen westlichen Medizin. Allerdings kennt die traditionelle chinesische Heilkunde einige besondere diagnostische Methoden, die von der modernen westlichen Krankheitserkennung abweichen. Die traditionelle Medizin Chinas stützt sich auf folgende Hauptarten der Diagnostik: das Sehen *(Wang)*, das Hören und Riechen *(Wén)*, das Fragen *(Wèn)* und das Tasten *(Qie)*. Diese vier ärztlichen Untersuchungsmethoden *(Si-Zhen)* der chinesischen Medizin entsprechen den Methoden der direkten Krankenuntersuchung in der westlichen Medizin, die ebenfalls das gründliche Betrachten des Patienten, das Abhorchen und Wahrnehmen des Körpergeruchs, das ärztliche Gespräch und die palpatorische Untersuchung an den Anfang aller ärztlichen Tätigkeit setzt. Dabei werden in Ost und West nahezu die gleichen Funktionen geprüft. Während sich die chinesische Medizin bei der Krankenuntersuchung auf qualitative Aussagen des menschlichen Organismus und seine Störungen beschränkt, werden in der technisch ausgerichteten Diagnostik der westlichen Heilkunde darüber hinaus zahlreiche Parameter nach den Erfordernissen der modernen Naturwissenschaft (Exaktheit, Eindeutigkeit, Quantisierung und Objektivität) geprüft, wodurch eine größere Sicherheit des Befundes erreicht wird. Daß die direkte Krankenuntersuchung im alten China teilweise erheblich weiter differenziert worden ist als im Westen, hat entscheidende historische und kulturelle Gründe. Die bloße Diagnostik nach der Zunge und nach dem Puls mußte in China schon allein deshalb jahrhundertelang durchgeführt werden, da es für chinesische Frauen – vor allem höheren Standes –, aber auch für sonstige vornehme Personen als unschicklich galt, den Körper vor einem Arzt zu entblößen. Aus diesem Grunde mußten Wege gefunden werden, auf denen man zu einer Diagnose gelangen konnte, ohne die Patienten zu entkleiden.

Genau wie in der westlichen Medizin steht das gründliche Betrachten des Patienten am Anfang der Diagnostik. Als zweites Element kommt dann das Hören und Riechen hinzu, das deshalb zu einer Gruppe zusammengefaßt ist, weil für beides ein einziges klassisches chinesisches Schriftzeichen steht. Dabei unterscheidet man die auffallenden Geräusche und Gerüche des Patienten bzw. deren Veränderung. Die Diagnostik durch Fragen entspricht dem ärztlichen

Gespräch, dessen Wichtigkeit auch in der westlichen Medizin immer wieder betont wird. Die Diagnose durch Tasten umfaßt das Abtasten der Körperoberfläche, namentlich des Abdomens und der Extremitäten sowie das Pulsfühlen, das in der chinesischen Medizin zu einer besonders hohen Stufe kultiviert worden ist.

6.1 Die vier Untersuchungsmethoden *(Si-Zhen)*

Wie in den übrigen Kapiteln der chinesischen Medizin gilt insbesondere auch bei der Diagnostik der Grundsatz, daß der menschliche Körper ein einheitliches organisches Ganzes darstellt. Wenn ein Teil dieses Ganzen erkrankt, hat dies seine Auswirkungen auf den ganzen Körper, und umgekehrt: erkrankt der ganze Organismus, wird dies stets an bestimmten Körperteilen zum Ausdruck kommen, wo sich die Krankheit gewissermaßen «widerspiegelt» (230, 231). Von jeher haben es sich die chinesischen Mediziner zum Grundsatz gemacht, innere Vorgänge im Körper durch die objektive Beobachtung äußerer Symptome zu ergründen. Sie haben dabei ganz bestimmte Zusammenhänge zwischen äußeren Krankheitszeichen und bestimmten inneren Erkrankungen festgestellt.

Durch das Sehen lassen sich Hautverfärbungen, Farbe der Augen, Zungenbelag einschätzen. Durch das Hören und Riechen werden die Sprache des Patienten, der Klang seines Atems, eventuell entstehende Geräusche seines Darms usw. abgeschätzt. Auch der Geruch des Kranken spielt, ebenso wie in der klinischen westlichen Medizin, bei der Diagnostik eine wichtige Rolle. Die besondere Situation des Kranken ergründet der Arzt durch Fragen im ärztlichen Gespräch. Beim Tasten werden Veränderungen der Muskeln und der Weichteile, des Bauchinneren und des Pulsschlags festgestellt. Immer wieder wird in der Lehre der chinesischen Medizin betont, daß die vier verschiedenen ärztlichen Untersuchungsmethoden *(Si-Zhen)* in Wirklichkeit eine untrennbare Einheit bilden. Nur wenn die einzelnen Untersuchungsverfahren stets auf den gesamten Organismus bezogen werden, läßt sich eine Krankheit klar erkennen und eine richtige Diagnose stellen. Es gilt in der traditionellen chinesischen Medizin als falsch, einzelne Symptome hervorzuheben und eine Erkrankung damit gewissermaßen zu «etikettieren», weil dies zwangsläufig zur Vernachlässigung anderer wesentlicher Krankheitsveränderungen führen muß.

Die chinesische Krankenuntersuchung hat sich im Laufe der Jahrhunderte aus der Praxis heraus allmählich zu beachtlicher Vollkommenheit entwickelt. Die wichtigste Grunderkenntnis der chinesischen Diagnostik liegt in der Beobachtung, daß sich Veränderungen der inneren Organe beim Patienten durch bestimmte Veränderungen an der Körperoberfläche erkennen lassen. Bei der Beobachtung dieser Beziehung zwischen Körperinnerem und Körperoberfläche haben die chinesischen Ärzte nach und nach einmalige Erfahrungen gesammelt, die weit über die diesbezüglichen Erfahrungen der westlichen Heilkunde hinausgehen. Dieses Erbe wird im modernen China sorgfältig gepflegt, an Universitäten und Hochschulen gelehrt und dabei mit den wissenschaftlichen Methoden der modernen Heilkunde überprüft, systematisiert und geordnet. Trotz der großen Aussagemöglichkeiten, die in den Methoden der chinesischen Diagnostik liegen, wird im modernen China einhellig anerkannt, daß die traditionelle chinesische Krankheitserkennung unbedingt der Verbindung mit modernen westlichen Diagnosemethoden bedarf, um alle Krankheitszustände richtig zu erfassen und dem Patienten nicht etwa durch medizinische Unterlassungen Schaden zuzufügen.

6.1.1 Untersuchung durch Betrachten *(Wang-Zhen)*

Bei dieser Untersuchungsart betrachtet der Arzt die Veränderungen der Haut, insbesondere deren Farbänderungen, den Gesichtsausdruck, die Sekrete und Absonderungen des Körpers sowie die gesamte äußere Erscheinung des Patienten, um daraus auf Krankheitszustände der inneren Organe zu schließen. Aufgrund der ihm bekannten Meridianverläufe *(Jing-Luo)* war sich der chinesische Arzt stets darüber klar, daß die Oberfläche des Patienten, vor allem das Gesicht und die Zunge, in engster Verbindung mit den Speicherorganen und Hohlorganen steht und daß eine Veränderung der Oberfläche des Körpers immer mit einer Veränderung des Körperinneren einhergeht.

Die Diagnostik durch Betrachten gliedert sich in folgende Einzelbeobachtungen:

6.1.1.1 Gesamtbetrachtung des Patienten

6.1.1.1.1 Beobachtung der geistig-seelischen Verfassung *(Shen)* des Kranken

Der chinesische Ausdruck «*Shen*» bedeutet zweierlei: einmal die Tätigkeit des Geistes, des Bewußtseins, zum anderen die Lebens-Aktivität. Wir haben in den Abschnitten 3.1.5 und 3.2.1.1.2 geschildert, daß dieses «*Shen*» der chinesischen Medizin seine materielle Grundlage in der «Essenz-Funktion» *(Jing-Qi)* findet. Das «*Shen*», also der geistig-seelische Zustand des Menschen im weitesten Sinne, drückt sich in seiner Sprechweise, im Gesichtsausdruck, in den Augen und in der Energie der Körperbewegungen aus. Durch Beobachtung des Ausdrucks bzw. des seelischen Zustands *(Shen)* kann der Arzt feststellen, ob der

Kranke in guter oder schlechter Verfassung, bei klarem oder getrübtem Bewußtsein ist. An seinen allgemeinen Reaktionen und Körperbewegungen kann er die Stärke- oder Schwäche-Funktion seiner inneren Organe *(Nei-Zang)*, der Blut-Energie *(Qi-Xue)* und des *Yin* und *Yang* feststellen. Wenn bei einem Patienten die Essenz-Aktivität *(Jing-Qi)* stark ist, hat er einen blühenden und strahlenden Ausdruck. Ist diese Essenz-Aktivität hingegen schwach, macht der Patient allgemein einen matten und erschöpften Eindruck.

Die alten chinesischen Ärzte waren der Ansicht, daß das «*Shen*», das wir hier mit «geistig-seelischer Aktivität» übersetzen, «im Herzen gespeichert wird und sich äußerlich an den Augen zeigt» (232). Lebhafte und leuchtende Augen, eine klare, kräftige Sprache, ein ausgewogener Gemütszustand, das alles heißt im Chinesischen, «daß ein Mensch über geistig-seelische Energien verfügt» (chinesisch: *You-Shen* oder *De-Shen*). In solchem Fall ist die Abwehrkraft des Körpers *(Zheng-Qi)* noch nicht geschädigt, die Funktion der Speicherorgane und Hohlorgane noch nicht geschwächt. Ein Patient ist in diesem Fall nur leicht erkrankt und auch einfach zu behandeln. Wenn aber das Aussehen des Kranken dunkel und trübe, seine Sprache leise und schwach, sein Gemütszustand *(Jin-Shen)* bedrückt ist, und wenn er nur träge reagiert und sich schwerfällig bewegt, dann ist die Abwehrkraft *(Zheng-Qi)* bereits geschädigt. Die chinesische Medizin nennt diesen Zustand «Verlust der geistigseelischen Aktivität» *(Shi-Shen)*. Unter diesen Umständen ist der vorliegende Krankheitszustand stets ernst.

Gemäß den unterschiedlichen Krankheitsursachen sind die Symptome beim Patienten verschieden. Wenn die Gemütsverfassung *(Jing-Shen)* eines Kranken schlecht, seine Reaktionen schwerfällig sind, wenn er dabei auffallend schweigsam ist und für nichts Interesse zeigt, ist seine Abwehrkraft *(Zheng-Qi)* ungenügend. Wenn der Patient geistig verwirrt, sein Blick unklar, nervös und fahrig ist, liegt dem oftmals eine Einwirkung von übermäßig starker, störender Hitze *(Xie-Re)* zugrunde. Wenn bei einer äußerlich ansteckenden Infektionskrankheit abends Fieber und morgens normale Temperaturen bestehen, wenn hierbei plötzlich ein verwirrter Zustand des Kranken mit Unruhe in Händen und Füßen auftritt, zeigt dies, daß die Hitze *(Re)* die Ernährungsfunktion *(Ying)* und das Blut *(Xue)* befallen hat. Wenn die Augen des Kranken tief in den Höhlen liegen, sein Gesicht mager und eingefallen ist, ist dies meist ein Zeichen dafür, daß die Lebenskraft entwichen *(Qi-Tuo)* und die Körpersäfte eingetrocknet *(Jin-Gan)* sind.

Folgende Krankheitszustände stehen für die chinesische Medizin in Verbindung mit einer Beeinträchtigung des «*Shen*»: Wenn die Augen des Patienten nach oben starren, bedeutet dies, daß der wichtigste Teil des *Yang* abgestorben ist. Die chinesische Medizin nennt diesen Zustand «eine Brille tragen» *(Dai-Yan).* Wenn die Augen unklar sind, nicht scharf genug sehen, nennt man diesen Zustand «blinde Augen» *(Mu-Mang).* Dies weist darauf hin, daß der wichtigste Anteil des *Yin (Zhu-Yin)* abgestorben ist. Wenn der Patient den Kopf schräg hält und sein Blick suchend herumirrt, heißt dies, daß seine psychischen Energien *(Jing-Shen)* ausgeschaltet sind. Dieses Erscheinungsbild des Patienten findet sich, wenn die äußere Störung in üppiger Stärke auftritt und die Abwehrkraft des Patienten geschwächt ist. Ähnlich wie die westliche Medizin kennt auch die chinesische Medizin ein plötzliches Aufflackern der geistig-seelischen Energien bei langen chronischen Krankheiten. Während die Kranken vorher schweigsam waren oder nur leise sprachen, werden sie plötzlich aktiv und reden mit lauter, klarer Stimme. Patienten, die geistig verwirrt waren, werden plötzlich wieder klar und können vernünftige Entscheidungen treffen. Die graue, trübe Gesichtsfarbe des Patienten ändert sich oftmals dabei plötzlich, er bekommt ein frisches und gesundes Aussehen. Dies wird von der chinesischen Medizin als ein letztes Aufflackern der Lebenskräfte vor dem endgültigen Ende gewertet; es gilt als Anzeichen, daß *Yin* und *Yang* dem Patienten bald ganz entzogen werden.

Einen ungewöhnlichen Gesichtsausdruck, der in der chinesischen Medizin ebenfalls unter den Begriff *«Shen»* fällt, haben auch Epileptiker und psychisch kranke Personen. Ihr Aussehen ist stumpf, sie sind schweigsam und melancholisch. Ihr Geisteszustand kann verändert sein. In schweren Fällen lachen und heulen sie ohne Anlaß. Die chinesische Medizin führt dies auf ein «Gerinnen der Schleim-Funktion» *(Tan-Qi Ning-Jie)* zurück, wodurch der Geist des Menschen blockiert wird. Wenn ein Kranker unruhig oder nervös herumläuft – in schweren Fällen ohne Kleider –, wenn er sinnlos singt, schimpft oder brüllt, stampft oder um sich schlägt, hat dies seine Ursache nach Ansicht der chinesischen Medizin meist in «Schleim-Feuer, das das Herz stört» *(Tan-Huo Rao Xin).* Wenn ein Patient plötzlich unartikulierte Laute ausstößt, die Augen wild nach oben rollt, Krämpfe und Zuckungen in Armen und Beinen hat, hat dies seine Ursache darin, daß eine «Schleimverwirrung des Herz-Zentrums» *(Tan-Mi Xin-Qiao)* (vgl. S. 458) vorliegt oder daß «Leber-Wind im Körperinneren weht» *(Gan-Feng Nei-Dong)* (vgl. S. 481).

6.1.1.1.2 Das Betrachten der Farbe *(Wang-Se)*

Mit der Betrachtung der Farbe meint die chinesische Medizin hauptsächlich die Beurteilung der Gesichtsfarbe des Patienten. Normalerweise läßt sich daran der Zustand der Speicherorgane und Hohlorgane *(Zang-Fu)* und der Blut-Funktion *(Qi-Xue)* ablesen. Bei guter Gesundheit findet man die «gewöhnliche Farbe» *(Chang-Se)*. Beim Chinesen ist diese Farbe leicht gelb, rotbackig und glänzend; beim Europäer ist sie mehr rosig. Wenn Farbe oder Glanz des Gesichts unnormal verändert sind, ist der betreffende Mensch erkrankt. Die chinesische Medizin spricht dann von einer «kranken Farbe» *(Bing-Se)*. Je nach den verschiedenen Abstufungen und Arten dieser krankhaften Verfärbung schließt der chinesische Arzt auf Stärke oder Schwäche von Blut und *Qi* sowie auf unterschiedliche Krankheitszustände.

Stets bezieht sich die Betrachtung der Farbe sowohl auf die Beurteilung der eigentlichen «Farbe» *(Se)* als auf die Beurteilung des «Glanzes» *(Ze)*. Fünf Farben unterscheidet man beim Patienten: Grün-Blau *(Qing)*, Gelb *(Huang)*, Rot *(Chi)*, Weiß *(Bai)* und Schwarz *(Hei)*. Beim Glanz achtet der chinesische Arzt auf das blühende Aussehen, die Frische und das Strahlen des Gesichts.

Die Farbe des Gesichts weist auf ganz bestimmte Erkrankungen und pathologische Veränderungen nach der Theorie der chinesischen Medizin hin. Der Glanz zeigt in erster Linie die Fülle oder Leere der Essenz-Funktion *(Jing-Qi)* des menschlichen Körpers an. Im allgemeinen deutet eine frische und glänzende Gesichtsfarbe auf eine leichte Erkrankung hin; sie zeigt, daß Blut und Funktion *(Qi-Xue)* des Körpers noch nicht angegriffen sind. Meist findet sich dies bei frisch aufgetretenen Erkrankungen und bei einer guten Abwehrlage des Patienten. Wenn die Gesichtsfarbe dunkel, schlaff und welk ist, zeigt dies, daß die Abwehrkraft des Patienten *(Zheng-Qi)*, das *Qi* und das Blut schon geschwächt sind und daß die Esssenz-Funktion *(Jing-Qi)* bereits geschädigt ist. Meist findet man das bei chronischen, bereits länger bestehenden Erkrankungen, die entsprechend schwer zu heilen sind.

Die fünf verschiedenen Farben Grün-Blau, Rot, Gelb, Weiß und Schwarz haben nach der Theorie der chinesischen Medizin eine bestimmte Verbindung zu Leere- und Füllezuständen von Speicher- und Hohlorganen. Die alten chinesischen Ärzte meinten, daß die fünf verschiedenen Farben den fünf Speicherorganen nach dem System der fünf Elemente zugeordnet seien. Im Buch *«Ling-Shu»* heißt es im Kapitel über die fünf Farben: «Die fünf Farben bedeuten die fünf Speicherorgane des Menschen. Die grün-blaue Farbe entspricht der Leber, die rote Farbe entspricht dem Herzen, die weiße Farbe entspricht der Lunge, die gelbe Farbe entspricht der Milz, die schwarze Farbe entspricht der Niere» (233).

Dieser Zusammenhang spielt auch heute noch in der klinischen Beurteilung eine wichtige Rolle. Häufig findet man bei Patienten mit einer Milz-Leere und üppiger Nässe *(Pi-Xu Shi-Cheng)* eine gelbe Verfärbung des Gesichts. Längere

Erkrankungen der Niere verursachen häufig eine schwärzliche Gesichtsfarbe oder einen schwarzen Belag auf der Zunge. Im Kapitel über die fünf Farben des Buches *«Ling-Shu»* heißt es: «Eine grün-schwarze Verfärbung deutet auf Schmerzen hin. Eine gelb-rote Verfärbung deutet auf Hitze *(Re)*, eine weiße Verfärbung deutet auf Kälte» *(Han)*. (234)

In diesem Sinne teilt die chinesische Medizin die unterschiedlichen Krankheitserscheinungen gemäß den fünf Farben noch heute folgendermaßen ein:

1. Grün-blaue Farbe *(Qing-Se)*
   Diese Verfärbung deutet auf Kälte *(Han)*, Schmerzen *(Tong)*, Stauung *(Yu)* und Krämpfe *(Jing)* durch Wind *(Feng)* hin. Die grünlich-blaue Verfärbung hat ihre Ursache darin, daß das *Qi* und Blut gestaut wird und daß eine Blockierung in den Meridiangefäßen *(Jing-Mai)* besteht. Der freie Fluß des *Qi* und des Blutes kommt meist durch eine Blockierung bzw. ein «Gerinnen» *(Ning-Zhi)* infolge Kälte zustande, wodurch Schmerzen hervorgerufen werden. Durch eine Versperrung der Funktionen *(Qi-Bi)* stockt das Blut *(Xue-Yu)*, wodurch der freie Fluß in den Meridiangefäßen *(Jing-Mai)* in jedem Fall beeinträchtigt wird. Auf diese Weise erklärt die chinesische Medizin die grünlich-blaue Verfärbung bei Erkältung, Schmerzzuständen, Blutstauungen und Krampfzustände. Je nach Sitz der Verfärbung und nach der besonderen Farbnuancierung werden dabei Unterschiede gemacht: Eine grünlich-blaue Verfärbung des Gesichts tritt auf bei durch Wind und Kälte verursachten Schmerzzuständen *(Feng-Han Teng-Tong)*, bei Bauchschmerzen durch innere Kälte *(Li-Han Fu-Tong)* usw. Sehr starke Schmerzen verursachen eine weißlich-grünliche Gesichtsfarbe. Ist die Gesichtsverfärbung grün-grau und sind die Lippen violett, weist das darauf hin, daß im Körperinneren eine Stauung des *Qi* und des Blutes besteht. Bei Kindern mit hohem Fieber erscheint eine grünlich-blaue Gesichtsverfärbung, meist zuerst an der Nasenwurzel zwischen den Augenbrauen und um die Mundwinkel herum. Dies kann ein Vorzeichen eines Fieberkrampfes *(Jing-Feng)* sein.
2. Rote Verfärbung *(Chi-Se)*
   Eine rote Verfärbung des Körpers bedeutet Hitze *(Re)*. Die Hautfarbe des Patienten erscheint rot, wenn die Hautkapillaren *(Pi-Fu Mai-Luo)* mit Blutflüssigkeit *(Xue-Ye)* prall gefüllt sind. Das Blut wird durch Hitze angetrieben (vgl. S. 229), sodaß es die Kapillaren energisch durchströmt. Deshalb erscheint bei einem Hitze-Syndrom *(Re-Zheng)* die Hautfarbe gewöhnlich rot.

   Der chinesische Arzt achtet indessen auf den Unterschied der Rotfärbung bei einer Fülle-Hitze *(Shi-Re)* und bei einer Leere-Hitze *(Xu-Re)*. Beim

Füllezustand ist nämlich das ganze Gesicht tiefrot, während bei Leere die Gesichtsrötung erst nach länger dauernder Erkrankung auftritt. Es gibt hier noch einige Besonderheiten, die zu beachten sind. Rote Wangen nach dem Mittagsschlaf deuten für den chinesischen Arzt darauf hin, daß das *Yin* der Niere abgeschwächt ist und daß infolge dieser Leere das Feuer nach oben steigt *(Xu-Huo Shang-Yan)*. Wenn die Gesichtsfarbe weiß mit feiner Rötung ist, heißt es in der chinesischen Medizin: «Das *Yin* sitzt ganz unten *(Yin Ji Yu Xia)*, das *Yang* schwimmt auf der Oberfläche» *(Yang Fu Yu Shang)*. (235) Dies bedeutet einen echten Kältezustand *(Zhen-Han)* bei falscher Hitze *(Jia-Re)* und wird «aufgesetztes *Yang*» *(Dai-Yang)* genannt.

3. Die gelbe Verfärbung *(Huang-Se)*

   Sie bedeutet in der chinesischen Medizin einen Zustand der Leere *(Xu)* oder der Nässe *(Shi)*. Eine gelbe Gesichtsfarbe deutet meist auf eine Schwäche der Transportfunktion *(Yun)* der Milz hin, wobei die Wassernässe *(Shui-Shi)* nicht umgewandelt *(Hua)* werden kann. Die Gelbfärbung kann aber auch daher rühren, daß *Qi* und Blut nicht ausreichend sind und daß die Haut nicht genügend durchblutet und ernährt wird. Auf diese Weise kommt eine Gelbfärbung des Gesichts am häufigsten zustande, wobei die gelbe Gesichtsfarbe durch Leere (der Milz) und durch Nässe (infolge der fehlenden Umwandlungsfunktion der Milz) hervorgerufen wird.

   Wenn die Gesichts- und Augenfarbe gelb ist, hat der Patient meist eine Gelbsucht *(Huang-Dan)*. Eine klare und deutliche gelbe Gesichtsfarbe deutet auf Nässe-Hitze *(Shi-Re)* hin, während eine dunkle und gedämpfte Gelbfärbung Kälte-Nässe *(Han-Shi)* anzeigt. Wachsgelbe Verfärbung zeigt meist einen Leerezustand von Milz und Magen an, wobei die Ernährungsfunktion und das Blut nicht normal ablaufen, so daß die Haut nicht ernährt werden kann. Wenn das Gesicht gelb und geschwollen ist, deutet dies auf einen Leerezustand von *Qi* und Blut hin, wobei eine Nässe-Störung *(Shi-Xie)* die Ursache bildet.

4. Weiße Verfärbung *(Bai-Se)*

   Sie deutet auf Leere *(Xu)*, Kälte *(Han)* oder Beeinträchtigung *(Shi-Xue)* des Blutes hin. Ist reichlich *Yang-Qi* vorhanden, treibt dies die Blut-Aktivität *(Qi-Xue)* nach oben, sodaß eine gesunde rote Gesichtsfarbe erscheint. Wenn aber Kälte in die Meridiane eindringt und ihren Fluß erstarren *(Ning)* läßt, kann das *Qi-Xue* nicht hochsteigen. Dies kann auch dazu führen, daß das *Qi* vermindert *(Hao-Qi)* und daß das Blut beeinträchtigt wird *(Shi-Xue)*. In diesem Falle werden die Blutgefäße leer, und das Gesicht des Patienten bekommt eine weiße Farbe.

   Wenn die Gesichtsfarbe völlig weiß ist und, wie es in der chinesischen

Medizin heißt, «die Leere auf der Oberfläche schwimmt» *(Xu-Fu)*, handelt es sich meist um eine Leere des *Yang-Qi (Yang-Qi-Xu)*. Wenn die Gesichtsfarbe blaß und weiß, das Gesicht selbst abgemagert ist, handelt es sich meist um den Zustand einer Leere des Blutes *(Xue-Xu)*. Dazu heißt es im Buch *«Ling-Shu»*: «Ein weißes Gesicht ohne Glanz und ohne Farbe bedeutet, daß der Mensch kein Blut mehr *(Xue-Tuo)* hat» (236).

Wenn bei einer akuten Erkrankung die Gesichtsfarbe plötzlich weiß wird, deutet dies darauf hin, daß sich die *Yang*-Funktion *(Yang-Qi)* plötzlich zurückzieht. Ein weißes, blasses Gesicht erscheint beim Patienten außerdem, wenn durch einen inneren Kältezustand *(Li-Han-Zheng)* plötzlich starke Bauchschmerzen entstehen oder wenn durch Leere und Kälte *(Xu-Han)* ein Schüttelfrost naht.

5. Schwarze Verfärbung *(Hei-Se)*
   Diese bedeutet Kälte, Schmerzen, Wasser, Leere der Niere *(Shen-Xu)*. Schwarze Verfärbung bei Patienten kommt durch langdauernde Erkrankungen zustande, wobei die Blut-Aktivität *(Qi-Xue)* erstarrt *(Ning-Zhi)* ist. In solchen Fällen ist die *Yang*-Funktion *(Yang-Qi)* stets schwach, durch die Schwäche des *Yang* entsteht Kälte, durch die mangelnde Zirkulation *(Bu-Tong)* entstehen Schmerzen. Es kann aber auch durch die Schwäche des *Yang* dazu kommen, daß Wasser-Nässe *(Shui-Shi)* im Körper nicht ausreichend umgewandelt wird, wodurch die Strömung des Blutes und *Qi (Qi-Xue)* ebenfalls beeinträchtigt wird. All dies führt zu einer schwärzlichen Gesichtsverfärbung. Diese ist also, wie gesagt, in erster Linie durch Kälte, Schmerzen oder Wasseransammlung bedingt.
   Wenn nach länger dauernder Krankheit die Essenz-Funktion *(Jing-Qi)* der Niere geschwächt ist, kann die Gesichtsfarbe ebenfalls schwarz erscheinen. Wenn die schwarze Farbe trübe und matt ist, deutet dies auf eine Schwäche des *Yang* und eine Fülle des *Yin*. Hat die schwarze Farbe einen trockenen Charakter, zeigt dies, daß Feuer-Hitze das Körperinnere verletzt *(Huo-Re Nei-Shang)*, wodurch Nieren-Essenz *(Shen-Jing)* verbraucht wird. Dies sind die Zusammenhänge zwischen der schwarzen Farbe und einer Nierenstörung.

6.1.1.1.3 Das Betrachten der äußeren Erscheinung *(Wang Xing-Ti)*

Die äußere Gestalt eines Menschen steht nach Ansicht der chinesischen Medizin in enger Verbindung zu den fünf Speicherorganen. Wenn die fünf Speicherorgane gesund sind, kann man davon ausgehen, daß auch der äußere Körper in guter Verfassung ist. Sind die fünf Speicherorgane schwach, ist auch der Körper kränklich. Ein starker Körperbau, eine breite Brust, kräftige Muskeln, glänzende, gesunde Haut, dies sind Zeichen von Stärke und Gesundheit.

Ein schwacher, zarter Knochenbau, eine schmale Brust, dünne Muskeln und trockene Haut sind Anzeichen von Schwäche. Im Buch «*Su-Wen*» heißt es: «Der Kopf ist der Sitz des Geistes *(Jing-Ming)*. Wenn ein Patient den Kopf schief hält und mit unstetem Blick herumsucht, dann ist seine geistige Energie *(Jing-Shen)* entwichen. Der Rücken ist der Sitz der Thoraxorgane. Ein krummer Rücken und herabfallende Schultern deuten auf eine Erkrankung im Brustkorb hin. Die Lenden sind der Sitz der Niere. Wenn der Mensch hier schlapp und ohne Kraft ist, deutet dies auf eine Erschöpfung der Niere hin. Die Knie sind der Ort der Sehnen *(Jin)*. Beschwerden beim Beugen und Strekken der Knie, beim Gehen und beim Bücken zeigen an, daß Sehnen und Fascien geschwächt sind. Die Knochen sind der Sitz des Markes *(Sui)*. Wenn der Mensch unfähig ist, lange auf den Beinen zu stehen oder längere Zeit zu gehen, bedeutet dies, daß die Knochen am Ende sind» (237).

Aufgrund dieses Textes ist die chinesische Medizin von jeher der Ansicht, daß sich eine Erkrankung oder Leere der fünf Speicherorgane jeweils an einer ganz bestimmten Stelle der äußeren Erscheinung des Menschen zeigen.

Wenn ein Patient wenig ißt und dennoch an Gewicht zunimmt, wenn er außerdem kurzatmig ist, zeigt dies, daß eine Leere der Milz im Körperinneren zu einem Zustand der Schleim-Nässe*(Tan-Shi)*-Stauung geführt hat (vgl. Abschn. 5.2.5.1.1). Wenn der Patient jedoch viel ißt und trotzdem ständig Hunger hat, zeigt dies Feuer *(Huo)* im Mittleren Erwärmer an. Wenn ein Mensch mager ist und auch wenig Nahrung zu sich nimmt, heißt dies, daß die Funktion des Mittleren Erwärmers *(Zhong-Qi)* im Zustand der Leere ist.

Derartige Beobachtungen geben bei der Diagnostik der chinesischen Medizin wertvolle Anhaltspunkte.

6.1.1.1.4 Das Beobachten der Gebärden und des Verhaltens *(Wang Zi-Tai)*

Nach der Lehre der chinesischen Medizin haben auch die Gebärden und das Verhalten eines Kranken enge Beziehungen zu seiner Erkrankung. Bei verschiedenen Krankheiten nehmen die Patienten bestimmte Haltungen ein oder machen typische Bewegungen. Grundsätzlich gilt hier die Regel der chinesischen Medizin, nach der das *Yang* die Aktivität repräsentiert, das *Yin* die Passivität *(Yang Zhu Dong, Yin Zhu Jing)*. (238) Aktive und lebhafte Patienten entsprechen also dem *Yang*, die passiven, ruhigen dem *Yin*.

Das gleiche gilt für die Krankheitssymptomatik: hier gehört ebenfalls alles Bewegliche dem *Yang*, alles Ruhige, Stille dem *Yin* an. Wenn der Körper des Patienten beim Liegen leicht ist, wenn der Kranke sich auch leicht umdrehen kann und das Gesicht häufig nach außen wendet, handelt es sich meist um ein *Yang*-Syndrom, ein Hitze-Syndrom und ein Fülle-Syndrom. Liegt der Patient dagegen schwer im Bett, kann er sich nicht leicht umdrehen, hält er sein Gesicht zum Körperinneren gekehrt, handelt es sich um ein *Yin*-Syndrom, ein Kälte-Syndrom oder ein Leere-Syndrom.

Hat der Kranke beim Liegen die Beine und Knie angezogen, deutet dies auf eine *Yang*-Leere mit Kälteempfindlichkeit oder Schmerzen. Liegt der Patient dagegen mit ausgestreckten Beinen auf dem Rücken, handelt es sich meist um ein *Yang*-Hitze-Fülle-Syndrom. Liebt es der Patient, sich warm anzuziehen oder dicht an der Heizung zu sitzen, liegt meist ein Kälte-Syndrom vor. Wenn sich der Kranke die Kleider auszieht oder die Bettdecke weglegt, wenn er sich von der Heizung fernhält, handelt es sich um ein Hitze-Syndrom. Verändert der Patient beim Atmen seine Haltung, hebt er beispielsweise beim Einatmen den Kopf, liegt meist ein Fülle-Syndrom der Lunge mit starker Schleim-Blockierung vor. Ist der Kranke kurzatmig und schweigsam und hebt er beim Sitzen den Kopf, deutet dies auf eine Lungen-Leere hin, oder es zeigt an, daß die Niere das *Qi* nicht aufnimmt *(Shen Bu Na-Qi)* (vgl. S. 487). Wenn der Kranke nicht liegen, sondern nur sitzen kann, weil beim Liegen das *Qi* in Gegenrichtung *(Qi-Ni)* verläuft, zeigt dies ein nicht ausreichendes *Yang* des Herzens *(Xin-Yang Bu Zu)* an, bei dem das Wasser-*Qi* das Herz bedrückt *(Shui-Qi Ling-Xin)*. Wenn der Patient hustet und dabei nicht liegen kann, zumal wenn die Erkrankung im Herbst oder Winter auftritt, handelt es sich um im Körperinneren verborgene klare Schleimflüssigkeiten *(Fu-Yin)*. Auch unnormale Bewegungen oder Gesten des Kranken deuten auf besondere Krankheitszustände hin. So findet man bei akuten Hitzeerkrankungen Zuckungen im Gesicht, an den Händen und Füßen, Zittern der Augenlider und der Lippen. Diese Symptome können auch Vorzeichen von Krampfanfällen sein. Bei geschwächten, chronisch kranken Patienten deuten diese Symptome auf einen Mangel an *Qi* und Blut *(Qi-Xue Bu Zu)* und auf eine mangelhafte Ernährung der Meridiangefäße *(Jing-Mai Shi-Yang)* hin. Krämpfe der Arme und Beine gehören nach der Systematik der chinesischen Medizin zu den Wind-Erkrankungen *(Feng-Bing)*, die Anfallsleiden (Epilepsie), tetanische Anfälle, kindliche Krampfanfälle jeder Art usw. umfassen.

Krämpfe und Bewegungsstörungen in Armen und Beinen entsprechen einer Erkrankung der Leber mit Verspannung der Sehnen *(Gan-Bing Jing-Ji)*, oder es liegt hier eine Kälteblockierung der Meridiangefäße *(Han-Ning Jing-Mai)* vor. Es kann sich aber auch um eine Schädigung der Blutflüssigkeit handeln *(Xue-Ye Sun-Shang),* durch die die Meridiangefäße ungenügend versorgt werden.

Schwäche und Kraftlosigkeit in den Beinen und Knien mit ungeschickten Bewegungen des Patienten entsprechen meist einem Syndrom mit spastischen Lähmungen *(Wei-Zheng).* Einseitige Bewegungsunfähigkeit eines Armes oder Beines mit Gefühllosigkeit deutet meist auf einen Schlaganfall *(Zhong-Feng)* hin. Einseitige Schmerzen mit Muskelatrophien oder lokalisierten Verkrampfungen an einem Arm oder Bein entsprechen einer Wind-Störung, die das Blut schädigt *(Feng-Xie Hao-Xue),* wobei die Abwehrkraft des Körpers leer *(Zheng-Xu)* ist und die Störung *(Xie)* im Körper bleibt.

6.1.1.2 Das Betrachten bestimmter Körperpartien

6.1.1.2.1 Kopf und Kopfbehaarung

Wenn der Nacken kraftlos ist, sodaß der Patient den Kopf nicht halten kann, zeigt dies eine schwere Erkrankung an. Spärliches, dünnes, trockenes und glanzloses Haupthaar bedeutet einen Mangel an Essenz und Blut *(Jing-Xue Bu Zu).* Wenn bei Kindern das Haupthaar völlig vertrocknet ist, weist dies meist auf die Kinderkrankheit *«Gan-Ji»* (am besten mit «Anhäufung von Süßem» zu übersetzen), eine Erkrankung infolge Leere von Milz und Magen hin. Wenn sich die Fontanelle bei einem Kind tief einsenkt und deutlich abzeichnet, ist dies ein Zeichen eines Leere-Zustandes. Tritt die Fontanelle als Wulst aus dem Schädel hervor, handelt es sich um einen Fülle-Hitze-Zustand. Schließt sich die Fontanelle gar nicht, besteht beim Kind eine Entwicklungsstörung.

6.1.1.2.2 Augen

Rote und geschwollene Augen zeigen eine Wind-Hitze*(Feng-Re)*-Erkrankung oder Leber-Feuer *(Gan-Huo)* an. Die Skleren der Augen sind gelb, wenn es sich um eine Gelbsucht handelt. Wenn die Bindehäute blaß oder weiß sind, bedeutet dies einen Mangel an Blut-Funktion *(Qi-Xue).* Sind die Bindehäute entzündet, deutet dies auf eine Erkrankung durch Nässe und Hitze *(Shi-Re).* Geschwollene Augenlider, die aussehen, als läge «unter der Haut eine Seidenraupe», sind das Zeichen einer Wassereinlagerung im Körper, also eines Ödems. Sind die Augenhöhlen tief eingefallen, zeigt dies, daß die Körpersäfte

(Jin-Ye) verausgabt sind. Stumpfe, glanzlose Augen, den Blick nach oben oder schräg zur Seite gerichtet, bedeuten eine Erkrankung durch Leber-Wind. Ist in einem fortgeschrittenen Stadium einer Erkrankung die Pupille vergrößert, zeigt dies, daß die Essenz-Funktion *(Jing-Qi)* am Ende ist.

6.1.1.2.3 Nase

Eine laufende Nase mit klarem *(Qing)* Nasenschleim zeigt eine äußerliche ansteckende Erkältung infolge Wind und Kälte an. Dicker, trüber *(Zhuo)* Nasenschleim deutet auf eine äußere ansteckende Erkältung infolge Wind und Hitze *(Feng-Re)*. Eine ständig verschleimte Nase weist auf Entzündung der Nasennebenhöhlen *(Bi-Yuan)* hin. Ein eingefallener Nasenknorpel mit ausgefallenen Augenbrauen weist gewöhnlich auf das Vorliegen einer Lepra-Erkrankung *(Ma-Feng)* hin. Bei Asthma und Atemnot sind die Nasenflügel eines Patienten meist gewölbt oder gebläht.

6.1.1.2.4 Lippen und Mund

Blasse, farblose Lippen zeigen eine Blut-Leere an. Wenn die Lippen bläulich gefärbt sind, deutet dies auf eine Stauung des Blutes infolge Kälte *(Han-Ning Yu-Xue)* hin. Dunkelrote, trockene Lippen weisen auf einen Hitzezustand hin. Sind die Lippen hellrot, zeigt dies eine *Yin*-Leere mit starkem Feuer *(Yin-Xu Huo-Wang)* an. Bei einer Ansammlung von Kälte *(Leng-Ji)* im Körper werden die Lippen des Patienten schwarz. Wenn die Lippen wund sind, deutet dies auf Hitze in Magen und Milz hin. Ein ständig geöffneter Mund zeigt meist einen allgemeinen Leerezustand an; wenn die Zähne stets fest zusammengebissen sind, deutet dies auf einen Füllezustand hin.

6.1.1.2.5 Zähne

Bei hohem Fieber, das den Körpersäften *(Jin)* geschadet hat, sind die Zähne und der Mund trocken. Ein helles Zahnfleisch spricht für Blutleere *(Xue-Xu)*; geschwollenes Zahnfleisch, das leicht blutet, deutet auf eine üppige Hitze im Magen hin. Wacklige Zähne bei nicht geschwollenem, blutendem Zahnfleisch sind ein Zeichen dafür, daß Nieren-Feuer aufsteigt *(Shen-Huo Shang-Yan)*.

6.1.1.2.6 Rachen

Ist der Rachen geschwollen, rot und schmerzhaft, zeigt dies Hitze in der Lunge und im Magen an. Wenn der Rachen wund und eitrig ist, spricht das für eine besonders giftige *(Du)*, starke Hitzeeinwirkung. Ist die Kehle leicht entzündet und gerötet, hat der Patient dabei weder auffallende Schwellung noch Schmerzen, liegt das meist an einem Fehlen von Nieren-Wasser *(Shen-Shui)*, bei dem durch die Leere Feuer hochsteigt *(Xu-Huo Shang-Yan)*. Wenn im Rachen ein weißer Belag, wie eine abkratzbare weiße Haut, sichtbar ist, der sich stets neu bildet, liegt dies an Hitze in der Lunge und im Magen. Läßt sich der weiße Belag nicht entfernen, blutet es beim Versuch, ihn abzukratzen, handelt es sich um Diphtherie *(Bai-Hou)*. Diese Erkrankung entspricht in der chinesischen Medizin einer Hitze der Lunge bei leerem *Yin (Fei-Re Yin-Xu)*.

6.1.1.2.7 Haut

a) Schwellungen: Wenn der Kopf, Arme, Beine oder die ganze Körperoberfläche geschwollen und gespannt sind, spricht man von Ödem *(Shui-Zhong)*. Ist nur der Bauch geschwollen, handelt es sich meist um Blähungen *(Gu-Zhang)*.

b) Gelbe Haut: Eine Gelbfärbung der Haut und der Augen zeigt sich bei Gelbsucht. Die chinesische Medizin unterscheidet hier zwei Arten von Gelb: ein leuchtendes Gelborange, das *Yang*-Gelb genannt wird, und ein dunkles, verräuchertes Gelb, das man *Yin*-Gelb nennt.

c) Hautflecken und Pickel: Flache Hautveränderungen nennt man Flecke *(Ban)*, kleine Erhabenheiten nennt man Pickel *(Zhen)*. Verfärbte Flecke oder Pickel sind in der chinesischen Medizin Ausdruck einer akuten Hitze-Erkrankung *(Re-Bing)*. Dabei steckt meist eine Hitzestörung *(Xie-Re)* in der Lunge und im Magen und kann hier nicht entweichen. Im Körperinneren sind dabei die Ernährungsfunktion und das Blut *(Ying-Xue)* abgeschwächt, was zum Ausschlag nach außen führt.
Bei Flecken und Pickeln schenkt die chinesische Medizin hauptsächlich der Form und der Farbe Aufmerksamkeit. Ein helles Rot weist auf eine giftige Hitzestörung *(Re-Du)* hin, die leicht ist und oberflächlich sitzt. Ein dunkleres Rot spricht für eine starke, brennende Hitze. Wenn die Farbe des Ausschlags schwarz und dunkel wird, spricht dies für eine giftige Hitze *(Re-Du)* im höchsten Grad, was stets eine ernste Krankheitssituation bedeutet.

Die obengenannten Hautveränderungen gehören zu den *Yang*-Ausschlägen. Ist die Hautveränderung besonders hellrot oder dunkelviolett, ist sie von klarer Kälte *(Qing-Leng)* an Armen und Beinen begleitet, hat der Patient einen feinen Puls *(Xi-Mai)* und nicht besonders starken Durst, handelt es sich um einen *Yin*-Ausschlag. Dies ist stets das Zeichen für eine nicht ausreichende Abwehrkraft *(Zheng-Qi)* oder für eine Schwäche der *Yang*-Funktion *(Yang-Qi-Shuai-Wei)*. Ein vereinzelt auftretender, weit ausgebreiteter Ausschlag zeigt an, daß die Störung oberflächlich sitzt und die Erkrankung leicht ist. Wenn der Ausschlag aber dicht und gedrängt ist, wenn er in die Tiefe vordringt oder sich verhärtet, heißt dies, daß die Störung *(Xie)* ins Innere eindringt und daß eine schwere Erkrankung durch giftige Hitze *(Re-Du)* vorliegt. Ein unregelmäßiger, rasch wieder verschwindender Ausschlag zeigt, daß die Störung *(Xie-Qi)* nach innen geschlagen ist.

d) Weiße Pickel: Kleine weiße Pickelchen, etwa wie Hirsekörner, entstehen nach der Lehre der chinesischen Medizin häufig am Hals und an der Brust, selten an Armen und Beinen, niemals aber im Gesicht. Sie entstehen, weil Nässe-Hitze einen Zustand des *Qi-Fen* hervorgerufen hat (vgl. S. 535), wobei sie in der Haut stecken bleibt. Wenn die kleinen Pickel aufgebrochen sind, verschwindet die Hitze, dem Kranken geht es besser. Dieses ist ein Zeichen, daß die Nässe-Hitze-Störung *(Shi-Re Xie-Qi)* herausgekommen ist. Öffnen sich die weißen Pickel nicht, bleibt die Hitze im Körper, der Patient fühlt sich unwohl, die Körperflüssigkeit *(Jin-Ye)* nimmt ab. Es besteht hier eine große Leere der Abwehrenergie *(Zheng-Qi Da Xu)*; die Störung kann nicht nach außen dringen und verschwinden.

e) Rote heiße Schwellungen (Karbunkel, chinesisch: *Yong*): Sie entsprechen einem *Yang*-Zustand. Eine Schwellung ohne Infektion in der Mitte und mit normaler Hautfarbe heißt «Wasserbeule» (chinesisch: *Ju*). Sie entspricht einem *Yin*-Zustand. Ein juckender Pickel, der in die Tiefe reicht und schmerzhaft ist, mit einer weißen eitrigen Spitze, heißt «Abszeß» (chinesisch: *Ding*). Eine rote, heiße, schmerzhafte und geschwollene Geschwürsbildung, die nach der Bildung von Eiter weich wird, heißt «Furunkel» *(Jie)*.

6.1.1.3 Das Betrachten der Zunge (Chinesische Zungendiagnostik)

Das Betrachten der Zunge wird in der chinesischen Medizin auch «Zungendiagnostik» *(She-Zhen)* genannt. Die Zungendiagnostik ist ein wesentlicher Teil der Betrachtung des Patienten. Sie stützt sich auf wichtige Erfahrungen, die die traditionelle chinesische Medizin im Laufe der Jahrhunderte gemacht hat und hat eine entsprechend lange Geschichte. Bereits im Buch «*Nei-Jing*» und im Buch «*Jing-Kui Yao-Lüe*» – (Der wichtigste Inhalt des goldenen Schrankes), aus der *Han*-Dynastie – wird über die trockene und die gelbe Zunge bei Patienten berichtet (239). Seit dieser Zeit wurden zusätzliche Erfahrungen gesammelt, eine Systematik der Zungendiagnostik wurde aufgebaut. Dabei geht die chinesische Medizin von dem Grundsatz aus, daß die Zunge den Zustand des gesamten Körpers und seiner Erkrankungen widerspiegelt. Bereits im frühen China war man der Ansicht, daß der Herz-Meridian mit der Zunge in Verbindung steht. Insofern gab die Zunge wichtige diagnostische Hinweise auf den Zustand des Herzens. Auch der Milz-Meridian hängt nach der chinesischen Medizin mit der Zunge zusammen; er verbreitet sich unterhalb der Zunge, die deshalb auf den Zustand der Milz hinweist. Ebenso endet der Nieren-Meridian unterhalb der Zunge, und der Leber-Meridian steht ebenfalls mit der Zunge in Verbindung. So hat die Zunge nach der chinesischen Meridian-Theorie eine direkte Verbindung mit dem Herzen, der Niere, der Milz und der Leber. Davon ausgehend kann die Zunge Leere oder Fülle der Speicherorgane und Hohlorgane, der Blut-Funktion *(Qi-Xue)* sowie der Körpersäfte *(Jin-Ye)* anzeigen. Den Schweregrad der betreffenden Erkrankungen sowie die Art der spezifischen Störung (Hitze, Wind, Kälte usw.) vermag der chinesische Arzt an der Zunge abzulesen.

In der Praxis der chinesischen Medizin hat sich gezeigt, daß das Bild der Zunge tatsächlich objektiv verwendbare Anhaltspunkte für die vorliegende Erkrankung gibt, und daß sie vor allem auch während des Krankheitsverlaufs frühzeitig wichtige Veränderungen erkennen läßt. Mit Hilfe der chinesischen Zungendiagnostik kann der Arzt abschätzen, ob eine Krankheit leicht oder schwer ist und wie sie weiter verlaufen wird. Für die dialektische Diagnostik der chinesischen Medizin ist das Betrachten der Zunge deshalb eine unerläßliche Methode.

6.1.1.3.1 Vorgehen des Arztes bei der Zungendiagnostik

Man wendet das Gesicht des Patienten zum Licht und betrachtet die Zunge am besten in locker und flach ausgestrecktem Zustand, um eine Verfärbung der Zunge durch zu starkes Herausstrecken zu vermeiden. Beim Betrachten kann die Zunge am besten bei Tageslicht beurteilt werden. Muß die Untersuchung aus bestimmten Gründen am Abend bei künstlichem Licht vorgenommen werden, soll der Arzt sie möglichst am Tage nochmals wiederholen. Wichtig ist, die Farbe der Zunge von scheinbaren Verfärbungen zu unterscheiden, die von bestimmten Nahrungsmitteln oder Medikamenten herrühren können. So hinterläßt der Genuß von Milch eine weiße Zunge, der von Kaffee eine braune. Heidelbeeren und rote Beete färben die Zunge bläulich-rot. Bonbons färben die Zunge grün, gelb oder blau, Schokolade färbt sie braun usw. Ferner ist zu beachten, daß der Zungenbelag auch durch Putzen der Zunge mit der Zahnbürste oder durch Nahrungsaufnahme verändert werden kann. Die reibende Wirkung der Speisen kann einen dicken Zungenbelag abtragen und dünn erscheinen lassen. Durch Trinken von Wasser oder anderen Flüssigkeiten wird der Zungenbelag unnatürlich befeuchtet. Heiße oder scharfe Speisen verändern die Farbe der Zunge, so daß sie hellrot bis dunkelviolett erscheint. Aus allen diesen Gründen soll der Arzt die Zunge niemals unmittelbar nach dem Essen, Trinken oder Zähneputzen betrachten.

6.1.1.3.2 Das Gesamtbild der Zunge

Beim Betrachten der Zunge muß man das Aussehen des Zungenkörpers und Zungenbelags unterscheiden. Der Zungenkörper wird durch die Zungenmuskeln und die feinen Blutgefäße der Zunge gebildet. Der Zungenbelag ist die Schicht, die auf der Zunge liegt. Normalerweise sieht eine Zunge weich und zart aus, sie bewegt sich frei und locker. Ihre Farbe ist hellrot, sie ist mäßig feucht und mit einer dünnen, weißen Schicht bedeckt. Dieses normale Zungenbild nennt die chinesische Medizin «hellrote Zunge mit dünnem, weißem Belag». Das normale Zungenbild verändert sich mit der Jahreszeit und mit dem Klima. Im Sommer ist der Zungenbelag gewöhnlich etwas dicker, oder es ist ein dünner gelber Zungenbelag vorhanden. Im Herbst ist der Zungenbelag dünn, weiß und leicht trocken. Solche natürlichen Unterschiede müssen dem Arzt bekannt sein, damit er sie nicht mit einem krankhaften Zungenbild verwechselt. Im Krankheitsfalle ist stets die Veränderung des Zungenkörpers von der Veränderung des Zungenbelages zu unterscheiden. Der Zungenkörper kann sich in seiner Konsistenz, seiner Farbe und seiner Form verändern. In ihm spiegeln sich im wesentlichen die Leere oder Fülle der Speicherorgane und Hohlorgane sowie die Stärke oder Schwäche des *Qi* und des Blutes *(Qi-Xue)*. Der Zungenbelag kann sich sowohl in der Farbe als auch in der Konsistenz verändern. Er zeigt den oberflächlichen oder tieferen Sitz der Erkrankung an; ferner spiegelt er das Verhältnis der Abwehrkraft *(Zheng)* des Patienten und der äußeren Störung *(Xie)* wider.

Die chinesische Medizin teilt die Zunge in 4 Abschnitte: Zungenspitze, Zungenmitte, Zungenwurzel und Zungenränder. An der Zungenspitze zeigen

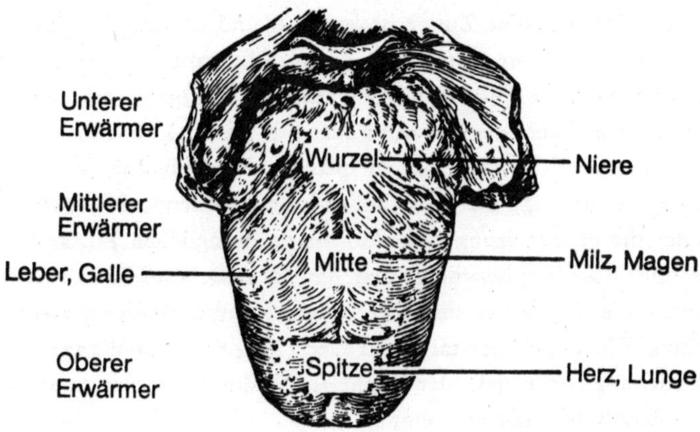

Abb. 28: Beziehungen der Zunge zu den inneren Organen

sich die Erkrankungen des Herzens und der Lunge. In der Zungenmitte spiegeln sich Milz und Magen. Die Zungenwurzel entspricht der Niere, und die Zungenränder entsprechen der Leber und der Galle. Bezieht man die Einteilung auf die Drei Erwärmer, so entspricht die Zungenspitze dem Oberen Erwärmer, die Zungenmitte dem Mittleren Erwärmer, die Zungenwurzel dem Unteren Erwärmer. Nach dieser Verteilung kann der chinesische Arzt auf Erkrankungen bestimmter innerer Organe schließen.

6.1.1.3.3 Der Zungenkörper

a) Farbe des Zungenkörpers: Eine normale Zunge sieht rosa aus, ist weich, beweglich, leicht feucht und etwas weiß belegt, ohne daß man hier von «Belag» spricht. Ein Patient mit einer solchen Zunge ist immer nur leicht erkrankt. Man findet dieses Zungenbild höchstens bei äußerlich ansteckenden Erkrankungen, die an der Oberfläche sitzen.

   Pathologische Verfärbung des Zungenkörpers: Hier unterscheidet man vier Arten:

   1. die helle, weiße Zunge: Die Farbe dieser Zunge ist entschieden heller als die normale Zungenfarbe. Sie entspricht einem Kältezustand und einem Leerezustand, ist meist ein Zeichen der Schwäche der *Yang*-Funktion *(Yang-Qi)*, ein Hinweis dafür, daß das *Qi* und das Blut nicht ausreichend sind;

2. die rote Zunge: Diese Zunge ist knallrot und entschieden dunkler als die normale Zunge. Sie entspricht einem Hitzezustand, zeigt gewöhnlich ein inneres Hitze-Fülle-Syndrom *(Li-Re-Shi-Zheng)* an. Sie kann aber auch auf eine Leere des *Yin* mit Feuer hinweisen *(Yin-Xu You Huo);*
3. die dunkelrote Zunge: Sie entspricht einer übermäßigen Hitze *(Re-Cheng).* Meist liegt hier eine äußerlich ansteckende Hitzekrankheit vor, bei der die Hitzestörung *(Xie-Re)* die pathologischen Zustände des *Ying-Fen* und *Xue-Fen* hervorgerufen hat (s. Abschnitt 7.4.2.3 und 7.4.2.4). Wenn diese Zunge bei einem chronisch kranken Patienten auftritt, zeigt sie eine *Yin*-Leere bei starkem Feuer *(Yin-Xu Huo-Wang)* an. Je tiefer die Färbung der roten oder dunkelroten Zunge ist, um so stärker ist die Einwirkung der Hitzestörung;
4. die grün-violette Zunge: Dabei ist die Farbe grünlich-violett, oder es finden sich auf der Zunge grün-violette Flecke bzw. Punkte. Dies spricht entweder für eine Kälte- oder eine Hitze-Einwirkung. Wenn die grünlich-violette Färbung dunkel und die Zunge trocken oder nur wenig feucht ist, entspricht das einer Hitze-Einwirkung. Ist die Zungenfarbe hell und ist die Zunge feucht, spricht dies für eine Kälte-Störung bzw. für eine Funktions- und Blutstockung *(Qi-Zhi Xue-Yu).*

b) Form der Zunge: Von ihrer Form her betrachtet kann eine Zunge zart, dünn, geschwollen, rissig oder faltig sein.

1. Eine faltige, grobe Zunge mit vielen Rillen nennt man in der chinesischen Medizin eine «alte» *(Lao)* Zunge. Sie entspricht einem Fülle-Syndrom und einem Hitze-Syndrom. Eine zarte, feine Zunge, von der chinesischen Medizin «junge» *(Nen)* Zunge genannt, zeigt meist einen Leerezustand oder Leere-Kälte-Zustand an.
2. Eine geschwollene Zunge ist größer und dicker als die normale Zunge. Wenn die Farbe einer geschwollenen Zunge hellweiß ist, deutet dies auf eine Leere des *Yang* von Milz und Magen. Ist die geschwollene Zunge rot, zeigt dies, daß im Körperinneren feuchte Hitze vorhanden ist, oder es weist auf das reichliche Vorhandensein von störender Hitze *(Re-Du)* hin.
3. Die dünne Zunge: Eine dünne, kleine Zunge, deren Zungenkörper hell ist, weist meist auf einen Mangel an *Qi* und Blut *(Qi-Xue)* hin oder zeigt an, daß Herz und Milz beide im Zustand der Leere sind. Eine dunkelrote, dünne, kleine Zunge entspricht einer *Yin*-Leere und Hitze-Fülle *(Yin-Xu Re-Cheng),* wobei die Körpersäfte *(Jin-Ye)* vermindert und geschädigt sind. Dies ist meist ein Zeichen dafür, daß die vorliegende Erkrankung ernst ist.

4. Die rissige Zunge: Zeigt die Zunge alle möglichen Risse und Rillen, spricht die chinesische Medizin von einer «rissigen Zunge». Ist eine solche Zunge dunkelrot, zeigt dies meist das Vorhandensein üppiger Hitze *(Re-Cheng)* an. Ist eine solche Zunge hell und weiß, bedeutet dies einen Mangel an *Yin* und Blut *(Yin-Xue Bu Zu)*.
5. Zunge mit Zahnabdrücken: Zahnabdrücke an beiden Rändern der Zunge sieht man bei einer geschwollenen, zarten Zunge. Die Zähne drücken auf die Zunge, weil diese dick ist. Ein solches Zungenbild entspricht einem Leere-Zustand. Man findet es vor allem bei Patienten, die an einer Leere des *Yang-Qi (Yang-Qi-Xu)* leiden.
6. Körnige bzw. stachlige Zunge: Diese entsteht dadurch, daß die Zungenpapillen größer und dicker sind als normal. Eine körnige und trockene Zunge weist meistens auf eine üppige und starke äußere Hitzestörung *(Re-Xie Kang-Cheng)* hin. Je stärker die äußere Hitze ist, umso größer sind die Erhebungen der Zungenpapillen. Erscheinen diese an der Zungenspitze, deutet das auf üppiges Herz-Feuer *(Xin-Huo Kang-Cheng)* hin. Sitzen sie an den Rändern der Zunge, spricht dies für üppiges Feuer von Leber und Galle. Sitzen sie vor allem in der Zungenmitte, weist dies auf üppige Hitze im Magen und Darm *(Wei-Chang-Re-Cheng)*.

c) Der Zustand der Zunge: Den Zustand der Zunge beurteilt die chinesische Medizin nach weich oder hart, kraftlos oder starr, zitternd, schief, verschrumpft usw.

1. Weiche, kraftlose Zunge: Diese Zunge ist weich, ohne Kraft und kann sich nicht frei bewegen. Der Grund liegt darin, daß die Sehnen und Gefäße der Zunge beeinträchtigt sind, wie das beispielsweise bei langer Erkrankung der Fall ist. Wenn eine solche Zunge kraftlos und flach ist, zeigt es, daß Blut und *Qi (Qi-Xue)* im Zustand der Leere sind. Eine dunkle, kraftlose Zunge ist ein Zeichen dafür, daß das *Yin* im Körper verausgabt ist. Wenn ein frisch Erkrankter eine trockene, rote und kraftlose Zunge hat, zeigt dies an, daß Hitze das *Yin* verbrannt und beschädigt hat *(Re-Zhuo Yin-Shang)*.
2. Harte, starre Zunge: Diese Zunge hat ihre normale Weichheit und Elastizität verloren und kann sich nicht frei bewegen. Die Ursache liegt in einer äußeren ansteckenden Hitzeerkrankung; oftmals ist die Hitze dabei ins Perikard *(Xin-Bao)* eingedrungen, wobei trüber Schleim das Innere versperrt *(Tan-Zhuo Nei-Zu)*. Es kann aber auch sein, daß starke Hitze die Körpersäfte beschädigt hat *(Gao-Re Shang-Jin)* und daß störende Hitze besonders stark vorhanden ist. Diese Zunge findet sich oft

bei Patienten mit einem Schlaganfall, sie kann aber auch bei anderen Erkrankungen auftreten.

3. Die zitternde Zunge: Wenn bei einer längeren Erkrankung die Zunge des Patienten zittert oder vibriert, spricht die chinesische Medizin von einer «zitternden Zunge». Meist findet sich das bei Patienten, deren Blut-Funktion *(Qi-Xue)* im Zustand der Leere ist oder bei denen die *Yang*-Funktion *(Yang-Qi)* leer ist. Sie kann auch das Zeichen einer äußeren Hitzekrankheit sein, wobei starke Hitze Wind erzeugt oder wobei «Leber-Wind im Körperinneren weht» *(Gan-Feng Nei-Dong).*
4. Die schiefe Zunge: Wenn die Zunge schief nach einer Seite abweicht, handelt es sich beim Patienten meist um einen Schlaganfall *(Zhong-Feng).*
5. Verkürzte, geschrumpfte Zunge: Diese bedeutet stets eine ernste, gefährliche Erkrankung. Ist die Zunge dabei hell und feucht oder hat sie eine grünliche Farbe, zeigt das eine Kälte-Erstarrung *(Han-Ning)* der Sehnenzüge *(Jin-Mai)* an. Eine geschwollene und verschrumpelte Zunge weist darauf hin, daß sich im Inneren Schleim und Nässe angesammelt haben. Eine rosafarbene, trockene und verschrumpelte Zunge weist darauf hin, daß die Körpersäfte *(Jin)* durch eine Hitzeerkrankung geschädigt wurden.
6. Unruhige und herausgestreckte Zunge: Wenn die Zunge ständig an der Ober- oder Unterlippe oder am rechten und linken Mundwinkel leckt, wobei die Zungenspitze etwas herausgestreckt wird, heißt dies in der chinesischen Medizin eine «unruhige, herausgestreckte Zunge». Sie zeigt einen Hitzezustand von Herz und Milz an. Die herausgestreckte Zunge allein ist ein Anzeichen für den Angriff einer infektiösen Störung *(Yi-Du)* auf das Herz *(Gong-Xiu)* oder zeigt eine Störung der Abwehrkraft *(Zheng-Qi)* an. Die unruhige Zunge ist auch ein Zeichen für einen drohenden Krampfanfall *(Dong-Feng)*; bei Kindern weist sie auf eine verzögerte geistige Entwicklung hin.

6.1.1.3.4 Der Zungenbelag

a) Die Farbe des Zungenbelages: Man unterscheidet einen weißen, gelben, grauen und schwarzen Zungenbelag.
   1. Der weiße Belag: Er zeigt ein oberflächliches *(Biao)* und ein Kälte-Syndrom an. Wenn der weiße Belag trocken, rissig oder puderartig ist, handelt es sich um eine üppige Hitzestörung im Körperinneren, bei der die Körpesäfte *(Jin-Ye)* beschädigt sind. Ein puderartiger *(Fen)* Zungen-

belag allein weist auf das Vorhandensein von Sommerhitze und Nässe *(Shu-Shi)* hin, die sich als Störung im Körperinneren gestaut hat. Ein weißer Zungenbelag zeigt sich ferner beim Anfang einer Infektionskrankheit oder bei Abszessen im Körperinneren.

Der weiße Zungenbelag ist der häufigste Zungenbelag überhaupt. Andere Verfärbungen des Zungenbelags können als Umwandlung eines weißen Zungenbelags betrachtet werden, aus dem sie sich entwickelt haben.

2. Gelber Zungenbelag: Dieser entspricht einem inneren Krankheitssyndrom *(Li-Zheng)* und einem Hitze-Syndrom. Je dunkler die gelbe Farbe ist, um so stärker ist die im Körper vorhandene Hitzestörung. Eine hellgelbe Farbe spricht für leichte Hitze, dunkles Gelb spricht für übermäßig starke Hitze; ein geräuchertes Gelb, das ins Bräunliche übergeht, zeigt eine gestaute Hitzestörung an. Wenn der Zungenkörper dabei hell, geschwollen und weich ist, heißt das Gesamtbild: *Yang*-Leere bei innen angesammelter Nässe und Hitze *(Yang-Xu Shi-Re Nei-Yun).*
3. Aschgrauer *(Hui)* oder schwarzer *(Hei)* Zungenbelag: Beides entspricht meistens einem Hitze-Syndrom, kann aber auch ein Anzeichen eines Kälte-Nässe-Syndroms *(Han-Shi-Zheng)* oder eines Leere-Kälte-Syndroms *(Xu-Han-Zheng)* sein. In jedem Fall erscheint dieser Zungenbelag nur bei schwerkranken Patienten. Ist der Zungenbelag aschgrau oder schwarz und trocken, weist dies auf eine Schädigung des *Yin* durch brennende Hitze *(Re-Chi Shang-Yin)* hin. Bei einem hellvioletten Zungenkörper und aschgrauem bzw. schwarzem, feuchtem Zungenbelag handelt es sich meistens um eine Leere des *Yang* bei üppiger Kälte. Ein aschgrauer bzw. schwarzer und feuchter Zungenbelag findet sich auch bei Patienten mit Verschleimung *(Tan-Yin)* der Brust, die nicht an einer gefährlichen Erkrankung leiden. Dieses Zungenbild ist von dem aschgrauen und dunklen Zungenbelag zu unterscheiden, der sich bei gefährlichen oder lebensbedrohlichen Erkrankungen findet.

b) Charakter des Zungenbelages: Es gibt einen dünnen oder dicken, feuchten oder trockenen, lockeren oder klebrigen bzw. fest haftenden Zungenbelag. Außerdem kennt man den ausgesparten Zungenbelag (beispielsweise bei der «Landkartenzunge») sowie das völlige Fehlen des Zungenbelages.

1. Dünner oder dicker Zungenbelag: Ein dünner Zungenbelag ist charakteristisch für eine leichte, oberflächlich sitzende Krankheit. Man findet ihn häufig bei äußerlich ansteckenden Erkrankungen, die noch nicht weiter in den Körper eingedrungen sind. Ist der Zungenbelag dick, heißt

dies, daß die Störung von außen nach innen *(Li)* eingedrungen ist, oder es deutet auf eine im Inneren des Körpers vorhandene Stauung hin. Im Laufe der Entwicklung einer Krankheit kann sich ein dünner Zungenbelag zu einem dicken entwickeln.

2. Feuchter oder trockener Zungenbelag: Ein feuchter Zungenbelag zeigt, daß die Körperflüssigkeiten *(Jin-Ye)* noch nicht geschädigt sind. Ein so stark wäßriger Zungenbelag, daß er «von Wasser tropft» und daß die Flüssigkeit beim Ausstrecken der Zunge sogar herunterläuft, deutet auf stehende Wasser-Nässe im Körperinneren *(Shui-Shi Nei-Ting)* hin. Ein absolut trockener Zungenbelag bedeutet völliges Fehlen der Körperflüssigkeiten *(Jin-Ye)*. Er kann aber auch für eine äußerlich ansteckende Hitze-Erkrankung sprechen, die Trockenheit verursacht, wobei die Hitze die Körpersäfte *(Jin)* schädigt. Oder er kann das Zeichen einer gemischten Erkrankung sein, bei der eine *Yin*-Leere mit fehlendem Speichel *(Yin-Xu Ye-Kui)* besteht. Ein anderer Grund kann eine Ansammlung von störender Nässe sein; es kann auch sein, daß sich im Körper aus dem *Qi* kein Saft *(Jin)* entwickelt und daß deshalb der Zungenbelag trocken aussieht.
3. Lockerer oder klebriger Zungenbelag: Der lockere *(Fu)* Zungenbelag, der leicht, locker und großflockig auf der Zunge liegt, ist ein Zeichen für eine Hitze-Fülle und besagt, daß unverdautes Essen schwer im Magen liegt. Ein klebriger *(Ni)* Zungenbelag, der sich nicht durch Abkratzen entfernen läßt, besteht aus feinen Flocken, die sich in der Zungenmitte anhäufen. Er ist ein Zeichen, daß starke Schleim-Nässe im Körperinneren vorhanden *(Tan-Shi-Nei-Cheng)* ist.
4. Ausgesparter Zungenbelag: Dieser Belag ist teilweise vorhanden, teilweise wie eine Landkarte ausgespart. Die Flecken ohne Belag sind glatt. Dieses Zungenbild deutet darauf hin, daß das *Yin* der Magen-Funktion *(Wei-Qi)* nicht ausreichend vorhanden ist. Ist der Zungenbelag zugleich klebrig und fest haftend, zeigt dies, daß sich Schleim-Nässe nicht umwandeln kann *(Tan-Shi Wei-Hua)* oder daß die Abwehrkraft *(Zheng-Qi)* angegriffen ist. In diesem Fall ist die Erkrankung ziemlich schwer.
5. Fehlender Zungenbelag: Dies ist ein Zeichen, daß das *Qi* des Magens leer ist. Wenn sich der fehlende Zungenbelag allmählich wieder bildet, heißt dies, daß sich das *Qi* des Magens erholt hat. Wenn bei einer Krankheit zunächst kein Zugenbelag sichtbar ist, plötzlich aber ein Belag erscheint, deutet das auf eine störende Entwicklung im Magen hin. Es kann auch einen starken Befall an störender Hitze anzeigen. Wenn der Patient am Anfang einer Erkrankung Zungenbelag hat, dieser aber plötzlich ver-

schwindet, zeigt dies eine große Schwäche des Magen-*Qi* an, wobei die grundlegenden Lebensprozesse entscheidend beeinträchtigt sind. Wenn sich ein zunächst dicker Zungenbelag allmählich zu einem dünnen weißen Belag verändert, zeigt dies an, daß die Störung *(Xie-Qi)* aus dem Körper verschwindet und daß die Erkrankung sich bessert.

Nach der Dicke oder Dünne des Zungenbelags läßt sich feststellen, ob eine Störung *(Xie-Qi)* schwer oder leicht ist. Eine feuchte oder trockene Zunge zeigt, ob genügend Körpersäfte *(Jin-Ye)* vorhanden sind. Ein lockerer oder klebriger Zungenbelag erlaubt Rückschlüsse auf den Zustand der trüben Nässe *(Shi-Zhuo)* von Magen und Milz. Das Erscheinen oder Verschwinden eines Zungenbelags heißt, daß eine Krankheit sich verschlimmert oder bessert.

Bei der Zungendiagnostik berücksichtigt der chinesische Arzt Veränderungen des Zungenkörpers und des Zungenbelages. Alle an der Zunge gemachten Beobachtungen werden dabei zusammengefaßt und gemeinsam analysiert, um ein möglichst klares Bild der Krankheit zu bekommen. In der folgenden Tabelle sind die wichtigsten Zungenveränderungen im Zusammenhang mit den häufigsten Diagnosen der chinesischen Medizin zusammengestellt.

Tabelle 9: Häufige Zungenbilder und zugehörige Diagnosen in der chinesischen Medizin

Zungenbild		
Zungenkörper	Zungenbelag	Krankheits-Syndrome
hellrot	dünn und weiß	Oberflächliches Wind-Kälte-Syndrom (auch bei Gesunden häufig anzutreffen)
hellweiß	dünn und weiß	*Yang*-Leere; Leere sowohl im Blut als auch im *Qi*
hellweiß	kein Belag	Chronische Erkrankung mit *Yang*-Leere; Leere sowohl im Blut als auch im *Qi*
hellweiß	dünner weißer Belag mit Aussparung in der Mitte	Leere in Blut und *Qi*;
hellweiß	gelb und klebrig	Nicht ausreichendes Magen-*Yin* Leere und Schwäche in Milz und Magen; Nässe-Hitze-Stockung u. -Ansammlung *(Ting-Ju)*
hellweiß	grau, dunkel und wäßrig	*Yang*-Leere mit innerer Kälte *(Yang-Xu Nei-Han)*; Schleim-Nässe-Stockung im inneren *(Tan-Shi-Nei Ting)*

Zungenkörper	Zungenbelag	Krankheitszustände
rosa bzw. Ränder und Spitze rot	weiß (Zungenspitze rot)	Oberflächliches Wind-Hitze-Syndrom; üppiges Herzfeuer
	weiß-gelb	Oberflächliche, äußerlich-ansteckende Erkrankung, die sich zum Inneren ausbreitet und Hitze entwickelt
	weiß und klebrig	Verstauung v. Schleim *(Tan-Yin)* u. Nässe, Verdauungsstörungen
	locker, weiß und leicht	Stockung *(Ting)* v. Schleim u. Speise im Inneren, Magenverstimmung m. Hitze-Ansammlung *(Wei-Zhuo Yun-Re)*
	weiß, puderartig und dick	Zu Anfang einer Infektionskrankheit; oder Abszesse bzw. Furunkel im Körperinneren
	gelb und trocken	Chronische Erkrankungen m. Vertrocknen des Körpersaftes *(Jin)* u. des Blutes *(Xue)*; trockene Verstopfung in Magen u. Darm
	gelb und klebrig	Nässe-Hitze im Körperinneren *(Li)*, innere Stauung von trübem Schleim mit Entwicklung von Hitze
rot	weiß	Hitze-Erkrankung, die sich vom Zustand des *Wei-Fen* zum *Ying-Fen* (vgl. S. 539) entwickelt
	dünn und gelb	*Qi-Fen* (vgl. S. 535) mit üppiger Hitze
	gelb und klebrig	*Qi-Fen* mit Nässe-Hitze
	gelb, dick und trocken	tief eingedrungene äußere Hitzestörung, die ein inneres Fülle-Syndrom bildet
	kein Zungenbelag	*Qi* und *Yin* sind beide verausgabt
tiefrot	gelb verräuchert	Hitze, Verknotung in Magen u. Darm *(Wei-Cheng Jie-Re)*, inneres Fülle-Syndrom
	schwarz und trocken	äußerst starke Hitze schadet dem Yin *(Re-Ji Shang-Yin)*
	kein Zungenbelag	Eindringen von Hitze in das *Xue-Fen* (vgl. S. 541); *Yin*-Leere mit üppigem Feuer *(Yin-Xu Huo-Wang)*
grünviolett	gelb vertrocknet	*Yin* und Blut vertrocknet *(Yin-Xue Jie-Zao);* Leere-Feuer verbreitet sich im inneren Körper *(Xu-Huo Nei-Fan)*
	weiß und feucht	äußerst starke innere Kälte; Blut u. Funktion *(Qi-Xue)* sind erstarrt *(Qi-Xue-Ning-Zhi)*

6.1.1.4 Moderne chinesische Forschungen zur Zungendiagnostik

In den vergangenen Jahren ist die traditionelle chinesische Zungendiagnostik in der Volksrepublik China unter den Gesichtspunkten der modernen Medizin gedeutet worden. Unter diesen Aspekten ergeben sich folgende Anhaltspunkte.

6.1.1.4.1 Deutung des normalen Zungenbildes

Im normalen Zustand ist die Zunge von rosa bis rötlicher Farbe, da die Zungenmuskulatur und die Zungenschleimhaut stark mit Blutgefäßen durchzogen sind. Sie ist von einer dünnen weißen Schicht, dem normalen Zungenbelag, bedeckt. Dieser normale dünne weiße Zungenbelag besteht aus den verhornten Spitzen der fadenförmigen Papillen (Papillae filiformes) und den pilzförmigen Papillen (Papillae fungiformes), wozu noch Speisereste, Speichel und Bakterien kommen.

6.1.1.4.2 Veränderungen des Zungenbildes

a) Zungenkörper: Jede Veränderung der Farbe des Zungenkörpers steht mit der Zungendurchblutung in engem Zusammenhang. Eine weißliche Zunge bedeutet eine Verminderung der Blutmenge, eine Anämie oder ödematöse Schwellung des Zungenkörpers. In diesen Fällen ziehen sich die Blutgefäße zusammen, der Kreislauf verlangsamt sich, die Durchblutung ist schlecht.
Demgegenüber zeigt eine dunkelrote Zunge eine Ausdehnung der Blutgefäße mit Ansammlung von Blut im Zungenkörper an. Der grün-violett verfärbte Zungenkörper steht mit venösen Blutstauungen *(Yu-Xue)* in der Zunge oder mit Sauerstoffmangel im Organismus in Verbindung. Die grün-violette Zungenfarbe hängt eng mit einer Vermehrung sauerstoffarmer Blutkörperchen in den Zungengefäßen zusammen.
Wenn die Zunge dick, weich und geschwollen ist, liegt dies nach chinesischen Forschungen an einer Verminderung der Proteine im Blutplasma. Dadurch sinkt nämlich der kolloidosmotische Druck, also die wasseranziehende Kraft des Blutes. Flüssigkeit tritt aus dem Blut ins Zungengewebe ein, und es bildet sich ein Ödem. Auf diese Weise entsteht eine vergrößerte Zunge, die an die Kanten der Zähne drückt, so daß an ihren Rändern Zahnspuren entstehen. Eine Zungenvergrößerung kann auch durch abnorme Entspannung der Zungenmuskulatur auftreten.

Risse in der Zunge entstehen dadurch, daß sich Zungenpapillen teilen oder zu Gruppen eng zusammenschließen. Hier kann auch eine Schrumpfung der Zungenschleimhaut die Ursache bilden. Eine körnige Zunge mit vergröberten und verdickten Zungenpapillen, die gelegentlich gerötet sein und wie Stacheln emporragen können, entsteht dadurch, daß sich fadenförmige zu pilzförmigen Papillen umwandeln, wobei zugleich eine Mehrdurchblutung der Schleimhautgefäße der Zunge auftritt, so daß die Papillen geschwollen und vermehrt durchblutet sind.

Eine trockene Zunge kommt daher, daß die Speichelabsonderung vermindert oder der wäßrige Anteil des Speichels weniger geworden ist. Dies kann eintreten bei einer allgemeinen Dehydratation des Organismus, mit erhöhter Dichte des Blutes, also vermehrtem Hämatokrit. Dabei nimmt der Speichel ab, und es ergibt sich eine trockene Zungenoberfläche. In der chinesischen Medizin gilt die Regel, daß eine trockene Zunge das beste klinische Zeichen eines Wasserverlustes ist, da sie als erstes Organ eine Dehydratation des Organismus bei den verschiedensten Fällen von Wasserverlust erkennen lasse.

Bei Patienten mit *Yin*-Leere *(Yin-Xu)* ist gewöhnlich der Sympathikotonus erhöht und der Parasympathikotonus erniedrigt. Der Begriff der «*Yin*-Leere» entstammt der traditionellen chinesischen Medizin. Auch in diesem Falle wird die Speichelausscheidung vermindert, es entsteht eine trockene Zungenoberfläche, was der westlichen Medizin bei Fällen körperlicher Überanstrengung oder großer psychischer Erregung ebenfalls geläufig ist.

b) Zungenbelag: Veränderungen des Zungenbelages können nach Veränderungen der Farbe und der Form unterteilt werden. Vom Standpunkt der modernen Medizin spielt hier die anatomisch-histologische Vermehrung der fadenförmigen Papillen, vor allem ihrer verhornten Enden, eine Rolle. Ferner kommt einer Veränderung der Feuchtigkeit der Zungenschleimhaut, des Flüssigkeitsgehalts im Munde und der Wirkung von Bakterien besondere Bedeutung zu.

Ein gelblicher Zungenbelag entsteht durch Vermehrung von fadenförmigen Papillen; dabei kann es zu leichten Entzündungszuständen der Zungenoberfläche kommen. Aber die Verfärbung kann auch durch Bakterien bedingt sein.

Ein schwärzlicher Zungenbelag ist mit einer starken Vermehrung der fadenförmigen Papillen verbunden, die der Zungenoberfläche durch ihre massive Verhornung ein braun-schwarzes Aussehen geben. Die schwarze

Verfärbung kann außerdem durch das Wachstum bestimmter Pilzarten zustande kommen. Die Bildung von schwärzlichem Zungenbelag ist nach Ansicht der modernen Medizin mit vielerlei Faktoren verbunden: Hohes Fieber mit Dehydratation, Entzündungen oder chronische Infektionskrankheiten, Funktionsstörungen des Magen und Darms, Pilzerkrankungen, Antibiotikaverwendung über längere Zeit können hier ursächlich in Frage kommen.
Wenn der Zungenbelag verdickt ist, kann dies daher rühren, daß der Patient wenig ißt oder nur flüssige bzw. halbflüssige Nahrung zu sich nimmt. Dabei wird nämlich die mechanische Reibung der Speisen auf der Zunge eingeschränkt. Dicker Zungenbelag kann auch durch hohes Fieber mit Dehydratation entstehen, wobei sich die Ausscheidung von Speichel vermindert, was ebenfalls die Säuberung der Zunge einschränkt. Ferner entsteht ein dicker Zungenbelag durch eine Verlängerung der fadenförmigen Papillen.

6.1.1.4.3 Klinische Bewertung von Zungenveränderungen in der westlichen Medizin (240)

a) Auch für die westliche Heilkunde spiegelt eine Veränderung des Zungenbildes unterschiedliche Krankheitszustände wider. So gilt beispielsweise eine hellrote Zunge mit weißem, dünnem Belag als Zeichen einer leichteren Erkrankung. Wird die Zunge dagegen dunkel, tiefrot oder gar grün-violett, ist ihr Belag dick und gelb oder ist die Zunge ganz glatt ohne jeden Zungenbelag, deutet dies auf einen ernsten Krankheitszustand hin. Allgemein gilt eine hellweiße Zunge als Zeichen einer chronischen Erkrankung, die langsam verläuft und eine gewisse Hartnäckigkeit zeigt. Bei Patienten mit Verbrennungen großer Teile der Körperoberfläche wird die Zunge unmittelbar nach Eintritt der Verletzung rot. Wenn es sich um eine Sepsis handelt, ist die Zunge tiefrot und trocken. Bei einer chronischen Lebererkrankung mit beginnender Zirrhose ist die Farbe der Zunge deutlich rosarot mit dünnem, weißem Zungenbelag. Sie verändert sich im Krankheitsverlauf zum dunkleren Rot, wobei der Zungenbelag stellenweise ausgespart ist, was jeweils eine Verschlechterung der Leberfunktion anzeigt. Bei akuter Appendizitis findet man meist einen klebrigen Zungenbelag. Allgemein gilt es als Zeichen der Besserung, wenn sich ein dicker Zungenbelag während der Behandlung ändert und zum dünnen, weißen Belag wird. Wenn bei einer schmerzhaften Erkrankung die Schmerzen gebessert sind, der Zungenbelag jedoch weiterhin besteht, ist dies ein Zeichen, daß die Krankheit weiterhin in einem gefährlichen Stadium ist, aus dem sie sich noch verschlechtern kann. So gilt der Zungenbelag auch in der westlichen Medizin als wichtiger Hinweis auf den tatsächlichen Erkrankungszustand.

b) Beziehungen zwischen Zungenbild und Diagnostik in der westlichen Medizin.

Ausgesparte Stellen des Zungenbelages oder fehlender Zungenbelag hängen nach Erfahrung der westlichen Medizin oft mit einer Septikämie zu sammen. Beim fehlenden oder ausgesparten Zungenbelag ist die Abwehrkraft des Patienten meist sehr schwach, und die chinesische Medizin spricht hier von einem nicht ausreichenden «*Zheng-Qi*». Bei einer Septikämie mit gelblich verfärbtem Zungenbelag liegt im Körper nach der traditionellen chinesischen Medizin ein üppiges Hitze-Syndrom *(Shi-Re-Zheng)* vor, das die Gelbfärbung bedingt. Schwere ansteckende Infektionskrankheiten, Krebserkrankungen, Hyperthyreose, ernste Erkrankungen der Lungen, Leber und Nieren ergeben beim Patienten meist auch ein typisches Zungenbild. Hier findet sich eine dünne kleine dunkelrote Zunge, die trocken und rissig ist und den Zungenbelag teilweise vermissen läßt. Die Ränder und die Spitze der Zunge sind dabei oft mit roten Pickeln bedeckt. Im Endstadium all dieser Krankheiten zeigt die Zunge des Patienten meist gar keinen Belag mehr und ist glatt wie ein Spiegel.

Patienten mit schwerer Hepatitis haben meist eine tiefrote, trockene Zunge, da bei diesem Krankheitszustand zu wenig Körpersäfte *(Jin)* vorhanden sind. Wenn sich diese Erkrankung verschlimmert, wird der Zungenbelag dick und klebrig, trocken, gelb oder schwarz. Es kann auch hier eine völlig glatte Zunge ohne jeden Zungenbelag das Anzeichen einer Verschlechterung sein.

Im letzten Stadium von Krebserkrankungen ist die Zunge ebenfalls meist rot und glänzend bzw. an der Oberfläche leicht entzündet. Dies sind Zeichen des nahen Endes.

Tabelle 10: Die Zungendiagnostik in der chinesischen und in der westlichen Medizin

Zungenkörper und Zungenbelag	Aussehen	Deutung nach chinesischer Medizin	Deutung nach westlicher Medizin
Farbe des Zungenkörpers	hellrote Zunge	Leere von *Qi* und Blut	Nahrungsmangel 2. und 3. Grades, Anämie.
	rosafarbene Zunge	Zeichen dafür, daß eine Wärme-Störung *(Wen-Xie)* nach oben steigt. Entspricht einem oberflächlichen Krankheitssyndrom *(Biao-Zheng)* und einer Erkrankung der drei *Yang*-Meridiane. Kann aber auch ein inneres Krankheitssyndrom *(Li-Zheng)*, einen Leere-Zustand *(Xu-Zheng)*, einen Fülle-Zustand *(Shi-Zheng)*, einen Hitze-Zustand *(Re-Zheng)* anzeigen. Es liegt niemals ein Kälte-Zustand *(Han-Zheng)* vor.	Normale Zungenfarbe. Typisch für Anfangsstadium einer Erkrankung oder leichte chronische Krankheit. Bei leichteren allgemeinen Erkrankungen anzutreffen.
	rote Zunge	Eine Wärme-Störung *(Wen-Xie)* befindet sich im Zustand des *Ying-Fen.* Hitze in den Kapillaren des Perikards *(Yin-Bao Luo-Re)*, starke Hitze in Speicher- und Hohlorganen.	Durch Infektion bedingte Pyämie oder Toxämie, hohes Fieber, schwere Lungenentzündung, akute schwere Infektionskrankheit.
	dunkelrote Zunge	Wärme-Störung *(Wen-Xie)* im *Ying-Fen* und *Xue-Fen* (vgl. S. 539 ff), Hitze in den Kapillaren des Perikards, Aufsteigen des Herzfeuers *(Xin-Huo Shang-Yan)*.	Hohes Fieber. Außerdem die unter «roter Zunge» genannten Krankheiten, jedoch in gefährlicherem Ausmaß.
	violette Zunge	Starke Hitze, Blockierung durch gestautes Blut *(Yu-Xue Yu-Ji)*, Hitze im Herz-Meridian *(Xin-Jing-Re)*, infektiöses Gift sitzt im Speicherorgan Lunge, Schleim-Feuer im Oberen Erwärmer *(Shang-Jiao Tan-Huo)*, entspricht einem Oberfläche-Innen-Fülle-Hitze-Syndrom *(Biao-Li Shi-Re-Zheng)*.	Schwere Infektionskrankheit, Schwäche in der Atmungsfunktion und im Kreislauf.

Zungenkörper und Zungenbelag	Aussehen	Deutung nach chinesischer Medizin	Deutung nach westlicher Medizin
Farbe des Zungenkörpers	blaue Zunge	Seuchenartige Erkrankung durch Nässe-Wärme, Schleimverstauung im Körperinneren *(Tan-Yin Nei-Yu)*, Hitze im *Xue-Fen*, entspricht einer Kälte-Störung, die Niere und Leber angreift; eine dunkelblaue Zunge zeigt den nahen Tod an. Die Lungenfunktion ist geschädigt *(Fei-Qi Shang)*.	Schwäche von Atemfunktion und Kreislauf, Sauerstoffmangel, gefährlicher Krankheitszustand.
Charakter des Zungen-Körpers	geschrumpfte Zunge	Herzleere mit wenig Blut *(Xin-Xu Xue-Wei)*, innere Hitze vernichtet die Muskeln.	Letztes Stadium einer Krankheit, findet sich bei sehr schwachen und mageren Patienten, bei Infektionskrankheiten. Zeichen einer Atrophie der Zungenmuskulatur.
	geschwollene Zunge	«Wasserüberschwemmung» *(Shui-Jin)* des Körpers, viel Schleim, Nässe-Hitze *(Shi-Re)*, Herz-Feuer *(Xin-Huo)*.	Ödeme, Glossitis mit Blutungen, angeborene große Zunge.
	starre Zunge	Die Kapillargefäße sind nicht genügend durchblutet, Wind-Schleim *(Feng-Tan)*, Herz-Feuer.	Schwere Form einer Zungenschwellung, Zungenlähmung.
	verdickte Zunge	Wind-Schleim, Schleim-Feuer steigt nach oben.	Entzündung der Gl. sublingualis, Ranula, Tumor
	ausgestreckte Zunge	Hitze-Schleim im Herzen *(Xin You Re-Tan)*, infektiöse Störung greift das Herz an *(Yi-Du Gong-Xin)*.	Hohes Fieber, Toxämie, Debilität.
	Pickel auf der Zunge	Eine Hitze-Infektion verbirgt sich im Körperinneren *(Re-Du Nei-Fu)*, eine Fülle durch äußere Störung *(Xie-Qi Shi)*.	Hohes Fieber, Fieber durch Scharlach, schwerer Fall von Lungenentzündung.

Zungenkörper und Zungenbelag	Aussehen	Deutung nach chinesischer Medizin	Deutung nach westlicher Medizin
	rissige Zunge	Hitze verletzt den Magensaft *(Re Shang Wei-Ye)*, *Yin*-Leere und Blut-Trockenheit *(Yin-Xu Xue-Ku)*.	Hohes Fieber, Dehydratation, Nahrungsmangel oder Hungerzustand.
	glänzende, glatte Zunge	Übermäßige Schweißausbrüche, *Yuan*-Säfte im Inneren geschädigt *(Yuan-Jin Nei Hao)*, abgestorbenes Magen-*Qi*.	Nahrungsmangel, Anämie (Perniziosa).
	Zungengeschwüre	Hitze bedrängt den oberen Erwärmer *(Shang-Jiao Re-Bi)*.	Zungenentzündung mit Geschwüren, Stomatitis.
	fleckige Zunge	Nässe-Schleim-Verstopfung.	Landkartenzunge, unzureichende Ernährung.
	schiefe, zitternde, schlaffe und unruhige Zunge	Leberwind, Hitze-Verletzung bei *Yin*-Leere, Schlaganfall *(Zhong-Feng)*; eine unruhige, spielende Zunge ist ein Zeichen einer Epilepsie, Herz- und Milz-Hitze, oder Leere-Hitze im Speicherorgan Milz.	Störungen und Schädigungen des Nervensystems. Dies kann aus vielerlei Gründen eintreten; es kann auch sein, daß die Funktion der Zungeninnervation gestört ist.
Farbe des Zungenbelages	weißer Belag	Oberflächliches Krankheits-Syndrom *(Biao-Zheng)* *Tai-Yang*-Syndrom, Eindringen einer Wärme-Störung *(Wen-Xie)* in das *Wei-Fen* (d. h. äußerliche Infektion mit Hitze-Fülle), oder: Leere-Syndrom bzw. Kälte-Syndrom.	Anfangsstadium einer Erkrankung, leichte Krankheiten, gewöhnliche Infektionen oder leichtere chronische Erkrankungen.
	gelber Belag	Inneres Syndrom *(Li-Zheng)*, *Yang-Ming*-Syndrom, Wärme-Störung dringt ins *Ying-Wei*, was einem Fülle-Hitze-Syndrom entspricht. Eine äußere Störung *(Xie)* auf dem Wege nach innen *(Li)*.	Ernste Krankheiten, Verdauungsstörungen.
	grauer Belag	Inneres Krankheitssyndrom *(Li-Zheng)*, Syndrom der 3 *Yin (San-Ying-Zheng)* eine Wärme-Störung *(Wen-Xie)* ist in das *Xue-Fen* (vgl. S. 541) eingedrun-	Schwere Erkrankung, länger bestehende Erkrankung von Magen und Darm, Dehydratation, Acidose.

Zungenkörper und Zungenbelag	Aussehen	Deutung nach chinesischer Medizin	Deutung nach westlicher Medizin
Farbe des Zungenbelages	grauer Belag (Fortsetzung)	gen. Dies entspricht einem Fülle-Hitze-Syndrom. Eine Infektionskrankheit breitet sich aus. Stauungszustände in der Brust, Bedrängung durch blockiertes Blut.	
	schwarzer Belag	Inneres Syndrom, Schädigung durch Kälte mit nach innen drängender Hitze-Störung (Syndrom der 3-*Yin*), Wärme-Störung *(Wen-Xie)* befindet sich im *Xue-Fen* (vgl. S. 541).	Die gleichen Erkrankungen wie unter «grauer» Zungenbelag, nur in wesentlich schwererer Form.
Charakter des Zungenbelages	dünner Belag	Oberflächliches Syndrom *(Biao-Zheng)*, leichte Wind-Kälte, ferner bei normalem Gesundheitszustand.	Normale Zunge, Anfangsstadium einer leichten Erkrankung.
	dicker Zungenbelag	Innerer Krankheitszustand *(Li-Zheng)*, Krankheitsstörung bei üppiger Abwehrenergie *(Bing-Xie Zheng-Cheng)*, schlechte Verdauung, Verstopfung.	Schwere Krankheit, Verdauungsstörung oder Vergiftung.
	feuchter Zungenbelag	Die Körpersäfte *(Jing-Ye)* sind in guter Verfassung, leichte Erkrankung, normale Zunge.	Normale Zunge oder leichte Erkrankung.
	trockener Belag	Verausgabung der Körpersäfte, üppige Wärme-Störung, die Krankheitsstörung befindet sich im *Xue-Fen* (vgl. S. 541).	Hohes Fieber, Toxämie, Dehydratation, Acidose.
	klebriger Belag	Leichte Krankheitsstörung, die trüben Stoffe *(Zhuo)* lösen sich nicht auf.	Leichte Erkrankung, Verdauungsstörung.
	lockerer Zungenbelag (puderartig aufgelegt)	Umwandlung der äußeren Störung durch die Abwehrenergie *(Zheng-Qi Hua Xie)*, Erkrankungen durch Karbunkel *(Yong-Zheng)*.	Schwere Infektionskrankheiten, Verdauungsstörungen.

6.1.1.5 Betrachten der Körperabsonderungen

Unter Absonderungen versteht die chinesische Medizin den Speichel, den Auswurf, den Kot, den Urin und Erbrochenes. Veränderungen dieser Körperabsonderungen, ihre Farbe und Form, verhelfen dem traditionellen chinesischen Arzt zum besseren Verständnis der vorliegenden Erkrankung, hierbei insbesondere der Veränderungen an den inneren Organen.

Vorbemerkungen: Im allgemeinen zeigen weiße, helle und dünnflüssige Absonderungen einen Kältezustand, klebrige, trockene und dicke Absonderungen einen Hitzezustand an. Patienten mit einem Kälte-Syndrom *(Han-Zheng)* haben meist ein nicht ausreichendes *Yang-Qi,* wobei Wasser und Nässe im Körper übermäßig vorhanden sind und die Funktionen der inneren Organe geschwächt ablaufen. Auf diese Weise bleibt die Farbe aller Sekrete klar, weiß und dünnflüssig. Bei einem Hitze-Syndrom besteht beim Patienten eine übermäßig starke *Yang*-Hitze *(Yang-Re Kang-Cheng).* Hierbei laufen die Funktionen der inneren Organe übermäßig kräftig ab, die äußere störende Hitze *(Xie-Re)* führt zur Verdampfung von Körperflüssigkeiten *(Jin-Ye),* was die trübe, gelbe Farbe und die zähflüssige, dicke Konsistenz aller Körperabsonderungen bedingt.

6.1.1.5.1 Schleim *(Tan)* und Speichel *(Xian)*

Ein heller Schleim, mit vielen wäßrigen Blasen darin, entspricht nach den Beobachtungen der chinesischen Medizin einem Wind-Schleim-Zustand. Dies ist einfach damit zu erklären, daß in den schleimigen Blasen Luft eingeschlossen ist, die mit dem «Wind» identifiziert wird. Reichlich weißer, glitschiger Schleim, der leicht herauszubringen ist, entspricht einem «Nässe-Schleim*(Shi-Tan)*-Zustand». Spärlicher klebriger Schleim, der schwer herauszubringen ist, entspricht einem «Trockenheits-Schleim*(Zao-Tan)*-Zustand». Klebriger, zu Klumpen zusammengeballter Schleim von gelber Farbe ist ein «Hitze-Schleim» *(Re-Tan).* Heller, wäßriger Schleim ist ein «Kälte-Schleim» *(Han-Tan).* Bei blutigem Schleim entspricht hellrotes Blut einer *Yin*-Leere von Lunge und Niere mit Feuer *(Fei-Shen-Yin-Xu You Huo).* Eiter und Blut in einem wie Reisbrei aussehenden, stinkenden Schleim deutet auf einen Lungentumor oder auf Bronchiektasen hin. Wenn der Patient stets viel Speichel im Mund hat, ist dies ein Zeichen von Kälte im Oberen Erwärmer. Hat jemand beim Husten viel Schleim, ist er gleichzeitig kurzatmig, liegt ein Zustand vor, den die chinesische Medizin *«Fei-Wei»,* d. h. «Lungen-Schrumpfung» nennt.

Dies ist eine chronische Schwäche-Erkrankung, bei der das *Yin* im Zustand der Leere und die Lunge geschädigt *(Yin-Xu Fei-Shang)* ist. Das Hauptsymptom ist Husten mit dickem, weißem und blasigem Schleim. Manchmal tritt Fieber auf, der Patient ist mager, ohne Energie, hat Herzklopfen, Atemnot und einen trockenen Mund. Der Puls ist leer und schnell *(Xu-Shu)*. Die Erkrankung tritt meist als Folge einer anderen Krankheit oder als Ergebnis einer falschen Behandlung auf. Stets sind dabei die Körpersäfte *(Jin-Ye)* verausgabt, es besteht eine Leere des *Yin* mit innerer Hitze, wobei die Lunge durch die Hitze ausgetrocknet wird. Bei länger dauernder Erkrankung kann das *Qi* verletzt werden, oder es kann sich in der Lunge eine Leere-Kälte *(Xu-Han)* befinden. Dann findet sich als typische Symptomatik eine *Yang*-Leere mit viel Schleim und Auswurf, aber ohne Husten, wobei der Patient außerdem an Schwindelzuständen, Flimmern vor den Augen und Urin-Inkontinenz leidet.

6.1.1.5.2 Erbrochenes

Klares, geruchloses Erbrochenes ist ein Zeichen eines «Kälte-Erbrechens» *(Han-Tu)*. Hierbei hat der Patient ein Bedürfnis nach heißen Getränken. Ist das Erbrochene schlammig, von säuerlichem Geruch, hat der Kranke dabei den Wunsch, etwas Kaltes zu trinken, handelt es sich um ein Hitze-Erbrechen *(Re-Tu)*. Wenn der Patient Schleim und Speisen erbricht, wenn der Mund dabei trocken ist und der Kranke kein Verlangen nach Getränken hat, entspricht dies einem «Schleim»*(Tan-Yin)*-Zustand. Ist das Erbrochene säuerlich und enthält unverdaute Speisereste, liegt eine Verstauung der Speisen vor. Häufiges Erbrechen, ohne daß das Erbrochene übel riecht, entspricht einer Funktions-Stockung *(Qi-Zhi)*. Erbrechen mit Blut und Eiter vermischt deutet nach Ansicht der traditionellen chinesischen Medizin auf das Vorhandensein eines «inneren Abszesses oder Karbunkels» *(Nei-Yong)* hin. Es kann auch das Zeichen eines bösartigen Gewächses im Magen sein.

6.1.1.5.3 Stuhlgang

Gelblich-brauner Kot von üblem Geruch deutet auf Hitze im Darm hin. Wäßriger, klarer Durchfall, in dem unverdaute Speisereste enthalten sind, entspricht einem Kälte-Zustand. Wenn *nach* dem Stuhlgang dunkelrotes oder schwarzes Blut aus dem After kommt, heißt dies in der chinesischen Medizin «entferntes Blut» *(Yuan-Xue)*. Erscheint *vor* dem Stuhlgang hellrotes Blut, nennt man dies «nahes Blut» *(Jin-Xue)*. Das «ferne Blut» entspricht etwa dem «Teerstuhl» der modernen westlichen Heilkunde.

Bei Dysenterie ist der Kot dick und schleimig; ist die Stuhlfärbung dabei weiß, handelt es sich um einen «*Qi-Fen*-Zustand» der chinesischen Medizin (vgl. S. 535). Ist die Farbe rot, deutet dies auf eine «*Xue-Fen*-Erkrankung» hin. Ist sie rot und weiß, bedeutet das eine schwere, völlige Erkrankung von *Qi* und Blut *(Qi-Xue Ju-Bing)*. Wenn der Patient beim Essen Schluckbeschwerden hat und sein Stuhl dabei wie Ziegenkot aussieht, handelt es sich um die Erkrankung «Blockierung im Hals» *(Ye-Ge-Bing)* der chinesischen Medizin.

Bei dieser Erkrankung hat der Patient das Gefühl, als ob ihm beim Schlucken ein Kloß im Halse stecken bliebe, was auf chinesisch «*Ye*» heißt. «*Ge*» bedeutet eine Beklemmung in der Brust, bei der die Speisen nicht abwärts rutschen. Beides wird zu dem Begriff «*Ye-Ge*» zusammengezogen. Eine solche «*Ye-Ge*»-Symptomatik findet sich bei Magenkrebs, Speiseröhrenkrebs, Speiseröhrenverengung, Krämpfen der Speiseröhre usw.

Nach der Lehre der chinesischen Medizin kann diese Erkrankung aber auch durch länger dauernde Sorgen, Aufregungen, Alkoholabusus oder zu scharfes Essen bedingt sein, wodurch die Milz geschädigt wird, so daß es zu einer Beeinträchtigung der Beförderungs-Transportfunktion, zu einer Verknotung des *Qi* und zu einem Festsetzen von Körperflüssigkeiten *(Jin-Ye)* kommt. Letztere stauen sich dabei und werden zu Schleim. Der Schleim blockiert die Speiseröhre, der Magen ist nicht ausgewogen und büßt seine normale Funktion des Absteigens *(Jiang)* ein.

Die «Blockierung im Halse» *(Ye-Ge)* der chinesischen Medizin kann mit einer Vielzahl von Störungen im Organismus verbunden sein: mit einer Schädigung des *Qi* der Leber bei verstopftem *Qi* und gestautem Blut, mit einer Schwäche des *Qi* des Magens, mit einem nicht ausreichenden *Yang* der Milz usw. Klinisch unterscheidet man dabei drei Hauptursachen:

1. Verstopfung von Schleim und *Qi*. Dabei hat der Kranke ein Globusgefühl im Halse, Völlegefühl und Schmerzen im Thorax, trockenen Stuhlgang, trockenen Mund und rauhen Hals.
2. Blockierung von gestautem Blut im Körperinneren. Dabei muß der Patient nach Nahrungsaufnahme sofort erbrechen, kann manchmal nicht einmal Wasser schlukken, sein Stuhl ist hart, fest und schwarz wie Ziegenkot (um diesen Zustand geht es im vorliegenden Abschnitt), beim Erbrechen wird dunkelroter, blutiger Schleim hervorgebracht.
3. Leere des *Qi* und Schwäche des *Yang*. Der Patient kann keine Nahrung herunterschlucken, hat eine weiße Gesichtsfarbe, ist kälteempfindlich, kurzatmig, spuckt klare Flüssigkeit aus, hat Ödeme im Gesicht sowie an den Fußknöcheln und leidet an Blähungen.

Ist die Farbe des Stuhls schwarz wie Lack, liegt ein Zustand von Blutverstauung *(Yu-Xue)* vor. Dieses Bild ist von der Schwarzfärbung des Stuhls zu unterscheiden, die durch bestimmte Speisen, z. B. Heidelbeeren oder durch Medikamente hervorgerufen wurde.

6.1.1.5.4 Urin

Reichlich langfließender, klarer Urin entspricht einem Kälte-Syndrom *(Han-Zheng)*. Wenig rötlich-gelber Urin, der nur kurz fließt, entspricht einem Hitze-Syndrom *(Re-Zheng)*. Wenn Blut im Urin auftritt, handelt es sich nach der chinesischen Medizin meist um Hitze im Unteren Erwärmer. Wenn der Urin dickflüssig wie Öl ist, nennt man dies in der chinesischen Medizin «öligen Ausfluß». Wenn der Urin von Grießkörnern durchsetzt ist, nennt man dies «Grießkörner-Ausfluß».

6.1.1.6 Betrachten der Linien am Zeigefinger beim Kleinkind

Zur Diagnostik bei Kleinkindern unter drei Jahren bedient sich die traditionelle chinesische Medizin eines besonderen Verfahrens: der Beobachtung der Fingerlinien am Zeigefinger. Dabei handelt es sich um sichtbare Blutadern, die an der Beugeseite des Zeigefingers verlaufen. Für die chinesische Heilkunde gelten diese Fingerlinien als Abzweigungen des Lungen-Meridians *(Shou-Tai Yin)*. Da der Lungen-Meridian mit der Pulstaststelle am Unterarm zusammenfällt, verwendet die chinesische Medizin die Betrachtung dieser Fingerlinien, die auf einer Abzweigung des Lungen-Meridians liegen (vgl. S. 159) als Ersatz für die Pulsdiagnose, die bei kleineren Kindern wegen der Schwäche der Handgelenkspulse keine verwendbaren Ergebnisse bringt.

Bei der Betrachtung der Fingerlinien richtet sich der chinesische Arzt hauptsächlich nach Veränderungen ihrer Farbe und ihrer Form.

6.1.1.6.1 Die drei Schranken *(San-Guan)*

Die Fingerlinien des Kleinkindes werden durch die drei Beugefalten des Zeigefingers in drei Abschnitte geteilt: Die unterste Beugefalte der Zeigefingerwurzel heißt «Wind-Schranke» *(Feng-Guan)*, die mittlere Beugefalte heißt «*Qi*-Schranke» *(Qi-Guan)*, und die oberste Falte heißt «Lebens-Schranke» *(Ming-Guan)*. Der Wind-Schranke entspricht das Grundglied des Zeigefingers, der *Qi*-Schranke das Mittelglied, der Lebens-Schranke das Endglied.

Form und Farbe der zwischen den drei Schranken verlaufenden Blutadern beim Kleinkind werden zu diagnostischen Zwecken verwendet.

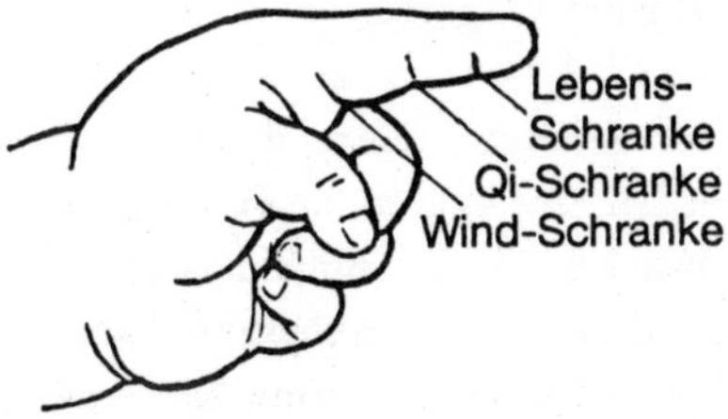

Abb. 29: Die Zeigefingerlinien beim Kleinkind

6.1.1.6.2 Technik der Beobachtung

Der Arzt richtet das Kind gegen das Licht, greift mit der linken Hand den Zeigefinger des Kindes, mit dem Daumen der rechten Hand drückt er von der Spitze bis zur Wurzel des Zeigefingers (also von der Lebens- bis zur Windschranke) die Haut mehrmals fest herunter. Dann zeigen sich die aus dünnen Blutadern bestehenden Fingerlinien klar und deutlich. Zur Verbindung dieser Fingerlinien mit dem Lungen-Meridian ist zu bemerken, daß das Meridian-System der chinesischen Medizin auch die Blutgefäße und Nervenbahnen des menschlichen Körpers umfaßt. Bei den Fingerlinien am Zeigefinger des Kleinkindes handelt es sich also um die Blutadern, die dem Verlauf des Lungen-Meridians entsprechen.

6.1.1.6.3 Krankheitserkennung durch Betrachten der drei Schranken

Die Stelle, an der die Blutadern innerhalb der drei Schranken des kindlichen Zeigefingers erscheinen, zeigt die Tiefe des Eindringens einer Störung *(Xie-Qi)* in den kindlichen Körper an. Erscheint eine solche Fingerlinie im Bereich der Windschranke, handelt es sich um eine leichte Erkrankung. Erscheint sie in der *Qi*-Schranke, ist die Erkrankung schwerer, tritt sie in der Lebens-Schranke auf, handelt es sich um eine gefährliche Krankheit. Wenn sich die Fingerlinien, d. h. die sichtbaren Blutadern, bis hin zur Fingerspitze ausdehnen, ist die Erkrankung sehr ernst. Die chinesische Medizin nennt dies «Durchgehen durch die Schranken und Ausstrahlen zum Nagel» *(Tou-Guan She-Jia)*.

6.1.1.6.4 Gestalt und Farbe der Fingerlinien

Normalerweise und im gesunden Zustand ist die Farbe der Fingerlinien gelblich-rot. Sie erscheint bei einer guten Verfassung des Kindes auch nur undeutlich innerhalb der Wind-Schranke. Sobald eine Änderung der Farbe der Fingerlinien eintritt, ist dies ein Krankheitszeichen. Hellrote Fingerlinien deuten auf ein äußerlich ansteckendes Wind-Kälte-Syndrom an der Oberfläche *(Feng-Han Biao-Zheng)* hin. Violette Verfärbung deutet auf Hitze, grünliche Farbe auf eine Winderkrankung, auf Krampfzustände oder Schmerzen. Grünliche und leicht violette oder schwärzliche Verfärbung ist ein Zeichen einer Stauung des Blutes und weist auf jeden Fall auf eine ernste Erkrankung hin.

Allgemein gilt, daß bei hellen Fingerlinien mit einer feinen und dünnen Zeichnung der Blutgefäße die Abwehrkraft des Körpers *(Zheng)* im Zustand der Leere ist. Bei dunkler und kräftiger Zeichnung der Blutgefäße handelt es sich um eine ernste Erkrankung durch starke äußere Störung.

So hat die Betrachtung der Fingerlinien bei Kleinkindern in der chinesischen Medizin ihren bestimmten diagnostischen Wert. Stets wird sie aber durch alle anderen diagnostischen Informationen ergänzt; das Gesamtbild wird analysiert und erst daraus läßt sich die endgültige diagnostische Entscheidung treffen.

6.1.1.6.5 Moderne chinesische Forschungen zur Bewertung der Zeigefingerlinien bei Kleinkindern

In China wurde die Diagnostik nach dem Verlauf der Blutgefäße im Zeigefinger bei Kleinkindern einer kritischen Überprüfung nach den Grundsätzen der modernen Medizin unterzogen. Dabei kam man zu dem Schluß, daß die Veränderung der Fingerlinien mit dem Venendruck in enger Verbindung steht. Bei Kindern mit schweren Herzfehlern und Lungenentzündungen dehnen sich die Fingerlinien meist bis zur Zeigefingerspitze, d. h. bis zur Lebensschranke aus, weil sich hier der Venendruck erhöht hat. Je höher der Venendruck ist, umso stärker ist die Abzeichnung der Fingerlinien und umso weiter dehnen sich diese zur Fingerspitze hin aus. In der Verfärbung der Fingerlinien spiegelt sich auch der Vorrat an Sauerstoff im menschlichen Körper. Je weniger Sauerstoff vorhanden ist, um so stärker ist das Hämoglobin des Blutes reduziert und umso deutlicher treten violette oder grünliche Farben der Fingerlinien hervor. Die bei schweren Herzfehlern und Lungenentzündungen auftretenden violetten oder grünlichen Verfärbungen der Fingerlinien bei Kleinkindern gehen auf einen solchen Sauerstoffmangel zurück. Bei anämischen Kindern mit Verminderung des Hämoglobins oder Mangel an roten Blutkörperchen sind die Fingerlinien heller als gewöhnlich.

6.1.2 Untersuchung durch Hören und Riechen *(Wén-Zhen)*

Das Hören und Riechen in der Diagnostik der traditionellen chinesischen Medizin wird deshalb zusammengefaßt, da es im klassischen Chinesisch durch ein einheitliches Zeichen, *«Wén»*, dargestellt wird. Es handelt sich dabei um zwei verschiedene Verfahren: das Wahrnehmen der Stimme des Menschen und der Töne des menschlichen Organismus – und das Beurteilen der Körpergerüche.

6.1.2.1 Akustische Diagnostik

6.1.2.1.1 Die Stimme

Heiserkeit, die bei einer akuten, frischen Erkrankung auftritt, deutet auf eine äußerlich ansteckende Wind-Kälte-Krankheit *(Wai-Gan Feng-Han)* hin, bei der sich das Lungen-*Qi* nicht verbreitet *(Fei-Qi Bu Xuan)*. Heiserkeit in einem chronischen Falle spricht für eine Schädigung des *Yin* der Lunge *(Fei-Yin Kui-Sun)*. Eine tiefe, trübe, laute und rauhe Stimme bedeutet ein Fülle-Syndrom *(Shi-Zheng)*. Ist die Stimme leise, klar und zart, entspricht dies einem Leere-Syndrom *(Xu-Zheng)*. Schnarchen ohne aufzuwachen, wobei der Mensch mit ausgebreiteten Händen daliegt und unwillkürlich Urin ausscheidet, ist das Zeichen eines Schlaganfalls (in der chinesischen Medizin als *«Zhong-Feng»* der Speicherorgane bezeichnet). In jedem Fall handelt es sich hier um einen bedrohlichen Zustand. Plötzliches schrilles Schreien bei kleinen Kindern, mit ängstlichem Gesichtsausdruck, ist ein Vorzeichen von Krampfanfällen *(Jing-Feng)*.

6.1.2.1.2 Die Sprache

Nach der Änderung der Sprache beurteilt der chinesische Arzt, ob eine Erkrankung oberflächlich *(Biao)* oder innen *(Li)* sitzt, ob es eine Kälte- oder Hitze-Störung ist, ob ein Leere- oder Fülle-Syndrom vorliegt. Allgemein gilt die Regel, daß bei einer hohen, kräftigen Stimme, die erst leise ist und anschließend lauter wird, eine äußerlich ansteckende *(Wai-Gan)* Erkrankung vorliegt. Eine dünne, ängstliche Stimme, die zunächst laut ist und dann leise wird, spricht für eine innere Störung *(Nei-Shang)*. Patienten, die viel reden und eine kräftige Stimme haben, zeigen meist einen Hitze-Zustand. Menschen, die wenig sprechen und eine leise, schwache Stimme haben, oder deren Rede oft stockt, leiden an einem Leere-Kälte-Zustand. Patienten, die geistig verwirrt sind, Unsinn reden und dabei eine hohe, kräftige Stimme haben, leiden nach der Diagnostik der chinesischen Medizin an einem «Delirium» *(Zhan-Yu)*, worunter ein völlig desorientierter Zustand mit wirren Reden zu verstehen ist; dies entspricht einem Fülle-Syndrom *(Shi-Zheng)*. Geistig ermüdete und schlappe Menschen, die ihre Worte ständig wiederholen und eine kraftlose Stimme haben, zeigen einen Leerezustand. Dieses Krankheitsbild heißt in der chinesischen Medizin *«Zheng-Sheng»*. Selbstgespräche eines Patienten, die sogleich aufhören, wenn ein anderer Mensch hinzutritt, heißen in der chinesischen Medizin *«Do-Yo»*, ein Zustand, bei dem das Herz-*Qi* nicht ausreichend ist. Eine unklare Sprache mit Verschleimung spricht für nach oben aufsteigenden und belästigenden Wind-Schleim *(Feng-Tan)*.

6.1.2.1.3 Der Atem

Ein kurzer und rauher Atem entspricht der Fülle und Hitze. Dies ist oft bei einer äußerlichen ansteckenden Erkrankung zu finden. Ein flacher Atem bedeutet Leere und Schwäche; er wird oft bei einer inneren Störung *(Nei-Shang)* oder einer chronischen Erkrankung gefunden. Wenn der Patient an Atemnot leidet und die Achseln hochzieht, den Mund aufsperrt und nach Luft schnappt, dabei nicht flach liegen kann, ist dies ein Syndrom der Atemlosigkeit *(Chuan)*, der dem Asthma ähnelt. Schnelles Atmen mit Röcheln im Hals heißt in der chinesischen Medizin «pfeifen» oder «röcheln» *(Xiao)*. Beim Krankheitsbild der Atemnot *(Chuan)* unterscheidet man zwei Arten: die Leere und die Fülle. Bei einem Fülle-Zustand ist die Einatmung kurz und kräftig, die Stimme hoch und die Sprache hastig, das Ausatmen erscheint schneller als das Einatmen. Die Ursache ist hier eine Fülle an pathogener Störung in der Lunge, wobei die Atemfunktion schlecht ist. Wenn der Patient demgegenüber den Mund aufsperrt, die Achseln hochzieht und leise spricht, gehört dies zu einer Atemnot *(Chuan)* der Leere. Dabei sind das Lungen- und Nieren-*Qi* im Leere-Zustand *(Fei-Shen-Qi Xu)*, sowohl das Einatmen als auch das Ausatmen ist kraftlos.

Beim Röcheln oder Pfeifen unterscheidet man ein Kälte*(Leng)*- und ein Hitze*(Re)*-Röcheln. Bei diesem Zustand ist meist die Luftröhre mit Schleim *(Tan-Yin)* verstopft.

Ein ungleichmäßiger Atem, der kürzer und hastiger geht als der normale, dabei Keuchen ohne die Schultern zu heben, ohne schleimiges Röcheln, nennt man in der chinesischen Medizin «kurzer Atem». Flacher und kurzer Atem, der nicht ausreicht, um die übliche Atempause zu machen, heißt «wenig Luft» *(Shao-Qi)*. Der Zustand des kurzen Atems *(Duan-Qi)* entspricht einem Fülle-Syndrom, der Zustand «wenig Luft» entspricht einem Leere-Syndrom.

6.1.2.1.4 Der Husten

Wenn der Klang des Hustens schwer und dunkel ist, entspricht dies einem Fülle-Syndrom. Ein schwacher, kraftloser Husten zeigt demgegenüber ein Leere-Syndrom an. Husten ohne Schleim oder mit wenig Schleim heißt in der chinesischen Medizin, ebenso wie in der westlichen: «trockener Husten». Reichlich weißer Schleim, der leicht herauszubringen ist, ist ein Schleim-Nässe- oder ein Kälte-Husten. Wenn jemand anfallsweise ununterbrochen husten muß, wobei am Ende des Anfalls ein Pfeifen ertönt, handelt es sich um einen Keuchhusten. Hört sich der Husten wie Hundegebell an, gilt dies in der chinesischen Medizin als ein Zeichen von Diphtherie.

6.1.2.1.5 Das Erbrechen

Erbrechen entsteht nach Ansicht der chinesischen Medizin dadurch, daß das Magen-*Qi* in Gegenrichtung aufsteigt *(Wei-Qi Shang-Ni)*. Wenn dieses Aufsteigen des Magen-*Qi* mit tönender Stimme erfolgt, und mit Inhalt gefüllt ist, nennt man es «brechen» *(Ou)*; ist es stimmlos und mit Mageninhalt heißt es «sich übergeben» *(Tu)*. Ist es stimmlos und ohne Inhalt, heißt es «leeres Erbrechen». Aus den Tönen beim Erbrechen kann man unterscheiden, ob dieses von Kälte oder Hitze, Leere oder Fülle herrührt. Ein langsames, kraftloses Erbrechen mit leisen Tönen entspricht der Leere und Kälte. Schnelles, heftiges Erbrechen mit lauter, starker Tonentwicklung entspricht einer Fülle-Hitze.

6.1.2.1.6 Schluckauf

Hierbei steigt die Luft in Gegenrichtung hoch *(Qi Shang-Ni)*, kommt zur Kehle heraus und gibt einen nicht beherrschbaren Ton, der in der chinesischen

Medizin wie in der westlichen «Schluckauf» genannt wird. Auch dieser Zustand entsteht durch in Gegenrichtung aufsteigendes Magen-*Qi*. Ist der Schluckauf stark, laut und kurz, zeigt er eine Hitze-Fülle an. Ist er leise, kraftlos und langgezogen, deutet dies auf eine Leere-Kälte. Gewöhnlich ist der Ton eines Schluckaufs weder laut noch leise. Der Patient fühlt sich wohl und hat keine sonstigen Beschwerden. Dieser «normale» Schluckauf entsteht durch hastiges Essen oder kaltes Trinken. Er kann auch durch einen Einfluß von Wind und Kälte nach dem Essen zustande kommen. Dieser normale Schluckauf legt sich rasch ohne Behandlung.

Wenn bei einem Patienten mit langem chronischem Krankheitsverlauf Schluckauf eintritt, ist dies ein gefährliches Zeichen, bei dem höchste Vorsicht geboten ist, denn es handelt sich hier nach der chinesischen Medizin um ein Syndrom des schwindenden Magen-*Qi*.

6.1.2.1.7 Aufstoßen

Dabei kommt die Luft vom Magen herauf und geht bis zur Kehle, erzeugt hier einen Ton den man in der chinesischen wie in der westlichen Medizin «Aufstoßen» nennt. Ursachen eines solchen Aufstoßens kann Kälte-*Qi (Han-Qi)* im Magen sein. Es kann auch eine fehlende Ausgewogenheit zwischen Magen und Leber zugrunde liegen. Eine andere Ursache ist der Zustand der Magen-Leere und ein in Gegenrichtung aufsteigendes *Qi (Wei-Xu Qi-Ni)*. Um hier den tatsächlichen Grund zu finden, setzt der chinesische Arzt alle durch die vier verschiedenen Diagnosemethoden gefundenen Verfahren kritisch zusammen.

6.1.2.1.8 Stöhnen

Kürzeres oder längeres Stöhnen ist ein Hinweis auf Störungen des Gemüts und der Psyche; Depressionen oder Beklemmungen in der Brust können ebenfalls die Ursache sein.

6.1.2.2 Diagnostik mit Hilfe des Geruchssinns

Mit Riechen erfaßt der Arzt beim Patienten den Körpergeruch, Mundgeruch, Schweißgeruch, Schleimgeruch, außerdem den Geruch von Urin und

Stuhlgang. Mundgeruch kommt meist von schlechter Verdauung oder von faulen Zähnen. Saurer, schlechter Mundgeruch deutet auf Verdauungsstörungen hin. Ein ekelerregender Mundgeruch ist ein Anzeichen für Hitze im Magen *(Wei-Re)*; ein fauler Mundgeruch kommt meist von schlechten Zähnen oder von Tumoren und Geschwüren im Inneren des Mundes, des Rachens, der Speiseröhre oder des Bronchial-Systems.

Auffallender Schweißgeruch ist für den Arzt ein Hinweis darauf, daß der Patient transpiriert. Riecht der Schweiß scharf und übel, heißt dies, daß im Körper Störungen durch Wind, Nässe oder Hitze vorhanden sind. Wenn der Schweiß auffallend stinkt, ist das ein Zeichen einer ansteckenden Infektionskrankheit. Schleimiger Auswurf mit Eiter und Blut und ekelhaftem Geruch sind typisch für einen Lungenabszeß. Übelriechender Nasengeruch, von ständiger Absonderung aus der Nase begleitet, ist Zeichen einer chronischen Rhinitis. Hat der Stuhlgang einen stinkenden Geruch, deutet das auf Hitze hin. Riecht er übel und beißend, zeigt dies Kälte *(Han)* an. Scharfer, beißend riechender Urin deutet darauf hin, daß Nässe und Kälte im Körper nach unten dringen. Riecht der Stuhl außergewöhnlich unangenehm, zeigt dies eine Störung der Verdauung an, wobei das Essen vom Vortage blockiert ist.

6.1.3 Untersuchung durch Fragen *(Wèn-Zhen)*

Der chinesische Arzt fragt den Patienten oder seine Angehörigen über den Krankheitszustand aus, ebenso wie sein westlicher Kollege. Auf diese Weise lassen sich viele wichtige Informationen über die Krankheit gewinnen. Beispielsweise über das Befinden des Kranken, seine Lebensweise, den Anfang der Erkrankung, den augenblicklichen Zustand, die Krankengeschichte, die Familien-Anamnese usw. Aus diesem Grunde ist die Diagnostik durch Fragen eine der wichtigsten Methoden bei der Krankheitserkennung in der chinesischen Medizin. Entscheidend ist hierbei, daß der Arzt die wesentlichen Punkte rasch erfaßt und so zur Erkenntnis der hauptsächlichen Störung vordringt. Wenn man die Tendenz einer Erkrankung verstanden hat, läßt sich nach den Grundsätzen der chinesischen Medizin und ihrer dialektischen Diagnostik mittels gezielter Fragen weiterforschen.

Beim ärztlichen Gespräch ist der chinesische Arzt freundlich und geduldig, sorgfältig und aufmerksam. Er hört sich die Erzählungen seines Kranken genau an und verwendet eine allgemein verständliche Ausdrucksweise, um vom Patienten die notwendigen Informationen zu bekommen. Während des ärztlichen Gesprächs ordnet er bereits das gefundene Material, trennt das

Wichtige vom Nebensächlichen und formuliert seine Fragen dementsprechend. Wichtig ist, das Gespräch in einer objektiven Weise zu führen, keine subjektiven oder emotional getönten Bemerkungen einfließen zu lassen und den Patienten nicht in einer bestimmten Weise suggestiv zu beeinflussen. Bei Schwerkranken stellt der Arzt die Fragen knapp und kurz, macht rasch die notwendigen Untersuchungen und trifft ohne Zeitverlust seine Entscheidung über das Vorgehen.

6.1.3.1 Allgemeine Fragen

Hierher gehört die Erkundigung nach dem Namen, Geburtsdatum, Geburtsort, Familienstand, Beruf, nach der Adresse und, was bei Kindern gelegentlich erforderlich ist, nach dem Geschlecht. Schon aus diesen Anhaltspunkten lassen sich gewisse Informationen gewinnen, die für die Beurteilung der Krankheit wichtig sein können. Beispielsweise spielen Alter und Familienstand einer Frau bei der Beurteilung der Periodenblutung bzw. einer eventuell vorliegenden Schwangerschaft eine Rolle. In China kommt hinzu, daß bestimmte Provinzen und Städte epidemieartig von bestimmten Erkrankungen heimgesucht werden. So ist in Südchina an Flüssen und Seen die Schistosomiasis sehr verbreitet. Gegenden, in denen Seidenraupenzucht betrieben wird, werden vom Hakenwurm geplagt. Bei uns in Europa finden sich in Gebirgsgegenden mit Jodmangel im Wasser besonders zahlreiche Kropferkrankungen usw. Auch der Beruf spielt bei der Anamnese eine wichtige Rolle. Bestimmte Krankheiten gibt es bevorzugt bei bestimmten Berufsgruppen. Bleivergiftungen, Quecksilbervergiftungen und Silikose haben meist mit der beruflichen Betätigung des Patienten zu tun.

6.1.3.2 Fragen nach dem Krankheitsverlauf

Hier wird nach dem Zeitpunkt des Auftretens der ersten Beschwerden, nach der Krankheitsursache und nach bestimmten Symptomen gefragt, ferner nach der Lokalisierung und dem Charakter der Krankheitserscheinungen. Für den Arzt ist es wichtig, einen plötzlichen oder allmählichen Krankheitsbeginn, eine bestimmte Ursache der Erkrankung oder deren spontanes Entstehen zu kennen. Auch den Krankheitsverlauf, die Hauptsymptome und die Veränderungen der Erkrankung muß er wissen. Ferner ist es wichtig, ob die Erkrankung dauernd besteht, sich gelegentlich bessert oder verschwindet, ob sie sich verschlechtert hat oder besser geworden ist. Vor allem in der chinesischen Medizin ist wichtig, ob sich der Charakter der Erkrankung geändert hat. Beispielsweise kann ein Fülle-Syndrom zu einem Leere-Syndrom werden oder umgekehrt. Eine Kälte-Erkrankung kann sich zur Hitze-Symptomatik verändern. Beschwerden, die an den Füßen sitzen, können sich in Richtung Abdomen, Thorax und Kopf ausbreiten; Störungen an den Händen können zum Brustraum oder zum Kopf wandern.

Wichtig ist auch, ob während der Vorgeschichte eine Behandlung vorgenommen wurde oder nicht. Man soll fragen, welche Medikamente der Patient eingenommen hat und welche Reaktionen daraufhin eingetreten sind. Alles dies ist für die dialektische Diagnostik *(Bian-Zheng)* nach den Grundsätzen der chinesischen Medizin wichtig.

6.1.3.3 Erkundigung nach früheren Erkrankungen und nach der Familien-Anamnese

Die Kenntnis des früheren Gesundheitszustandes eines Patienten und vorhergehender Krankheitsverläufe ergibt für den Arzt ebenfalls Anhaltspunkte zu einer dialektischen Diagnostik. Wer beispielsweise gemäß der Pathologie der chinesischen Medizin stets zu einem üppigen Leber-*Yang* geneigt hat, kann an einer Apoplexie erkranken. Magenleiden neigen zu Rezidiven. Epileptische Anfälle können bei bestimmten Belastungen leicht wieder auftreten.

In der chinesischen Medizin gilt die Regel, daß man bei Patienten mit schwachem Gesundheitszustand vorsichtig mit sedierenden bzw. dämpfenden *(Gong-Xia)* Verfahren umgeht. Bei Patienten mit üppigem *Yang (Yang-Cheng)* soll man bevorzugt Medikamente verwenden, die verteilend wirken und einen kühlen *(Liang)* Charakter haben.

Zahlreiche Erkrankungen sind erblich oder ansteckend. Die Frage nach Krankheiten in der Familie ist unter diesen Umständen wesentlich. Ferner ist es wichtig, sich über die Lebensweise des Patienten, bevorzugte Speisen oder Getränke zu informieren, da diese gleichfalls auf eine Erkrankung einwirken können.

6.1.3.4 Erkundigungen nach dem gegenwärtigen Zustand

Die Frage nach dem augenblicklichen Zustand des Patienten wird stets im Mittelpunkt des ärztlichen Gesprächs stehen. Hier müssen für die chinesische Medizin folgende Punkte beachtet werden:

6.1.3.4.1 Fieber und Kälteempfindlichkeit

Bei zahlreichen Erkrankungen sind Fieber und Kälteempfindlichkeit des Kranken die wichtigsten Symptome. Hier soll man nach dem Zeitpunkt des Beginns, der Dauer und der Eigentümlichkeit der Symptome fragen. Empfindet der Kranke sehr große Kälte, obwohl er sich zudeckt und warme Kleidung anzieht, heißt dies in der chinesischen Medizin «unangenehme Kälte» *(E-Han)*. Spürt ein frisch erkrankter Patient diese «unangenehme Kälte», entspricht das einem äußerlich ansteckenden, oberflächlichen Krankheitssyndrom *(Wai-Gan Biao-Zheng)*. Bei chronisch Kranken, die körperlich sehr geschwächt sind, tritt ebenfalls oft ein Kältegefühl auf, das jedoch mit wärmerer Kleidung und dicken Decken beseitigt werden kann. Wenn Patienten eiskalte Hände und Füße haben, und sich auch am Körper kalt anfühlen, entspricht dies einem inneren Leere-Syndrom *(Li-Xu-Zheng)*. Es ist ein Zeichen eines leeren *Yang* bei Kälte im Körperinneren *(Yang-Xu Li-Han-Zheng)*.

Ist die Körpertemperatur höher als normal, spricht man von Fieber. Erscheint dieses Fieber in bestimmten Zeitabständen regelmäßig oder wird es in einem bestimmten Rhythmus stärker, spricht man von «wellenartigem Fieber». Ein schwüles Gefühl in der Brust mit heißen Hand- und Fußflächen heißt «störende Hitze in den fünf Herzen» *(Wu-Xin Fan-Re)*.*) Wenn der Patient fiebrige Hitze in den Knochen spürt, aber an der Körperoberfläche keine erhöhte Temperatur festzustellen ist, heißt dies in der chinesischen Medizin «Knochenfieber bei Hitzeerschöpfung». Fieber bei frisch Erkrankten oder wellenartiges Fieber entsprechen einem Hitzezustand und einem Fülle-Syndrom. Wellenartiges Fieber *(Chao-Re)* bei chronisch kranken Patienten sowie «störendes Fieber in den fünf Herzen» und «Knochenfieber durch Hitze-Erschöpfung» gehören zu einem Syndrom innerer Hitze bei *Yin*-Leere.

Wenn zu Anfang einer Erkrankung Fieber mit starker Kälteempfindlichkeit besteht, entspricht dies einem äußerlich ansteckenden, oberflächlichen Krankheitssyndrom *(Wai-Gan Biao-Zheng)*. Bei starker Kälteempfindlichkeit mit leichtem Fieber liegt ein oberflächliches Kälte-Syndrom vor. Bei starkem Fieber mit leichter Kälteempfindlichkeit liegt ein oberflächliches Hitze-Syndrom *(Biao-Re-Zheng)* vor. Abwechselndes Auftreten von Fieber und Kälteempfindungen ohne regelmäßige Zeitabstände entsprechen einem halb oberflächlichen und halb innerlichen Syndrom. Dieses ist typisch für eine Erkrankung des *«Shao-Yang» (Shao-Yang-Zheng)*. Wenn der Wechsel zwischen Fie-

*) Die Handteller und die Fußsohlen werden im Chinesischen die «Herzen» der Hände und Füße genannt. Deshalb spricht man hier von den «5 Herzen».

ber und Kälte in regelmäßigen Zeitabständen erfolgt, handelt es sich meist um Malaria.

6.1.3.4.2 Schweißausbrüche

Der chinesische Arzt fragt seinen Patienten, ob er schwitzt oder nicht und ob wenig oder viel Schweiß ausbricht. Er erkundigt sich, wann und wo Schweißausbrüche kommen, bzw. wann schweißfreie Intervalle auftreten.

a) Bei frisch erkrankten Patienten bedeuten Fieber, Kälteempfindlichkeit und Schweißausbrüche einen oberflächlichen Leerezustand, den die chinesische Medizin «*Tai-Yang-Zhong-Feng-Zheng*» nennt. Dabei sind der Dünndarm- und der Blasen-Meridian betroffen. Diese Art der «*Zhong-Feng*»-Erkrankung entsteht durch äußeren Windeinfluß *(Wai-Feng)* infolge einer klimatischen Wind-Störung *(Feng-Xie).* Dabei treten Fieber, Kopfschmerzen, Schweißausbrüche auf. Dieser Zustand ist zu unterscheiden von der *Zhong-Feng*-Erkrankung, die durch «inneren Wind» bzw. «Leber-Wind» entsteht. Bei letzterer handelt es sich um eine Massenblutung im Gehirn mit Apoplex, Halbseitenlähmung, Bewußtlosigkeit, Sprachverlust usw.
   Frisch erkrankte Patienten mit Fieber und Schweißausbrüchen leiden meist an einem inneren Hitze-Syndrom *(Li-Re-Zheng).* Frisch Erkrankte mit Fieber und Kälteempfindlichkeit ohne Schweißausbrüche leiden an einem oberflächlichen Füllesyndrom *(Biao-Shi-Zheng),* das von der chinesischen Medizin als «Kälte schädigt das *Tai-Yang*» *(Tai-Yang Shang-Han-Zheng)* bezeichnet wird.
b) Zeitpunkt von Schweißausbrüchen: Wenn ein Mensch am Tage leicht, bei körperlicher Betätigung stärker schwitzt und anschließend Kühle verspürt, heißt dies «natürliches Schwitzen». Es entsteht durch eine *Qi*-Leere und einen *Yang*-Leere-Zustand. Wenn jemand beim Schlafen schwitzt, heißt dies «räuberisches Schwitzen» *(Dao-Han).* Es entspricht meist einer *Yin*-Leere oder einer Leere sowohl im *Qi* als auch im *Yin (Qi-Yin Liang Xu).*
c) Ort des Schwitzens: Schwitzt der Kranke nur am Kopf und im Gesicht, heißt dies «Kopf-Gesichts-Schweiß». Es entspricht einem Nässe-Hitze-Syndrom, bei dem Hitze nicht ausgeschieden werden kann und deshalb nach oben verdampft. Schweißausbrüche auf der Stirn und zu gleicher Zeit Keuchen entspricht einer Leere des *Yang-Qi* und zeigt eine gefährliche Erschöpfung des Kranken an, bei der eine genaue Untersuchung über weitere Krankheitssymptome anzustellen ist. Bricht der Schweiß nur am Ober- oder Unterkörper aus, handelt es sich um eine schlechte Zirkulation von

Blut und *Qi*. Oftmals ist dies Vorzeichen einer drohenden Erkältung *(Zhong-Feng)*.
Schweißausbruch am ganzen Körper mit gleichzeitiger Kälte im Rumpf und den vier Extremitäten zeigt eine absolute Erschöpfung des *Yang-Qi* an, ein Syndrom, das die chinesische Medizin «sterbendes *Yang*» *(Wang-Yang-Zheng)* nennt.
Bei Schüttelfrost mit anschließendem heftigem Schwitzen spricht die chinesische Medizin von «Schüttel-Schwitzen». Dies ist häufig das Zeichen einer Krise, eines Wendepunkts der Krankheit, bei dem der weitere Verlauf sorgfältig beobachtet werden muß.

6.1.3.4.3 Schmerzen und Mißempfindungen im Kopf, Körper, Thorax, Abdomen und in den Gelenken

Sitz, Art, Stärke und Dauer von Schmerzen oder Mißempfindungen hat der chinesische Arzt genau festzustellen und in seine dialektische Diagnostik einzubauen.

a) Der Sitz von Schmerzen
Kopfschmerzen: Sitzen diese im Hinterkopf, wobei Nacken und Rücken beteiligt sind, handelt es sich um eine Erkrankung des Blasen-Meridians *(Tai-Yang-Jing-Bing)*. Bei Schmerzen an der Stirn, die zu den Augenbrauen ziehen, liegt eine Erkrankung des Dickdarm- und Magen-Meridians *(Yang-Ming-Jing-Bing)* vor. Schmerzen in der Schläfenregion entsprechen einer Erkrankung des Gallenblasen-Meridians *(Shao-Yang-Jing-Bing)*. Wenn die Schädeldecke und die Zähne schmerzen, liegt eine Erkrankung des Nieren- und Herz-Meridians durch Kälte-Verstauung *(Shao-Yin-Han-Jue Tou-Tong)* vor, die Kopfschmerzen macht. Schmerzen in der Schädelmitte, die zu den Schläfen ziehen, entsprechen einer Erkrankung des Leber- und Perikard-Meridians *(Jue-Yin-Jing-Bing)*.
Brustschmerzen: Brustschmerzen mit Fieber und Husten, dickem, gelbem oder mit Blut durchsetztem Schleim zeigen Hitze in der Lunge *(Fei-Re)* an. Hin und wieder auftretende Brustschmerzen bei längerem chronischem Krankheitsverlauf bedeuten in der chinesischen Medizin, daß das *Yang* im Thoraxbereich nicht ausreichend ist und daß zugleich eine Blockierung von *Qi*, Blut und Auswurf besteht *(Qi Xue Tan-Yin Bi-Zu)*.
Völlegefühl und Schmerzen an den Rippen und im Thoraxbereich entsprechen einer Erkrankung des Gallenblasen- und Drei-Erwärmer-Meridians *(Shao-Yang-Bing)*, oder sie sind kennzeichnend für eine Blockierung des Leber-*Qi* *(Gan-Qi Yu-Jie-Zheng)*.

Schmerzen und Völlegefühl im Oberbauch *(Wei-Wan)*: Dieser Zustand ist typisch für eine Magenerkrankung.

Schmerzen und Blähungen im Abdominalbereich kommen nach der Theorie der chinesischen Medizin meist von einer Leber-Blockierung und Stauung des *Qi (Gan-Yu Qi-Zhi)*, wobei die Meridiangefäße nicht durchgängig sind *(Jing-Mai Bu-Tong)*. In diesem Fall können aber auch eine gynäkologische Krankheit, eine Nierenerkrankung oder ein Tumor vorliegen, oder die Schmerzen können von einem Bruch herrühren.

Schmerzen um den Bauchnabel herum: Diese entstehen durch Darmparasiten, Einwirkung von Kälte, epigastrische Hernien oder Verstopfung.

Schmerzen und Verhärtung im unteren Abdominalbereich bei gleichzeitigem schlechtem Urinabgang zeigen eine Störung des Blasenabflusses mit Anhäufung von Urin in der Blase an. Wenn bei den gleichen Symptomen das Wasserlassen ohne Schwierigkeiten geht, spricht dies für eine Ansammlung von Blut im Unteren Erwärmer *(Xia-Jiao Xu-Xue)*.

Lendenschmerzen: Die Lenden sind für die chinesische Medizin der Bereich der Nieren. Patienten mit Lendenschmerzen leiden meist an einem Leere-Syndrom der Nieren *(Shen-Xu-Zheng)*. Die Schmerzen können aber auch durch Kälte-Nässe *(Han-Shi)* oder eine Blutstockung *(Yu-Xue)* hervorgerufen werden. Zur genauen Analyse des vorliegenden Krankheitszustandes sind die übrigen diagnostischen Methoden heranzuziehen.

b) Der Schmerzcharakter

Wandernde Schmerzen, die mit Unempfindlichkeit, Parästhesien, Kribbeln oder Jucken verbunden sind, sind typisch für ein Wind-Syndrom *(Feng-Zheng)*. Reißende und ziehende Schmerzen entsprechen einem Nässe-Syndrom *(Shi-Zheng)*. Heftige Schmerzen mit gleichzeitiger Kälteempfindlichkeit oder Frostgefühl sind typisch für ein Kälte-Syndrom *(Han-Zheng)*. Hitzeempfindlichkeit bei gleichzeitiger schmerzhafter Rötung und Schwellung zeigt ein Hitze-Syndrom *(Re-Zheng)* an. Leibschmerzen mit Blähungen im Bauch sind das Zeichen einer *Qi*-Verstauung *(Qi-Zhi)*. Stechende, an einen bestimmten Ort fixierte Schmerzen sind typisch für eine Blutstockung *(Xue-Yu)*.

c) Stärke und Dauer der Schmerzen

Wenn zu Anfang einer Krankheit starke Blähungen im Bauch mit anhaltendem Druckschmerz auftreten, entspricht dies einem Fülle-Syndrom *(Shi-Zheng)*. Gelegentliche Schmerzen und Blähungen bei einem chronischen Krankheitszustand oder Schmerzen, die beim Gehen und Massieren leichter werden, entsprechen einem Leere-Syndrom *(Xu-Zheng)*.

6.1.3.4.4 Appetit, Mundgeruch und -geschmack

Bei der Diagnostik durch Fragen erkundigt sich der chinesische Arzt nach der Menge der Wassereinnahme des Patienten, nach seinem Durst und Appetit, nach der Vorliebe für heiße oder kalte Getränke und Speisen, nach Mundgeruch und nach besonderem Geschmack im Munde.

a) Durst und Flüssigkeitsaufnahme
Starker Durst und vieles Trinken, insbesondere von kalten Flüssigkeiten, entspricht einem Fülle-Hitze-Syndrom. Ist der Patient durstig, trinkt aber wenig, bevorzugt dabei heiße Getränke, entspricht dies einem Nässe-Syndrom oder Leere-Kälte-Syndrom. Durst nach Erbrechen oder Durchfall ist typisch für einen Verbrauch von Körpersäften *(Jin-Ye)*. Durst mit vielem Trinken und anschließendem Erbrechen sowie schlechte Wasserausscheidung ist typisch für einen Zustand, bei dem das «Wasser in entgegengesetzte Richtung» läuft *(Shui-Ni-Zheng)*.
Hat der Patient keinen trockenen Mund und keinen besonderen Durst, entspricht dies meist einem Kälte-Syndrom *(Han-Zheng)*.

b) Appetit und Nahrungsaufnahme
Hierbei sind vor allem folgende Zustände klinisch interessant: die Appetitlosigkeit und der übermäßige Appetit.
Appetitverlust bei frisch Erkrankten deutet auf eine Verdauungsstörung oder eine äußerlich ansteckende Erkrankung durch festgesetzte Nässe *(Wai-Gan Jia-Shi)*, die eine Blockierung des *Qi* von Milz und Magen *(Pi-Wei Qi-Zhi)* hervorgerufen hat. Bei chronisch Kranken ist Appetitlosigkeit das Zeichen einer Leere von Magen und Milz oder ein Zeichen, daß das *Yang* der Niere nicht ausreicht, damit die Verdampfungsfunktion einwandfrei ausläuft.
Übermäßiger Appetit steht meist in Verbindung mit üppigem Magen-Feuer *(Wei-Huo Kang-Cheng)*. Hungergefühl ohne Appetit ist ein Zeichen, daß das *Yin* des Magens nicht ausreicht. Zunächst hat der Kranke anscheinend Hunger. Ißt er jedoch, fühlt er eine Abneigung gegen das Essen. Ein brennendes, heißes Gefühl mit Übelkeit nach dem Essen tritt meist bei Fällen von «Blockierung» auf. Hierher gehören ein Stocken der Nahrung *(Shi-Yu)*, eine Verstopfung mit Schleim *(Tan-Yu)* oder eine *Qi*-Stockung *(Qi-Yu)*. Es kann auch ein Zeichen eines allgemeinen Leere-Syndroms *(Xu-Zheng)* sein, beispielsweise einer Blut-Leere *(Xue-Xu)* oder einer *Yin*-Leere *(Yin-Xu-Zheng)*.
Hat der Patient einen guten Appetit, ist dies ein Zeichen, daß die Magenfunktion *(Wei-Qi)* noch nicht geschädigt ist, dabei läßt sich eine Krankheit gut behandeln und heilt meist rasch. Bessert sich der Appetit eines Patienten,

ist dies ein Zeichen dafür, daß sich die Magenfunktion *(Wei-Qi)* erholt und daß eine rasche Besserung zu erwarten ist.

c) Ungewöhnlicher Mundgeschmack und Mundgeruch
Ein bitterer Geschmack im Mund entspricht der Hitze; meist ist er ein Zeichen von Hitze in Leber und Galle *(Gan-Dan You Re)*. Ein saurer, verdorbener Geschmack im Mund zeigt eine Blockierung *(Zhi)* in Magen und Darm an. In diesem Fall liegt meist eine Verdauungsstörung vor. Ein schlechter Geschmack im Mund entsteht durch übermäßig starkes Feuer im Magen *(Wei-Huo Chi-Cheng)*. Ist der Mundgeschmack fade, deutet dies auf trübe Nässe im Magen hin *(Wei You Shi-Zhuo)* oder ist Symptom eines Leere-Syndroms *(Xu-Zheng)*. Süßer Geschmack im Mund zeigt eine Ansammlung von Nässe und Hitze in der Milz *(Pi-Yun Shi-Re)* an, ein salziger Geschmack eine Leere der Niere *(Shen-Xu)*. In der Praxis findet man bitteren, saueren, verdorbenen, schlechten und faden Mundgeschmack relativ häufig.

6.1.3.4.5 Schlaf

Im Gespräch mit seinem Patienten erkundigt sich der chinesische Arzt nach der Länge und der Tiefe des Schlafes sowie nach Einschlaf- oder Durchschlafstörungen. Schlaflosigkeit, von Angst, lebhaften Träumen und Aufschrecken begleitet, ist typisch für ein nicht ausreichendes Blut des Herzens *(Xin-Xue Bu Zu)*. Einschlafstörungen mit Unruhe und innerem Hitzegefühl sind ein Zeichen einer *Yin*-Leere mit üppigem Feuer *(Yin-Xu Huo-Wang)*. Ein bitterer Mundgeschmack, Nervosität, Herzklopfen und Schlaflosigkeit sind Symptome eines Schleim-Feuers *(Tan-Huo)*, das das Herz stört. Auch Verdauungsstörungen oder Magenerkrankungen können zu Schlaflosigkeit führen. Dazu heißt es im Buch *Nei-Jing:* «Wenn der Magen nicht ausgeglichen ist, bringt dies unruhigen Schlaf» (241).

Ein Patient, der stets müde ist und zu jeder Tageszeit einschlafen kann, leidet oft an einer äußerlich ansteckenden Hitzeerkrankung oder an einer chronischen Erkrankung mit *Qi*-Leere, *Yang*-Leere mit üppigem *Yin (Yang-Xu Yin-Cheng)*. Der Grund kann aber auch in einer Nässe-Belästigung der Milz liegen, wobei das klare *Yang* nicht in der Lage ist, nach oben zu steigen *(Qing-Yang Bu Sheng)*.

6.1.3.4.6 Stuhlgang und Urin *(Er-Bian)*

a) Stuhlgang *(Da-Bian)*

Im ärztlichen Gespräch fragt der Arzt nach der Häufigkeit der Darmentleerung, insbesondere nach der täglichen Zeit des Stuhlgangs. Ferner erkundigt er sich nach Form und Konsistenz der Darmentleerung. Spärlichen, harten und trockenen Stuhlgang bzw. keine tägliche Darmentleerung nennt man in der chinesischen Medizin ebenso wie in der westlichen «Verstopfung». Eine Verstopfung bei frisch erkrankten Patienten mit Blähungen entspricht einem Fülle-Syndrom oder Hitze-Syndrom. Verstopfung bei chronisch Kranken, älteren Leuten, bei Schwangeren oder bei Frauen im Anschluß an eine Geburt zeigt, daß die Körpersäfte *(Jin)* vermindert sind, daß zu wenig Blut vorhanden ist, oder daß sowohl im *Qi* als auch im *Yin* eine Leere *(Qi-Yin-Liang-Xu)* besteht. Häufige Darmentleerungen mit nicht geformtem Stuhl heißen «Durchfall». Breiiger Kot, der schlecht riecht, ist ein Zeichen dafür, daß sich innere Hitze angesammelt hat *(Li-Re Ji-Zhi)*. Dünner, wäßriger und geruchloser Stuhl entspricht Leere und Kälte in Milz und Magen *(Pi-Wei Xu-Han)*. Wäßriger Durchfall mit schlechter Urinausscheidung entspricht dem Zustand, daß «Wasser-Nässe nach unten fließt» *(Shui-Shi Xia Zhu)*. Durchfall am frühen Morgen, noch vor Tagesanbruch, zeigt eine *Yang*-Leere von Milz und Niere an (vgl. Abschn. 7.3.3.9).
Ist der Stuhl zu Anfang der Entleerung hart, hinterher breiig, entspricht dies einer Leere und Schwäche von Milz und Magen; es ist ein Zeichen, daß das *Qi* des Mittleren Erwärmers nicht ausreichend ist. Blut und Eiter im Stuhl mit ständigem Stuhldrang ist auch in der chinesischen Medizin typisch für die Ruhr (Dysenterie). Nach den Grundlagen der chinesischen Heilkunde entspricht dies Nässe und Hitze im Dickdarm *(Da-Chang Shi-Re)*.

b) Urin

Der Arzt fragt nach der Farbe und der Menge des Urins, nach der Häufigkeit des Wasserlassens und nach etwaigen Begleiterscheinungen. Kurzes Wasserlassen mit wenig Urin, der gelb und heiß ist, entspricht einem Fülle-Hitze-Syndrom. Kurzes Wasserlassen mit wenig Urin, der nicht gelb und nicht heiß ist, zeigt eine Verminderung der Körpersäfte *(Jin-Ye)* an, was durch Schwitzen, Erbrechen, Durchfälle oder andere Ursachen entstehen kann. Wenig Ausscheidung von Urin entsteht auch, wenn Wasser-Nässe im Körperinneren gestaut ist.
Langes Wasserlassen mit viel kaltem Urin entspricht einem Leere-Kälte-Syndrom oder einem Diabetes mellitus.

In der chinesischen Medizin unterscheidet man das häufige Wasserlassen, bei dem der Patient oft kleine Mengen Urin ausscheidet, von einem häufigen Harndrang, bei dem das Wasser kaum gehalten werden kann. Schmerzen in der Harnröhre beim Wasserlassen heißen «Harn-Schmerz». Häufiges Wasserlassen kann sowohl von Harndrang als auch von Harnschmerz begleitet sein. Häufiges Wasserlassen, Harndrang und Harnschmerz mit dunkelrot gefärbtem Urin bei frisch Erkrankten entsprechen feuchter Hitze in der Blase *(Pang-Guang Shi-Re).* Harndrang mit häufiger Ausscheidung von hellem Urin bei chronisch kranken, älteren Menschen ist typisch für eine schwache Nierenfunktion *(Shen-Qi Bu Gu)* bzw. für ein Versagen der Blase. Wenn beim Wasserlassen nur wenige Tropfen Urin kommen, spricht die chinesische Medizin von «schwieriger» *(Long)* Blasenfunktion. Hierbei ist das Wasserlassen für den Patienten ausgesprochen mühsam. Kommt überhaupt kein Urin, spricht die chinesische Heilkunde von «verschlossener» *(Bi)* Blasenfunktion, ein Zustand, der in der westlichen Medizin mit «Anurie» bezeichnet wird. Plötzliche Harnverhaltung oder nur tropfenartiger Urinfluß mit Schmerzen im unteren Abdomen, begleitet von Fieber, entspricht einem Fülle-Syndrom. Wenig oder gar kein Urin, Lendenschmerzen, Kälte in den unteren und oberen Extremitäten entsprechen einem Leere-Syndrom. Unwillkürlicher Urinverlust heißt in der chinesischen Medizin, ebenso wie in der westlichen, «Inkontinenz». Das unwillkürliche Wasserlassen im Schlaf heißt «Enuresis». Beides, Inkontinenz und Enuresis zeigt eine Schwäche des Nieren-*Qi* *(Shen-Qi Bu Gu)* an. Kinder mit Bettnässen, also Enuresis, sind entweder nicht zum normalen Wasserlassen erzogen worden oder es liegt eine Unterentwicklung des Kindes vor, bei der ebenfalls eine Schwäche des Nieren-*Qi* besteht.

6.1.3.4.7 Menstruation und Ausfluß bei Frauen

Periodenblutung, Schwangerschaft und Geburt sind normale Erscheinungen bei der Frau. Im ärztlichen Gespräch fragt der chinesische Arzt bei weiblichen Patienten nach all diesen drei physiologischen Vorgängen. Zusätzlich erkundigt er sich, ob Ausfluß (Fluor albus) besteht.

a) Die Periodenblutung

Die Periode umfaßt normalerweise 28 Tage; davon fallen drei bis fünf Tage auf die Menstruation. Bei der gesunden, voll entwickelten Frau ist die Farbe des Menstruationsblutes hellrot, es wird eine mäßige Menge Blut ausgeschieden. Bei der Befragung der Patientin hat man nach der Dauer, der

Farbe, der Stärke der Menstruation und nach etwaigen Begleiterscheinungen zu fragen. Wenn nötig, erkundigt man sich auch nach der Menarche, nach dem Datum der letzten Periodenblutung oder nach dem Alter, in dem die Patientin in die Menopause kam.

Wenn bei der Periodenblutung zu Anfang viel hellrotes Blut ausgeschieden wird, besteht ein Zustand von Hitze im Blut *(Xue-Re)*. Ist die Farbe der Periodenblutung blaß und wird nur wenig Blut abgesondert, bestehen außerdem nach der Menstruation Bauchschmerzen, deutet dies auf nicht ausreichendes *Qi* und Blut hin. Wenn vor Beginn der Monatsblutung Bauchschmerzen bestehen und wenn gegen Ende der Menstruation die Farbe des Blutes dunkel und klumpig ist, besteht meist ein Kälte-Syndrom *(Han-Zheng)* oder eine Blutverstauung *(Yu-Xue)*. Helle Farbe der Menstruation und nur eine geringe Menge Blut sind Zeichen von Blut-Leere *(Xue-Xu)*. Eine unregelmäßige Periodenblutung, begleitet von Schmerzen oder von Druck und Spannung in der Brust vor der Menstruation zeigt eine Verstopfung der Leber und eine Blockierung des *Qi (Gan-Yu Qi-Zhi)* an. Bei einem Ausbleiben der Monatsblutung ist zwischen einer Schwangerschaft und einer Amenorrhoe aus anderer Ursache zu unterscheiden. Patienten mit Blutarmut, Blutstauung *(Xue-Yu)* und Tuberkulose neigen zum Auftreten von Amenorrhoe. Um hier die richtige Diagnose zu finden, muß der Arzt alle Symptome der gesamten Diagnostik berücksichtigen.

Unregelmäßige Blutungen bei der Frau heißen «Metrorrhagien». Ein ununterbrochenes Tröpfeln von Blut während der Menstruation heißt in der chinesischen Medizin «Durchsickern von Blut». Ist die Farbe der Monatsblutung schwarz, rot und klumpig, bestehen dabei Bauchschmerzen, liegt ein Hitze-Zustand vor. Bauchschmerzen und Periodenblutung von einer hellen Farbe, ohne Blutklumpen, deuten auf eine Schädigung der außergewöhnlichen Gefäße *Chong-Mai* und *Ren-Mai* (Dienergefäß) hin. Dabei kann auch der Fall vorliegen, daß das *Qi* des Mittleren Erwärmers nach unten absinkt. Plötzliches Aufhören der Blutung während der Menstruation wird entweder durch das Eindringen von Kälte in die Körpermitte *(Zhong-Han)*, oder Ärger und Kummer verursacht. Der Arzt soll hier nach den Ursachen fahnden. Wenn eine äußerlich ansteckende Hitzekrankheit *(Wai-Gan Re-Bing)* vorliegt, kann während der Menstruation die Hitze ins Blut übertreten.

b) Ausfluß

Hier fragt der Arzt bei weiblichen Patienten nach der Menge, der Farbe und dem Geruch des Ausflusses. Besteht reichlich heller Ausfluß, der kaum riecht, zeigt dies Leere und Kälte in der Milz und der Niere *(Pi-Shen Xu-*

Han) an. Reichlich weißgelber, übelriechender Ausfluß ist typisch für Nässe und Hitze, die zu den unteren Regionen des Körpers hinabfließt *(Shi-Re Xia-Zhu).*

6.1.3.4.8 Das Befragen von Kindern

Ärztliche Fragen an Kinder zu stellen, ist schwieriger als an Erwachsene. Kinder können kaum sachlich berichten; man soll sich deshalb möglichst auf die Angaben ihrer Eltern verlassen. Hierbei ist wesentlich, nach der Entwicklung des Kindes vor der Geburt, also während der Schwangerschaft, zu fragen und sich nach dem Geburtsablauf zu erkundigen. Ferner soll man fragen, ob das Kind Infektionskrankheiten gehabt hat, welche Impfungen vorgenommen wurden, ob es mit Muttermilch ernährt wurde, wann es anfing zu reden und zu laufen. Auch die genaue Erkundigung nach dem Alter des Kindes ist wichtig. Ferner wird nach besonderen psychischen Eindrücken des Kindes (große Angstzustände, Furcht vor bestimmten Dingen usw.) gefragt. Der Gesundheitszustand der Eltern des Kindes, eventuell auch der Großeltern, kann ebenfalls bei der Befragung wichtig sein.

6.1.3.4.9 Das Lied der zehn Fragen

In der Praxis hat der Arzt stets daran zu denken, daß die Fragen nicht schematisch gestellt werden, sondern sich aus der jeweiligen Situation ergeben. Die oben angeführten Regeln sind deshalb nur Anhaltspunkte. Die traditionellen chinesischen Ärzte lernen in ihrer Ausbildung ein kleines Gedicht, in dem zur Stütze des Gedächtnisses die wichtigsten Fragen aufgeführt sind, die der Mediziner dem Patienten zu stellen hat. Diese Zeilen, die sich im Chinesischen reimen, fügen wir hier in einer Übersetzung an:

Das Lied der zehn Fragen

1. Frage nach Schüttelfrost und Fieber,
2. nach Transpiration,
3. Frage nach Kopf, Rumpf- und Gliedmaßen,
4. nach Körperabsonderungen.
5. Frage nach Essen und Trinken,
6. nach dem Gefühl in der Brust.
7. Frage nach dem Hören,
8. Frage nach dem Durst.

Unterscheide alles deutlich –
Frage 9. nach der Krankheitsgeschichte,
Frage 10. nach der eigentlichen Ursache –
damit eine gute Behandlung alles in Ordnung bringen kann.
Frage Frauen nach der Periode,
Ein Ausbleiben derselben kommt häufig vor.
Unterscheide bei Kindern Masern und Pocken,
Sonst können Gefahren eintreten (242).

6.1.4 Untersuchung durch Betasten

Die Diagnose durch Betasten wird in der chinesischen Heilkunde unterteilt in:

1. die Pulsdiagnostik,
2. das Betasten des Körpers.

Beide Verfahren führt der Arzt mit seinen Händen an der Körperoberfläche des Kranken durch, um Informationen zur dialektischen Diagnostik zu erhalten.

6.1.4.1 Die Pulsdiagnostik *(Mai-Zhen)*

Die Pulsdiagnostik hat im Laufe der Geschichte der chinesischen Heilkunde eine lange Entwicklung durchlaufen. Die Eigentümlichkeit der chinesischen Krankheitsdiagnostik kommt gerade in der Pulsdiagnostik besonders deutlich zum Ausdruck. Bereits vor Jahrtausenden tasteten die chinesischen Ärzte nach den Pulsen ihrer Patienten und zogen daraus Schlüsse hinsichtlich Diagnose, Behandlung und Prognose der Erkrankung. Die Pulsdiagnostik änderte sich im Lauf der Jahrhunderte. Anfangs beurteilte man die Pulse aller möglichen Körperregionen: des Kopfes, des Halses, der Beine, der Arme. So beispielsweise noch im Buche *«Nei-Jing»*. In den späteren Jahrhunderten beschränkte man sich mehr und mehr auf die Pulse an beiden Handgelenken, worüber vor allem in dem klassischen Werk über den Puls, dem Buch *«Mai-Jing»*, berichtet wird. In diesem Werk wird auch erstmals eine Systematik der chinesischen Pulsdiagnostik deutlich (243). Dabei geht es darum, die Qualität des Pulsschlages nach dessen Lage in der Tiefe oder an der Oberfläche, nach seiner Geschwindigkeit (langsam oder schnell), nach seiner Stärke (stark oder schwach) und nach seinem Rhythmus (gleichmäßig oder unterbrochen) festzustellen, daraus ein einheitliches Pulsbild zu entwickeln und dieses in bezug auf die vorliegende Erkrankung zu analysieren. Dieses «Pulsbild» *(Mai-Xiang)* ist somit eine wichtige Stütze der dialektischen Diagnostik in der chinesischen Medizin. Es hilft bei der Analyse der Krankheitsursache, beim Abschätzen des Krankheitsverlaufs und bei der Festlegung der Therapie.

Die Beziehungen zwischen Pulsveränderungen und Krankheit sind nach der Theorie der chinesischen Medizin sehr kompliziert. Normalerweise halten sich Veränderungen der Pulse in bestimmten Grenzen, wodurch das sogenannte «normale Pulsbild» bestimmt wird. Im Krankheitsfalle treten demgegenüber von den verschiedenen pathologischen Faktoren bedingte Pulsveränderungen auf, die auf einen Krankheitszustand schließen lassen. Dies sind die «pathologischen Pulse». Nach der Erfahrung der chinesischen Heilkunde sind verschiedenen Erkrankungen unterschiedliche pathologische Pulse zugeordnet, und auf dieser Beobachtung beruht die klinische Verwendbarkeit der chinesischen Pulsdiagnostik.

6.1.4.1.1 Vorgehen des Arztes bei der chinesischen Pulsdiagnostik

a) Lokalisierung der Pulse

In der heutigen klinischen Praxis verwendet man in der chinesischen Medizin hauptsächlich die Pulsdiagnostik am Handgelenk *(Cun-Kou Zhen-Fa)*. Hierbei wird auf der Arteria radialis beider Handgelenke der Pulsschlag getastet. Die eben bereits erwähnte alte chinesische Pulsdiagnostik am ganzen Körper *(Bian-Zhen-Fa)* und die sogenannte «Dreiteilige Pulsdiagnostik» *(San-Bu Zhen-Fa)* finden heute in China nur noch sehr selten Anwendung. Sie sind überliefert im Text des Buches *«Nei-Jing»*. Bei der dreiteiligen Pulsdiagnostik wurden die Pulse der Arteria carotis externa, der Arteria dorsalis pedis und der beiden Radialarterien am Handgelenk getastet (244). Das vorliegende Lehrbuch beschränkt sich auf die Beschreibung der Pulstastung an letzteren, da sie für die dialektische Diagnostik die größte Bedeutung haben.

Theoretisch wird die Pulsdiagnostik am Handgelenk in der chinesischen Medizin dadurch untermauert, daß an der Pulstaststelle der Lungen-Meridian entlang zieht. Ein Lehrsatz der traditionellen chinesischen Medizin heißt: «Die Lunge ist auf die 100 pulsierenden Gefäße ausgerichtet» (245) (Abs. 2.1.2.1). Die Gefäße treffen sich nach der Lehre der chinesischen Heilkunde am Punkt *Tai-Yuan* (9. Punkt des Lungen-Meridians) am Handgelenk. Dieser Punkt liegt in der distalen Beugefalte des Handgelenks in einer kleinen

Grube lateral von der Arteria radialis. Er ist der am weitesten distal gelegene Abschnitt der Pulstaststelle am Handgelenk, die in der chinesischen Medizin *«Cun-Kou»* genannt wird. In der Pulsdiagnostik heißt dieser Punkt einfach *«Cun»*. Er wird bei der Pulsdiagnostik stets mit der Fingerbeere des Zeigefingers getastet. Auf den Punkt *Jing-Que* (8. Punkt des Lungenmeridians), in der Pulsdiagnostik mit *«Chi»*, d. h. Elle, bezeichnet, wird die Fingerbeere des Ringfingers aufgesetzt. Er liegt in der Entfernung von *1 Cun* proximal vom Punkt *Tai-Yuan.* Zwischen beiden liegt die Pulstaststelle *«Guan»*, d. h. Schranke, die mit der Fingerbeere des Mittelfingers getastet wird.

Abb. 30: Die Pulstaststellen

Aufgrund der Beziehung zwischen Punkt *Tai-Yuan* und den «100 Gefäßen» liegt für die chinesische Medizin an der Pulstaststelle der Handgelenke *(«Cun-Kou»)* der Anfang und das Ende der mit den Meridianen gekoppelten fünf Speicherorgane und sechs Hohlorgane. Deshalb spiegeln sich alle Erkrankungen des Körperinneren an den Pulsen des *«Cun-Kou»*. Im Buch *«Su-Wen»* heißt es: «Der Magen ist das Meer der Nahrung *(Shui-Gu)* und die wichtigste Quelle der sechs Hohlorgane. Die fünf Geschmacksarten des Mundes *(Wu-Wei)* werden im Magen gespeichert; damit wird das *Qi* der fünf Speicherorgane ernährt. Die *Qi*-Mündung *(Qi-Kou)* am Handgelenk gehört zum *Tai-Yin*. Hier sitzt der «Geschmack» *(Qi-Wei)* der fünf Speicher- und sechs Hohlorgane, der aus dem Magen kommt und sich an dieser Pulstaststelle *(Qi-Kou)* zeigt.» (246) Mit der alten chinesischen Bezeichnung

«Qi-Kou» ist «*Cun-Kou*», der Handgelenks-Puls gemeint. Dieses Zitat erläutert, warum die alte chinesische Medizin annahm, daß Erkrankungen der inneren Organe an den Handgelenks-Pulsen erkennbar sind.
Die Ernährung der inneren Organe stammt aus der Nahrungs-Essenz *(Shui-Gu Jing-wei)* der Milz und des Magens. Im Buch *«Su-Wen»* heißt es: «Das *Tai-Yin* (die Milz) sorgt dafür, daß das *Qi* in den drei *Yin* zirkuliert. Das *Yang-Ming* (der Magen) sorgt dafür, daß das *Qi* in den drei *Yang* zirkuliert» (247). Mit *«drei Yin»* sind hier die drei *Yin*-Meridiane*) einschließlich der zugehörigen inneren Organe, mit den *«drei Yang»* sind die drei *Yang*-Meridiane**) einschließlich zugehöriger innerer Organe gemeint. Die Zirkulation des *Qi* in den inneren Organen ist also von seiner Beförderung durch Milz und Magen abhängig. Das *«Tai-Yin»* der chinesischen Medizin umfaßt neben der Milz und ihren Meridianen aber auch die Lunge und den Lungen-Meridian. Die Lunge ist «auf die 100 Gefäße ausgerichtet». (102) Wenn die Lungengefäße und der Lungen-Meridian gefüllt sind, hängt dies eng mit der normalen Funktion von Milz und Magen im Mittleren Erwärmer zusammen. Der Lungen-Meridian hat übrigens eine direkte Verbindung zum Mittleren Erwärmer. Eine Veränderung des *Qi* der inneren Organe hängt stets mit einer Störung von Milz und Magen zusammen. Diese Störung läßt sich durch eine Veränderung der mit Milz und Magen zusammenhängenden Blutgefäße (beispielsweise der Arteria carotis externa und der Arteria dorsalis pedis) feststellen. Sie zeigt sich aber auch besonders deutlich an der Pulstaststelle *(Cun-Kou)* des Lungen-Meridians am Handgelenk.

b) Technik der Pulsdiagnostik

Der Patient soll beim Pulstasten eine sitzende oder liegende Stellung einnehmen. Sein Arm soll auf gleicher Höhe mit dem Herzen liegen, die Handfläche nach oben gekehrt, der Unterarm gestreckt, sodaß der Kreislauf nicht behindert wird. Die Handgelenks-Pulse werden in der chinesischen Heilkunde in drei Bereiche geteilt:

1. *Cun* (am Punkt *Tai-Yuan*, 9. Punkt des Lungen-Meridians),
2. *Guan* (0,5 *Cun* proximal vom Punkt *Tai-Yuan*),
3. *Chi* (am Punkt *Jing-Que*, 8. Punkt des Lungen-Meridians).

Man tastet den Puls bei erwachsenen Patienten mit drei Fingern. Zunächst legt man den Mittelfinger auf den Processus styloides radii und fixiert den Punkt *Guan* (Schranke). Danach legt man den Zeigefinger auf die Position *«Cun»*. Schließlich bringt man die Spitze des Ringfingers auf den Punkt

*) *Tai-Yin, Shao-Yin, Jue-Yin*
**) *Tai-Yang, Shao-Yang, Yang-Ming*

«Chi». Dabei sind die Finger bogenartig gekrümmt, drücken schräg auf, so daß der Puls mit den Fingerbeeren spürbar ist. Der Abstand der drei Finger voneinander wird je nach Körpergröße des Patienten modifiziert. Bei Kindern mit schmalem Handgelenk ist er eng, bei Erwachsenen ist er weiter. Gelegentlich ist das Handgelenk von Kindern zu schmal, um drei Finger aufzulegen. Dann verwendet der chinesische Arzt die Methode, «einen Finger auf die Schranke setzen» *(Yi-Zhi Ding-Guan-Fa)*. Hierbei wird meist der Daumen *(Mu-Zhi)* verwendet. Bei Kleinkindern unter drei Jahren benutzt man anstelle der Pulsdiagnostik das Betrachten der Fingerlinien an den «drei Schranken» (vgl. Abs. 6.1.1.6).
Man benützt zum Pulsfühlen in der chinesischen Medizin drei Arten von Fingerdruck: das leichte *(Ju)*, das mittlere *(Xun)* und das starke *(An)* Drücken. Wörtlich heißt *«Ju»* soviel wie «Hochheben», *«Xun»* heißt «Suchen», *«An»* heißt «Pressen». Beim leichten Drücken wird mit sehr wenig Kraft der Puls locker auf der Haut gefühlt. Beim mittleren Drücken wird der Puls mäßig stark «gesucht», wobei man mit den muskulären Partien Kontakt aufnimmt. Beim starken Drücken tritt die Fingerbeere in Verbindung zu Knochen und Sehnen. Sie «preßt» auf den Puls. Jede der verschiedenen Druckpositionen, leicht, mittel und stark, soll mindestens 1 Min. betastet werden. Dabei wird die Reihenfolge vom Leichten zum Stärkeren gewählt. So hat jeder der drei Abschnitte des Handgelenks-Pulses (*Cun*, *Guan* und *Chi*) seine drei Tasttiefen, was insgesamt neun verschiedene Tastorte ergibt, die in der chinesischen Heilkunde die «neun Zustände» *(Jiu-Hou)* genannt werden. Falls es zur Differenzierung der einzelnen Positionen notwendig ist, kann der Arzt die verschiedenen Pulstaststellen *«Cun»*, *«Guan»* und *«Chi»* jeweils mit einem einzelnen Finger betasten.
Allgemein gilt, daß die Pulsdiagnostik nur in sehr ruhiger Umgebung vorgenommen werden soll. Nach starken körperlichen Anstrengungen soll der Arzt den Patienten erst einige Minuten ruhen lassen, bevor er ihm den Puls fühlt. Auch der Arzt muß über größte Konzentration und Ruhe verfügen. Er soll gleichmäßig atmen und sich ganz auf die Pulstastung konzentrieren. Die Zeit einer Pulsdiagnostik soll wenigstens 3 Minuten dauern.

6.1.4.1.2 Der normale Puls

Der normale Puls wird in der chinesischen Medizin auch «ebener Puls» *(Ping-Mai)* oder «sanfter Puls» *(Huan-Mai)* genannt. Der normale Puls ist ruhig, kräftig, an der Oberfläche, in der Mitte und der Tiefe gleich stark. Er ist weder schnell noch langsam und schlägt etwa 60- bis 80mal pro Minute. Beim Erwachsenen schlägt er viermal pro Ein- und Ausatmung. Das wichtigste Kriterium des normalen Pulses ist seine Gleichmäßigkeit. Zu beachten ist, daß der Pulsschlag abhängig ist vom Lebensalter, vom Geschlecht, von der Konstitution, vom Fettansatz und von anderen Faktoren.

In den chinesischen Werken über die Pulsdiagnostik gibt es verschiedene Kriterien des Pulses. Der Arzt hat festzustellen, ob ein Pulsbild «übereinstimmend» bzw. «günstig» *(Shun)* oder «entgegengesetzt verlaufend» *(Ni)* ist. Beides beruht hauptsächlich darauf, ob der Puls «Magen» *(Wei)*, «Geist» *(Shen)* und «Wurzel» *(Gen)* hat. Diese drei Kriterien sind vorhanden, wenn das Pulsbild ruhig, sanft, harmonisch, gleichmäßig und kräftig ist. In solchen Fällen ist der Puls auch «eben» und «weich». All diese Qualitäten werden in erster Linie an der Pulstaststelle *«Chi»* festgestellt, die dem Punkt *Jing-Que*, dem 8. Punkt des Lungen-Meridians, entspricht und mit der Ringfingerkuppe getastet wird. Wenn bei einem krankhaft veränderten Pulsbild noch Magen-Funktion *(Wei-Qi)* vorhanden ist, nennt man dies ein «übereinstimmendes» bzw. «günstiges» *(Shun)* Pulsbild. In diesem Falle ist die Krankheit meist zu heilen. Fehlt beim Handgelenks-Puls das Kriterium «Magen» *(Wei)*, so handelt es sich um einen «entgegengesetzt verlaufenden», d. h. ungünstigen Puls *(Ni)*, und die Erkrankung ist schwer heilbar.

Die Begriffe «Magen» *(Wei)*, «Geist» *(Shen)* und «Wurzel» *(Gen)* entstammen dem klassischen Chinesisch. Sie werden heute in der täglichen Praxis der chinesischen Heilkunde nur noch selten verwendet. *Wei* bezieht sich auf die Magenfunktion. Wenn diese normal ist, hat der Puls genügend «Magen». Das Kriterium ist hier, daß er normal und regulär verläuft. *Shen* bezieht sich auf die normale Funktion des *Yuan-Qi*; ein Puls hat «Geist» *(Shen)*, wenn in ihm die normale Vitalität spürbar ist. Dabei ist anzumerken, daß das *Yuan-Qi* ohnehin die Körperfunktionen ist, die sich am Puls in erster Linie ausdrückt. Wenn der Puls nicht nur bei oberflächlichem und mittlerem Druck gut tastbar, sondern auch in der Tiefe normal zu fühlen ist, so besitzt er eine «Wurzel» *(Gen)*.

Nach der Theorie der chinesischen und auch der westlichen Medizin hat der Puls eine enge Verbindung zu den inneren und äußeren Partien des menschlichen Organismus. Veränderungen des Pulsschlages mit dem Lebensalter, besondere Pulse bei bestimmter Konstitution und bei veränderter psychischer Verfassung sind der chinesischen wie der westlichen Heilkunde geläufig. Beispielsweise schlägt der Puls schneller, je jünger ein Mensch ist. Säuglinge haben einen raschen Puls von 120 bis 140 Schlägen pro Minute. Bei fünf- bis sechsjährigen Kindern schlägt der Puls pro Ein- und Ausatmung sechsmal, d. h. pro

Minute etwa 90- bis 110mal. Bei jungen Menschen mit gut trainiertem Körper ist der Puls kräftig. Bei älteren Leuten mit geschwächter Gesundheit ist der Puls schwach. Bei Frauen ist der Pulsschlag etwas leichter und schneller als bei Männern. Bei hochgewachsenen Menschen mit starkem Körperbau ist der Puls breiter und länger. Bei Menschen mit zierlichem Körper ist der Puls schmaler und kürzer. Magere Menschen haben gewöhnlich einen Puls, der oberflächlich sitzt. Dicke Menschen haben demgegenüber einen tieferliegenden Puls.

Bei schwerer körperlicher Arbeit, bei sportlichen Leistungen und langen Märschen, nach dem Genuß von Alkohol und nach dem Essen, sowie bei übermäßiger nervlicher Belastung ist der Puls rasch und kräftig. Im Zustand der Unterernährung oder gar des Hungers ist der Puls schwach. Gelegentlich erscheint der Puls nicht am Handgelenk, sondern verschiebt sich von der Pulstaststelle *«Chi»* (Elle) schräg aufwärts zum Handrücken. Dieser Puls wird «schräg fliegender Puls» *(Xie-Fei-Mai)* genannt. Wenn der Puls direkt am Handrücken erscheint, nennt die chinesische Medizin dies «entgegengesetzten Schranken-Puls» *(Fan-Guan-Mai)*. Dies ist keine krankhafte Erscheinung, sondern nur eine Variante der Norm. Der normale Puls kann vom Wetter beeinflußt werden. So ist ein Puls nach den Erfahrungen der chinesischen Heilkunde im Frühjahr gespannter *(Xian-Mai)*, im Sommer weiter bzw. stromartiger *(Hong-Mai)*, im Herbst ist er oberflächlicher *(Fu-Mai)*, und im Winter liegt er tiefer *(Chen-Mai)*. All diese Veränderungen nach den Jahreszeiten gehören aber zum normalen ebenen Puls *(Ping-Mai)*. Diese normalen Pulsveränderungen müssen in der Klinik gut von den krankhaften Pulsveränderungen unterschieden werden.

6.1.4.1.3 Pathologische Pulsveränderungen und zugeordnete Erkrankungen

Im Laufe der chinesischen Medizingeschichte hat es unterschiedliche Ansichten über die Pulsdiagnostik gegeben. Im ältesten Lehrbuch der Pulsdiagnostik, dem *Mai-Jing* aus der östlichen *Jin*-Dynastie (317–420 n. Chr.), werden 24 unterschiedliche Pulsarten erwähnt. In dem späteren Werk *«Zhen-Zong San Mei»*, zu deutsch: die «Drei Geheimnisse der erhabenen Diagnostik», aus der *Ming*-Dynastie, wird über 32 verschiedene Pulsarten berichtet. Das ebenfalls der *Ming*-Dynastie entstammende Werk *«Jing-Yue Quan-Shu»* beschreibt 16 verschiedene Pulsbilder. Am bekanntesten sind die 27 verschiedenen Pulse des Buches *«Pin-Hu Mai-Xue»*, zu deutsch: die «Pulslehre aus der Nachbarschaft des Sees», die ebenfalls der *Ming*-Dynastie entstammen (vgl. S. 342).

Heute wird in der chinesischen Medizin meist von 28 verschiedenen Pulsen gesprochen, die den obengenannten Werken entstammen. Für den westlichen

Arzt, der sich mit chinesischer Medizin beschäftigen möchte, ist es zur richtigen Beurteilung der chinesischen Pulsdiagnostik wichtig zu wissen, daß man in der klinischen Praxis mit erheblich weniger Pulsbildern auskommt. Dies ist nicht zuletzt für den Anfänger in der Pulsdiagnostik eine große Hilfe. In diesem Lehrbuch werden nur die 19 in der Praxis am häufigsten auftretenden Pulse diskutiert. Auch sie können nochmals in wichtige und weniger wichtige Pulsarten unterteilt werden. Den Kern der chinesischen Pulsdiagnostik bilden 11 verschiedene Pulsarten, deren Namen in der folgenden Aufstellung zur besseren Übersichtlichkeit im Druck besonders hervorgehoben sind.

Allgemeine Vorbemerkungen zum pathologischen Puls:

Da die meisten westlichen Werke über die chinesische Pulsdiagnostik bisher von falschen Voraussetzungen ausgingen, sind hier einige Vorbemerkungen nötig, um teilweise weit verbreitete Irrtümer zu korrigieren. Das wichtigste bei der chinesischen Pulsdiagnostik ist nicht etwa die Beurteilung der drei verschiedenen Pulstaststellen «Zoll» *(Cun)*, «Schranke» *(Guan)* und «Elle» *(Chi)*, sondern das Tasten der *allgemeinen Qualität* des Pulsschlags. Die 18 verschiedenen Pulsqualitäten, die wir in diesem Lehrbuch vorstellen, und die heute an den Lehrinstituten der traditionellen chinesischen Medizin in China hauptsächlich gelehrt werden, lassen sich in Untergruppen gliedern. Eine Möglichkeit dazu zeigt folgende Übersicht:

I. *Yang-Fülle-Oberfläche-Hitze-Pulse:* Hierher gehören die Pulsarten 1. (oberflächlicher Puls), 4. (schneller Puls), 6. (Fülle-Puls), 9. (weiter Puls), 9a. (großer Puls), 13. (gespannter Puls), 14. (straffer Puls).

II. *Yin-Leere-Inneres-Kälte-Pulse:* 2. (tiefer Puls), 3. (langsamer Puls), 5. (leerer Puls), 10. (dünner Puls), 10a. (kleiner Puls), 11. (fadenförmiger Puls), 12. (schwacher und oberflächlicher Puls), 15. (hohler Puls), 20. (schwacher Puls).

III. *Pulse ohne feste Zuordnung:* 7. (gleitender Puls), 8. (rauher Puls).

IV. *Unregelmäßige Pulse* (chinesisch: *Jie-Dai-Mai*): 16. (schneller unregelmäßiger Puls), 17. (langsamer unregelmäßiger Puls), 18. (stellvertretender Puls).

V. *Gruppe der normalen Pulse:* 19. (langsamer, weicher, sogenannter «sanfter» Puls).

Die vorstehende Zuordnung, die teilweise von der in Tabelle 13 abweicht, darf nicht absolut genommen werden. Genauere Aufschlüsselungen der einzelnen Pulsarten finden sich in der Tabelle über die pathologischen Pulse und die ihnen zugeordneten Krankheiten. Die Eingliederung der verschiedenen Pulse nach *Yin* und *Yang*, Leere und Fülle, verfolgt hier in erster Linie didaktische Absichten, um die chinesische Pulsdiagnostik für den westlichen Arzt verständlicher zu machen. Wichtig ist dabei, in die zunächst kaum übersehbare Vielfalt der verschiedenen Pulsqualitäten eine grundsätzliche Ordnung zu bringen, nach der sich der Student der chinesischen Heilkunde zunächst einmal grob orientieren kann.

Die Pulsbilder im einzelnen:

1. **Oberflächlicher** Puls *(Fu-Mai)*
   Eigenschaften: Beim Aufsetzen des Fingers ohne Druck, also beim Tasten der Position *«Ju»*, ist dieser Puls gut tastbar. Unter Druck wird er kleiner, so daß er bei der Position *«An»* stark abnimmt, ohne indessen leer zu werden. Charakteristisch für ihn ist, daß dieser Puls an der Oberfläche liegt.
   Haupterkrankungen: Äußerliches Syndrom *(Biao-Zheng)*. Infektiöse Krankheiten durch exogene Störungen *(Wai-Xie)*.
   Erklärung: Wenn eine äußere Störung *(Wai-Xie)* die Oberfläche des menschlichen Körpers befällt, leisten *Qi* und Blut *(Qi-Xue)* dieser Störung an der Oberfläche Widerstand, und es entsteht ein oberflächliches, kräftiges Pulsbild. Dabei kann die äußere Störung eine Wind-Kälte*(Feng-Han)*-Einwirkung, oder auch eine Wind-Hitze*(Feng-Re)*-Einwirkung sein. Von diesem zugleich oberflächlichen und kräftigen Puls ist der oberflächliche und kraftlose Puls zu unterscheiden. Er tritt bei chronisch kranken, geschwächten Patienten mit inneren Leiden auf, wenn eine *Yin*-Leere besteht, so daß sich das *Yang* «auf nichts stützen» kann. Der oberflächliche Puls kann aber auch durch eine *Yang*-Leere zustande kommen, er «schwimmt» dann nur auf der Oberfläche. In solchen Fällen ist das Pulsbild oberflächlich und kraftlos; deshalb kann es von dem oberflächlichen, kräftigen Puls bei äußeren ansteckenden Erkrankungen unterschieden werden.
2. **Tiefer** Puls *(Chen-Mai)*
   Eigenschaften: Dieser Puls ist bei oberflächlichem Tasten nicht spürbar. Das Pulsieren erscheint erst bei kräftigerem Druck in der Position *«An»*. Charakteristisch ist, daß der Puls in der Tiefe liegt.
   Haupterkrankungen: inneres Syndrom *(Li-Zheng)*. Dabei ist ein kräftiger tiefer Puls kennzeichnend für innere Fülle *(Li-Shi)*, ein schwacher tiefer Puls ist typisch für innere Leere *(Li-Xu)*. Nur in seltenen Fällen tritt der tiefe Puls auch bei ansteckenden Erkrankungen durch äußere Störungen auf.

Erklärung: Wenn sich eine äußere Störung *(Xie)* im Körperinneren ansammelt: werden dadurch das *Qi* und das Blut geschädigt und blockiert *(Qi-Xue Kun-Zhi)*. Auf diese Weise ergibt sich ein tiefliegender Puls. Wenn eine krankheitserzeugende Störung *(Bing-Xie)* eine innere Blockierung bewirkt, können sich im Körperinneren diese Störung *(Xie)* und die Abwehrkraft des Körpers *(Zheng)* bekämpfen. Der tiefe Puls ist dann kräftig; es liegt ein Fall von innerer Fülle vor. Ist demgegenüber die Abwherkraft nicht ausreichend, so ist auch die Pulsfunktion *(Mai-Qi)* kraftlos. Der tiefe Puls ist dann ohne Kraft; es liegt ein Fall innerer Leere *(Li-Xu)* vor.

2. a) Der verborgene Puls *(Fu-Mai)*
   Eigenschaften: Dieser Puls liegt noch tiefer als der tiefe Puls. Der Arzt muß beim Tasten sehr stark bis auf die Sehnen und Knochen drücken, um ihn überhaupt zu fühlen. Dieser Puls ist ein Zeichen dafür, daß eine pathogene Störung im Inneren blockiert ist *(Xie-Bi)*, daß ein sogenanntes «*Jue*-Syndrom» vorliegt, vgl. Abschnitt 7.4.1.6, daß große Schmerzen bestehen oder eine *Yang*-Schwäche vorliegt.

3. **Langsamer** Puls *(Chi-Mai)*
   Eigenschaften: Dieser Puls ist langsamer als der normale. Er schlägt bei Aus- und Einatmung zusammen keine viermal. In der Minute macht er weniger als 60 Schläge.
   Haupterkrankungen: Kälte-Syndrom *(Han-Zheng)*. Wenn der Puls langsam und kräftig schlägt, handelt es sich um ein Fülle-Syndrom durch Kälte-Ansammlung *(Ji-Leng Shi-Zheng)*, ist er kraftlos, liegt ein Leere-Kälte-Syndrom *(Xu-Han-Zheng)* vor. Ein langsamer Puls kann aber auch auftreten, wenn ein Syndrom der *Yang*-Leere vorliegt. Dieses Syndrom steht in einer dialektischen Beziehung zum obengenannten Kälte-Syndrom.
   Erklärung: Bei einem Kältezustand schrumpft das *Qi*, die Blutbewegung *(Mai-Dao)* erstarrt *(Ning-Zhi)*. Die normale Bewegung als *Yang* ist gehemmt, und der Puls läuft langsam. Ist er langsam und kräftig, liegt ein Zustand von konzentrierter Kälte-Fülle *(Leng-Shi)* vor. Ist er dagegen langsam und kraftlos, zeigt dies eine *Yang*-Leere mit innerer Kälte *(Yang-Xu Nei-Han)* an.

4. **Schneller** Puls *(Shu-Mai)*
   Eigenschaften: der schnelle Puls schlägt schneller als normal, mehr als 90 Schläge pro Minute. Beim Ein- und Ausatmen zusammen schlägt er mehr als fünfmal.
   Haupterkrankungen: Hitze-Syndrom *(Re-Zheng)*. Wenn der Puls schnell und kräftig ist, handelt es sich um einen Fülle-Hitze-Zustand. Ist er schnell

und kraftlos, liegt eine Leere-Hitze vor.

Sonderformen: Ein schneller, feiner und schwacher Puls *(Shu-Xi-Ru-Mai)* findet sich bei *Yin*-Leere und gleichzeitiger innerer Hitze. Er tritt häufig bei Lungentuberkulose auf. Der schnelle, schwache Puls *(Shu-Ru-Mai)* ist typisch für eine *Qi*-Leere *(Qi-Xu)*.

Erklärung: Bei Hitze-Erkrankungen beschleunigt die Hitze-Störung (*Re-Xie)* die Blutbewegung; deshalb erscheint ein schneller Puls. Bei üppiger Hitze-Fülle im Körperinneren *(Shi-Re-Nei-Cheng)* tritt ein schneller, kräftiger Pulsschlag auf. Bei chronischen Erkrankungen mit einer Leere des *Yin* entsteht eine durch die Leere bedingte Hitze im Körperinneren. Auch dies kann einen schnellen Puls hervorrufen; dieser ist jedoch fein, schnell und kraftlos. Bei einem Zustand der *Qi*-Leere erscheint der Puls schnell und sehr schwach.

4. a) Sehr schneller Puls *(Ji-Mai)*

   Eigenschaften: Beim Ein- und Ausatmen zusammen macht dieser Puls mehr als 7 oder 8 Schläge. Hier liegt ein äußerst erschöpftes *Yin* und ein äußerst starkes *Yang (Yang-Ji Yin-Jie)* vor. Es besteht dabei die Gefahr, daß das *Yuan-Qi* mehr und mehr abnimmt. Die vorliegende Erkrankung ist in jedem Fall ernst.

5. Leere-Puls *(Xu-Mai)*

   Eigenschaften: Dieser Puls ist an allen drei Pulstaststellen *(Cun, Guan* und *Chi)* sowie in zwei Positionen *(Ju* und *Xun)* kraftlos; in der Position *«An»* ist er leer.

   Haupterkrankungen: Leere-Syndrom *(Xu-Zheng)*. Meist liegt eine Leere sowohl im Blut als auch im *Qi* vor *(Qi-Xue Liang Xu)*.

   Erklärung: Blut und *Qi* sind beide nicht ausreichend. Das *Qi* ist nicht in der Lage, das Blut in Bewegung zu setzen. Der Puls ist deshalb kraftlos. Das Blut reicht nicht aus, um die Adern zu füllen; deshalb ist der Puls in der Position *«An»*, also in der Tiefe, leer.

6. Fülle-Puls *(Shi-Mai)*

   Eigenschaften: Dieser Puls ist an allen drei Pulstaststellen (*Cun, Guan* und *Chi*) kräftig. In den Positionen *Ju* und *An* ist er stark.

   Haupterkrankung: Fülle-Syndrom.

   Erklärung: Hier liegt eine Fülle an einer pathogenen Störung *(Xie-Shi)* vor, während in der Abwehrenergie *(Zheng-Qi)* keine Leere besteht. Die pathogene Störung kämpft mit der Abwehrkraft, dadurch erscheint der Puls stark und kräftig. Im einzelnen können folgende Störungen beteiligt sein: Fülle durch Infektionskrankheiten, üppiges Feuer *(Huo-Cheng)*, Hitze *(Re)* usw.

7. **Gleitender** Puls *(Hua-Mai)*
Eigenschaften: Dieser Puls verläuft glatt und fühlt sich beim Betasten rund und schlüpfrig an. Er kommt und geht mit Leichtigkeit und rollt wie eine Perle.
Haupterkrankungen: Dieser Puls tritt auf bei Fülle-Hitze, Schleimstörungen *(Tan)* und blockierter Nahrung.
Erklärung: Wenn Schleim und Nahrung innen blockiert sind, wird die Störung *(Xie-Qi)* stark. Das *Qi* gerät in einen Füllezustand, das Blut fließt schnell *(Xue-Yong)*. Deshalb erscheint der Puls gleitend. Bei gesunden Frauen kann ein solcher Puls eine Schwangerschaft anzeigen.
Der gleitende Puls ist glatt und fließend. Er ist gut zu unterscheiden von einem schnellen Puls. Beim letzteren ist der Pulsschlag beschleunigt; beim gleitenden Puls hat er normales Tempo. Man findet den gleitenden Puls häufig bei Verdauungsstörungen.
8. Der **rauhe** Puls *(Se-Mai)*
Eigenschaften: Er bildet in gewisser Weise einen Gegensatz zum gleitenden Puls; denn er kommt und geht mit Schwierigkeit, fühlt sich rauh und verstopft an. Beim Betasten des Pulses hat man das Gefühl, als würde ein Stück Bambus mit einem Messer geschabt.
Haupterkrankungen: Schädigung der Essenz *(Jing)*, Verminderung des Blutes, *Qi*-Verstopfung *(Qi-Zhi)* und Blut-Blockierung *(Xue-Yu)*. Ein starker rauher Puls ist typisch für ein Fülle-Syndrom; ein schwacher, rauher Puls zeigt einen Mangel an *Qi* und Blut und bei einem Leere-Syndrom *(Xu-Zheng)* an.
Erklärung: Wenn die Essenz *(Jing)* geschädigt und zu wenig Blut vorhanden ist, können die Gefäße *(Jing-Mai)* nicht «geölt» werden, weswegen die Pulsfunktion *(Mai-Qi)* behindert wird. Wenn eine Blockierung des *Qi (Qi-Zhi)* oder eine Blutstauung *(Xue-Yu)* vorliegt oder wenn eine äußere Störung das Meridiansystem *(Jing-Luo)* blockiert, tritt ein kräftiger, rauher Puls auf. Je nach Kraft oder Kraftlosigkeit des rauhen Pulses werden Fülle- und Leere-Zustände unterschieden.
9. **Stromartiger** bzw. **weiter** Puls *(Hong-Mai)*
Eigenschaften: Dieser Puls zeichnet sich durch eine große Pulswelle aus, die bei oberflächlichem Tasten stark ist und auch bei kräftigem Fingerdruck nicht abnimmt. Typisch ist, daß sich dieser Puls wie eine schwellende Welle anfühlt, die bei jedem Zurückgehen schwach wirkt. Der stromartige Puls ist breit, pulsiert groß und kräftig.
Haupterkrankungen: üppige Hitze bzw. Hitze im Übermaß *(Re-Cheng)*.
Erklärung: Wenn eine innere Hitze mächtig treibt, wird der Pulsschlag

stark und flutartig. Bei einer solchen Hitzeerkrankung wird das *Yin* beschädigt, es tritt eine innere Leere des *Yin* ein bei gleichzeitiger äußerer Üppigkeit des *Yang*. Wenn man den so entstehenden Puls in der Position *«An»* kräftig drückt, spürt man, daß er keine Kraft hat. Seine Pulswelle ist groß, er läßt sich schon bei oberflächlichem Betasten fühlen. Der Unterschied zwischen einem solchen stromartigen Puls und dem oberflächlichen Puls *(Fu-Mai)* besteht darin, daß ersterer eine breite Pulswelle hat und sich bei stärkerem Pressen in der Position *«An»* nicht wesentlich vermindert.

Der stromartige Puls kann eine Schwächung der Abwehrkraft *(Zheng-Qi)* bei chronischen Krankheiten anzeigen.

9. a) Der große Puls *(Da-Mai)*

Eigenschaften: Bei diesem Puls ist die Pulswelle größer als normal, ohne daß sie jedoch die typischen Eigenschaften des gleitenden Pulses (7) hat.

Haupterkrankungen: Ein großer Puls deutet auf eine üppige Störung *(Xie-Qi Cheng)* hin. Ein großer Puls ist ein Zeichen dafür, daß die Krankheit ihren Höhepunkt erreicht hat. Er zeigt eine Leere der Abwehrkraft *(Zheng-Xu)* an. Um die Stärke von Störung und Abwehrkraft zu unterscheiden, richtet man sich nach Stärke oder Schwäche des großen Pulses. Ist er kraftvoll, ist genügend Abwehrkraft vorhanden; ist er schwach, ist auch die Abwehrkraft geschwächt.

10. **Feiner** Puls *(Xi-Mai)*

Eigenschaften: Dieser Puls ist fein wie ein Faden, läßt sich aber mit den Fingerspitzen gut tasten. Der Puls ist gewöhnlich schnell, die Pulswelle ist klein und kraftlos.

Haupterkrankungen: Ein feiner Puls deutet auf allgemeine Schwäche und Erschöpfung hin. Er ist typisch für eine Leere von *Yin* und Blut *(Yin-Xue-Xu)* und für Nässe-Krankheiten. Ferner zeigt er eine Abschwächung des *Qi* bei schweren chronischen Krankheiten an.

Erklärung: Ein feiner Puls entsteht durch eine Verausgabung und Leere des *Yin*-Blutes, das dann die Blutgefäße nicht mehr füllen kann. Er ist deshalb mit einer Erschöpfung und allgemeinen Schwäche des Patienten verbunden. Ein feiner Puls kann auch entstehen, wenn eine Nässe-Störung *(Shi-Xie)* die Blutgefäße abpreßt und blockiert.

10. a) Der kleine Puls *(Xiao-Mai)*

Eigenschaften: Der kleine Puls gleicht weitgehend dem feinen Puls.

Haupterkrankungen: siehe oben.

Erklärung: siehe oben.

11. Fadenförmiger bzw. zarter Puls *(Wei-Mai)*
Eigenschaften: Dieser Puls ist sehr fein und zart. Er ist manchmal tastbar, manchmal ist er verschwunden. Dabei ist der Pulsschlag nur undeutlich erkennbar.
Haupterkrankungen: Allgemeine Leere von *Yin, Yang, Qi* und Blut. Meist liegt eine gefährliche Schwäche des *Yang* vor.
Erklärung: Da bei einer Schwäche und Leere von *Yin, Yang, Qi* und Blut *(Yin-Yang-Qi-Xue Xu-Shuai)* auch eine Leere und Schwäche des *Yang-Qi* besteht fehlt dabei dem Blut der Antrieb, so daß der Puls kraftlos erscheint. Eine Verausgabung und Leere des *Yin*-Blutes *(Yin-Xue)* ergibt eine ungenügende Füllung des Pulses, weshalb dieser manchmal tastbar ist, manchmal nicht. Dadurch wird der Pulsschlag undeutlich. Bei einer Schwäche des *Yang* von Herz und Niere *(Xin-Shen Yang-Shuai)* und bei plötzlichen Erkrankungen tritt der fadenförmige Puls auf. Es handelt sich dabei stets um ernste Krankheitszustände. Man unterscheidet den fadenförmigen Puls vom feinen und vom kleinen Puls dadurch, daß er noch dünner und zarter ist. Er ist der dünnste Puls, den die chinesische Heilkunde kennt.

12. Der schwache Puls *(Ru-Mai)*
Eigenschaften: Dieser Puls sitzt sehr oberflächlich, ist klein und fein. Es handelt sich also um ein zusammengesetztes Pulsbild.
Haupterkrankungen: Allgemeine Leere. Hauptsächlich tritt dieser Puls bei Nässe-Störungen auf.
Erklärungen: Wenn nicht genügend *Qi* und Blut vorhanden sind, wird der Puls schwach, oberflächlich und fein. Bei einer allgemeinen Leere wird die Pulsbewegung fein und klein. Wenn eine pathogene Nässe-Störung *(Shi-Xie)* an der Oberfläche des Körpers sitzt, tritt ein oberflächlicher, kleiner Puls auf. Um hier zwischen allgemeiner Leere, ungenügendem *Qi* und Blut und oberflächlicher Nässe-Störung zu differenzieren, müssen alle übrigen Krankheitssymptome nach den verschiedenen diagnostischen Verfahren der chinesischen Medizin berücksichtigt und kritisch verglichen werden.

13. **Gespannter** Puls *(Xian-Mai)*
Eigenschaften: Dieser Puls fühlt sich wie eine gespannte Violinensaite an. Sein Schlag ist zu Anfang gerade und lang; deshalb der Vergleich mit einer Saite. Durch Spannung und Entspannung ergibt sich eine Ähnlichkeit mit dem «großen» Puls (9 a).
Hauptkrankheiten: Erkrankungen von Leber und Galle, verschiedenste Schmerzzustände, Krankheiten durch Schleimflüssigkeiten *(Tan-Yin)*.

Erklärung: Der gespannte Puls gilt in der chinesischen Medizin als Leber-Puls *(Gan-Mai)*; er hängt mit Leber- und Gallen-Erkrankungen zusammen. Dieser Zusammenhang ist unabhängig von der Lokalisation von Leber und Galle an der Pulstaststelle *«Guan»* des linken Handgelenks, die unter gewissen Bedingungen ebenfalls Leber-Gallen-Krankheiten anzeigen kann. Der gespannte Puls erscheint bei Leere durch Schädigung des Körperinneren, außerdem bei nicht ausreichender Funktion des Mittleren Erwärmers *(Zhong-Qi Bu Zu)*. Der gespannte Puls kann auch auftreten, wenn Milz und Magen durch eine Lebererkrankung in Mitleidenschaft gezogen werden, ferner bei Schleim *(Tan-Yin)*-Störungen.

Der gespannte Puls findet sich oft vermischt mit anderen Pulsarten: mit dem oberflächlichen Puls, dem tiefen Puls, dem schnellen Puls, dem Leere- oder dem Fülle-Puls. Der gespannte Puls kann auch auftreten bei oberflächlichen oder inneren Kälte-Hitze-Leere- oder Fülle-Syndromen. Er ist der häufigste Puls, der in der Praxis zu beobachten ist.

14. Straffer Puls *(Jin-mai)*

Eigenschaften: Dieser Puls liegt oberflächlich; er ist an der Position *«Ju»* tastbar. Sein Charakter ist rasch, straff und kräftig. Man fühlt beim Tasten eine kräftige Spannung, dabei wirkt der Puls, als zöge man an einem Seil. Es handelt sich beim straffen Puls um eine zusammengesetzte Pulsart aus oberflächlichem und sehr gespanntem Puls. Es besteht eine große arterielle Spannung und Pulsierung.

Hauptkrankheiten: Kälte, Schmerzen und Verdauungsstörungen.

Erklärung: Bei diesem Puls kämpft eine Kälte-Störung *(Han-Xie)* mit dem *Yang*. Es kann auch ein Schmerzzustand vorliegen, der durch den Kampf zwischen Abwehrenergie und äußerer Störung verursacht wird und eine Verengung der Blutgefäße zur Folge hat, was ebenfalls einen straffen, klopfenden Puls bedingt.

Der straffe Puls kann auch bei Verdauungsstörungen mit Blockierung im Magen-Darm-Kanal auftreten.

Typische Merkmale des straffen Pulses sind eine starke arterielle Spannung und ein kräftiger Pulsschlag. Beim gespannten Puls *(Xian-Mai)* ist die Spannung des Pulsschlags ebenfalls stark, der Puls ist indessen meist nicht so kräftig.

15. Hohler Puls *(Kong-Mai)*

Eigenschaften: Dieser Puls ist oberflächlich, groß und innen hohl *(Fu-Da-Zhong-Kong)*. Er fühlt sich an, als ob man einen hohlen Schlauch betastet. In China wird dieser Puls auch «Zwiebel-Puls» genannt, weil er sich anfühlt, als betaste man einen Zwiebel-Stengel.

Hauptkrankheiten: Blutverlust *(Shi-Xue)* und Schädigung des *Yin (Shang-Yin)*.
Erklärung: Der hohle Puls ist oberflächlich und kraftlos. Beim Tasten der Position *«An»* hat man das Gefühl der Leere. Dies entsteht durch eine Schädigung der Körpersäfte *(Jin-Ye)* und durch eine innere Leere des Blutes *(Xue-Xu Yu Nei)*, infolge starker Blutverluste oder übermäßiger Schweißabsonderung. Auf diese Weise kommt die Funktion *(Qi)* an die Oberfläche, das Bild eines hohlen Pulses tritt auf.

16. Schneller und unregelmäßiger, «jagender» Puls *(Cu-Mai)*
Eigenschaften: Es handelt sich um einen sehr raschen, rasenden Puls, der manchmal aussetzt.
Hauptkrankheiten: Üppiges *Yang* und Hitze-Fülle *(Yang-Cheng Re-Shi)*, Blockierung *(Ting-Zhi)* von Blut und *Qi*, Schleimflüssigkeiten *(Tan-Yin)* und Nahrungsrückständen *(Su-Shi)*.
Erklärung: Das üppige *Yang* und die Hitze-Fülle können sich nicht mit dem *Yin* des Körpers in Ausgleich setzen, deshalb rast der Puls und bleibt manchmal stehen. Ein schneller, unregelmäßiger und kräftiger Puls kann auch auftreten bei Fülle-Hitze-Zuständen, die mit dem Blut, dem *Qi*- mit Schleim in der Nahrung, mit Ödemen und Schmerzen verbunden sind. Ist der schnelle, unregelmäßige Puls fein und kraftlos, zeigt dies häufig einen Kreislaufkollaps an. Dies kann für die klinische Behandlung eine Rolle spielen.

17. **Knoten**-Puls *(Jie-Mai)*
Eigenschaften: Ein langsamer unregelmäßiger Puls, der gelegentlich für ein oder mehrere Schläge aussetzt.
Haupterkrankungen: üppiges *Yin* und verknotetes *Qi (Yin-Cheng Qi-Jie)*.
Erklärung: Hierbei kann sich das üppige *Yin* nicht mit dem *Yang* des Körpers ausgleichen, was zu einem langsamen, gelegentlich aussetzenden Pulsbild führt. Der Knoten-Puls wird häufig gesehen bei Kälte-Schleim-Krankheiten, bei Blutstauungen *(Yu-Xue)* und bei depressiven Verstimmungen. Knoten-Puls und jagender Puls setzen beide für einen oder mehrere Pulsschläge aus. Man unterscheidet sie dadurch, daß der schnelle unregelmäßige Puls *(Cu-Mai)* ein schneller, der Knotenpuls *(Jie-Mai)* ein langsamer Puls ist.

18. **Stellvertretender** Puls *(Dai-Mai)*
Eigenschaften: Dieser Puls besteht aus zwei oder drei Schlägen mit einem fehlenden Pulsschlag dazwischen. Die Unterbrechung des Pulses ist regelmäßig.
Haupterkrankungen: Die Funktion der Speicherorgane ist schwach *(Zang-*

Qi Shuai-Wei), Wind-Syndrome, Schmerzzustände, seelische Erregungen und Verletzungen.

Erklärung: Ein stellvertretender Puls zeigt eine Schwäche der Funktion der Speicherorgane an. Insbesondere deutet er auf eine Verausgabung der Funktion der Milz hin. Bei Wind-Syndromen, Schmerzzuständen und seelischen Erregungen wird der stellvertretende Puls nach Ansicht der chinesischen Medizin dadurch hervorgerufen, daß sich die Puls-Funktion *(Mai-Qi)* nicht miteinander verbinden kann. Der stellvertretende Puls unterscheidet sich vom jagenden und vom Knotenpuls dadurch, daß bei ihm ein regelmäßiges Aussetzen der Pulsschläge vorliegt.

Anmerkung: Die Pulse 16. (jagender Puls), 17. (Knoten-Puls) und 18. (stellvertretender Puls) werden in der chinesischen Medizin unter dem Oberbegriff der «unregelmäßigen Pulse» *(Jie-Dai-Mai)* zusammengefaßt. Trotz ihrer unterschiedlichen Benennung und Definition sind sie klinisch oft nicht zu unterscheiden. Sie treten alle drei bei Herzkrankheiten, bei Stagnation des Blutes *(Yu-Xue)* und bei reichlicher Schleimbildung *(Tan-Yin)* auf. Gelegentlich findet man sie auch bei depressiven Patienten.

19. Sanfter Puls *(Huan-Mai)*

Eigenschaften: Der sanfte Puls ist weder groß noch klein, weder oberflächlich noch tief gelegen. Er macht pro Atemzug vier Schläge. Es ist der Puls des gesunden und normalen Menschen, den man bei der Untersuchung Gesunder am häufigsten antrifft.

Hauptkrankheiten: Falls der sanfte Puls in Verbindung mit Krankheiten auftritt, kann dies nur in Kombinationen geschehen. So ist ein oberflächlicher und sanfter Puls *(Fu-Huan-Mai)* kennzeichnend für eine von außen eingedrungene Wind-Kälte-Erkrankung bei oberflächlichem Leere-Zustand, die einen Schweißausbruch verursacht hat. Ein tiefliegender sanfter Puls *(Chen-Huan-Mai)* ist typisch für eine Milz-Magen-Leere; man findet ihn aber auch bei Erkrankungen durch äußere Nässe-Störungen *(Shi-Xie)*.

6.1.4.1.4 Kombinierte Pulsbilder und zugehörige Erkrankungen

Die Ursachen für eine Erkrankung können vielfältig sein, deshalb sind auch die Krankheitssymptome oft zusammengesetzt. In der Klinik findet man meist kombinierte Pulsbilder, in denen sich mehrere Krankheitszustände widerspiegeln. Davon macht nur der Puls bei Kindern eine Ausnahme, bei denen es genügt, acht Pulse zu unterscheiden, nämlich: den oberflächlichen und tiefen, langsamen und schnellen Puls, den Leere-Puls und Fülle-Puls, den gespannten und den gleitenden Puls.

In der chinesischen Medizin besteht ein «zusammengesetztes Pulsbild» *(Fu-He-Mai)* aus zweien oder mehreren der oben erwähnten Pulsbilder. Dabei ist zu beachten, daß die Pulsbilder Nr. 12 (schwacher Puls), 14 (straffer Puls), 16 («jagender» Puls) und 17 (Knoten-Puls) bereits zusammengesetzte Pulsbilder darstellen.

Es gibt aber auch alle möglichen anderen Kombinationen, wobei nur zu berücksichtigen ist, daß sich niemals zwei entgegengesetzte Pulsarten miteinander zu einer Kombination verbinden können. So ist es ausgeschlossen, daß ein oberflächlicher und tiefer Puls, ein langsamer und schneller Puls, ein weiter und feiner Puls zu gleicher Zeit erscheinen und ein «zusammengesetztes Pulsbild» ergeben. Alle übrigen Pulsbilder können indessen gemeinsam erscheinen und ein zusammengesetztes Pulsbild ergeben. So können sich beispielsweise der oberflächliche und der straffe Puls zu einem oberflächlich-straffen Puls *(Fu-Jin-Mai)* kombinieren. Ebenso können sich der tiefe und der langsame Puls zum tiefen und langsamen Pulsbild *(Chen-Chi-Mai)* kombinieren. Desgleichen können tiefer und feiner Puls zum Pulsbild tief-fein *(Chen-Xi-Mai)* zusammentreten usw.

Klinisch ist dabei von Bedeutung, daß die Diagnose bei einem zusammengesetzten Pulsbild ebenfalls eine zusammengesetzte sein muß. Wenn beispielsweise ein kombinierter oberflächlich-straffer Puls *(Fu-Jin-Mai)* vorliegt, setzt der chinesische Arzt den zum oberflächlichen Puls gehörenden oberflächlichen Erkrankungszustand *(Biao-Zheng)* mit dem zum straffen Puls gehörenden Kälte-Zustand zusammen. Es ergibt sich die Diagnose eines oberflächlichen Kälte-Syndroms.

Beim tiefen und langsamen Puls wird die Haupterkrankung des tiefen Pulses, der innere Krankheitszustand *(Li-Zheng)* mit der Haupterkrankung des langsamen Pulses, dem Kälte-Syndrom kombiniert. Es ergibt sich als zusammengesetzte Diagnose ein inneres Kälte-Syndrom *(Li-Han-Zheng)*. Bei einem tiefen, feinen und schnellen Puls wird die Haupterkrankung des tiefen Pulses, das innere Syndrom *(Li-Zheng)*, mit den zugehörigen Erkrankungen des feinen und des schnellen Pulses kombiniert. Der schnelle Puls zeigt einen Hitze-Zustand an, der feine Puls eine Leere, vornehmlich im *Yin* und im Blut. Die kombinierte Diagnose des tiefen, feinen schnellen Pulses ist also ein Syndrom der inneren Leere mit Hitze *(Li-Xu-Re-Zheng)*. Bei anderen zusammengesetzten Pulsbildern wird ebenso verfahren.

Die häufigsten zusammengesetzten Pulse, die in der chinesischen Medizin auftreten, haben wir in Tabelle 11 zusammengestellt.

Tabelle 11: Häufig auftretende kombinierte Pulsbilder mit zugehörigen Erkrankungen

Pulsbilder	
oberflächlich und straff	oberflächliche Kälte, Wind*(Feng)-Bi*
oberflächlich und sanft	oberflächliche Kälte mit Schweißausbrüchen
oberflächlich und schnell	oberflächliche Hitze oder Wind*(Feng)*-Hitze
oberflächlich und gleitend	Wind-Schleim *(Feng-Tan)* oder von Schleim *(Tan)* begleitetes oberflächliches Syndrom
tief und langsam	innere Kälte
tief und straff	innere Kälte, Schmerzzustände
gespannt und langsam	Kälte-Verstauung im Leber-Meridian
gespannt und straff	Kälte-Schmerz, Kälte-Blockierung der Leber-Gefäße
tief und schnell	innere Hitze
weit und schnell	*Qi-Fen* und üppige Hitze
gespannt und schnell	Leber-Hitze und Leber-Feuer
gleitend und schnell	Schleim-Hitze *(Tan-Re)* und Schleim-Feuer *(Tan-Huo)*
gespannt und gleitend	Leber-Hitze begleitet von Schleim, Verdauungsstörungen
tief und gleitend	Schleim *(Tan-Yin)*, Verdauungsstörungen
tief und gespannt	Blockierung des Leber-Qi, Schmerzzustände
tief und rauh	Blutstauungen
tief und fein	innere Leere, *Qi* und Blut-Leere oder *Yin*-Leere, Blutleere
tief, fein und schnell	*Yin*-Leere oder Blut-Leere mit Hitze *(Re)*
gespannt und fein	Leber-Nieren-*Yin*-Leere, *Yin*-Leere mit Leber-Stauung
fein und rauh	Blutleere und Blutstauung
gespannt und sanft	Erkrankungen der Leber und der Milz, chronische Krankheiten im allgemeinen

6.1.4.1.5 Einigkeit *(Shun)* oder Uneinigkeit *(Ni)* zwischen Pulsbild und anderen Krankheitssymptomen

Der Puls steht natürlicherweise mit den übrigen Krankheitssymptomen in enger Verbindung. Wenn das Pulsbild mit anderen Krankheitserscheinungen diagnostisch übereinstimmt, spricht die chinesische Medizin von «Einigkeit» *(Shun)* der Krankheit. Bei Widersprüchen zwischen Pulsbild und übrigen Symptomen nennt man dies «Uneinigkeit» *(Ni)* der vorliegenden Erkrankung.

Ist zum Beispiel bei einer Erkrankung mit genügend Kraftreserven des Patienten der Puls oberflächlich, weit, schnell und im Fülle-Zustand, handelt es sich um ein mit den sonstigen Symptomen übereinstimmendes Pulsbild; es herrscht also ein Zustand der «Einigkeit». Dies bedeutet, daß zwar eine starke äußere Krankheitsstörung *(Xie)* vorliegt, daß die Abwehrkraft des Körpers

(Zheng-Qi) aber ausreicht, um diese Störung zu vertreiben. Prognostisch ist diese «Einigkeit» günstig zu bewerten. Ist bei einer Erkrankung ohne starke Erschöpfung des Patienten der Puls indessen tief, fein und schwach *(Chen-Xi-Wei-Mai)*, so stimmt dies nicht mit den übrigen Symptomen überein; es herrscht ein Zustand der «Uneinigkeit», die äußere Störung *(Xie)* ist stärker als die Abwehrenergie, es kann dazu kommen, daß sie weiter ins Körperinnere vordringt. Prognostisch ist dies ungünstig.

Wenn sich bei einer frisch aufgetretenen Erkrankung der Puls oberflächlich, weit, schnell und in Fülle zeigt, liegt «Einigkeit» *(Shun)* vor. Die Abwehrkraft *(Zheng-Qi)* kann in diesem Fall die äußere Störung überwinden. Zeigt sich bei länger Erkrankten oder chronisch kranken Patienten ein tiefer, fadenförmiger, feiner und leerer Puls, ist dies ebenfalls ein Zustand der «Einigkeit» *(Shun)*. Es heißt in diesem Falle, daß die äußere Störung *(Xie)* schwach ist und daß sich die Abwehrkraft *(Zheng)* erholt. Tritt dagegen bei frisch Erkrankten ein tiefer, fadenförmiger, feiner und leerer Puls auf, zeigt dies eine Schwäche der Abwehrkraft an, und es ist ein ungünstiges Zeichen. Ein oberflächlicher, weiter, schneller und voller Puls bei chronisch Kranken zeigt eine Schwäche der Abwehrkraft *(Zheng)* und eine ungebrochene Einwirkung der äußeren Störung *(Xie)* an. Dies ist ein Zustand der «Uneinigkeit» *(Ni)*.

Neben der Differenzierung der Pulsbilder und der Krankheitssymptome desselben Patienten in «einig» *(Shun)* und «uneinig» *(Ni)* gibt es noch weitere Kriterien, nach denen Puls und Körpersymptome in Beziehung gesetzt werden. Hierher gehört das «Befolgen» *(Cong)* und das «Beiseitelassen» *(She)* des Pulses und der übrigen Symptome. Im Buche *«Yi-Bian»*, das von dem altchinesischen Arzt *Bian-Que* verfaßt wurde, der auch der Autor des wichtigsten Kommentars zum Buche *«Nei-Jing»*, des *Nang-Jing*, ist, wird darauf hingewiesen. *Bian-Que* lebte etwa im 3. Jahrhundert v. Chr., war auch unter dem Namen *Qin-Yue-Ren* bekannt und gilt als einer der bedeutendsten Heilkundigen seiner Zeit (248).

Im *«Yi-Bian»*, zu deutsch «ärztliche Behandlungsmethoden», heißt es folgendermaßen: «Bei einem Puls, der der Erkrankung nicht entspricht, liegt entweder ein falscher oder ein richtiger Puls vor. Dies soll man genau unterscheiden. Besteht eine äußerlich üppige Hitze und ist der Puls schwach, handelt es sich um ein Leere-Feuer *(Xu-Huo)*. Bei Geblähtheit und Fülle im Darm mit gleichzeitigem schwachem Puls liegt eine Leere des Magens *(Wei-Xu)* vor. Wie soll man das Leere-Feuer und die Leere-Blähungen behandeln? Man soll sich hier nach dem Puls richten und nicht nach den übrigen Krankheitssymptomen. Wenn zu Beginn der Krankheit keine Hitze vorhanden, das Pulsbild aber weit und schnell ist, so liegt keine Feuer-Störung *(Huo-Xie)* vor. Wenn ursprünglich keine Blähungen und Stauungen beim Patienten bestanden haben, wenn der Puls gespannt und stark ist, handelt es sich nicht um eine innere Fülle *(Fei Nei-Shi)*. Wenn keine Hitze und keine Fülle vorliegt, wie soll man sie vertreiben bzw. sedieren *(Xie)*? Man soll in diesem Fall nach den Krankheitserscheinungen gehen, nicht nach dem Puls.

Wenn eine Kälte-Störung das Innere verletzt hat *(Han-Xie Nei-Shang)* oder wenn ein Mensch Verdauungsstörungen mit einer *Qi*-Stauung hat, wenn er zugleich an Herz- und Bauchschmerzen leidet, ist der Puls tiefliegend und verborgen oder er ist ein jagender Knotenpuls. Dies kommt daher, daß die äußere Störung in den Meridianen blockiert *(Xie-Bi Jing-Luo)* ist. Hier liegt ein Fülle-Zustand mit Schmerzen und Blähungen vor, die Schwäche des Pulses ist also eine falsche. Man soll in diesem Fall nach den Krankheitserscheinungen gehen, nicht nach dem Puls.

Wenn bei einer Kälte-Verletzung *(Shang-Han)* Parästhesien und Schüttelfrost in Armen und Beinen auftreten und wenn hierbei ein schneller, gleitender Puls auftritt, so kommt das von innerer Hitze, die mit dem *Yin* kämpft *(Nei-Re Ge Yin)*. Woran kann man dies erkennen? Hier wandelt sich ein Kälte-Zustand in einen Hitze-Zustand um, da die Erkrankung langsam durch die Meridiane verläuft und nicht direkt zum *Yin* vorstößt. So ist der schnelle, gleitende Puls zu erklären; der äußere Leere-Zustand ist eine unechte Leere. In diesem Fall soll der Arzt nach dem Puls und nicht nach der äußeren Erscheinung gehen» (249).

Dieses Zitat aus einem klassischen chinesischen Medizinwerk dient in der Klinik der chinesischen Medizin heute noch als Anhaltspunkt. Der Arzt muß also genau unterscheiden, ob er den Puls beiseite lassen *(She)* und die Krankheitserscheinungen befolgen *(Cong)* oder ob er die Krankheitserscheinungen aufgeben *(She)* und den Puls befolgen *(Cong)* soll. Dies ist ein wichtiger Punkt bei der dialektischen Diagnostik der chinesischen Medizin. Zu einer richtigen Entscheidung wird man kommen, wenn man die vier verschiedenen diagnostischen Methoden (Sehen, Hören und Riechen, Sprechen und Tasten) gemeinsam anwendet, sie miteinander vergleicht und gewissenhaft seine Schlüsse zieht. Auf diesem Wege wird man dazu gelangen, die falschen Symptome «aufzugeben» und die echten zu «befolgen». An dieser Stelle wird auch der Stellenwert der Pulsdiagnostik in der chinesischen Medizin deutlich. Keineswegs ist der Puls die wichtigste Diagnosemethode in der chinesischen Heilkunde. Es gibt Pulse, die man vernachlässigen kann. Die Pulsdiagnostik ist nur ein Bestandteil der Krankheitserkennung, niemals kann sie die übrigen diagnostischen Verfahren ersetzen. Eine Überschätzung der Pulsdiagnostik, wie sie in manchen westlichen Werken der chinesischen Medizin erkennbar ist, muß zu schwerwiegenden Fehldeutungen bei der Analyse von Krankheitssymptomen führen. Es wäre indessen falsch, die Pulsdiagnostik als unbrauchbar abzutun, wie dies von manchen westlichen Akupunkturärzten vertreten wird, die keine Ausbildung in chinesischer Medizin aufzuweisen haben. Die Pulsdiagnostik muß vernünftig in das gesamte Gebäude der Krankheitserkennung eingebaut werden. Dann ist sie eine wertvolle Stütze der dialektischen Diagnostik *(Bian-Zheng)*, die die Grundlage des therapeutischen Vorgehens der chinesischen Medizin bildet.

6.1.4.1.6 Beziehungen der Handgelenks-Pulse zu Erkrankungen der Speicher- und Hohlorgane

In alten chinesischen Medizinwerken wird viel über die Widerspiegelung der Speicher- und Hohlorgane und ihrer Erkrankungen an den Handgelenks-Pulsen berichtet. Es gibt zu diesem Punkt zwei verschiedene Auffassungen, die auch heute noch in der Volksrepublik China unterschiedlich bewertet werden.

Tabelle 12: Entsprechung der Handgelenks-Pulse und der inneren Organe

	Speicher- und Hohlorgane, Körperinneres	Handgelenks-Pulse links	Handgelenks-Pulse rechts	Speicher- und Hohlorgane, Körperinneres
1. Ansicht	Herz, Brustmitte *(Shan-Zhong)*	*Chun* (Zoll)	*Cun* (Zoll)	Lunge, Brustkorbmitte *(Xiong-Zhong)*
	Leber (Gallenblase)	*Guan* (Schranke)	*Guan* (Schranke)	Milz (Magen)
	Niere (Blase, Dünndarm)	*Chi* (Elle)	*Chi* (Elle)	Niere (*Ming-Men*, Dickdarm)
2. Ansicht	Herz (Dünndarm)	*Cun* (Zoll)	*Cun* (Zoll)	Lunge (Dickdarm)
	Leber (Galle)	*Guan* (Schranke)	*Guan* (Schranke)	Milz (Magen)
	Niere (Blase)	*Chi* (Elle)	*Chi* (Elle)	Niere *(Ming-Men)*

Die beiden Richtungen vertreten folgende unterschiedlichen Ansichten:

A. An den verschiedenen Pulstaststellen *(Cun, Guan* und *Chi)* spiegeln sich am rechten und linken Handgelenk die Erkrankungen der Drei Erwärmer. Dabei entspricht die Taststelle *«Cun»* dem Oberen Erwärmer, die Taststelle *«Guan»* dem Mittleren Erwärmer, die Taststelle *«Chi»* dem Unteren Erwärmer.

Unter «Oberem Erwärmer» sind die Körperpartien oberhalb des Zwerchfells zu verstehen. An der rechten und linken Taststelle *«Cun»* wird also die Pulsdiagnostik des Herzens, der Lunge, der Brust und des Brustkorbs, des Kehlkopfs, des Rachens, des Kopfes, der Augen, der Nase und der Ohren vorgenommen.

Der Mittlere Erwärmer umfaßt die Partie vom Zwerchfell bzw. vom unteren Ende des Brustkorbs bis zum Bauchnabel. Ihm sind hier Leber und Galle, Milz und Magen zugeordnet. Zur Diagnostik kommen dabei die beiden Taststellen *«Guan»* in Frage.

Der Untere Erwärmer bedeutet bei dieser Art der Pulsdiagnostik die Region unterhalb des Bauchnabels, das untere Abdomen, die Nieren, die Blase, den Dickdarm und den Dünndarm, ferner die Lendenpartie und die Knie. Unter physiologischen und pathologischen Gesichtspunkten wird dem Unteren Erwärmer in der chinesischen Medizin gelegentlich auch als das am höchsten gelegene Organ die Leber zugerechnet. Deshalb wird bei dieser Art der Pulsdiagnostik oft die Leber zugleich mit der Niere beurteilt.

In der Praxis geht man folgendermaßen vor: Sind die oberen Körperpartien erkrankt, tastet man das *«Cun»*, sind es die mittleren Körperpartien, tastet man das *«Guan»*, handelt es sich um Störungen der unteren Körperregionen, tastet man das *«Chi»*. In der chinesischen Medizin gilt die Niere als «Ursprung der angeborenen Energien» *(Xian-Tian Zhi Ben)* (vgl. S. 111), unter denen die Essenz *(Jing)* aber auch das *Yuan-Qi* zu verstehen ist. Wenn durch eine chronische Erkrankung das *Yuan-Qi* geschwächt ist, ändert sich der Puls an den beiden Pulstaststellen *«Chi»*. Aus diesem Grunde beurteilt der chinesische Arzt bei chronischen Erkrankungen hauptsächlich die Taststelle *«Chi»*.

B. Nach einer anderen Auffassung entsprechen die 6 Pulstaststellen am rechten und linken Handgelenk den verschiedenen Speicher- und Hohlorganen im Verhältnis von Oberfläche *(Biao)* und Innerem *(Li)*. Die dabei gültigen Beziehungen zwischen inneren Organen und Pulstaststellen sind in Tabelle 12 dargestellt. Wie man sieht, gibt es auch hier wieder zwei unterschiedliche Ansichten (1. und 2.), die sich beide aus klassischen medizinischen Texten herleiten. Im allgemeinen wird heute an Chinas medizinischen Hochschulen die erste Ansicht vertreten. Sie geht auf den berühmten Arzt und Pharmazeuten

Li Shi-Zhen (1518–1593, *Ming*-Dynastie) und sein Werk *«Pin-Hu Mai-Xue»* zurück. (249 a) Dabei entspricht das linke *«Cun»* dem Herzen und der Brustmitte *(Shan-Zhong)*, das linke *«Guan»* der Leber und der Gallenblase, das linke *«Chi»* der Niere, der Blase und dem Dünndarm. Das rechte *«Cun»* entspricht der Lunge und der Mitte des Brustkorbs *(Xiong-Zhong)*, das rechte *«Guan»* entspricht der Milz und dem Magen, das rechte *«Chi»* entspricht der Niere, dem *Ming-Men* und dem Dickdarm.

Eine andere Ansicht, die erheblich von der Auffassung des *Li Shi-Zhen* abweicht, ordnet die 5 Speicherorgane und 6 Hohlorgane den 3 Pulstaststellen im Sinne von *Yin* und *Yang* zu, wobei das *Yang* der Oberfläche bzw. dem oberflächlichen Tasten des Pulses, das *Yin* der Tiefe bzw. dem tiefen Tasten des Pulses entspricht (vgl. Tab. 12). Hierzu wird im medizinischen Unterricht in China die Erklärung gegeben, daß am Puls in *erster Linie* der Zustand der 5 Speicherorgane *(Zang)* ablesbar sei, und daß die mit diesen gekoppelten Hohlorgane demgegenüber von untergeordnetem Interesse seien, zumal zwischen Speicher- und Hohlorganen ohnehin eine Oberfläche-Innen *(Biao-Li)*-Beziehung besteht. In der Praxis führt dies dann dazu, daß die Differenzierung von Erkrankungen der Speicher- oder Hohlorgane durch oberflächliches bzw. tiefes Pulsfühlen an den Taststellen *«Cun»* und *«Chi»* nur sehr selten erfolgt. Eine Differenzierung kommt allenfalls an der mittleren Pulstaststelle *«Guan»* zur Unterscheidung von Erkrankungen der Leber und der Gallenblase (linkes Handgelenk) bzw. von Erkrankungen des Magens und der Milz (rechtes Handgelenk) in betracht. Im übrigen wird in China stets darauf hingewiesen, daß mit dem Magen der Dünndarm und Dickdarm eng verbunden sind, daß man deren Zustand darum in vielen Fällen an der Pulstaststelle des Magens *(Guan)* mit ablesen könne. Unter theoretischen Aspekten gilt aber für diese zweite Ansicht, daß die Diagnostik der 6 Hohlorgane durch oberflächliches Betasten, die Diagnostik der 5 Speicherorgane durch tiefes Pulstasten durchgeführt wird.

Die für alle Methoden (A und B, 1. und 2.) verbindliche Grundverteilung nach *Cun, Guan* und *Chi* dient dem traditionellen chinesischen Arzt zur Zuordnung bestimmter Organerkrankungen zu bestimmten Pulstaststellen. Beispielsweise werden Erkrankungen des Herzmeridians, die natürlich zunächst durch typische Allgemeinsymptome festzustellen sind, zusätzlich an der linken Pulstaststelle *«Cun»* beurteilt. Erkrankungen des Lungen-Meridians werden entsprechend am rechten *«Cun»* diagnostisch differenziert. Leber- und Gallenerkrankungen werden an der Pulstaststelle *«Guan»* des linken Handgelenks, Milz- und Magenerkrankungen an der Taststelle *«Guan»* des rechten Handgelenks beurteilt usw.

Anm.: Wie unterschiedlich die Auffassungen über die Pulsdiagnostik auch heute noch in China sind, kommt dadurch zum Ausdruck, daß es weitere Methoden der Pulsdiagnostik gibt, die indessen hinter den unter A und B bzw. 1. und 2. genannten in ihrer Bedeutung zurücktreten. Dazu gehört die Pulsbetastung an den beiden Taststellen «*Ren-Yin*» und «*Qi-Kou*», die beide von den Taststellen *Cun*, *Guan* und *Chi* abweichen. Die Taststelle *Ren-Yin* befindet sich ein *Fen* distal von der linken Pulstaststelle *Guan* (1 *Fen* ist der zehnte Teil eines Cun). Die Bezeichnung «*Ren-Yin*» ist hier nicht zu verwechseln mit dem Punkt des Magenmeridians gleichen Namens (Magen 9), der über der Arteria Carotis sitzt und ebenfalls als Pulstaststelle dient. Mit Hilfe der hier gemeinten Pulsdiagnostik am Handgelenk werden über der Pulstaststelle *Ren-Yin* am linken Handgelenk die sechs äußerlich ansteckenden Störungen differenziert. Über der Pulstaststelle *Qi-Kou* werden am rechten Handgelenk die durch innere Ursachen entstehenden Erkrankungen als Folge abnormer Einwirkung der 7 Gefühle *(Qi-Qing)* unterschieden. So wird die Pulstaststelle «*Ren-Yin*» hauptsächlich bei äußeren ansteckenden Erkrankungen, die Pulstaststelle «*Qi-Kou*» vor allsem bei inneren Störungen *(Nei-Shang)* verwendet (249 b).

Es gibt aber noch andere Pulstastverfahren in der chinesischen Medizin, die hier der Vollständigkeit halber angeführt seien. So ordnet man nach einer anderen Methode den oberen Körperregionen (bzw. dem Oberen Erwärmer) die beiden Pulstaststellen «*Cun*» rechts und links zu, den unteren Körperregionen (bzw. dem Unteren Erwärmer) die beiden Pulstaststellen «*Chi*», und bei einer Erkrankung der linken Körperseite betastet man die Pulse am linken Handgelenk, bei einer Erkrankung der rechten Körperseite die am rechten Handgelenk. Auf diese Weise ergibt sich eine einfache Zuordnung der Pulse zu bestimmten Körperregionen, die eine gewisse Ähnlichkeit mit der unter A beschriebenen Zuordnung der Drei Erwärmer zu den drei verschiedenen Pulstaststellen *Cun, Guan* und *Chi* aufweist.

Eine weitere Art der Pulstastung wird folgendermaßen begründet: Die oberflächliche *(Fu)* Pulstastung beziehe sich stets auf Krankheiten der Oberfläche *(Biao)*, worunter Erkrankungen des Kopfes, der Haut, der Haare sowie äußerlich ansteckende Krankheiten verstanden werden. Die tiefe *(Chen)* Pulstastung beziehe sich auf das Körperinnere *(Li)*, worunter die Speicher- und Hohlorgane, das Knochenmark, innere Schädigungen des Körpers usw. zu verstehen seien. Die mittlere *(Zhong)* Pulstastung beziehe sich auf Erkrankungen, die in der Mitte sitzen, also weder außen noch innen (249 c).

All diese verschiedenen Methoden der Pulstastung werden in den medizinischen Hochschulen der Volksrepublik China gelehrt. Es steht dem praktizierenden Arzt der chinesischen Heilkunde später frei, für welche Methode er sich persönlich entscheiden will. Im wesentlichen wird dies von seinen Erfahrungen mit der jeweiligen Methode abhängig sein. Das zeigt, wie sehr gerade die chinesische Medizin von der Praxis und den unmittelbaren Erfahrungen des einzelnen Arztes abhängt, und wie wenig hier das bloße Theoretisieren nützt. Die am häufigsten verwendeten Methoden der Pulstastung sind im vorliegenden Abschnitt unter A und B dargestellt.

Tabelle 13: Einteilung der 28 klassischen Pulsarten

Grundcharakter des Pulses	Gemeinsamkeit	Pulsart		
		Name des Pulses	Pulsbild	Haupterkrankung
Oberflächlicher *(Fu)* Puls	beim leichten Betasten gut spürbar	Oberflächlicher *(Fu)* Puls	Bei *Ju* gut tastbar, bei *An* stark abnehmend, aber nicht leer.	Äußeres Syndrom *(Biao-Zheng)*
		Weiter *(Hong)* Puls	Pulsanschlag stark und kräftig, wie eine kommende Welle, die schwach zurückgeht.	Üppige Hitze
		Schwacher *(Ru)* Puls	Oberflächlich klein und fein.	Leere und Nässe
		Auflösender *(San)* Puls	Oberflächlicher, auflösender Puls, ohne «Wurzel» *(Gen)*	Da das *Yuan-Qi* zerstreut ist, stirbt das *Qi* der Speicher- und Hohlorgane ab
		Hohler *(Kong)* Puls	Oberflächlicher, großer, hohler Puls, als ob man einen hohlen Schlauch betastet.	Blutverlust, Schädigung des *Yin*
		Harter *(Ge)* Puls	Oberflächlicher, auf die Finger hämmernder Puls; innen leer, außen hart	Leere-Kälte von Essenz und Blut *(Jing-Xue)*
Tiefer *(Chen)* Puls	erst bei kräftigem Drücken spürbar	Tiefer *(Chen)* Puls	Beim leichten Tasten nicht spürbar, erst beim kräftigen Drücken zu tasten.	Inneres Syndrom, Stauungs-Syndrom *(Yu-Zheng)*, Ödeme
		Verborgener *(Fu)* Puls	Erst spürbar, wenn man auf Sehnen und Knochen drückt.	Blockiertes *Xie*, *Jue*-Syndrom, große Schmerzen, *Yang*-Schwäche
		Kraftloser *(Ruo)* Puls	Schwach und tief.	*Qi* und Blut nicht ausreichend
		Fester *(Lao)* Puls	Tief, beim Einatmen große, Pulswelle lang.	*Yin*-Kälte mit innerer Fülle, Hernien
		Gespannter *(Xian)* Puls	Zu Anfang des Pulsschlags gerade und lang, als ob man eine gespannte Violinsaite drückt.	Leber- und Gallenerkrankungen, Schmerzen, Schleim*(Tan-Yin)*-Krankheiten

Grundcharakter des Pulses	Gemeinsamkeit	Pulsart		
		Name des Pulses	Pulsbild	Haupterkrankung
Langsamer (*Chi*) Puls	beim Aus- und Einatmen kaum 4 Pulsschläge	Langsamer *Chi*) Puls	Beim Aus- und Einatmen Pulsschlag kaum 4 Schläge.	Kälte-Syndrom
		Sanfter (*Huan*) Puls	Beim Aus- und Einatmen Pulsschlag 4 Schläge langsam.	Nässe-Syndrom, Milz-Leere
		Rauher (*Se*) Puls	Pulsschlag rauh und verstopft, als ob man zu dem Messer Bambus schabe.	Schädigung der Essenz, zu wenig Blut, *Qi*-Verstopfung, Blutverstauung
		Knoten (*Jie*)-Puls	Anschlag langsam, setzt gelegentlich für eine unbestimmte Zeit aus.	Üppiges *Yin*, verknotetes (*Jie*) *Qi* Hitze-Syndrom
Schneller (*Shu*) Puls	beim Aus- und Einatmen Pulsschlag mehr als 5 Pulsschläge	Schneller (*Shu*) Puls	Beim Aus- und Einatmen Pulsschlag mehr als 5 Schläge.	Üppiges *Yang*, Hitze-Fülle.
		Schneller und unregelmäßiger (*Cu*) Puls	Rasend und schnell, setzt für unbestimmte Zeit aus.	Blockierung von *Qi* und Blut, Schleim (*Tan-Yin*) und Nahrung
		Sehr schneller (*Ji*) Puls	Drängend und sehr rasch, bei Aus- und Einatmen 7–8 Pulsschläge.	Äußerst starkes *Yang*, äußerst erschöpftes *Yin*, völliges Fehlen des *Yuan-Qi*
		Bewegender (*Dong*) Puls	«Bohnenartiger» kurzer Puls, gleitend, schnell und kräftig.	Schmerzen, Angstzustände
Leerer (*Xu*) Puls	beim Tasten kraftlos	Leerer (*Xu*) Puls	Bei *Ju* kraftlos, bei *An* leer.	Leere-Syndrom, bedeutet, daß *Qi* und Blut beide leer sind
		Feiner (*Xi*) Puls	Fein wie ein Faden, aber gut tastbar.	Allgemeine Leere und Erspöpfung, hauptsächlich bei *Yin*-Leere und Nässe

Grundcharakter des Pulses	Gemeinsamkeit	Pulsart		
		Name des Pulses	Pulsbild	Haupterkrankung
Leerer Puls (Fortsetzung)		Fadenförmiger *(Wei)* Puls	Sehr zart und fein, Pulsschlag unklar, manchmal tastbar, manchmal nicht.	Leere des *Yin*, des *Yang*, des *Qi* und des Blutes, meist Schwäche des *Yang*, ernsthafter Zustand
		Stellvertretender *(Dai)* Puls	Puls mit regelmäßiger Unterbrechung.	Schwäche des *Qi* der Speicherorgane, Wind-Syndrom, Schmerzen, seelische Erregung, Angst, äußere Verletzungen
		Kurzer *(Duan)* Puls	Pulsanschlag und -ende kurz, erreicht nicht ganz die normale Pulstaststelle.	Pulsschlag kräftig, Verstopfung des *Qi*, Pulsschlag kraftlos, Verletzung des *Qi*
Voller *(Shi)* Puls	beim Tasten kräftig	Voller *(Shi)* Puls	Beim Tasten kräftig.	Fülle-Syndrom, verknüpfte Hitze
		Gleitender *(Hua)* Puls	Pulsschlag glatt, beim Tasten rund und schlüpfrig.	Fülle-Hitze, Schleim-Störungen, blockierte Nahrung
		Straffer *(Jin)* Puls	Pulsschlag straff und schnell, kräftig gespannt, fühlt sich an, als zöge man an einem Seil.	Kälte, Schmerzen, Verdauungsstörungen
		Langer *Zhang)* Puls	Pulsbeginn und -ende gerade und lang, reicht über die Pulsstelle hinaus.	Hitze-Syndrom, überschüssiges *Yang-Qi*

6.1.4.1.7 Wissenschaftliche Forschungen zur Objektivierung der chinesischen Pulsbilder

An einigen medizinischen Forschungsinstituten der Volksrepublik China hat man 15 verschiedene Pulsbilder mittels technischer Meßgeräte untersucht. Dabei wurden die physiologischen Methoden der Sphygmographie und Plethysmographie angewandt. Bei der ersten Methode wird der arterielle Druck gemessen, bei der zweiten Methode wird die Veränderung des Volumens der Arterie registriert. Das Ergebnis dieser Objektivierung ist etwa das gleiche wie bei der manuellen Pulstastung. Dazu einige Beispiele:

Oberflächlicher Puls: Betastet man die Arterie ohne Druck, ergibt sich eine typische, klar gezeichnete Pulskurve, die dem Ablauf des arteriellen Druckes entspricht. Tastet man mit Druck in die Tiefe der Arterie, was der Tastposition *«An»* bei der manuellen Pulsuntersuchung entspricht, wird die Pulswelle immer kleiner.

Tiefer Puls: Hier tritt gerade das Gegenteil wie beim oberflächlichen Puls auf. Ohne Druck bekommt man keine Kurve; mit starkem Druck wird der typische arterielle Druckablauf sichtbar.

Beim stromartigen bzw. weiten Puls *(Hong-Mai)* ist die Kurve ungewöhnlich steil, die Druckwelle steigt gerade empor, fällt aber schnell wieder ab, was der chinesischen Beschreibung dieses Pulses, «kommt stark und geht schwach», entspricht.

Der gespannte Puls *(Xian-Mai)* zeichnet sich bei der objektiven Aufzeichnung dadurch aus, daß die Pulswelle nach dem Aufsteigen eine Weile auf dem Höhepunkt bleibt, und relativ spät abfällt. Im Sphygmogramm ist der Wellenkamm gerundet und verlängert; dies entspricht dem Empfinden einer «gespannten Saite» bei der manuellen Pulstastung. Auch die übrigen Pulse, der langsame, schnelle, gleitende, rauhe, straffe, feine und große Puls zeigen in den Pulsdiagrammen, die in China hergestellt wurden, typische Kurvenabläufe.

Aufgrund physiologischer Untersuchungen ist man heute in den Kliniken der traditionellen Medizin in China zu der Erkenntnis gekommen, daß das Pulsbild abhängig ist von der Geschwindigkeit, dem Rhythmus, der Stärke der Pulswelle; ferner von der topografischen Lage der Pulstaststelle und von deren Oberflächlichkeit oder Tiefe. Geschwindigkeit, Rhythmus und Stärke der Pulswelle sind abhängig vom Schlagvolumen des Herzens, der Funktion der Herzklappen, vom Blutvolumen im Kreislauf und vom Kapillardruck. Veränderungen dieser Faktoren führen zu verändertem Ablauf der Pulswelle und damit zu einer veränderten Erscheinung des Pulsbildes.

So hängt beispielsweise die Entwicklung eines oberflächlichen Pulses von einer Vermehrung des Blutvolumens im Kreislauf bei gleichzeitigem Elastizitätsverlust der Arterienwand ab. Ein tiefer Puls hängt demgegenüber von einer Verminderung des Kreislauf-Volumens und erhöhter Elastizität der Arterienmuskulatur ab. Elektrokardiographische Untersuchungen von Patienten mit tiefem Puls zeigten eine Erniedrigung des Kammerkomplexes (QRS). Ein langsamer Puls zeichnet sich im Elektrokardiogramm durch einen langsamen Sinus-Rhythmus aus. In diesem Fall ist der Vagotonus erhöht, die Herzleistung bzw. das Herzminutenvolumen (Schlagvolumen mal Herzschlagzahl pro Minute) nimmt ab. Ein schneller Puls zeigt demgegenüber im EKG einen raschen Sinusrhythmus. Er kann auf drei Wegen zustande kommen:
1. Wenn der Blutdruck infolge einer Infektionserkrankung sinkt, wird der Herzschlag beschleunigt, um den Blutbedarf der Organe sicherzustellen.
2. Psychische Erregung mit erhöhtem Sympatikotonus beschleunigt den Herzschlag, um die nötige Durchblutung des Gehirns sicherzustellen usw.
3. Eine Abnahme der Muskelkraft des Herzens (Herzinsuffizienz) wird durch beschleunigten Herzschlag kompensiert, um die fehlende Muskelleistung des Herzorgans aufzufangen und die nötige Blutausfuhr vom Herzen in den Kreislauf zu gewährleisten.

Ein schwacher Leere-Puls kommt meist daher, daß das Schlagvolumen des Herzens erniedrigt und die Elastizität der Arterien vermindert ist, wobei gleichzeitig ein niedriger Blutdruck vorliegt. Der Fülle-Puls hängt demgegenüber mit einem normalen oder erhöhten Schlagvolumen und mit vermehrtem Elastizitätswiderstand der Gefäße zusammen. Der Blutdruck ist beim Fülle-Puls normal. Beim gleitenden Puls ist das Schlagvolumen normal oder leicht erhöht, auch die Elastizität der arteriellen Gefäße ist normal. Die Kreislauffunktion läuft ohne Hindernisse ab, nur die Strömungsgeschwindigkeit des Blutes ist überdurchschnittlich schnell. Der rauhe Puls hängt zusammen mit einem vermehrten Vagotonus. Dabei ist der Herzschlag verlangsamt, das Herzminutenvolumen vermindert, die elastische Spannung der Blutgefäße ist erhöht infolge Kontraktion der Muskularis in den Arterienwänden. Der stromartige weite Puls *(Hong-Mai)* hängt mit einem erhöhten Schlagvolumen, einer dadurch bedingten Ausdehnung der arteriellen Gefäße, einem erhöhten systolischen bei niedrigem diastolischem Blutdruck (also großer Amplitude) zu sammen. Bei ihm besteht eine übermäßig starke Strömungsgeschwindigkeit des Blutes. Der feine Puls *(Xi-Mai)* entsteht bei vermindertem Schlagvolumen mit Kontraktion der Muskularis in den Arterien, also erhöhtem Elastizitätswiderstand der Gefäße, und bei zugleich niedrigem Blutdruck. Der schwache Puls *(Ru-Mai)* entsteht durch ein vermindertes Schlagvolumen bei hohem elastischem Widerstand der Gefäße. Der gespannte Puls *(Xian-Mai)* entsteht bei vermehrtem Schlagvolumen und erhöhtem Gefäßwiderstand, wobei zugleich der Blutdruck (infolge Arteriosklerose oder starker Spannung der Muskularis in den Arterien) erhöht ist. Hier können jedoch auch noch andere Faktoren mitspielen. Der straffe Puls *(Jin-Mai)* steht in Verbindung mit einem erhöhten Schlagvolumen bei vermehrter Gefäßspannung und vermehrtem Blutvolumen im Gefäßsystem. Der jagende bzw. schnelle unregelmäßige Puls *(Cu-Mai)* entspricht dem Vorhofflattern in der westlichen Medizin. Hier findet eine vorzeitige Kontraktion des rechten und linken Vorhofs des Herzens vor der Kammerkontraktion statt. Dabei ergeben sich Extrasystolen mit nachfolgender kompensatorischer Pause, die diesen jagenden Puls charakterisieren, der in der chinesischen Medizin zu den unregelmäßigen Pulsen *(Jie-Dai-Mai)* gerechnet wird. Beim Knotenpuls *(Jie-Mai)* läßt sich elektrokardiografisch ein typischer Befund erheben: Hier findet sich nach der Terminologie der westlichen Medizin ein Vorhof- oder Kammer-Flattern mit Extrasystolen und verminderter Herzleistung. Der jagende Puls, der Knotenpuls und der stellvertretende Puls *(Dai-Mai)* sind die «unregelmäßigen Pulse» der chinesischen Pulsdiagnostik. Sie sind klinisch oft ebensowenig zu unterscheiden, wie Vorhof-Flattern oder Vorhof-Flimmern. Meist sind sie durch Herzmuskelschäden oder andere pathologische Veränderungen des Herzens bedingt. Auch manche Medikamente, beispielsweise Digitalis, können zum Auftreten eines «stellvertretenden Pulses» mit Arrhythmie und Extrasystolen führen, was der westlichen Medizin ebenso bekannt ist wie der chinesischen. (250)

Diese Gegenüberstellung westlicher und chinesischer pathologisch-diagnostischer Kriterien bei der Beurteilung des Pulses ist insofern sehr wichtig, da sich der Arzt immer wieder klar zu machen hat, daß sich chinesische und westliche Heilkunde mit der gleichen Wirklichkeit, nämlich dem kranken Menschen, befassen. Beide treten nur aus unterschiedlichen Aspekten an den kranken bzw. gesunden Organismus heran. Beide haben ein unterschiedliches Vokabular und verwenden verschiedene Methoden. Im Grunde geht es indessen bei beiden Medizinen um dasselbe.

6.1.4.2 Untersuchung durch Betasten des Körpers *(An-Zhen)*

Der zweite Abschnitt der Diagnose durch Betasten *(Qie-Zhen)* in der chinesischen Medizin ist die Betastung des Körpers *(An-Zhen)*. Dabei befühlt und betastet der Arzt die an der Körperoberfläche fühlbaren Muskeln von Armen, Beinen, Rumpf und Kopf, insbesondere die erkrankten Stellen, um nähere Aufschlüsse über die vorliegende Krankheit zu bekommen. Es wird die Hitze oder Kälte, Härte oder Weichheit, die Druckempfindlichkeit oder Erleichterung auf Druck festgestellt. Mit der Betastung des Körpers läßt sich in vielen Fällen der Sitz und der Charakter der vorliegenden Störung abschätzen.

6.1.4.2.1 Das Betasten der Körperoberfläche

Beim Betasten der Körperoberfläche achtet der chinesische Arzt auf deren Hitze oder Kälte, Magerkeit oder Fülle, Feuchtigkeit oder Trockenheit sowie auf Schwellungen und Ödeme im Gewebe. Je nach Stärke und Tiefe der Hitze läßt sich dabei in vielen Fällen eine innere und eine oberflächliche Hitze, eine Leere- und eine Fülle-Hitze unterscheiden. Hat man beispielsweise einen Patienten, dessen Körper sich heißt anfühlt, und spürt man beim Befühlen der Haut zunächst starke Hitze, die beim stärkeren Pressen schwächer wird, bedeutet dies, daß die Hitze oberflächlich sitzt. Wird demgegenüber die Hitze bei längerer und tieferer Betastung stärker, steigt sie gewissermaßen von innen nach außen, deutet dies auf eine innerliche Hitze hin. Sind die Handflächen des Patienten sehr heiß, ohne daß dieser ein aufsteigendes Hitzegefühl hat, beruht das Fieber auf Leere *(Xu)* und übermäßiger Verausgabung der Kräfte. Bei leichter Berührung der Haut kann man deren Feuchtigkeit oder Trockenheit feststellen, also abschätzen, ob der Kranke schwitzt oder ob die Körperflüssigkeiten *(Jin-Ye)* geschädigt sind. Fühlt sich die Haut zart und glatt an, sind die Körperflüssigkeiten nicht vermindert. Demgegenüber zeigt eine trokkene und rissige Haut eine Verminderung der Körpersäfte oder eine Blut-Stauung *(Yu-Xue)* an.

Wenn beim Patienten Schwellungen vorliegen, läßt sich durch pressendes Betasten unterscheiden, ob diese durch Wassereinlagerung bedingt sind oder eine Stauung von *Qi* darstellen. Bildet sich an der Stelle des Pressens nach dem Betasten eine dauerhafte kleine Grube, liegt ein wäßriges Ödem vor. Gleicht sich die eingedrückte Partie nach dem Pressen sofort wieder aus, handelt es sich um eine *Qi*-Schwellung.

Im Fach der äußeren Medizin bzw. der kleinen Chirurgie läßt sich durch Betasten der Haut- und Muskelschichten ein *Yin*- und ein *Yang*-Zustand unterscheiden, was in der chinesischen Heilkunde eine Rolle spielt. So läßt sich bei Furunkeln feststellen, ob der Eiter reif zum Aufschneiden ist oder nicht. In der chinesischen Medizin unterscheidet man die verschiedenen Entwicklungsstufen eines Furunkels nach *Yin* und *Yang*. Ist ein Furunkel hart, hat er einen flachen Ansatz mit Schwellung rundherum, handelt es sich um einen *Yin*-Zustand. Fühlt sich ein Furunkel beim Drücken brennend heiß an, ist er geschwollen und hat einen festgespannten Ansatz, handelt es sich um einen *Yang*-Zustand. Fühlt er sich fest und hart, dabei heiß oder leicht wärmer an als die übrige Haut, hat sich noch kein Eiter gebildet. Ist aber der Rand hart und der Mittelpunkt des Furunkels weich und sehr heiß, ist stets Eiter im Inneren vorhanden. Dies spielt für die chirurgische Behandlung eine Rolle; denn der Eiter muß herausgelassen werden. Wenn Eiter an der Oberfläche der Haut sitzt, schmerzt dies bereits bei leichter Betastung. Sitzt er in der Tiefe, spürt der Arzt den Schmerz erst bei festem, tieferem Pressen. Wenn beim Pressen eine Grube entsteht, heißt dies nach der Lehre der chinesischen Medizin, daß der Eiter noch nicht reif zum Schneiden ist. Fühlt sich der Eiter beim Pressen fluktuierend an, ist er reif zum chirurgischen Eingriff.

In alten Zeiten wurde in der chinesischen Heilkunde noch eine besondere Methode des Tastens angewandt, die *«Chi-Fu-Fa»* (d. h. Ellen-Haut-Methode). Dabei wurde die Partie zwischen Ellenbogen und Handgelenk getastet. Man verwendete diese Untersuchung vor allem bei Frauen, da es in früheren Epochen in China als unschicklich galt, daß diese ihren Körper vor dem Arzt entblößten. Die *Chi-Fu*-Methode diente zur Diagnostik von Wärme- und Hitzeerkrankungen *(Wen-Re-Bing)*. Fühlte sich die Haut an der Beugeseite des Unterarms zwischen Handgelenksquerfalte und Ellenbogen sehr heiß an, stellte man daraus die Diagnose einer äußeren ansteckenden Erkrankung *(Wai-Gan Ji-Bing)*. Dieser Zustand gehört nach der Lehre der chinesischen Medizin zu den Wärme-Hitze-Syndromen *(Wen-Re-Zheng)*.

6.1.4.2.2 Das Betasten von Armen und Beinen

Beim Betasten von Armen und Beinen achtet der chinesische Arzt hauptsächlich auf deren Kälte oder Wärme. Je nachdem, ob diese warm oder kalt sind, zeigt das eine Üppigkeit *(Cheng)* oder Leere *(Shuai)* des *Yang-Qi* an. Sind Arme und Beine kalt, zeigt dies eine *Yang*-Leere mit üppiger Kälte *(Yang-Xu Han-Cheng)* an. Sind Arme und Beine heiß, liegt ein üppiges *Yang* mit einer brennenden Hitze *(Yang-Cheng Re-Chi)* vor. Je nach Kühle oder Wärme des Handrückens und der Handflächen läßt sich eine äußere Störung *(Wai-Gan)* oder innere Erkrankung *(Nei-Shang)* unterscheiden. Heiße Handflächen deuten auf eine innere Erkrankung, Hitze auf dem Handrücken entspricht einer äußeren Erkrankung.

6.1.4.2.3 Das Abtasten von Ober- und Unterbauch

Beim Betasten der Hautfläche über Ober-Unterbauch beurteilt der chinesische Arzt Feuchtigkeit oder Trockenheit der Haut. Er erkundigt sich beim Patienten, ob das Befühlen oder Betasten Schmerzen macht und beurteilt die Konsistenz der Bauchdecke bzw. etwaige Widerstände beim tieferen Eindrükken. Auf diese Weise kann er Leere und Fülle der Speicher- und Hohlorgane und damit zusammenhängende Krankheiten *(Bing-Xie)* unterscheiden. Ferner kann er das Vorliegen innerer Stauungen *(Nei-Ji)* feststellen.

a) Die Betastung des Oberbauches: Die chinesische Medizin nennt den Bereich unterhalb des Sternums und der Rippen auch *«Xin-Xia»* (zu deutsch: unterhalb des Herzens). Diese Partie entspricht dem Epigastrium der westlichen Medizin. Beim Tasten spürt der Arzt, ob hier Widerstände im Gewebe oder Schmerzen vorhanden sind. Nach der chinesischen Medizin unterscheidet er so «*Pi*-Syndrome» (Verknotung im Thorax) von einer sogenannten Stauung im Brustkorb *(Jie-Xiong)*. Wenn der Arzt im Epigastrium beim Pressen eine Verhärtung fühlt und der Patient dabei Schmerzen empfindet, handelt es sich um eine Stauung im Brustkorb, und zwar einen Fülle-Zustand. Fühlt sich die Partie des Epigastrium weich an, und hat der Patient beim Drükken keine Schmerzen, so handelt es sich nach der chinesischen Medizin um ein *«Pi»*-Syndrom, das durch eine *Qi*-Leere und *Qi*-Blockierung *(Qi-Xu Qi-Zhi)* entsteht, wobei sich Hitze *(Xie-Re)* im Magen ansammelt oder Schleim-Nässe *(Tan-Shi)* im Mageninneren vorhanden ist. Nach der westlichen Medizin entspricht dies einer Gastritis bzw. einer Magenverstimmung. Es ist dies ein Leere-Zustand. Wenn sich das Epigastrium hart und fest anfühlt wie ein Teller, dessen Kanten fühlbar sind, liegt eine Wasser-Speichel*(Shui-Yin)*-Störung vor.
b) Das Abtasten des Unterbauchs: Wenn der Patient das feste Abtasten des Unterbauchs als angenehm empfindet, liegt ein Leere-Zustand vor. Empfindet er das Pressen der Bauchorgane als unangenehm, handelt es sich um einen Fülle-Zustand. Wenn das Abdomen gebläht ist und sich beim Beklopfen wie eine Trommel anhört, wenn zugleich das Urinlassen normal ist, liegt ein Fall von Meteorismus *(Qi-Zhang)* vor. Wenn sich der Unterleib beim Betasten wie ein wassergefüllter Beutel anfühlt, wenn das Wasserlassen zugleich schlecht ist, liegt eine Wasser-Stauung *(Shui-Gu)* vor. Tastet man im Unterleib eine harte, unbewegliche, schmerzhafte Verdickung, liegt meist eine Stauung im Inneren des Abdomens *(Zheng)* oder eine Blockierung im Darm *(Ji)* vor. Gelegentlich handelt es sich auch um eine Blut-Stauung *(Xue-Yu)*. Wenn die Schwellung zeitweise tastbar, zeitweise verschwunden

ist, wenn man dabei auch keinen genauen Schmerzpunkt lokalisieren kann, liegt eine Luft-Stauung, also ein Meteorismus *(Qi-Zhi)* vor. Wenn im Unterbauch um den Nabel herum beim Betasten Schmerzen bestehen, die hauptsächlich zur linken Seite herüberziehen, wobei sich im linken Unterbauch ein harter, knotiger Wulst abzeichnet, handelt es sich meist um trokkenen, festgesetzten Kot. Harte, bewegliche Darmpartien, die durch die Bauchdecken tastbar sind, können auch durch eine Verstopfung infolge angestauter Darmparasiten verursacht werden. Dies tritt vor allem in China nicht selten auf. Ist der rechte Unterbauch druckempfindlich, tritt auch beim plötzlichen Loslassen des Drucks starker, blitzartiger Schmerz auf, wird es sich meist um eine akute Appendizitis handeln, von der traditionellen chinesischen Medizin «*Chang-Yong*», von der modernen westlichen Medizin in China «*Lan-Wei-Yan*» genannt.

6.2 Differentialdiagnostik der häufigsten Erkrankungen

Die nach den vier Methoden der chinesischen Diagnostik festgestellten Krankheitserscheinungen beim Patienten stellen nach der Lehre der chinesischen Heilkunde objektive Widerspiegelungen pathologischer Veränderungen im Organismus dar. Sie bilden das Material, aus dem eine Syndrom-Diagnose *(Bian-Zheng)* erstellt wird, die als Basis des therapeutischen Vorgehens dient. Dabei werden von der chinesischen Medizin als erste Stufe der Diagnostik zahlreiche Einzelbeobachtungen induktiv miteinander in Verbindung gebracht. Die induktive Methode ist das Ausgehen von kleinsten Bausteinen, die nach empirisch abgeleiteten Zusammenhängen einander zugeordnet werden. Dies genügt allerdings nicht zum klaren Erfassen der Erscheinungen eines Krankheitszustands. Dazu ist neben der Induktion (chinesisch: *Gui-Na)* auch die Deduktion *(Tui-Li)* und die Analyse *(Fen-Xi)* notwendig (vgl. S. 208).

Es gibt in der Differentialdiagnostik der chinesischen Medizin Krankheitszustände mit gleichen Symptomen und dementsprechend mit gleicher Benennung, die bei gründlicher Analyse aber doch unterschiedliche Eigenschaften haben. Nehmen wir z. B. Kopfschmerzen. Hier gibt es allein aufgrund der Lokalisation der Schmerzen am Kopf in der chinesischen Medizin vier verschiedene Arten: die Kopfschmerzen im Nacken, die den beiden Meridianen des *Tai-Yang* (Dünndarm- und Blasen-Meridian) zugeordnet werden. Die Kopfschmerzen an der Stirn, die den beiden *Yang-Ming*-Meridianen (Dickdarm- und Magen-Meridian) entsprechen; die Kopfschmerzen an den Schläfen, die den beiden *Shao-Yang*-Meridianen (Gallenblasen-Meridian und Meridian der Drei Erwärmer) zugeordnet sind; die Kopfschmerzen auf dem Scheitel, die den beiden *Jue-Yin*-Meridianen (Leber- und Perikard-Meridian) entsprechen. Diese Differenzierung der chinesischen Medizin kommt dadurch zustande, daß die Meridianverläufe unterschiedlich sind.

Oder nehmen wir das Symptom «Blähungen» *(Fu-Zhang)*. Es kann entstehen durch ein Versagen der Transportfunktion *(Yun-Hua)* der Milz bei einer Milz-Leere *(Pi-Xu)*, oder durch eine Stauung in Magen und Darm *(Chang-Wei Ji-Zhi)* bedingt sein. Beim ersteren Fall gehen die Blähungen zeitweilig zurück, beim zweiten Fall sind sie dauernd vorhanden. Der erste Fall ist eine Leere*(Xu)*-Erkrankung, der zweite ist eine Fülle*(Shi)*-Störung. Hier ist es wichtig, die verschiedenen Symptome nach den Grundprinzipien der chinesischen Heilkunde, die in den ersten Kapiteln dieses Buches ausführlich erklärt werden, zu analysieren.

Im Buch *«Su-Wen»* heißt es: «Man muß nach der Anfangssymptomatik einer Krankheit und nach der jetzigen Krankheitserscheinung fragen» (251). Unter «jetziger Krankheitserscheinung» ist die augenblickliche Hauptsymptomatik gemeint. Diese ist mit der Anfangserscheinung der Krankheit in Beziehung zu setzen, wobei stets wichtige und unwichtige Symptome unterschieden werden müssen. Es gibt in der klinischen Praxis der chinesischen Medizin außerordentlich viele einzelne Krankheitsbilder. In der folgenden Übersicht werden nur die wichtigsten genannt. Der westliche Arzt hat sich dabei stets vor Augen zu halten, daß die chinesische Krankheitsdiagnostik von etwas anderen Voraussetzungen ausgeht als die westliche (vgl. S. 28). Sie erfaßt den menschlichen Organismus als Ganzheit (chinesisch: *Zheng-Ti*) und findet den Zugang zum Verständnis dieser Ganzheit durch die Krankheits-Syndrome *(Bian-Zheng)*. Sie beschränkt sich dabei auf qualitative Aussagen über den menschlichen Körper und seine Störungen, da ihr die erkenntnistheoretische Basis der modernen Naturwissenschaft fehlt, auf der allein Exaktheit, Prüfbarkeit und Objektivität zu erzielen sind.

Dies darf nicht darüber hinwegtäuschen, daß sich traditionelle chinesische und moderne westliche Medizin im Grunde mit der gleichen Wirklichkeit, nämlich dem kranken Menschen auseinandersetzen.

Vergleichen wir beispielsweise die Kapitel eines modernen westlichen Standardwerks zur Differentialdiagnose (252) mit der folgenden differentialdiagnostischen Übersicht, so finden wir eine ganz ähnliche Anordnung der unterschiedlichen Krankheiten: Anämien, Hämorrhagische Diathese, Fieber, Kopfschmerzen, Dyspnoe, Herzrhythmusstörungen, Zyanose, EKG-Veränderungen, Schmerzen im Thorax, Hypertonie, Hypotonie, Lungenverschattungen, vergrößerte Lymphknoten, Schmerzen im Abdomen, Diaorrhoe, Obstipation, Gelbsucht, Milztumor, Blut-Eiweiß-Eiter im Urin, Ödeme, Schmerzen in den Extremitäten und im Bereich der Wirbelsäule, Lähmungen, Bewußtseinsverlust, Störungen des Wasserhaushalts. Allerdings fällt auf, daß mehrere Kapitel des westlichen Werks direkt durch den Zugriff moderner wissenschaftlicher Methodik geprägt sind, nämlich die über EKG-Veränderungen und Lungenverschattungen. Andere Kapitel der westlichen Differentialdiagnostik verraten ihre Abhängigkeit von exakter medizinischer Messung, so Hypertonie und Hypotonie, Herzrhythmusstörungen, Anämien, Störungen des Wasserhaushalts, Hämaturie, Pyurie und Proteinurie. Dennoch handelt es sich bei der westlichen und chinesischen Diagnostik im Grunde um die gleichen Kategorien der Krankheitserkennung. Bei der direkten Krankenuntersuchung werden von der traditionellen chinesischen Medizin und von der modernen westlichen Medizin nahezu die gleichen Funktionen des menschlichen Organismus überprüft. Die apparative und technisch ausgerichtete Diagnostik der westlichen Heilkunde prüft darüber hinaus zahlreiche Parameter nach den Erfordernissen der modernen Naturwissenschaft, d. h. hinsichtlich Exaktheit, Eindeutigkeit, Quantisierung der Begriffe, logischer Koherenz, Prüfbarkeit und Objektivität, wodurch zweifellos eine größere Sicherheit des Befundes erreicht wird, was heute jedem Arzt in der Volksrepublik China bekannt ist. Allerdings darf der Arzt, einerlei ob er eine moderne westliche oder eine traditionelle chinesische Ausbildung hat, nicht der Gefahr erliegen, die objektive, exakte und quantisierende Betrachtungsweise der modernen westlichen Heilkunde überzubewerten und sich in einem starren Positivismus zu verlieren. Dieser bringt nämlich gerade in der praktischen Heilkunde nicht immer die besten Ergebnisse, und zwar deshalb, weil er nicht in umfassender Weise wirklichkeitsgerecht ist. Die Lösung des Problems der unterschiedlichen Methodik westlicher und chinesischer Medizin liegt darum nicht in einem Entweder – Oder, sondern in einem Sowohl – Als-auch.

6.2.1 Kälteempfindlichkeit und Fieber *(Han-Re)*

Kälteempfindlichkeit und Fieber treten in der Praxis häufig auf. In der chinesischen Medizin spricht man hier einfach von «Kälte» und «Hitze». Dabei ist es wichtig, die verschiedenen Arten der Kälte oder Hitze festzustellen, um die unterschiedlichen Krankheitsstörungen *(Bing-Xie)* und ihre Lokalisation zu unterscheiden, die Besonderheit der vorliegenden Erkrankung zu erkennen, die Üppigkeit *(Cheng)* oder Schwäche *(Shuai)* von *Yin* und *Yang* herauszufinden.

Im einzelnen unterscheidet die chinesische Medizin folgende verschiedenen Kombinationen von «Kälte» (Frösteln) und «Hitze» (Fieber):

6.2.1.1 Gleichzeitiges Auftreten von Fieber und Kälteempfindlichkeit

Wenn Hitze und Kälte bzw. Fieber und Frösteln zugleich auftreten, handelt es sich meist um ein oberflächliches Krankheits-Syndrom *(Biao-Zheng).* Sind die Kälte-Symptome bzw. das Frösteln stark, ist das Fieber leicht, bestehen gleichzeitig Kopfschmerzen und Schmerzen im ganzen Körper, ist der Mund des Patienten nicht trocken, findet sich ein oberflächlicher straffer Puls *(Mai-Fu-Jin)* bedeutet dies eine äußerliche Fesselung durch Wind und Kälte *(Feng-Han Wai-Shu),* wobei die Abwehrfunktion des *Yang (Wei-Yang)* angegriffen ist und eine oberflächliche Wind-Kälte-Störung *(Feng-Han-Biao Zheng)* vorliegt. Wenn das Fieber *(Re)* stark und das Kälteempfinden bzw. das Frösteln *(Han)* leicht ist, wenn gleichzeitig Kopfschmerzen, trockener Mund, ein oberflächlicher schneller Puls *(Mai-Fu-Shu)* festgestellt wird, handelt es sich um ein oberflächliches Wind-Hitze-Syndrom *(Feng-Re Biao-Zheng),* bei dem Wind und Hitze die Abwehrkraft der Lunge *(Fei-Wei)* angegriffen haben.

6.2.1.2 Abwechseln von Kälteempfindlichkeit und Fieber

Abwechselndes Auftreten von Kälte und Hitze, wobei dem Patienten mal heiß, mal kalt ist, der zugleich ein Völlegefühl in der Brust und einen bitteren Mundgeschmack spürt, erbrechen muß und einen gespannten Puls *(Xian-Mai)* hat, zeigt, daß die Störung *(Xie)* halb äußerlich *(Biao),* halb innerlich *(Li)* sitzt. Es handelt sich dabei um ein *Shao-Yang*-Syndrom *(Shao-Yang-Zheng)* mit Störung der inneren Ausgewogenheit.

Tabelle 14: Kälteempfindlichkeit und Fieber (vgl. Abschnitt 6.2.1)

Krankheits-Syndrome	Fülle-Syndrome				Leere-Syndrome	
Stützen der dial. Diagnostik	Störung sitzt an Abwehr *(Wei)* u. Oberfläche *(Biao)*	Störung sitzt halboberflächlich, halb innen	Hitzeansammlung im *Qi-Fen*	Hitze dringt ins *Ying-Xue*	*Yin*-Leere	*Yang*-Leere
Krankheitsursache, Pathologie	Frisches Eindringen einer äußeren Störung, Kampf zw. Störung u. Abwehr *(Zheng)*, Versagen der oberflächl. Abwehr *(Wei)*	Störung dringt ins *Shao-Yang*, Behinderung des *Qi*-Mechanismus, Kampf zwischen *Yin* und *Yang*	Störung dringt ins Körperinnere, erzeugt Fieber und entwickelt Feuer, starke üppige Hitze im Inneren	Störung dringt ins *Ying-Xue*, bedrückt Herz u. Gemüt, Schädigung des Blutes, «bewegter Wind»	Chron. Erkrankung m. Verletzung d. *Yin*, unzureichende *Yin*-Essenz, im Körperinneren entsteht Leere-Hitze	Chron. Erkrankung m. Verletzung des *Yang*, schwaches *Yang-Qi*, äußerlich zeigt sich Leere-Kälte
Verhältnis von Kälteempfindlichkeit und Fieber	Kälteempfindlichkeit und Fieber zugleich	Abwechseln von Kälteempfindlichkeit und Fieber	Hohes Fieber ohne Kälteempfindlichkeit	Fieber mit nächtlichem Ansteigen, keine Kälteempfindlichkeit	Erhöhte Temperatur am Nachmittag, keine Kälteempfindlichkeit	Kälteempfindlichkeit, kein Fieber
Begleitsymptome	Schwindel und Kopfschmerz, kein od. wenig Schweiß, Gelenkschmerzen, dünner Zungenbelag, oberflächl. *(Fu)* Puls	Schmerzen an den Rippen, bitterer Mundgeschmack, Erregungszustände, Neigung zum Erbrechen, weißer od. leicht gelber Zungenbelag, gespannter *(Xian)* Puls	Durst, viel Schweiß, gerötetes Gesicht, rauher Atem, Husten, Kurzatmigkeit, gelber Auswurf, gelber Zungenbelag, weiter schneller *(Hong-Shu)* Puls	Unklarer Verstand, Delierium, Krämpfe, Hautausschläge, Blutungen, dunkelrote Zunge, wenig Zungenbelag, feiner schneller *(Xi-Shu)* Puls	Nachtschweiß, gerötete Wangen, roter Zungenkörper, wenig Zungenbelag, feiner fadenförmiger schneller *(Xi-Wei-Shu)* Puls	Schweißausbrüche, kalte Arme und Beine, weiße Gesichtsfarbe, dicke helle Zunge, tiefer feiner *(Chen-Xi)* Puls

Tritt als erstes ein Kältegefühl mit Schüttelfrost *(Han-Zhan)* auf, anschließend Fieber *(Re)* und fühlt sich der Patient nach einem Schweißausbruch befreit, kommt dieser Anfall jeden Tag oder jeden zweiten Tag, so handelt es sich meist um eine Malaria-Erkrankung. Außerdem kann bei bestimmten innerlich verletzenden Erkrankungen *(Nei-Shang Bing)* mit verlorenem Gleichgewicht zwischen *Qi* und Blut *(Qi-Xue Shi-He)* und gleichzeitiger Unausgewogenheit zwischen *Yang* und *Yin (Yang-Yin Shi-Tiao)* ebenfalls ein Abwechseln von Kälte und Hitze beim Patienten auftreten. Auch kann ein Syndrom der Blut-Leere *(Xue-Xu)*, der *Qi*-Blockierung von Leber und Galle *(Gan-Dan Qi-Yu)* neben den sonstigen Krankheitssymptomen dieser beiden Fälle abwechselnde Kälte(Schüttelfrost)- und Hitze(Fieber)-Zustände auslösen. Doch ist in diesen beiden letzteren Fällen der Unterschied zwischen Kälte und Hitze nicht so deutlich; ferner ist die Krankheitsdauer bei der Blut-Leere und *Qi*-Verstauung von Leber und Galle länger.

6.2.1.3 Fieber (Hitze) ohne Kälteempfindlichkeit

Fieber ohne Kälteempfindlichkeit oder Frösteln bzw. Fieber mit Hitzeempfindlichkeit, brennender Haut, trockenem Mund, reichlich Schweiß, gelbem Zungenbelag, schnellem Puls, zeigt an, daß eine Hitze-Störung *(Xie-Re)* ins Körperinnere eingedrungen ist. Es handelt sich dabei um einen inneren Hitze-Zustand *(Li-Re-Zheng)*.

Mäßiges Fieber mit Temperaturen nicht über 38 Grad, oder Zustände, bei denen der Patient nur das Empfinden hat, er fiebere – wobei die Körpertemperatur aber normal ist, verbunden mit innerem Hitzegefühl, psychischer Erregung, Nachtschweißen, roten, brennenden Wangen, trockener Kehle, roter Zunge und feinem schnellem Puls *(Mai-Xi-Shu)* – ist ein Zeichen dafür, daß *Yin*-Essenz *(Yin-Jing)* nicht ausreichend ist. Infolge der *Yin*-Leere entsteht im Körperinneren eine Leere-Hitze *(Xu-Re Nei-Sheng)*, also ein Hitze-Syndrom *(Re-Zheng)*.

Leicht erhöhte Körpertemperaturen mit Schwitzen, Müdigkeit, Appetitlosigkeit und einem Leere-Puls *(Mai-Xu)* – wobei gelegentlich Kälteempfindlichkeit auftritt, die sich bei Ermüdung und Erschöpfung verstärkt – bedeuten, daß durch eine *Qi*-Leere Hitze entsteht *(Qi-Xu Fa-Re)*.

Ferner kennt die chinesische Medizin unechte Fieberzustände *(Jia-Re-Zheng)*, bei denen der ganze Körper heiß und unruhig ist und der Patient ein rotes Gesicht hat. Auffallend ist hier, daß sich der Patient trotz der Hitze zusätzlich warm anzieht, daß er einen trockenen Mund hat und dennoch heiße

Getränke bevorzugt, von denen er aber nicht viel trinkt. Es ist ein oberflächlicher großer Puls *(Mai-Fu-Da)* vorhanden, der sich beim Tasten in der Position *«An»* hohl, dünn und schwach anfühlt. Dies ist ein üppiger *Yin*-Zustand bei Leere des *Yang (Yin-Cheng Yang-Xu)*. Dabei befindet sich das gesamte *Yang* an der Körperoberfläche, und die so entstehende *Yang*-Leere erzeugt ein Hitze-Syndrom *(Yang-Xu Fa Re-Zheng)*.

6.2.1.4 Kälteempfindlichkeit ohne Fieber (Hitze)

Hierbei ist der ganze Körper kalt und frostig, die vier Extremitäten sind ohne jede Wärme, der Kranke hat eine blasse weiße Gesichtsfarbe, er schwitzt, läßt viel klaren Urin, hat dünnflüssigen Stuhlgang, eine helle Zunge, einen fadenförmigen feinen Puls *(Mai-Wei-Xi)*. Es liegt eine Leere des *Yang-Qi* *(Yang-Qi Xu)* vor. Der Zustand ist ein *Yang*-Leere-Syndrom, bei dem der Körper seine äußeren Abwehrfunktionen nicht ausführen kann *(Bu-Neng Wei-Wai)*.

Nur Kälteempfinden bzw. Frösteln ohne Fieber, begleitet von gespanntem Puls *(Xian-Mai)* sowie von Kopfschmerzen, entspricht einer Schleim-Blockierung *(Tan-Xie Zu-E)*, bei der sich das *Yang-Qi* nicht im Körper entfalten kann.

Ferner kennt die chinesische Medizin einen «unechten» Kältezustand *(Jia-Han-Zheng)*, bei dem der Patient eiskalte Hände und Füße, schwarzen Zungenbelag und einen feinen Puls *(Xi-Mai)* hat. Dennoch hat der Kranke nicht das Bedürfnis, sich warm anzuziehen; je kälter er sich fühlt, um so mehr begehrt er Kaltes zu trinken. Am liebsten möchte er im kalten Wasser sitzen oder liegen. Der feine Puls fühlt sich beim tiefen Tasten in der Position *«An»* merkwürdigerweise kräftig an; der schwarze Zungenbelag ist nicht feucht, sondern trocken und rissig. Es handelt sich hier um ein üppiges *Yang*-Syndrom, bei abgeschaltetem *Jin (Yang-Cheng Ge-Yin-Zheng)*.

6.2.2 Der Schweiß *(Han)*

Nach der Lehre der chinesischen Medizin entsteht Schweiß aus einer Verdampfung von Körpersäften *(Jin-Ye)* durch das *Yang-Qi*. Die Menge des abgesonderten Schweißes hängt ab von der Funktion des Öffnens und Schließens der Abwehr-Funktion *(Wei-Qi)*. Unnormales Verhalten der Schweißabsonderung kann sowohl durch ein äußeres ansteckendes Syndrom *(Wai-Gan-Zheng)* als auch durch ein innerlich schädigendes Syndrom *(Nei-Shang-Zheng)* hervorgerufen werden.

Tabelle 15: Schweiß

Krankheits-Syndrome	Fülle-Syndrome			Leere-Syndrome			
Stützen der dial. Diagnostik	Wind u. Kälte fesseln die Oberfläche	Wind u. Hitze greifen die Oberfläche an	Üppige Hitze im Magen-meridian	*Yin*-Leere	*Yang*-Leere	End-Zustände (Tuo-Zheng): sterbendes*Yin*	sterbendes *Yang*
Krankheits-ursache, Pathologie	Äußerer Befall durch Wind u. Kälte, Störung *(Xie)* fesselt Körperoberfläche, Hautporen geschlossen	Äußerer Befall durch Wind u. Hitze, Störung schädigt Körperoberfläche, Abwehr*(Wei)*-*Qi* blockiert	Störung dringt in den *Yang-Ming*, üppig starke innere Hitze, Hautporen geöffnet m. Schweißausbruch	Chron. Erkrankung m. Schädigung d. *Yin*, mangelnde *Yin*-Essenz, *Yang* ohne Stütze	Chron. Erkrankung mit Schädigung d. *Yang*, Schwäche des *Yang-Qi*, mangelnde Festigkeit des Abwehr*(Wei)*-*Qi*-	Schädigung des *Yin* durch schwere Erkrankung, starke Schädigung des *Yin*, *Yang* ohne Stütze	Schwere Erkrankung verletzt das *Yang*, *Yang* äußerst schwach, völliges Fehlen der Abwehrkraft *(Zheng)*
Eigenart des Schwitzens	Kein Schweiß	Kein oder wenig Schweiß	Viel heißer Schweiß mit saurem Geruch	Schweißausbrüche, nachts verstärkt	Schweißausbrüche, nachts vermindert	Reichlich heißer, klebriger Schweiß	Reichlich kalter, leicht klebriger Schweiß
Begleit-symptome	Starke Kälteempfindlichkeit, mäßig hohes Fieber, Kopfschmerzen, klare Nasenabsonderung, kein Durst, dünner weißer Zungenbelag, oberflächl. *(Fu)* Puls	Leichte Kälteempfindlichkeit, hohes Fieber, wenig Durst, rote Zungenspitze u. -ränder, dünner Zungenbelag, oberflächlicher schneller *(Fu-Shu)* Puls	Hohes Fieber, starker Durst, gerötetes Gesicht, rauher Atem, gelber Zungenbelag, weiter schneller *(Hong-Shu)* Puls	Hitze-Wallungen, gerötete Wangen, Erregungszustände, heiße Hand- und Fußflächen, rote Zunge, feiner schneller *(Xi-Shu)* Puls	Kälteempfindlichkeit, Arme u. Beine nicht warm, weiße Gesichtsfarbe, dicke helle Zunge, tiefer feiner *(Chen-Xi)* Puls	Hände u. Füße warm, Durst mit Wunsch nach kalten Getränken, dunkelrote trockene Zunge, tiefer, feiner, schneller *(Chen-Xi-Shu)* Puls	Haut und vier Extremitäten kalt, ausdrucksloses Wesen, feiner, fadenförmiger *(Xi-Wei)*, kaum tastbarer Puls

Schweißausbruch mit Windempfindlichkeit, Fieber, Schmerzen im Körper bei plötzlicher Erkrankung, weißem Zungenbelag, oberflächlichem und sanftem *(Fu-Huan)* Puls zeigt eine Wind-Störung an, die die Oberfläche verletzt hat *(Feng-Xie Shang-Biao)*. Dabei ist die Abwehrfunktion des *Yang* nicht kräftig genug *(Wei-Yang Bu Gu)*, und es handelt sich um ein äußerlich ansteckendes Syndrom mit Leere an der Oberfläche *(Wai-Gan Biao-Xu-Zheng)*.

Reichliche Schweißproduktion mit Hitzegefühl im Körper, trockenem Mund, gelbem Zungenbelag und weitem, großem Puls *(Mai-Hong-Da)* zeigt ein inneres Hitze-Syndrom *(Li-Re-Zheng)* an, bei dem die Körpersäfte durch die innere Hitze nach außen getrieben werden. Wenn ein Patient sehr leicht schwitzt, auch nach körperlicher Arbeit, heißt dies in der chinesischen Medizin «selbsttätiges Schwitzen» *(Zi-Han)*. Dies kommt daher, daß im Körper eine *Qi*-Leere *(Qi-Xu)* oder ein nicht genügend starkes Abwehr-*Yang* *(Wei-Yang Bu Gu)* vorliegt. Schwitzt der Mensch im Schlaf, nennt dies die chinesische Heilkunde «räuberische Transpiration» *(Dao-Han)*. Dieser Zustand ist meist durch eine Leere des *Yin-Qi* bedingt, er entspricht also einem *Yin*-Leere-Syndrom *(Yin-Xu-Zheng)*.

Tritt beim Patienten zunächst Schüttelfrost, anschließend Schweißausbruch auf, heißt das «Schüttelfrost-Transpiration» *(Zhan-Han)*. Dies bedeutet einen heftigen Kampf zwischen äußerer Störung *(Xie)* und Abwehrkraft *(Zheng)* im Körper, bei dem ein Wendepunkt der Krankheit eintritt, also dem, was man in der westlichen Heilkunde die «Krise» nennt. Bei glücklicher Überwindung dieser Krise fällt das Fieber nach dem Schweißausbruch, der Puls wird ruhiger, der Patient fühlt sich wohler. Für die chinesische Medizin bedeutet dies, daß die Störung *(Xie)* vertrieben wurde und die Abwehrkraft gesiegt hat. Dies wird als «Übereinstimmung» *(Shun)* bezeichnet, worunter ein ausgewogener körperlicher Zustand zu verstehen ist. Fühlt sich der Patient demgegenüber nach dem Schweißausbruch unruhig und nervös, hat er einen großen Puls *(Da-Mai)*, heißt das, daß die Abwehrkraft die Störung nicht überwinden konnte, und dies ist ein «nicht übereinstimmendes» Bild *(Ni-Xiang)*. Bricht der Schweiß perlenartig oder wie herabtriefendes Öl aus dem Körper, so daß der Patient ihn ständig abwischen muß, ist der Kranke zugleich unruhig und erhitzt, mit einem hastigen Puls *(Mai-Zao)*, handelt es sich um ein Syndrom des «sterbenden *Yin*» *(Wang-Yin-Zheng)*. Bricht kalter Schweiß aus, sind auch die vier Extremitäten kalt, ist der Puls schwach und fadenförmig *(Wei-Mai)*, ist dies ein Syndrom des «sterbenden *Yang*» *(Wang-Yang-Zheng)*. Diese beiden Syndrome bilden in der chinesischen Medizin die sogenannten «End-Zustände» *(Tuo-Zheng)*.

Schwitzt der Kranke nur am Kopf, zeigt dies Hitze in der Lunge und im Magen an, oder es deutet darauf hin, daß sich Nässe-Hitze gestaut hat *(Shi-Re Yu-Zheng).* Schwitzen an Armen und Beinen oder unter den Armen entsteht durch verdunstende Hitze in Milz und Magen *(Pi-Wei-Re-Zheng).* Schweißausbrüche nur an einer Körperhälfte zeigt eine schlechte Beförderung des *Qi* und Blut *(Qi-Xue Yun-Xing Bu Zhou)* an. Dies kann mit einer Halbseitenlähmung verbunden sein.

6.2.3 Schmerzzustände *(Teng-Tong)*

Schmerzen gehören zu den häufigsten Beschwerden, die in der Klinik beobachtet werden. Nach der Lehre der chinesischen Medizin entstehen sie meistens durch Blockierungen im Meridian-System *(Jing-Luo Bi-Zu),* durch Erstarren der Ernährungs- und Abwehrfunktion *(Ying-Wei Ning-Se),* Blockierung des *Qi* und Stauung des Blutes *(Qi-Zhi Xue-Yu).* Festsitzende, nadelstichartige Schmerzen werden oft durch Blutstauungen hervorgerufen. Schmerzen mit gleichzeitigem gespanntem Gefühl entstehen meist durch eine Stauung des *Qi.* Ständige Schmerzen oder ein hohles Schmerzgefühl, bei dem Pressen auf den Schmerz Erleichterung bringt, entsprechen meist einem Leere-Zustand *(Xu-Zheng)*; heftige Schmerzen mit Verschlimmerung bei Druck auf die Schmerzstelle entsprechen demgegenüber einem Fülle-Zustand *(Shi-Zheng).* Schmerzen mit Verlangen nach Wärme entsprechen einem Kältezustand, mit Verlangen nach Kälte einem Hitze-Zustand. Die Ursache und der Sitz von Schmerzen sind verschieden. Deshalb haben Schmerzen bei verschiedenen Erkrankungen ihre besondere Charakteristik. Die häufigsten Schmerzzustände werden im folgenden besprochen.

Tabelle 16: Schmerzen (allgemein)

Krankheits-Syndrome	Fülle-Syndrome				Leere-Syndrome
Stützen der dial. Diagnostik	Blockierung des *Qi*-Mechanismus	Verstopfung der Blutgefäße *(Xue-Mai Yu-Zu)*	Erstarrung durch Kälte-Störung	Ansammlung und Verknotung einer Hitze-Störung	Nicht ausreichendes *Qi* und Blut
Krankheitsursache, Pathologie	Psychische Einwirkungen, Angriff einer äußeren Störung, Blokkierung des *Qi*-Mechanismus	Blutungen durch äußere Verletzung, chronische Schmerzen dringen in die Luogefäße, Verstopfung der Blutbahnen	Angriff einer Kälte-Störung, Kontraktion der Meridiangefäße, blockierter Durchgang infolge Erstarrung	Angriff einer Hitze-Störung, Blockierung der Luo-Gefäße, Ansammlung und Blockierung im mittleren Erwärmer	Innere Schädigung durch chronische Erkrankung, mangelndes *Qi* und Blut, Schwäche und Leere der Meridiangefäße
Charakter des Schmerzes	Spannungsschmerz, wandernde Schmerzen, Druckempfindlichkeit	Stechende Schmerzen, festsitzende Schmerzen, Druckempfindlichkeit	Schmerzen mit Kältegefühl, die bei Wärme nachlassen, Druckempfindlichkeit	Schmerzen bei Hitzeeinwirkung, kolikartige oder ziehende Schmerzen, Druckempfindlichkeit	Versteckte, wechselnde Schmerzen, Besserung bei Druck
Begleitsymptome	Schmerzen im Thorax und an den Rippen, Schmerzen im Ober- und Unterbauch, Aufstoßen oder Abgang von Winden, dünner Zungenbelag, gespannter feiner *(Xian-Xi)* Puls	Harte Knoten, örtliche blaue Verfärbung, violette Blutflecke, blaue Lippen, violettrote Zunge, rauher *(Se)* Puls	Schmerzen in Ober- und Unterbauch und in den Gelenken, Vorliebe für Wärme mit Kälteempfindlichkeit, Erbrechen, Durchfall, weißer klarer Urin, weißer Zungenbelag, langsamer *(Chi)* Puls	Schmerzen in Ober u. Unterbauch, Verstopfung oder Durchfall, Pollakisurie, Schmerzen beim Wasserlassen mit Harndrang, Entzündungsymptomatik (Rötung, Schwellung, Hitze), rote Zunge m. gelb. Belag, weiter schnell.*(Hong-Shu)* Puls	Kopfschmerzen, Lendenschmerzen, Schmerzen im Ober- und Unterbauch, Kraftlosigkeit infolge chronischer Erkrankung, gelbliche oder blaß-weiße Gesichtsfarbe, helle Zunge, leerer feiner *(Xu-Xi)* Puls

6.2.3.1 Kopfschmerzen *(Tou-Tong)*

6.2.3.1.1 Kopfschmerzen durch äußere Erkrankungen

Sie treten meist als plötzliche Erkrankung auf. Kopfschmerzen mit steifem Nacken bis zum Scheitel hinauf, aber ohne Schweißausbruch mit oberflächlichem gespanntem Puls *(Mai-Fu-Jin)*, mit Wind- und Kälte-Empfindlichkeit entsprechen einer Kältestörung der *Tai-Yang*-Meridiane *(Han-Shang Tai-Yang-Jing)* und einem Wind-Kälte-Kopfschmerz-Syndrom *(Feng-Han Tou-Tong-Zheng)*. Prall gespannte Kopfschmerzen mit gleichzeitigem Schwitzen bei oberflächlichem schnellem Puls *(Fu-Shu-Mai)* und Fieber entsprechen einem Wind-Hitze-Kopfschmerz-Syndrom infolge äußerlich ansteckender Wind-Hitze, die im Körper aufwärts steigt. Kopfschmerzen mit einem steinschweren Kopf, belegter Zunge und schwachem Puls *(Ru-Mai)* entsprechen einem Wind-Nässe-Kopfschmerz-Syndrom infolge äußerlich ansteckender Wind-Nässe *(Feng-Shi Wai-Gan)*, die aufsteigen und den Kopf angreifen kann, wobei sie das klare *Yang (Qing-Yang)* verdrängt.

6.2.3.1.2 Kopfschmerzen durch innere Schädigungen *(Nei-Shang Tou-Tong)*

Dabei treten die Kopfschmerzen erst im Laufe der Erkrankung auf, sind zeitweise vorhanden, zeitweise verschwunden.

Einseitiger Kopfschmerz und Kopfschmerz um die Orbita herum mit Engegefühl in der Brust entsprechen einem Leber-Stauungs-Kopfschmerz-Syndrom *(Gan-Yu Tou-Tong-Zheng)*. Diese Erkrankung entsteht durch eine Blockierung der Leber-Gallen-Funktion *(Gan-Dan-Qi-Zhi)* bei einer Stauung des Meridian-*Qi*. Dabei ist der Puls tief und gespannt *(Mai-Chen-Xian)*; die Kopfschmerzen werden stärker, wenn zugleich depressive Verstimmungen auftreten.

Ein dumpfes Gefühl in Kopf und Augen, mit Schwindel und Ohrensausen, bei gespanntem Puls *(Xian-Mai)*, ist meist ein Zeichen für ein ungenügendes *Yin* der Leber, wobei das *Yang* der Leber zu stark wird, nach oben steigt und einen Leber-*Yang*-Kopfschmerz *(Gan-Yang Tou-Tong)* erzeugt. Wenn der Patient unruhige, brennende Augen und einen bitteren Geschmack im Mund hat, nervös ist, auffallend gelben Urin läßt, einen gespannten, schnellen Puls *(Mai-Xian-Shu)* hat, handelt es sich um eine Leber-Blockierung, die Feuer entstehen läßt *(Gan-Yu Hua-Huo)*, das zum Kopf hochsteigt. Man nennt dieses Krankheitsbild in der chinesischen Medizin «Leber-Feuer-Kopfschmerz» *(Gan-Huo Tou-Tong)*.

Kopfschmerzen auf dem Scheitel mit leichtem Erbrechen und gespanntem langsamem Puls *(Xian-Huan-Mai)* deutet darauf hin, daß eine Kälte-Störung das *Jue-Yin* (Leber- und Perikard-Meridian) befallen hat und in Gegenrichtung aufsteigt *(Shang-Ni)*, wodurch ein Leber-Kälte-Kopfschmerz *(Gan-Han Tou-Tong)* entsteht. Die Kältestörung steigt dabei in Richtung bzw. in Gegenrichtung *(Ni)* der Meridianverläufe aufwärts.

Unaufhörlicher, bohrender Kopfschmerz, Lichtscheu, weiße Gesichtsfarbe, helle Zunge und feiner kraftloser Puls *(Mai-Xi Wu Li)* deuten darauf hin, daß *Yin* und Blut nicht ausreichend sind *(Yin-Xue Bu Zu)*. Bei diesem Zustand wird der Kopf nicht genügend mit Blut versorgt, es handelt sich also um ein Blut-Leere-Kopfschmerz-Syndrom *(Xue-Xu Tou-Tong-Zheng)*. Ständige Kopfschmerzen mit Schwindel, die sich beim Aufrechtstehen verstärken und mit einem schwachen Puls *(Xu-Mai)* verbunden sind, entsprechen einem *Qi*-Leere-Kopfschmerz-Syndrom *(Qi-Xu Tou-Tong-Zheng)*, bei dem das *Qi* wegen seiner Leere nicht aufwärts zum Kopf gelangen kann. Kopfschmerz mit Schwindel, Übelkeit und Druck auf der Brust, bei klebrigem Zungenbelag und gleitendem Puls *(Hua-Mai)*, entspricht einer Schleim-Nässe-Verstauung im Inneren *(Tan-Shi Nei-Zu)*, bei der das klare *Yang* nicht aufsteigen *(Qing-Yang Bu-Sheng)* kann. Es handelt sich hier um ein Schleim-Nässe-Kopfschmerz-Syndrom *(Tan-Shi Tou-Tong-Zheng)*.

Tabelle 16 a): Schmerzen an Brust und Rippen

Krankheits-Syndrome	Fülle-Syndrome				Leere-Syndrome
Stützen der dial. Diagnostik	Innere Blockierung von trübem Schleim *(Tan-Zhuo)*	Ansammlung klarer Schleimflüssigkeit *(Yin)* unterhalb der Rippen	Erstarrung durch gestautes Blut	Blockierung des *Qi* der Leber	Mangelndes *Yin* der Leber
Krankheitsursache, Pathologie	*Yang* der Brust steigt nicht auf, innere Ansammlung trüben Schleims, Blockierung des *Qi*-Mechanismus	Husten bei chronischer Erkrankung, Verstopfung der *Luo*-Gefäße der Lunge, Ansammlung von klarer Schleimflüssigkeit	Äußere Verletzungen, chronische Erkrankung, Stockungen der Meridiangefäße, Erstarrung durch blokkiertes Blut	Depressive Verstimmung, Versagen der «Ordnungsliebe» der Leber, Behinderung des *Qi*-Mechanismus	Chronische Lebererkrankung, mangelnde *Yin*-Essenz, Entwicklung von Leere-Hitze im Körperinneren
Charakter der Brust- und Rippenschmerzen	Völlegefühl und Schmerzen in der Brust oder bis zum Rücken ausstrahlende Schmerzen	Völlegefühl und Schmerzen an den Rippen, Schmerzverstärkung beim Husten oder bei Bewegungen	Stechende, festsitzende Schmerzen an den Rippen und in der Brust	Völlegefühl mit wandernden Schmerzen an den Rippen und in der Brust, Schmerzen verbunden mit psychischer Symptomatik	Ständig versteckte Schmerzen an den Rippen
Begleitsymptome	Husten mit schaumigem Schleim, Kurzatmigkeit, Unfähigkeit zu liegen, glatter und klebriger Zungenbelag, schwacher sanfter *(Ru-Huan)* Puls	Husten, Kurzatmigkeit, erhöhte Temperatur, dünner weißer Zungenbelag, tiefer gespannter *(Chen-Xian)* Puls	Periodische oder länger anhaltende Schmerzen, Milz- und Lebervergrößerung, Herzklopfen, dunkelrote Zunge, tiefer rauher *(Chen-Se)* Puls	Beklemmung und Spannung in der Brust, Appititlosigkeit, dünner Zungenbelag, gespannter *(Xian)* Puls	Trockener Mund, Erregungszustände, gelegentlich erhöhte Temperaturen, Schwindel, Augenflimmern, rote Zunge mit wenig Belag, feiner leerer, schneller *(Xi-Xu-Shu)* Puls

6.2.3.2 Schmerzen an Brust und Rippen *(Xiong-Xie-Tong)*

6.2.3.2.1 Brustschmerzen

Schmerzen und Beklemmung im Thorax mit zur Schulter und zum Rücken ziehenden anfallsweisen Schmerzen, wobei im Anfall das Gesicht und die Lippen grün-violett aussehen, nennt die chinesische Medizin «Brust-*Bi*» *(Xiong-Bi)*. Bei der «*Bi*-Erkrankung» *(Bi-Zheng)* handelt es sich um eine durch Blokkierung infolge äußerer Störungen entstehende Erkrankung des Körpers bzw. der inneren Organe und des Meridian-Systems. Als häufigste äußere Störungen kommen dabei Wind, Kälte und Nässe infrage. Der Begriff des «*Bi*» ist in der chinesischen Medizin ziemlich weitreichend und entspricht etwa, allerdings nicht genau, dem rheumatischen Formenkreis der westlichen Medizin. Es gibt *Bi*-Erkrankungen der Sehnen, Knochen, Gefäße, der Muskeln und der Haut. Ferner gibt es *Bi*-Erkrankungen der fünf Speicherorgane *(Wu-Zang-Bi)*. Das «Brust-*Bi*» der chinesischen Heilkunde bedeutet, daß das *Yang* des Thorax nicht frei beweglich ist *(Xiong-Yang Bu-Zhen)* oder daß hier eine Blockierung durch Blutverstauung im Inneren vorliegt *(Yu-Xue Nei-Zu)*.

Brustschmerzen mit Fieber und Husten sind meist ein Zeichen dafür, daß eine Schleim-Hitze-Störung im Füllezustand in der Lunge sitzt *(Fei You Tan-Re-Shi-Xie)*. Dies entspricht einem Lungen-Hitze-Syndrom *(Fei-Re-Zheng)* der chinesischen Medizin, was in der westlichen Medizin einer Lungenentzündung gleichkommt.

Ein versteckter, quälender Schmerz im Thorax mit dickem, übelriechendem Schleim und Blut im Auswurf ist ein Zeichen dafür, daß störende Hitze in der Lunge sitzt, wodurch das *Qi-Xue* angegriffen und beschädigt wird. Dies entspricht einem eitrigen Entzündungszustand der Lunge *(Fei-Yong-Zheng)*, was einen Lungenabszeß oder Bronchiektasien in der westlichen Medizin gleichkommt. Anhaltende stechende Schmerzen an ein und derselben Stelle des Thorax mit Blutspucken zeigt eine Blutstauung und *Qi*-Blockierung *(Xue-Yu Qi-Zhi)* an; dabei sind die Meridianverläufe blockiert, es liegt ein Blut-Stauungs-Syndrom *(Xue-Yu-Zheng)* vor.

6.2.3.2.2 Schmerzen an den Rippen

Schmerzen und Spannung an ein und demselben Punkt der Rippen, die beim Drücken oder Massieren stärker werden, tagsüber leichten sind als in der Nacht, mit Völlegefühl über dem Rippenbogen, Verschlimmerung der Schmerzen beim Atmen und Husten, zeigen eine innere Ansammlung klarer Schleimflüssigkeit *(Yin-Xie Nei-Ting)* an. Dabei ist der *Qi*-Mechanismus gestört, es handelt sich um einen «schwebenden» Schleim-Zustand *(Xuan-Yin-Zheng)*.

Stechende Rippenschmerzen, die sich wandernd bewegen, mit dunkelroter Zungenfärbung zeigen eine innere Ansammlung von gestautem Blut *(Yu-Xue Nei-Ting)* an, wobei das Meridian-System blockiert ist.

Schmerzen und Spannungsgefühl an den Rippen mit psychischer Erregung, bitterem Geschmack im Mund, dumpfem Kopf und Schweißausbruch zeigen eine Verstopfung der Leber durch Blockierung des *Qi (Gan-Yu Qi-Zhi)* an. Rippenschmerzen mit Fieber und Schüttelfrost, bitterem Mund, trockener Kehle, Schwindel und Augenflimmern entsprechen einem *Shao-Yang*-Syndrom. Versteckte Schmerzen in den Rippen mit Blähungen und Darmgeräuschen, Appetitlosigkeit und Durchfall sowie fehlenden Kräften sind typisch für eine Milz-Leere und Leber-Fülle.

6.2.3.3 Magenschmerzen *(Wei-Wan-Tong)*

Magenschmerzen, bei denen der Kranke die Wärme sucht und die Kälte fürchtet, wäßrige Flüssigkeiten erbricht und einen langsamen, tiefen Puls *(Mai-Chi-Chen)* hat, deuten auf eine Kälte-Störung des Magens hin, durch die der Fluß in den Meridian-Gefäßen erstarrt *(Jing-Mai Ning-Zhi)*. Es handelt sich um ein «Schmerz-Syndrom durch Kälte im Magen» *(Wei-Han-Tong-Zheng)*. Magenschmerzen mit Durst und saurem Aufstoßen, Vorliebe für kalte Getränke, rotem Urin, dickem gelbem Zungenbelag und schnellem Puls *(Shu-Mai)* zeigen eine Anhäufung von Hitze im Magen *(Wei-Re Ji-Ju)* an, ein von der chinesischen Medizin sogenanntes «Magen-Hitze-Schmerz-Syndrom», bei dem der *Qi*-Mechanismus blockiert ist.

Magenschmerzen bei schlechter Gesichtsfarbe, Kraftlosigkeit, feinem kraftlosem Puls *(Mai-Xi Wu Li)*, die bei Druck auf den Schmerzpunkt nachlassen oder Linderung der Schmerzen nach den Mahlzeiten, zeigen an, daß die Funktion des Mittleren Erwärmers im Leere- und Schwächezustand *(Zhong-Qi-Xu)* ist. Dabei ist die Magenfunktion gehemmt, es handelt sich um ein Schmerz-Syndrom durch Leere des Magens *(Wei-Xu-Tong-Zhen)*. Stechende Magenschmerzen an einem festen Punkt, mit tastbarer Verdickung in der Tiefe und schwarz gefärbtem Stuhlgang bei rauhem Puls *(Se-Mai)*, entsprechen einer Stauung durch blockiertes Blut *(Yu-Xue Zu-Zhi)*, wobei die Meridian-Gefäße nicht durchgängig sind. Nach der Nomenklatur der chinesischen Medizin handelt es sich um ein Schmerzsyndrom infolge Blutstauung *(Xu-Yu Tong-Zheng)*.

Magenschmerzen mit Blähungen und übelriechendem Aufstoßen, dickem Zungenbelag und gleitendem Puls *(Mai-Hua)* sind ein Anzeichen für Ansammlung und Blockierung von Nahrungsrückständen *(Su-Shi Ting-Zhi)*, wodurch der *Qi*-Mechanismus nicht ungestört ablaufen kann. Es handelt sich um ein Schmerzsyndrom durch Anhäufung von Speisen *(Shi-Ji Tong-Zheng)* im Sinne der chinesischen Heilkunde.

Tabelle 16 b: Schmerzen in Ober- und Unterbauch

Krankheits-Syndrome	Fülle-Syndrome					Leere-Syndrome
Stützen der dial. Diagnostik	Anhäufung von Speisen im Magen	*Qi*-Blockierung durch Kälte-Erstarrung	Blockierung durch Nässe-Hitze	Innere Schädigung durch Askariden	Blockierung durch gestautes Blut	Leere und Schwäche von Milz und Magen
Krankheitsursache, Pathologie	Unregelmäßiges Essen, Stockung der Nahrung im Magen, schlechte Verdauung	Kältestörung dringt ins Innere, *Qi*-Blockierung mit Übelkeit, Erstarrung von Milz und Magen	Nässe-Hitze-Störung, Blockierung der Meridiane und *Luo*-Gefäße, Verstopfung in Darm und Magen	Unreine Nahrung läßt im Körperinneren Parasiten entstehen, inneres Unruhegefühl	Qi-Blockierung und Blut-Stauung, Erstarrung der Meridiane und *Luo*-Gefäße, länger andauernde Blutansammlungen	Chronische Erkrankung von Milz und Magen, *Yang-Qi* steigt nicht auf, im Körper entsteht Leere-Kälte
Schmerz-Charakter	Magenschmerzen mit Druckempfindlichkeit, Schmerzerleichterung nach Erbrechen	Gespannter Schmerz im Ober- und Unterbauch mit Schmerzverstärkung durch psychische Erregung und Kälte	Schmerzen in Ober- und Unterbauch mit Hitzegefühl, Vorliebe für Kälte, Abneigung gegen Hitze	Periodisch auftretende Schmerzen um den Nabel	Fixierte Schmerzen mit Schwellung und Druckempfindlichkeit	Versteckte Schmerzen im Abdomen, keine Druckempfindlichkeit, Schmerzverstärkung bei Hunger
Begleitsymptome	Übel riechendes Aufstoßen, Sodbrennen, Abneigung gegen Speisegeruch, Erbrechen, dicker, klebriger Zungenbelag, gleitender *(Hua)* Puls	Kein Durst, Vorliebe für heiße Speisen und Getränke, Aufstoßen, schlechte Verdauung, klarer heller Urin, dünner weißer Zungenbelag, tiefer feiner *(Chen-Xi)* Puls	Fieber, Durst, trockener Stuhlgang oder Durchfall, ständiger Stuhldrang, gelb-roter Urin, rote Zunge mit gelbem, klebrigem Belag, weiter schneller *(Hong-Shu)* Puls	Starker Appetit, gelbe Gesichtsfarbe, anfallsweise Bauchschmerzen, tastbare Knotenbildung im Abdomen, Neigung zum Schwitzen, kalte Extremitäten, *«Hui-Jue»* (vgl. S. 530)	Tastbarer fester Knoten, Abmagerung, trübe Gesichtsfarbe, Amenorrhöe, dunkelrote Zunge, tiefer rauher *(Chen-Se)* Puls	Appetitlosigkeit, ungeformter Stuhl, Energiemangel, kalte Extremitäten, Kälteempfindlichkeit, helle Zunge mit weißem Belag, tiefer feiner *(Chen-Xi)* Puls

6.2.3.4 Schmerzen im Abdomen *(Fu-Tong)*

Periumbilikale Schmerzen mit Erleichterung durch Wärme und Verschlimmerung durch Kälte, wobei der Patient Wärme bevorzugt und Druck oder Massage auf den Bauch angenehm findet, mit kalten Extremitäten, dünnem, nicht geformtem Stuhl und tiefem langsamem *(Chen-Chi)* Puls deuten darauf hin, daß das *Yang* der Milz nicht ausreichend ist. Kälteeinwirkung oder kalte Getränke können hierbei die Schmerzen um den Nabel provozieren. Insgesamt ist der Ausgleich im durch die Milz geleisteten Verdauungsprozeß gestört; es handelt sich um ein Schmerz-Syndrom durch Leere und Kälte *(Xu-Han-Tong-Zheng)* infolge Kälte-Nässe, die sich im Körperinneren verstaut hat *(Han-Shi-Nei-Zhi)*.

Schmerzen im Unterbauch mit Blähungen, wobei der Patient das Pressen und Betasten unangenehm findet, an Verstopfung leidet, die Wärme liebt und die Kälte verabscheut, einen faden Mundgeschmack und einen tiefen gespannten Puls *(Chen-Jin-Mai)* hat, entsprechen einer Erstarrung durch äußere Kälte *(Han-Xie Ning-Jie)*. Es handelt sich hier um ein Schmerz-Syndrom durch eine Fülle an Kälte *(Han-Shi-Tong-Zheng)* mit Blockierung der *Qi*-Funktion, die nicht reibungslos abläuft *(Qi-Zhi Bu Tong)*. Schmerzen im Unterbauch mit Vorliebe für Kälte und Abneigung für Wärme, gleichzeitigem Durst und trockener Zunge, gleitendem schnellem Puls *(Hua-Shu-Mai)* entsprechen einer äußeren Hitzestörung, die sich im Körperinneren staut *(Xie-Re Nei-Jie)*. Hierbei ist der *Qi*-Mechanismus nicht durchgängig *(Qi-Ji Bu Tong)*; es liegt ein Schmerzsyndrom durch Hitze-Fülle *(Shi-Re-Tong-Zheng)* vor. Bei abdominalen Schmerzen mit unbestimmtem Schmerzpunkt, die mal über der Dickdarm-, mal über der Dünndarmregion sitzen oder manchmal nur einseitig auftreten, die fluktuierend und wechselhaft kommen und gehen – wobei beim Massieren des Bauches Blähungen abgehen, was dem Patienten Erleichterung bringt –, entsprechend einem Schmerzzustand im Unterbauch durch *Qi*-Blockierung *(Qi-Zhi Fu-Tong)*.

Besteht ein fester Schmerzpunkt, und ist der Schmerz spitz wie gestochene Nadeln, am Tage leichter und in der Nacht stärker, wobei sich im Unterbauch ein nicht verschieblicher Knoten tasten läßt, der Patient dunkle Lippen, eine gefleckte Zunge und einen mühsamen, rauhen Puls *(Mai Jian-Se)* hat, liegt ein Schmerzzustand durch gestautes Blut *(Xue-Yu Zuo-Tong)* vor.

Wechselnd auftretende periumbilikale Schmerzen, bei denen sich durch Betasten im Unterbauch ein strangartiges Gebilde abzeichnet, der Patient ein geflecktes Gesicht und kleine Pickel an den inneren Rändern der Lippe hat

– wobei auch Würmer im Stuhl auftreten –, deuten auf einen Verstopfungszustand durch Parasiten hin, der Schmerzen verursacht *(Zhong-Ji-Fu-Tong).*

6.2.3.5 Lenden- bzw. Kreuzschmerzen *(Yao-Tong)*

Dieser Typ von Schmerzen sitzt in der Nierengegend über der Lendenwirbelsäule. Wenn der Patient bei dieser Art Schmerzen friert und die Wärme sucht, wenn der Schmerz drückend ist und abwärts zieht, und der Kranke das Gefühl hat, er säße im Wasser, wenn der Schmerz zudem wetterabhängig ist, deutet dies auf eine Schädigung durch Kälte und Nässe *(Han-Shi)* hin, die die Meridiangefäße blockieren *(Jing-Mai Shou-Zu).* Es handelt sich nach der Nomenklatur der chinesischen Medizin um ein Schmerzsyndrom durch Kälte und Nässe *(Han-Shi Tong-Zheng),* bei dem Blut und *Qi* nicht glatt verlaufen *(Qi-Xue Bu Chang).*

Unaufhaltsamer Schmerz in der Lendenregion mit kraftlosen schmerzenden Beinen, wobei der Patient nicht lange stehen kann und zugleich reichlich klaren Urin läßt, am ganzen Körper friert und einen schwachen Puls *(Mai-Xu)* zeigt, entspricht einer Leere des Nieren-*Yang (Shen-Yang-Xu).*

Lendenschmerzen mit Nervosität und psychischen Erregungszuständen, roter Zunge mit spärlichem Belag bei feinem und schnellem Puls *(Mai-Xi-Shu)* entsprechen einer Leere des Nieren-*Yin (Shen-Yin-Xu).*

Lendenschmerzen mit unverändertem Schmerzpunkt über der Wirbelsäule oder Verstärkung der Schmerzen beim paravertebralen Pressen entstehen meist durch schwere äußerliche Verletzungen, wobei gestautes Blut zu den vorliegenden Lendenschmerzen *(Yu-Xue Xao-Tong)* führt.

Tabelle 16 c: Lenden- bzw. Kreuzschmerzen

Krankheits-Syndrome	Fülle-Syndrome			Leere-Syndrom
Stützen der dial. Diagnostik	Festsitzende Kälte-Nässe	Verstaute Nässe-Hitze	Blockierung durch gestautes Blut	Leere und Schwäche der Niere
Krankheitsursache, Pathologie	Kälte-Nässe-Störung, die sich in den Meridiangefäßen festsetzt, Behinderung des *Qi* und Blut	Nässe-Hitze-Störung, die sich in der Blase staut und durch Aufsteigen die Nieren schädigt	Äußere Verletzungen, Unfälle, Gerinnung gestauten Blutes, Blockierung der Meridiangefäße	Nierenschwäche durch chronische Erkrankung, mangelndes Essenz-*Qi*, Verletzungen der Lendenpartie
Schmerzcharakter	Schmerzen mit Kälte- und Schweregefühl, Schmerzverstärkung durch Regen und kalte Witterung	Hitzeschmerzen mit Verstärkung durch Beklopfen, kein Druckschmerz	Stechende Schmerzen, Druckschmerz und Druckempfindlichkeit, lokalisierter Schmerz	Versteckte Schmerzen, keine Druckempfindlichkeit, Schmerzverstärkung durch Übermüdung
Begleitsymptome	Energiemangel, Abgespanntheit und Schwäche im ganzen Körper, Bewegungshemmungen, Arme und Beine nicht warm, weißer, klebriger Zungenbelag, tiefer langsamer *(Chen-Chi)* Puls	Fieber mit Kälteempfindlichkeit, Pollakisurie, Schmerzen beim Wasserlassen, rote Zunge mit gelbem, klebrigem Belag, schwacher schneller *(Ru-Shu)* Puls	In leichteren Fällen: Unfähigkeit zum Bücken, in schwereren Fällen: starke Bewegungseinschränkung, dunkelrote oder fleckige Zunge, tiefer rauher *(Chen-Se)* Puls	Kraftlosigkeit und Schmerzen in den Knien und im Kreuz, kalte Extremitäten, weißes Gesicht, helle Zunge, tiefer feiner *(Chen-Xi)* Puls. Oder: Wellenartige Gesichtsrötung mit Erregung und Schlaflosigkeit, rote Zunge, feiner schneller *(Xi-Shu)* Puls

6.2.3.6 Bruch-Schmerzen *(Shan-Tong)*

Hernien- oder Bruchschmerzen *(Shan-Tong)* werden in der chinesischen Medizin auch einfach als «Hernie» oder «Bruch» *(Shan-Qi)* bezeichnet. Es handelt sich dabei um starke Schmerzen im Unterbauch, die bei Männern bis in die Hoden ausstrahlen können. Gelegentlich kann der Bruchinhalt sogar bis in den Hodensack vordringen. Sind dabei Hoden und Hodensack kalt und schmerzhaft, strahlen die Schmerzen aus im ganzen Unterbauch. Sind die Hoden vielleicht sogar nach oben verdrängt, spricht die chinesische Medizin von einer Kälte-Blockierung der Leber-Gefäße *(Han-Zhi Gan-Mai)*. Ist der Hodensack rot, geschwollen, brennend heiß und schlaff, sind die Hoden selbst dabei geschwollen, vergrößert und schmerzhaft, so daß man sie kaum berühren darf, wird ein gelbrötlicher, heißer Urin ausgeschieden, spricht die chinesische Medizin von Nässe-Hitze, die im Leber-Meridian abwärts fließt *(Gan-Jing Shi-Re Xia-Zhu)*.

Bruchschmerzen mit geschwollenem schmerzhaften Hodensack, unbehaglichem Gefühl im Unterbauch, mit wechselnden Schmerzen, die nicht an einem bestimmten Platz sitzen, deuten auf einen Ablauf des *Qi*-Mechanismus in falscher Richtung *(Qi-Ji Ni-Luan)* hin. Dabei drängt das *Qi* nach unten und erzeugt Schmerzen. Die chinesische Medizin nennt dies auch *Qi*-Blockierung, «*Qi-Jie*». Ist der Hodensack wechselnd groß und klein, merkt der Patient, wenn er sich hinlegt, daß etwas vom Hodensack in den Bauch hineinschlüpft – wobei die Schmerzen verschwinden bzw. daß beim Aufstehen etwas vom Bauch in den Hodensack hineinrutscht, wobei die Schmerzen erneut auftreten –, zeigt dies für die chinesische Medizin eine Schädigung des Unterbauchs durch Kälte und Nässe an, wobei Sehnen und Gefäße erschlaffen, so daß ein Hodenbruch entstehen kann.

Um Mißverständnissen vorzubeugen sei hier angemerkt, daß Leisten- und Hodenbrüche heute in China meist operativ behandelt werden. Die Akupunktur beschränkt sich in solchen Fällen nur auf die Ausschaltung von begleitenden Schmerzen.

6.2.3.7 Gelenkschmerzen *(Guan-Jie-Tong)*

Gelenkschmerzen mit schwerem Gefühl der Glieder – wobei die Gelenke nicht gerötet und nicht geschwollen, die Schmerzen aber wetterabhängig sind, so daß sie bei Regen und Kälte stärker werden –, heißen in der chinesischen Medizin «*Bi*-Schmerzen» (vgl. S. 212 ff). Sie entstehen, weil Wind-Kälte- und

Nässe-Störungen *(Feng-Han-Shi-Xie)* in die Gelenke hineindringen. Ist der Gelenkschmerz nicht fixiert und wandert im Körper, besonders in den Armen, herum, heißt dies für die chinesische Medizin «wanderndes *Bi*» *(Xing-Bi)*, das durch eine starke Windstörung *(Feng-Xie Pian-Sheng)* hervorgerufen wird.

Bei heftigen, bohrenden Gelenkschmerzen mit fixiertem Schmerzpunkt, die sich bei Kälte verstärken und bei Wärme bessern, liegt eine vom Organismus schlecht abgewehrte Kältestörung *(Han-Xie Pian-Sheng)* vor, die ein «Schmerz-*Bi*» *(Tong-Bi)* erzeugt. Bei schmerzhaften, schweren Gelenken mit fixiertem Schmerzpunkt an der Lendenwirbelsäule oder den unteren Extremitäten, mit Schwellungen, aber ohne äußerliche Verfärbung – wobei die Gliedmaßen unbeweglich sind, der Patient einen klebrigen Zungenbelag und einen schwachen Puls *(Ru-Mai)* hat – handelt es sich in der chinesischen Medizin um eine starke Nässe-Störung *(Shi-Xie Pian-Sheng)*, die ein haftendes *Bi (Zhuo-Bi)* erzeugt.

Wenn die Gelenke der oberen und unteren Extremitäten schmerzhaft und rot geschwollen sind – wobei die Betastung ein Brennen auslöst, die Anwendung von Kälte die Schmerzen lindert, der Patient einen heißen Körper, einen trockenen Mund, einen schnellen Puls *(Shu-Mai)* hat und psychisch erregt ist –, handelt es sich nach Ansicht der chinesischen Medizin um eine Wind-Nässe-Hitze-Störung *(Feng-Shi-Re-Xie)*, die in den Körper eingedrungen ist und ein «Hitze-*Bi*» *(Re-Bi)* erzeugt hat.

6.2.4 Anomalien des Stuhlgangs

6.2.4.1 Verstopfung *(Da-Bian Bi-Jie)*

Mit der Bezeichnung «Verstopfung» meint die chinesische Medizin ebenso wie die westliche, daß der Abstand zwischen den einzelnen Darmentleerungen zu lang ist, daß die Darmentleerung nur zögernd und mühsam erfolgt oder daß gar kein Stuhlgang möglich ist. Man unterscheidet dabei Verstopfungen durch Leere oder Fülle, Kälte oder Hitze.

Ein Stuhlgang mit vollem, aufgetriebenem Bauch, heißem Körper und Vorliebe für Kälte, kurzem Wasserlassen von rotem Urin, roter Zunge, trockenem und klebrigem Zungenbelag zeigt eine Stauung von Hitze in Magen und Darm *(Wei-Chang Ji-Re)* an. Der Patient empfindet bei diesem Zustand das Betasten des Körpers, besonders des Abdomens, als sehr unangenehm. In diesem Fall spricht die chinesische Medizin davon, daß die Funktion der Hohlorgane nicht durchgängig ist *(Fu-Qi Bu Tong)* und daß ein Fülle-Hitze-Syndrom *(Shi-Re-Zheng)* vorliegt.

Mühsame Darmentleerung, ohne sonstige Beschwerden, Blähungen oder Schmerzen, tritt häufig bei geschwächten Patienten nach Operationen oder Geburten auf. Es handelt sich hier um eine Verausgabung von Körpersäften *(Jin-Kui)* und um eine Trockenheit des Blutes *(Xue-Zao)*.

Verstopfung mit Abneigung gegen Kälte und Vorliebe für Wärme bei weißer Gesichtsfarbe, blassen Lippen und heller Zunge, weißem Zungenbelag, tiefem langsamem Puls *(Mai-Chen-Chi)*, mit gleichzeitigen Bauchschmerzen und kaltem Abdomen, zeigt eine Leere des *Yang* und Kälte-Stauung *(Yang-Xu Han-Ning)* bei einem Kälte-Verstopfungs-Syndrom *(Leng-Bi-Zheng)* an.

Darmentleerung nur einmal in mehreren Tagen bzw. keine völlige Entleerung, mit aufgedunsenem, vollem Abdomen und Blähungen, die dem Kranken Erleichterung bringen, häufigem Aufstoßen, Druckgefühl am Rippenbogen, Atembeschwerden und Husten, deutet auf eine Unausgewogenheit der Leber-Funktion *(Gan-Qi-Bu-He)* hin, die zu einer Blockierung des *Qi*-Mechanismus und so zu einem *Qi*-Verstopfungs-Syndrom *(Qi-Bi-Zheng)* geführt hat.

Tabelle 17: Verstopfung

Krankheits-Syndrome	Fülle-Syndrome			Leere-Syndrome		
Stützen der dial. Diagnostik	Hitzeblockierung im Darm	Verstopfung des Dickdarms	*Qi*-Blockierung von Leber und Milz	Leere des *Qi* von Lunge und Milz	Nicht ausreichendes *Yin*-Blut	Kälteerstarrung durch *Yang*-Leere
Krankheitsursache, Pathologie	Üppige Hitze-Störung, Schädigung der Darmflüssigkeiten, Verstopfung des *Qi* der Speicherorgane	Speise-Blockierung, Ansammlung von Würmern, Blockierg. des *Qi*-Mechanismus, gest. Transp.	Innere Schädigung durch psychische Einflüsse, Stauungen des *Qi* der Leber, Block. des *Qi* der Milz	Geschwächte Konstitution, längere Erkrankung, Leere des *Qi* von Lunge u. Milz, Transportfunktion kraftlos	Folge einer Geburt, höheres Lebensalter, unzureichendes *Yin* und Blut, Darmflüssigkeiten verausgabt	Leere und Schwäche des *Yang* der Niere, Erstarrung durch Kälte-Störung, Beeinträchtigung der Transportfunktion
Art der Verstopfung	Trockener Darminhalt, Verstopfung	Stuhlverstopfung ohne Windabgang	Stuhldrang ohne Darmentleerung	Normaler Stuhlgang, aber erschwerte Darmentleerung	Trockener Stuhlgang, schwierige Darmentleerung	Harter Stuhl, Behinderung der Darmentleerung
Begleitsymptome	Fieber, Mundgeruch, Bläschen an den Lippen, Völlegefühl in Ober- und Unterbauch, Druckempfindlichkeit, wenig roter Urin, gelber trockener Zungenbelag, schneller voller *(Shu-Shi)* Puls	Völlegefühl im Abdomen, gespannte Schmerzen, Druckempfindlichkeit, Erbrechen, klebriger Zungenbelag, tiefer voller *(Chen-Shi)* Puls	Dauerndes Aufstoßen, Völlegefühl in der Brust, Spannung und Schmerzen im Abdomen, Appetitlosigkeit, klebriger dünner Zungenbelag, gespannter *(Xian)* Puls	Energiemangel, Müdigkeit, Kurzatmigkeit, Schweißausbrüche, gespannte Bauchdecke (Blähungen), Appetitlosigkeit, Ermüdung nach dem Stuhlgang, helle dicke zarte Zunge, leerer feiner *(Xu-Xi)* Puls	Blasse Gesichtsfarbe, Schwindel, Augenflimmern, Herzklopfen, Ohrensausen, helle Zunge, feiner rauher *(Xi-Se)* Puls	Weiße Gesichtsfarbe, Arme und Beine nicht warm, Vorliebe für Wärme mit Kälteempfindlichkeit, Bauchschmerzen, reichlich klare Urinausscheidung, helle Zunge mit weißem Belag, tiefer langsamer *(Chen-Chi)* Puls

6.2.4.2 Durchfall

Die chinesische Medizin versteht unter «Durchfall» das gleiche wie die westliche: häufige Entleerungen von ungeformtem Stuhl oder Ausscheidung von Wasser durch den Darm, wobei die Krankheitsursache hauptsächlich in der Milz, im Magen, Dickdarm oder Dünndarm zu suchen ist. Auch hier unterscheidet die chinesische Medizin nach Leere und Fülle, Kälte und Hitze; in den meisten Fällen liegt jedoch eine Störung durch üppige Nässe *(Shi-Cheng)* oder eine Funktionsstörung von Milz und Magen vor.

Mehrmalige Darmentleerungen täglich, mit kolikartigen Schmerzen bei plötzlicher Erkrankung, wobei der Stuhl breiig und übelriechend ist und ein warmes Gefühl um den After auftritt, zeigen das Nachuntendringen von Nässe und Hitze *(Shi-Re-Xia-Zhu)* an. Hier ist die Passage im Verdauungskanal gestört, es liegt ein Nässe-Hitze-Durchfall *(Shi-Re-Xie)* vor.

Darmentleerungen von purem Wasser mit üblem Geruch bei trockenem Mund, brennender Zunge, Bauchschmerzen und Unbehagen bei Betastung des Abdomens zeigen eine fest verknotete Hitzestörung *(Re-Xie Jian-Jie)* an, bei der wäßrige Flüssigkeit *(Shui-Ye)* aus dem Darm abfließt.

Plötzlich auftretende mehrmalige Darmentleerungen am Tage, die von Darmgeräuschen und Bauchschmerzen, Druck auf der Brust, Übelkeit, Schwindel, allgemeiner Schwäche, schlechtem Wasserlassen begleitet sind – wobei ein weißer, klebriger Zungenbelag und ein schwacher Puls *(Ru-Mai)* besteht –, sind ein Anzeichen dafür, daß sich Nässe in der Milz nicht auflöst *(Pi-Shi Bu Hua)*, abwärts zum Dickdarm drängt und einen «Nässe-Durchfall» *(Shi-Xie)* auslöst.

Dünner, wäßriger Stuhl, der unverdaute Nahrungsreste enthält und keinen üblen Geruch hat, bei schneidenden Schmerzen und Darmgeräuschen – wobei der Patient sich beim Betasten des Abdomen und Wärmeanwendung wohl fühlt, mit kalten Armen und Beinen und langsamem Puls *(Chi-Mai)* – zeigt üppige Nässe und Kälte im Körperinneren *(Han-Shi Nei-Cheng)* an. Hierbei ist das *Yang* des Mittleren Erwärmers unbeweglich bzw. blockiert *(Zhong-Yang Bu Yun)*; es handelt sich um einen Kälte-Durchfall *(Han-Xie)*.

Mehrmalige tägliche Entleerung von nicht geformtem Stuhl, bei heller Zunge mit wenig Belag und leerem Puls *(Xu-Mai)*, zeigt meist eine Leere und Schwäche des *Qi* der Milz *(Pi-Qi Xu-Ruo)* an. Dabei ist die Transportfunktion der Milz geschwächt und es liegt ein Milz-Leere-Durchfall *(Pi-Xue-Xie)* vor.

Entleerung von nicht geformtem Stuhl am frühen Morgen mit Darmgeräuschen vor dem Stuhlgang und Schmerzen in der Nierengegend und den

Knien, bei heller Zunge mit weißem Belag, tiefem, langsamem, kraftlosem Puls *(Mai-Chen-Chi Wu Li)*, zeigt ein ungenügendes *Yang* der Niere bei geschwächtem Magen an. Die chinesische Medizin nennt diesen Zustand «Morgengrauen-Durchfall» *(Wu-Geng Xie)* (vgl. Abschn. 7.3.3.9).

Chronischer, unkontrollierbarer Durchfall mit unverdauten Essensresten, bei schwacher Konstitution des Patienten und mit dünnem schwachem Puls *(Mai-Ruo Wu-Li)* und Prolaps des Anus, bedeutet eine Leere der Milz mit chronischen Durchfällen – einen Leere-Kälte-Durchfall *(Xu-Han Hua-Xie)*, bei dem die Transportfunktion *(Yun-Hua)* der Milz geschwächt ist.

Klarer, wäßriger Stuhlgang mit Bauchschmerzen und Darmgeräuschen, gleichzeitig Kopf-, Körper- und Gliederschmerzen, mit Fieber, weißem Zungenbelag und oberflächlichem Puls *(Mai-Fu)*, heißt in der chinesischen Medizin, daß Kälte und Nässe Magen und Darm verletzten. Die von Milz und Magen abhängigen Funktionen des Auf- und Absteigens *(Sheng-Jiang)* sind gestört. Es liegt ein Wind-Kälte- und Nässe-Durchfall vor.

Übelriechender Durchfall mit Blähungen, wobei der Patient das Betasten des Abdomens unangenehm empfindet, mit Besserung des Befindens nach der Darmentleerung, schlechtem, übelriechendem Aufstoßen, heißen Handflächen und Fußsohlen sowie Hitzegefühl im Bauch, gleitendem kräftigem Puls und dickem Zungenbelag, bedeutet einen Durchfall durch eine Ernährungsstörung *(Shang-Shi-Xie)*. Schleimiger, eitriger oder blutiger Stuhl mit vier-, fünfmaliger, manchmal bis zu zehnmaliger Entleerung am Tage, gleichzeitigen Bauchschmerzen und ständigem Stuhlgang zeigt eine im Darm verstaute Nässe-Hitze an, wobei die Hitze das *Qi* und Blut schädigt. Es handelt sich hier um eine Nässe-Hitze-Dysenterie *(Shi-Re-Li)*.

6.2.5 Störungen der Urinausscheidung

6.2.5.1 Mangelndes Wasserlassen

Die ungenügende Urinausscheidung oder der Harnverhalt bedeuten, daß nur wenig oder gar kein Urin ausgeschieden wird. Wenig und kurzes Wasserlassen von heller Farbe und ohne Schmerzen zeigt eine *Yang*-Leere und schlechte Verdampfungsfunktion des *Qi (Yang-Xu Qi-Hua Bu Li)* an. Kurze, wenige, schmerzlose Urinausscheidung von hellroter Farbe, mit starkem Geruch, bedeutet, daß sich Hitze im Unteren Erwärmer festgesetzt hat oder daß eine Hitze-Nässe-Störung *(Re-Xie-Jia Shi)* vorliegt, bei der die Verdampfungsfunktion *(Qi-Hua)* der Blase nicht regelrecht abläuft.

Spärliche, aber häufige Ausscheidung von gelbem Urin mit Harndrang und Harnschmerzen deutet darauf hin, daß Nässe-Hitze nach unten drängt *(Shi-Re Xia-Zhu)*. Sehr schwieriges Wasserlassen von nur wenigen Tropfen Urin oder völliger Harnverhalt bei prall gefülltem Unterleib und schneidenden Schmerzen beim Versuch des Urinierens (wobei das Wasserlassen häufig nicht im Stehen, sondern nur im Liegen möglich ist) deutet darauf hin, daß durch Nässe und Hitze gebildete Urinkonkremente (Grieß oder Steine) die Harnröhre verstopfen. Wenig, kurze und schmerzlose Ausscheidung von hellem oder hellgelbem Urin ohne Brennen im Anschluß an einen Fieberzustand zeigt, daß die Körpersäfte im Zustand der Schwäche und Leere *(Jin-Ye Kui-Xu)* sind.

6.2.5.2 Übermäßiges Wasserlassen

Häufiges, reichliches und langes Wasserlassen, oft bei nur mäßiger Flüssigkeitsaufnahme, zeigt eine Leere und Schwäche des Nieren-*Qi* *(Shen-Qi Xu-Shuai)* an, bei der ein «im Unteren Erwärmer zerstörendes Syndrom» *(Xia-Xiao-Zheng)* vorliegt. Häufiges langes Wasserlassen eines trüben Urins bei hartem Stuhlgang zeigt, daß Trockenheit *(Zao)* und Hitze *(Re)* im Darm einen Fülle-Zustand gebildet haben. Dabei können sich die Körpersäfte *(Jin-Ye)* nicht ausgleichen.

Unkontrollierte Urinausscheidung mit ständiger Benässung bei normaler Urinfarbe, mit Lenden- und Rückenschmerzen, zeigt ein ungenügendes *Qi* der Niere *(Shen-Qi Bu Gu)* an. Wenn gleichzeitig Kälte mit Frostgefühl an Armen und Beinen besteht, eine helle Zunge und ein langsamer Puls *(Chi-Mai)* vorliegt, handelt es sich um eine Leere und Schwäche des *Yang* der Niere *(Shen-Yang-Xu-Shuai)*.

Unwillkürliches Wasserlassen im Schlaf heißt in der chinesischen wie in der westlichen Medizin «Enuresis». Es kommt häufig bei Kindern vor und ist ein Zeichen eines schwachen bzw. unentwickelten *Qi* der Niere *(Shen-Qi Wei-Chong)*.

Tabelle 18: Störungen der Urinausscheidung

Krankheits-Syndrome		Fülle-Syndrom	Leere-Syndrome		
Stützen der dialektischen Diagnostik		gestaute Nässe-Hitze	Absinken des *Qi* des mittleren Erwärmers	Leere und Schwäche des Nieren-*Yang*	mangelndes *Yin* der Nieren
Krankheitsursache, Pathologie		Angesammelte Nässe erzeugt Hitze, beides staut sich in der Blase, Störung der Verdampfungsfunktion	Chronische Erkrankung mit trübem Urin, Milz-Leere mit Absinken des *Qi*, Nahrungsessenz *(Jing-Wei)* fließt abwärts	Chronische Nierenerkrankung, Leere und Schwäche des *Yang-Qi*, Störung der Konzentration und Speicherung des Urins	Chronische Nierenerkrankungen, mangelnde *Yin*-Essenz, üppiges Leere-Feuer
Charakter der Urinstörung	Häufigkeit	mehrmals	häufig	mehrmals	selten
	Menge	wenig	normal	viel	etwas wenig
	Farbe	gelb rötlich	hellweiß, trübe	klar oder milchig	gelb oder leicht rötlich
	Gefühl	Harndrang mit Hitzegefühl und stechenden Schmerzen	kraftloses Wasserlassen	kraftloses Wasserlassen	etwas heiß
Begleitsymptome		Fieber, Kreuzschmerzen, Spannung im Unterbauch, im Urin Grieskörnchen, starke Lenden- u. Bauchschmerzen, gelber klebriger Zungenbelag, gleitender schneller *(Hua-Shu)* Puls	Energiemangel, Kraftlosigkeit, Appetitlosigkeit, nicht geformter Stuhl, Verstärkung der Beschwerden bei fettem Essen, dicke große helle Zunge, leerer feiner *(Xu-Xi)* Puls	Urininkontinenz, unkontrolliertes Wasserlassen, tropfenartiger Urinverlust, Kreuzschmerzen, weiße Gesichtsfarbe, Kälteempfindlichkeit, helle Zunge, tiefer feiner *(Chen-Xi)* Puls	Schwindel, Ohrensausen, Kreuzschmerzen, Hitzestauungen, Nachtschweiß, rote Zunge, feiner schneller *(Xi-Shu)* Puls

6.2.6 Augenflimmern *(Xuan)* und Schwindel *(Yun)*

Augenflimmern und Schwindel treten oft gemeinsam auf, wenn das *Qi* und Blut *(Qi-Xue)* nicht zum Kopf aufsteigen können. Auch ein übermäßig starkes *Yang (Yang-Kang)* und ein üppiges Feuer *(Huo-Cheng)* oder eine Wind-Schleim-Nässe-Störung *(Feng-Tan-Shi-Xie)* können Schwindel und Augenflimmern hervorrufen.

Schwindel mit Druck im Kopf und pfeifendem Ohrensausen, der mal stärker, mal schwächer ist, mit gleichzeitigen Brust- und Rückenschmerzen, bei gespanntem Puls *(Xian-Mai)*, zeigt an, daß das *Qi* der Leber in Gegenrichtung zum Kopf aufsteigt *(Gan-Qi Shang-Ni)*. Wenn gleichzeitig die Augen trocken sind und brennen, eine rote, wenig belegte Zunge und ein gespannter, schneller und feiner Puls *(Mai-Xian-Xi-Shu)* vorliegen, handelt es sich um ein nicht ausreichendes *Yin* der Leber *(Gan-Yin Bu Zu)*, bei dem das *Yang* der Leber stark wird und nach oben steigt *(Gan-Yang Shang-Kang)*. Schwindel mit Druck im Kopf und Ohrensausen, der wie Ebbe und Flut an- und abschwillt, bei gelbem Urin, roten Augen, bitterem Mundgeschmack mit roter Zunge, gelbem Zungenbelag, gespanntem, schnellem, kräftigem Puls *(Xian-Shu-Mai You Li)*, bei nervösem und verwirrtem Patienten, zeigt, daß Leberfeuer zum Kopf hochflammt *(Gan-Huo Shang-Yan)*.

Schwindel mit Ohrensausen und Augenflimmern bei Lenden- und Rückenschmerzen, Gedächtnisschwäche und Spermatorrhoe bzw. Impotenz zeigt eine Leere des *Qi* der Niere *(Shen-Qi-Xu)* an. Bei diesem Zustand ist die Niere nicht in der Lage, Mark (d. h. sowohl Knochenmark als auch Rückenmark) zu erzeugen, um das Gehirn zu versorgen (vgl. S. 115 f). Sind zusätzlich zu den vorgenannten Symptomen Arme und Beine kalt, hat der Patient einen hellen Zungenkörper und einen tiefen feinen Puls *(Chen-Xi-Mai)*, so liegt eine Leere des Nieren-*Yang* *(Shen-Yang-Xu)* vor. Ist der Patient bei obengenannter Symptomatik nervös, hat er einen roten Zungenkörper und einen gespannten feinen Puls *(Mai-Xian-Xi)*, so handelt es sich um eine Leere des Nieren-*Yin* *(Shen-Yin-Xu)*.

Schwindel mit schwerem Kopf bei Müdigkeit und Schmerzen im ganzen Körper, mit belegter Zunge und schwachem Puls *(Ru-Mai)*, zeigt eine äußerlich ansteckende Nässe-Störung *(Wai-Gan Shi-Xie)* an, die das klare *Yang* *(Qing-Yang)* unterdrückt, so daß es nicht in der Lage ist, zum Kopf aufzusteigen.

Wechselnd starker Schwindel und Augenflimmern mit wäßrigem, feuchtem Zungenbelag und gespanntem *(Xian)* oder gleitendem *(Hua)* Puls, bei gleichzeitigem Druck oder Engegefühl im Oberbauch, mit Erbrechen von Speichel oder klarem Wasser zeigt eine innere Schleimansammlung *(Tan-Yin Nei-Ting)* an, durch die das klare *Yang (Qing-Yang)* gestaut wird.

Wechselnd leichter oder starker Schwindel bei einem Kopf, der sich wie zum Zerplatzen anfühlt, bei Übelkeit und Brechreiz mit herausgebrochenem, klebrigem Schleim, belegter Zunge und gleitendem *(Hua)* Puls ist symptomatisch für eine Schleim-Nässe-Blockierung im Körperinneren *(Tan-Shi Nei-Zu).*

Tabelle 19: Schwindel

Krankheits-Syndrome	Fülle-Syndrome		Leere-Syndrome	
Stützen der dialektischen Diagnostik	Bewegter Wind durch üppiges *Yang*	Schleim bedrückt das klare *Yang**)	Bewegter Wind durch *Yin*-Leere	Mangelndes *Qi* und Blut
Krankheitsursache, Pathologie	Getautes *Qi* erzeugt Feuer, üppiges *Yang* der Leber, Wind-Feuer steigt störend nach oben	Leere des *Yang* von Milz und Magen, Verstopfung des mittleren Erwärmers durch trüben Schleim, steigt auf und bedrückt das klare *Yang*	Mangelnde Essenz der Niere, *Yin* der Leber wird nicht versorgt, Leere-Wind bewegt sich innen	Körperliche Schwäche, chronische Erkrankung, mangelndes *Qi* und Blut, das nicht zum Gesicht aufsteigen kann
Charakter des Schwindels	Schwindel im Kopf, Augenflimmern, verstärkt nach körperlichen Anstrengungen oder nach Zorn und Erregung	Schwindel mit schwerem, dumpfem Kopf	Benommener Kopf, Schwindel im Kopf, Augenflimmern mit Sehstörungen	Schwindel nach körperlichen Anstrengungen, evtl. bis zur Ohnmacht gesteigert
Begleitsymptome	Erregungszustände, Neigung zu Wutanfällen, rotes Gesicht durch Blutandrang, ziehende Kopfschmerzen, Taubheitsgefühl in Armen und Beinen, bitterer Mundgeschmack, rote Zunge, gespannter *(Xian)* Puls	Völlegefühl in der Brust, Brechreiz oder Erbrechen, Appetitlosigkeit, Schläfrigkeit, weißer, klebriger Zungenbelag, schwacher gleitender *(Ru-Hua)* Puls	Kopfschmerzen, Ohrensausen, Kreuzschmerzen, Spermatorrhoe, Vergeßlichkeit, heiße Hand- und Fußflächen, rote Zunge mit wenig Belag, gespannter feiner schneller *(Xian-Xi-Shu)* Puls	Weißes Gesicht, helle Blässe der Lippen und der Fingernägel, Herzklopfen, Schlaflosigkeit, Müdigkeit, Unlust zum Sprechen, helle Zunge, feiner schwacher *(Xi-Ruo)* Puls

* «*Klares Yang*» bedeutet hier: der im oberen Teil des Körpers befindliche Teil des *Yang-Qi*.

6.2.7 Schlaflosigkeit *(Shi-Mian)*

Die chinesische Medizin unterscheidet verschiedene Arten der Schlaflosigkeit:

1. Schlechtes Einschlafen,
2. erschwertes Durchschlafen, d. h. kein tiefer, fester Schlaf,
3. die ganze Nacht über nicht schlafen können.

Wenn der Mensch schläft, verbirgt sich nach der Lehre der chinesischen Medizin das *Yang* im *Yin*. Schlaflosigkeit entsteht, wenn das *Yang* daran gehindert wird, sich im *Yin* zu verbergen, was aus verschiedenen Gründen entstehen kann.

Schlaflosigkeit und Nervosität mit erhöhter Unruhe beim Fortschreiten der Nachtstunden, mit heißen Händen und Füßen, roter Zunge mit spärlichem Zungenbelag, feinem schnellem Puls *(Xi-Shu-Mai)*, zeigen eine *Yin*-Leere und üppiges Feuer *(Yin-Xu Huo-Wang)* an, wobei sich der Geist nicht beruhigen kann. Schlaflosigkeit mit schnellem, gespanntem und kräftigem Puls *(Mai-Xian-Shu You Li)*, roter Zunge und einem beklemmenden Gefühl auf der Brust liegt vor bei depressiven Zuständen, die dadurch entstehen, daß ein gestautes *Qi*-Feuer erzeugt *(Qi-Yu Hua Huo)* wird.

Einschlafstörungen mit Nervosität, Angst und vielen Träumen, bei gespanntem, feinem und kraftlosem Puls *(Mai-Xian Wu-Li)* sowie heller Zunge mit dünnem Belag zeigen eine Leere des *Qi* von Herz und Galle *(Xin-Dan-Qi-Xu)* an.

Schlaflosigkeit mit unruhigem Schlaf oder viele Träume bei leichtem Schlaf, schwaches Gedächtnis, schlechte Gesichtsfarbe, feiner kraftloser Puls, helle Zunge mit dünnem Belag zeigen eine Leere von Herz und Milz *(Xin-Pi Liang-Xu)* an (vgl. Abschn. 7.3.3.2).

Einschlafstörungen mit Aufstoßen und Übelkeit bei schlechtem Appetit, Bauchschmerzen und Blähungen sind ein Zeichen dafür, daß das *Qi* des Magens nicht ausgeglichen ist *(Wei-Qi Bu He)*.

Schlaflosigkeit mit Beklemmung oder Druck in der Brust, reichlich Schleimproduktion, klebrigem Zungenbelag und gespanntem gleitendem Puls *(Mai-Xian-Hua)* ist ein Zeichen für eine Blockierung und Stauung der Schleimfunktion *(Tan-Qi Yu-Jie)*.

Schlaflosigkeit während der ganzen Nacht, mit ungewöhnlicher geistiger Aktivität, vielem Sprechen oder unsinnigen Reden, ist ein Zeichen dafür, daß Schleim-Feuer das Herz belästigt *(Tan-Huo Rao Xin)*, wodurch eine große Unruhe hervorgerufen wird.

6.2.8 Durst *(Kou-Ke)*

Durstgefühl mit Verlangen, viele und am liebsten kalte Getränke zu sich zu nehmen, ist ein Zeichen für eine üppig brennende, äußere Hitzestörung *(Xie-Re Zhi-Cheng)*, die die Körpersäfte schädigt und vermindert *(Shang-Hao Jin-Ye)*; es handelt sich hier um ein Fülle-Hitze-Syndrom *(Shi-Re-Zheng)*. Unstillbarer Durst trotz unaufhörlichen Trinkens zeigt, daß eine üppige Hitzestörung die Körpersäfte verletzt hat *(Re-Cheng Jin-Shang)*.

Durst mit vielem Trinken und Vorliebe für heiße Getränke, bei gelbem, klebrigem Zungenbelag und schwachem schnellem Puls *(Ru-Shu-Mai)*, zeigt eine Hitzestörung an, die von Nässe begleitet ist *(Re-Xie Jia-Shi)*. Durstgefühl mit wenig Flüssigkeitsaufnahme, mit Unruhe und Hitzegefühl am Nachmittag, roter Zunge und feinem schnellem Puls *(Xi-Shu-Mai)* tritt bei Hitze im *Ying* und im Blut *(Re Zai Ying-Xue)* auf. Durstgefühl, bei dem der Mensch trinkt, sich anschließend aber unwohl fühlt und erbricht, mit erschwertem Wasserlassen, zeigt eine innere Blockierung von pathogenem Schleim *(Yin-Xie Nei-Zu)* an, bei der sich die Funktion der Körpersäfte nicht ausbreitet *(Qi-Jin Bu Bu)*.

Durstgefühl mit trockener Kehle, ohne Wunsch zu trinken, bei gleichzeitigen Bauchschmerzen und Blähungen, grün-violetter Zunge und rauhem Puls *(Se-Mai)* zeigt eine Blutstauung *(Yu-Xue)* an.

6.2.9 Appetitlosigkeit und Vielessen

Appetitlosigkeit mit Blähungen nach dem Essen, heller Zunge mit wenig Belag und sanftem kraftlosem Puls *(Mai-Huan Wu Li)* zeigt eine Schwäche und Leere des *Qi* der Milz *(Pi-Qi Xu-Ruo)* an, wodurch die Transportfunktion der Niere geschwächt *(Yun-Hua Wu Li)* ist.

Appetitlosigkeit mit Blähungen nach dem Essen, klebriger Zunge und schwachem Puls *(Ru-Mai)* zeigt, daß eine Nässestörung die Milz bedrängt *(Shi-Xie Kun-Pi)*, wodurch die Transportfunktion der Milz *(Yun-Hua)* gestört wird. Übelkeit mit Brechreiz beim Anblick von Essen, saures Aufstoßen von schlechtem Geschmack, klebrige Zunge und ein straffer *(Jin)* oder gleitender *(Hua)* Puls zeigt eine Blockierung von Nahrungsrückständen im Körperinneren *(Su-Shi Nei-Ji)*, also eine Verdauungsstörung, an. Übelkeit beim Anblick von Speisen, keine Nahrungsaufnahme, trockener Mund, brennende Kehle, rote Zunge mit wenig Belag, feiner kraftloser Puls *(Mai-Xi Wu Li)*, zeigt ein ungenügendes *Yin* des Magens *(Wei-Yin Bu Zu)* an, das zu einer Unausgewogenheit der Magenfunktion *(Wei-Qi Bu-He)* führt, so daß die Verdauungsfähigkeit nachläßt bzw. nicht mehr besteht. Appetitlosigkeit oder nur geringe Nahrungsaufnahme, während der Appetit langsam besser wird, heißt, daß die pathogene Störung *(Xie)* zurückweicht und sich das *Qi* des Magens allmählich erholt.

Verschlechtert sich der Appetit mehr und mehr, was bei chronischen inneren Erkrankungen *(Nei-Shang Jiu-Bing)* vorkommt, zeigt dies eine Leere und Schwäche *(Xu-shuai)* der Funktionen *(Qi)* von Milz und Magen an. Bei häufigem Aufstoßen nach dem Essen, Brust- und Rippenschmerzen, gespanntem Puls *(Mai-Xian)* liegt häufig eine Blockierung der Leber mit entgegengesetzt verlaufender Funktion *(Gan-Yu Qi-Ni)* vor, wobei die absteigenden Funktionen des Magens nicht ausgewogen verlaufen *(Wei-Shi He-Jiang).* Lang dauernde Appetitlosigkeit, die von plötzlicher Freßgier unterbrochen wird, entsteht gelegentlich bei chronisch Kranken, deren Magenfunktion geschwächt *(Wei-Qi shuai)* ist. Die chinesische Medizin nennt diesen Zustand *«Chu-Zhong»*, d. h. «Verlust der Funktion des Mittleren Erwärmers».

Vielessen mit rasch hinterher auftretendem Hungergefühl, bei roter Zunge und allgemeiner Unruhe, ist meist ein Zeichen dafür, daß ein äußerst heftiges, üppiges Magen-Feuer *(Wei-Huo Kang-Cheng)* vorliegt. Die chinesische Medizin nennt dies «Magen-Feuer-Syndrom» *(Wei-Huo-Zheng)*, bei dem das üppige Feuer die Nahrung *(Gu)* vernichtet.

6.2.-10 Erbrechen

Nach Auffassung der chinesischen Medizin entsteht Erbrechen bei einer in Gegenrichtung aufsteigenden Magenfunktion *(Wei-Shang-Ni).* Es gibt zahlreiche Ursachen, die ein Erbrechen auslösen können; alle lassen sich in der chinesischen Medizin entweder auf einen Leere*(Xu)*-Zustand oder einen Fülle*(Shi)*-Zustand zurückführen.

6.2.-10.1 Erbrechen bei Fülle-Syndrom *(Shi-Zheng)*

Hierbei wird schleimiger Speichel oder klares Wasser erbrochen; es besteht eine Verspannung im Oberbauch bei gleichzeitigem Schwindel, schlechtem Wasserlassen, gespanntem *(Xian)* Puls, weißem, schlüpfrigem Zungenbelag. Nach der Theorie der chinesischen Medizin ist dies ein Zustand der in Gegenrichtung aufsteigenden Magenfunktionen *(Wei-Qi Shang-Ni)*, bei dem klare Schleimflüssigkeit im Mageninneren angesammelt *(Yin Ting Wei-Wan)* ist.

Saures Erbrechen verdorbener Nahrung mit Appetitlosigkeit, Bauchschmerzen und Blähungen, übel riechendem Aufstoßen, gleitendem *(Hua)* Puls und klebrigem Zungenbelag zeigt eine Verdauungsstörung *(Shang-Shi-Zheng)* an. Mehrmaliges Erbrechen bei bitterem Mundgeschmack, saurem Aufstoßen, Nervosität und Völlegefühl im Thorax – bei dem der Patient stöhnt und depressiv ist, einen gespannten *(Xian)* Puls hat – bedeutet, daß das *«Qi»* der Leber den Magen angegriffen *(Gan-Qi Fan-Wei)* hat. Erbrechen unmittelbar nach dem Essen – wobei die Aufnahme kalter Speisen beruhigend wirkt –, mit gleichzeitigem Hitzegefühl und Unwohlsein, roter Zunge, gelbem Zungenbelag und schnellem *(Shu)* Puls, zeigt, daß Magen-Feuer in falscher Richtung aufwärts steigt *(Wei-Huo Shang-Ni)*.

Tabelle 20 a: Erbrechen

Krankheits-Syndrome	Fülle-Syndrome					Leere-Syndrome	
Stützen der dial. Diagnostik	Äußere Störung greift den Magen an	Anhäufung von Speise im Magen	Ansammlung kalter klarer Schleimflüssigkeit im Magen	Schleim-Verstopfung des Magens	Unausgewogenheit zwischen Leber u. Magen	Schwäche und Leere des *Qi* des Magens	Mangelndes *Yin* des Magens
Krankheitsursache, Pathologie	Wärme-Hitze-Störung greift den Magen an, trübes *Qi* steigt in Gegenrichtung hoch	Verstauung von Nahrung, schlechte Verdauung, Magen-*Qi* steigt in Gegenrichtung hoch	Leere und Schwäche von Milz u. Magen, Ansammlung kalter klarer Schleimflüssigkeiten im Inneren, das *Qi* des Magens steigt nicht ab	Psychische Störungen verletzen das Körperinnere, Schleimblockierung und Blutstauung, Verstopfung d. Mageneingangs	Fehlende Lockerheit des *Qi* der Leber, dieses steigt in Gegenrichtung hoch und verletzt den Magen, Unausgewogenheit d. *Qi* des Magens	Chronische Magenerkrankung, Leere u. Schwäche des *Qi* des mittleren Erwärmers, Verdauungsstörung	Chronische Magenerkrankung, Verausgabung von *Yin*-Flüssigkeit, unzureichende Ernährung des Magens
Charakter des Erbrechens	Plötzlich herausschießendes Erbrechen	Erbrechen unverdauter Speisen von saurem, üblem Geruch	Erbechen von klarem Wasser und Speichel, der Patient empfindet Kälte	Sofort nach dem Essen Erbrechen von Speisen, Erbrechen klebriger Flüssigkeit od. geronnenen Blutes	Erbrechen nach psychischen Belastungen, der Kranke erbricht saures gelbes Wasser	Erbrechen nach reichlichem Essen, periodisches Erbrechen von klarem Wasser	Übelkeit mit Würgen und Brechreiz

Tabelle 20 b: Erbrechen (Fortsetzung)

Krankheits-Syndrome	Fülle-Syndrome					Leere-Syndrome	
Stützen der dial. Diagnostik	Äußere Störung greift den Magen an	Anhäufung von Speise im Magen	Ansammlung kalter klarer Schleimflüssigkeit im Magen	Schleim-Verstopfung des Magens	Unausgewogenheit zwischen Leber u. Magen	Schwäche und Leere des *Qi* des Magens	Mangelndes *Yin* des Magens
Begleitsymptome	Fieber, Kopfschmerzen, in schlimmen Fällen plötzlicher Krankheitsbeginn, hohes Fieber u. Bewußtseinstrübung	Aufstoßen, Appetitlosigkeit, Völlegefühl u. Schmerzen im Ober- u. Unterbauch, trüber klebriger Zungenbelag, gleitender voller *(Hua-Shi)* Puls	Völlegefühl m. wäßrigem Gluckern im Magen, Schwindel, Herzklopfen, weißer klebriger Zungenbelag, gleitender *(Hua)* Puls	Schmerzblockierung am Zwerchfell, der Patient kann keine harten Speisen essen, im weiteren Verlauf Abmagerung des Kranken	Völlegefühl mit Schmerzen in der Brust, Aufstoßen, Appetitlosigkeit, dünner Zungenbelag, gespannter *(Xian)* Puls	Chronische Erkrankung, Magenschmerzen mit Verstärkung bei leerem Magen und Besserung nach dem Essen, Vorliebe für Hitze, keine Druckempfindlichkeit, weißer dünner Zungenbelag, feiner *(Xi)* Puls	Chronische Erkrankung, Appetitlosigkeit, Hungergefühl mit rote trockene Zunge, feiner schneller *(Xi-Shu)* Puls

6.2.-10.2 Erbrechen bei Leere-Syndrom *(Xu-Zheng)*

Erbrechen von klarem Speichel, mit Schmerzen im Magen oder gleichzeitigen Kopfschmerzen, bei heller Zunge mit weißem Belag, gespanntem *(Xian)* kraftlosem Puls, zeigt, daß im Magen Leere und Kälte zugleich mit pathogenem Schleim *(Yin-Xie)* vorhanden sind.

Erbrechen ohne Nahrungsaufnahme mit trockenem Mund und Abneigung gegen Trinken, bei gleichzeitiger Nervosität, unruhigem Schlaf, kraftlosen Armen und Beinen, gespanntem *(Xian)* und schnellem *(Shu)* kraftlosem Puls, deutet auf Leere-Hitze *(Xu-Re)* im Magen hin. Erbrechen und Appetitlosigkeit im Anschluß an eine Erkrankung, bei allgemeiner Schwäche und Kurzatmigkeit des Patienten – was eventuell von Fieber begleitet sein kann –, bei brennendem Mund und trockener Kehle, roter, nur wenig feuchter Zunge, feinem schnellem *(Xi-Shu)* Puls, ist ein Zeichen dafür, daß ein Syndrom mit sowohl geschädigtem *Qi* als auch geschädigtem *Yin (Qi-Yin Liang Shang)* vorliegt.

Die chinesische Medizin unterscheidet außerdem Formen des Erbrechens, bei denen man morgens ißt, abends erbricht oder abends Nahrung zu sich nimmt und morgens erbricht. Dieser Zustand heißt «widerstrebender Magen» *(Fan-Wei)*. Ist das Erbrochene völlig unverdaut und friert der Patient, hat er außerdem kalte Arme und Beine und sucht er die Wärme, liegen ferner ein tiefer *(Chen)* und gespannter *(Xian)* langsamer *(Chi)* Puls, eine helle Zunge mit weißem Belag vor, deutet dies auf Leere in Milz und Magen *(Pi-Wei-Xu)* bzw. ein Kälte-Syndrom *(Han-Zheng)*, bei dem sich die *Yang*-Funktionen nicht entfalten *(Yang-Qi Bu Hua)* können hin. Wird klare Flüssigkeit erbrochen, folgt Durst mit Flüssigkeitsaufnahme, ist der Zungenbelag feucht und schlüpfrig, zeigt dies, daß sich störender Speichel im Inneren angesammelt *(Yin-Xie Nei Ting)* hat. Dabei ist das *Yang* des Mittleren Erwärmers von einer Blockierung betroffen *(Zhong-Yang Shou-Zu)*. Es handelt sich um einen Krankheitszustand der Speichelansammlung im Magen und Mittleren Erwärmer *(Wei-Zhong Ting Yin-Zheng)*, bei dem die Wärme fehlt, um Wasser und Speichel umzuwandeln.

6.2.-11 Gelbsucht *(Huang-Dan)*

Bei der Gelbsucht werden die Augen und die Haut des Körpers gelb, der Urin wird gelb oder braun und spärlich. Die chinesische Medizin teilt die Gelbsucht nach ihrer Farbe in ein «*Yang*-Gelb» und ein «*Yin*-Gelb» ein. Die helle, klare, grelle gelbe Farbe, die sich dem Orange nähert, wird «*Yang*-Gelb» genannt. Das dunkle, nicht strahlende, trübe Gelb heißt «*Yin*-Gelb».

Tabelle 21: Gelbsucht

Krankheits-Syndrome / Stützen der dialektischen Diagnostik	*Yang*-Gelb (Fülle-Syndrom)		*Yin*-Gelb (Leere gemischt mit Fülle)	
	Nässe-Hitze-Stauung in der Milz	Nässe-Gift*) schlägt nach innen	Kälte-Nässe bedrängen die Milz	Blockierung durch Blutstauung
Krankheitsursache, Pathologie	Nässe-Hitze-Ansammlung in der Milz, Erhitzung von Leber und Galle, Überlaufen des Gallensaftes	Nässe-Störung und Hitze-Gift dringen nach innen zum *Ying-Xue*, Überlaufen des Gallensaftes	Leere und Schwäche des *Yang* der Milz, Kälte-Nässe verstaut sich innen, Überlaufen des Gallensaftes	Chronische Gelbsuchterkrankung, Erstarrung von gestautem Blut, Überlaufen des Gallensaftes
Charakter der Gelbsucht	Haut und Skleren leuchtend orange-gelb	Haut und Skleren goldgelb oder gelb-rötlich	Haut und Skleren dunkelrauchgelb	Skleren gelb, Haut dunkelgelb oder gelb-schwarz
Begleitsymptome	Akute Erkrankung, Fieber, Durst, Erbrechen, Appetitlosigkeit, gelber Urin, rote Zunge, gelber klebriger Zungenbelag, schwacher schneller *(Ru-Shu)* Puls	Akute plötzliche Erkrankung, hohes Fieber, geistige Verwirrung, Delirium, Bluterbrechen, Ausschlag, Blähungen oder Ödeme, dunkelrote Zunge, gelber Zungenbelag, schneller *(Shu)* Puls	Schleichende Erkrankung, evtl. eine Umwandlung aus *Yang*-Gelb, Völlegefühl in der Brust, Appetitlosigkeit, Blähungen, nicht geformter Stuhl, Abneigung gegen fette Speisen, versteckte Schmerzen am rechten Rippenbogen, helle Zunge, weißer klebriger Zungenbelag, schwacher feiner *(Ru-Xi)* Puls	Chronische Erkrankung, Knotenbildung unter den Rippen, die beim Tasten hart und schmerzhaft sind, rote Flecken am Hals, starke Ödembildung, violette fleckige Zunge, tiefer rauher *(Chen-Se)* Puls

*) Unter «Gift» ist hier die Nässe-Störung zu verstehen.

Werden schon zu Beginn der Erkrankung die Augen und der ganze Körper des Patienten gelb, handelt es sich um eine Gelbsucht durch Nässe und Hitze *(Shi-Re Huang-Dan)*. Bei heller, greller Gelbtönung mit heißem Körper, trokkenem Mund, Völlegefühl im Bauch, wenig gelbrötlichem Urin, gelbem, klebrigem Zungenbelag und schnellem *(Shu)* Puls ist die Hitze-Störung stärker als die Nässe. Bei einer gedämpften, aber nicht dunklen Gelbfärbung des Patienten – der zugleich Kopfschmerzen hat, kraftlos ist, über Völlegefühl in der Brust und Blähungen im Abdomen klagt –, dessen Stuhl dünn und dessen Wasserlassen schlecht ist, der einen klebrigen Zungenbelag und einen schwachen *(Ru)* Puls hat, ist demgegenüber die Nässe-Störung stärker als die Hitze.

Bei gelbem Körper und gelben Augen – wobei die Gelbfärbung nicht leuchtend hell ist und zugleich ein dumpfes Gefühl im Magen, Blähungen im Abdomen und Appetitlosigkeit bestehen, der Stuhlgang dünn ist, der Kranke friert, eine helle Zunge mit weißem Belag und einen langsamen sanften *(Chi-Huan)* Puls zeigt – liegt eine Kälte-Nässe-Gelbsucht *(Han-Shi Huang-Dan)* vor.

6.2.-12 Ödeme und Blähungen *(Zhong-Zhang)*

Das chinesische Zeichen «*Zhong*» bedeutet Wasserschwellung, also Ödeme, das Zeichen «*Zhang*» bedeutet Meteorismus bzw. Blähungen. Das wäßrige Ödem rührt daher, daß Körperflüssigkeiten, die nicht ausgeschieden werden können, in die Muskelpartien sickern und hier Schwellungen hervorrufen. Spuren von ödematösen Schwellungen können auf diese Weise im Gesicht, in den Augen, an Armen und Beinen oder, im schweren Falle, in der Bauchhöhle als Aszites auftreten.

Meteorismus *(Zhang)* entsteht demgegenüber bei einer Blockierung des *Qi*-Mechanismus der Speicher- und Hohlorgane *(Zang-Fu)* und des Meridian-Systems *(Jing-Luo)*, die in ihrer Funktion beeinträchtigt bzw. nicht mehr durchgängig sind. Auf diese Weise entstehen Gasansammlungen im Bereich des Magens und des Darms, die nach Auffassung der chinesischen Heilkunde bis zu Schwellungen der Arme, Beine und des Gesichts führen können. Der chinesische Begriff «*Zhong-Zhang*» meint dementsprechend in umfassendem Sinne einfach «Schwellungen».

6.2.-12.1 Ödeme *(Shui-Zhong)*

Meist schwellen bei Ödemen zunächst die Augen an, dann die unteren, später auch die oberen Extremitäten und schließlich der ganze Körper. Die Entwicklung kann sehr rasch gehen. Wenn das Wasserlassen schlecht ist, gleichzeitig Kälteempfindlichkeit und Fieber sowie Zeichen eines äußerlich ansteckenden oberflächlichen Syndroms *(Wai-Huo Biao-Zheng)* vorliegen, handelt es sich um eine Wind-Störung, die den Körper von außen überfällt *(Feng-Xie Wai-Xi)*, wodurch sich das *Qi* der Lunge nicht verbreiten *(Fei-Qi Bu Xuan)* kann, weil es vom Wind gehemmt wird und weil sich das Wasser staut *(Feng-E Shui-Zu)*. Es handelt sich nach der Lehre der chinesischen Medizin hier um ein «Wind-Wasser-Syndrom» *(Feng-Shui-Zheng)*, bei dem das gestaute Wasser bis in die Muskeln und unter die Haut vordringen *(Yi Yu Ji-Fu)* kann.

Wenn der ganze Körper geschwollen ist, wobei die Haut dünn und glänzend aussieht und der Kranke nervös ist, nur wenig roten Urin läßt, trockenen Stuhlgang hat, einen gelben, klebrigen Zungenbelag und einen tiefen schnellen Puls *(Chen-Shu-Mai)* zeigt, liegt eine Verstauung durch Verbindung von Wasser und Hitze *(Shui-Re Hu Jie)* vor, wobei die Verdampfungsfunktion des *Qi* nicht mehr abläuft *(Qi-Hua Bu Xing)*, so daß die Wasserstörung bis in Haut und Muskeln durchsickern *(Shui-Xie Yi Yu Ji-Fu)* kann.

Bei leichten Schwellungen am ganzen Körper, wobei morgens vor allem das Gesicht, nach den Bewegungen am Tage gegen Abend vor allem die unteren Extremitäten geschwollen sind, der Patient eine weiße Gesichtsfarbe hat, kraftlos ist und einen leeren weichen *(Xu-Ruan)* Puls zeigt, handelt es sich um eine Leere der Funktion von Lunge und Milz *(Fei-Pi Qi-Xu)*, wodurch das Wasser im Körper nicht regelrecht verarbeitet werden kann.

Schwellungen unterhalb der Hüften, in denen nach dem Betasten oder Pressen eine Lücke zurückbleibt, die sich nicht schnell wieder ausgleicht, mit Blähungen und dünnem, ungeformtem Stuhlgang, gelber Gesichtsfarbe, Müdigkeit, kalten Armen und Beinen, heller Zunge mit schlüpfrigem Belag, tiefem sanftem *(Chen-Huan)* Puls zeigen, daß das *Yang* der Niere nicht ausreichend ist, so daß Wasser-Nässe in die Gewebe überfließen *(Shui-Shi Fan-Yi)* kann.

Wenn sich die Schwellung anfühlt wie nasser Lehm und die beim Betasten entstandenen Gruben nicht wieder zurückgehen, wenn gleichzeitig der Hodensack feucht und kalt ist, wenn der Patient Lendenschmerzen, Kältegefühl, kalte Arme und Beine hat, wenn seine Urinausscheidung vermindert, seine Gesichtsfarbe dunkel oder schwärzlich, seine Zunge hell und geschwollen, sein Puls tief, fein und an der Pulstaststelle *«Chi»* schwach ist *(Mai-Chen-Xi Chi-Ruo)*, zeigt dies eine Leere und Schwäche des *Yang* der Niere *(Shen-Yang Xu-Ruo)* an, bei der das *Qi* der Niere das Wasser nicht verdampfen und entsprechend verarbeiten kann, so daß die Wasserfunktion in die Muskeln und in die

Haut hineinläuft *(Shui-Qi Fan Ji-Fu).* (Anmerkung: Die Pulstaststelle *«Chi»* befindet sich am Punkt *Jing-Qu,* dem 8. Punkt des Lungen-Meridians.)

6.2.-12.2 Bauchblähungen (Meteorismus) *(Fu-Zhang)*

Wenn bei diesem Zustand das Abdomen stark gebläht, aber nicht hart, die Haut stark gespannt ist, so daß es sich beim Beklopfen hohl anhört wie der Ton einer Trommel, wenn der Patient zugleich über Druck am Rippenbogen und schwelende, festsitzende Schmerzen im Oberbauch klagt, wenn es ihm nach Abgang von Blähungen besser wird, wenn sich die Blähungen im Anschluß an die Nahrungsaufnahme verstärken, wenn der Kranke einen weißen, klebrigen Zungenbelag, einen gespannten feinen *(Xian-Xi)* Puls hat, liegt eine Unausgewogenheit zwischen Leber und Milz *(Gan-Pi Bu He)* mit einer Blokkierung des *Qi* und Stauung von Nässe *(Qi-Zhi Shi-Zu)* vor, bei der das normale Auf- und Absteigen *(Sheng-Jiang)* der Funktionen seine übliche Regelmäßigkeit verloren *(Shi-Chang)* hat, so daß sich trübes *Qi* im Abdomen ansammelt *(Zhuo-Qi Chong-Se).*

Wenn der Leib stark gebläht ist und sich beim Betasten anfühlt wie ein wassergefüllter Beutel, wenn der Patient dabei friert und nach Wärme verlangt, gleichzeitig Völle- und Druckgefühl in der Brust und Müdigkeit empfindet, wenn er wenig Wasser läßt, einen ungeformten, dünnen Stuhl hat, deutet dies darauf hin, daß Kälte und Nässe die Milz bedrängen *(Han-Shi Kun-Pi),* wodurch das *Yang* der Milz nicht mehr transportieren kann *(Pi-Yang Shi-Yun).*

Ist das Abdomen aufgebläht und groß und fühlt es sich beim Betasten der Magengegend hart und gespannt an, empfindet der Kranke Unruhe und innere Hitze, hat einen bitteren Geschmack im Mund, ist sein Urin dunkel und unklar *(Se),* sein Stuhlang verstopft, hat er eine rote Zunge mit gelbem, klebrigem Belag, einen gespannten schnellen *(Xian-Shu)* Puls, so handelt es sich um eine Ansammlung und Verstauung von Nässe und Hitze *(Shi-Re Yun-Jie),* wodurch der *Qi*-Mechanismus nicht mehr normal ablaufen *(Qi-Ji Bu-Tong)* kann.

Bei vollem, großem und hartem Abdomen, mit straff gespannten Blutkapillaren *(Mai-Luo)* auf der Bauchhaut, dunkler Gesichtsfarbe des Patienten, die ins Schwärzliche übergeht, violett-roten Lippen, dunkelroter Zunge, die mit violetten Flecken bedeckt ist, feinem rauhem *(Xie-Se)* Puls, liegt eine Blockierung infolge Blutstauung *(Yu-Xue Zu-Zhi)* vor; es handelt sich um ein

Blut-Stauungs-Syndrom *(Xue-Yu-Zheng)*, bei dem die Kapillaren nicht durchgängig *(Luo-Mai Bu Tong)* sind.

Groß aufgeblähter Bauch mit viel Abgang von Winden, wobei sich der Patient manchmal gespannt, manchmal erleichtert fühlt, Vorliebe für Wärme, gelbe oder weiße Gesichtsfarbe, Müdigkeit, Frieren, kalte Extremitäten und oberflächlich geschwollene Beine. Der Urin ist klar, das Wasserlassen aber erschwert. Hier handelt es sich um eine Leere des *Yang* von Milz und Niere *(Pi-Shen-Yang-Xu)*.

Bei großem, stark geblähtem Leib und dunkler Gesichtsfarbe, die dem Patienten ein blockiertes *(Zhi)* Aussehen gibt, violett gefärbten Lippen, dunkelroter, nur wenig feuchter Zunge, feinem und schnellem *(Xi-Shu)* Puls, brennendem Mund und trockener Kehle – bei Nervosität, Nasenbluten oder Zahnfleischbluten, wenig und nur kurzem Wasserlassen, liegt eine Leere des *Yang* von Leber und Niere *(Gan-Shen-Yang-Xu)* vor.

6.2.-13 Husten und Asthma *(Ke-Chuan)*

Husten und Asthma sind Erkrankungen der Lunge. Beide haben nach der Theorie der chinesischen Medizin aber auch sehr viel mit Funktionsstörungen der beiden Speicherorgane Milz und Niere zu tun.

6.2.-13.1 Husten *(Ke-Sou)*

Die chinesische Medizin unterscheidet zwei Arten von Husten: einen durch äußere *(Wai-Gan)* Ansteckung und einen durch innere *(Nei-Shang)* Schädigung. Ein Husten mit äußerer Einwirkung ist meist akut mit kurzer Krankheitsdauer. Der Husten durch innere Schädigung verläuft meist chronisch, die Dauer der Erkrankung ist lang.

6.2.-13.1.1 Husten durch äußere Infektion *(Wai-Gan Ke-Sou)*

Husten mit dünnem weißem Schleim, ohne trockenen Mund, häufig von Kopfschmerzen, Schüttelfrost und Fieber begleitet, mit oberflächlichem *(Fu)* Puls, gilt in der chinesischen Medizin als Wind-Kälte-Husten *(Feng-Han Ke-Sou)*. Dabei haben Wind und Kälte die Lunge angegriffen *(Feng-Han Fan-Fei)*, das *Qi* der Lunge kann sich nicht ausbreiten *(Fei-Qi Bu Xuan)*.

Tabelle 22: Husten – Teil 1

Krankheits-Syndrome			Fülle-Syndrome		
	Wind-Störung greift die Lunge an			*Schleim-Hitze blockiert die Lunge*	
Stützen der dial. Diagnostik	Wind-Kälte greift die Lunge an	Wind-Hitze greift die Lunge an	Wind-Trockenheit greift die Lunge an	Üppige Hitze im Lungenmeridian	Abszeß durch Schleimstauung
Krankheitsursache, Pathologie	Äußerlicher Befall von Wind und Kälte, der in die Lunge eindringt, *Qi* der Lunge verbreitet sich nicht	Äußerlicher Befall von Wind und Hitze, der in die Lunge eindringt, Versagen der Säuberungsfunktion der Lunge	Äußerlicher Befall von Wind und Trockenheit, der zur Lunge vordringt, Schädigung der Körpersäfte	Hitze-Störung staut sich in der Lunge, *Qi* der Lunge ist nicht klar, Störung der Funktion des Säuberns und Herabführens	Hitze-Störung in der Lunge gestaut, Erhitzung der Flüssigkeit zu Schleim, Blutstauung und Schädigung des Fleisches
Charakter des Hustens	Lauter kräftiger Husten mit dünnem weißem Schleim	Lauter kräftiger Husten mit dickem gelbem Schleim	Lauter kräftiger Husten ohne oder mit wenig klebrigem Schleim, der nur schwer herauskommt	Heftiger Husten mit gelbem oder rostfarbenem Schleim	Lauter kräftiger Husten mit reichlich dickem, gelbem Schleim oder bräunlich-rosafarbenem, übel riechendem Schleim
Begleitsymptome	Symptomatik des oberflächlichen Wind-Kälte-Syndroms: Kälteempfindlichkeit, Fieber, kein Schweiß	Symptomatik des oberflächlichen Wind-Hitze-Syndroms: Fieber, rot geschwollener Hals, Halsschmerzen, wenig Schweiß	Trockener Hals und trockene Nase, Fieber, rote Zungenspitze, gelber Zungenbelag, weiter schneller *(Hong-Shu)* Puls	Hohes Fieber, Durst, Brustschmerzen, rote Zunge, Zungenbelag gelb, weiter schneller *(Hong-Shu)* Puls	Fieber und Kälteempfindlichkeit, Zungenbelag gelb klebrig, gleitender schneller *(Hua-Shu)* Puls

Tabelle 22: Husten – Teil 2

Krankheits-Syndrome	Fülle-Syndrome (Fortsetzung) *Schleimflüssigkeiten sitzen in der Lunge*			Leere-Syndrome	
Stützen der dial. Diagnostik	Kälte und klare Schleimflüssigkeit verbergen sich in der Lunge	Nässe-Schleim verbirgt sich in der Lunge	klare Schleimflüssigkeit sitzt unter den Rippen	Schwäche des *Qi* der Lunge	Mangelndes *Yin* der Lunge
Krankheitsursache Pathologie	Andauernde Kälte im Lungenmeridian, Flüssigkeitsansammlung wird zu Schleimflüssigkeit, Störung des *Qi* in der Lunge	Leere der Milz mit Ansammlung von Nässe, Speicherung in der Lunge mit Schleimentwicklung, Störung des *Qi* der Lunge	*Qi*-Blockierung im Thorax und an den Rippen, Ansammlung von klarem Schleim im Körperinneren, Störung des *Qi* der Lunge	Chronische Lungenerkrankung mit Schwäche des *Qi* der Lunge, Versagen der Funktion des Reinigens und Herabführens	Chronische Lungenerkrankung, Verausgabung des Lungen-*Yin*, *Yin*-Leere mit innerer Hitze
Charakter des Hustens	Lauter, kräftiger Husten, dünner weißer Schleim oder reichlich blasiger, leicht herauzubringender Schleim	Lauter, schleimiger («trüber») Husten, reichlich weißer, klebriger Schleim, der leicht herauszubringen ist	Husten mit wenig weißem und schaumigem Schleim	Leichter schwacher Husten mit wenig klebrigem Schleim	Kraftloser Husten bzw. Heiserkeit mit wenig klebrigem oder blutigem Schleim
Begleitsymptome	Atemnot oder Fieber, Kopfschmerzen, weißer glitschiger Zungenbelag, kleiner gespannter *(Xiao-Xian)* Puls	Völlegefühl in Brust und Magen, Appetitlosigkeit, Blähungen, nichtgeformter Stuhl, klebriger weißer Zungenbelag, schwacher gleitender *(Ru-Hua)* Puls	Völlegefühl und Schmerzen an den Rippen, Fieberschübe, dünner Zungenbelag, tiefer gespannter *(Chen-Xian)* Puls	Kurzatmigkeit, Schweißausbrüche, weiße Gesichtsfarbe, Kraftlosigkeit, Windempfindlichkeit, helle Zunge, feiner weicher *(Xı-Ruan)* Puls	Hitzestauungen, Nachtschweiß, rote Wangen, rote Zunge, wenig Zungenbelag, feiner, schneller *(Xi-Shu)* Puls

Husten mit klebrigem, gelbem Schleim und Fieber, bei trockenem Mund, oberflächlichem schnellen *(Fu-Shu)* Puls, heißt in der chinesischen Medizin Wind-Hitze Husten *(Feng-Re Ke-Sou)*. Hierbei haben Wind und Hitze die Lunge angegriffen *(Feng-Re Shang-Fei)*, wodurch die herabführende und säubernde Funktion der Lunge *(Su-Jiang)* beeinträchtigt wird. Husten ohne Schleim oder mit wenig klebrigem bzw. dünnem Schleim, der schwer herauszubringen ist und Blut enthalten kann, bei trockener Nase und trockenem Hals, roter, nahezu trockener Zunge mit wenig feuchtem Belag, spricht für einen Husten durch Trockenheit der Lunge *(Fei-Zao Ke-Sou)*. Dabei hat pathogene Trockenheit die Lunge verletzt *(Zao-Xie Shang-Fei)*, die Flüssigkeiten der Lunge leiden durch Verbrennung *(Fei-Jin Bei-Zhuo)*, und die Funktion des Klärens und Reinigens *(Qing-Su)* ist beeinträchtigt *(Shi-Si)*.

6.2.-13.1.2 Husten durch innere Schädigung *(Nei-Shang Ke-Sou)*

Husten mit viel Schleim, wobei der Schleim als Hustenreiz wirkt, locker sitzt und leicht herausgebracht werden kann, mit Beklemmung und Engegefühl im Thorax, bei klebrigem Zungenbelag und gespanntem gleitendem *(Xian-Hua)* Puls, ist ein Zeichen dafür, daß eine Milz-Leere Schleim erzeugt *(Pi-Xu Sheng Tan)*, worauf die Schleim-Nässe die Lunge verletzt *(Tan-Shi Fan-Fei)*. Anfallsweiser Husten mit Schmerzen in den Rippen während der Hustenstöße kann psychisch bedingt sein, wobei der Kranke ein rotes Gesicht, eine trockene Kehle, einen gespannten schnellen *(Xian-Shu)* Puls zeigt. Es handelt sich hier im Sinne der chinesischen Medizin um Leber-Feuer, das die Lunge schädigt *(Gan-Huo Fan-Fei)*. Zum Verständnis der psychischen Genese dieses Hustens sei angemerkt, daß das aufsteigende Leber-Feuer in der chinesischen Medizin stets mit psychischer Symptomatik verbunden ist, wobei letztere sowohl auslösend für den pathologischen Zustand als auch Folge der Leber-Störung sein kann.

Trockener Husten mit wenig Schleim, dem Blut beigemengt sein kann, mit Verschlimmerung des Hustens am Nachmittag, gleichzeitiger Unruhe und innerem Hitzegefühl – gerötete Wangen, rote Zunge mit spärlichem Belag, feiner schneller *(Xi-Shu)* Puls, deuten auf eine *Yin*-Leere der Lunge und der Nieren *(Fei-Shen Yin-Xu)* hin.

Husten mit viel Schleim, wobei der Schleim sehr wäßrig ist, mit Atemnot beim stärkeren Husten sowie bei körperlicher Bewegung und beim Gehen, mit kalten Gliedmaßen, Lenden- und Rückenschmerzen, dunkler Verfärbung des Gesichts, heller Zunge mit schlüpfrigem Belag, bei langsamem und tiefem

(Chi-Chen) Puls zeigen, daß das *Yang* der Niere nicht ausreichend ist *(Shen-Yang Bu Zu)*. Es handelt sich um ein Syndrom, bei dem das Wasser der Nieren aufsteigt und im oberen Körperbereich, z. B. der Lunge, Schäden anrichtet *(Shen-Shui-Shang-Fan Zhi Zheng)*.

6.2.-13.2 Asthma und Atemnot *(Xiao-Chuan)*

Alle Beschwerden mit dem Atmen, Kurzatmigkeit und hastiges Atmen, nennt die chinesische Medizin «*Chuan*» (Asthma). Das röchelnde Pfeifen in der Kehle, das bei Asthma und Atemnot entsteht, nennt man in China «*Xiao*», am besten mit «Röcheln» zu übersetzen. Beide Zustände haben nach der Lehre der chinesischen Heilkunde eine gemeinsame Wurzel, nämlich die Unfähigkeit des *Qi* der Lunge, abwärts zu steigen *(Fei-Qi Bu Jiang)*.

6.2.-13.2.1 Asthma *(Chuan)*

Röchelnder Husten, der plötzlich auftritt, mit dünnflüssigem Schleim, Völlegefühl in der Brust und Kurzatmigkeit, Schüttelfrost und Fieber, weißem Zungenbelag und oberflächlichem *(Fu)* Puls, sind typisch für ein Syndrom, bei dem Wind und Kälte die Oberfläche fesseln *(Feng-Han Shu-Biao)*. Dabei erzeugen Wind und Kälte im Inneren Schleimflüssigkeiten *(Yin)*, diese steigen in Gegenrichtung hoch und schädigen die Lunge *(Shang-Ni-Fan-Fei)*.

Husten mit Röcheln, Atemnot, gelbem und klebrigem Schleim, rauher und lauter Stimme, Brustschmerzen bei stärkerem Husten, Hitzegefühl, Nervosität und Durst, zeigen, daß eine Hitze-Störung die Lungen angegriffen hat *(Re-Xie Shang-Fei)*, wodurch das *Qi* der Lunge gestaut *(Fei-Qi Yong-E)* ist.

Atemnot mit viel zähem Schleim, der schwer herauszubringen ist, wobei der Kranke während starker Anfälle nicht liegen, sondern nur aufrecht sitzen oder stehen kann, mit Druck und Völlegefühl in der Brust, klebrigem Zungenbelag und gleitendem *(Hua)* Puls, zeigt eine Blockierung von trübem Schleim in der Lunge *(Tan-Zhuo Zu-Fei)* an.

Atemnot mit Kurzatmigkeit, kraftlosem Sprechen, schwacher und matter Stimme, Angst vor jedem Luftzug bei leichtem Schwitzen, trockenem Mund, gerötetem Gesicht, hellrotem Zungenkörper zeigt, daß das *Qi* und das *Yin* der Lunge beide im Zustand der Leere sind *(Fei De Qi-Yin Liang Xu)*.

Atemnot mit Ausspucken dünnflüssigen Schleims, die bei Kälte zunimmt, wobei der Patient friert oder besonders kälteempfindlich ist, keinen Durst hat, entspricht einem Leere-Zustand der Lunge mit Kälte-Schleimflüssigkeit *(Fei-Xu Han-Yin)*. Chronische Atemnot, die nach körperlicher Anstrengung zunimmt, wobei mehr aus- als eingeatmet wird und die Atemzüge wie abgehackt wirken, mit Schweißausbrüchen – in besonders schlimmen Fällen mit kalten Gliedmaßen und bläulicher Gesichtsfarbe – zeigt eine Schwäche des *Yang* der Niere *(Shen-Yang Shu-Ruo)* an, bei der das *Qi* nicht zu seinem Ursprung zurückkehren *(Qi Bu Gui-Gen)* kann, nämlich zur Lunge.

Bei Atemnot und trockenem Mund, mit rauher, trockener Kehle, roten Wangen, roter Zunge und feinem *(Xi)* Puls ist das *Yin* der Nieren durch Leere geschädigt *(Shen-Yin Xu-Sun)*, sodaß es das *Qi* nicht aufnehmen kann *(Bu-Neng Na-Qi)*.

6.2.-13.2.2 Atemnot *(Xiao)*

Asthma bzw. Atemnot mit gleichzeitigem Keuchen, dünnflüssigem, klarem Schleim und Verstärkung des Keuchens bei Erkältung, feuchtem, schlüpfrigem Zungenbelag und gespanntem *(Xian)* Puls zeigt eine Schädigung der Lunge durch störende Kälte *(Han-Xie Fan-Fei)* an, bei der das *Qi* der Lunge in Gegenrichtung nach oben steigt *(Fei-Qi Ni-Shang)*. Hier liegt ein Syndrom des «Keuchens durch Kälte» *(Leng-Xiao-Zheng)* vor. Kurzes hastiges Atmen mit Keuchen im Hals und geblähter Brust, gelbem, trübem, klebrigem und bitterem Schleim – der nur schwer herauszubringen ist – gerötetem Gesicht und Neigung zum Schwitzen, roter Zunge mit gelbem, klebrigem Belag, gleitendem schnellem *(Hua-Shu)* Puls, zeigt eine von Hitze-Schleim verstopfte Lunge *(Re-Tan Yong-Fei)* an. Es handelt sich hier um ein Syndrom des «Keuchens durch Hitze» *(Re-Xiao-Zheng)*, bei dem das *Qi* der Lunge in Gegenrichtung nach oben steigt *(Fei-Qi Shang-Ni)*.

6.2.-14 Tonische und klonische Krämpfe *(Jing-Chu)*

Der Begriff der «tonischen Krämpfe» (chinesisch *«Jing»*) umfaßt starre Verkrampfungen des Nackens und Rückens, «Starrkrämpfe» mit spastischen Muskeln und Sehnen. Der Begriff der «klonischen Krämpfe» (chinesisch *«Chu»*) meint Zuckungen der Arme und Beine, die in der chinesischen Heilkunde «peitschender Wind» *(Chou-Feng)* genannt werden. Gelegentlich erscheinen tonische und klonische Krämpfe *(Jing-Chu)* gleichzeitig. Es können aber auch ausschließlich tonische Krämpfe oder ausschließlich klonische

Krämpfe vorliegen. In der Praxis der chinesischen Medizin werden die klonischen Krämpfe bzw. Zuckungen *(Chu)* leichter beurteilt als die tonischen *(Jing)*.

Nach Auffassung der chinesischen Heilkunde entstehen tonische oder klonische Krämpfe dadurch, daß die Sehnen und Gefäße *(Jin-Mai)* schlecht ernährt und versorgt werden. Sie können auch daher rühren, daß äußere Störungen die Sehnen und Gefäße verstopfen, oder die Ursache kann in hohem Fieber, Schädigung des Blutes *(Hao-Xue)* und Verletzung der Körpersäfte *(Shang-Jin)* liegen. Ferner können Krämpfe durch längere Erkrankungen mit Erschöpfung des *Yin* und des Blutes auftreten sowie als Folge einer äußeren Störung, bei der Wind *(Feng-Xie)* in den Körper eindringt. Ein anderer Grund zur Entstehung von Krämpfen ist die gemeinsame Einwirkung von äußerem Wind *(Wai-Feng)* und innerem Feuer *(Nei-Huo)* auf das Meridian-System *(Jing-Luo)*. Wenn der Patient einen verkrampft geschlossenen Mund, starren Nacken und Rücken, Kopfschmerzen, Schüttelfrost und Fieber hat, wenn seine Arme und Beine und sein Körper schwer sind, seine Zunge einen weißen klebrigen Belag zeigt, sein Puls oberflächlich und straff *(Fu-Jin)* ist, handelt es sich um einen äußeren Angriff von Wind und Kälte *(Feng-Han Wai-Xi)*, wobei das *Yang* blockiert und die Meridiangefäße mangelhaft ernährt werden.

Kleine Kinder mit andauerndem hohem Fieber und Unruhe können plötzlich in Krämpfe verfallen. Meist haben sie dabei einen weißen Zungenbelag und oberflächlichen *(Fu)* Puls. Es handelt sich hier nach der Lehre der chinesischen Medizin um eine verstaute äußere Störung, die Hitze erzeugt und (inneren) Wind entstehen läßt *(Wai-Xie Yu-Bi Hua-Re Sheng-Feng)*. Bei dem so entstehenden Wind handelt es sich um inneren bzw. Leber-Wind. In der chinesischen Medizin steht der Wind in enger Beziehung zu allen Krampfanfällen, Schlaganfällen, Zuckungen und zitternden Körperbewegungen (vgl. S. 212).

Starre Krämpfe des Nackens und Rückens, bei denen sich der Patient nicht flach hinlegen kann, mit Verkrampfung beider Füße, Fieber und Druck auf der Brust, bei fest geschlossenem Mund mit knirschenden Zähnen, geblähtem Abdomen mit Verstopfung – gelegentlich auch mit Bewußtlosigkeit des Patienten –, roter Zunge mit gelbem Belag, gespanntem gleitendem schnellem *(Xian-Hua-Shu)* und kräftigem Puls, zeigen, daß sich Trockenheit und Hitze im Körperinneren verstaut *(Zao-Re Nei-Jie)*, wobei die Sehnen-Gefäße *(Jin-Mai)* schlecht versorgt werden. Plötzlicher Starrkrampf mit nach rückwärts durchgebogenem Nacken und Wirbelsäule, mit klonischen Zuckungen in Armen und Beinen – gelegentlich auch mit Starrheit und Steifheit von Nacken und Rükken – bei starken Kopfschmerzen und hohem Fieber, mit Erbrechen und Bewußtlosigkeit, ist ein Zeichen dafür, daß eine äußerst starke Hitze Wind entstehen läßt *(Re-Ji Sheng-Feng)*. Auch hier ist mit «Wind» der innere bzw. Leber-Wind gemeint.

Leichte Zuckungen in Armen und Beinen bei Patienten mit Fieber, die länger krank sind, wobei vor allem nachmittags erhöhte Temperaturen auftreten, zeigen einen Verlust des *Yin* von Leber und Nieren *(Gan-Shen Yin-Kui)* an. Bei Patienten mit diesem Zustand findet sich gewöhnlich eine dunkle Zunge mit wenig Belag und ein feiner schwacher *(Xi-Ruo)* Puls.

Fest zusammengebissene Zähne, starre Krämpfe des Nackens und Rückens («Arc du Cercle»), mit einem «Risus sardonicus», sieht man bei Patienten mit Tetanus *(Po-Shang-Feng)*. Es handelt sich um ein schweres Krankheitsbild, bei dem außerdem Kopfschmerzen, Schüttelfrost, Fieber, Unruhe und Erregungszustände auftreten können. Auch diese Erkrankung, der Wundstarrkrampf, gehört nach der Lehre der chinesischen Medizin zu den «Wind»*(Feng)*-Störungen.

Bei plötzlicher Ohnmacht mit Zucken in Armen und Beinen und nach oben geschlagenen Augen, aus dem Mund fließenden Speichel, der schaumig sein kann, wobei durch Kieferverkrampfungen Bißwunden an der Zunge entstehen können, handelt es sich um einen epileptischen Anfall.

6.2.-15 Blutverluste *(Shi-Xue)*

Unter Blutverlust versteht die chinesische Medizin alle möglichen Arten von Blutungen: Bluterbrechen, Bluthusten, Nasenbluten, Zahnfleischbluten, Blut im Stuhl und im Urin usw. Nach der Lehre der traditionellen chinesischen Heilkunde gibt es für Blutverluste drei Gründe:

1. maßlose Bewegung des Blutes durch Hitze *(Xue-Re Wang-Xing)*,
2. das *Qi* nimmt das Blut nicht auf *(Qi Bu She-Xue)*,
3. gestautes Blut blockiert die Kapillaren *(Yu-Xu Zu Luo)*, deshalb kann das Blut nicht zu den Meridianen zurückkehren *(Xue Bu Gui Jing)*.

6.2.-15.1 Bluterbrechen

Wenn die Farbe des erbrochenen Blutes hellrot oder dunkelrot ist, wenn es mit Essensresten vermischt ist, wenn der Stuhlgang schwarz (Teerstuhl) ist, der Patient einen roten Zungenkörper mit gelbem, klebrigem Belag und einen gleitenden schnellen *(Hua-Shu)* Puls hat, handelt es sich um Hitze, die sich in der Mitte des Magens angesammelt *(Wei-Zhong Ji-Re)* hat.

Bluterbrechen, bei dem das Blut eine dunkelrote Farbe hat, wobei der Patient einen roten Zungenkörper und einen gespannten schnellen *(Xian-Shu)* Puls zeigt, beruht auf Leber-Feuer, das den Magen schädigt *(Gan-Huo Fan-Wei)*. Das *Qi* läuft dabei in Gegenrichtung, und das Blut ist blockiert *(Qi-Ni Xue-Yong)*.

Starkes Bluterbrechen mit dunkelroter Farbe des Blutes, gleichzeitiger Atembeklemmung, Müdigkeit und Appetitmangel zeigt eine Leere der Milz *(Pi-Xu)* an, weswegen dieses Organ die Blutflüssigkeit nicht kontrollieren und aufnehmen *(Bu Neng Tong-She Xue-Ye)* kann.

6.2.-15.2 Bluthusten

Schleim mit Blut vermischt, Husten mit rauher Stimme, dabei trockener Mund und brennende, trockene Nase, Durst mit Verlangen zu trinken, ist typisch für Trockenheit und Hitze, die die Lunge verletzen *(Zao-Re Shang-Fei)* und die Kapillaren beschädigt *(Luo-Mai Sun-Shang)*.

Husten mit Blut im Schleim oder kein schleimiger, sondern nur blutiger Auswurf – wobei die Farbe des Blutes hellrot oder violett ist –, mit Schmerzen im Thorax und an den Rippen, bei Erregbarkeit und Reizbarkeit, wenig rötlichem Urin, bitterem Geschmack im Mund, gespanntem und schnellem *(Xian-Shu)* Puls bedeutet, daß Leber-Feuer die Lunge schädigt *(Gan-Huo Fan-Fei)*.

Ständiges Aushusten von Blut oder ständige Blutflecken und Blutspritzer beim Husten – wobei das Blut von hellroter Farbe ist, in einigen Fällen mit beigemengten Schleimspuren oder aber nur ausgehustetes Blut ohne Schleim –, mit wellenartigen Fieberschüben, Nachtschweiß, dünnem, abgemagertem Körper, geröteten Wangen, roter Zunge mit wenig Zungenbelag und feinem schnellem *(Xi-Shu)* Puls zeigt eine *Yin*-Leere mit Verausgabung und Erschöpfung *(Yin-Xu Lao-Sun)* an. Dieser Zustand entspricht der westlichen Diagnose einer offenen Lungentuberkulose mit blutenden Lungengefäßen.

6.2.-15.3 Nasenbluten *(Bi-Nü)*

Nasenbluten mit trockener Nase und rauhem trockenem Hals, heißem Körper, roter Zunge und schnellem *(Shu)* Puls bedeutet, daß Trockenheit und Hitze die Lunge schädigen *(Zao-Re Shang-Fei)*. Dadurch kann die Lunge ihre

Säuberungsfunktion nicht mehr ausüben *(Fei Shi Qing-Su).* Das erhitzte Blut bewegt sich maßlos *(Xue-Re Wang-Xing),* so daß es oben (an der Nase) herausgetrieben wird *(Po-Xue Shang-Chu).*

Nasenbluten mit Durst, üblem Mundgeruch, Erregung, roter Zunge mit gelbem Belag, schnellem *(Shu)* und kräftigem *(You Li)* Puls zeigt Magen-Feuer an, das nach oben überschäumt *(Wei-Huo Shang-Chong).* Dabei werden die *Luo*-Gefäße des *Yang* verletzt *(Yang-Luo Shou-Shang)* und das Blut fließt heraus.

Nasenbluten mit Schwindel, bitterem Geschmack im Mund, geröteten Augen, bei Nervosität und Reizbarkeit, gespanntem und schnellem *(Xian-Shu)* Puls zeigt, daß Leber-Feuer aufsteigt und Schaden anrichtet *(Gan-Huo Shang-Fan),* so daß das Blut gezwungen wird, sich maßlos zu bewegen *(Po-Xue Wang-Xing).*

6.2.-15.4 Zahnfleischbluten

Zahnfleischblutungen bei gerötetem, geschwollenem und schmerzhaftem Zahnfleisch – wobei zwischen den Zähnen hellrotes Blut erscheint –, mit violettrotem Zahnbelag, weitem (stromartigem) und schnellem *(Hong-Shu)* Puls, zeigt brennende Hitze im *Yang-Ming,* also im Magen- und Dickdarm-Meridian *(Yang-Ming Re-Chi)* an; die Hitze steigt aufwärts in die Nebengefäße und Kapillaren *(Luo)* und verletzt diese, so daß Blut herausquillt.

Helles, geschwollenes und blutendes Zahnfleisch, wobei das Blut hellrot und dünnflüssig ist, bei heller Zunge und leerem *(Xu)* Puls zeigt eine *Qi*-Leere von Lunge und Magen *(Fei-Wei-Qi-Xu)* an. Geschwollenes, blutendes Zahnfleisch, bei dem das Blut hellrot ist, mit wackelnden, schmerzenden Zähnen, Schmerzen in der Nierengegend, Kraftlosigkeit, roter Zunge, feinem und schnellem *(Xi-Shu)* Puls zeigt, daß das *Yin* der Niere nicht ausreichend ist *(Shen-Yin Bu Zu).* Durch diese Leere entsteht Feuer (sog. Leere-Feuer), das an die Oberfläche hochsteigt *(Xu-Huo Shang-Fu).*

6.2.-15.5 Blut im Stuhl

Hier unterscheidet die chinesische Medizin ebenso wie die westliche mehrere Arten:

1. das Blut erscheint nach dem Stuhlgang,
2. das Blut erscheint vor dem Stuhl,
3. das Blut ist mit dem Stuhlgang vermischt.

Wenn das Blut nach dem Stuhl erscheint, zuerst also der Kot austritt und anschließend das Blut, wobei dieses eine dunkle, schwärzliche Verfärbung zeigt, der Patient über Appetitlosigkeit und Müdigkeit klagt, schlechte Gesichtsfarbe, eine helle Zunge und einen schwächlichen *(Ruo)* Puls hat, bedeutet dies, daß die Milz das Blut nicht kontrollieren kann *(Pi Bu Tong-Xue)*.

Erscheint das Blut vor dem Stuhl, hat es eine trübe und dunkle Farbe, besteht dabei im After ein nach unten ziehender Schmerz, zeigt der Patient einen gelben, klebrigen Zungenbelag, bedeutet dies, daß Nässe und Hitze nach abwärts fließen und den Dickdarm erreichen *(Shi-Re Xia-Zhu Da-Chang)*, wobei die Kapillaren verletzt werden *(Shang-Ji Xue-Luo)*.

Wenn das Blut vor dem Stuhlgang erscheint, wobei schwere Blutungen auftreten oder das Blut herausspritzt, der Stuhl selbst hart ist und Schmerzen am After macht, zeigt dies Trockenheit und Hitze im Dickdarm *(Da-Chang Zao-Re)* an.

Blut im Stuhl, wobei das Blut herumspritzt und der Patient Bauchschmerzen hat, zeigt ein sogenanntes «Darm-Wind-Syndrom» *(Chang-Feng-Zheng)* an, bei dem Wind und Hitze *(Feng-Re)* die Darmkapillaren verletzt *(Shang-Chang-Luo)* haben.

6.2.-15.6 Blut im Urin

Blut im Urin mit wenig und erschwertem Wasserlassen – wobei der Urin eine rote Farbe hat, der Patient wellenförmige Fieberanfälle erleidet, beim Schlafen schwitzt, unruhig und nervös ist –, mit Schmerzen in der Nierenpartie und kraftlosen Beinen, roter Zunge mit wenig Belag, feinem und schnellem *(Xi-Shu)* Puls zeigt, daß das *Yin* der Niere nicht ausreichend *(Shen-Yin Bu Zu)* ist. Das durch die Leere entstandene Feuer bewegt sich maßlos und ungezügelt *(Xu-Huo Wang-Dong)*, es schädigt durch seine brennende Wirkung die Kapillaren *(Zhuo-Shang Xue-Luo)*.

Blut im Urin mit häufigem Wasserlassen und Harndrang, wobei das Urinieren schmerzt, zeigt, daß sich Nässe und Hitze in der Blase gestaut haben *(Shi-Re Jie-Yu Pang-Guang)*, wodurch die Blutkapillaren verletzt wurden *(Sun-Shang Mai-Luo)*. Dadurch wird eine maßlose Blutbewegung provoziert *(Po-Xue Wang-Xing)*, und es tritt ein «Syndrom des tröpfelnden Blutes» bzw. ein «Blut-Urin-Syndrom» *(Xue-Lin-Zheng)* auf.

6.2.-16 Lähmungen und Parästhesien *(Ma-Mu)*

Während die westliche Medizin Lähmungen von Taubheitsgefühl bzw. Parästhesien oder Mißempfindungen streng trennt, wird dies alles in der chinesischen Medizin unter einem Begriff zusammengefaßt: *«Ma-mu»*. Lähmungen und Parästhesien sind häufige Symptome in der klinischen Praxis. Lähmungen können sich im Gesicht, an der Zunge, an Armen und Beinen, Fingern und Zehen befinden. Auch Parästhesien treten an all diesen Körperteilen auf, außerdem an der Haut. Der Grund für beide Störungen liegt nach der Lehre der chinesischen Medizin in einer Schwäche von *Qi* und Blut *(Qi-Xue Xu-Ruo)* oder einer Stauung *(Zu)* bzw. eine *Bi*-Erkrankung (vgl. S. 224) infolge Schleim-Nässe *(Tan-Shi)* oder Blutstockung *(Yu-Xue)*. (Anmerkung: unter einer *Bi*-Erkrankung versteht die chinesische Medizin eine Erkrankung durch Wind-Kälte und Feuchtigkeit, die mit Schmerzen im Rumpf und in den Extremitäten oder mit Lähmungen und Parästhesien verbunden sein kann.)

Lähmungen und Parästhesien mit Kraftlosigkeit in Rumpf, Armen und Beinen, bei Kurzatmigkeit, Müdigkeit, mit Atemnot und Schweißausbrüchen schon nach kleinen Anstrengungen, sind typisch für eine Leere und Schwäche der Abwehrkraft *(Zheng-Qi Xu-Ruo)*, wodurch Haut und Muskeln nicht ausreichend versorgt werden können. Der übergeordnete diagnostische Begriff ist hier eine *Qi*-Leere *(Qi-Xu)*.

Lähmungen und Parästhesien mit Angstgefühlen, Schlaflosigkeit, bleicher Gesichtsfarbe, bedeuten, daß die Ernährungsfunktion und das Blut nicht ausreichen *(Ying-Xue Bu Zu)*, so daß Haut und Muskeln nicht genügend ernährt werden. In diesem Fall ist die übergeordnete Diagnose ein Blut-Leere-Syndrom *(Xue-Xu-Zheng)*.

Lähmungen mit dunkler Verfärbung des Gesichts, grün-violetten Lippen, dunkelroter Zunge, die mit kleinen Flecken bedeckt ist, zeigen eine innere Blutstockung *(Yu-Xue Nei-Zu)* an. Auch bei diesem Zustand werden Haut und Muskeln nicht ausreichend versorgt, es handelt sich um ein Blutstauungs-Syndrom *(Xue-Yu-Zheng)*. Lähmungserscheinungen und Parästhesien mit kraftlosen Armen und Beinen, Druckgefühl in der Brust, Übelkeit und reichlich Schleim im Mund, bei klebrigem Zungenbelag, gleitendem *(Hua)* oder gespanntem *(Xian)* Puls weisen auf eine innere Stauung von Nässe-Schleim *(Shi-Tan Nei-Zu)* hin, weshalb sich die Nahrungsfunktion und die Abwehrfunktion nicht normal entfalten *(Ying-Wei Bu-Xing)*.

Lähmungen und Parästhesien im Gesicht, mit verzogenen Augen und schiefem Mund bedeuten, daß Wind-Schleim in die Kapillaren und Nebengefäße eingedrungen ist *(Feng-Tan Ru Luo)*.

Die traditionelle chinesische Medizin zählt noch eine weitere Erkrankung zu den «*Ma-Mu*»-Krankheiten, nämlich die Lepra. Sie heißt im Chinesischen «*Ma-Feng*», was soviel bedeutet wie «durch Wind erzeugte Gefühllosigkeit». Bekanntlich zeichnet sich die Lepra neben anderen Krankheitssymptomen durch einen Verlust der Hautsensibilität in bestimmten Körpergebieten, vor allem an den Händen und Füßen, aus. Diese Erkrankung wurde von der chinesischen Medizin ursprünglich als «Wind-Störung» aufgefaßt. Bei der Lepra finden sich außerdem als typische Symptome ein Ausfallen der Augenbrauen, eine Zerstörung des knorpeligen Nasenskeletts usw. Die Einordnung dieser Krankheit unter die Wind- bzw. Parästhesie-Erkrankungen ist in ganz ähnlicher Weise vorwissenschaftlich wie die Bezeichnung «Meridiane» für die Nervenstränge, Lymph- und Blutgefäße. Es sei in diesem Zusammenhang nochmals daran erinnert, daß eine solche Medizin niemals die wissenschaftliche Klarheit, die logische Folgerichtigkeit und Objektivität besitzen kann, wie die moderne westliche Heilkunde.

6.2.-17 Herzklopfen *(Xin-Ji)*

Mit «*Xin-Ji*» meint die chinesische Medizin das Wahrnehmen des eigenen Herzschlags durch den Patienten. Der Kranke ist dabei nervös, die Herzschläge sind stark, unregelmäßig und ungezügelt. In den meisten Fällen handelt es sich um ein Nicht-Ausreichen des Herz-Blutes *(Xin-Xue Bu Zu)*, wobei die Funktion der Aufnahme des «*Shen*» im Herzen nicht ordnungsgemäß erfolgen kann (vgl. S. 90 ff). Es gibt allerdings verschiedene Arten von Herzklopfen, insbesondere verschiedene Begleitsymptomatik, die man unterteilen kann nach psychischer Erregung bzw. geistiger Erschöpfung *(Xin-Shen Shou-Jing)*, Mangel an Herzblut *(Xin-Xue Bu Zu)*, Leere des *Yin* mit üppigem Feuer *(Xin-Xu Huo-Wang)*, Kraftlosigkeit des Herz-*Yang* *(Xin-Yang Bu Zhen)* und eine Belästigung des Herzens durch Schleim-Feuer *(Tan-Huo Rao Xin)*.

Herzklopfen mit Angst und nervöser Unruhe sowohl beim Sitzen als auch beim Liegen, mit einem vorausgegangenen starken Schrecken des Patienten, sausendem Herzschlag und Verwirrungszuständen, Schwächegefühl, Appetitlosigkeit, kleinem schnellem *(Xiao-Shu)* oder leerem gespanntem *(Xu-Xian)* Puls, bei normalem Zungenbelag, deutet auf eine längere (chronische) Leere von Herz und Gallenblase *(Xin-Dan Su-Xu)* hin, die mit einem Syndrom der psychischen Unruhe *(Xin-Shen Bu An-Zheng)* in Verbindung steht.

Herzklopfen mit Unruhe, ausdruckslosem Gesicht, Schwindel, hellrotem Zungenkörper und feinem schwachem *(Xi-Ruo)* Puls spricht für eine Leere des Blutes *(Xue-Xu)*, durch die das Herz ungenügend versorgt wird, sodaß es das *«Shen»* nicht in sich verbergen bzw. aufnehmen kann. Es handelt sich hier um ein «Syndrom des ungenügenden Herzblutes» *(Xin-Xue Bu Zu-Zheng)*.

Herzklopfen mit Unruhe, psychischer Erregung, Schlaflosigkeit, Schwindel, Ohrensausen, rotem Zungenkörper, feinem und schnellem *(Xi-Shu)* Puls, deutet auf einen Mangel an Nieren-*Yin* *(Shen-Yin Bu Zu)* hin, bei dem das üppige *Yang* nach oben steigt *(Yang-Cheng Yu Shang)* und das schwache *Yin* abwärts sinkt *(Yin-Kui Yu Xia)*. Dadurch kann sich im Körper das Wasser nicht mit dem Feuer verbinden *(Shui Bu Ji Huo)*; das Herzfeuer bewegt sich im Körperinneren *(Xin-Huo Nei-Dong)*, es entsteht ein Syndrom der *Yin*-Leere mit üppigem Herzfeuer *(Yin-Xu Huo-Wang-Zheng)* und geistig-seelischer Erregung.

Herzklopfen mit Kopfschmerzen, Druck und Völlegefühl auf der Brust, allgemeinem Energiemangel, kalten Armen und Beinen und Frostgefühl am ganzen Körper, weißer Zunge und gespanntem kleinem *(Xian-Xiao)* Puls zeigt, daß das *Yang* des Herzens nicht kräftig *(Xin-Yang Bu Zhen)* ist, weshalb ein Syndrom mit aufsteigender und überschwemmender Wasserfunktion *(Shui-Qi Shang-Chong)* entsteht.

Herzklopfen mit bitterem Geschmack im Mund, Übelkeit mit wäßrigem Erbrechen, oberflächlichem, unruhigem Schlaf, gespanntem und gleitendem *(Xian-Hua)* Puls, rotem Zungenkörper, weißem, klebrigem Zungenbelag, deutet auf ein Syndrom der Feuerstörung von Leber und Galle hin, wobei gleichzeitig Schleim das Herz schädigt *(Gan-Dan-Huo-Xie Jia Tan Fan Xin)*.

6.3 Zusammenfassung

Die Diagnostik der chinesischen Medizin umfaßt in erster Linie die vier Untersuchungsmethoden: Sehen *(Wang)*, Hören und Riechen *(Wén)*, Befragen *(Wèn)* des Patienten, Tasten *(Qie)*. Die Grundzüge dieser vier diagnostischen Wege sind in der westlichen und chinesischen Medizin gemeinsam. Nur die Zungendiagnostik und die Pulsdiagnostik haben spezielle Eigenarten, die mit der kulturellen Entwicklung der chinesischen Heilkunde zusammenhängen (vgl. S. 262). Vor allem der westliche Arzt, der sich mit chinesischer Medizin beschäftigen möchte, sei darauf hingewiesen, daß er der Puls- und Zungendiagnostik besondere Studien widmen muß, wenn er richtige chinesische Diagnosen stellen will, was für die Ausübung der Akupunktur ebenso wichtig ist, wie für die chinesische Arzneiverordnung. Stets hat die Diagnostik von den grundlegenden Theorien der chinesischen Heilkunde und deren dialektischem

Ansatz auszugehen. Insbesondere soll die Fragestellung beim ärztlichen Gespräch mit dem Patienten nach dialektischen Gesichtspunkten aufgebaut werden.

Aus klinischer Sicht hat die Einteilung der Diagnostik der chinesischen Heilkunde nach vier verschiedenen Methoden überwiegend theoretische Bedeutung. Aufgrund praktischer ärztlicher Erfahrung lassen sich die vier Methoden bei der Untersuchung des Patienten oft unmittelbar miteinander verbinden. Dabei ist es nur wichtig, die verschiedenen Krankheitserscheinungen gut voneinander zu trennen und eine dialektische Diagnose zu stellen, worüber das 7. Kapitel dieses Buches noch eingehender informiert. Die meisten klinischen Erscheinungen der häufigsten Erkrankungen sind in diesem 6. Kapitel besprochen worden. Dabei wurden sie – wenn möglich – nach dialektischen Wechselbeziehungen geordnet, beispielsweise: Hitze und Kälte (Schwitzen und Kältegefühl), Verstopfung und Durchfall, Harnverhaltung und übermäßige Urinausscheidung, Appetitlosigkeit und Vielessen, Ödeme und Blähungen, Husten und Atemnot, Lähmungen und Parästhesien usw.

Um eine richtige chinesische Diagnose zu stellen, muß der Arzt jedes einzelne Symptom des Krankheitsbildes und des Verlaufs der Erkrankung bewerten. Zugleich muß er die Hauptsymptome von den Nebensymptomen bzw. die Haupterkrankung von einer Nebenerkrankung unterscheiden. Stets soll er die vier diagnostischen Methoden gleichzeitig verwenden; er soll sich nie auf eine einzige Methode (beispielsweise Pulsdiagnostik oder Zungendiagnostik) allein verlassen. Nur so kann er einen umfassenden Eindruck von der vorliegenden Erkrankung bekommen.

Abb. 31: Ärztlicher Erhebungsbogen

Datum Praxis

Abteilung Klinik

Name Geschlecht Geburtsdatum Geburtsort Familienstand

Beruf Adresse

Erste Behandlung Tag der Anlage dieses Erhebungsbogens

Die vier Untersuchungsmethoden

Krankheits-Syndrom
und Therapie

Rezept-Verordnung

Bemerkungen des Arztes

Besondere Hinweise

Unterschrift des Arztes

7 Krankheits-Syndrome *(Bian-Zheng)* mit Hinweisen zur Therapie

Der chinesische Begriff «*Zheng*», wie er im Begriff der Syndrom-Diagnostik *(Bian-Zheng)* verwendet wird, ist eine Abkürzung von «*Zheng-Hou*», was soviel wie «Erkrankungszustand» bedeutet. Er umfaßt die Ursache, die Lokalisation, die Eigenschaften und die Symptome einer Erkrankung; ferner berücksichtigt er den Kampf zwischen Störung *(Xie)* und Abwehrkraft *(Zheng)* im Körper des Patienten. Somit ist der Begriff der «Syndrom-Diagnose» *(Bian-Zheng)* mehr als nur die Zusammenfassung einzelner oberflächlicher Krankheitssymptome. Er bewertet vielmehr den Gesamtzustand des Patienten und ist der entscheidende Schlüssel zu einer logischen Therapie in der chinesischen Medizin, sei es nun mit Akupunktur, Arzneiverordnung, Massage, Chiropraktik, Bäderbehandlung oder anderem.

Diesem Begriff des «*Bian-Zheng*», der nur für die traditionelle chinesische Heilkunde gilt, steht in der modernen westlichen Medizin der Begriff der Differentialdiagnostik gegenüber, chinesisch «*Bian-Bing*». Die westliche Medizin wertet bei ihrer Diagnostik einzelne Symptome, quantitativ gewonnene Daten und überwiegend mit technischen Apparaturen objektivierte Fakten aufgrund der pathophysiologischen Erkenntnisse der modernen westlichen Heilkunde. Die chinesische Medizin prüft ausschließlich qualitative Angaben aufgrund der Theorie der traditionellen chinesischen Medizin, die wir in den vorangegangenen Kapiteln dargestellt haben.

Die Syndrom-Diagnostik verbindet die durch die vier klassischen chinesischen Diagnoseverfahren – Sehen, Hören und Riechen, Fragen und Tasten – gesammelte Symptomatik aufgrund ihrer inneren logischen Verbindungen. Sie systematisiert *(Zong-He)* und analysiert *(Fen-Xi)* diese Symptome und stellt sie vernünftig zusammen *(Gui-Na)*. Die Syndrom-Diagnostik ist eine spezifisch chinesische Methode zur Krankheitserkennung. Sie stützt sich auf die Theorien der Speicherorgane und Hohlorgane *(Zang-Fu)*, auf die Lehre von den Meridianen *(Jing-Luo)*, auf die Lehre von den Krankheitsursachen gemäß der chinesischen Pathologie *(Bing-Li)* und auf die vier diagnostischen Methoden *(Si-Zhen)*.

Syndrom-Diagnostik und Krankheitsbehandlung stellen für die chinesische Heilkunde zwei untrennbar miteinander verbundene Teile dar. Die dialektische Diagnostik ist die Voraussetzung einer vernünftigen Behandlung. Der Behandlungserfolg ist andererseits ein Prüfstein für die Richtigkeit der Syndrom-Diagnose. Nur bei einer richtig gestellten dialektischen Diagnostik läßt sich eine passende Behandlung nach den Grundsätzen der chinesischen Medizin durchführen. Das vorliegende Werk ist das erste in einer westlichen Sprache, das westlichen Ärzten sämtliche Grundlagen der chinesischen Medizin vermittelt und sie dazu hinführt, Syndrom-Diagnosen im Sinne der chinesischen Medizin zu stellen.

Die Syndrom-Diagnostik der chinesischen Medizin teilt sich in mehrere Einzelgruppen:

1. die Syndrome nach den acht Leitprinzipien *(Ba-Gang Bian-Zheng)*,
2. die dialektische Syndrom-Diagnostik nach Speicherorganen und Hohlorganen *(Zang-Fu Bian-Zheng)*,
3. die Syndrom-Diagnostik nach *Qi*, Blut und Körpersäften *(Qi-Xue-Jin-Ye Bian-Zheng)*,
4. die Syndrom-Diagnostik nach den sechs Meridianen *(Liu-Jing-Bian-Zheng)*,
5. die Syndrom-Diagnostik nach Abwehrkraft, *Qi*, Ernährung und Blut sowie nach den Drei Erwärmern *(Wei-Qi-Ying-Xue Yu San-Jiao Bian-Zheng)*.

Hinzu kommen alle in den vorangegangenen Kapiteln erwähnten Krankheitsursachen, wobei man in der chinesischen Medizin nach dem Prinzip vorgeht: «Untersuchen der Symptome, Herausfinden der Ursache» *(Shen-Zheng Qiu-Yin)*.

Die oben erwähnten fünf bzw. sechs verschiedenen Gruppen der Syndrom-Diagnostik sind zwar eigenständig, müssen jedoch in der Praxis stets miteinander in Verbindung gebracht werden, um sich vernünftig zu ergänzen. Das wichtigste diagnostische Prinzip ist dabei das der acht Leitprinzipien. Es bildet den eigentlichen Kern der chinesischen Syndrom-Diagnostik. An manchen medizinischen Hochschulen der Volksrepublik China wird allerdings auch die Ansicht vertreten, die Dialektik der Speicher- und Hohlorgane *(Zang-Fu Bian-Zheng)* sei das eigentliche Grundprinzip der chinesischen Diagnostik; die acht Leitprinzipien seien der Theorie der Speicher- und Hohlorgane untergeordnet. In der Praxis spielt diese Unterscheidung indessen kaum eine Rolle.

Die Syndrome der Meridiane *(Liu-Jing)*, der Abwehr, des *Qi*, der Ernährung und des Blutes *(Wei-Qi-Ying-Xue)* und der Drei Erwärmer *(San-Jiao)* sind in erster Linie geeignet, äußerlich ansteckende, fieberhafte Erkrankungen *(Wai-Gan Re-Bing)* zu untersuchen. Sie dürfen aber niemals von der Dialektik der Speicher- und Hohlorgane und der acht Leitprinzipien getrennt betrachtet werden. Auch die dialektische Syndrom-Diagnostik nach *Qi* und Blut *(Qi-Xue)* sowie nach den Körpersäften *(Jin-Ye)* steht mit der Dialektik der Speicher- und Hohlorgane in enger Verbindung; beide ergänzen sich und bilden im Grunde eine einzige Methode.

Wichtig zur umfassenden Beurteilung eines Krankheitszustandes ist heute in China auch die Kombination der traditionellen chinesischen Diagnostik mit der Differentialdiagnose der modernen westlichen Medizin *(Bian-Bing)*. Beide müssen sich in der Praxis ergänzen und vervollkommnen, um gemeinsam eine zuverlässige, umfassende Heilkunde zu ermöglichen.

7.1 Dialektische Syndrom-Diagnostik anhand der acht Leitprinzipien *(Ba-Gang Bian-Zheng)*

Die acht Leitprinzipien heißen: *Yin, Yang*, Außen *(Biao)*, Innen *(Li)*, Kälte *(Han)*, Hitze *(Re)*, Leere *(Xu)* und Fülle *(Shi)*. Sie bilden eines der Kernstücke der Diagnostik in der traditionellen chinesischen Medizin. Wenn der Arzt den Patienten anhand der vier klassischen Diagnosemethoden (Sehen, Hören und Riechen, Fragen und Tasten) untersucht hat, wenn er dabei Fülle oder Leere der Abwehrkraft *(Zheng-Qi)* des Körpers und die Stärke der Krankheitsstörung *(Bing-Xie)* festgestellt hat, wenn er sich über die Tiefe der Krankheitslokalisation im Körper klar geworden ist, hat er alles systematisch zu analysieren und zusammenzufassen zu den sogenannten acht Arten von Krankheitssymptomen *(Ba-Lei Zheng-Hou)*, worunter die Dialektik nach den acht Leitprinzipien zu verstehen ist.

Trotz ihrer Vielfalt lassen sich alle Krankheitserscheinungen nach den acht Leitpinzipien einteilen. Zunächst bietet sich dabei eine Einteilung nach *Yin* oder *Yang*, in einen *Yin*-Zustand bzw. *Yin*-Syndrom oder einen *Yang*-Zustand bzw. ein *Yang*-Syndrom an. Ferner ist die Tiefe des Krankheitssitzes im Körper zu berücksichtigen, die nach Oberfläche *(Biao)* und Innerem *(Li)* beurteilt wird. Als nächstes kommt die Frage, ob die Erkrankung einem Hitze-Syndrom *(Re-Zheng)* oder einem Kälte-Syndrom *(Han-Zheng)* zuzurechnen ist. Ferner hat der Arzt festzustellen, ob die äußere Störung bzw. die innere Abwehrkraft des Patienten dem Zustand der Fülle *(Cheng)* oder Leere *(Shuai)* entspricht. Eine üppige äußere Störung *(Xie-Qi Cheng)* entspricht einem Fülle-Syndrom *(Shi-Zheng)*; eine Schwäche der Abwehrkraft *(Zheng-Qi Shuai)* entspricht einem Leere-Syndrom *(Xu-Zheng)*. Nach den acht Leitprinzipien *(Ba-Gang)* werden die Krankheitssymptome zu vier entgegengesetzten, aber innerlich in Verbindung stehenden Gruppen geordnet:

1. dem oberflächlichen Syndrom und dem inneren Syndrom,
2. dem Kältesyndrom und dem Hitzesyndrom,
3. dem Leere-Syndrom und dem Fülle-Syndrom,
4. dem *Yang*-Syndrom und dem *Yin*-Syndrom.

So entstehen aus den acht Leitprinzipien vier Paare, was der immanenten dialektischen Struktur der einzelnen Kategorien entspricht und von besonderem praktischem Wert ist. Die Kategorie des *Yin* und *Yang* ist dabei das wichtigste, umfassendste Prinzip. Die übrigen sechs Leitprinzipien lassen sich in *Yin* und *Yang* unterbringen, wobei die Oberfläche, die Hitze und die Fülle dem *Yang* – das Innere, die Kälte und die Leere dem *Yin* entsprechen.

7.1.1 Die acht Leitprinzipien *(Ba-Gang)* im einzelnen

7.1.1.1 Oberfläche *(Biao)* und Inneres *(Li)*

7.1.1.1.1 Definition

Mit Oberfläche *(Biao)* und Innerem *(Li)* wird der Sitz einer Erkrankung im menschlichen Organismus sowie die Stärke einer pathogenen Störung *(Bing-Xie)* beschrieben. Allgemein gilt, daß eine Erkrankung leicht ist, wenn die krankheitserzeugende Störung nur die Oberfläche des Körpers angegriffen hat, was einem Oberflächen-Syndrom *(Biao-Zheng)* entspricht. Demgegenüber ist die Erkrankung schwerer, wenn sie in die Speicher- und Hohlorgane eingedrungen ist, was einem inneren Syndrom *(Li-Zheng)* entspricht.

7.1.1.1.2 Oberflächliches Syndrom und inneres Syndrom

Bei einem Oberflächen-Syndrom *(Biao-Zheng)* liegt häufig das Anfangsstadium einer äußerlich ansteckenden Erkrankung *(Wai-Gan-Bing)* vor, wobei entweder die sechs Widrigkeiten *(Liu-Yin)* oder sonstige äußere Infektionserreger *(Wai-Xie)* in die Haut und die Haare des Körpers, den Mund, die Nase, eingedrungen sind. Beim oberflächlichen Syndrom handelt es sich meist um eine akute Erkrankung mit kurzer Krankheitsdauer, wobei der Sitz der Erkrankung im Körper oberflächlich ist.

Die klinischen Symptome sind dabei: Fieber, Abneigung gegen Wind und Kälte, dünner, weißer Zungenbelag, oberflächlicher *(Fu)* Puls, gelegentlich auch Kopfschmerzen oder Schmerzen im ganzen Körper, verstopfte Nase und Husten.

Verglichen damit spielt sich die Erkrankung beim inneren Syndrom *(Li-Zheng)* in den Speicherorganen und Hohlorganen ab, wobei es sich stets um einen schweren Krankheitsverlauf handelt. Beim inneren Syndrom ist die Skala der Erkrankungssymptome sehr weit. Es gibt drei Wege, auf denen ein solches inneres Syndrom *(Li-Zheng)* entstehen kann:

1. Eine oberflächlich sitzende äußere Störung löst sich nicht auf, dringt im Körper weiter nach innen und greift auf die Speicher- und Hohlorgane über. Wenn sich eine äußerlich ansteckende oberflächliche Störung *(Wai-Gan-Biao-Xie)* nicht auflöst, entwickelt sich die Erkrankung weiter, Fieber tritt auf, der Patient ist unruhig, hat einen trockenen Mund, eine trockene Kehle und möchte etwas Kaltes trinken. Seine Zunge ist rot mit gelbem Belag, sein Stuhl ist trocken und verstopft, der Urin ist gelb-rot. All dies weist darauf hin, daß die äußere Störung *(Xie)* ins Innere des Körpers eingedrungen ist und ein inneres Syndrom *(Li-Zheng)* in Magen und Darm durch Fülle und Hitze *(Chang-Wei Shi-Re)* gebildet hat.
2. Eine andere Möglichkeit besteht darin, daß eine äußere Störung *(Wai-Xie)* die Speicher- und Hohlorgane direkt angreift. Dies kann geschehen bei einer Erkältung des Abdomens nach übermäßigem Genuß roher und kalter Speisen, wobei Kälte und Nässe Milz und Magen im Körperinneren verletzen *(Han-Shi Xie-Qi Nei-Shang Pi-Wei)*. Es handelt sich dabei um einen inneren Kältezustand *(Li-Han-Zheng)* mit Bauchschmerzen und Erbrechen.
3. Ein inneres Syndrom kann aber auch durch eine direkte innere Schädigung infolge geistiger oder seelischer Überbeanspruchung, Ermüdung oder Fehlernährung entstehen. Dabei werden die Speicher- und Hohlorgane sowie das *Qi* und Blut *(Qi-Xue)* durch die betreffende Störung direkt beeinflußt, die Funktionen der inneren Organe werden auf diese Weise gestört. Ein solcher Fall läßt sich schon am Verlauf einer Erkrankung feststellen, denn hier wird gleich zu Anfang deutlich, daß es sich um einen inneren Zustand handelt; es tritt nicht zunächst ein äußeres Syndrom auf, das sich anschließend zu einem inneren umwandelt.

Im einzelnen hat der Arzt hierbei zu bedenken, daß die verschiedenen psychischen Erregungen unterschiedlich auf die inneren Organe wirken (vgl. S. 232). So schädigt Wut die Leber, indem die Leber blockiert und das *Qi* gestaut *(Gan-Yu Qi-Zhi)* wird. Dabei fühlt der Patient Schmerzen am Rippenbogen. Bei geistiger Überlastung werden Herz und Milz geschädigt, und Appetitlosigkeit und allgemeiner Energiemangel, Schlafstörungen und Gedächtnisschwäche treten auf. Diese zwei Beispiele mögen an dieser Stelle zur Verdeutlichung der primären Entstehung eines inneren Syndroms genügen. Weitere Hinweise finden sich im Abschnitt 5.2.3.

Trotz der unterschiedlichen Entstehung eines inneren Syndroms spielen sich dabei die Krankheitszustände fast immer an den Speicher- und Hohlorganen ab, was bei der Krankheitsdiagnostik deutlich erkennbar ist. Die verschiedenen Krankheitserscheinungen der einzelnen inneren Organe werden bei der dialektischen Diagnostik der Speicher- und Hohlorgane im Abschnitt 7.3 besprochen.

7.1.1.1.3 Unterschiede zwischen innerem und oberflächlichem Syndrom

Das wichtigste Unterscheidungsmerkmal zwischen einem oberflächlichen und einem inneren Syndrom beruht darauf, ob bei einem Fieberzustand *(Fa-Re)* gleichzeitig Abneigung gegen Kälte *(E-Han)* besteht und ob der Puls oberflächlich *(Fu)* oder tief *(Chen)* ist. Bei Fieber mit Frösteln handelt es sich um ein oberflächliches Syndrom. Bei Fieber ohne Frösteln bzw. bei Kältegefühl ohne Fieber liegt demgegenüber ein inneres Syndrom *(Li-Zheng)* vor. Der oberflächliche *(Fu)* Puls entspricht einem oberflächlichen Syndrom; der tiefe *(Chen)* Puls entspricht einem inneren Syndrom.

7.1.1.2 Kälte *(Han)* und Hitze *(Re)*

7.1.1.2.1 Definition

Die chinesische Medizin teilt Krankheiten nach ihren Kälte- oder Hitze-Eigenschaften ein, wobei die Neigung einer Erkrankung nach Üppigkeit *(Cheng)* oder Schwäche *(Shuai)* von *Yin* und *Yang* eine Rolle spielt. Kälte und Hitze *(Re)* stehen nämlich mit *Yin* und *Yang* in enger Verbindung. So kennt die chinesische Medizin folgende Lehrsätze: «Das üppige *Yin* führt zur Kälte» *(Yin-Cheng Ze Han)*, «Das üppige *Yang* führt zur Hitze» *(Yang-Cheng Ze Re)*, «Das leere *Yang* erzeugt Kälte» *(Yang-Xu Sheng Han)* und «Das leere *Yin* erzeugt Hitze» *(Yin-Xu Sheng-Re)* (253).

Allgemein gilt in der chinesischen Medizin, daß ein Kältesyndrom verbunden ist mit dem Eindringen einer Kälte-Störung *(Han-Xie)* oder mit einer allgemeinen Schwäche der Körperfunktionen, während ein Hitze-Syndrom verbunden ist mit dem Eindringen einer Hitzestörung *(Re-Xie)* oder mit einer Vermehrung und Steigerung der Funktionen des Organismus.

7.1.1.2.2 Kälte-Syndrom *(Han-Zheng)* und Hitze-Syndrom *(Re-Zheng)*

Bei einem Kälte-Syndrom hat der Kranke eine Abneigung gegen Kälte und bevorzugt die Wärme. Sein Mund ist nicht trocken, seine Gesichtsfarbe ist weiß, Arme und Beine sind kalt, sein Urin ist klar und wird reichlich ausgeschieden. Er hat einen dünnen, ungeformten Stuhl. Seine Zunge ist hell mit weißem feuchtem Belag, sein Puls ist langsam *(Chi)*. Alle übrigen Symptome entsprechen denen eines üppigen *Yin*-Zustandes *(Yin-Cheng Zheng-Zhuang)*.

Bei einem Hitze-Syndrom besteht Fieber, der Patient bevorzugt die Kälte und wünscht kalte Getränke. Er hat einen trockenen Mund, ein rotes Gesicht und gerötete Augen. Er scheidet nur wenig roten Urin aus. Sein Stuhlgang ist hart und trocken. Seine Zunge ist rot und mit einem gelben, trockenen Belag bedeckt. Sein Puls ist schnell *(Shu)*. Die übrigen Symptome entsprechen denen eines üppigen *Yang*-Zustandes *(Yang-Cheng De Zheng-Zhuang)*.

7.1.1.2.3 Unterschiede zwischen Kälte-Syndrom und Hitze-Syndrom

Der chinesische Arzt unterscheidet einen Kälte- und einen Hitzezustand schon an der Gesichtsfarbe. Bei einem Kälte-Syndrom ist die Gesichtsfarbe weiß, bei einem Hitzesyndrom ist sie gerötet. Ferner achtet er darauf, ob der Patient Durst hat oder nicht. Ein trockener Mund und Durst deuten auf Hitze; keine Mundtrockenheit und das Fehlen von Durst zeigen Kälte an. Außerdem wird bei der Krankenuntersuchung stets gefragt, ob ein Patient die Wärme fürchtet und die Kälte liebt oder umgekehrt. Wer Vorliebe für Kälte zeigt und Wärme ablehnt, bei dem besteht ein Hitze-Syndrom. Wer die Kälte befürchtet und die Wärme bevorzugt, leidet an einer Kälte-Störung. Heiße Hände und Füße entsprechen einem Hitze-Syndrom, kalte Extremitäten sind typisch für einen Kälte-Zustand. Reichlicher und klarer Urin, dünner Stuhlgang entsprechen der Kälte. Wenig roter Urin, trockener und harter Stuhlgang entsprechen der Hitze. Zu beachten ist hier, daß auch mit Blut vermischter Durchfall einem Hitze-Syndrom entsprechen kann. Ein tiefer, langsamer *(Chen-Chi)* Puls entspricht der Kälte. Ein oberflächlicher schneller *(Fu-Shu)* Puls entspricht der Hitze usw.

Daraus wird deutlich, daß ein Kälte-Syndrom einem üppigen *Yin (Yin-Cheng)* und einer *Yang*-Leere *(Yang-Xu)* entspricht und daß ein Hitzesyndrom einem üppigen *Yang (Yang-Cheng)* mit Eintrocknen der Körpersäfte *(Jin-Ye Zao-Gan)* entspricht.

7.1.1.3 Leere *(Xu)* und Fülle *(Shi)*

7.1.1.3.1 Definition

Anhand von Leere *(Xu)* und Fülle *(Shi)* unterscheidet die chinesische Medizin die Stärke oder Schwäche der Abwehrkraft *(Zheng-Qi)* des Patienten sowie die Üppigkeit oder Schwäche der krankheitserzeugenden Störung *(Bing-Xie Cheng-Shuai)*. Im allgemeinen gilt ein Leere-Syndrom *(Xu-Zheng)* als Zeichen der Schwäche und einer nicht ausreichenden Abwehrkraft. Demgegenüber gilt ein Fülle-Syndrom *(Shi-Zheng)* als Zeichen einer starken und üppigen pathogenen Störung *(Xie-Qi Kang-Cheng)*.

Die chinesische Medizin geht davon aus, daß Abwehrkraft und äußere Störung stets in einer dialektischen Beziehung stehen, wobei in der Praxis auch gemischte Leere-Fülle-Syndrome auftreten können. Wenn beispielsweise bei einem Leere-Syndrom die Abwehrkraft nicht stark genug, die Störung *(Xie-Qi)* indessen nicht zu stark ist, oder wenn bei einem Fülle-Syndrom wohl die Störung stark, die Abwehrkraft aber noch nicht verbraucht ist, so entstehen gemischte Leere-Fülle-Syndrome. Man spricht hier in der chinesischen Medizin davon, daß die Leere in der Fülle *(Xu Zhong-Jia Shi)* oder die Fülle in der Leere *(Shi Zhong-Jia Xu)* versteckt ist.

7.1.1.3.2 Leere-Syndrom und Fülle-Syndrom

Ein Leere-Syndrom *(Xu-Zheng)* entsteht vor allem aus zwei Ursachen:
1. es kann angeboren sein,
2. es kann erworben werden.

In erster Linie entsteht ein Leere-Syndrom durch Unausgewogenheit der Funktionen des menschlichen Organismus. Ursachen sind hier mangelndes körperliches Training, schlechte Verdauung, Altersschwäche, sexuelle Überanstrengung (zahlreiche Geburten bei Frauen). Auch kann nach schweren, chronischen Erkrankungen die von einer äußeren Störung geschädigte Abwehrkraft im Zustand der Schwäche zurückgeblieben sein. Es kann aber auch eine falsche Diagnose gestellt, eine Krankheit nicht richtig behandelt bzw. verschleppt worden sein. All dies sind Faktoren, die die *Yin*-Essenz *(Yin-Jing)* und das *Yang-Qi* verletzen und eine Leere des Organismus herbeiführen.

Die chinesische Medizin unterscheidet bei den Leere-Syndromen *(Xu-Zheng)* eine *Yin*-Leere, eine *Yang*-Leere, eine *Qi*-Leere und eine Blut-Leere. Die typischen Erscheinungen eines Leere-Syndroms sind deshalb recht verschieden.

Weitere Einzelheiten dazu werden im Kapitel über die beiden Leitprinzipien *Yin* und *Yang* (Abschnitt 7.1.1.4) und bei der dialektischen Diagnostik der Speicher- und Hohlorgane (Abschnitt 7.3) ausführlicher erörtert. Folgende Symptome gelten als Hinweis auf ein Leere-Syndrom: Energiemangel, wachsweißes Gesicht, Kraftlosigkeit, psychische Erregung, Magerkeit, Kurzatmigkeit, Schweißausbrüche, dünner, nicht geformter Stuhl, häufiges Wasserlassen, heller Zungenkörper ohne Belag, feiner schwacher *(Xi-Ruo)* Puls usw.

Auch ein Fülle-Syndrom *(Shi-Zheng)* entsteht hauptsächlich aus zwei Gründen:

1. Eindringen einer äußeren Störung *(Gan-Shou Wai-Xie)*,
2. Unausgeglichenheit der Funktionen der inneren Organe mit Störung des Stoffwechsels, wodurch pathologische Körperprodukte wie Schleimflüssigkeiten *(Tan-Yin)*, Wasser-Nässe *(Shui-Shi)*, gestautes Blut *(Yu-Xue)* usw. sich im Körperinneren sammeln und hier einen Fülle-Zustand bilden.

Das Fülle-Syndrom hat ebenfalls sehr unterschiedliche Symptome, da es auf sehr verschiedene Weise zustande kommen kann. Ursächlich können hier beteiligt sein: eine Blockierung der Meridiane durch eine äußere Störung *(Xie-Bi Jing-Luo)* oder eine innere Stauung der Speicher- und Hohlorgane *(Nei-Jie Zang-Fu)*, eine *Qi*-Blockierung *(Qi-Zhi)*, eine Blut-Stauung *(Xue-Yu)*, eine Ansammlung von Schleim *(Tan)*, Wasser *(Shui)* oder Würmern *(Chong-Ji)*. Die einzelnen Ursachen eines Fülle-Syndroms werden in den betreffenden Kapiteln dieses Buches besprochen.

Allgemeine Symptome eines Fülle-Zustandes sind: Nervosität, Völlegefühl in der Brust und Blähungen im Abdomen, Bauchschmerzen, bei denen Druck oder Massage unangenehm empfunden werden, harter und trockener Stuhlgang oder heißes drängendes Gefühl mit Durchfällen, erschwertes Wasserlassen oder tröpfelnder Urin mit heftigen Schmerzen beim Urinieren, dicker, klebriger Zungenbelag, voller kräftiger *(Shi You Li)* Puls usw.

7.1.1.3.3 Unterschiede zwischen Leere- und Fülle-Syndrom

Äußerlich ansteckende frische Erkrankungen *(Wai-Gan Chu-Bing)* bilden meist ein Fülle-Syndrom *(Shi-Zheng)*. Innerlich schädigende chronische Erkrankung *(Nei-Shang Jiu-Bing)* bilden ein Leere-Syndrom *(Xu-Zheng)*. Bei einem Fülle-Syndrom sind die klinischen Symptome Stärke, Üppigkeit und Überschuß. Bei einem Leere-Syndrom zeigen sich demgegenüber Mangel, Schwäche und nicht ausreichende Funktionen. Andere wichtige Unterscheidungsmerkmale sind die Stärke oder Schwäche der Stimme des Patienten,

Vorliebe oder Abneigung gegen Pressen bzw. Massage einer schmerzenden Stelle, eine «alte» *(Lao)* oder «zarte» bzw. «junge» *(Nen)* Zunge, ein kräftiger oder kraftloser Puls usw. Allgemein gilt, daß bei einer kurzen Krankheitsdauer, bei lauter Stimme des Patienten, bei Abwehr von Druck auf einen Schmerzpunkt, bei grauer «alter» Zunge, bei vollem kräftigem Puls ein Fülle-Syndrom vorliegt. Für ein Leere-Syndrom sind demgegenüber eine lange Krankheitsdauer, eine schwache Stimme mit Kurzatmigkeit, Vorliebe für Druck auf schmerzende Stellen sowie eine dicke und junge *(Nen)* Zunge und ein schwacher kraftloser Puls typisch.

7.1.1.4 *Yin* und *Yang*

7.1.1.4.1 Definition

Yin und *Yang* sind die beiden wichtigsten der acht Leitprinzipien. Die chinesischen Ärzte ordnen die gesamte menschliche Physiologie und Pathologie anhand der dialektischen Beziehung zwischen *Yin* und *Yang*, d. h. deren Widersprüchlichkeit und gleichzeitiger Einheitlichkeit. Dem *Yin* und *Yang* werden die übrigen sechs Leitprinzipien – Inneres und Oberfläche, Kälte und Hitze, Leere und Fülle – zugeordnet.

Im Buch «*Lei-Jing Tu-Yi*» (zu deutsch: Bildflügel des Klassikers der Gattungen) aus der *Ming*-Dynastie heißt es im Kapitel über die Gattung von *Yin* und *Yang*: «Die menschlichen Krankheiten ... haben mit Sicherheit ihre Ursache. Entweder liegt diese Ursache im *Yin* oder sie liegt im *Yang*. Es gibt verschiedene Krankheiten. Der Grund dazu kann aber immer nur ein einziger sein» (254).

Dies bedeutet, daß die Erkrankungen trotz all ihrer Verschiedenheit und Komplexität mit dem einen Prinzip des *Yin* und *Yang* erklärbar sind. Dieses Prinzip ist das Hauptprinzip in der chinesischen Medizin, es ist der Ursprung der dialektischen Diagnostik *(Bian-Zheng)*.

7.1.1.4.2 *Yin*-Syndrom und *Yang*-Syndrom

Ein *Yin*-Syndrom entsteht durch Altersschwäche, innere und chronische Erkrankungen oder durch äußere Störungen, die ins Körperinnere eingedrungen sind und die fünf Speicherorgane angegriffen haben. Beim *Yin*-Syndrom findet sich stets eine *Yang*-Leere und *Yin*-Üppigkeit *(Yang-Xu Yin-Cheng)*, wobei die Funktionen der inneren Organe schwach werden. Auf diese Weise entsteht meist ein kombiniertes inneres Syndrom *(Li-Zheng)* mit Leere-Kälte-Syndrom *(Xu-Han-Zheng)*. Die Symptome eines *Yin*-Syndroms sind am allgemeinen: Abneigung gegen Kälte ohne Fieber, kalte und steife Arme und Beine, Kurzatmigkeit, Schwere und Mattigkeit im ganzen Körper, Mangel an Energie, Durchfall, heller Urin, bläuliche Fingernägel, weißes Gesicht, helle Zunge, tiefer und fadenförmiger *(Chen-Wei)* Puls.

Ein *Yang*-Syndrom entsteht gewöhnlich, wenn die Abwehrenergie im Körper noch nicht geschwächt ist und sich die äußere Störung im Stärke-Zustand befindet. Hier findet also ein Kampf zwischen Abwehrkraft und Störung statt, bei dem es ein Aufsteigen, einen Höhepunkt und ein Abfallen gibt. Dabei liegt ein inneres Syndrom *(Li-Zheng)* mit Fülle und Hitze *(Shi-Re-Zheng)* vor.

Die wichtigsten Symptome eines *Yang*-Syndroms sind: Hitze im Körper, Fieber ohne Abneigung gegen Kälte, Nervosität, trockener Mund, Vorliebe für kalte Getränke, Erregung und Unruhe, heißer Mund und heiße Nase, rote Augen, gerötetes Gesicht, rote Lippen und rote Fingernägel, dunkelroter Urin, trockener und harter Stuhl, dunkelroter Zungenkörper, gleitender und schneller *(Hua-Shu)* Puls.

7.1.1.4.3 Unterschiede zwischen *Yin*- und *Yang*-Syndrom

Im allgemeinen zeichnet sich ein *Yang*-Zustand durch das Bild der Hitze *(Re-Xiang)* aus. Dabei finden sich ein heißer Körper, Abneigung gegen Hitze, trockener Mund und trockene Kehle, schneller *(Shu)* Puls. Ein *Yin*-Syndrom bietet demgegenüber ein Bild der Kälte *(Han-Xiang)* mit kaltem Körper, Kälteempfindlichkeit, kalten Armen und Beinen, ohne Fieber, mit Energiemangel, tiefem und fadenförmigen *(Chen-Wei)*, kraftlosem Puls. Hier ist indessen stets zu bedenken, daß ein äußerstes *Yang* einem *Yin* ähnlich ist *(Yang-Ji Si-Yin)* und daß ein äußerstes *Yin* einem *Yang* ähnlich ist *(Yin-Ji Si-Yang)*. Dieser wichtige Punkt wird bei der Dialektik der sechs Hauptmeridiane ausführlicher diskutiert (vgl. S. 529).

a) *Yin*-Leere und *Yang*-Leere:

Diese beiden Leere-Zustände entstehen durch eine Schwäche von Körpersaft und Blut *(Jin-Xue)* oder durch nicht ausreichende Funktionen im Körperinneren. Die Anzeichen eines *Yin*-Leere-Syndroms sind: dünne, magere körperliche Erscheinung: Schwindelzustände, Ohrensausen, trockener Mund und rauher Hals, kraftlose Lenden und schwache Beine, feiner *(Xi)* Puls, fehlender Zungenbelag. All dies ist ein Zeichen dafür, daß die Körpersäfte *(Jin-Ye)* sowie Essenz und Blut *(Jing-Xue)* nicht ausreichend vorhanden sind. Als besonderer Fall kann eine *Yin*-Leere innere Hitze entstehen lassen

(Yin-Xu Sheng Nei-Re). Dabei finden sich heiße Handflächen und Fußsohlen, wellenartig aufsteigende Hitze am Nachmittag, rote Wangen, Nachtschweiß, rote Zunge und schneller Puls *(Shu-Mai).* Ein *Yin*-Leere-Syndrom wird deshalb auch oft «Leere-Hitze-Syndrom» *(Xu-Re-Zheng)* genannt.
Bei einem *Yang*-Leere-Syndrom finden sich folgende Symptome: Müdigkeit und Kraftlosigkeit, Schläfrigkeit, Neigung zum Schwitzen, fadenförmiger, kraftloser *(Wei-Wu Li)* Puls, ferner alle möglichen Zeichen, die auf schwache Körperfunktionen hindeuten. Dieser Zustand findet sich oft bei einem Syndrom, das die chinesische Medizin mit «*Yang*-Leere und äußerer Kältc» *(Yang-Xu Wai-Han)* bezeichnet. Dabei finden sich kalte Arme und Beine, starkes Kältegefühl, ein nicht trockener Mund, weißes Gesicht, helle Zunge, klarer Urin, ungeformter Stuhl. Man nennt deshalb ein *Yang*-Leere-Syndrom auch häufig «Leere-Kälte-Syndrom» *(Xu-Han-Zheng).*
Bei Erschöpfung der Körpersäfte und des Blutes *(Jin-Xue)* und Funktionsschwäche der inneren Organe kann sich eine *Yin*-Leere an den verschiedenen inneren Organen Herz, Lunge, Magen, Leber und Niere abspielen, wobei jeweils eine Herz-*Yin*-Leere, Lungen-*Yin*-Leere, Magen-*Yin*-Leere usw. entsteht. Auch eine *Yang*-Leere kann sich auf die verschiedenen inneren Organe beziehen, wobei dann eine Leere des Herz-*Yang*, des Milz-*Yang*, des Magen-*Yang* und des Nieren-*Yang* entsteht. Im einzelnen werden diese Zustände bei der dialektischen Diagnostik des betreffenden Speicher- oder Hohlorgans erörtert.

b) Sterbendes *Yin (Wang-Yin)* und sterbendes *Yang (Wang-Yang)*: Wenn dieser Zustand bei einem Krankheitsverlauf eintritt, handelt es sich um eine gefährliche Situation. Bei hohem Fieber, starken Schweißausbrüchen, heftigem Erbrechen oder Durchfall, exzessiven Blutverlusten können die *Yin*-Säfte *(Yin-Ye)* oder die *Yang*-Funktion *(Yang-Qi)* rapide verfallen und «absterben», wie es in der chinesischen Medizin genannt wird. Die klinischen Symptome sind dabei neben allen übrigen kritischen Symptomen der bestehenden Erkrankung vor allem heftige Schweißausbrüche. Beim sterbenden *Yin (Wang-Yin)* ist der Schweiß heiß und klebrig, auch die Körperhaut ist erhitzt, Hände und Füße fühlen sich heiß an, und der Patient hat einen trockenen Mund und einen feinen, schnellen *(Xi-Shu)* Puls, der bei tieferem Drücken in der Position *«An»* kraftlos *(Wu-Li)* erscheint. All dies sind Anzeichen einer bevorstehenden völligen Erschöpfung der *Yin*-Säfte *(Yin-Jin)* (vgl. Abschn. 6.2.2).
Beim sterbenden *Yang* ist der Schweißausbruch exzessiv, wobei der Schweiß selbst klar und kalt ist. Der Patient friert, hat steife und kalte Arme und Beine, leidet an Energiemangel und liegt oft mit hochgezogenen Füßen im

Bett. Sein Puls ist fadenförmig *(Wei)*. Da *Yin* und *Yang* nach der Lehre der chinesischen Medizin eine gemeinsame Wurzel *(Hu-Gen)* haben und gegenseitig als Ursprung dienen (vgl. Abschn. 2.1.1.2), hat das *Yang-Qi* keinen Halt mehr und zerfällt, wenn das *Yin* verausgabt ist. Wenn andererseits das *Yang* stirbt, kann auch das *Yin* nicht weiter bestehen und löscht ebenfalls aus. Das sterbende *Yin* und das sterbende *Yang* erscheinen so stets miteinander gekoppelt. Es ist nur eine Frage der Zeit, ob zunächst das *Yin* und anschließend das *Yang* stirbt oder umgekehrt. Man nennt das sterbende *Yin* und das sterbende *Yang* deshalb auch «Endzustände» *(Tuo-Zheng)* (vgl. Tab. 15).

Tabelle 23: Übersicht über die acht Leitprinzipien

		Haupt-Symptome	Zungenbild	Pulsbild
Yang-Syndrome	Oberflächliches Syndrom	Fieber, Abneigung gegen Wind und Kälte, Schmerzen im Kopf und im Körper	Weißer dünner Belag	oberflächlich *(Fu)*
	Hitze-Syndrom	Fieber mit Vorliebe für Kälte und kalte Getränke, trockener Mund, rote Augen, gerötetes Gesicht, wenig roter Urin, harter, trockener Stuhlgang	Rote Zunge mit gelbem, trockenem Belag	schnell *(Shu)*
	Fülle-Syndrom	Psychische Erregung, heftiges Atmen, Völlegefühl in der Brust, Blähungen im Abdomen, Abneigung gegen Pressen und Massieren des Schmerzpunktes, Verstopfung, heftige Schmerzen beim Wasserlassen	Zungenkörper «alt» *(Lao)* u. grau, dicker, gelber Zungenbelag	kräftiger Fülle- *(Shi)* Puls
Yin-Syndrome	Inneres Syndrom	Siehe dialektische Diagnostik der inneren Organe, z. B. Milz: geblähter Bauch, wobei Pressen auf den Bauch angenehm empfunden wird, Appetitlosigkeit, kraftlose Arme und Beine, nicht geformter, dünner Stuhl, gelbe Gesichtsfarbe, abgemagerter Körper	helle Zunge	sanft *(Huan)* und schwach *(Ruo)*
	Kälte-Syndrom	Abneigung gegen Kälte, Vorliebe für Wärme, Mund nicht trocken, weiße Gesichtsfarbe, steife und kalte Arme und Beine, langfließender klarer Urin, nicht geformter, dünner Stuhl	Zunge hell mit weißem, schlüpfrigem und feuchtem Belag	tiefer langsamer *(Chen-Chi)* Puls
	Leere-Syndrom	Kraftlosigkeit, weiße Gesichtsfarbe, allgemeine Mattigkeit, Nervosität, abgemagerter Körper, Herzklopfen, Kurzatmigkeit, Schweißausbrüche	Heller oder roter Zungenkörper mit wenig Belag	fein *(Xi)*, schwach *(Ruo)*

7.1.2 Abhängigkeit der acht Leitprinzipien untereinander

In zahlreichen Krankheitsfällen sind die Krankheitserscheinungen nicht eindeutig und klar ausgeprägt, sondern treten gemischt und miteinander gekoppelt auf. So können Inneres *(Li)* und Oberfläche *(Biao)*, Hitze *(Re)* und Kälte *(Han)*, Leere *(Xu)* und Fülle *(Shi)* miteinander vermischt und ineinander verschränkt auftreten. Bei der dialektischen Diagnostik nach den acht Leitprinzipien hat zwar jedes einzelne Leitprinzip seine besondere Charakteristik, alle sind jedoch zu einer Gesamtheit und im Grunde untrennbar miteinander verbunden. Dazu ein Beispiel: Will man Inneres und Oberfläche unterscheiden, muß man sie stets mit Kälte und Hitze, Leere und Fülle verbinden. Will man Kälte und Hitze unterscheiden, hat man sie stets mit Leere und Fülle, Oberfläche und Innerem in Beziehung zu setzen. Ebenso geht es mit Leere und Fülle: Man muß sie in Verbindung mit Oberfläche und Innerem, Kälte und Hitze betrachten. Ein oberflächlicher Zustand gliedert sich in Oberflächen-Kälte, Oberflächen-Hitze, Oberflächen-Leere, Oberflächen-Fülle. Ein inneres Syndrom gliedert sich in innere Kälte, innere Hitze, innere Leere und innere Fülle.

Ferner gibt es gemischte und ineinander verschränkte Verbindungen, wie z. B.:

Oberfläche-Hitze ––––– Inneres-Kälte
Oberfläche-Kälte ––––– Inneres-Hitze
Oberfläche-Leere ––––– Inneres-Fülle
Oberfläche-Fülle ––––– Inneres-Leere

Was hier für das Oberflächen-Syndrom dargestellt wurde, gilt sinngemäß für das innere Syndrom, das Kälte-, Hitze-, Leere- und Fülle-Syndrom. Auch dabei gibt es gemischte und ineinander übergehende Verbindungen zwischen den acht Grundzuständen bzw. Leitprinzipien. Unter bestimmten Umständen kann sich jedes einzelne der in einem dialektischen Widerspruch zueinander stehenden vier Paare der acht Leitprinzipien in sein Gegenteil verwandeln. So kann ein oberflächliches Syndrom zu einem inneren werden, ein inneres zu einem oberflächlichen; ein Kältesyndrom kann sich zu einem Hitze-Zustand, ein Hitze-Syndrom zu einem Kälte-Zustand verwandeln. Ein Leere-Syndrom kann zu einem Fülle-Syndrom, ein Fülle-Syndrom zu einem Leere-Syndrom werden.

Im kritischen Stadium mancher Krankheiten, wenn das Krankheitsbild entweder zu einer extremen Kälte *(Han-Ji)* oder einer extremen Hitze *(Re-Ji)* neigt, kann es zu falschen Krankheitssymptomen *(Jia-Xiang)* kommen, die mit der ursprünglichen Erkrankung keine Verbindung haben. Die chinesische

Medizin unterscheidet hier echte *(Zhen)* von falschen *(Jia)* Krankheitssymptomen. So gibt es eine echte Kälte *(Zhen-Han)* mit einer falschen Hitze *(Jia-Re)*, und echte Hitze *(Zhen-Re)* mit einer falschen Kälte *(Jia-Han)* usw. Die Krankheitssymptomatik ist sehr veränderlich und unterschiedlich; deshalb geht der chinesische Arzt mit der dialektischen Diagnostik nach den acht Leitprinzipien sehr differenziert und geschickt um, damit er das vorliegende Krankheitsbild auch richtig erfaßt.

7.1.2.1 Verbindungen der Leitprinzipien untereinander

7.1.2.1.1 Verbindungen zwischen Oberfläche-Innerem und Kälte-Hitze

Kälte und Hitze prägen sich beim Oberflächen-Syndrom und beim inneren Syndrom unterschiedlich aus. Das oberflächliche Kälte-Syndrom *(Biao-Han-Zheng)* entsteht meist durch Eindringen einer Wind-Kälte-Störung in die Oberfläche des Körpers, und zwar vorwiegend im Anfangsstadium einer solchen Erkrankung, wenn die Störung tatsächlich noch außen *(Wai-Gan Bing)* sitzt. Das oberflächliche Hitze-Syndrom *(Biao-Re-Zheng)* entsteht meist durch Eindringen einer Wind-Hitze-Störung *(Feng-Re-Xie)*, die die Abwehrkraft der Lunge beschädigt hat *(Fan-Fei-Wei)*, und zwar vor allem im Anfangsstadium einer solchen Wind-Hitze-Störung oder bei einer Wärme-Hitze-Erkrankung *(Wen-Re-Bing)*. Ein inneres Kälte-Syndrom entsteht dadurch, daß eine Kälte-Störung *(Han-Xie)* direkt in die inneren Organe *(Nei-Zang)* eindringt oder aber die normalen Funktionen des Organismus abgeschwächt sind und so eine Kälte-Störung im Inneren entsteht (vgl. S. 219). Ein inneres Hitze-Syndrom entsteht oft durch das Eindringen einer äußeren Störung, die nach innen dringt und hier Hitze (Fieber) entwickelt. Es kann aber auch entstehen durch das Eindringen einer Hitze-Störung *(Re-Xie)* in die inneren Organe, wobei sich deren Funktionen verstärken und üppig *(Kang-Cheng)* werden.

Die klinischen Erscheinungen eines Oberflächen-Kälte-, Oberflächen-Hitze-, Inneren-Kälte und Inneren-Hitze-Syndroms sind in Tabelle 24 dargestellt:

Tabelle 24: Verbindungen zwischen Oberfläche-Innerem und Kälte-Hitze

	Klinische Symptome	Zungenbild	Pulsbild
Oberflächliches Kälte-Syndrom	Starke Abneigung gegen Kälte, leichtes Fieber, Schmerzen im ganzen Körper, kein Schweißausbruch	Dünner, weißer Belag	Oberflächlich und straff *(Fu-Jin)*
Oberflächliches Hitze-Syndrom	Leichte Kälteempfindlichkeit, starkes Fieber, trockener Mund, Schweißausbrüche	Rote Zungenspitze und Zungenränder	Oberflächlich und schnell *(Fu-Shu)*
Inneres Kälte-Syndrom	Frieren am ganzen Körper mit kalten Extremitäten, weiße Gesichtsfarbe, Mund nicht trocken, Vorliebe für heiße Getränke, der Patient schweigt und redet nicht, klarer Urin und dünner Stuhl	Heller Zungenkörper mit weißem Belag	Tief und langsam *(Chen-Chi)*
Inneres Hitze-Syndrom	Rotes Gesicht und heißer Körper, trockener Mund, Vorliebe für kalte Getränke, Nervosität und Erregungszustände, rötlich gelber Urin, trockener Stuhl	Roter Zungenkörper mit gelbem Belag	Weit und schnell *(Hong-Shu)*

7.1.2.1.2 Verbindungen zwischen Oberfläche-Innerem und Leere-Fülle

Leere und Fülle treten beim oberflächlichen *(Biao)* und beim inneren *(Li)* Syndrom in unterschiedlicher Ausprägung auf. Ein oberflächliches Fülle-Syndrom entsteht meist durch das Eindringen einer Wind-Kälte-Störung *(Feng-Han-Xie)*, die an der Oberfläche des Körpers sitzt und die Abwehrkraft des Körpers blockiert *(Wei-Qi Bi-Zu)*. Die chinesische Medizin spricht hier davon, daß die Oberfläche des Körpers «gefesselt» *(Shu)* wird, weswegen der Patient nicht schwitzen kann. Ein oberflächliches Leere-Syndrom entsteht meist durch das Eindringen einer Wind-Störung *(Feng-Xie)* in die Oberfläche des Körpers oder aber durch eine längere Schwäche der Abwehrkraft *(Wei-Qi)* des Organismus, wobei körperliche Schwäche und Schweißausbrüche auftreten. Über die klinischen Erscheinungen von Oberfläche-Leere und -Fülle sowie innerer Leere und Fülle informiert Tabelle 25:

Tabelle 25: Verbindungen zwischen Oberfläche-Innerem und Leere-Fülle

	Klinische Symptomatik	Zungenbild	Pulsbild
Oberflächliches Leere-Syndrom	Schweißausbrüche, Abneigung gegen Wind	Dünner, weißer Belag	Oberflächlich, sanft *(Fu-Huan)*
Oberflächliches Fülle-Syndrom	Kein Schweißausbruch, Abneigung gegen Kälte, Schmerzen im ganzen Körper	Dünner, weißer Belag	Oberflächlich, straff *(Fu-Jin)*
Inneres Leere-Syndrom	Kurzatmigkeit, Mundfaulheit, psychische Erschöpfung, magerer Körper, Schwindel, Augenflimmern, wenig Appetit, schlechte, düstere Gesichtsfarbe	Zarte «junge» Zunge	Kraftloser leerer feiner *(Xu-Xi)* Puls
Inneres Fülle-Syndrom	Brustbeklemmung, keuchender Atem, Blähungen, Unbehagen bei Pressen und Massieren des Schmerzpunktes, Stuhlverstopfung, Urinausscheidung	Dicker, klebriger Zungenbelag	gleitender voller *(Hua-Shi)* Puls

7.1.2.2 Gegenseitige Umwandlung der Leitprinzipien-Paare

7.1.2.2.1 Gegenseitige Umwandlung von Innerem *(Li)* und Oberfläche *(Biao)*

Die Umwandlung eines inneren in einen oberflächlichen Zustand entsteht entweder dadurch, daß sich ein oberflächliches Syndrom zum Körperinneren hin entwickelt oder daß umgekehrt ein inneres Syndrom an die Oberfläche des Körpers dringt. Entscheidend bei dieser Entwicklung ist der Kampf zwischen der Abwehrenergie des Körpers *(Zheng)* und der Störung *(Xie)*. Wenn die Abwehrkraft des Körpers schwächer wird, wenn die pathogene Störung stark und üppig ist oder wenn die ärztliche Behandlung zu spät bzw. falsch erfolgte, kann ein oberflächliches Syndrom zu einem inneren Syndrom werden.

Wenn beispielsweise bei der Kinderkrankheit Masern *(Ma-Zhen)* eine schwächliche körperliche Konstitution des Kindes vorliegt, wenn dieses durch eine zusätzliche Erkältung oder Windeinfluß noch mehr geschädigt worden ist, oder wenn durch falsche Medikamentenverordnung die Abwehrkraft der Lunge *(Fei-Wei)* gehemmt wurde, so daß der Masern-Ausschlag zu schnell wieder verschwindet und hohes Fieber, Husten, Atemnot und innere Unruhe auftreten, zeigt dies, daß die Masernerkrankung von der Oberfläche ins Innere des Körpers vorgedrungen ist. Die chinesische Medizin spricht hier davon, daß das «Gift der Masern nach innen geschlagen» ist (255). Wenn das Kind bei diesem Zustand vorsichtig gepflegt und mit den richtigen Medikamenten behandelt wird, kann sich seine Abwehrkraft und sein allgemeiner Gesundheitszustand erholen, so daß die äußere Störung *(Xie)* wieder vom Inneren nach außen geleitet wird. Die chinesische Medizin spricht dann davon, daß das «Gift der Masern nach außen geführt» wird. Fieber und Husten beruhigen sich; dies liegt daran, daß die krankheitserzeugende Störung *(Bing-Xie)* aus dem Körperinneren an die Oberfläche zurückkehrt.

Allgemein gilt, daß eine Erkrankung sich verschlimmert, wenn eine krankheitserzeugende Störung von der Oberfläche ins Innere vordringt, und daß sie sich bessert, wenn die Störung vom Inneren wieder an die Oberfläche tritt.

7.1.2.2. Gegenseitige Umwandlung von Kälte und Hitze

Die Umwandlung eines Kälte-Syndroms in ein Hitze-Syndrom findet statt, wenn zunächst ein Kälte-Zustand, später ein Hitze-Zustand erscheint und dabei das Kälte-Syndrom verschwindet. Dies kann beispielsweise eintreten bei einem Befall durch eine Kältestörung *(Han-Xie)*. Anfangs spürt der Patient nicht viel Hitze, friert aber stark, hat einen weißen Zungenbelag, einen oberflächlichen und gespannten *(Fu-Jin)* Puls, was einem oberflächlichen Kälte-Syndrom *(Biao-Han-Zheng)* entspricht. Wird dieser oberflächliche Kältezustand nicht rechtzeitig oder sachgemäß behandelt, so löst sich die Kälte-Störung nicht auf, das blockierte *Yang-Qi (Yang-Qi-Yu)* wandelt sich zu Hitze *(Re)* um, die Kälteempfindlichkeit des Patienten schwächt sich ab, Fieber tritt auf. Der Patient ist nicht mehr kälteempfindlich *(Bu E-Han)*, sondern er empfindet jetzt Widerwillen gegen Hitze *(E-Re)*. Er hat einen trockenen Mund, sein Zungenbelag verändert sich von weiß zu gelb, sein Puls wird schnell *(Shu)*, das Kälte-Syndrom hat sich zu einem Hitze-Syndrom umgewandelt.

Umgekehrt kann ein Hitze-Syndrom zu einem Kälte-Syndrom werden, wobei die Hitze-Symptomatik allmählich verschwindet. Beispielsweise kann bei starkem Fieber durch heftige Schweißausbrüche soviel *Yang* aus dem Körper ausgeschieden werden, daß die Abwehrkraft *(Zheng-Qi)* leer und schwach *(Xu-Ruo)* wird. Das gleiche kann eintreten nach starkem Erbrechen oder heftigen Durchfällen, wenn die Körpersäfte geschädigt *(Jin-Hao)* werden und das *Yang* ebenfalls Schaden nimmt. Dann schwächen sich die Funktionen des Körpers ab, die Temperatur des Kranken sinkt, Arme und Beine werden kalt und unbeweglich, die Gesichtsfarbe wird weiß, ein tiefer und langsamer *(Chen-Chi)* Puls tritt auf. All dies bedeutet, daß sich das Hitze-Syndrom zu einem Kälte-Syndrom umgewandelt hat.

So ist die Umwandlung eines Kälte-Zustandes in einen Hitze-Zustand ein Maßstab für den Kampf zwischen Abwehrkraft und pathogener Störung im menschlichen Körper, ganz ähnlich wie bei der Umwandlung eines oberflächlichen *(Biao)* Syndroms in ein inneres *(Li)* Syndrom.

7.1.2.2.3 Gegenseitige Umwandlung von Leere und Fülle

Wenn zunächst ein Fülle-Syndrom besteht, das sich zu einem Leere-Syndrom verändert, wobei die Fülle-Symptomatik verschwindet, läßt sich das meist auf eine falsche Behandlung, zu starkes Schwitzen, heftiges Erbrechen oder Durchfälle zurückführen, wodurch die Körpersäfte *(Jin-Ye)* erschöpft und geschädigt wurden und die Abwehrkraft des Organismus *(Zheng-Qi)* gelitten hat.

Hohes Fieber, trockener Mund, Erregung, weiter und großer *(Hong-Da)* Puls sind beispielsweise typische Symptome eines Fülle-Syndroms. Besteht ein solcher Zustand über längere Zeit, ohne daß er durch ärztliche Behandlung gebessert wurde, schwinden die Körpersäfte des Patienten *(Jin-Qi)*; der

Kranke verliert den Appetit, er magert ab, sein Gesicht bekommt eine weiße Farbe, er wird schwach und kurzatmig, sein Puls wird fein und energielos *(Xi Wu Li)*. Dies bedeutet, daß sich das Fülle-Syndrom *(Shi-Zheng)* zu einem Leere-Syndrom *(Xu-Zheng)* umgewandelt hat.

Im umgekehrten Fall verändert sich ein Leere-Syndrom zu einem Fülle-Syndrom, wobei die Leere-Symptomatik verschwindet. Dies kann beispielsweise eintreten, wenn bei einer Wind-Erkrankung des *Tai-Yang* (Blasen- und Dünndarm-Meridian) *(Tai-Yang Zhong-Feng)*, die ein typisches Oberflächen-Syndrom *(Biao-Xu-Zheng)* ist; starkes Schwitzen und Atemnot entstehen, was dafür spricht, daß nun ein Fülle-Hitze-Syndrom der Lunge *(Fei-Shi-Re-Zheng)* entstanden ist. Wenn nach Erbrechen und Durchfall die Körpersäfte verausgabt *(Jin-Ye Xiao-Hao)* sind, kann das zu Stuhlverstopfung bei einem Füllezustand des Magens und des *Yang-Ming (Yang-Ming Wei-Jia Shi-Zheng)* führen. Man sieht allerdings eine solche Umwandlung eines Leere-Syndroms zu einem Fülle-Syndrom nur selten. Viel häufiger wandelt sich ein Leere-Syndrom in ein gemischtes Leere-Fülle-Syndrom um. Dies geschieht bei Patienten mit körperlich schlechter Verfassung, deren innere Organfunktionen geschwächt sind und die an Störungen des Stoffwechsels leiden, so daß sich im Körper pathologische Produkte wie Schleim *(Tan)* bilden und sich Blut *(Xue)*, Wasser *(Shui)*, Nässe *(Shi)* und Nahrung *(Shi)* stauen und zu Erkrankungen führen – wobei stets ein Füllezustand (durch pathologisch gestaute Substanzen) in einem Leere-Syndrom, also ein gemischtes Bild, entsteht.

7.1.2.3 Wechselseitige Vermischung innerhalb der Leitprinzipien-Paare

7.1.2.3.1 Vermischung von Innerem und Oberfläche *(Biao-Li Cuo-Za)*

Darunter versteht die chinesische Medizin, daß bei einem Patienten ein oberflächliches und ein inneres Syndrom gleichzeitig auftreten. Dies kann geschehen, wenn ein oberflächliches Syndrom noch nicht verschwunden ist und der Patient an Kältegefühl und Fieber leidet, wenn aber gleichzeitig Symptome eines inneren Syndroms, wie z. B. Erregungszustände, trockener Mund, als typische Symptome eines inneren Hitze-Syndroms erscheinen. Diesen Zustand nennt man dann «gemeinsames Oberfläche-Inneres-Syndrom».

Da sowohl das Oberflächen- als auch das innere Syndrom in einen Leere- und einen Fülle-Zustand unterteilt werden kann, gibt es beim gemischten Oberflächen-Inneres-Syndrom zwei Untergruppen:

1. Das Oberflächen-Leere-Inneres-Fülle-Syndrom *(Biao-Xu-Li-Shi-Zheng)*. Dabei treten folgende Symptome auf: Ansammlung von Hitze und Nah-

rungsrückständen in Magen und Darm *(Wei-Chang-Nei You Yun-Re Su-Shi)* mit zusätzlich äußerlich eindringender Wind-Störung *(Fu-Gan-Feng-Xie)*. Der Patient klagt über Kopfschmerzen, Fieber, Schweißausbrüche, Windempfindlichkeit im Sinne eines oberflächlichen Leere-Syndroms. Andererseits hat er zugleich Blähungen, Abneigung gegen Pressen der schmerzenden Punkte und Verstopfung als Zeichen eines inneren Fülle-Syndroms.

2. Oberfläche-Fülle-Inneres-Leere-Syndrom. Dies tritt beispielsweise ein bei einer chronischen Leere von Milz und Magen *(Pi-Wei Su-Xu)* mit Appetitlosigkeit, Blähungen nach dem Essen, dünnem, nicht geformtem Stuhl; wozu zusätzlich eine Wind-Kälte-Störung *(You Gan-Shou Feng-Han)* kommt, die mit den Symptomen Fieber, Kälteempfindlichkeit, fehlender Schweißausbruch, Schmerzen im ganzen Körper das typische Bild eines Oberfläche-Fülle-Syndroms bietet. Insgesamt handelt es sich hierbei um ein gemischtes Oberfläche-Fülle-Inneres-Leere-Syndrom *(Biao-Shi-Li-Xu-Zheng)*.

7.1.2.3.2 Vermischung von Kälte und Hitze *(Han-Re Cuo-Za)*

Bei diesem Zustand erscheinen zu gleicher Zeit Kälte- und Hitze-Symptome am Patienten. Die chinesische Medizin unterscheidet dabei zwei Haupttypen:

1. Die Vermischung von Kälte und Hitze bei einem reinen inneren Syndrom: Hier können Hitze im Oberkörper, Kälte im Unterkörper oder aber Kälte im Oberkörper und Hitze im Unterkörper auftreten. Zum Beispiel kann Unruhe und Hitzegefühl in der Brust mit Erbrechen und saurem Aufstoßen auftreten; gleichzeitig können auch Bauchschmerzen mit Vorliebe für Wärme vorliegen und dünner Stuhlgang. Dabei handelt es sich um Hitze im Oberkörper und Kälte im Magen und Darm. Die chinesische Medizin nennt dies «Oben-Hitze-Unten-Kälte-Syndrom» *(Shang-Re Xia-Han-Zheng)*. Andererseits gibt es Patienten, die Kälte im Magen mit Schmerzen im Oberbauch und Flüssigkeitserbrechen haben, bei denen aber gleichzeitig der Untere Erwärmer an einer Nässe-Hitze-Störung erkrankt ist, was durch einen spärlichen roten Urin mit häufigem schmerzhaftem und tropfenweisem Wasserlassen deutlich wird. In diesem Fall liegt ein Syndrom der «Kälte-Oben-Hitze-Unten» *(Shang-Han Xia-Re-Zheng)* vor.
2. Vermischung von Kälte und Hitze bei einem gemischten Oberfläche-Inneres Syndrom. Diese Störung teilt sich in
   a) Oberfläche-Kälte-Inneres-Hitze-Syndrom,
   b) Oberfläche-Hitze-Inneres-Kälte-Syndrom.

   Das erste Syndrom sieht man oft bei Patienten, die an einer inneren Hitze-

Störung leiden und zugleich von einer äußerlichen Kälte *(Gan-Wai-Han)* überfallen werden. Dies kann beispielsweise bei Kleinkindern geschehen, die an einer inneren Hitze-Störung leiden und bei denen zugleich eine äußere Wind-Kälte-Erkrankung *(Wai-Gan Feng-Han)* hinzukommt. An äußeren Symptomen treten dabei Fieber, Kälteempfindlichkeit, Schmerzen im ganzen Körper auf; an inneren Symptomen findet man Erregung, Mundtrockenheit usw. Hier handelt es sich um ein «Oberfläche-Kälte-Inneres-Hitze-Syndrom.».

Den zweiten Zustand findet man bei Patienten, die an einer inneren Kälte-Erkrankung leiden, zu der eine äußerlich ansteckende Wind-Hitze-Störung *(Wai-Gan Feng-Re)* hinzukommt. Dabei handelt es sich um ein «*Yang*-Leere-Inneres-Kälte-Syndrom» *(Yang-Xu Li-Han-Zheng)* mit oberflächlichen Ödemen, Frostgefühl, kalten und steifen Armen und Beinen – zusätzlich um eine äußerlich ansteckende Wind-Hitze-Erkrankung *(Wai-Gan Feng-Re)* mit Fieber, trockenem Mund, Halsschmerzen und Mandelentzündung. Insgesamt besteht hier ein «Oberfläche-Hitze-Inneres-Kälte-Syndrom» *(Biao-Re Li-Han-Zheng).*

7.1.2.3.3 Vermischung von Leere und Fülle *(Xu-Shi Cuo-Za)*

Auch Leere und Fülle sind zwei Zustände, die nicht isoliert auftreten, sondern häufig beim Patienten miteinander verbunden und vermischt sind. Leere und Fülle können zu gleicher Zeit bestehen, sie können sich unter bestimmten Voraussetzungen gegenseitig ineinander umwandeln (vgl. Abschn. 7.1.2.2.3). Dann spricht die chinesische Medizin von einem Fülle-Syndrom innerhalb eines Leere-Syndroms *(Xu-Zheng Zhong-Jia You Shi-Zheng)* oder von einem Leere-Syndrom in einem Fülle-Syndrom. Bei beiden Zuständen handelt es sich um ein gemischtes Leere-Fülle-Syndrom. Wenn der Patient folgende Symptome: starke Verschleimung, Husten mit Keuchen, große Atemnot nach körperlichen Anstrengungen, Frostgefühl mit kalten Armen und Beinen hat, liegt ein Fülle-Syndrom innerhalb eines Leere-Syndroms vor, wobei sich die Leere im unteren, die Fülle im oberen Körper befindet. Das trifft man beispielsweise bei Patienten mit stark aufgeblähtem Bauch, was durch einen Tumor bedingt sein kann. Dabei ist das Abdomen aufgetrieben, eine bläuliche Zeichnung der Venen tritt hervor, der Stuhlgang und das Wasserlassen sind schlecht, insgesamt besteht ein Bild der Fülle *(Shi-Xiang).* Zugleich ist dieser Patient aber auch mager, appetitlos und geschwächt, er hat einen gespannten feinen *(Xian-Xi)* Puls, was einem Leere-Bild *(Xu-*

Xiang) entspricht. Hier handelt es sich um ein Leere-Syndrom innerhalb eines Fülle-Syndroms *(Shi Zhong-Jia Xu-Zheng).*

7.1.2.4 Echte und falsche Krankheitszustände *(Zheng-Hou Zhen-Jia)*

7.1.2.4.1 Echte und falsche Kälte und Hitze

Im Verlauf einer Erkrankung, insbesondere bei schweren und gefährlichen Krankheitszuständen, treten gelegentlich echte Hitze und falsche Kälte oder echte Kälte und falsche Hitze auf. Darunter versteht die chinesische Medizin, daß bei dem betreffenden Patienten eine Kältesymptomatik im Vordergrund steht, während es sich tatsächlich um ein Hitze-Syndrom handelt, oder daß eine Hitze-Symptomatik auffällt, während in Wirklichkeit ein Kälte-Syndrom besteht. Dieser letztere Fall kann beispielsweise eintreten, wenn ein Kälte-Syndrom bis zu einem Endstadium der Entwicklung gekommen ist. Dann erscheint nämlich ein falsches Hitze-Bild *(Re De Jia-Xiang)* beim Patienten. Das gleiche kann bei einem lang dauernden Hitze-Syndrom eintreten; in diesem Fall entsteht schließlich eine falsche Kälte-Symptomatik *(Han De Jia-Xiang).*

Unter «echter Hitze und falscher Kälte» *(Zhen-Re Jia-Han)* versteht die chinesische Medizin, daß im Körperinneren ein echter Hitzezustand vorliegt, während die äußere Symptomatik auf einen Kälte-Zustand hindeutet, der als falsche Kälte *(Jia-Han)* bezeichnet wird. Ein solcher Fall tritt beispielsweise auf bei Lungenentzündungen *(Fei-Yan),* bei Durchfällen infolge Vergiftung des Magen Darm-Trakts, ferner bei gewissen äußerlich ansteckenden Erkrankungen, insbesondere bei Kindern. Man findet dann folgende klinische Symptomatik: kalte und unbewegliche Arme und Beine, tiefer *(Chen)* Puls, so als ob ein Kälte-Syndrom vorläge. Obwohl die Arme und Beine kalt sind, ist der Körper dabei heiß, der Patient hat keine Kälteempfindlichkeit, er ist aber hitzeempfindlich. Der tiefe Puls ist außerdem schnell *(Chen-Shu)* und kräftig. Der Patient hat einen trockenen Mund, er zeigt Vorliebe für kalte Getränke, er hat eine trockene Kehle und Mundgeruch; sein Urin ist spärlich rot, der Stuhl ist trocken und verstopft, oder er hat Durchfall mit Hitzegefühl und ständigem Stuhldrang. Seine Zunge ist dunkelrot, der Zungenbelag ist gelb und trocken. In diesem Fall sind die kalten Arme und Beine und der tiefe Puls Anzeichen der falschen Kälte; die innere Hitze und die übrige Symptomatik sind Anzeichen des tatsächlichen Krankheitscharakters. Ein solches Syndrom der echten Hitze und falschen Kälte kommt daher, daß die innere Hitze allzu üppig *(Nei-Re Guo-Cheng)* ist und daß das *Yang-Qi* sich im Körperinneren staut *(Yang-Qi Bi-Yu)*, so daß es nicht bis zu den Händen und Füßen reicht. Man kann einen solchen Zustand aber auch durch eine gegenseitige Verdrängung von Kälte und Hitze *(Han-Re Ge-Ju)* interpretieren. Das üppige *Yang* im Körperinneren verdrängt dabei das *Yin* nach außen, so daß an der Außenseite des Körpers Kälte-Symptome auftreten. Aufgrund des hierbei im Körperinneren blockierten *Yang* und der üppigen Hitze *(Yang-Yu Re-Cheng)* und der kalten, blockierten Arme und Beine *(Shou-Zu Jue-Leng)* spricht die chinesische Medizin in diesem Fall von «Hitze-Blockierung» *(Re-Jue)* oder von «*Yang*-Blockierung» *(Yang-Jue)*.

Der entgegengesetzte Zustand ist die «echte Kälte» und «falsche Hitze». Das bedeutet, daß im Körperinneren ein echter Kältezustand besteht, während die äußerliche Symptomatik typisch für einen Hitze-Zustand ist. Dies kommt daher, daß die Kälte des *Yin* im Körperinneren üppig stark *(Yin-Han Nei-Cheng)* ist, so daß das *Yang* nach außen gedrängt wird *(Bi Yang Yu Wai)*. Auch hier findet eine gegenseitige Verdrängung zwischen Kälte- und Hitze *(Han-Re Ge-Ju)* statt. Dabei treten folgende Symptome auf: heißer Körper, gerötetes Gesicht, trockener Mund, großer *(Da)* Puls, so als läge ein Hitze-Syndrom vor. Trotz seines heißen Körpers möchte der Patient aber dick zugedeckt werden, trotz der Mundtrockenheit bevorzugt er heiße Getränke, trotz seines großen Pulses ist er kraftlos. Zugleich hat er einen klaren Urin und Durchfall, sein Zungenkörper ist hell mit einem weißen Belag, was alles Anzeichen der Kälte sind. Man findet einen solchen Krankheitszustand beispielsweise bei akuten Entzündungen im Magen-Darmkanal, mit starkem, ununterbrochenem Erbrechen und Durchfall, wobei der Patient einen fadenförmigen *(Wei)* Puls zeigt. Im Körperinneren besteht hier ein *Yin*-Kälte-Syndrom *(Yin-Han-Zheng)*, äußerlich ergibt sich ein falsches Hitze-Bild mit roter Gesichtsfarbe, trockenem Mund und Erregungszuständen, wobei der Patient zwar etwas trinkt, dies aber gleich darauf wieder erbricht. Das *Ying* im Körperinneren ist hier im Zustand der Üppigkeit. Das *Yang* wird nach außen abgedrängt *(Ge Yang Yu Wai)*, so daß ein Syndrom mit echter Kälte und falscher Hitze *(Zhen-Han Jia-Re-Zheng)* entsteht. Das gleiche Syndrom kann auch auftreten, wenn das *Yang* des Herzens nicht ausreichend ist, wobei sich das Blut des Herzens staut *(Xin-Xue Yu-Zhi)*, oder wenn bei einem chronisch kranken Patienten die Funktionen der inneren Organe schwach werden *(Nei-Zang Gong-Neng Shuai-Jie)*, so daß ein Leere-Kälte-Zustand *(Xu-Han-Zheng)* aufkommt. Auch in diesen Fällen können gleichzeitig psychische Erregung, heißer Körper, eine rote Zunge als Symptomatik auftreten, so daß ein Syndrom der echten Kälte und falschen Hitze entsteht.

Aus dem oben Gesagten ergibt sich, daß die sogenannte Echtheit oder Falschheit von Kälte und Hitze auf dem Verhältnis zwischen Krankheitserscheinungen und tatsächlichem Krankheitscharakter beruht. Beim Syndrom der echten Kälte mit falscher Hitze bzw. der echten Hitze mit falscher Kälte bezeichnet jeweils die «echte» *(Zhen)* Eigenschaft den tatsächlichen Krankheitscharakter, während die «falsche» *(Jia)* Eigenschaft nur eine Symptomatik charakterisiert, die nicht zum wahren Wesen der vorliegenden Erkrankung gehört. Der Arzt muß diese beiden Punkte sorgfältig auseinanderhalten, damit er bei der Behandlung die richtigen Maßnahmen ergreifen kann. Läßt er sich von der falschen Symptomatik bei der Akupunktur oder zu einer falschen Behandlung bei der chinesischen Arzneiverordnung veranlassen, kann dies für den Patienten böse Folgen haben.

In der Praxis sind zwei Punkte zur Unterscheidung von Echtheit und Falschheit von Kälte und Hitze wesentlich:

1. typische Lokalisation der falschen Symptomatik: Die falschen Symptome treten meist an Armen und Beinen, an der Körperoberfläche oder bei der Verfärbung des Gesichts auf, während die Symptome an den Speicher- und Hohlorganen, am *Qi* und Blut *(Qi-Xue)*, an den Körpersäften *(Jin-Ye)*, den eigentlichen Charakter der Erkrankung widerspiegeln. Das im Körperinneren vorliegende Syndrom *(Li-Zheng)*, das Pulsbild *(Mai-Xiang)* und das Zungenbild *(She-Xiang)* geben dem Arzt den eigentlichen diagnostischen Schlüssel.
2. Unterschiede zwischen falschem und echtem Krankheitsbild: Ein falsches Krankheitsbild unterscheidet sich aber auch sonst von einem echten. Bei falscher Hitze tritt nämlich die Gesichtsröte stets nur zeitweilig auf, sie zeigt sich auch nur an einer zarten roten Verfärbung der Wangen, während das übrige Gesicht blaß bleibt. Darin liegt ein Unterschied zu einer echten Hitze, bei der das gesamte Gesicht knallrot verfärbt erscheint.
   Finden sich beim Patienten kalte, steife Arme und Beine und besteht hier tatsächlich eine große Hitze in Brust und Bauch, oder friert der Patient am ganzen Körper und will doch nicht zugedeckt oder warm angezogen werden, so sind diese Zustände von einem echten Kälte-Zustand, bei dem der Kranke im Schlaf die Füße hochzieht, warme Kleidung und Wärme bevorzugt, wohl zu unterscheiden. Der geübte Arzt wird solche Zustände bald durchschauen und auch bei komplexer Symptomatik den echten Charakter der Erkrankung herausfinden können.

7.1.2.4.2 Echte und falsche Leere und Fülle *(Xu-Shi Zhen-Jia)*

Echte und unechte Symptomatik gibt es auch bei einem Leere- und einem Fülle-Syndrom. Entscheidend für die dialektische Diagnostik *(Bian-Zheng)* der chinesischen Medizin ist, auch bei einem solchen gemischten Zustand das echte vom falschen Krankheitsbild zu unterscheiden.

Echte Fülle und falsche Leere *(Zhen-Shi Jia-Xu):* Bei dieser Erkrankung liegt ein wirkliches Fülle-Syndrom *(Bing-Ben Shi-Zheng)* vor. Dabei kann Hitze im Magen und Darm gestaut sein *(Re-Jie Chang-Wei)*; es kann hier eine Blockierung durch Schleim- und Nahrungsreste *(Tan-Shi Yong-Zhi)* vorliegen. Es kann eine starke Blockierung mit starker Ansammlung von Nahrungsresten *(Da-Ji Da-Ju)* bestehend; die Meridiane können blockiert sein *(Jing-Luo Zu-Zhi)*, so daß das *Qi* und Blut *(Qi-Xue)* nicht nach außen geleitet werden können. Typische Symptome dafür sind Schweigsamkeit, Kältegefühl am Körper mit kalten Armen und Beinen, tiefer stellvertretender *(Chen-Dai)* oder langsamer *(Chi)* Puls, was einer unechten Leere-Symptomatik entspricht. Bei aufmerksamer Betrachtung kann der Arzt hier jedoch feststellen, daß dieser Puls zwar tief, stellvertretend und langsam, aber dennoch kräftig ist, daß der Patient, wenn er spricht, eine laute, energische Stimme hat, und daß er trotz einer gewissen Abmagerung nicht völlig kraftlos ist.

Echte Leere und falsche Fülle *(Zhen-Xu Jia-Shi):* Bei diesem Zustand handelt es sich um ein tatsächliches Leere-Syndrom *(Bing-Ben Xu-Zheng)*. Dabei können die Funktionen und das Blut *(Qi-Xue)* der inneren Organe nicht ausreichend sein, die Transportfunktion *(Yun-Hua)* ist schwach. Es treten Symptome auf, die einem Fülle-Zustand ähneln, z. B. Bauchschmerzen, Blähungen mit Völlegefühl im Abdomen, ein gespannter *(Jin)* Puls usw. Bei diesen Symptomen ist jedoch typisch, daß sich die Blähungen zeitweise lockern und nicht – wie bei einem echten Fülle-Zustand – ein ständiges Völlegefühl im Bauch besteht. Auch vermindern sich die Schmerzen im Abdomen beim Pressen oder Drükken, manchmal verschwinden sie in diesem Fall sogar. Der Zungenkörper ist dabei geschwollen und zart *(Pang-Nen)* oder hell und feucht. Der Puls ist gespannt *(Xian)*. Bei stärkerem Drücken in der Position *«An»* ist er jedoch ohne Kraft.

Zur Unterscheidung der Echtheit oder Falschheit von Fülle und Leere hat der Arzt folgende Punkte zu beachten:

1. Die chinesische Medizin kennt den Lehrsatz: «Große Fülle hat stets einen Anschein von Schwäche» *(Da-Shi You Ying-Zhuang)* und außerdem den Spruch: «Höchste Leere hat stets den Anschein von Üppigkeit» *(Zhi-Xu You Cheng-Hou)* (256). Der erste Satz bedeutet, daß bei zahlreichen Er-

krankungen mit ausgesprochener Fülle-Symptomatik stets auch einige falsche Symptome eines Leere-Syndroms auftreten, was den Arzt aber nicht verleiten darf, den vorliegenden Zustand als «Leere-Syndrom» zu diagnostizieren. Der zweite Satz besagt, daß bei einer Leere-Symptomatik in vielen Fällen auch falsche Fülle-Symptome auftreten können, was ebenfalls von einem echten Fülle-Syndrom unterschieden werden muß. Die oben genannten beiden Zustände großer Fülle und äußerster Leere erscheinen stets nur bei besonders schwerem Krankheitsverlauf.

2. Schlüssel zur richtigen Diagnostik: Der Schlüssel zu einer richtigen dialektischen Diagnose in der chinesischen Medizin liegt in erster Linie in der Berücksichtigung des Zungenbildes und des Pulses. Beachtet der Arzt den Puls und die Zunge gewissenhaft, wird er nie von falscher Krankheitssymptomatik getäuscht werden. Hier kommt es beispielsweise darauf an, einen kräftigen oder nicht kräftigen Puls zu unterscheiden, zu sehen, ob ein Patient *«Shen»*, d. h. Zeichen lebhafter geistig-seelischer Aktivität, Glanz des Gesichtes usw. aufweist, oder ob er kein *«Shen»* hat (vgl. S. 90). Es ist festzustellen, ob der Puls oberflächlich *(Fu)* oder tief *(Chen)* ist, ob der Zungenkörper dick und zart *(Pang-Nen)* oder graugelb und alt *(Cang-Lao)* ist, ob eine chronische oder frische Erkrankung, eine starke oder schwache körperliche Konstitution vorliegt. All dies sind Schlüssel zur richtigen dialektischen Diagnostik *(Bian-Zheng)* der chinesischen Medizin.

Tabelle 26 a: Echte und falsche Krankheitszustände

Vier Diagnosen	Echte und falsche Kälte und Hitze	Echte Kälte – falsche Hitze (*Yin*-Syndrom mit *Yang*-Erscheinung)	Echte Hitze – falsche Kälte (*Yang*-Syndrom mit *Yin*-Erscheinung)
Sehen	Gesichtsfarbe und Ausdruck	Beide Wangen zart und rot, sonstige Gesichtsfarbe blaß und weiß	Graue, schlechte Gesichtsfarbe mit klaren, strahlenden Augen, roten oder «verbrannten» *(Jiao)* Lippen
	Geistiger Zustand *(Shen-Zhi)*	Zeitweise psychisch erregt und nervös, ähnlich einem *Yang*-Syndrom. Dabei ohne Energie und körperlich geschwächt	Schläfrig, geistig getrübt, ähnlich einem *Yin*-Syndrom. Dabei zeitweise psychisch erregt mit Unruhe in Händen und Füßen, starken bzw. heftigen Körperbewegungen
	Zungenbild	1. helle, glitschige Zunge 2. trockene Zunge mit hellem Zungenkörper 3. schwarzer, aber schlüpfrig-schleimiger Zungenbelag	1. Zungenbelag weiß, dick und trocken 2. Zungenbelag gelb, trocken und körnig (hohe Zungenpapillen) 3. Zungenbelag schwarz und trocken
Hören und Riechen		Schwacher Atem, kraftlose Sprache, kein Körpergeruch, Stuhlang nicht heiß und geruchlos	Kräftiger Atem, laute Stimme, Mundgeruch
Fragen		1. trotz Mundtrockenheit kein Verlangen nach Getränken oder Verlangen nach heißen Getränken 2. heißer Körper ohne Wusch, weniger anzuziehen bzw. Kleider abzulegen 3. klarer heller Urin, normaler Stuhlgang oder Verstopfung 4. Halsschmerzen ohne Rötung und Schwellung	1. trockener Mund mit Vorliebe für kalte Getränke 2. starkes Frostgefühl ohne Verlangen nach wärmerer Kleidung 3. rötlich-gelber Urin, Verstopfung, Brennen oder Hitzegefühl am After 4. geblähtes Abdomen

Tabelle 26 b: Echte und falsche Krankheitszustände

Echte und falsche Kälte und Hitze / Vier Diagnosen	Echte Kälte – falsche Hitze (*Yin*-Syndrom mit *Yang*-Erscheinung)	Echte Hitze – falsche Kälte (*Yang*-Syndrom mit *Yin*-Erscheinung)
Tasten	1. schneller Puls, der nicht unter dem Tastfinger klopft und in der Position «*An*» kraftlos ist. Oder fadenförmiger schwacher (*Wei-Xi*) Puls, der nahezu verschwindet 2. beim Betasten von Brust und Abdomen kein brennendes bzw. heißes Gefühl	1. gleitender schneller (*Hua-Shu*) Puls, der bei Betasten in der Position «*An*» stark unter dem Finger klopft. Oder tiefer (*Chen*), in der Position «*An*» kräftiger Puls 2. Hitzeempfindung des Patienten in Thorax und Abdomen, brennendes bzw. heißes Empfinden des Untersuchers beim Betasten von Brust und Bauch

7.1.2.4.3 Erläuterungen zu Tabelle 26 und Zusammenfassung

Die in Tabelle 26 geschilderte Symptomatik zeigt die Verbindungen *(Guan-Ji)* zwischen den acht Leitprinzipien, nämlich die gegenseitige Verbindung *(Lian-Ji)* innerhalb der jeweiligen vier Paare der acht Leitprinzipien, ihre Umwandlung *(Zhuan-Hua)*, ihre gegenseitige Vermischung *(Cuo-Za)* und die Echtheit und Falschheit *(Zhen-Jia)* ihrer Symptomatik.

Zum richtigen Verständnis der dialektischen Beziehungen innerhalb der vier Leitprinzipienpaare, sei hier noch angemerkt, daß gerade die Verbindung und Vermischung der gegensätzlichen Pole darauf hinweist, daß die unterschiedlichen Erscheinungen bei einer Krankheit nur oberflächlich sind und daß es hier in Wirklichkeit um eine Einheit geht. Andererseits ist zu bedenken, daß das Wesen bzw. der Charakter der vorliegenden Erkrankung nur erfaßt werden kann, wenn man es in Widersprüchlichkeiten bzw. Gegensätzen (wie *Yin* und *Yang*, Oberfläche-Inneres, Kälte-Hitze, Leere-Fülle) einfangen kann. Bei der Echtheit und Falschheit der vorliegenden Symptome kann das tatsächliche Krankheitsbild verschleiert werden, wenn der Arzt nicht sämtliche klinischen Erscheinungen berücksichtigt. Auch hier ist indessen zu bedenken, daß die vorliegende Erkrankung eine Einheit ist und daß es gilt, den wahren Charakter dieser Einheit ins Licht der Erkenntnis zu rücken.

In der ärztlichen Praxis läßt sich unter Verwendung der acht Leitprinzipien der chinesischen Medizin die Lage einer Erkrankung im Organismus (entweder oberflächlich oder innen) und die Beziehung zwischen der krankheitserzeugenden Störung *(Xie)* und der Abwehrkraft *(Zheng)* des Patienten feststellen. Auch die Störung und die Abwehrkraft sind nicht isoliert voneinander zu betrachten, sondern nur in wechselseitiger Verbindung. Auch bei ihnen kann, trotz aller Verschiedenheit, eine Vermischung auftreten.

In jedem Stadium einer Erkrankung kann eine Verbindung und Vermischung innerhalb der vier Paare der acht Leitprinzipien auftreten. Echte und falsche Symptome stellen sich meist nur bei sehr ernsthaftem Krankheitsverlauf mit besonderen Gefahren für den Patienten ein. Auch die echten und falschen Symptome sind letztlich von der Stärke oder Schwäche der Störung *(Xie)* und der Abwehrkraft *(Zheng)* im menschlichen Organismus abhängig, allerdings auch von der ärztlichen Kunst und von der Qualität der Behandlung, die man dem Patienten angedeihen läßt. An dieser Stelle sei nochmals darauf hingewiesen, daß die vier Paare der acht Leitprinzipien (*Yin* und *Yang*, Oberfläche und Inneres, Leere und Fülle, Kälte und Hitze) nicht für sich allerlei bestehen, sondern untereinander eine enge Verbindung haben.

7.2 Krankheits-Syndrome von *Qi*, Blut *(Xue)* und Körpersäften *(Jin-Ye)*

Qi (Funktion bzw. Aktivität), Blut *(Xue)*, Körpersäfte *(Jin-Ye)* sind die wichtigsten Grundlagen zur Erhaltung der Tätigkeit des Organismus. *Qi*, Blut und Körpersäfte zirkulieren im ganzen Organismus; die Funktion der Speicher- und Hohlorgane ist vom Antrieb durch das «*Qi*» abhängig, von der Ernährung durch das Blut *(Xue)* und von der Befeuchtung durch die Körpersäfte *(Jin-Ye)*.

Gleichzeitig ist aber die Erzeugung und richtige Wirkung des *Qi*, des Blutes und der Körpersäfte wiederum abhängig von einer normalen Organfunktion. Wenn also eine pathologische Veränderung im Körper an den Speicher- und Hohlorganen auftritt, wird diese mit Sicherheit auf *Qi*, Blut und Körpersäfte einwirken; umgekehrt wird eine pathologische Veränderung am *Qi*, am Blut und an den Körpersäften negative Auswirkungen auf die Funktion der Organe haben. So steht eine Erkrankung oder Veränderung des *Qi*, des Blutes und der Körpersäfte nach Ansicht der chinesischen Medizin in untrennbarem Zusammenhang mit der Funktion der inneren Organe.

Wenn im Organismus eine krankhafte Veränderung eintritt, kann diese, da die Funktionen der einzelnen Organe unterschiedliche sind, mit ganz verschiedener Symptomatik verbunden sein. Hinsichtlich der Veränderung von *Qi*, Blut und Körpersäften treten aber trotz der verschiedenen Organstörungen sehr ähnliche bzw. gleiche Symptome auf, beispielsweise die einer *Qi*-Leere *(Qi-Xu)*, einerlei ob es sich um eine Leere des Herz-*Qi*, Lungen-*Qi*, Milz-*Qi* handelt. Die dabei auftretenden Symptome sind ähnlich bzw. gleich, nämlich Kurzatmigkeit, Kraftlosigkeit, leerer *(Xu)* Puls. Auch eine Blut-Leere *(Xue-Xu)* hat stets ähnliche bzw. gleiche Symptomatik, einerlei ob es sich um eine Blutleere der Leber *(Gan-Xue-Xu)* oder eine Blutleere des Herzens *(Xin-Xue-Xu)* handelt. Stets finden sich eine blasse oder gelbliche Gesichtsfarbe, blasse Lippen und helle Zunge.

So ist die Diagnostik von *Qi*, Blut und Körpersäften bzw. die pathologischen Erscheinungen an *Qi*, Blut und Körpersäften eine Art Zusammenfassung oder Hauptnenner für die Syndrom-Diagnostik der Speicher- und Hohlorgane (vgl. Abschn. 7.3) und der Meridianverläufe (vgl. Abschn. 7.4) und wird dementsprechend in diesem Lehrbuch vor diesen erörtert. Zur Syndrom-Diagnostik der Speicher- und Hohlorgane, des Meridian-Systems, der Abwehrkraft des *Qi*, der Ernährung des Blutes sowie der Drei Erwärmer sind weitere Differenzierungen nötig, die aber stets auf der dialektischen Diagnostik von *Qi*, Blut und Körpersäften fußen.

7.2.1 Krankheits-Syndrome des *Qi*

Krankheitszustände, die mit der Dimension der Körperfunktionen bzw. Lebenskraft (chinesisch: *Qi*) zusammenhängen, gibt es in der chinesischen Medizin sehr viele. Sie lassen sich in drei Gruppen unterteilen:

1. *Qi*-Leere *(Qi-Xu)*,
2. *Qi*-Blockierung *(Qi-Zhi)*,
3. in Gegenrichtung verlaufendes *Qi* *(Qi-Ni)*.

7.2.1.1 *Qi*-Leere

Eine *Qi*-Leere entsteht bei einer Funktionsschwäche des ganzen Körpers oder eines der Speicher- und Hohlorgane. Man sieht diesen Zustand oft bei chronisch Kranken oder altersschwachen Patienten sowie im Stadium der Rekonvaleszenz nach einer schweren akuten Erkrankung.

Hauptsymptome: Kurzatmigkeit, tiefe schwache Stimme, Kraftlosigkeit, Schweißausbrüche, Appetitlosigkeit, helle Zunge mit wenig Belag, leerer kraftloser *(Xu Wu Li)* Puls. Auch ein Prolaps des Rectum, Bettnässen und ein Prolaps uteri sind Symptome einer *Qi*-Leere.

Therapie *(Zhi-Fa):* Ergänzung bzw. Tonisierung des *Qi* *(Bu-Qi)*.

7.2.1.2 *Qi*-Blockierung *(Qi-Zhi)*

Bei der *Qi*-Blockierung handelt es sich entweder um eine Funktionsstörung des gesamten Organismus oder aber eines der Speicher- und Hohlorgane. Depressive Verstimmungen, unregelmäßige Nahrungsaufnahme, Angriff des Körpers durch äußere Störungen *(Gan-Shou Wai-Xie)* oder übermäßige körperliche Anstrengung *(Yong-Li Nu-Shang)* oder plötzliche Verrenkungen bei Bewegungen *(Dong-Zuo Shan-Cuo)* können zu einer *Qi*-Blockierung führen.

Hauptsymptome: Druckgefühl und Beklemmung, starke Schmerzen. Beispielsweise hat der Patient bei einer *Qi*-Blockierung im Thorax Schmerzen in Brust und Rücken; bei einer *Qi*-Blockierung des Magens klagt er über Schmerzen im Oberbauch; bei einer *Qi*-Blockierung im Darmbereich bestehen Schmerzen im Abdomen. Dabei ist der Schmerzcharakter drückend und dumpf, der Druck pflegt stärker zu sein als der Schmerz. Auch kann der Schmerz wechselnd sein, einmal stark, dann wieder leichter, wobei sich auch der Sitz des Schmerzes verändern kann. Bei einer *Qi*-Blockierung liegt häufig ein dumpfes

Druckgefühl in der Brust vor, oder es bestehen Blähungen im Abdomen, wobei sich der Kranke nach Aufstoßen oder nach dem Abgang von Winden besser fühlt. Diese Schmerzen, Beklemmungen und Blähungen sind stark von psychischen Faktoren abhängig. Außer dem oben geschilderten Druckgefühl mit Schmerzen im Brustraum, kann auch ständiger Stuhldrang mit Spannungsgefühl selbst nach Entleerung des Darms bestehen.

Therapie: Regulierung des *Qi(Li-Qi)*, In-Bewegung-Setzen des *Qi (Xing-Qi)*.

7.2.1.3 Gegenläufiges *Qi (Qi-Ni)*

Mit «gegenläufigem» *Qi* meint die chinesische Medizin einen Ablauf der Funktionen in falscher Richtung bzw. eine Uneinigkeit *(Ni)* der Funktionsabläufe im menschlichen Organismus. Dieser Zustand tritt häufig beim *Qi* der Lunge und des Magens auf, wenn diese entgegen ihrer normalen Richtung fälschlicherweise im Körper aufwärts *(Shang-Ni)* steigen, was zu pathologischen Symptomen führt. Wenn Schleim und *Qi* gegenseitig blockiert *(Tan-Qi Hu-Jie)* sind, leidet die Funktion des Säuberns und Herabführens *(Su-Jiang)* der Lunge. Dies führt dazu, daß das *Qi* der Lunge nicht, wie normal, absteigen kann, sondern in Gegenrichtung nach oben verläuft *(Fei-Qi Shang-Ni)*. Wenn sich durch eine Erkältung des Magens klarer Schleim angesammelt und gestaut hat *(Wei-Han Ji-Yin)*, oder wenn sich Schleim im Magen befindet und es zu einer Verdauungs-Störung mit Blockade des *Qi*-Mechanismus kommt *(Shi-Zu Zhi-Qi-Ji)*, führen die Funktionen des Magens nicht wie normal abwärts *(Wei Shi He-Jiang)* und es kommt zum Aufsteigen des *Qi* des Magens in Gegenrichtung *(Wei-Qi Shang-Ni)*. Wenn durch eine Stauung der Leber das Qi blockiert ist *(Gan-Yu Qi-Zhi)*, steigen das *Qi* der Leber und das *Qi* des *Chong-Mai* in Gegenrichtung auf *(Gan-Qi Jia Chong-Qi Shang-Ni)*, was zu heftigen Blähungen führt.

Zu diesem Krankheitsbild gehört auch die «Blockierung im Hals» *(Ye-Ge)* der chinesischen Medizin (vgl. Abschn. 6.1.1.5.3).

Hauptsymptome: Bei einem in Gegenrichtung aufsteigenden *Qi* der Lunge findet sich ein Hochsteigen des *Qi* (hier: Atem) beim Husten, der Patient atmet mehr aus als ein. Beim in falsche Richtung aufsteigenden *Qi* des Magens findet sich Aufstoßen, Schluckauf und Erbrechen oder durch Schluckauf ausgelöstes Erbrechen.

Bei in Gegenrichtung aufsteigendem *Qi* der Leber spürt der Patient, daß das *Qi* (hier: Blähungen mit Völlegefühl) im *Chong-Mai* hochsteigt zur Brust, er hat Bauchschmerzen, Fieber und Kältegefühl.

Dieses in Gegenrichtung aufsteigende *Qi* entspricht meist einem Fülle-Syndrom *(Shi-Zheng)*. Es gibt aber auch ein in Gegenrichtung aufsteigendes Qi, das mit einem Leere-Syndrom *(Xu-Zheng)* verbunden ist. Dieser Fall liegt vor, wenn die Niere das *Qi* nicht aufnehmen kann *(Shen Bu Na-Qi)* (vgl. S. 487). Dann treten Atemnot, Schweißausbrüche, unwillkürlicher Urinabgang als Leere-Symptome *(Xu-Xiang)* auf, was der Arzt von einem in Gegenrichtung hochsteigenden *Qi* bei einem Fülle-Syndrom wohl unterscheiden soll.

Therapie: Senken bzw. Abwärtsleiten des *Qi (Jiang-Qi)*.

7.2.2 Krankheits-Syndrome des Blutes

Zahlreiche Erkrankungen hängen nach der Theorie der chinesischen Medizin mit dem Blut *(Xue)* zusammen. Man unterscheidet dabei hauptsächlich vier Arten:

1. Blut-Leere *(Xue-Xu)*,
2. *Blut-Stauung (Xue-Yu)*,
3. Blut-Hitze *(Xue-Re)*,
4. Blutverlust *(Chu-Xue)*.

7.2.2.1 Blut-Leere *(Xue-Xu)*

Eine Blut-Leere entsteht meist durch starke Blutverluste, Leere von Milz und Magen *(Pi-Wei Xu-Ruo)* mit ungenügendem Ablauf der Umwandlungsprozesse *(Sheng-Hua Bu Zu)* oder durch eine Blutstauung *(Yu-Xue Zu-Zhi)*, bei der im Körper kein frisches Blut mehr produziert wird.

Hauptsymptome: Blasse oder gelbe Gesichtsfarbe mit bleichen Lippen, Schwindel, verminderte Sehkraft *(Yan-Hua)*, Schlaflosigkeit, Einschlafen von Händen und Füßen, heller Zungenkörper, feiner *(Xi)* oder feiner und schneller *(Xi-Shu)*, kraftloser *(Wu-Li)* Puls. Der Krankheitszustand einer Blut-Leere führt oft zum Rückgang aller normalen Funktionen des Organismus und damit zur allgemeinen körperlichen Schwäche. Bei einer Blut-Leere finden sich deshalb zugleich häufig Anzeichen einer *Qi*-Leere wie Kurzatmigkeit und Müdigkeit.

Therapie: Ergänzen bzw. Tonisieren des Blutes *(Bu-Xue)*, das *Qi* fördern und zugleich das Blut ergänzen *(Yi-Qi-Bu-Xue)*.

7.2.2.2 Blut-Stauung *(Xue-Yu)*

Bei diesem Zustand hat eine äußere Verletzung *(Wai-Shang)* oder eine *Qi*-Blockierung *(Qi-Zhi)* die ungehinderte Zirkulation des Blutes beeinträchtigt, oder die Blutflüssigkeit ist anderweitig in ihrer Zirkulation blockiert. Die Störung der Blut-Stauung *(Xue-Yu)* kann einen Körperteil oder eines der inneren Organe betreffen.

Hauptsymptome: Schwellungen mit stechenden Schmerzen, die nachts stärker sind, wobei ein Druck auf den betreffenden Körperteil für den Patienten sehr unangenehm ist. Häufig ist der Schmerz an einen bestimmten Punkt fixiert und von anderen Symptomen wie graue oder dunkle Gesichtsfarbe, violette Verfärbung der Lippen, violette Flecken auf der Zunge begleitet. Der Kranke hat einen trockenen Mund, aber kein Verlangen, etwas zu trinken.

Besteht die Blut-Stauung an der Körperoberfläche, erscheinen häufig blaugrüne Flecke. Sitzt sie in den inneren Organen, ist nicht selten von außen eine Geschwulst tastbar. Besteht eine solche Blutstauung längere Zeit und löst sich nicht auf, führt sie zur Blockierung des Transports von Nahrung und Blut *(Ying-Xue)* im Körper, wodurch die Haut an der Körperoberfläche nicht ausreichend versorgt und deshalb rauh und schuppig ist. Die chinesische Medizin nennt diesen Zustand «rauhe, schuppige Haut» *(Ji-Fu Jia-Cuo)*.

Therapie: Das Blut beleben, die Stauung auflösen *(Huo-Xue Hua-Yu)*. Blut und *Qi* stehen miteinander in enger Verbindung. Eine *Qi*-Blockierung *(Qi-Zhi)* kann deshalb zu einer Blut-Stauung *(Xue-Yu)* führen, eine Blut-Stauung kann eine *Qi*-Blockierung zur Folge haben. Deshalb sind in diesem Fall die beiden Arzneiverordnungen – Belebung des Blutes *(Huo-Xue)* und Regulierung des *Qi* – *(Li-Qi)* gleichzeitig anzuwenden.

7.2.2.3 Blut-Hitze *(Xue-Re)*

Dieser Zustand entsteht entweder durch Hitze im *Xue-Fen*, d. h. eine Schädigung und Verminderung des Blutes durch Hitze *(Xue-Fen You Re)* oder durch eine Hitzestörung *(Re-Xie)*, die in das *Xue-Fen* eingedrungen und es beschädigt und vermindert hat *(Re-Xie Qin-Fan Xue-Fen)*.*)

Hauptsymptome: Unruhe, trockener Mund ohne Bedürfnis zu trinken, heißer Körper, wobei sich der Patient abends heißer als am Tage fühlt, feiner schneller *(Xi-Shu)* Puls, dunkelrote Zunge. Wenn der Zustand eintritt, den die chinesische Medizin Bedrängung des Blutes durch maßlose Bewegung *(Bi-Xue*

* S. Erklärung *Xue-Fen*, S. 541.

Wang-Xing) nennt, können Nasenbluten, Bluterbrechen oder Blut im Urin auftreten. Bei einem Blut-Hitze-Zustand kann es außerdem zu übermäßiger oder vorzeitiger Periodenblutung bei Frauen kommen.

Therapie: Kühlen der Hitze, Kühlen des Blutes *(Qing-Re Liang-Xue).*

7.2.2.4 Blutungen *(Chu-Xue)*

Unter «Blutungen» versteht die chinesische Medizin, daß Blutflüssigkeit aus den Adern heraustritt und Blutungen verursachen. Man unterscheidet in der chinesischen Heilkunde vier Ursachen, die zu Blutungen führen:

1. Eine Blut-Hitze *(Xue-Re)*, bei der die Blutflüssigkeit von einer pathogenen Hitze-Störung angegriffen und geschädigt wurde. Dadurch verliert das Blut seine normale Funktion. Es beginnt sich infolge der Hitze «maßlos» zu bewegen *(Xue-Re Wang-Xing).*
2. Schwäche des *Qi* der Milz *(Pi-Qi-Xu)*, so daß die Milz die Blutflüssigkeiten nicht mehr kontrollieren kann (vgl. S. 103).
3. Blutstauungen im Körperinneren *(Yu-Xue Nei-Ji)*, was zu einer Blockierung der Blutflüssigkeiten und damit zu einer Behinderung des Bluttransports bzw. der normalen Kreislauffunktionen führt.
4. Äußerliche Verletzungen *(Wai-Shang)*, wobei Blutgefäße verletzt werden, so daß das Blut heraustritt.

Hauptsymptome: Entsprechend der verschiedenen Ursachen einer Blutung sind auch die klinischen Symptome unterschiedlich und vielfältig. Bei Bluthitze und maßloser Bewegung des Blutes ist das Blut hellrot und der Patient ist psychisch erregt, hat eine dunkelrote Zunge und einen feinen schnellen *(Xi-Shu)* Puls.

Bei einer Leere des *Qi* der Milz, wobei das Blut nicht unter Kontrolle gehalten werden kann, ist die Farbe des Blutes blaß; es blutet unaufhörlich, die Zunge ist hell und es findet sich ein feiner kraftloser *(Xi-Ruo Wu Li)* Puls.

Entsteht die Blutung durch eine Blut-Stauung im Körperinneren, ist die Blutfarbe dunkel, das Blut dünn; der Patient hat stechende Schmerzen, seine Zungenfarbe ist dunkel, die Zunge ist mit Flecken bedeckt, er hat einen rauhen *(Se)* Puls.

Therapie: 1. Stillung des Blutes *(Zhi-Xue).* 2. Kühlen des Blutes und Stillen des Blutes *(Liang-Xue Zhi-Xue).* 3. Belebung des Blutes und Stillen des Blutes *(Huo-Xue Zhi-Xue).* 4. Ergänzen bzw. Tonisieren des *Qi* und Aufnehmen des Blutes *(Bu-Qi She-Xue).*

Bei der Behandlung einer Blutung muß der Arzt stets zunächst die Blutung stillen, gleichzeitig mit den blutstillenden Medikamenten aber auch Arzneien zur Belebung des Blutes *(Huo-Xue-Yao)* anwenden, um einer Blutstauung im Körper vorzubeugen. Nach der Blutstillung kann man auch das Blut ergänzen bzw. tonisieren *(Bu-Xue)*. Bei übermäßig starkem Blutverlust mit drohendem Kollaps soll man so schnell wie möglich das *Qi* ergänzen bzw. tonisieren und das Blut aufnehmen *(Bu-Qi She-Xue)*.

7.2.3 Krankheits-Syndrome der Körpersäfte *(Jin-Ye)*

Zahlreiche Erkrankungen hängen nach der Lehre der chinesischen Medizin mit den Körpersäften zusammen. Sie lassen sich auf zwei hauptsächliche Krankheitszustände zurückführen:

1. Mangel an Körpersäften *(Jin-Ye Bu Zu)*,
2. Ansammlung von Körperflüssigkeiten im Inneren des Organismus *(Shui-Ye Nei-Ting)*.

7.2.3.1 Mangel an Körpersäften

Hierzu führen starke Schweißausbrüche, Blutverluste, Erbrechen, Durchfälle und zu vieles Wasserlassen. Aber auch hohes Fieber kann zu einer Schädigung der Körpersäfte und zu deren Verminderung führen. Ferner kann eine Funktionsstörung der Lunge, der Milz und der Nieren eine Verminderung der Körpersäfte zur Folge haben.

Hauptsymptome: trockener Mund und rauhe Kehle, trockene Lippen, trokkene Zunge ohne oder mit wenig Feuchtigkeit, trockene und verschrumpelte Haut, Schwäche in den Beinen, seltenes und spärliches Urinlassen, trockener Stuhlgang, feiner schneller *(Xi-Shu)* Puls. Wenn eine Schädigung der Körpersäfte durch hohes Fieber eingetreten ist, treten folgende Symptome auf: psychische Erregung, trockener Mund, rote Zunge mit gelbem Belag, feiner schneller *(Xi-Shu)* Puls. Falls gleichzeitig Kurzatmigkeit, Kraftlosigkeit, eine helle Zunge mit wenig oder ohne Belag, ein leerer kraftloser *(Xu Wu Li)* Puls besteht, sind sowohl das *Qi* als auch das *Yin* des Körpers im Zustand der Leere *(Qi-Yin Liang Xu)*.

Therapie: 1. Vermehren und Ergänzen der Körperflüssigkeiten *(Zeng-Bu Jin-Yi)*, 2. Kühlen der Hitze und Ernähren des *Yin (Qing-Re Yang-Yin)*, 3. Fördern des *Qi* und Erzeugung von Körpersaft *(Yi-Qi Sheng-Jin)*.

7.2.3.2 Flüssigkeitsansammlung im Körperinneren *(Shui-Ye Nei-Ting)*

Dieser Zustand entsteht meist infolge einer Störung der Verteilung oder Ausscheidung der Körpersäfte *(Jin-Ye)* durch Lunge, Milz und Niere. Dabei bleibt dann zuviel Flüssigkeit in einem Teil des Körpers bzw. im ganzen Körper angesammelt und gestaut. Als Folge sammelt sich pathologischer Schleim im Körperinneren an *(Tan-Yin Nei-Ting)* oder Nässe bedrängt die Milz und den Magen *(Shi-Kun Pi-Wei)*. Es kann auch durch im Körper gestautes Wasser zu Ödemen, hauptsächlich im Abdominalbereich, kommen.

Hauptsymptome: Husten mit viel Schleim, Schwindel und Sehstörungen, Herzklopfen, Kurzatmigkeit. Es kann auch Völlegefühl unter dem Rippenbogen auftreten, mit Schmerzen beim Husten, gespanntem *(Xian)* Puls, weißem und schlüpfrigem Zungenbelag. Oder es können folgende Symptome erscheinen: Blähungen im Abdomen mit Appetitlosigkeit und fadem Geschmack im Mund, schlechtes Wasserlassen, dünner, ungeformter Stuhl, klebriger Zungenbelag, schwacher *(Ru)* Puls. Andere Krankheitssymptome sind: geschwollene Füße oder – in schwereren Fällen – geschwollene Augenlider und geschwollenes Gesicht. In manchen Fällen ist nur das Abdomen stark angeschwollen, wobei der Bauch wie eine Trommel gebläht ist. Hier findet sich ein tiefer gespannter *(Chen-Xian)* Puls, eine helle Zunge mit weißem, schlüpfrigem Belag oder ein dunkelroter Zungenkörper.
Therapie: 1. Durchleiten des *Yang* und Auflösen der klaren Schleimflüssigkeiten *(Tong-Yang Hua-Yin)*, 2. Stärkung der Milz und Auflösung der Nässe *(Jian-Pi Hua-Shi)*, 3. Wärmen der Nieren und Ausschwemmen des Wassers *(Wen-Shen Li-Shui)*.

7.3 Krankheits-Syndrome der Speicher- und Hohlorgane *(Zang-Fu Bian-Zheng)*

Die Syndrom-Diagnostik der Speicher- und Hohlorgane ist eins der wichtigsten Kapitel der chinesischen medizinischen Dialektik. Sie beruht auf der Theorie der Speicher- und Hohlorgane *(Zang-Fu-Xue)*, die im Altertum «*Cang-Xiang*» (vgl. S. 77) genannt wurde. Dabei geht es darum, die vorliegenden pathologischen Symptome *(Bing-Li Fan-Ying)* durch die vier diagnostischen Methoden (Sehen, Hören und Riechen, Fragen, Tasten) zu analysieren und auf dialektischen Wege das Krankheits-Syndrom *(Biang-Zheng)* festzustellen, das die Basis zur Therapie mit Arzneimitteln oder Akupunktur darstellt.

Es gibt in der chinesischen Medizin zahlreiche Wege zur Syndrom-Diagnostik. Alle münden indessen letzten Endes in die Pathologie der Speicher-

und Hohlorgane ein, ob es sich nun um die Dialektik zwischen *Yin* und *Yang*, zwischen *Jing* (Essenz), *Qi*, Blut, Körpersäfte und *«Shen»*, zwischen den Meridianen *(Jing-Luo)* handelt. Der wichtigste diagnostische Maßstab der chinesischen Medizin wird durch die acht Leitprinzipien *(Ba-Gang)* gegeben, nach denen man in der Praxis das Komplizierte analysieren und dem Einfachen unterordnen kann. Nach den acht Leitprinzipien analysiert die chinesische Medizin die Beziehungen zwischen Leere und Fülle, Abwehrkraft und äußerer Störung; sie ordnet die Erkrankung nach ihrem Charakter und nach ihrer Lokalisation ein. Alle diese verschiedenen Arten der Einstufung beziehen sich jedoch stets auf die Speicher- und Hohlorgane des menschlichen Körpers. Eine Diagnostik nur nach den acht Leitprinzipien vorzunehmen und dabei nicht die Dialektik der inneren Organe zu berücksichtigen, wäre nicht im Sinne der traditionellen chinesischen Medizin. Andererseits wäre es auch nicht ausreichend, eine Erkrankung nur aufgrund der Syndrome der inneren Organe zu differenzieren ohne sich nach den acht Leitprinzipien zu richten.

Ohne die acht Leitprinzipien könnte man gewisse Therapiearten der chinesischen Medizin – z. B. das Wärmen der Kälte *(Wen-Han)*, das Kühlen der Hitze *(Qing-Re)*, das Ergänzen bzw. Tonisieren der Leere *(Bu-Xu)* und das Ablassen bzw. Sedieren der Fülle *(Xie-Shi)* – nicht durchführen. Aus diesem Grunde gilt die dialektische Diagnostik nach den acht Leitprinzipien als die Hauptmethode der chinesischen Diagnostik. Die Dialektik der Speicher- und Hohlorgane ist das dazugehörige Fundament bzw. der Kern der chinesischen dialektischen Krankheitserkennung.

Die chinesische Diagnostik mit Hilfe der vier diagnostischen Methoden basiert auf einer oberflächlichen Widerspiegelung der krankhaften Veränderungen an den Speicher- und Hohlorganen im Körperinneren. Da die Organfunktionen unterschiedlich sind, sind diese an der Körperoberfläche gespiegelten Krankheitssymptome auch verschieden. Aufgrund dieser Verschiedenheit der Symptome auf die unterschiedlichen gestörten Funktionen zu schließen, ist der Hauptinhalt der Syndrom-Diagnostik nach den Speicher- und Hohlorganen der chinesischen Medizin. Dazu hat man die Funktionen der inneren Organe zu kennen (vgl. Abschn. 3.2) und die Grundlagen der chinesischen Pathologie zu verstehen (vgl. Abschn. 5). Diese muß der Arzt mit der Dialektik der inneren Organe in Beziehung setzen. Dazu ein Beispiel: Die wichtigste Funktion des *Qi* der Lunge ist die Durchführung der Verbreitung *(Xuan-Tong)* sowie die Säuberung und das Hinabführen *(Su-Jiang)*, ferner die Versorgung der Haut und der Haare mit *Jing* (Essenz). Wenn als Zeichen der Störung dieser physiologischen Funktionen bei einem Patienten Husten, Atemnot und eine geschwächte, schlecht versorgte Abwehr an der Körperoberfläche *(Biao-Wei*

Bu Gu) auftritt, ist dies die Widerspiegelung einer pathologischen Veränderung *(Bing-Li Fan-Ying)* der Lunge.

So wird das Verständnis für die normalen Funktionen der Speicher- und Hohlorgane im Sinne der Lehre der chinesischen Medizin zum Ausgangspunkt des Verständnisses der Pathologie der inneren Organe; und die acht Leitprinzipien dienen zur Differenzierung von Kälte-Hitze, Leere-Fülle in Verbindung mit den Speicher- und Hohlorganen und den Meridianverläufen.

Während eines Krankheitsverlaufs wirken die pathologischen Veränderungen der Speicher- und Hohlorgane gegenseitig aufeinander ein. Deshalb sind die Krankheitserscheinungen an den inneren Organen vielfältig und komplex. Im vorliegenden Abschnitt werden nur die wichtigsten pathologischen Veränderungen der Speicher- und Hohlorgane erörtert, um dem Studenten der chinesischen Medizin eine sichere Grundlage zum Verständnis der pathologischen Abläufe an den inneren Organen, zur Syndrom-Diagnose und zur anschließenden Therapie zu geben.

7.3.1 Krankheits-Syndrome der Speicherorgane *(Zang)*

7.3.1.1 Syndrome der Herzerkrankungen *(Xin-Bing Bian-Zheng)*

A) Leere-Syndrome

7.3.1.1.1 Leere des Herz-*Qi* *(Xin-Qi-Xu)* und Leere des Herz-*Yang* *(Xin-Yang-Xu)*

Beide Zustände, die Leere des Herz-*Qi* und die Leere des Herz-*Yang*, treten vor allem im höheren Lebensalter auf, wenn das *Qi* der Speicherorgane allmählich schwächer wird. Sie können aber auch als Folge anderer Erkrankungen entstehen, beispielsweise nach schweren und häufigen Schweißausbrüchen oder anderen erschöpfenden Krankheitsprozessen, die das *Qi* und das Blut verletzen.

Gemeinsame Symptome der Herz-*Qi*-Leere und Herz-*Yang*-Leere: Herzklopfen, Kurzatmigkeit, Neigung zu Schweißausbrüchen, insbesondere nach körperlicher Arbeit oder anderen Anstrengungen.

Hauptsymptome der Herz-*Qi*-Leere: Außer den genannten gemeinsamen Symptomen findet man hier ein weißes, bleiches Gesicht, Müdigkeit und Kraftlosigkeit, einen hellen Zungenkörper, der geschwollen und zart *(Pang-Nen)* ist, weißen Zungenbelag, einen leeren *(Xu)* Puls. Hauptsymptome der Herz-*Yang*-Leere: Neben den gemeinsamen Symptomen finden sich hier Frostgefühl am ganzen Körper, kalte Arme und Beine, Stauung und Druckgefühl am Herzen und in der Brust, bleiche Gesichtsfarbe, heller Zungenkörper oder dunkelviolette Zunge, feiner schwacher *(Xi-Ruo)* oder stellvertretender und Knoten*(Dai-Jie)*-Puls.

Hauptsymptome einer völligen Leere des Herz-*Yang* *(Xin-Yang Xu-Tuo)*: Hier finden sich neben den Erscheinungen der Herz-*Yang*-Leere außerdem starke Schweißausbrüche mit kalten und steifen Armen und Beinen, violette Lippen, schwacher Atem, ein fadenförmiger *(Wei)* Puls, der gelegentlich ganz verschwindet (vgl. Abschn. 7.1.1.4.3 b).

Erklärung: In der chinesischen Medizin ist das Herz zuständig für die Blutgefäße *(Xin Zhu Xue-Mai)*, und das *Qi* ist der «Kommandeur» des Blutes *(Qi Wei Xue-Shuai)*. Wenn das *Qi* des Herzens nicht ausreichend ist, ist der Antrieb nicht nur des Herzens, sondern des ganzen Körpers schwach; das *Qi* und Blut kann im Körper nicht normal transportiert werden, deshalb treten Herzklopfen und Kurzatmigkeit auf. Bei einer Leere des *Yang-Qi* kann das Herz keine Flüssigkeit *(Ye)* aufnehmen, weshalb Schweißausbrüche auftreten. An der Zunge kann man den Zustand des Herzens erkennen, deshalb ist die Zunge bei nicht ausreichendem *Yang-Qi* hell, geschwollen und zart mit weißem Belag. «Der Glanz des Herzens zeigt sich im Gesicht», daher ist bei einem Leere-Zustand das Gesicht weiß und matt.

Das Herz steht in enger Verbindung mit den Blutgefäßen und dem Puls; deshalb findet sich bei einem Leere-Zustand des Herzens ein leerer *(Xu)* Puls. Bei einer Leere des Herz-*Yang* ist das *Yang* des ganzen Thoraxbereichs nicht kräftig, die Herzgefäße sind in einem Zustand der Blockierung *(Xin-Mai Zu-Zhi)*; der Patient ist unruhig und nervös und spürt Beklemmungen in der Brust. Es findet sich ein stellvertretender Knotenpuls *(Dai-Jie-Mai)* oder ein feiner schwacher *(Xi-Ruo)* Puls. Wenn das *Yang* des Herzens plötzlich ganz verschwindet, wobei das Atmungs-*Qi* *(Zong-Qi)* ebenfalls stark abnimmt, treten heftige Schweißausbrüche mit kalten und steifen Armen und Beinen auf, und es findet sich ein fadenförmiger *(Wei)* Puls, der kaum noch tastbar ist bzw. ganz ausbleibt. Bei diesem Zustand kann das Herz das *Qi* und Blut nicht mehr antreiben, deshalb haben die Lippen des Patienten eine violette Färbung.

Therapie: Bei einer Leere des *Qi* des Herzens hat der Arzt als erstes das *Qi* des Herzens zu ergänzen bzw. zu tonisieren und zu fördern *(Bu-Yi-Xin-Qi)*. Bei einer Leere des *Yang* des Herzens hat er das *Yang* des Herzens zu wärmen und zum Durchleiten zu bringen *(Wen-Tong Xin-Yang)*. Bei plötzlicher völliger Leere des *Yang* des Herzens *(Xin-Yang Xu-Tuo)* hat er das *Yang* zurückzuführen und die bestehende Gegenläufigkeit bzw. Uneinigkeit aufzulösen *(Hui-Yang Jiu-Ni)*.

Bei einer Leere des Herz-*Yang* kann sich außerdem ein pathologischer Zustand finden, den die chinesische Medizin «Wasser-*Qi* steigt auf und bedrückt das Herz» *(Shui-Qi Ling-Xin)* nennt. Dieser Zustand zerfällt in zwei Untergruppen:

1. das *Yang* des Herzens ist nicht aktiv bzw. lebhaft *(Xin-Yang Bu Zhen)*, außerdem findet sich eine Leere des *Qi* von Lunge und Milz *(Fei-Pi-Qi-Xu)*, so daß Wasser und Körpersäfte im Organismus nicht verteilt werden können, daß sich Schleim *(Yin)* ansammelt und staut oder daß das *Qi* des Wassers mit Gewalt aufsteigt *(Shui-Qi Shang-Chong)*.
   Dabei sind die Hauptsymptome: Herzklopfen, Kurzatmigkeit, Schwindel, Völlegefühl im Oberbauch, Hochsteigen von Blähungen und Gasen zum Brustraum, Beklemmung im Thoraxbereich, Husten mit dünnem, hellem Schleim, weißer Zungenbelag, tiefer gespannter *(Chen-Xian)* Puls.
   Therapie: Leiten des *Yang* und Auflösen des Schleims *(Tong-Yang Hua-Yin)*.
2. Das *Yang* des Herzens ist ebenfalls nicht aktiv bzw. kräftig; außerdem besteht eine Leere des *Yang* der Niere, wodurch der Untere Erwärmer das Wasser und Kälte nicht überwinden kann, sodaß eine Wasserstörung nach oben aufsteigt *(Shui-Xie Shang-Fan)*.
   Die Hauptsymptome sind dabei: schlechtes Wasserlassen, Herzklopfen, Schwindel, schwache Sehnen und Muskeln *(Jin-Ti Rou-Run)*, tiefer *(Chen)* Puls, helle Zunge mit weißem schlüpfrigem Belag, Schmerzen und Verspannungen an Schultern und Rücken, in einigen Fällen Bauchschmerzen mit Durchfall oder oberflächliche Schwellungen an Armen und Beinen.
   Therapie: Das *Yang* stützen *(Fu-Yang)*, die Kälte vertreiben *(Qu-Han)*, entwässern *(Li-Shui)*.

7.3.1.1.2 Herz-Blut-Leere *(Xin-Xue-Xu)* und Herz-*Yin*-Leere *(Xin-Yin-Xu)*

Diese beiden Zustände treten auf, wenn die Bluterzeugung im menschlichen Organismus nicht ausreichend ist oder wenn der Patient zuviel Blut verloren hat, beispielsweise im Anschluß an eine Geburt bei Frauen, nach Blutungen infolge äußerer Verletzungen usw. Ferner können körperliche Überanstrengungen, durch die Nährstoffe und Blut verausgabt wurden *(Ying-Xue Kui-Xu)* dazu führen, daß *Yin*-Essenz *(Yin-Jing)* unmerklich verbraucht wurde, wodurch ebenfalls eine Herz-Blut-Leere und Herz-*Yin*-Schwäche auftreten kann.

Gemeinsame Symptomatik der Herz-Blut-Leere und Herz-*Yin*-Leere: Herzklopfen, Unruhe, leichte Erschreckbarkeit, schlechtes Gedächtnis.

Hauptsymptome der Herz-Blut-Leere: Außer den gemeinsamen Symptomen finden sich hier Schwindel, schlechte Gesichtsfarbe ohne Glanz, helle Zunge und helle Lippen, feiner schwacher *(Xi-Ruo)* Puls. Hauptsymptome der Herz-*Yin*-Leere: Außer den gemeinsamen Symptomen finden sich hier erhöhte Temperaturen, Schweißausbrüche, heiße Hand- und Fußflächen, Hitzegefühl im Herzen *(Yu-X–in Fan-Re)*, trockener Mund, rote Zunge mit wenig Speichel, feiner schneller *(Xi-Shu)* Puls.

Erklärung: In der chinesischen Medizin ist das Herz zuständig für das Blut, das Blut gehört zum *Yin* des Körpers. Wenn das *Yin*-Blut nicht ausreichend ist, wird die im Herzen gespeicherte geistig-seelische Aktivität *(Xin-Shen)* vernachlässigt, sodaß sich das *«Shen»* nicht im Inneren des Körpers verbergen kann. Die Symptome sind Schlaflosigkeit, Vergeßlichkeit, leichte Erregbarkeit und Erschreckbarkeit. Wenn das Blut das Herz nicht ernähren kann *(Xue Bu Yang-Xin)*, treten Herzklopfen, Erregungszustände und Unruhe auf. Wenn das Blut nicht gesund aufsteigt *(Xue Bu Shang-Rong)*, entstehen Schwindel, Blässe im Gesicht, an den Lippen und an der Zunge mit fehlendem Glanz im Gesicht. Bei einer Leere des Herz-Blutes sind die Blutgefäße nicht gut gefüllt *(Xue-Mai Bu Chong)*, deshalb findet sich hier ein feiner schwacher *(Xi-Ruo)* Puls. Bei einem ungenügenden *Yin* des Herzens kann dieses schwache *Yin* das *Yang* nicht beherrschen und begrenzen *(Yin Bu Zhi-Yang)* (vgl. S. 54), deshalb entsteht im Körperinneren eine Leere-Hitze *(Xu-Re Nei Sheng)*, und es zeigen sich als Symptome leicht erhöhte Temperatur, Schweißausbrüche, Unruhe und Nervosität, eine rote Zunge und ein schneller *(Shu)* Puls.

Therapie: Bei der Leere des Herz-Blutes soll das Herz-Blut ernährt werden *(Yang Xin-Xue)* und das Herz *«Shen»* soll beruhigt werden *(An Xin-Shen)*. Bei einer Herz-*Yin*-Leere soll das *Yin* des Herzens ernährt werden *(Zi-Yang Xin-Yin)*, das *«Shen»* soll beruhigt und der Wille gefestigt werden *(An-Shen Ding-Zhi)*, was durch herzstärkende *(Bu-Xin)* Medikamente geschehen kann.

B) Fülle-Syndrome *(Shi-Zheng)*

7.3.1.1.3 Äußerst starkes Herzfeuer *(Xin-Huo Kang-Cheng)*

Dieser Zustand entsteht meist durch psychische Erregung, die im Körperinneren Feuer entstehen *(Huo-Nei-Fa)* läßt oder dadurch, daß die sechs Widrigkeiten durch eine Blockierung im Körperinneren Feuer erzeugen *(Liu-Yin Nei-Yu Hua-Huo)*. Aber auch zu scharfes Essen und der übermäßige Gebrauch von wärmenden oder stärkenden Medikamenten *(Guo-Fu Wen-Bu-Yao)* kann ein üppig starkes Herzfeuer hervorrufen.

Hauptsymptome: Unruhe und Erregungszustände, Nervosität, Schlaflosigkeit, schmerzender, entzündlicher Ausschlag am Mund und an der Zunge, trockener Mund, rote Zunge, schneller *(Shu)* Puls. Bei besonders ausgeprägtem Zustand kann es auch zu blutigem Erbrechen und zu Nasenbluten kommen.

Erklärung: Ein starkes inneres Herzfeuer führt zu Erregung und Hitze im Herzen. Wenn das Feuer die mit dem Herzen verbundene geistig-seelische Aktivität, das *«Shen»* der chinesischen Medizin in Verwirrung bringt *(Huo-Rao Xin-Shen)*, leidet der Kranke an Unruhe und Schlaflosigkeit. Der Zustand des Herzens läßt sich an der Zunge feststellen *(Xin Kai-Qiao Yu-She)*. Deshalb findet man bei einem Aufsteigen des Herzfeuers *(Xin-Huo Shang-Yan)* einen schmerzenden Ausschlag an der Zunge und im Mund. Das Herz-Feuer schadet den Körpersäften *(Xin-Huo Hao-Jin)*, deswegen hat der Kranke einen trockenen Mund. Bei einem starken Feuer-Zustand können die *Yang*-Nebengefäße der Meridiane angegriffen werden *(Huo-Fan Yang-Luo)*. Dann kommt es zu Nasenbluten und zu Bluterbrechen. Eine rote Zunge und ein schneller *(Shu)* Puls sind die allgemeinen Symptome einer Herz-Feuer-Störung *(Xin-Huo Zhi Zheng)*.

Therapie: Kühlen und abfließenlassen bzw. sedieren des Herzfeuers *(Qing-Xie Xin-Huo)*.

7.3.1.1.4 Stauung und Blockierung des Herz-Blutes *(Xin-Xue Yu-Zu)*

Eine Stauung und Blockierung des Herzblutes ist zwar ein Fülle-Zustand *(Shi-Zheng)*, er entsteht aber vor allem bei einer Leere und Schwäche des *Qi* des Herzens *(Xin-Qi Xu-Shnai)* oder bei einer Leere des Herz-*Yang* *(Xin-Yang-Xu)*. In diesem Fall können das *Qi* und das *Yang* des Herzens die Blutflüssigkeiten nicht kräftig genug antreiben. Aber auch andere Gründe, wie z. B. psychische Erregung, Überanstrengung und Erkältung sowie Ansammlungen von trübem, dickflüssigem Schleim *(Tan-Zhuo Ning-Ju)* können zu Blockierung des Blutes in den Gefäßen *(Xue-Mai-Zu-Zhi)* führen. Im Buch *«Jin-Gui Yao-Lüe»* des berühmten altchinesischen Arztes *Zhang Chong-Jing* aus der östlichen *Han*-Dynastie (25–220 n. Chr.), einem der grundlegenden klassischen Werke der chinesischen Medizin, wird von der Erkrankung «Brust-*Bi*» *(Xiong-Bi)* berichtet. Dabei handelt es sich um eine Blockierung von Blut und *Qi* im Inneren des Thorax, was mit der Herz-Blut-Stauung *(Xin-Xue Yu-Zu)* nahezu identisch ist. Das Gemeinsame beim «Brust-*Bi*» und bei der Herz-

Blut-Blockierung ist, wie gesagt, eine Stauung von *Qi* und Blut im Inneren des Thorax, wobei die freie Durchgängigkeit beeinträchtigt ist *(Xiong-Zhong Qi-Xue Bi-Sai Bu Tong).*

(Anmerkung: Der Begriff «*Bi*» bedeutet hier nicht, wie sonst in der chinesischen Medizin üblich, eine äußere Erkrankung durch Wind, Kälte und Nässe, sondern eine Blockierung von *Qi* und Blut, was auf die Mehrdeutigkeit dieses Terminus hinweist.)

Hauptsymptome: Herzklopfen, Stechen an den ventralen Partien des Herzens oder dumpfe Herzschmerzen, die zur Innenseite des Arms ausstrahlen, wobei vor allem der linke Arm betroffen ist. Wenn die Herzschmerzen stark sind, können das Gesicht, die Lippen und die Fingernägel des Patienten blauviolett verfärbt sein; Arme und Beine sind kalt, der Zungenkörper ist dunkelrot oder mit violetten Flecken bedeckt, es ist nur wenig Zungenbelag vorhanden; der Puls ist fadenförmig und dünn *(Wei-Xi)* oder rauh *(Se).*

Erklärung: Wenn verstauter trüber Schleim das *Yang* der Brust blockiert, so daß es nicht frei durchfließen kann, wird die Kreislaufbewegung des *Qi* und Blut unnormal, so daß eine Blockierung der Herz-Gefäße *(Xin-Mai Bi-Zu)* eintritt. Dann leidet der Patient an Herzklopfen und Herzschmerzen, wobei diese Stechen sind, wenn eine *starke* Blut-Blockierung vorliegt, die hingegen dumpfen Charakter haben, wenn es sich um eine Ansammlung trüben, dickflüssigen Schleims handelt. Bei diesen Zuständen treten nach der Lehre der chinesischen Medizin Schmerzen in der Innenpartie des Arms auf, da der Herz-Meridian *(Shou-Shao-Yin)* hier entlang zieht. Die blauviolette Verfärbung von Gesicht, Lippen und Fingernägeln sowie die dunkelrote oder lila gefleckte Zunge und der rauhe Puls sind typische Symptome der Blut-Blockierung *(Yu-Xue).* Die kalten Arme und Beine, der fadenförmige, feine *(Wei-Xi)* Puls entstehen durch die Blockierung in den Blutgefäßen *(Xue-Mai Bi-Zu),* wodurch die ungehinderte Bewegung des *Yang-Qi* nicht mehr möglich ist.

Therapie: Durchleiten des *Yang* und Auflösen der Blockierung *(Tong-Yang Hua-Yu).* Wenn es sich um einen schweren Fall von Herz-*Yang*-Leere und Schwäche *(Xin-Yang Shuai-Wei)* handelt, soll der Arzt die Methode der «Rückkehr des *Yang*» *(Hui-Yang)* als Notfallmaßnahme anwenden.

7.3.1.1.5 «Schleim-Verwirrung des Herz-Zentrums» *(Tan-Mi Xin-Qiao)* und Störung des Herzens durch Schleim-Feuer *(Tan-Huo Rao-Xin)*

Bei einer «Schleim-Verwirrung» des Herzzentrums sind ursächlich meist psychische Faktoren wie Sorgen oder Ärger beteiligt. Diese führen zu einer

Blockierung des *Qi*, wodurch im Körper Nässe entsteht *(Qi-Jie Shi-Sheng)*, die sich zu dickflüssigem Schleim *(Tan-Zhuo)* entwickelt und das Zentrum des Herzens blockiert *(Zu-E Xin-Qiao)*. Wenn zugleich mit dem aufsteigenden Schleim auch das *Qi* der Leber hochsteigt, verläuft die Erkrankung akuter und schwerer. Wenn sich die Blockierung des *Qi* nach einiger Zeit nicht auflöst, sammelt sich keine weitere Nässe mehr an, sondern es entsteht Schleim, wobei sich das gestaute *Qi* zu Feuer umformt. Schleim und gestautes Feuer verbinden sich zu Schleim-Feuer *(Tan-Huo)*. Bei einem Zustand «Belästigung des Herzens durch Schleim-Feuer» ist der Patient meist geistig nicht normal, er leidet an heftigster Unruhe und stärksten Erregungszuständen.

Hauptsymptome der Schleim-Verwirrung des Herz-Zentrums: geistige Verwirrung, getrübter Verstand, Selbstgespräche, albernes Vor-sich-hin-Singen. Ist der Patient allein, starrt er dumpf vor sich hin, oder macht abnorme Bewegungen. In schwereren Fällen kann er ohnmächtig werden und hinfallen, wobei er röchelt und Schleim im Hals hat. Es findet sich ein tiefer, gespannter, gleitender *(Chen-Xian-Hua)* Puls, der Zungenbelag ist weiß und klebrig.

Hauptsymptome der Belästigung des Herzens durch Schleim-Feuer: Erregung, Herzklopfen, bitterer Geschmack im Mund, Schlaflosigkeit oder unruhiger Schlaf mit vielen Träumen. Oft heult und lacht der Patient zugleich und ist äußerst unruhig. In schweren Fällen schlägt er um sich oder schimpft. Es findet sich ein gespannter, gleitender, kräftiger *(Xian-Hua You Li)* Puls, der Zungenbelag ist gelb und klebrig.

Therapie: Bei der Schleim-Verwirrung des Herz-Zentrums *(Tan-Mi Xin-Qiao)* muß der Arzt als erstes den Schleim auswaschen *(Di-Tan Kai-Qiao)*. Bei Belästigung des Herzens durch Schleim-Feuer *(Tan-Huo Rao-Xin)* muß als erstes das Herz gekühlt und das Feuer herabgeleitet werden *(Qing-Xin Jiang-Huo)*, dann muß der Schleim ausgewaschen werden *(Di-Tan Kai-Qiao)*.

Tabelle 27: Häufigste Symptome bei Herzerkrankungen

Ärztliche Analyse / Krankheitszust.	Krankheitsursache	Pathologie	Symptome: gemeinsame Symptome	Symptome: Spezielle Symptome	Symptome: Zunge	Symptome: Puls	Therapie
Herz-*Qi*-Leere	1. Abschwächung des *Qi* der Speicherorgane im höheren Lebensalter 2. Umwandlung anderer Erkrankungen 3. Zu starke Schweißausbrüche	Herz-*Qi* nicht ausreichend, daher keine Antriebskraft, *Qi* und Blut kann nicht normal zirkulieren	Herzklopfen, Kurzatmigkeit, starker Schweißausbruch, vor allem nach körperlichen Anstrengungen	Blasses Gesicht, Schwäche und Kraftlosigkeit	Helle, dicke zarte Zunge mit weißem Belag	Leere *(Xu)*	Ergänzung bzw. Tonisierung des Herz-*Qi*
Herz-*Yang*-Leere		Herz-*Yang* nicht aktiv, Blockierung der Herzgefäße		Frostgefühl am ganzen Körper, kalte Arme und Beine, Beklemmung im Herzen und in der Brust, bleiches Gesicht	Blasse oder dunkelviolette Zunge	Fein, schwach, stellvertretend Knotenpuls	Wärmen und Durchleiten des Herz-*Yang*
Völlige Leere des Herz-*Yang*		Plötzlicher Verlust des Herz-*Yang*, starke Verminderung des *Zong-Qi*		Starke Schweißausbrüche, kalte u. steife Arme u. Beine, violette Lippen, schwacher Atem	dunkelviolette Zunge	Fadenförmiger *(Wei)* verschwindender Puls	Rückführen des *Yang*, Auflösen der Uneinigkeit *(Jiu-Ni)*

Ärztliche Analyse Krank-heitszust.	Krankheits-ursache	Pathologie	Symptome				
			gemeinsame Symptome	Spezielle Symptome	Zunge	Puls	Therapie
Herz-Blut-Leere	1. Schwäche der Bluterzeugung 2. Überanstrengung 3. Blutverluste	Blut ernährt das Herz nicht, *Shen* kann sich nicht im Inneren verbergen	Schlaflosigkeit, Herzklopfen, leichte Erschreckbarkeit, Gedächtnisschwäche	Schwindel, glanzlose Gesichtsfarbe, blasse Lippen	Helle Zunge	Fein und schwach	Ernährung des Herz-Blutes, Beruhigung des Herz-*Shen*
Herz-*Yin*-Leere		*Yin*-Leere und *Yang*-Fülle, *Yang* ist nicht mit *Yin* im Gleichgewicht, *Shen* kann sich nicht im Inneren verbergen		Leichtes Fieber, nächtliche Schweißausbrüche, Unruhe und Hitze im Herzen, trockener Mund	Rote, wenig feuchte Zunge	Fein, schnell	Ernährung des Herz-*Yin*, Beruhigung des *Shen* (Geist-Seele)
Üppig starkes Herz-Feuer	1. Psychische Erregung erzeugt Feuer im Inneren 2. Die 6 Störungen *(Liu-Yin)* sind im Inneren gestaut u. erzeugen Feuer 3. Zu scharf gewürzte Speisen od. zuviel stärkende u. tonisierende Medikamente	Das Herz-Feuer belästigt das *Shen* oder verletzt das *Yin* und bewegt das Blut		Erregung, Schlaflosigkeit, trockener Mund, Ausschlag an Mund und Zunge, Bluterbrechen, Nasenbluten	Rote Zunge	Schnell	Kühlen und Ablassen des Herz-Feuers

Ärztliche Analyse Krank-heitszust.	Krankheits-ursache	Pathologie	Symptome: gemeinsame Symptome	Spezielle Symptome	Zunge	Puls	Therapie
Herz-Blut-Stauung	Leere des Herz-*Qi* oder man-gelnde Aktivi-tät des Herz-*Yang*, Überan-strengung, Erkäl-tungen, psychi-sche Erregung, Ansammlung von dickflüssigem, trübem Schleim	Blockierung der Herzgefäße, Stauung des Herz-blutes	s. Herz-Blut-Leere	Herzklopfen, Herzschmerzen, die an den Innenseiten der Arme abwärts ziehen. In schwe-ren Fällen Kälte, Glieder, bläulich-violette Lippen, Fingernägel und Gesicht	Dunkelrot oder mit violetten Flecken bedeckt	Fadenförmig, feiner oder rauher Puls	Durchleiten des *Yang*, Auflösen der Stauung, Rückführung des *Yang* als Notfallmaß-nahme
Schleim-Feuer stört das Herz	Psychische Erregungen	*Qi*-Verknotung erzeugt Nässe, die sich zu trübem, dickflüssigem Schleim umwandelt, der das Herz-Zentrum blockiert	Unnormales geistig-seelisches Verhalten, geistige Ver-wirung	Erregung, Schlaf-losigkeit, leichte Erschreckbarkeit, bitterer Mund-geschmack, bei schweren Fällen wirres Reden, Heulen und Lachen Schlagen und Toben	Gelber, klebriger Belag	Gespannter, gleitender, kräftiger Puls	Das Herz küh-len, das Feuer dämpfen bzw. sedieren, an-schließend den Schleim lösen
Schleim-Verwirrung des Herz-Zentrums				geistige Verwirrung m. Selbstgesprächen oder Vor-sich-Hin-starren, in schweren Fällen plötzliche Bewußtlosigkeit, schleimiges Röcheln	weißer klebriger Belag	Tief, gespannt, gleitend	Zunächst Auf-lösen des Schleims

7.3.1.2 Syndrome der Lungen-Erkrankungen

A) Leere Syndrome

7.3.1.2.1 Leere des Lungen-*Qi (Fei-Qi-Xu)*

Eine Leere des *Qi* der Lunge entsteht bei abgeschwächter Funktion der Lunge, was meist durch chronischen Husten bedingt ist, der dem *Qi* schadet, so daß das *Qi* der Lunge in einen Leere- und Schwäche-Zustand gerät. Außerdem kann hier eine krankhafte Entwicklung anderer Speicherorgane eine Rolle spielen, wobei in erster Linie eine Leere und Schwäche *(Xu-Shuai)* des *Qi* der Milz infrage kommt; die Milz ist nicht fähig, die feine Nahrungsessenz *(Shui-Gu Jing-Wei)* zu transportieren und aufwärts zur Lunge zu führen, wodurch das *Qi* der Lunge in einen Leerezustand gerät. Auch eine *Qi*-Leere des Herzens und eine *Qi*-Leere der Nieren kann eine *Qi*-Leere der Lunge nach sich ziehen.

Haupt-Symptome: Husten ohne Kraft, Kurzatmigkeit, Schweigsamkeit, leise und schwache Stimme, Atemnot und Keuchen nach geringen körperlichen Anstrengungen, Kraftlosigkeit im ganzen Körper, Schweißausbrüche, bleiche Gesichtsfarbe, helle, zarte *(Nen)* Zunge, leerer und schwacher *(Xu-Ruo)* Puls.

Erklärung: Die Lunge ist zuständig für das *Qi* (vgl. S. 97). Sie ermöglicht das Atmen. Wenn das *Qi* der Lunge leer ist, hustet der Patient ohne Kraft, ist kurzatmig und schweigsam. Die Lunge steht nach der Lehre der chinesischen Medizin in enger Verbindung mit der Haut und mit den Haaren. Sie ist zuständig für die Funktionen der Verbreitung *(Xuan-Fa)* der Abwehr *(Wei-Qi)*. Wenn das *Qi* der Lunge schwach ist, ist dieses *Wei-Qi* nicht stark *(Wei-Qi Bu Gu)*, und der Patient hat Schweißausbrüche. Durch die *Qi*-Leere kann auch das Blut nicht aufsteigen *(Xue Bu Shang-Rong)*. Deshalb ist die Gesichtsfarbe des Patienten bleich, sein ganzer Körper ist kraftlos; er hat einen hellen Zungenkörper, sein Puls ist leer und schwach *(Xu-Ruo)*, wie es für eine *Qi*-Leere typisch ist.

Therapie: Ergänzen bzw. Tonisieren und Fördern des *Qi* der Lunge *(Bu-Yi Fei-Qi)*.

7.3.1.2.2 Leere des Lungen-*Yin (Fei-Yin-Xu)*

Wenn der Organismus durch eine chronische Erkrankung geschwächt ist, oder wenn eine Hitze-Störung *(Xie-Re)* längere Zeit in der Lunge verweilt, wird das *Yin* der Lunge geschädigt *(Sun-Shang Fei-Yin).* Eine Schädigung des Lungen-*Yin* kann aber auch durch schwere Schweißausbrüche bedingt sein, die zu einer mangelhaften Ernährung des Speicherorgans Lunge führen. Bei einer *Yin*-Leere kann das *Yang* nicht in normaler Weise begrenzt bzw. eingeschränkt werden *(Bu-Neng Zhi-Yang)* (vgl. S. 54). Deshalb entsteht ein Syndrom der *Yin*-Leere mit üppigem Feuer *(Yin-Xu Huo-Wang-Zheng).*

Hauptsymptome: Starker Husten, der trocken und ohne Schleim ist, oder bei dem nur wenig Schleim herausgebracht wird. Gefühl des Juckens am Hals, rauhe Stimme, magerer Körper, rote Zunge mit wenig Feuchtigkeit, feiner kraftloser *(Xi-Wu Li)* Puls. Bei einer *Yin*-Leere mit üppigem Feuer *(Yin-Xu-Huo-Wang)* kann außerdem im ausgehusteten Schleim Blut enthalten sein; es findet sich Mundtrockenheit mit Wunsch nach Getränken, am Nachmittag tritt Fieber auf; der Patient schwitzt im Schlaf, er hat gerötete Wangen, einen roten Zungenkörper, einen feinen schnellen *(Xi-Shu)* Puls.

Erklärung: Bei einer Leere des *Yin* der Lunge sind die Körpersäfte *(Jin-Ye)* nicht ausreichend. Deshalb ist der Husten ohne Schleim oder mit nur wenig klebrigem Schleim verbunden. Der Kranke hat einen rauhen Hals, einen feinen Puls und eine rote, wenig feuchte Zunge, also ganz die Symptomatik, die einer *Yin*-Leere in der chinesischen Medizin entspricht. Da das *Yang* bei einer *Yin*-Leere nicht eingeschränkt werden kann *(Bu-Neng Zhi),* entsteht im Körperinneren ein Leere-Feuer, das die *Yin*-Säfte *(Yin-Yi)* des Organismus noch weiter verletzt. Die chinesische Medizin spricht hier davon, daß der «Feuer-Charakter nach oben flammt» *(Huo-Xing Shang-Yan),* wodurch die Lungen-Gefäße verletzt werden. Aus diesem Grund treten neben den genannten Erscheinungen nachmittags erhöhte Temperaturen, gerötete Wangen, trockener Mund, Blut im Schleim, dunkelrote Zunge und ein feiner schneller *(Xi-Shu)* Puls als typische Symptome einer *Yin*-Leere mit üppigem Feuer *(Yin-Xu Huo-Cheng)* auf.

Therapie: Ernähren des *Yin* der Lunge *(Zi-Yang Fei-Yin).* Bei einer *Yin*-Leere mit üppigem Feuer *(Yin-Xu Huo-Wang)* muß man das *Yin* ernähren und das Feuer herunterleiten *(Zi-Yin Jiang-Huo).*

B) Fülle-Syndrome *(Shi-Zheng)*

7.3.1.2.3 Wind und Kälte fesseln die Lunge *(Feng-Han Shu-Fei)*

Unter einer Fesselung der Lunge von Wind und Kälte versteht man den Angriff von Wind und Kälte auf das Speicherorgan Lunge (vgl. Abschn.

5.2.1.2). Dabei wird das *Qi* der Lunge blockiert *(Fei-Qi Bi-Yu)*, sodaß es seine Funktionen der Verbreitung und des Herableitens *(Xuan-Jiang)* nicht durchführen kann.

Hauptsymptome: Husten und Atemnot, dünner, heller, leichter, mit Blasen durchsetzter Schleim, keine Mundtrockenheit, gleichzeitig laufende Nase mit klarem Schleim. Es kann aber auch Fieber und Abneigung gegen Kälte auftreten, mit Schmerzen im Kopf und ganzen Körper. Der Zungenbelag ist dünn und weiß, der Puls oberflächlich *(Fu)* oder gespannt und straff *(Xian-Jin)*.

Erklärung: Wenn Wind und Kälte die Lunge angreifen *(Feng-Han Fan-Fei)*, kann die Lunge ihre Funktionen der Verbreitung und des Herabführens nicht mehr erfüllen *(Fei Shi Xuan-Jiang)*. Deshalb treten Husten und Atemnot, dünner heller Schleim und ein trockener Mund auf. Die Nase ist nach der Lehre der chinesischen Medizin ein Schlüssel zur Diagnostik der Lunge *(Bi Wei Fei-Qiao)*. Deshalb läuft die Nase, wenn Wind und Kälte die Lunge angreifen. Die Abwehrkraft der Lunge ist dann blockiert *(Fei-Wei Bei-Yu)*, und es treten Kälteempfindlichkeit und Fieber *(E-Han Fa-Re)* auf. Der Zungenbelag ist dünn, der Puls oberflächlich *(Fu)*, wie es für den Zustand der Wind-Kälte-Fesselung der Oberfläche *(Feng-Han Shu-Biao)* typisch ist (vgl. Abschn. 5.2.1.2).

Therapie: Die Lungenfunktion der Verbreitung fördern und die Kälte auflösen *(Xuan-Fei San-Han)*.

7.3.1.2.4 **Wind und Hitze schädigen die Lunge** *(Feng-Re Fan-Fei)*

Dieser Zustand wird entweder durch eine äußere Wind-Hitze-Störung *(Wai-Gan Feng-Re)* verursacht oder durch eine Wind-Kälte-Blockierung *(Feng-Han-Yu)*, die im Körperinneren Hitze erzeugt. Durch beide pathologische Zustände können die Lungenfunktionen des Verbreitens und des Herabführens *(Fei-Qi Xuan-Jiang)* nicht mehr normal ablaufen.

Hauptsymptome: Husten mit klebrigem gelbem Schleim, der schwer herauszubringen ist und der in schweren Fällen blutige Beimengungen enthält, eitrig ist und übel riecht. Gewöhnlich ist dieser Zustand von Halsschmerzen, trübem, dickflüssigem Nasensekret, trockenem Mund und Durst begleitet. Dabei ist die Zungenspitze rot, der Puls oberflächlich und schnell *(Fu-Shu)*. In schweren Krankheitsfällen treten außerdem Atemnot, zitternde Nasenflügel und innere Unruhe auf.

Erklärung: Wenn Wind und Hitze die Lunge schädigen, verletzt die Lungenhitze den Körpersaft *(Jin)*, und die Funktion der Reinigung und Klärung der Lunge läuft nicht normal ab *(Qing-Su Shi Chang)*; Husten, Mundtrockenheit mit Bedürfnis nach Getränken und Halsschmerzen treten auf. In diesem Fall verbrennt die Hitze den Körpersaft *(Jin-Ye)*, deshalb ist der Schleim gelb und dickflüssig. Wenn Wind und Hitze die Körperoberfläche angreifen, entsteht Hitze im Körper, der Patient hat Schweißausbruch und seine Nase sondert trübes, dickflüssiges Sekret ab. Bei üppiger Hitze und gestautem Schleim *(Re-Cheng Tan-Jie)* werden die Lungenfunktionen blockiert *(Fei-Qi Bi-Yu)*, deshalb entsteht Atemnot und eine entzündete Nase *(Bi-Shan)*. Die Zunge ist rot, der Puls ist oberflächlich und schnell *(Fu-Shu)*, wie es der Symptomatik einer Wind-Hitze-Schädigung der Lunge entspricht.

Therapie: Kühlen und Verbreiten der Lungen-Hitze *(Qing-Xuan Fei-Re)*. Wenn Antemnot durch Lungenhitze entsteht, soll der Arzt die Lunge kühlen bzw. reinigen und den Atem beruhigen *(Qing-Fei Ding-Chuan)*. Bei einem eitrigen Lungen-Geschwür *(Fei-Yong Cheng-Nong)* (Lungen-Abszeß) werden spezielle Medikamente verabreicht.

7.3.1.2.5 Trockenheit und Hitze verletzen die Lunge *(Zao-Re Shang-Fei)*

Störende Trockenheit und Hitze *(Zao-Re Zhi Xie)* verletzten und schädigen leicht die Säfte der Lunge *(Shang-Hao Fei-Jin)*. Dann können die Lungenfunktionen des Verbreitens und Herabführens nicht ausreichend ablaufen *(Fei-Qi Bu-De Xuan-Jiang)* und eine Krankheit entsteht.

Hauptsymptome: Husten ohne Auswurf oder mit wenig klebrigem Schleim, der sich nur schwer löst. Trockene Nase und Kehle, rote Zungenspitze, dünner, weißer, wenig feuchter Zungenbelag, oberflächlicher, feiner und schneller *(Fu-Xi-Shu)* Puls. Diese Symptome sind häufig begleitet von Schmerzen in der Brust, Fieber, Kopfschmerzen sowie Schmerzzuständen im ganzen Körper.

Erklärung: Die störende Trockenheit verletzt die Lunge *(Zao-Xie Shang-Fei)*, indem sie die Körpersäfte *(Jin-Ye)* schädigt. Darum hat der Patient einen trockenen, schleimlosen Husten, oder er bringt nur wenig zähen Schleim hervor, die Nase und die Kehle sind trocken. Wenn die Trockenheitsstörung *(Zao-Xie)* die Abwehrkraft der Lunge *(Fei-Wei)* trifft, entsteht Fieber; Schmerzen im Kopf und im ganzen Körper treten auf. Die Zungenspitze ist rot, die Zunge ist nur wenig feucht, der Puls ist oberflächlich, fein und schnell, wie es für eine Verletzung der Körpersäfte durch störende Trockenheit *(Zao-Xie Shang-Jin)* typisch ist.

Therapie: Die Lunge kühlen, die Trockenheit anfeuchten *(Qing-Fei Run-Zao)*.

7.3.1.2.6 Blockierung der Lunge durch dickflüssigen, trüben Schleim *(Tan-Zhuo Zu-Fei)*

Bei diesem Zustand ist Schleim-Nässe im Inneren blockiert *(Tan-Shi Nei-Zu)*; deshalb können die Lungenfunktionen der Verbreitung und Herabführung nicht normal verlaufen *(Fei-Qi Bu-De Xuan-Jiang)*, und eine Erkrankung bricht aus.

Hauptsymptome: Husten mit reichlich weißem, klebrigem und leicht lösbarem Schleim, oder Atemnot, Völlegefühl in der Brust, Erbrechen. Weißer, klebriger Zungenbelag, gleitender *(Hua)* Puls.

Erklärung: Wenn sich Nässe-Schleim im Speicherorgan Lunge staut, laufen die Lungenfunktionen des Verbreitens und Herableitens *(Xuan-Jiang)* nicht normal ab. Aus diesem Grund hat der Patient ein Völlegefühl in der Brust und hustet viel lockeren Schleim heraus. Durch die Blockierung von trüber Nässe im Inneren *(Shi-Zhuo Zhong-Zu)*, steigt die Magenfunktion bzw. das *Qi* des Magens in Gegenrichtung hoch *(Wei-Qi Shang-Ni)*, und der Patient muß erbrechen. Ein klebriger Zungenbelag und ein gleitender Puls sind typische Symptome einer Schleim-Nässe-Stauung im Körperinneren *(Tan-Shi Nei-Zu)*.

Therapie: Trocknen der Nässe, Auflösen des Schleims *(Zao-Shi Hua-Tan)*.

Tabelle 28: Häufigste Symptome bei Lungenerkrankungen

Krankheitszustand	Ärztliche Analyse	Krankheitsursache	Pathologie	Krankheitssymptome	Symptome Zunge	Puls	Therapie
Lungen-*Qi*-Leere		Verletzung des *Qi* durch chronischen Husten oder *Qi*-Leere von Herz und Milz	Geschwächte Funktion der Lunge, Funktion der Verbreitung *(Xuan)* und des Herunterleitens *(Jiang)* unzureichend	Husten ohne Kraft, Kurzatmigkeit, schwache Stimme, Kraftlosigkeit im ganzen Körper, Schweißausbrüche, bleiche Gesichtsfarbe	Heller Zungenkörper	Leer, schwach	Ergänzen bzw. Tonisieren und Fördern des *Qi* der Lunge
Lungen-*Yin*-Leere	*Yin*-Leere	Tritt oft in der Rekonvaleszenz nach akuter Hitze-Erkrankung auf oder bei nicht ausreichendem Nieren-*Yin*	Die *Yin*-Säfte können das Speicherorgan Lunge nicht versorgen, dadurch wird die Funktion der Klärung und Reinigung *(Qing-Su)* uu d. Funktion d. Ableitens *(Jiang)* behindert	Starker Husten ohne Schleim oder mit wenig klebrigem Schleim, trockener oder rauher Hals oder Heiserkeit, magerer Körper	Rot, nur wenig feucht	Fein und kraftlos	Stärken des *Yin* und Ernähren der Lunge
	Yin-Leere mit üppigem Feuer		Das *Yang* kann infolge *Yin*-Leere nicht eingeschränkt werden, deshalb verletzt üppiges Feuer das *Yin* und bewegt das Blut	Neben den oben beschriebenen Symptomen einer Lungen-*Yin*-Leere außerdem blutiger Husten, trockener Mund mit Durstgefühl, erhöhte Temperatur am Nachmittag, nächtliche Schweißausbrüche	Roter Zungenkörper	Fein und schnell	*Yin* stärken, Feuer herableiten

Tabelle 28: Häufigste Symptome bei Lungenerkrankungen

Ärztliche Analyse / Krankheitszustand	Krankheitsursache	Pathologie	Krankheitssymptome	Symptome Zunge	Puls	Therapie
Wind und Kälte fesseln die Lunge	Wind und Kälte	Lungen-*Qi* kann sich nicht verbreiten und herunterleiten	Starker, lauter Husten oder Atemnot, dünner weißer Schleim, keine Mundtrockenheit, laufende Nase mit klarem Schleim, Kälteempfindlichkeit mit Fieber, Schmerzen in Kopf und Körper	Dünner, weißer Belag	Oberflächlich oder gespannt und straff	Auflösen der Kälte, Verbreitung der Lunge
Wind und Hitze schädigen die Lunge	Wind und Hitze	Störung der Lungenfunktion des Verbreitens und Herableitens	Starker Husten mit gelbem klebrigem Schleim, der sich nur schwer löst. Trockener Mund mit Durstgefühl, dickflüssiges gelbes Nasensekret, Halsschmerzen oder Husten mit blutigem Schleim	Rote Zungenspitze	Oberflächlich, schnell	Kühlen der Hitze, Verbreiten der Lunge

Tabelle 28: Häufigste Symptome bei Lungenerkrankungen

Ärztliche Analyse / Krankheitszustand	Krankheitsursache	Pathologie	Krankheitssymptome	Symptome Zunge	Puls	Therapie
Schädigung der Lunge durch Trockenheit und Hitze	Trockenheit und Hitze	Störung der Lungenfunktion des Verbreitens und Herableitens, Verletzung der Körpersäfte	Husten ohne oder mit wenig klebrigem Schleim, der sich schwer löst, trockene Nase und Kehle, Brustschmerzen oder Fieber, Kopfschmerzen, Schmerzen im ganzen Körper	Zungenspitze rot, Zunge wenig feucht	Oberflächlich, fein und schnell	Kühlen der Lunge, Anfeuchten der Trockenheit
Blockierung der Lunge durch trüben Schleim	Trüber, dickflüssiger Schleim	Schleim und Nässe in der Lunge gestaut, Lungenfunktionen des Reinigens und Herableitens gestört	Husten mit viel klebrigem, weißen Schleim, der sich leicht löst, oder Atemnot mit Brustbeklemmung und Erbrechen	Weißer, klebriger Belag	Gleitend	Trocknen der Nässe, Auflösen des Schleims

7.3.1.3 Syndrome der Milzerkrankungen

A) Leere-Syndrome

7.3.1.3.1 Leere des Milz-*Qi* *(Pi-Qi-Xu)*

Eine Leere und Schwäche des *Qi* der Milz *(Pi-Qi Xu-Ruo)* entsteht durch eine innere Schädigung des *Qi* der Milz *(Nei-Shang Pi-Qi)* infolge schwacher Konstitution, Übermüdung oder unregelmäßiger Nahrungsaufnahme eines Patienten. In der Klinik der chinesischen Medizin treten vor allem drei Arten von Milz-Leere auf:

1. Schlechte Transportfunktion der Milz *(Pi Bu Jian Yun)*
   Hauptsymptome: Appetitlosigkeit, Druckgefühl im Oberbauch nach dem Essen, Schwellungen der Arme und Beine, schlechtes Wasserlassen mit gelegentlich aussetzender Miktion, dünnflüssige Stühle. Der Patient ist kraftlos und kurzatmig, hat eine gelbliche Gesichtsfarbe. Sein Zungenkörper ist hell und zart *(Nen)*, mit weißem Belag; der Puls ist langsam, sanft und schwach *(Huan-Ruo)*.
   Erklärung: Infolge der nicht ausreichenden Milz-Funktion *(Pi-Qi Bu Zu)* kann die Transportleistung der Milz (vgl. Abschn. 3.2.1.3.1) nicht normal ausgeführt werden. Deswegen treten Appetitlosigkeit und Blähungen nach dem Essen auf. Aus dem gleichen Grund wird ferner Wasser-Nässe nicht transportiert, sammelt sich an, führt zu Schwellungen der Extremitäten, zu schlechtem Wasserlassen und zu nicht geformtem Stuhl. Die beeinträchtigte Transportfunktion der Milz *(Pi Shi Jian-Yun)* hat auch eine geschwächte Umwandlungs- bzw. Stoffwechselfunktion *(Sheng-Hua Bu Zu)* zur Folge, deswegen ist der Patient kraftlos und hat eine gelbliche Gesichtsfarbe.
   Therapie: Das *Qi* fördern, die Milz stärken *(Yi-Qi Jian-Pi)*.
2. Senkungen durch Milz-Leere *(Pi-Xu Xia-Xian)*
   Hauptsymptome: Analprolaps, Prolaps Uteri, Gastroptose, chronische Durchfälle mit gleichzeitiger Appetitlosigkeit, Völlegefühl nach dem Essen, Druck im Unterbauch, Kraftlosigkeit, Kurzatmigkeit, gelbliche Gesichtsfarbe, helle Zunge mit weißem Belag, schwacher *(Xu)* Puls.
   Erklärung: Wenn die Milzfunktion des Steigens *(Sheng)* nicht normal abläuft *(Pi-Qi Bu Sheng)*, entsteht beim Patienten nach dem Essen ein Völlegefühl, er hat Durchfälle und eine Empfindung des «Sinkens» (im Abdomen). Das hier vorliegende «Absinken durch Milz-Leere» überträgt sich nach der Lehre der chinesischen Medizin auf die inneren Organe, so daß diese sich ebenfalls senken. Bei einem nicht ausreichenden *Qi* (bzw. Funktion) der Milz ist stets die Transport- und Umwandlungsfunktion *(Yun-*

Hua) der Milz ungenügend, so daß *Qi* und Blut in einen Schwäche- und Leere-Zustand *(Kui-Xu)* gerät, was wiederum Appetitmangel und Kraftlosigkeit des Patienten, gelbliche Gesichtsfärbung, einen leeren *(Xu)* Puls und eine helle Zunge bedingt.

Therapie: Die Milz stärken, das *Qi* fördern *(Bu-Pi Yi-Qi)*.

3. Die Milz kann das Blut nicht kontrollieren *(Pi Bu Tong-Xue)*

   Hauptsymptome: weiße, blasse oder gelbliche Gesichtsfarbe, Appetitlosigkeit, Kurzatmigkeit und Kraftlosigkeit, Hautblutungen, Blut im Stuhl, übermäßige Periodenblutung. Heller Zungenkörper, feiner schwacher *(Xi-Ruo)* Puls.

   Erklärung: Die Milz ist zuständig für die Kontrolle des Blutes (vgl. Abschn. 3.2.1.3.2). Bei einer Schwäche und Leere des *Qi* der Milz kann das Blut im Körper nicht kontrolliert, aufgenommen und gehalten werden *(Tong-She Wu Quan)*, was zu verschiedensten Blutungen führt. Ein leeres und schwaches *Qi* der Milz hat auch eine Kraftlosigkeit der Transport- und Umwandlungsfunktion der Milz (vgl. Abschn. 3.2.1.3.1) zur Folge. Deswegen entstehen Appetitlosigkeit, Müdigkeit, Kurzatmigkeit und blasse Gesichtsfarbe. Der Patient hat eine helle Zunge und einen feinen schwachen *(Xi-Ruo)* Puls, was den allgemeinen Symptomen einer *Qi*-Leere und Blut-Schwäche *(Qi-Xu Xue-Kui)* entspricht.

   Therapie: Die Milz wärmen, die Leere ergänzen bzw. tonisieren *(Wen-Pi Bu-Xu)*, das *Qi* fördern und das Blut aufnehmen *(Yi-Qi She-Xue)*.

7.3.1.3.2 Leere des Milz-*Yang* *(Pi-Yang-Xu)*

Dieser Zustand entsteht meist als Folge einer Leere des *Qi* der Milz *(Pi-Qi-Xu)* oder durch übermäßige Zufuhr roher oder kalter Nahrung, die das *Yang* der Milz verletzt.

Hauptsymptome: Es treten die gleichen Symptome wie bei einer ungenügenden Transportfunktion der Milz (vgl. unter 7.3.1.3.1, Abschn. 1) auf; zusätzlich Kältegefühl und Schmerzen im Bauch (insbesondere nach dem Essen), die sich durch Wärmeanwendung bessern; der Patient hat viel klaren Speichel im Mund, seine Arme und Beine sind kalt, er friert. Bei Frauen findet sich häufig ein abwärts ziehendes Gefühl im Unterleib, im übrigen klagen die Patienten allgemein über tiefsitzende Lendenschmerzen. Der Puls ist tief und langsam *(Chen-Chi)*, die Zunge ist hell mit weißem Belag.

Erklärung: Wenn die *Yang*-Funktionen *(Yang-Qi)* der Milz nicht ausreichend sind, findet sich die Symptomatik einer Leere und Schwäche des *Qi* der

Milz (vgl. Abschn. 7.3.1.3.1). Zusätzlich finden sich bei einer *Yang*-Leere und Kälte im Mittleren Erwärmer *(Yang-Xu Zhong-Han)* kalte Arme und Beine, ein Kältegefühl in Mitte des Bauches (um den Nabel herum) mit Schmerzen; der Patient friert und liebt Wärmeanwendung bei Völlegefühl des Bauches. Die bei Frauen auftretenden nach unten ziehenden Schmerzen im Unterleib sowie die tiefen Lendenschmerzen sind ein Zeichen dafür, daß Kälte und Nässe im Körper nach unten fließen *(Han-Shi-Xia-Zhu)*. Die helle Zunge mit weißem Belag und der tiefe *(Chen)* Puls entsprechen der Symptomatik eines Leere-Kälte-Syndroms.

Therapie: Den Mittleren Erwärmer wärmen, die Milz stärken *(Wen-Zhong Jian-Pi)*.

B) Fülle-Syndrome

7.3.1.3.3 Kälte und Nässe bedrängen die Milz *(Han-Shi Kun-Pi)*

Dieser Zustand kommt meist von zu vielen kalten Speisen oder Getränken. Kälte und Nässe sammeln sich dabei im Mittleren Erwärmer an. Eine andere Entstehungsursache ist die direkte Einwirkung von kalter Nässe auf den Körper des Patienten, entweder durch Regen oder durch einen Sturz ins Wasser. Auch dabei entsteht eine Kälte-Nässe-Bedrängung der Milz.

Hauptsymptome: Druck und Völlegefühl im Ober- und Unterbauch, schwerer Kopf und erschöpfter Körper, Appetitlosigkeit, Brechreiz, kein trockener Mund, dünner, ungeformter Stuhl, schlechtes Wasserlassen; bei Frauen Ausfluß, weißer, klebriger oder dicker Zungenbelag, langsamer, sanfter, schwacher *(Chi-Huan-Ru)* Puls.

Erklärung: Wenn Nässe das *Yang* des Mittleren Erwärmers bedrängt, wird die Transportfunktion der Milz blockiert. Infolge dieser Nässebedrängung *(Shi-Kun)* hat der Patient einen schweren Kopf, aber keinen trockenen Mund und keinen Durst. Er empfindet Völlegefühl und Geblähtheit im Ober- und Unterbauch, hat Brechreiz und keinen Appetit. Wenn die Bedrängung die Haut und die Muskeln erreicht, wird der Körper des Patienten schwer. Wenn das *Yang* der Milz blockiert ist, kann die Transport- und Umwandlungsfunktion der Milz für die Wassernässe *(Yun-Hua-Shui-Shi)* nicht normal ablaufen, deshalb ist der Stuhl dünn und ungeformt, das Urinlassen ist schlecht. Wenn die Kälte-Nässe abwärts läuft *(Han-Shi Xia-Zhu)*, tritt bei Frauen Fluor albus auf. Der weiße klebrige Zungenbelag, schwache, sanfte *(Ru-Huan)* Puls sind typische Anzeichen einer Kälte-Nässe-Blockierung im Körperinneren *(Han-Shi Nei-Zu)*.

Therapie: Wärmen des Mittleren Erwärmers, Auflösen der Nässe *(Wen-Zhong Hua-Shi)*.

7.3.1.3.4 Nässe-Hitze in Milz und Magen *(Pi-Wei Shi-Re)*

Dieser Zustand entsteht durch störende Nässe, die über längere Zeit im Inneren blockiert ist und dabei Hitze erzeugt *(Shi-Xie Yu-Jiu Hua-Re)*. Eine andere Ursache ist zuviel fettes, süßes Essen, Alkohol oder eine wechselseitige Blockierung von Nässe in der Milz und Hitze im Magen *(Pi-Shi-Wei-Re Hu-Xiang Yun-Yu)*.

Hauptsymptome: Hierbei sind die Augen und die Gesichtsfarbe des Patienten von einem leuchtenden Orange-gelb. Der Kranke hat ein drückendes Gefühl im Ober- und Unterbauch, er ist appetitlos, ekelt sich vor fettem oder reichlichem Essen, neigt zu Erbrechen, hat einen kraftlosen, schweren Körper, Fieber, bitteren Mundgeschmack, spärliche Ausscheidung eines gelben Urins. Der Zungenbelag ist gelb und klebrig, der Puls ist schwach und schnell *(Ru-Shu)*.

Erklärung: Wenn sich Nässe und Hitze in Milz und Magen stauen, wird dadurch die Ausscheidungsfunktion der Leber und Galle beeinträchtigt. Die Gallenflüssigkeit tritt heraus, eine Gelbsucht entsteht. Hitze ist eine *Yang*-Störung. Wenn Nässe und Hitze gemeinsam auftreten, beeinflußt dies die Färbung der Haut, die dann eine leuchtend gelb-rote Farbe bekommt. Ist die Hitze stark und üppig, tritt beim Patienten gleichzeitig Fieber und ein bitterer Mundgeschmack auf. Diesem Zustand entspricht eine strahlend gelbe Hautfärbung, von der chinesischen Medizin «*Yang*-Gelb» genannt. Wenn die Nässe-Hitze den Mittleren Erwärmer blockiert, kann die Milz ihre Transport- und Umwandlungsfunktion *(Yun-Hua)* nicht ausüben; es entstehen Blähungen und Völlegefühl im Ober- und Unterbauch, der Patient ist appetitlos, er ekelt sich vor fettem, reichlichem Essen. Die normale Funktion des Absteigens *(Jiang)* des Magens versagt, trübes, dickflüssiges *Qi* steigt in Gegenrichtung hoch *(Zhuo-Qi Shang-Ni)*, was zu Übelkeit und Erbrechen führt. Es wird nur wenig gelber Urin gelassen, der Zungenbelag ist gelb und klebrig, der Puls ist schwach und schnell *(Ru-Shu)*, wie es einer Nässe-Hitze-Erkrankung entspricht.

Therapie: Kühlen und Ausscheiden von Nässe und Hitze *(Qing-Li Shi-Re)*.

Tabelle 29: Häufigste Symptome bei Milz-Erkrankungen

Krankheitszust.	Ärztliche Analyse	Krankheitsursache	Pathologie	Symptome: gemeinsame Symptome	Symptome: Spezielle Symptome	Symptome: Zunge	Symptome: Puls	Therapie
Milz-*Qi*-Leere	Transportfunktion ungenügend	Leere und schwache Konstitution, Überanstrengung, unregelmäßiges Essen, innere Schädigung des *Qi* der Milz	Transport-Funktion der Milz ungenügend	Appetitlosigkeit, Kraftlosigkeit, Kurzatmigkeit, hellgelbe oder weiße Gesichtsfarbe	Blähungen, Völlegefühl nach dem Essen, dünner, nicht geformter Stuhl	helle, zarte Zunge mit weißem Belag	Leer *(Xu)*	Milz stärken, *Qi* fördern
	Senkungen durch Milz-Leere		*Qi* des Mittleren Erwärmers ungenügend, *Qi*-Leere sinkt abwärts		Chronischer Durchfall, Analprolaps, Prolaps uteri, Gastroptose, Senkung der übrigen inneren Organe	Zunge mit weißem Belag	Leer und schwach	Milz tonisieren, das *Qi* fördern
	Milz beherscht das Blut nicht		*Qi* der Milz leer und schwach, *Qi* kann das Blut nicht halten		Blut im Stuhl, übermäßige Periodenblutung, Blutungen unter der Haut	Helle Zunge	Fein, schwach	Milz tonisieren, das Blut aufnehmen
Milz-*Yang*-Leere		Eine Folge der Milz-*Qi*-Leere, zuviel kalte oder rohe Speisen, die das *Yang* der Milz verletzen	*Yang*-Leere, Kälte im Mittleren Erwärmer		Kälte und Schmerzen in der Mitte des Abdomen, die nach dem Essen oder bei Wärmeanwendung leichter werden, Durchfall mit unverdauten Speiseresten, Kältegefühl des Patienten mit kalten Extremitäten	Helle Zunge mit weißem Belag	Tief, langsam	Wärmen des Mittleren Erwärmers, Stärken der Milz

Tabelle 29: Häufigste Symptome bei Milz-Erkrankungen (Fortsetzung)

Ärztliche Analyse / Krankheitszust.	Krankheitsursache	Pathologie	Symptome: gemeinsame Symptome	Symptome: Spezielle Symptome	Symptome: Zunge	Symptome: Puls	Therapie
Bedrängung der Milz durch Kälte und Nässe	Zuviel kalte Speisen und Getränke, Erkältung durch Regen und Nässe	Blockierung von Kälte und Nässe im Mittleren Erwärmer, wodurch die Transport- und Umwandlungsfunktion der Milz gestört ist	Appetitlosigkeit, Blähungen im Abdomen, Übelkeit und Erbrechen, kraftloser Körper, Müdigkeit, klebriger Zungenbelag, schwacher Puls	Kraftlosigkeit, schwerer Kopf und Körper, nicht geformter Stuhl, schlechtes Wasserlassen, kein Durst, bei Frauen Ausfluß	Klebriger, weißer und dicker Belag	Langsam, weich und schwach	Wärmen des Mittleren Erwärmers, Auflösen der Nässe
Nässe-Hitze in Milz und Magen	Gestaute Nässe entwickelt Hitze oder zu fettes, süßes Essen und Trinken bzw. wechselseitige Blockierung von Milz-Nässe und Magen-Hitze	Nässe und Hitze sind im Inneren gestaut, die Transportfunktion der Milz ist beeinträchtigt, dadurch wird die Ausscheidung von Gallenflüssigkeit aus Leber und Galle behindert		Gelbsucht mit leuchtend gelbroter Farbe (orangerot), Fieber, bitterer Mundgeschmack, wenig Ausscheidung von gelbem Urin	Gelber, klebriger Belag	Schwach, schnell	Kühlen und Ausscheiden von Nässe und Hitze

7.3.1.4 Syndrome der Lebererkrankungen

7.3.1.4.1 Stauung des Leber-*Qi* *(Gan-Qi Yu-Jie)*

Nach der Lehre der chinesischen Medizin «liebt die Leber die Ordnung» *(Xi-Tiao-Da)* und ist zuständig für die Beförderung und Ausscheidung *(Shu-Xie)* (vgl. Abschn. 3.2.1.4.2). Psychische Erregungen können zu Funktionsstörungen und Blockierungen *(Yu)* der Leber führen, wobei die «Ordnung» der Leber gestört wird. Es treten dann die Krankheitszeichen einer «Blockierung des *Qi* der Leber» auf.

Hauptsymptome: Blähungen und Schmerzen am Rippenbogen, Engegefühl in der Brust, gedrückte, depressive Stimmung, Appetitlosigkeit oder bitterer Geschmack im Mund, Neigung zum Erbrechen, Schwindelanfälle, gespannter *(Xian)* Puls, weißer, schlüpfriger Zungenbelag. Unregelmäßige Periodenblutung bei Frauen, schmerzhafte Periodenblutung oder Brustschmerzen vor der Menstruation.

Erklärung: Die Leber-Gefäße (Blutgefäße und Meridianverläufe) verteilen sich zwischen den Rippen; wenn das *Qi* und Blut des Leber-Meridians gestaut ist *(Gan-Jing Qi-Xue Yu-Zhi)* treten aufgrund dieser anatomischen Beziehung Schmerzen und Druckgefühl im Thorax auf. Eine Leber-Blockierung mit Unbehagen *(Gan-Yu Bu Shu)* führt dazu, daß die absteigende Funktion des Magens nicht richtig vonstatten geht *(Wei Shi He-Jiang)*, deswegen treten Erbrechen und Übelkeit nach dem Essen auf. Wenn die Leber gestaut und das *Qi* blockiert *(Gan-Yu Qi-Jie)* ist, entwickelt das blockierte *Qi* Feuer, welches in Gegenrichtung hochsteigt *(Shang-Ni)*; der Patient spürt einen bitteren Mundgeschmack und fühlt Schwindel. Aufgrund der Stauung und Blockierung des *Qi* der Leber ist auch die Blutfunktion *(Qi-Xue)* gehemmt. Es kommt im Organismus zu einer Unausgewogenheit zwischen den beiden außergewöhnlichen Gefäßen *Chong-Mai* und *Ren-Mai*, deshalb ist die Periodenblutung bei Frauen unregelmäßig und es treten vor der Periode Schmerzen in der Brust auf.

Bei einer *Qi*-Stauung der Leber kann es auch dazu kommen, daß ein Patient durch einen plötzlichen Schreck oder Ärger am ganzen Körper anfängt zu zittern, daß seine Arme und Beine taub werden, daß er ohnmächtig umfällt, die Hände zu Fäusten geballt, mit Röcheln im Halse. Es handelt sich hierbei um eine *Qi*-Stauung in der Brust, wodurch der *Qi*-Mechanismus blockiert wird *(Zu-Bi Qi-Ji)* und die Zirkulation des *Qi* und Blut im ganzen Körper behindert wird. Hält die Leber-Stauung *(Gan-Yu)* längere Zeit an, werden die Schmerzen unter dem Rippenbogen scharf wie Nadelstiche, sind am Tage leichter, in der Nacht heftig. Die Zungenfarbe des Patienten wird dunkelviolett, am Zungenrand treten Blutflecken durch gestautes Blut auf. Der Puls ist gespannt, langsam und rauh *(Xian-Chi-Se)*. Alles das sind Symptome einer Blut-Stauung *(Xue-Yu)* infolge der Leber-Blockierung und *Qi*-Stauung *(Gan-Yu Qi-Zhi)*.

Wenn sich die Blockierung der Blutfunktion *(Qi-Xue Yu-Jie)* über längere Zeit nicht löst, entsteht ein Zustand, den die chinesische Medizin als «Anhäufung» *(Ji-Ju)* bezeichnet. Der Begriff *«Ju»* (wörtlich: versammeln) deutet auf eine Knotenbildung im Abdomen hin, die sich zeitweise zusammenzieht, zeitweise auflöst, was in der chinesischen Medizin als typisches Zeichen einer *Qi*-Blockierung *(Qi-Jie)* gilt. Der Begriff *«Ji»* (wörtlich: anhäufen) meint einen festen, unbeweglichen Knoten bzw. Tumor im Bauch, wie er sich z. B. bei einem Milz-Tumor oder einer Leberschwellung findet. Für die chinesische Heilkunde ist all dies symptomatisch für eine Blut-Stauung *(Xue-Yu)*.

Therapie: Bei der Stauung und Blockierung des *Qi* der Leber: die Leber befördern, die Stauung lösen *(Shu-Gan Jie-Yu)*. Bei der Blockierung der Leber-Kapillaren *(Gan-Luo Yu-Zhi)* soll man die Leber lockern, die Kapillaren beleben *(Shu-Gan Huo-Luo)*. Bei der Leberstauung mit «Anhäufung» soll man das Blut beleben *(Huo-Xue)*.

7.3.1.4.2 Heftiges Aufsteigen des Leber-*Yang* *(Gan-Yang Shang-Kang)*

Dieser Zustand tritt meist bei einer *Yin*-Leere der Leber und der Niere ein, die dazu führt, daß das *Yang* nicht beschränkt und eingegrenzt werden kann. Dann steigt das *Yang* der Leber heftig nach oben und führt zu Erkrankungen. Hier liegt meist als Krankheitsursache eine Leere *(Xu)* vor; die Symptomatik erscheint indessen als Fülle *(Shi)*.

Hauptsymptome: Schmerzen, Kopfdruck, Schwindel, Augenflimmern, Ohrensausen, Taubheit, Trockener Mund und rauhe Kehle, trockene, brennende Augen, Schlaflosigkeit, starkes Taubheitsgefühl in Armen und Beinen, rote Zunge mit wenig Feuchtigkeit, gespannter kräftiger *(Xian You Li)* Puls.

Erklärung: Bei einem heftigen Aufsteigen des *Yang* der Leber werden das *Qi* und Blut nach oben getrieben und rufen Kopfschmerzen, Schwindel, Ohrensausen, Taubheit, Mundtrockenheit, rauhe Kehle und trockene brennende Augen hervor. Bei einem nicht ausreichenden *Yin* der Nieren wird das Gehirn nicht genügend versorgt; wenn hierzu ein heftiges Aufsteigen des *Yang* der Leber kommt, entstehen Schlaflosigkeit und Gedächtnisschwäche. Wenn das *Yin* und Blut *(Yin-Xue)* nicht ausreichend sind, können sie die Blutgefäße des

Körpers nicht ernähren, deshalb findet sich hier starkes Taubheitsgefühl in Armen und Beinen. Die rote Zunge mit wenig Speichel, der gespannte kräftige Puls, sind typische Zeichen einer *Yin*-Leere mit starkem *Yang (Yin-Xu Yang-Kang)*.

Therapie: Das *Yin* ernähren, das *Yang* verbergen *(Zi-Yin Qian-Yang)*.

7.3.1.4.3 Das Leber-Feuer flammt aufwärts *(Gan-Huo Shang-Yan)*

Dieser Zustand kommt meist durch ein gestautes *Qi* der Leber zustande, das Feuer erzeugt. In der chinesischen Medizin heißt es: «Ein Überschuß des *Qi* ist Feuer.» Es handelt sich hier um ein Fülle-Syndrom *(Shi-Zheng)*.

Hauptsymptome: Kopfschmerzen, Schwindel, Ohrensausen, Taubheit, rotes Gesicht und brennende Augen, bitterer Mundgeschmack, gelber Urin. In besonders starken Fällen tritt ferner Blut im Schleim, Bluterbrechen oder Nasenbluten auf. Die Zunge ist rot mit gelbem Belag, der Puls ist gespannt und schnell *(Xian-Shu)*.

Erklärung: Wenn das Feuer im Körper nach oben flammt, bekommt der Patient ein rotes Gesicht und brennende Augen, hat Kopfschmerzen, Schwindel, Augenflimmern, einen bitteren Geschmack im Mund, Ohrensausen und Taubheit – alles typische Symptome eines nach oben brennenden Leber-Feuers. Wenn dieses Leber-Feuer das Blut befällt und dieses «maßlos» bewegt *(Gan-Huo Po-Xue Wang-Xing)*, entstehen blutiger Schleim, Bluterbrechen, Nasenbluten. Der Patient hat einen gelben Urin, eine rote Zunge mit gelbem Belag, einen schnellen Puls, wie es einem im Körperinneren üppigen Leberfeuer *(Gan-Huo Nei-Cheng)* entspricht.

Therapie: Kühlen und Beruhigen bzw. Sedieren des Leber-Feuers *(Qing-Xie Gan-Huo)*.

7.3.1.4.4 Nässe-Hitze in Leber und Gallenblase *(Gan-Dan Shi-Re)*

Nach der Lehre der chinesischen Medizin ist die Milz zuständig für Transport und Umwandlung von Wasser-Nässe *(Yun-Hua Shui-Shi)*. Wenn sich irgendwo im Körper Nässe bildet, liegt dies deshalb an der Milz. Wenn sich in der Milz Nässe und Hitze ansammelt *(Pi-Zhong Shi-Re Nei-Yun)*, werden dadurch die Funktionen der Beförderung und Ausscheidung *(Shu-Xie)* der Leber beeinträchtigt, so daß Nässe-Hitze in Leber und Galle entsteht.

Hauptsymptome: Druck, Völlegefühl und Schmerzen am Rippenbogen, Gelbsucht, wenig rötlicher oder gelber, trüber Urin; bei Frauen gelber, übelriechender Ausfluß mit Puritus vulvae; bei Männern schmerzhaft angeschwollene und gerötete Hoden. Der Zungenbelag ist gelb und klebrig, der Puls ist gespannt und schnell *(Xian-Shu)*.

Erklärung: Der Leber-Meridian verteilt sich unter beiden Rippenbögen, umkreist die Geschlechtsorgane und zieht zum Unterleib. Deshalb hat der Patient bei Nässe und Hitze in Leber und Galle Schmerzen und Druckgefühl unter den Rippen. Der ausgeschiedene Urin ist gelb und trübe; bei Frauen entsteht gelber, übelriechender Ausfluß; Männer leiden an schmerzhaften Hodenschwellungen. Wenn Nässe-Hitze im Inneren gestaut *(Shi-Re Nei-Yun)* ist, fließt die Gallenflüssigkeit über und eine Gelbsucht tritt ein. Dann wird nur wenig rötlicher Urin ausgeschieden, der Zungenbelag ist gelb und klebrig, der Puls ist gespannt und schnell *(Xian-Shu)*, was die allgemeinen Symptome eines Nässe-Syndroms sind.

Therapie: Kühlen und Ausschwemmen der Nässe und Hitze von Leber und Galle *(Qing-Li Gan-Dan Shi-Re)*.

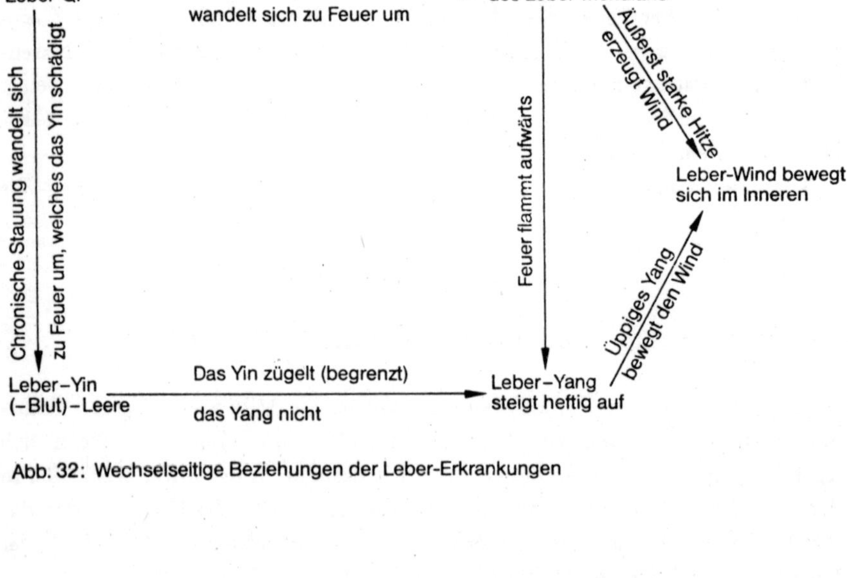

Abb. 32: Wechselseitige Beziehungen der Leber-Erkrankungen

7.3.1.4.5 Leber-Wind bewegt sich im Inneren *(Gan-Feng Nei-Dong)*

Die chinesische Medizin unterscheidet in ihrer Pathologie einen inneren Wind und einen äußeren Wind. Unter dem Begriff des «Leber-Windes» versteht man den inneren Wind (vgl. Abschn. 5.2.1.1). Die am häufigsten auftretenden Symptome dieses Wind-Zustandes sind Kopfschmerzen, Tremor, Parästhesien.

Dieser Krankheitszustand wird in drei Gruppen unterteilt:

1. Das *Yang* der Leber entwickelt Wind *(Gan-Yang Hua-Feng).*
   Hauptsymptome: Zuckende Kopfschmerzen, Schwindel, Augenflimmern, Parästhesien und Zittern in Armen und Beinen, schräg abweichende Bewegungen der Zunge, roter Zungenkörper, gespannter *(Xian)* Puls. Bei Verschlechterung der Krankheitssituation fällt der Patient plötzlich um, hat eine steife Zunge, kann nicht sprechen oder ist halbseitig gelähmt.
   Erklärung: Es ist ein Charakteristikum der Wind-Symptomatik, daß sie beweglich ist (vgl. Abschn. 5.2.1.1.1), deshalb treten bei diesem Krankheitszustand Zittern und Zuckungen auf. Im Buch *«Su-Wen»* heißt es: «Der Wind erzeugt Schwindel und Augenflimmern, diese Zustände werden der Leber zugeordnet» (257). Wenn das *Yang* der Leber heftig aufsteigt, wird dadurch Schwindel und Kopfschmerz hervorgerufen. In ernsteren Fällen kann auch die Psyche *(Xin-Shen)* gestört werden, der Patient ist verwirrt oder wird plötzlich ohnmächtig.
   Therapie: Die Leber beruhigen, den Wind stillen *(Ping-Gan Xi-Feng).*

2. Stärkste Hitze erzeugt Wind *(Re-Ji Sheng-Feng)*
   Hauptsymptome: Hohes Fieber, Krämpfe in Armen und Beinen, steifer Nacken, beide Augen nach oben verdreht, Opisthotonus, Bewußtlosigkeit, rote Zunge, gespannter schneller *(Xian-Shu)* Puls.
   Erklärung: Wenn hohes Fieber im Körperinneren Wind erzeugt, wirken Wind und Feuer (Fieber) wechselseitig störend aufeinander ein; Sehnen und Gefäße werden nicht richtig ernährt *(Jin-Mai Shi-Yang),* deshalb treten Krämpfe und Zuckungen auf, die von den Venen ausgehen, und der Patient kann in einen Opisthotonus (Arc du Cercle) geraten. Wenn das Fieber die psychische Verfassung, in der chinesischen Medizin «Herz-Geist» *(Xin-Shen)* genannt, bedrängt, kann der Kranke ohnmächtig werden.
   Therapie: Die Hitze kühlen, den Wind stillen *(Qing-Re Xi-Feng).*

3. Blut-Leere erzeugt Wind *(Xue-Xu Sheng-Feng)*
   Hauptsymptome: Schwindel, Augenflimmern, verminderte Sehkraft, gelbliche Gesichtsfarbe, Taubheitsgefühl (Parästhesien) in den Armen oder

plötzliche Krämpfe in Armen und Beinen. Fest zusammengepreßte Zähne, gespannter feiner *(Xian-Xi)* Puls, helle Zunge mit wenig Belag.
Erklärung: Bei einer Leere und Schwäche des Leber-Blutes *(Gan-Xue Xu-Shuai)* ernährt das Blut die Leber nicht. Aus diesem Grunde treten Augenflimmern und Schwindel sowie verminderte Sehleistung auf. Infolge der Blut-Leere können die Sehnen und Gefäße nicht versorgt werden, durch die Bewegung des Leber-Windes im Körperinneren entstehen Parästhesien und Zuckungen an Armen und Beinen.
Therapie: Das Blut ernähren, den Wind stillen *(Yang-Xue Xi-Feng)*.

7.3.1.4.6 Kälte-Blockierung der Leber-Gefäße *(Han-Zhi Gan-Mai)*

Bei diesem Zustand hat sich eine von außen eingedrungene Kälte-Störung *(Han-Xie)* im Leber-Meridian und den zugehörigen Blutgefäßen festgesetzt, blockiert die Blutfunktion *(Qi-Xue Ning-Zhi)* und erzeugt die hier vorliegende Erkrankung.

Hauptsymptome: Schmerzhafte Blähungen im Abdomen; bei Männern Schmerzen, die bis zum Hoden abwärts ziehen oder dick geschwollene, nach unten ziehende Hoden, mit kaltem, eingeschrumpftem Hodensack; feuchte Zunge mit weißem Belag, meist tiefer gespannter *(Chen-Xian)* Puls.

Erklärung: Zu diesem Krankheitsbild der Kältestauung der Lebergefäße heißt es im Buche *«Ling-Shu»*: «Wenn im Leber-Meridian das *Qi* in Gegenrichtung verläuft *(Qi-Ni)*, schwellen die Hoden an und sind schmerzhaft» (258). Dies bedeutet, daß das *Qi* und Blut *(Qi-Xue)* nicht frei fließen, wenn eine Kälte-Störung den Leber-Meridian und die zugehörigen Gefäße blockiert. Das *Qi* bekommt in solchem Fall nicht genügend Wärme, das Blut wird nicht ausreichend versorgt; es treten die genannten Meridian- und Gefäß-Blockierungen mit Krämpfen, Ziehen und Schmerzen auf.

Therapie: Die Leber wärmen, die Kälte zerstreuen *(Nuan-Gan San-Han)*.

Tabelle 30: Häufigste Symptome bei Leber-Erkrankungen

Ärztliche Analyse Krankheitszust.	Krankheitsursache	Pathologie	Symptome gemeinsame Symptome	 spezielle Symptome	 Zunge	Puls	Therapie
Blockierung des Leber-*Qi*	psychische Erregung	*Qi* der Leber ist gestaut, Zirkulation von *Qi* und Blut wird dadurch beeinträchtigt		Blähungen und Schmerzen unter dem Rippenbogen, Druckgefühl im Thorax, depressive Stimmung, häufiges Seufzen oder Stöhnen des Patienten, bei Frauen Störung der Periodenblutung mit schmerzhafter Regel oder Schmerzen und Spannungen in der Brust vor der Menstruation	Weißer, schlüpfriger Belag	Gespannt	Leber befördern, Stauung lösen
Heftiges Aufsteigen des Leber-*Yang*	Leere des *Yin* von Leber und Niere, *Yin*-Leere mit übermäßigem *Yang*	die *Yin*-Leere kann das *Yang* nicht begrenzen, deshalb steigt das Leber-*Yang* stark nach oben	Kopfschmerzen mit Augenflimmern oder Taubheit, psychische Erregung, Neigung zu Wutanfällen, rote Zunge, gesp. Puls	Spannung im Kopf u. in den Augen, brennende und trockene Augen, Schlaflosigkeit, Gedächtnisschwäche, Taubheit u. Zittern in Armen und Beinen	Rot, wenig feucht	Gespannt, kräftig	*Yin* ernähren, *Yang* verbergen

Ärztliche Analyse Krankheitszust.	Krankheitsursache	Pathologie	Symptome gemeinsame Symptome	spezielle Symptome	Zunge	Puls	Therapie
Leber-Feuer flammt aufwärts	Blockiertes *Qi* entwickelt Feuer	Leber-Feuer flammt aufwärts, treibt dabei das *Qi-Xue* in Gegenrichtung hoch *(Shang-Ni)* oder setzt das *Yin*-Blut in Bewegung		Rote Gesichtsfarbe, rote Augen, bitterer Mundgeschmack, gelber Urin, bei schwer Erkrankten blutiger Schleim, Bluterbrechen, Nasenbluten	Rote Zunge mit gelbem Belag	Gespannt, schnell	Kühlen und Sedieren des Leber-Feuers
Nässe-Hitze von Leber und Galle	Störende Nahrung oder schlechte Regulierung und Ausscheidung von Leber und Galle	Nässe und Hitze im Inneren gestaut, dadurch Regulierung und Ausscheidung der Leber beeinträchtigt, weshalb Gallenflüssigkeit austritt		Schmerzen und Druckgefühl am Rippenbogen und im Thorax, Gelbsucht, wenig roter Urin, übelriechender gelber Ausfluß bei Frauen, pruritus vulvae; schmerzende, gerötete und geschwollene Hoden bei Männern	Gelber, klebriger Belag	Gespannt, schnell	Kühlen und Ausschwemmen der Nässe und Hitze von Leber und Galle

Krankheitszust.	Ärztliche Analyse	Krankheitsursache	Pathologie	Symptome: gemeinsame Symptome	Symptome: spezielle Symptome	Symptome: Zunge	Symptome: Puls	Therapie
Leber Wind bewegt sich innen	Leber-*Yang* entwickelt Wind	starkes, üppiges Leber-*Yang*	*Yin*-Leere mit *Yang*-Fülle, Leberwind bewegt sich innen	Krämpfe, Zucken und Zittern, Parästhesien, Schwindel, Augenflimmern	Neben den gemeinsamen Symptomen: plötzliche Ohnmacht, steife Zunge, Sprachstörungen, Halbseitenlähmung	Rot	Gespannt	Leber beruhigen, Wind stillen
	äußerste Hitze erzeugt Wind	Hohes Fieber erzeugt Wind	Wind und Feuer schüren sich wechselseitig, Sehnen und Gefäße nicht ernährt		Hohes Fieber, Bewußtlosigkeit, steifer Nacken, Opisthotonus	Rot	Gespannt, schnell	Hitze kühlen, Wind stillen
	Blut-Leere erzeugt Wind	Leber-Blut-Leere und Schwäche	Blut ernährt die Leber nicht, Sehnen und Gefäße werden deshalb schlecht ernährt		Schwache Sehkraft, gelbe Gesichtsfarbe, taubes Gefühl, Parästhesien in den Armen	Hell mit wenig Belag	Gespannt, fein	Blut nähren, Wind stillen
Kälte-Blockierung der Leber-Gefäße		Kälte-Störung greift Leber-Meridian an	Kälte-Blockierung und *Qi*-Stauung, Meridiangefäße nicht durchgängig		Schmerzen und Blähungen im Unterleib, zum Hoden ziehende Schmerzen, große, geschwollene, nach unten ziehende Hoden, kalter, eingeschrumpfter Hodensack	Feucht, weißer Belag	Tief, gespannt	Leber wärmen, Kälte zerstreuen

7.3.1.5 Syndrome der Nierenerkrankungen *(Shen-Bing Bian-Zheng)*

Im Inneren der Niere werden nach der Lehre der chinesischen Medizin das ursprüngliche *Yin (Yuan-Yin)* und das ursprüngliche *Yang (Yuan-Yang)* gespeichert (wörtlich: «verborgen», chinesisch: *Cang*). Der Mensch soll sie beide fest bewahren und nicht verausgaben oder erschöpfen, denn Nierenerkrankungen sind meist Leere- bzw. Erschöpfungszustände *(Xu-Zheng)*. Nierenkrankheiten werden in der chinesischen Medizin in zwei Hauptgruppen eingeteilt:

1. Leere des *Yang* der Niere,
2. Leere des *Yin* der Niere.

7.3.1.5.1 Leere des Nieren-*Yang (Shen-Yang)*

Dieser Zustand wird je nach klinischer Symptomatik und pathologischen Veränderungen in vier Untergruppen eingeteilt:

1. Leere und Schwäche des *Yang* der Niere *(Shen-Yang Xu-Shuai)*:
   Eine Leere des *Yang* der Niere kommt entweder zustande durch eine schwache Konstitution des Patienten, durch eine chronische Erkrankung, Überanstrengung, Verausgabung des *Yuan-Qi* des Unteren Erwärmers *(Xia-Yuan)*. Andere Ursachen können Altersschwäche oder ein nicht ausreichendes *Yang* der Niere sein, was ebenfalls zu einer Leere und Schwäche des *Yang* der Niere führen kann.
   Hauptsymptome: Frostgefühl am Körper und in den Extremitäten, Energiemangel, Kraftlosigkeit in Lenden und Knien und Impotenz. Helle Zunge mit weißem Belag, tiefer, langsamer Puls, der an beiden Handgelenken über der Position *«Chi»* (Punkt *Jing-Qu*, 8. Punkt des Lungen-Meridians) kraftlos ist.
   Erklärung: Bei einem leeren *Yang* der Niere ist der Patient ohne Energie; er friert, hat kalte Arme und Beine. Nach der Lehre der chinesischen Medizin sind die Lenden der Bereich der Nieren, die Nieren sind zuständig für die Knochen. Bei einem nicht ausreichenden *Yang* der Niere gibt es deshalb Schwäche in der Lendenpartie, im Kreuz und in den Knien, da letztere den Knochen zugehören. Bei einer Leere und Schwäche des *Yang* der Niere *(Shen-Yang Xu-Shuai)* sind stets auch die Sexualfunktionen abgeschwächt, es kann zu Impotenz kommen. Die Zunge ist hell mit weißem Belag, der Puls ist tief und langsam *(Chen-Chi)* und an beiden Handgelenken in der Tastposition *«Chi»* (8. Punkt des Lungen-Meridians) ohne Kraft.

Therapie: Das *Yang* der Niere wärmen und ergänzen bzw. tonisieren *(Wen-Bu Shen-Yang).*

2. Das *Qi* der Niere ist nicht kräftig *(Shen-Qi Bu Gu)*:
Dieser Zustand kann von einer länger dauernden Schwäche mit Verausgabung des *Yang* der Niere kommen, oder er entsteht durch ungenügende Pflege und Ernährung eines chronisch kranken Patienten. Hier ist die Funktion der Niere geschwächt und vermindert *(Shen-Qi Kui-Hao),* die Niere hat ihre Fähigkeit des Speicherns *(Cang),* der Festigkeit *(Gu)* und des Aufnehmens *(She)* eingebüßt, deshalb ist das *Qi* der Niere nicht kräftig.
Hauptsymptome: Spermatorrhoe, Ejaculatio praecox, Impotenz, Ausscheidung von klarem Urin, Nachtröpfeln nach dem Wasserlassen, häufiges Urinieren oder Enuresis (auch bei Kindern). Lendenschmerzen und Lendenschwäche, bleiche Gesichtsfarbe, abgeschwächte Hörkraft, helle Zunge mit weißem Belag, feiner schwacher *(Xi-Ruo)* Puls.
Erklärung: Der Begriff der «Spermatorrhoe» wird in der chinesischen Medizin häufig verwendet, was westlichen Medizinern schwer verständlich ist. In diesem Zusammenhang sei an die Funktionen der Niere nach der Theorie der chinesischen Medizin erinnert (vgl. Abschn. 3.2.5.1). Danach ist bei einer Spermatorrhoe und bei Ejaculatio praecox infolge Leere des *Qi* der Niere die sogenannte «Samen-Schranke» *(Jing-Guan)* nicht fest, weshalb der Samen ausläuft (259). Die Blase steht mit der Niere in einer Oberfläche-Innen*(Biao-Li)*-Beziehung. Bei einer Leere des *Qi* der Niere wird aus diesem Grunde die Blasenfunktion unkontrollierbar; es kommt zur Enuresis, d. h. zu häufigem, klarem Wasserlassen oder zum Nachtröpfeln nach dem Urinieren. Da die Lenden- und Kreuzpartie der Bereich der Niere ist, entstehen bei Nieren-Leere Kreuz- und Lendenschmerzen. Der Schlüssel zum diagnostischen Verständnis der Nieren *(Shen Kai-Qiao)* liegt an den Ohren. Bei einer Leere des Nieren-*Qi* kann das *Qi* nicht zu den Ohren aufsteigen und diese bleiben ungenügend versorgt, sodaß sich die Hörkraft abschwächt. Aus dem gleichen Grunde ist auch die Gesichtsfarbe weiß, die Zunge hell, der Zungenbelag weiß, der Puls fein und schwach *(Xi-Ruo),* wie es der allgemeinen Symptomatik einer Nieren-Leere entspricht.
Therapie: Festigen und Aufnehmen des *Qi* der Niere *(Gu-She Shen-Qi).*

3. Die Niere nimmt das *Qi* nicht auf *(Shen Bu-Na Qi)*:
Dieser Zustand tritt oft ein bei Patienten mit einer Nieren-Leere und *Qi*-Schwäche *(Shen-Xu Qi-Ruo).* Als Ursache für eine Schädigung des *Qi* der Niere kommen chronische Erkrankungen mit Husten und Asthma in Frage; auch besondere Korpulenz des Patienten, die nach Ansicht der chinesischen Medizin häufig mit einer *Qi*-Leere im Zusammenhang steht *(Ti-Pang Qi-*

Xu); ferner häufige Schweißausbrüche oder Schädigung durch Überanstrengungen verschiedener Art.

Hauptsymptome: Kurzatmigkeit, weil der Patient mehr aus- als einatmet, Atemnot nach körperlicher Anstrengung, Schweißausbrüche, Arme und Beine nicht warm, Abneigung gegen Wind und Kälte, geschwollenes teigiges Gesicht. Der Puls ist leer und oberflächlich *(Xu-Fu)*, der Zungenkörper ist hell.

Erklärung: Die Lunge ist nach der Lehre der chinesischen Medizin zuständig für den Atem, die Niere ist zuständig für die Aufnahme des *Qi*. Bei einer Leere des *Qi* der Niere ist die Funktion der Aufnahme *(She-Na)* der Niere beeinträchtigt; es entsteht ein Zustand, der mit «unten Leere, oben Übermaß» *(Xia-Xu Shang-Cheng)* bezeichnet wird, wobei Kurzatmigkeit und Atemnot, stärkeres Ausatmen als Einatmen eintritt. Bei einer Leere des *Yang* der Niere kann dieses das Wasser im Körper nicht umwandeln *(Bu-Neng Hua-Shui)* und so dem *Yin* nicht widerstehen; deshalb entstehen Ödeme im Gesicht. Bei einer Leere und Schwäche des *Yang* der Niere ist auch das Abwehr-*Yang* nicht vollkommen *(Wei-Yang Bu Chong)*, deshalb hat der Patient Schweißausbrüche, kalte Extremitäten, fürchtet sich vor Wind und empfindet Abneigung gegen Kälte.

Therapie: Die Niere stärken bzw. tonisieren, das *Qi* aufnehmen *(Bu-Shen Na-Qi)*.

4. Nieren-Leere mit Wasser-Überschwemmung *(Shen-Xu Shui-Fan):*

Dieser Zustand entsteht meist durch leere und schwache *(Xu-Ruo)* Konstitution oder als Folge schlechter Pflege bei chronischen Erkrankungen. Das *Yang* der Niere ist in diesem Fall schwach, es kann die Körperflüssigkeiten nicht verdampfen *(Wen-Hua Shui-Ye)*. So kommt es, daß eine Wasser-Störung eine «Überschwemmung» verursacht *(Shui-Xie Fan-Lan)* und in Gegenrichtung aufsteigt *(Shang-Ni)* oder aber in die Haut und die Muskeln übertritt und hier Ödeme bildet, was nach den Erfahrungen der chinesischen Medizin ein typisches Zeichen einer Nieren-Leere mit Wasser-Überschwemmung ist.

Hauptsymptome: Ödematöse Schwellungen am ganzen Körper, vor allem in den unteren Extremitäten, wobei Fingerdruck eine tiefe Grube hinterläßt. Außerdem Lendenschmerzen, Blähungen mit Völlegefühl im Abdomen, wenig Urinausscheidung, Kurzatmigkeit, schleimiges Röcheln im Hals, Zungenkörper geschwollen und hell, weißer Zungenbelag, tiefer feiner *(Chen-Xi)* Puls.

Erklärung: Bei einer Schwäche des *Yang* der Niere *(Shen-Yang Shuai-Wei)* ist die Umwandlung des *Qi* nicht normal *(Qi-Hua Shi Chang)*, wodurch die Ausscheidungen des Körpers beeinträchtigt werden und insbesondere das Wasserlassen abnimmt. Die nicht verarbeiteten Körperflüssigkeiten *(Shui-Ye)* überschwemmen die Gewebe, sickern in Muskeln und Haut ein und bilden Ödeme. In schweren Fällen bleibt beim Fingerdruck auf diese Ödeme eine Grube zurück. Wenn sich Wasser im Abdomen ansammelt, hat der Patient ein Völlegefühl im Bauch. Entsteht aus dem gestauten Wasser Schleim *(Tan)*, hat der Patient Husten, Atemnot und schleimiges Röcheln (vgl. Abs. 5.2.5.1). Der Schleim kann den *Qi*-Mechanismus blockieren *(Tan-Zu Qi-Ji)*, sodaß die Lungenfunktionen der Reinigung und des Herableitens nicht mehr ablaufen *(Fei Shi Su-Jiang)* können und Kurzatmigkeit eintritt. Als typische Zeichen einer *Yang*-Leere der Niere bzw. einer *Yang*-Leere mit Wasser-Überschwemmung finden sich ein geschwollener heller Zungenkörper mit weißem Belag und ein tiefer feiner *(Chen-Xi)* Puls.

Therapie: Das *Yang* wärmen, das Wasser ausleiten *(Wen-Yang Li- Shui)*.

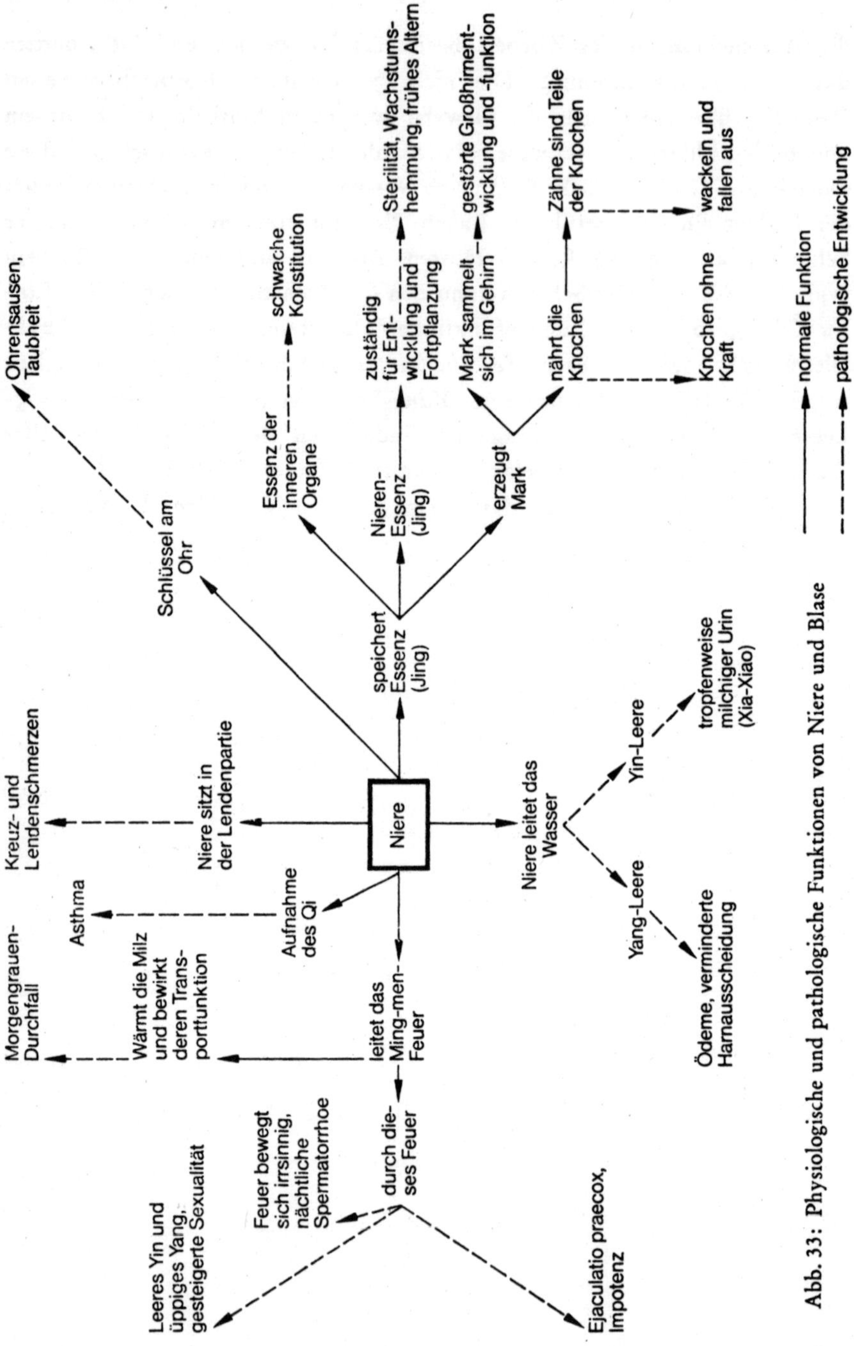

Abb. 33: Physiologische und pathologische Funktionen von Niere und Blase

7.3.1.5.2 Leere des Nieren-*Yin* *(Shen-Yin-Xu)*

Eine Nieren-*Yin*-Leere entsteht meist durch eine Schädigung der Essenz *(Shang-Jing)*, durch Blutverluste oder durch eine Beeinträchtigung der Körpersäfte *(Hao-Ye)*. Es kann auch sein, daß das Nieren-*Yin* durch eine akute Hitze-Erkrankung geschädigt wurde *(Ji-Xing-Re-Bing Hao-Shang Shen-Yin)* oder daß die Niere durch eine *Yin*-Leere der anderen Speicher- und Hohlorgane geschädigt wurde. Ferner kann eine *Yin*-Leere der Niere entstehen durch die übermäßige Anwendung wärmender und trocknender Medikamente, die das *Yin* aushöhlen *(Wen-Zao Jie-Yin Zhi Yao)*.

Hauptsymptome: Schwindel, Augenflimmern, Taubheit, Ohrensausen, wakkelnde Zähne, Schlaflosigkeit, Spermatorrhoe, trockener Mund und trockene Kehle, psychische Unruhe, Nachtschweiße, Lendenschmerzen und Knieschmerzen, rote Zunge, feiner schneller *(Xi-Shu)* Puls.

Erklärung: Die Niere ist zuständig für die Speicherung der Essenz *(Shen Zhu Cang-Jing)* (vgl. Abschn. 3.2.1.5.1). Wenn die Essenz des *Yin* leer ist, kann das *Yin* das *Yang* nicht einschränken bzw. kontrollieren; es entstehen beim Patienten die typischen Symptome eines *Yin*-Leere-Syndroms, nämlich psychische Erregung, Unruhe, trockener Hals und trockene Kehle, Nachtschweiße, Spermatorrhoe. Wenn das *Yin* leer ist *(Yin-Xu)*, wird das *Yang* nach den Grundgesetzen der chinesischen Medizin übermäßig stark *(Yang-Kui)*. Aus diesem Grund hat der Patient Kopfschmerzen, Augenflimmern, Ohrensausen, Taubheit, und er kann nicht schlafen. Lenden- und Knieschmerzen treten auf, wenn die Nieren-Essenz *(Shen-Jing)* ungenügend ist. Dies hat auch zur Folge, daß das Knochenmark nicht ausreichend versorgt wird *(Gu-Sui Bu Chong)*, weshalb die Zähne des Patienten zu wackeln anfangen (vgl. Abschn. 3.2.1.5.4). Als allgemeine Symptome einer *Yin*-Leere mit gleichzeitiger Hitze finden sich eine rote Zunge und ein feiner schneller *(Xi-Shu)* Puls.

Therapie: Ernähren und Ergänzen bzw. Tonisieren des Nieren-*Yin* *(Zi-Bu Shen-Yin)*.

Tabelle 31: Häufigste Symptome bei Nierenerkrankungen

Krankheitszust.	Ärztliche Analyse	Krankheitsursache	Pathologie	Symptome: Gemeinsame Symptome	Symptome: Spezielle Symptome	Zunge	Puls	Therapie
Nieren-*Yang*-Leere	Leere und Schwäche des Nieren-*Yang*	Anhaltend schwache Körperkonstitution, ständige Schwäche des *Yang*	Nieren-*Yang* nicht ausreichend, starke *Yin*-Kälte im Körperinneren	Lenden- und Kreuzschmerzen, Knieschmerzen, Kraftlosigkeit, Kältegefühl, kalte Extremitäten, weiße Gesichtsfarbe	Kalter Körper, kalte Arme und Beine, Energiemangel, Impotenz	Helle Zunge mit weißem Belag	Tiefer, langsamer Puls mit Kraftlosigkeit in der Position «*Chi*»	Wärmen und Tonisieren des Nieren-*Yang*
	Nieren-*Qi* nicht fest	der Niere, längere Überanstrengungen, chronische Er-	*Qi* der Niere geschwächt, die Niere kann deshalb nicht speichern, befestigen und aufnehmen		Spermatorrhoe, Ejaculatio praecox, häufiges Wasserlassen, Enuresis, klarer Urin mit Nachtröpfeln nach dem Wasserlassen	Helle Zunge mit weißem Belag	Fein, schwach	Befestigen und Aufnehmen des Nieren-*Qi*
	Niere nimmt das *Qi* nicht auf	krankungen mit schlechter Pflege, Altersschwäche	Leere des *Qi* der Niere, diese kann deshalb nicht aufnehmen		*Qi*-Leere, Kurzatmigkeit, Ausatmen stärker als Einatmen, Atemnot bei körperlicher Anstrengung	Helle Zunge	Leer, oberflächlich	Wärmen der Niere, Aufnehmen des *Qi*
	Nierenleere mit Wasserüberschwemmung		Leere und Schwäche des *Yang* der Niere, *Yang*-Leere kann das Wasser im Körper nicht kontrollieren und begrenzen, Wasserstörung verursacht «Überschwemmung» des Organismus		Ödeme im ganzen Körper, vor allem in den Beinen, Grubenbildung bei Fingerdruck auf die geschwollenen Partien, gespanntes Gefühl im Abdomen, wenig Urinausscheidung, gleichzeitig Atemnot, Husten und schleimiges Röcheln	Heller geschwollener Zungenkörper mit weißem Belag	Tief, fein	Wärmen des *Yang*, Ausscheiden des Wassers

Ärztliche Analyse Krankheitszustand	Krankheitsursache	Pathologie	Symptome: Gemeinsame Symptome	Symptome: Spezielle Symptome	Zunge	Puls	Therapie
Nieren-*Yin*-Leere	Schädigung der Essenz *(Jing)*, Blutverluste, Verlust der Körperflüssigkeit, akute Hitze-Krankheiten, *Yin*-Leere der Speicher- und Hohlorgane bei chronischen Erkrankungen, die das *Yin* der Niere beschädigen, übermäßige Einnahme wärmender und trocknender Medikamente	*Yin*-Säfte unzureichend, Essenz und Blut nicht genügend ernährt, «Meer des Markes» im Leerezustand, *Yin* kann *Yang* nicht kontrollieren bzw. begrenzen	Lenden- und Kreuzschmerzen, Knieschmerzen	Haarausfall, wackelnde Zähne, Ohrensausen, Taubheit, Schwindel, Schlaflosigkeit, Spermatorrhoe, trockener Mund und trockene Kehle, innere Unruhe, Nachtschweiß	Rot	Fein, schnell	Ernähren bzw. Tonisieren des Nieren-*Yin*

7.3.2 Krankheits-Syndrome der Hohlorgan-Erkrankungen

7.3.2.1 Gallenblasen-Erkrankungen

Nach der Lehre der chinesischen Medizin haben Leber und Gallenblase eine Beziehung «Inneres» und «Oberfläche» *(Li-Biao)*. Deshalb sind Erkrankungen von Leber und Galle meist eine Einheit, bei der es hauptsächlich auf die Störung der Leber ankommt. Hier geht auch die Therapie der chinesischen Heilkunde meist von der Leber aus, weswegen die Gallenblasen-Erkrankungen nicht besonders aufgeführt werden.

Die häufigsten klinischen Symptome einer Gallenblasen-Erkrankung sind Gelbsucht, Schmerzen am Rippenbogen und im unteren Bereich des Thorax, kommende und gehende Kälte- und Fieberschübe, bitterer Geschmack im Mund, Erbrechen von bitterer Flüssigkeit.

7.3.2.2 Syndrome der Magen-Erkrankungen

7.3.2.2.1 Magen-Kälte-Syndrom *(Wei-Han-Zheng)*

Diese Störung kommt meist durch unregelmäßiges Essen, durch kalte Speisen oder Getränke zustande.

Hauptsymptome: Schmerzen im Oberbauch, die in leichteren Fällen kontinuierlich sind, in schwereren Fällen zeitweise sehr stark werden und wieder zurückgehen können. Die Schmerzen werden durch Kälte gesteigert, durch Wärme gemildert. Der Patient erbricht klare Flüssigkeit *(Qing-Shui)*, sein Zungenbelag ist weiß und schlüpfrig, sein Puls ist entweder tief und langsam *(Chen-Chi)* oder tief und gespannt *(Chen-Xian)*.

Erklärung: Die Kälte ruft im Organismus eine Erstarrung bzw. Blockierung *(Ning-Zhi)* hervor. Wenn Kälte den Mittleren Erwärmer angreift, fließen die Funktionen des Magens nicht mehr ungehindert *(Wei-Qi Bu Chang)*, weshalb durch Kälte Magenschmerzen entstehen, die bei Wärmeanwendung leichter werden. Wenn die Kälte die *Yang*-Funktionen *(Yang-Qi)* des Magens schädigt, wird die Verdauung schlecht, der Patient erbricht klare Flüssigkeit. Hier finden sich die Allgemeinsymptome eines Kälte-Syndroms, nämlich: weißer, schlüpfriger Zungenbelag, tiefer langsamer *(Chen-Chi)* oder tiefer gespannter *(Chen-Xian)* Puls.

Therapie: Den Magen wärmen, die Kälte zerstreuen *(Wen-Wei San-Han)*.

7.3.2.2.2 Magen-Hitze-(Feuer)Syndrom *(Wei-Re-(Huo-) Zheng)*

Dieser Zustand entsteht, wenn das *Yang* des Magens ständig stark ist, was durch psychische Erregungen zustande kommen kann. Es kann aber auch eine äußerliche Störung in den Körper eindringen und hier im Inneren Hitze entwickeln, oder zu scharf gewürzte Speisen können die Ursache eines Magen-Hitze- bzw. Feuer-Syndroms werden.

Hauptsymptome: Brennende Schmerzen im Magen, Durst mit vielem Trinken und Vorliebe für kalte Getränke, starker Appetit, geschwollenes und schmerzhaftes Zahnfleisch, Mundgeruch, saures Aufstoßen. Der Patient hat eine rote Zunge mit gelbem Belag und einen gleitenden schnellen *(Hua-Shu)* Puls.

Erklärung: Wenn sich im Magen Hitze ansammelt, laufen die Magenfunktionen nicht mehr reibungslos ab *(Qi-Ji Bu Chang)*, und es entstehen brennende Magenschmerzen. Wenn die Magen-Hitze stark und üppig wird, verletzt sie das *Yin* des Magens, weshalb der Patient Durst hat und kalte Getränke begehrt. Das Feuer hat die Eigenschaft, die Speisen zu verdauen, deswegen hat der Patient einen besonders guten Appetit, wenn das Magen-Feuer stark und üppig ist. Die Gefäße des Magen-Meridians ziehen am Kiefer entlang. Bei heftigem Aufsteigen von Magen-Hitze ist deshalb das Zahnfleisch des Patienten schmerzhaft und geschwollen. Der Mundgeruch und das Sodbrennen des Erkrankten entstehen dadurch, daß die Magen-Hitze emporräuchert *(Wei-Re Xun-Zheng)*. Die rote Zunge mit gelbem Belag und der gleitende, schnelle *(Hua-Shu)* Puls sind typische Allgemeinsymptome der Magen-Hitze.

Therapie: Kühlen und Beruhigen bzw. Sedieren des Magen-Feuers *(Qing-Xie Wei-Huo)*.

7.3.2.2.3 Nahrungsstockung im Magen *(Shi-Zhi Wei-Wan)*

Bei unregelmäßiger Nahrungsaufnahme oder zu reichlichem Essen und Trinken werden Milz und Magen geschädigt, die Nährstoffe werden blockiert und nicht verdaut, sie sammeln sich im Magen an.

Hauptsymptome: Blähungen und Druckgefühl im Ober- und Unterbauch, Erbrechen, saures Aufstoßen, übelriechende Darmgase, Appetitlosigkeit, dünner, nicht geformter Stuhl oder Verstopfung. Dicker, klebriger Zungenbelag, gleitender *(Hua)* Puls.

Erklärung: Bei einer Stauung und Ansammlung von Speisen im Magen kommt es zu einer Blockierung des *Qi*-Mechanismus im Mittleren Erwärmer, wodurch Magenschmerzen sowie Druckgefühl und Blähungen im Ober- und Unterbauch entstehen. Die normale Funktion des Absteigens *(Jiang)* des Magens läuft nicht regelrecht ab; es kommt zum Aufsteigen von trübem, dickflüssigem *Qi* in Gegenrichtung *(Zhuo-Qi Shang-Ni)*, so entstehen Sodbrennen, übelriechendes Aufstoßen und Appetitlosigkeit. Das trübe *Qi* verbreitet sich abwärts bis zum Dickdarm, sodaß auch die abgehenden Winde sauer und übel riechen. Durch die Nahrungsblockierung im Magen wird die Transportfunktion *(Yun)* der Milz beeinträchtigt, sodaß der Patient entweder ungeformte Stühle oder Verstopfung hat. Durch die Ansammlung trüber Nahrungsmassen im Inneren entsteht der dicke, klebrige Zungenbelag und der gleitende *(Hua)* Puls.

Therapie: Die Nahrung verdauen, die Stauung abführen *(Xiao-Shi Dao-Zhi)*.

7.3.2.2.4 Leere des Magen-*Yin* *(Wei-Yin-Xu)*

Eine Leere des *Yin* des Magens tritt oft in einem späteren Stadium bzw. bei einer Weiterentwicklung einer akuten Hitzeerkrankung (z. B. bei Masern, Lungenentzündung, Enzephalitis) auf. Das hohe Fieber bzw. die große Hitze verletzen in diesem Fall das *Yin* und vermindern die Körpersäfte *(Yin-Ye)*.

Hauptsymptome: Trockener Mund und trockene Kehle,, vor allem nach dem Aufwachen aus dem Schlaf, Appetitlosigkeit oder nichts essen mögen trotz Hungergefühl; gleichzeitig nervöse Unruhe, unregelmäßiger Stuhlgang, Aufstoßen, rote Zunge mit wenig Belag oder völliges Fehlen des Zungenbelags, Puls fein und schnell *(Xi-Shu)*.

Erklärung: Wenn das *Yin* des Magens nicht ausreichend ist, wird die Funktion der Nahrungsaufnahme beeinträchtigt, der Patient hat keinen Appetit bzw. er ißt trotz Hungergefühl nicht. Ein geschwächtes *Yin* beeinträchtigt die Magenfunktionen *(Yin-Kui Qi-Sun)*, so daß die Magenfunktion des Absteigens *(Jiang)* nicht harmonisch verläuft und der Patient häufig aufstoßen muß. Als typische Symptome einer *Yin*-Leere mit innerer Hitze *(Yin-Xu Nei-Re)* finden sich ein trockener Mund und eine trockene Kehle, leicht erhöhte Temperaturen, Nervosität, eine rote Zunge mit wenig Belag und ein feiner schneller *(Xi-Shu)* Puls.

Therapie: Das *Yin* des Magens ernähren *(Zi-Yang Wei-Yin)*.

Anmerkung: Milz und Magen haben nach der Lehre der chinesischen Medizin eine Oberfläche-Inneres-Beziehung. Die Milz ist zuständig für die Beförderung und Umwandlung *(Yun-Hua)* der Nährstoffe, der Magen ist zuständig für deren Aufnahme *(Shou-Na)*. Beide beeinflussen sich gegenseitig, weshalb in der klinischen Praxis bei Magen- und Milz-Erkrankungen oft ganz ähnliche Symptome vorliegen. Beispielsweise kennt die chinesische Medizin den Krankheitszustand der Unausgewogenheit von Milz und Magen *(Pi-Wei Bu He)*, bei dem sich folgende Magensymptomatik findet: Druckgefühl und Blähungen im Oberbauch, Magenschmerzen, Aufstoßen und Erbrechen. Dies sind typische Zeichen eines nicht normal ablaufenden «Absteigens» der Magenfunktionen *(Wei Shi He-Jiang)*. Außerdem zeigt sich hier eine typische Milz-Symptomatik als Zeichen des gestörten «Aufsteigens» des Milz-Qi *(Pi-Qi Bu Sheng)*, nämlich: Blähungen und Druckgefühl im Abdomen, schlechte Verdauung, nicht geformter Stuhl. Bei der Behandlung kommt es darauf an, sowohl die Milz zu stärken als auch den Magen zu regulieren *(Jian-Pi He-Wei)*.

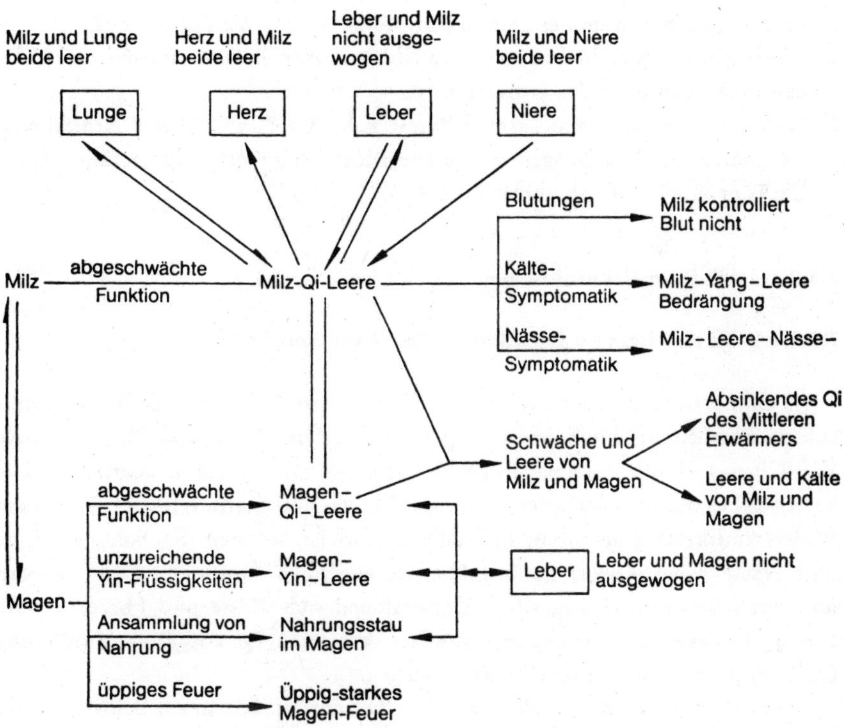

Abb. 34: Wechselbeziehungen zwischen Milz, Magen und anderen inneren Organen

7.3.2.3 Dünndarm-Erkrankungen

Zwischen Herz und Dünndarm besteht nach der Lehre der chinesischen Medizin eine «Oberfläche-Innen*(Biao-Li)*-Beziehung». Bei einem äußerst starken Herzfeuer *(Xin-Huo Kang-Cheng)* kann die Hitze des Feuers auf den Dünndarm übergehen, so daß sich hier ein Fülle-Hitze-Zustand *(Xiao-Chang Shi-Re)* entsteht. Dann finden sich folgende Symptome: Hitzegefühl mit Unruhe und Nervosität im Herzen und in der Brust *(Xin-Xiong Fan-Re)*; spärliche Ausscheidung von rötlichem Urin, manchmal begleitet von brennenden Schmerzen in der Harnröhre, blutiger Urin; schmerzhafte, entzündliche Bläschen im Mund und auf der Zunge. Die chinesische Medizin nennt diesen Zustand «Verschiebung der Herz-Hitze zum Dünndarm» *(Xin-Yi Re Yu Xiao-Chang)*.

Therapie: Kühlen und Sedieren des Herz-Feuers *(Qing-Xie Xin-Huo)*.

Weitere Dünndarm-Erkrankungen sind:

1. Leere-Kälte-Syndrom des Dünndarms *(Xiao-Chang Xu Han-Zheng)*.
   Dieses Krankheitsbild hat enge Beziehungen zum Leere-Syndrom der Milz, das im Abschnitt 7.3.1.3 erörtert wird.
2. *Qi*-Schmerzen des Dünndarms *(Xiao-Chang Qi-Tong)*. Dieses Krankheitsbild hat enge Beziehungen zur Kälte-Blockierung der Lebergefäße *(Han-Zhi Gan-Mai)* (vgl. Abschnitt 7.3.1.4.6).

7.3.2.4 Dickdarm-Erkrankungen

7.3.2.4.1 Nässe-Hitze im Dickdarm *(Da-Chang Shi-Re)*

In China wird dieses Krankheitsbild häufig im Sommer und Herbst beobachtet. Es entsteht durch übermäßig starke äußere Nässe und Hitze *(Shi-Re Wai-Cheng)*, durch unregelmäßige Nahrungsaufnahme, durch übermäßig viel kaltes, rohes oder verdorbenes Essen, das Magen und Darm schädigt. Wenn die Widerstandskraft eines Menschen ungenügend ist, können die Sommer-Hitze und Nässe *(Shu-Shi-Re)* zu krankheitserzeugenden Störungen *(Xie)* werden und das Körperinnere angreifen. Dann stauen sich Nässe und Hitze *(Shi-Re Yun-Jie)*, ziehen zum Dickdarm abwärts, verletzen *Qi* und Blut *(Sun-Shang Qi-Xue)* und lassen eine Krankheit entstehen.

Hauptsymptome: Bauchschmerzen mit Durchfall, Tenesmen, Schweregefühl im After und ungenügende Stuhlentleerung *(Li-Ji Hou-Chong)*. Es können auch Eiter und Blut im Stuhl, verbunden mit brennendem Gefühl um den After, auftreten. Die Urinausscheidung ist spärlich, der Urin hat rote Farbe;

der Zungenbelag ist gelb und klebrig, der Puls ist gespannt, gleitend und schnell *(Xian-Hua-Shu)*.

Erklärung: Wenn Nässe und Hitze den Dickdarm blockieren, wird der *Qi*-Mechanismus beeinträchtigt. Der Patient hat Bauchschmerzen, Tenesmen mit Stuhldrang und unvollkommener Entleerung bzw. abwechselnd Durchfälle. Nässe und Hitze beeinträchtigen die Zirkulation des *Qi* und Blut im Darm, deshalb entsteht Durchfall mit Blut und Eiter vermischt. Ein für die chinesische Medizin typisches Symptom dieses Krankheitsbildes ist auch das Afterbrennen. Es kommt dadurch zustande, daß Nässe und Hitze im Dickdarm abwärtsfließen. Der spärliche rote Urin, der gelbe klebrige Zungenbelag, der gespannte, gleitende und schnelle Puls gelten in der chinesischen Heilkunde als allgemeine Symptome einer Nässe-Hitze-Blockierung im Körperinneren *(Shi-Re Nei-Zu)*.

Therapie: Kühlen und Ableiten von Nässe und Hitze *(Qing-Li Shi-Re)*, den *Qi*-Mechanismus harmonisieren *(Diao-He Qi-Ji)*.

7.3.2.4.2 Flüssigkeitsmangel des Dickdarms *(Da-Chang Ye-Kui)*

Wenn sich im Körperinneren Trockenheit und Hitze finden, kann das zur Beeinträchtigung der Flüssigkeiten im Dickdarm *(Da-Chang Jin-Ye Kui-Sun)* führen. Als Ursache kann aber auch ein nicht ausreichendes *Yin* des Magens infrage kommen, wobei ebenfalls durch Hitzeeinfluß die Magensäfte und damit die Verdauungsfunktionen ungenügend sind. Hierbei werden dann zu wenig Säfte *(Jin-Ye)* abwärts zum Dickdarm geleitet, so daß hier ein Flüssigkeitsmangel entsteht. Dieser Zustand tritt oft bei älteren, körperlich geschwächten Menschen auf, bei Wöchnerinnen nach einer Entbindung oder im späteren Stadium einer Hitze-Erkrankung.

Hauptsymptome: Trockener, harter Stuhlgang mit Verstopfung und Darmentleerung höchstens alle drei bis vier Tage, Schwindelzustände, Mundgeruch. Die Zunge ist rot mit wenig Feuchtigkeit oder hat einen trockenen, gelben Belag. Der Puls ist rauh *(Se)* oder fein *(Xi)*.

Erklärung: Bei einem Flüsisgkeitsmangel des Dickdarms verliert dieser seine Feuchtigkeit, der Stuhlgang wird hart und trocken, es entwickelt sich eine Obstipation. Wenn die Funktion des Magens nicht normal absteigt *(Wei-Qi Shi Jiang)*, steigt nach der Lehre der chinesischen Medizin trübes *Qi* in Gegenrichtung auf *(Zhuo-Qi Shang-Ni)*; es kommt zu Mundgeruch und Schwindelzuständen. Allgemeinsymptome eines Flüssigkeitsverlustes sind der auhe *(Se)* und feine *(Xi)* Puls und der trockene gelbe Zungenbelag.

Therapie: Den Darm befeuchten, den Stuhlgang abführen *(Run-Chang Tong-Bian).*

Da die Lunge mit dem Dickdarm eine «Oberfläche-Innen» *(Biao-Li)*-Beziehung hat, kann eine Trockenheits-Stauung *(Zao-Jie)* des Dickdarms die Lungenfunktion *(Fei-Qi)* der Säuberung und des Herableitens *(Su-Jiang)* beeinträchtigen, was Husten hervorruft. Ein in Gegenrichtung aufsteigendes *Qi* der Lunge *(Fei-Qi Shang-Ni)* kann andererseits auch das normale Abwärtsleiten der Flüssigkeitsfunktionen *(Qi-Jin)* im Körper beeinträchtigen und zu einem trockenen Stuhlgang führen. Die Therapie für den ersteren Fall ist das Befeuchten des Dickdarms und das Regulieren der Lunge *(Run-Chang Li-Fei),* wozu es in der chinesischen Arzneiverordnung verschiedene Rezepte gibt. Die Therapie für den zweiten Fall ist die Regulation der Lunge und das Ordnen des *Qi (Li-Fei Li-Qi),* wozu ebenfalls bestimmte Rezeptverordnungen zur Verfügung stehen.

7.3.2.5 Blasen-Erkrankungen

7.3.2.5.1 Nässe-Hitze in der Blase *(Pang-Guang Shi-Re)*

Dieses Krankheitsbild entsteht, wenn Nässe und Hitze im Körper abwärts laufen und die Blase erreichen.

Hauptsymptome: Schlechtes und schmerzhaftes Wasserlassen mit Harndrang, Pollakisurie oder nur tropfenweise Urinausscheidung, deren Farbe trübe ist und mit Eiter, Blut oder festen Konkrementen durchsetzt sein kann. Gelber, klebriger Zungenbelag, schneller *(Shu)* Puls.

Erklärung: Wenn sich Nässe und Hitze in der Blase festsetzen, werden die Blasenfunktionen *(Qi-Ji)* blockiert, was zu erschwertem Wasserlassen führt. Wenn Nässe und Hitze nach unten ziehen, ist eine Behinderung der Urinausscheidung die Folge. Es tritt dabei Harndrang, häufiges Wasserlassen, schmerzhaftes Wasserlassen bzw. Pollakisurie auf. Wenn Nässe und Hitze die Blutgefäße angreifen, erscheint Blut im Urin. Bei einem länger bestehenden Nässe-Hitze-Zustand der Blase bilden sich feste Konkremente (Grießkörnchen) im Urin. Als Allgemeinsymptome eines im Körperinneren festsitzenden Nässe-Hitze*(Shi-Re Nei-Yun)*-Syndroms zeigen sich ein gelber, klebriger Zungenbelag und ein schneller *(Shu)* Puls.

Therapie: Beruhigen und Ableiten von Nässe und Hitze *(Qing-Li Shi-Re).*

7.3.2.5.2 Syndrom der unzureichenden Verdampfung (*Qi*-Umwandlung) *(Qi-Hua Bu Li-Zheng)*

Zwischen Blase und Niere besteht eine «Oberfläche-Innen-Beziehung». Blasenerkrankungen hängen deshalb eng mit der Niere zusammen. Wenn die Niere nicht in der Lage ist, das *Qi* umzuwandeln *(Shen Bu Hua-Qi)*, wirkt das unmittelbar auf den Verdampfungsmechanismus des *Qi* in der Blase *(Pang-Guang Qi-Hua)* ein, wobei Störungen des Wasserlassens auftreten.

Hauptsymptome: Spannungen, Blähungen, Völlegefühl im Unterbauch, ungenügende Urinausscheidung, Harnverhalt.

Erklärung: In der chinesischen Medizin wird allgemein angenommen, daß bei den Nieren-Blasen-Erkrankungen alle Leere-Syndrome *(Xu-Zheng)* der Niere, alle Fülle-Syndrome *(Shi-Zheng)* der Blase zugehören. Ein Leere-Kälte-Syndrom der Blase *(Pang-Guang Xu-Han-Zheng)* ist damit in Wirklichkeit ein Syndrom der Leere und Schwäche des Nieren-*Yang* *(Shen-Yang Xu-Shuai)* oder ein Syndrom der Schwäche des *Qi* der Niere *(Shen-Qi Bu Gu)*.

Therapie: Die Behandlung hat dementsprechend über die Niere zu erfolgen.

7.3.3 Syndrom-Diagnostik kombinierter Erkrankungen von Speicher- und Hohlorganen

7.3.3.1 *Qi*-Leere von Herz und Lunge *(Xin-Fei Qi-Xu)*

Herz und Lunge sitzen im Bereich des Oberen Erwärmers *(Shang-Jiao)*, worauf ihre wechselseitige Beziehung beruht. Eine Leere oder Schädigung der Funktion der Lunge *(Fei-Qi Xu-Sun)* kann daher zu einer unzureichenden Herzfunktion *(Xin-Qi Bu Zu)* führen; andererseits kann eine Leere oder Schädigung der Herz-Funktion *(Xin-Qi Xu-Sun)* eine Schwäche und Leere des *Qi* der Lunge nach sich ziehen. Schließlich kann auf diesem Wege ein Syndrom der *Qi*-Leere von Herz und Lunge eintreten (vgl. Abschn. 3.3.1.1).

Hauptsymptome: Chronischer Husten, Kurzatmigkeit, Herzklopfen, bleiches Gesicht; in schweren Fällen bläuliche Lippen, heller Zungenkörper, feiner schwacher *(Xi-Ruo)* Puls.

Erklärung: Eine Leere des *Qi* der Lunge beeinträchtigt die Lungenfunktionen des Verbreitens und Herableitens *(Xuan-Jiang)*, weshalb der Patient unter ständigem Husten leidet. Die bleiche Gesichtsfarbe, die Kurzatmigkeit und das Herzklopfen sind Zeichen einer *Qi*-Leere des Herzens. Die helle Zunge, der feine und schwache Puls zeigen eine *Qi*-Leere sowohl im Herzen als auch in der Lunge an, wobei nicht ausreichend Blut und *Qi (Qi-Xue Bu Chong)* vorhanden ist. Die Lippen des Patienten sind bläulich, da das *Qi* des Herzens nicht ausreicht, um die Blutbewegung *(Yun-Xue)* zu unterhalten.

Therapie: Tonisieren und Fördern von Herz und Lunge *(Bu-Yi Xin-Fei)*.

7.3.3.2 Herz und Milz sind beide leer *(Xin-Pi Liang-Xu)*

Dieser Krankheitszustand entsteht meist durch geistige Überbelastung, durch die das *Qi* und Blut von Milz und Herz geschädigt wurden.

Hauptsymptome: Herzklopfen, Nervosität und Angst, Schlaflosigkeit, lebhafte Träume, Gedächtnisschwäche; Appetitlosigkeit, Blähungen, dünner, ungeformter Stuhl, körperliche Kraftlosigkeit. Helle, zarte *(Nen)* Zunge, feiner schwacher *(Xi-Ruo)* Puls.

Erklärung: Bei dieser Erkrankung beeinflussen sich die beiden Speicherorgane Herz und Milz gegenseitig. In der dialektischen Diagnostik der chinesischen Medizin kommt es deshalb darauf an, den Schwerpunkt des pathologischen Geschehens zu erfassen. Wenn beispielsweise die Milz durch das erkrankte Herz beeinflußt wurde, stehen in der Symptomatik Herzklopfen und Kurzatmigkeit im Vordergrund, und die Therapie hat sich vor allem um die Förderung des Herzens *(Yi-Xin)* zu bemühen. Wurde indessen das Herz durch die erkrankte Milz in Mitleidenschaft gezogen, stehen die Symptome der Appetitlosigkeit, der Blähungen, des dünnen Stuhls und der Kraftlosigkeit im Vordergrund, und die Behandlung muß vor allem auf die Stärkung bzw. Tonisierung der Milz *(Bu-Pi)* abzielen.

Therapie: Stärken bzw. Tonisieren und Fördern von Herz und Milz *(Bu-Yi Xin-Pi)*.

7.3.3.3 Herz und Niere verbinden sich nicht *(Xin-Shen Bu Jiao)*

Die pathologische Voraussetzung, die nach der Lehre der chinesischen Medizin zu diesem Zustand führt, ist eine *Yin*-Leere von Herz und Niere *(Xin-Shen Yin-Xu)*. Sämtliche Erkrankungen, die zu einer *Yin*- und Blut-Leere bzw. Schädigung des Herzens *(Yin-Xue Xu-Sun)* führen, sowie alle Störungen, die eine *Yin*- und Essenz*(Jing)*-Schwäche und -Leere der Niere *(Yin-Jing Kui-Xu)* bewirken, können auch eine *Yin*-Leere sowohl im Herzen als auch in der Niere und damit eine mangelnde Verbindung von Herz und Niere herbeiführen.

Hauptsymptome: Erregungszustände, Schlaflosigkeit, Herzklopfen, Gedächtnisschwäche, Schwindel, Ohrensausen, trockener Hals, Lenden- und Knieschmerzen; lebhafte Träume mit Samenergüssen, Nachtschweiß, spärliche Ausscheidung eines roten Urins. Rote Zunge ohne Belag, feiner schneller *(Xi-Shu)* Puls.

Erklärung: Durch den hier beteiligten Zustand einer *Yin*-Leere des Herzens wird das *«Shen»*, also die geistig-seelische Aktivität des Menschen, unzureichend versorgt. Deshalb leidet der Kranke an Erregungszuständen und Schlaflosigkeit, Herzklopfen und schlechtem Gedächtnis. Die Leere des *Yin* der Niere führt demgegenüber zu Schwäche und Schmerzen in der Lendenpartie und in den Knien. Wenn *Yin* und Essenz *(Jing)* der Niere nicht ausreichend sind, kann die Nieren-Essenz nicht aufsteigen und das Gehirn ausreichend versorgen (vgl. Abschn. 3.2.1.5.4); deshalb leidet der Patient an Schwindel und Ohrensausen. Durch den Leere-Zustand kann Feuer entstehen, das das Körperinnere stört *(Xu-Huo Nei-Rao)*. Dadurch wird die «Samen-Schranke» *(Jing-Guan)* des Menschen undicht *(Jing-Guan Bu Gu)*, was zu lebhaften Träumen mit nächtlichen Samenergüssen führt (vgl. Abschn. 7.3.1.5.1). Der Nachtschweiß, die trockene Kehle, der spärliche rote Urin, die rote Zunge ohne Belag, der feine schnelle *(Xi-Shu)* Puls sind allgemeine Symptome einer *Yin*-Leere bei innerer Hitze *(Yin-Xu-Nei-Re)*.

Therapie: Herz und Niere in Verbindung setzen *(Jiao-Tong Xin-Shen)*.

7.3.3.4 Lunge und Milz sind beide leer *(Fei-Pi Liang-Xu)*

Auch dieser Zustand kann auf zwei Wegen zustande kommen: Einmal durch eine Leere der Lunge, die die Milz schädigt – was infolge langanhaltenden Hustens bei Lungen-Leere oder durch eine Schleim-Nässe-Blockierung geschehen kann, die das *Qi* der Milz schädigen, sodaß schließlich zusätzlich zur Lungen-Leere auch eine Milz-Leere eintritt. Der zweite Weg ist eine Milz-Leere, die die Lunge beeinträchtigt. Dies kann beispielsweise bei einer chronischen Verdauungsstörung der Milz eintreten, bei der der Mittlere Erwärmer im Zustand der Leere und die Abwehrfunktion im Zustand der Schwäche *(Zhong-Xu Wei-Ruo)* ist, sodaß die (aus der Nahrung stammende) Essenz *(Jing)* nicht zur Lunge geleitet werden kann, weshalb eine Lungen-Leere entsteht.

Hauptsymptome: Ständiger, chronischer Husten, Kurzatmigkeit und Kraftlosigkeit, viel heller Schleim, Appetitlosigkeit, Blähungen, nicht geformter, dünner Stuhl. In schweren Fällen Bildung von Ödemen im Gesicht und an

Armen und Beinen, helle Zunge mit weißem Belag, feiner schwacher *(Xi-Ruo)* Puls.

Erklärung: Bei einer Lungen-Leere werden die Funktionen der Verbreitung und des Herableitens *(Xuan-Jiang)* der Lunge beeinträchtigt. Bei einer Milz-Leere entsteht im Körperinneren Nässe und Schleim *(Shi-Tan)*, dies führt zu chronischem Husten mit viel dünnem, hellem Schleim. Wenn das *Qi* der Milz nicht ausreichend ist, wird die Transport- und Umwandlungsfunktion der Milz *(Yun-Hua)* gestört. Der Patient hat dann keinen Appetit, leidet an Blähungen und hat Durchfall. Eine *Qi*-Leere in Milz und Lunge führt zu Kurzatmigkeit und Kraftlosigkeit des Patienten, außerdem zu mangelndem Antrieb des Wassers im Körper, da nicht genügend *Qi* vorhanden ist, sodaß sich Wassernässe ansammelt *(Shui-Shi Ting-Liu)* und Ödeme entstehen. Der weiße Zungenbelag, die helle Zunge, der feine schwache Puls sind allgemeine Symptome einer *Qi*-Leere.

Therapie: Tonisieren bzw. Ergänzen der Milz, Fördern der Lunge *(Bu-Pi Yi-Fei)*.

7.3.3.5 Leber-Feuer schädigt die Lungen *(Gan-Huo Fan-Fei)*

Dieser Krankheitszustand entsteht durch eine Stauung und Blockierung des *Qi* der Leber *(Gan-Qi Yu-Jie)*, wobei das gestaute *Qi* Feuer entwickelt *(Qi-Yu Hua-Huo)*, das in Gegenrichtung aufsteigt und die Lunge schädigt *(Shang-Ni Fan-Fei)*, sodaß diese ihre Funktion der Reinigung und des Herabführens *(Su-Jiang)* nicht mehr ausführen kann.

Hauptsymptome: Wandernde Schmerzen im Thorax und an den Rippen, Husten, in schweren Fällen blutiger Auswurf; innere Erregung und Unruhe, bitterer Geschmack im Mund, Schwindel, Augenflimmern, roter Zungenkörper mit dünnem, fadem Belag, gespannter schneller *(Xian-Shu)* Puls.

Erklärung: Alle oben genannten Symptome entstehen durch eine Leber-Stauung und *Qi*-Blockierung *(Gan-Yu Qi-Zhi)*, wobei das gestaute *Qi* Feuer entwickelt. Dieses Leber-Feuer steigt in Gegenrichtung hoch und schädigt die Lunge. In schweren Fällen kann es dabei zu einer Verletzung der Blutkapillaren der Lunge durch Hitze kommen, weshalb der Kranke Blut spuckt.

Therapie: Kühlen (Beruhigen) der Leber, Sedieren der Lunge *(Qing-Gan Xie-Fei)*.

7.3.3.6 *Yin*-Leere von Lunge und Niere *(Fei-Shen Yin-Xu)*

Dieser Zustand kann auf zwei Wegen zustande kommen: durch chronischen Husten, der das *Yin* in der Lunge beeinträchtigt und schädigt – wodurch die dem *Yin* zugehörigen Flüssigkeiten *(Yin-Ye)* ungenügend werden, was wiederum dazu führt, daß das *Yin* der Niere verbraucht oder geschädigt wird –, so daß schließlich neben der Lungen-*Yin*-Leere auch eine Nieren-*Yin*-Leere entsteht. Der zweite Entstehungsweg geht von einer *Yin*-Leere und Schwäche der Niere aus, durch die das *Yin* der Lunge nicht ausreichend ernährt werden kann (vgl. Abschn. 3.2.1.5 und Abschn. 7.3.1.5.2). Bei diesem pathologischen Zustand entsteht außerdem ein Leere-Feuer, das nach oben steigt und dabei das *Yin* der Lunge verletzt, so daß eine *Yin*-Leere der Lunge resultiert. Auf beiden Wegen entwickelt sich so eine Leere des *Yin* von Lunge und Niere.

Hauptsymptome: Husten mit wenig Schleim, Kurzatmigkeit nach körperlicher Belastung, in manchen Fällen Bluthusten, Schmerzen und Kraftlosigkeit in den Lenden und Knien; Gewichtsverlust, wellenartige Hitze mit Schweißausbrüchen *(Gu-Zheng Chao-Re)*, Nachtschweiß, Spermatorrhoe; gerötete Wangen, rote Zunge mit wenig Belag, feiner schneller *(Xi-Shu)* Puls.

Erklärung: Die oben erwähnten Symptome treten als Folge eines hochsteigenden Leere-Feuers auf *(Xu-Huo Shang-Yan)*, das durch die *Yin*-Leere und innere Hitze entsteht, die eine Folge der *Yin*-Leere in Lunge und Niere sind.

Therapie: Fördern und Tonisieren von Lunge und Niere *(Zi-Bu Fei Shen)*.

7.3.3.7 Fehlender Ausgleich zwischen Leber und Milz *(Gan-Pi Bu Tiao)*

Wenn das *Qi* der Leber gestaut und blockiert ist *(Gan-Qi Yu-Jie)*, sind die Leber-Funktionen der Regulierung und Durchströmung *(Shu-Xie)* gestört. Infolgedessen werden auch die Funktionen der Milz beeinträchtigt, so daß letztere den Transport und die Umwandlung *(Yun-Hua)* der Nährstoffe nicht mehr durchführen kann. Das Ergebnis ist ein gestörtes Verhältnis zwischen Leber und Milz.

Hauptsymptome: Druck und Schmerzen im Thorax und an den Rippen; der Patient seufzt viel, hat Blähungen, Darmgeräusche, einen dünnen, nicht geformten Stuhl und muß viel Winde ablassen. Seine Stimmung ist gedrückt und depressiv, er ist nervös, hat keinen Appetit; seine Zunge zeigt einen weißen Belag, der Puls ist gespannt und schnell *(Xian-Shu)*.

Erklärung: Die Blockierung der Leber und Stauung des *Qi* bewirkt den Druck in der Brust und die Schmerzen an den Rippen, ferner das auffallende

Seufzen, die Nervosität und die melancholische Stimmung. Infolge der fehlenden Transport- und Umwandlungsfunktion der Milz hat der Patient keinen Appetit, leidet an Blähungen mit Darmgeräuschen, muß viele Winde ablassen und hat einen dünnen Stuhlgang.

Therapie: Die Leber regulieren, die Milz stärken *(Shu-Gan Jian Pi).*

7.3.3.8 Mangelnde Ausgewogenheit zwischen Leber und Magen *(Gan-Wei Bu He)*

Wenn das *Qi* der Leber gestaut und blockiert ist, sind zwangsläufig die Funktionen der Beförderung und Ausscheidung *(Shu-Xie)* der Leber gestört. Dann kann auch der Magen seine Funktionen nicht regelrecht ausführen, es leidet das normale Absteigen der Magenfunktionen *(Wei Shi He-Jiang).* Die chinesische Medizin nennt dies «mangelnde Ausgewogenheit zwischen Leber und Magen» oder «das *Qi* der Leber schädigt den Magen» *(Gan-Qi Fan-Wei).*

Hauptsymptome: Druckgefühl in der Brust und an den Rippen, häufiges Seufzen des Patienten, Blähungen und Schmerzen im Oberbauch und im Magen, Aufstoßen mit faulem Geruch, Brechreiz; dünner und fader, gelber Zungenbelag, gespannter *(Xian)* Puls.

Erklärung: Durch eine Leber-Stauung und *Qi*-Blockierung *(Gan-Yu Qi-Zhi)* kommt es zum Druckgefühl und zu Schmerzen im Brustkorb und an den Rippen, ferner zum häufigen Seufzen des Patienten. Wenn das *Qi* der Leber den Magen schädigt *(Gan-Qi Fan-Wei),* kann die Magenfunktion des Herabsteigens *(Jiang)* nicht mehr normal ablaufen, der Patient leidet unter saurem Aufstoßen, Brechreiz, Übelkeit. Auch die Magenschmerzen und Blähungen sind durch die *Qi*-Blockierung *(Qi-Zhi)* bedingt, das heißt, sie entstehen durch einen Angriff des Leber-*Qi* auf den Magen.

Therapie: Beförderung der Leber und Ausgleich des Magens *(Shu-Gan He-Wei).*

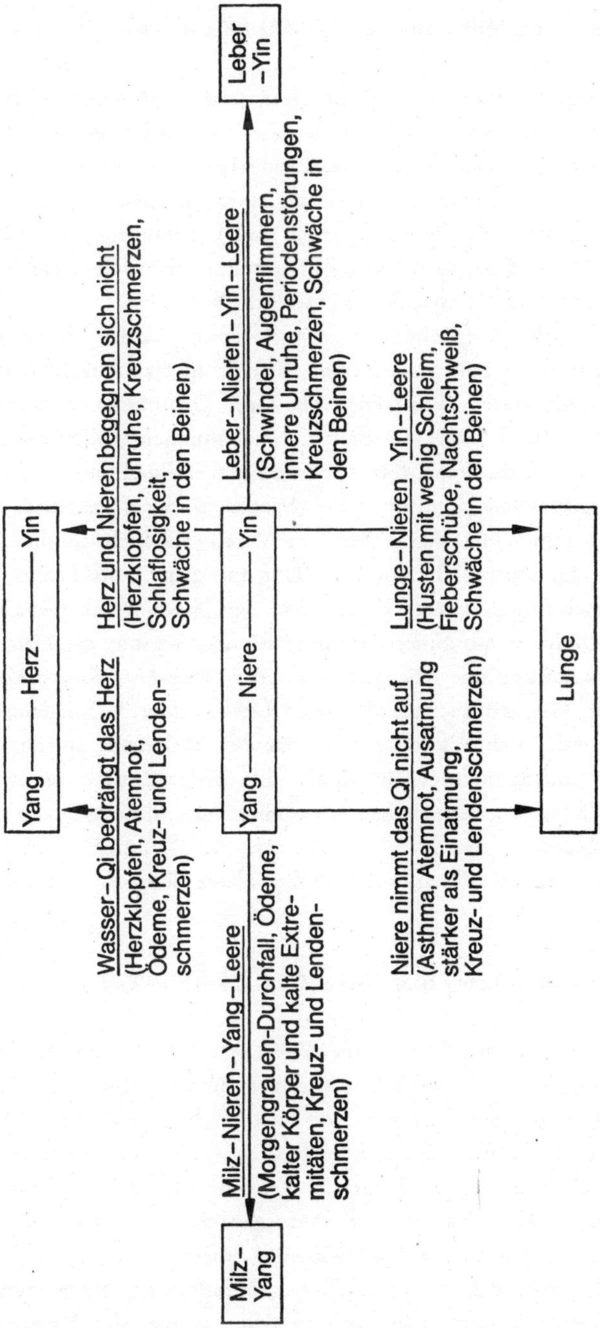

Abb. 35: Pathologische Beziehungen zwischen der Niere und den übrigen Speicherorganen

7.3.3.9 Leere des *Yang* von Milz und Niere *(Pi-Shen Yang-Xu)*

Dieser Störung liegt meistens eine *Yang*-Leere und Schwäche der Niere *(Shen-Yang Xu-Shuai)* zugrunde, durch die das *Yang* der Milz nicht erwärmt und ernährt *(Wen-Yang)* werden kann, sodaß eine Leere auch des *Yang* der Milz entsteht. Die Ursache kann aber auch an einer chronischen Leere des *Yang* der Milz liegen, durch die die Beförderung und Umwandlung der feinen Nahrungsessenz ungenügend ist, so daß die Niere unzureichend versorgt wird, wodurch eine *Yang*-Leere auch in der Niere entsteht.

Hauptsymptome: Kälteempfindlichkeit des Patienten, kalte Arme und Beine; Kurzatmigkeit, keine Lust zum Reden, Kraftlosigkeit; Durchfall oder «Fünf-Uhr-morgens-Durchfall» *(Wu-Geng Xie-Xie)*, Ödeme, in schwereren Fällen auch Völlegefühl und Druck im Bauch mit Blähungen; heller Zungenkörper mit weißem, freuchtem Belag, feiner schwacher *(Xi-Ruo)* Puls.

Erklärung: Kurzatmigkeit, Unlust zum Sprechen, Kraftlosigkeit und Durchfälle sind Symptome einer *Yang*-Leere der Milz – Kälteempfindlichkeit, kalte Arme und Beine, Durchfälle um fünf Uhr morgens («Morgengrauen-Durchfall») sind Erscheinungen einer *Yang*-Leere der Niere. Nach der Lehre der chinesischen Medizin ist die Niere zuständig für das Wasser, die Milz für Transport und Umwandlung der Körperflüssigkeiten *(Yun-Hua Shui-Ye)*. Ist das *Yang* sowohl der Milz als auch der Niere in Leere, bilden sich Ödeme; in schweren Fällen sammelt sich Wasser im Inneren des Abdomens an, bewirkt hier ein Völlegefühl und Spannungen im Bauch. Ein heller Zungenkörper mit weißem, feuchtem Belag und ein feiner schwacher Puls sind typische Anzeichen einer *Yang*-Leere.

Therapie: Wärmen und Tonisieren von Milz und Niere *(Wen-Bu Pi-Shen)*.

7.3.3.-10 Leere des *Yin* von Leber und Niere *(Gan-Shen-Yin-Xu)*

Bei diesem Krankheitszustand liegt eine *Yin*-Leere der beiden Speicherorgane Leber und Niere vor. Bekanntlich speichert bzw. verbirgt die Leber das Blut *(Gan Cang-Xue)*, die Niere speichert bzw. verbirgt die Essenz *(Shen Cang-Jing)*. Essenz und Blut erzeugen sich gegenseitig, Leber und Niere ernähren sich wechselseitig. Wenn das Blut der Leber unzureichend ist, oder wenn die Essenz *(Jing)* der Niere schwach oder verausgabt ist, kann dies zu einer *Yin*-Leere von Leber und Niere *(Gan-Shen Yin-Xu)* führen.

Hauptsymptome: Schwindel, Augenflimmern, Ohrensausen, Schmerzen an den Rippen, Kraftlosigkeit und Schmerzen in den Lenden und Knien; gerötete Wangen, nächtliche Schweißausbrüche, Erregungszustände, Spermatorrhoe bei Männern, unregelmäßige Periodenblutung bei Frauen; rote Zunge ohne Belag, feiner schneller *(Xi-Shu)* Puls.

Erklärung: Bei einer *Yin*-Leere von Leber und Niere entwickelt sich Leere-Feuer und steigt nach oben *(Xu-Huo Shang-Rao)*. So entstehen Schwindel, Augenflimmern, Ohrensausen, trockener Hals und gerötete Wangen. Der Leber-Meridian verbreitet sich unter beiden Rippenbögen. Bei einem unzureichenden *Yin* der Leber sind auch die Gefäße des Leber-Meridians ungenügend versorgt; deshalb entstehen Schmerzen an den Rippen. Die Lendenpartie gilt in der chinesischen Medizin als Bereich der Nieren, die Niere ist zuständig für die Knochen; die Leber ist zuständig für die Sehnen. Die Knie gelten als Bereich der Sehnen. Bei einer *Yin*-Leere von Leber und Niere sind Knie und Lenden schmerzhaft und ohne Kraft. Die *Yin*-Leere und Schwäche der Niere läßt Leere-Feuer im Körperinneren entstehen, dieses schädigt die Essenz, aus der in der Niere der Samen entsteht (vgl. Abschn. 3.2.1.5.1). Deshalb tritt bei einer Nieren-*Yin*-Leere bei Männern eine Spermatorrhoe bzw. Impotenz auf.

Bei einer *Yin*-Leere von Leber und Niere sind die beiden außergewöhnlichen Gefäße *Chong-Mai* und *Ren-Mai* nicht im wechselseitigen Gleichgewicht, deswegen tritt bei Frauen eine unregelmäßige Periodenblutung auf. Als allgemeine Symptome einer *Yin*-Leere mit innerer Hitze finden sich bei diesem Krankheitsbild Erregungszustände, Nachtschweiß, eine rote Zunge ohne Belag und ein feiner schneller Puls.

Therapie: Ernähren und Stärken bzw. Tonisieren von Leber und Niere *(Zi-Bu Gan-Shen)*.

7.4 Krankheits-Syndrome der sechs Meridiane, des *Wei*, des *Qi*, des *Ying* und des Blutes sowie der Drei Erwärmer

Die Verfahren der dialektischen Diagnostik der sechs großen Haupt-Meridiane, des *Wei-Qi-Ying-Xue* sowie der Drei Erwärmer, werden hier deshalb gemeinsam behandelt, da sie vor allem bei äußeren Hitzeerkrankungen *(Wai-Gan Re-Bing)* Anwendung finden. Zum Begriff der «sechs großen Haupt-Meridiane» *(Liu-Jing)* der in China sehr geläufig ist, im Westen jedoch bisher kaum verwendet wurde, sei hier angemerkt, daß es sich dabei um die sechs Meridian-Paare Dünndarm–Blase, Dickdarm–Magen, Gallenblase–Drei Erwärmer, Milz–Lunge, Herz–Niere und Leber–Perikard handelt. Diese Einteilung geht zurück auf den altchinesischen Arzt *Zhang Zhong-Jing*, der von 150 bis 219 n. Chr., in der späteren oder östlichen *Han*-Dynastie, lebte. *Zhang Chong-Jing* nahm das 36. Kapitel des Buches *Su-Wen* mit der Überschrift «*Re-Lun*» (zu deutsch: Abhandlung über das Fieber) zum Ausgangspunkt, in dem die Erfahrungen der früheren Ärzte mit äußerlich ansteckenden, fieberhaften Erkrankungen beschrieben werden (260). Daraus entwikkelte er sein eigenes Werk «*Shang-Han-Lun*», das in der klassischen chinesischen Medizin-Literatur einen besonderen Platz einnimmt (261). *Zhang* teilte die Symptome äußerlich ansteckender Hitze- bzw. Fieber-Erkrankungen in sechs verschiedene Krankheitsgruppen ein:

1. *Tai-Yang*-Erkrankungen
2. *Yang-Ming*-Erkrankungen
3. *Shao-Yang*-Erkrankungen
4. *Tai-Yin*-Erkrankungen
5. *Shao-Yin*-Erkrankungen
6. *Jue-Yin*-Erkrankungen

Jede Gruppe repräsentiert ein Meridian-Paar:

das *Tai-Yang* die miteinander gekoppelten Meridiane von Dünndarm und Blase;
das *Yang-Ming* die miteinander gekoppelten Meridiane von Dickdarm und Magen;
das *Shao-Yang* die gekoppelten Meridiane von Gallenblase und den Drei Erwärmern;
das *Tai-Yin* die gekoppelten Meridiane von Milz und Lunge;
das *Shao-Yin* die gekoppelten Meridiane von Herz und Niere, und
das *Jue-Yin* die miteinander verbundenen Meridiane von Leber und Perikard.

Auf diese Weise werden die Lokalisierung der Krankheitssymptome, die Eigenschaft der Erkrankung, die Stärke oder Schwäche der Abwehrkraft *(Zheng)* des Patienten und der Störung *(Xie)* erklärbar. Ferner ist es auf diesem Wege möglich, die Umwandlung verschiedener Krankheitszustände ineinander (beispielsweise die Verwandlung eines *Tai-Yang*-Syndroms in ein *Yang-Ming*-Syndrom usw.), also den Krankheitsverlauf, genauer zu erfassen. In dem klassischen Werk «*Shang-Han-Lun*» werden in erster Linie äußerlich ansteckende Wind- und Kälte-Erkrankungen besprochen, einige Abschnitte handeln auch von Wärme-Erkrankungen *(Wen-Bing)*.

In der weiteren Entwicklung der chinesischen Medizin-Lehre stellte sich während der folgenden Dynastien heraus, daß die von *Zhang Zhong-Jing* entwickelte Dialektik der sechs Hauptmeridiane, wie er sie im «*Shang-Han-Lun*» dargestellt hatte, nicht immer ausreichte, da die äußerlich ansteckenden Hitze-

Erkrankungen *(Wai-Gan Re-Bing)* nicht genügend berücksichtigt wurden; insbesondere nicht die Wärme-Erkrankungen *(Wen-Bing)*, bei denen eine Hitze-Störung *(Xie-Re)* von Anfang an als Krankheitsursache auftritt. Deshalb entwickelte der chinesische Arzt *Ye Tian-Shi* in der *Qing*- oder Manschu-Dynastie, ausgehend vom *«Shang-Han-Lun»*, eine besondere dialektische Methode für die Körperabwehr *(Wei)*, das *Qi*, die Nahrung *(Ying)* und das Blut *(Wei-Qi-Ying-Xue)*, die eine Ergänzung zu den Ausführungen des *Zhang Zhong-Jing* bildet.

Er führt in seinem Werk, «Äußerlich ansteckende Wärme und Hitze-Erkrankungen», *(Wai-Gan-Wen-Re-Pian)* u. a. erstmals in der chinesischen Medizin aus, daß die Kraft im Hintergrund der Körperabwehr *(Wei)* das *Qi* ist, und daß die Kraft im Hintergrund der Ernährungsfunktion *(Ying)* das Blut *(Xue)* ist (262). Zugleich gibt er therapeutische Hinweise: Wenn eine Erkrankung die Schicht der Körperabwehr *(Wei)* erreicht, soll man den Patienten schwitzen lassen. Gelangt sie bis zur Schicht des *Qi*, muß man das *Qi* beruhigen *(Qing-Qi)*. Erreicht sie die Schicht der Nährfunktion *(Ying)*, soll man die Hitze durchlassen und das *Qi* ableiten *(Tou-Re Zhuan-Qi)*; erreicht die Störung das Blut, so besteht die Gefahr, daß das Blut geschädigt oder übermäßig in Bewegung gesetzt *(Hao-Xue Dong-Xue)* wird. Der Arzt muß in diesem Fall das Blut kühlen und das Blut verteilen *(Liang-Xue San-Xue)*. So entstand in der chinesischen Medizin die Dialektik des *Wei-Qi-Ying-Xue* zur Behandlung von Wärme- und Fiebererkrankungen.

Andere chinesische Ärzte der *Qing*-Dynastie (die von 1644 bis 1911 dauerte) erkannten, daß es bei den Wärme-Erkrankungen vielfach nicht nur um Wärme *(Wen)*, sondern um Nässe-Hitze *(Shi-Re)* geht. Hier sind vor allem *Xue Sheng-Bai* und *Wu Ju-Tong* zu nennen. Letzterer veröffentlichte im Jahre 1799 sein Buch «Diagnostik der Wärmekrankheiten» *(Wen-Bing Tiao-Bian)*, in dem er erstmals die Syndrom-Diagnostik der Drei Erwärmer erläutert, die notwendig wurde, da die Dialektik von *Wei-Qi-Ying-Xue* zur Erfassung sämtlicher Arten von Wärmekrankheiten nicht mehr ausreichte (263).

Wu Ju-Tong stellte eine Verbindung der Wärmeerkrankungen zu den Speicher- und Hohlorganen her, wobei er an den Sitz dieser Organe im Oberen, Mittleren und Unteren Erwärmer anknüpfte und folgende Lehrsätze prägte: «Die Therapie des Oberen Erwärmers soll wie Federn sein: man kann sie ohne Leichtigkeit nicht erheben. Die Therapie des Mittleren Erwärmers soll Beständigkeit haben, denn man kann sie ohne Gleichgewicht nicht ordnen. Die Therapie des Unteren Erwärmers soll energisch sein, denn man kann sie ohne Gewicht nicht nach unten senken» (264).

Wu machte den Versuch, alle Arten von Wärmeerkrankungen unter die Theorie der Drei Erwärmer und des *Wei-Qi-Ying-Xue* zusammenzufassen. Auf diese Weise war allerdings keine klare Trennung möglich zwischen den Wärme-Hitze*(Wen-Re)*-Krankheiten und den Nässe-Hitze*(Shi-Re)*-Krankheiten. Darin liegen die Mängel seiner Methode. Dennoch wird diese Art der Dialektik heute in der Praxis der chinesischen Medizin in weitestem Umfang verwendet; sie stellt eine bedeutsame Ergänzung der übrigen Theorien dar. Am besten, der Arzt verwendet die drei verschiedenen Theorien der sechs großen Meridiane, das *Wei-Qi-Ying-Xue* sowie der Drei Erwärmer gemeinsam und versucht die Lücken der einen Theorie jeweils durch eine der anderen auszufüllen. In ihrer wechselseitigen Ergänzung bringen die drei Methoden nämlich jeweils die besten Ergebnisse.

7.4.1 Krankheits-Syndrome der sechs Meridiane

Unter den sechs großen Meridianverläufen versteht die chinesische Medizin, wie gesagt, den *Tai-Yang, Yang-Ming, Shao-Yang, Tai-Yin, Shao-Yin* und *Jue-Yin*-Meridian und die den einzelnen Meridianpaaren zugeordneten Erkrankungen. Letztere werden zusammengefaßt als «Erkrankungen der drei *Yang*» und «Erkrankungen der drei *Yin*», worunter jeweils die *Yang*-Meridiane und *Yin*-Meridiane mit ihren Krankheiten zu verstehen sind. Die drei *Yang*-Erkrankungen betreffen das *Tai-Yang, Yang-Ming* und *Shao-Yang*. Die drei *Yin*-Erkrankungen betreffen das *Shao-Yin*, das *Tai-Yin* und das *Jue-Yin* bzw. ihre Störungen. Die Erkrankungen der drei *Yang* beziehen sich ferner auf die Krankheiten der sechs Hohlorgane *(Liu-Fu-Bing)*; die Krankheiten der drei *Yin* beziehen sich auf die Erkrankungen der fünf Speicherorgane *(Wu-Zang-Bing)*. Im großen und ganzen kann man davon ausgehen, daß die Krankheitslehre der sechs großen Meridianverläufe die gleiche ist wie die der zwölf Haupt-Meridiane und der mit ihnen gekoppelten Speicher- und Hohlorgane.

Nach der Lokalisierung der Krankheitserscheinungen gibt es allerdings bei der Pathologie der sechs großen Meridianverläufe einige Ergänzungen zur gewöhnlichen Meridianlehre. Bei den *Tai-Yang*-Krankheiten handelt es sich nämlich stets um eine Erkrankung der Oberfläche *(Biao)*; bei den Erkrankungen des *Yang-Ming* handelt es sich um eine Erkrankung des Körperinneren *(Li)*. Bei den Erkrankungen des *Shao-Yang* handelt es sich um Krankheitszustände, die halb oberflächlich, halb innerlich *(Ban-Biao Ban-Li)* sitzen. Die Erkrankungen der drei *Yin* befinden sich ausnahmslos im Inneren *(Li)* des Körpers. Im Hinblick auf den Charakter der krankheitserzeugenden Störung *(Xie)* handelt es sich bei den Erkrankungen der drei *Yang* meist um Hitze *(Re)*, bei den Erkrankungen der drei *Yin* meist um Kälte *(Han)*. Außerdem liegt bei den Erkrankungen der drei *Yang* meist ein Fülle-Zustand *(Shi)* vor; bei den Erkrankungen der *Yin* meist ein Leere-Zustand *(Xu)*.

Jede Erkrankung der sechs großen Meridianverläufe kann einzeln auftreten. Es können aber auch zwei oder drei der sechs Meridianverläufe gemeinsam erkrankt sein, oder es kann sich eine Erkrankung von einem Meridianverlauf zum anderen fortentwickeln. Wenn gleichzeitig zwei oder drei der sechs großen Meridianverläufe erkrankt sind, spricht die chinesische Medizin von einer «gemeinsamen Erkrankung» *(He-Bing)*. Ist ein einzelner Meridianverlauf erkrankt und noch nicht geheilt, und tritt die Krankheit bereits an einem weiteren der sechs großen Meridianverläufe auf, spricht die chinesische Medizin davon, daß sich die Erkrankungen beider Meridiane «kreuzen» – wobei besonderer Wert auf die Feststellung gelegt wird, welcher Meridianverlauf als erster und welcher anschließend befallen war. Man nennt diesen Krankheitszustand «verbundene Erkrankung» *(Bing-bing)*. Wenn sich eine Krankheit von einem der sechs Meridianverläufe zu einem anderen entwickelt, spricht man von einer «Meridian-Ansteckung» *(Chuan-Jing)*.

Als allgemeine Richtlinie zur Therapie der Erkrankung der sechs Meridianverläufe gilt folgendes: Die wichtigste Methode bei einer Erkrankung der drei *Yang* ist das Vertreiben der Störung *(Qu-Xie)*; die wichtigste Behandlungsmethode bei einer Erkrankung der drei *Yin* besteht demgegenüber in einer Unterstützung der Widerstandskraft des Körpers *(Fu-Zheng)*.

7.4.1.1 Krankheits-Syndrome des *Tai-Yang*

Bei der *Tai-Yang*-Erkrankung findet die erste Begegnung der äußeren Störung *(Wai-Xie)* mit der Oberfläche des menschlichen Körpers statt. So lange die Abwehrkraft des Körpers *(Zheng-Qi)* der Störung Widerstand leistet, bleibt die Erkrankung im Meridianverlauf, und man spricht von einem *Tai-Yang*-Meridian-Syndrom *(Tai-Yang Jing-Zheng)*. Wenn die äußere Störung jedoch den Meridian entlang zum Körperinneren verläuft und in das entsprechende Hohlorgan hineintritt, spricht man von einem *Tai-Yang*-Hohlorgan-Syndrom *(Tai-Yang-Fu-Zheng)*.

A) Meridian-Syndrome des *Tai-Yang*

Hierbei sind die Hauptsymptome Kälteempfindlichkeit, Fieber, Kopfschmerzen und Nackensteifheit, dünner, weißer Zungenbelag, oberflächlicher *(Fu)* Puls.

Erklärung: Wenn eine äußere Störung das *Wei-Yang* (die Abwehrschicht des *Yang*) verletzt, ist der Patient kälteempfindlich. Die äußere Störung «fesselt» dabei die Körperoberfläche *(Xie-Shu Yu Biao)*, wie es in der chinesischen Medizin ausgedrückt wird. Dabei kommt es zu einer Blockierung des *Yang-Qi (Yang-Qi Bei-Yu)*, wodurch Fieber entsteht. Da die Funktion *(Qi)* des *Tai-Yang*-Meridians durch die äußere Störung geschädigt wurde, treten Kopf- und Nackenschmerzen auf. Wenn die Störung an der Körperoberfläche sitzt, drängen *Qi* und Blut nach außen und es entsteht ein oberflächlicher *(Fu)* Puls. Alle diese Symptome treten bei einem oberflächlichen *Tai-Yang*-Syndrom *(Tai-Yang Biao-Zheng)* gemeinsam auf. Die oberflächlichen *Tai-Yang*-Erkrankungen teilen sich in zwei Untergruppen:

1. äußeres Wind-Syndrom des *Tai-Yang (Tai-Yang Zhong-Feng-Zheng)*;
2. oberflächliche Kälte-Verletzung des *Tai-Yang (Tai-Yang Shang-Han-Zheng)*.

Anmerkung: Die «äußere Wind-Erkrankung», chinesisch «*Zhong-Feng*», ist in diesem Fall nicht zu verwechseln mit einer Erkrankung durch «inneren Wind», die chinesisch ebenfalls «*Zhong-Feng*» (vgl. Abs. 5.2.1.1.1) heißt. Unter einer Kälte-Verletzung, chinesisch «*Shang-Han*», versteht man in der chinesischen Medizin zweierlei: 1. Im weiteren Sinne bedeutet «*Shang-Han*» alle äußerlich ansteckenden fieberhaften Erkrankungen; 2. im engeren Sinne liegt eine oberflächliche Erkrankung des *Tai-Yang* vor, eben der Krankheitstyp, von dem in diesem Abschnitt die Rede ist.

7.4.1.1.1 Äußerliche Winderkrankung des *Tai-Yang (Tai-Yang Zhong-Feng-Zheng)*

Hauptsymptome: Kopfschmerzen, Fieber, Schweißausbrüche, Windempfindlichkeit, oberflächlicher sanfter *(Fu-Huan)* Puls.

Erklärung: In diesem Fall verletzt die Wind-Störung die Abwehrschicht *(Feng-Xie Shang-Wei)*, was zur Folge hat, daß die Ernährungsschicht und die Abwehrschicht nicht mehr in Übereinstimmung stehen *(Ying-Wei Bu He)*. Damit erklärt die chinesische Medizin die Kopfschmerzen, das Fieber, Schweißausbrüche; die Windempfindlichkeit, den oberflächlichen und langsamen Puls.

Therapie: Auflockern der Muskeln, Vertreiben des Windes *(Jie-Ji Qu-Feng)*, Ausgleichen von Ernährung und Abwehr *(Tiao-He Ying-Wei)*.

7.4.1.1.2 Oberflächliche Kälte-Verletzung des *Tai-Yang (Tai-Yang Shang-Han-Zheng)*

Hauptsymptome: Kälteempfindlichkeit, Fieber, Kopfschmerzen, Schmerzen am Körper, in den Lenden, den Knochen und Gelenken; kein Schwitzen, Atembeschwerden, oberflächlicher straffer *(Fu-Jin)* Puls.

Erklärung: Der Patient ist kälteempfindlich, da die störende Kälte das *Yang* schädigt *(Han-Xie Shang-Yang)*. Das Fieber entwickelt sich, da das *Yang-Qi* blockiert *(Yu)* ist. Bei der störenden Kälte handelt es sich um eine *Yin*-Störung *(Yin-Xie)*, die die Ernährungs- und Abwehrfunktion gerinnen und stocken läßt *(Ning-Se Ying-Wei)*, wodurch verschiedenste Schmerzzustände entstehen. Da die Kälte die Poren und Haare der Haut zusammenzieht, kann der Patient nicht schwitzen. Bekanntlich steht die Lunge nach der Lehre der chinesischen Medizin mit Haut und Haaren in Verbindung; deshalb wird auch die Lungenfunktion der Verbreitung beeinträchtigt *(Fei-Qi Bu-Xuan)*, wenn Haut, Poren und Haare blockiert sind. Desgleichen leiden die Funktionen der Säuberung und des Herabführens *(Su-Jiang)* der Lunge auf diese Weise. Der straffe *(Jin)* Puls des Patienten wird durch den üppigen Fülle-Zustand von störender Kälte *(Han-Xie Cheng-Shi)* hervorgerufen.

Therapie: Leicht Erwärmen und zum Schwitzen bringen *(Xin-Wen Fa-Han)*.

Anmerkung: Da bei der unter 7.4.1.1.1 geschilderten äußeren Wind-Erkrankung des *Tai-Yang* Schweißausbruch und ein sanfter *(Huan)* Puls vorhanden sind, gilt dieser Zustand als «oberflächliches Leere-Syndrom» *(Biao-Xu-Zheng)*. Die unter 7.4.1.1.2 dargestellte oberflächliche Kälte-Erkrankung des *Tai-Yang* gilt demgegenüber als oberflächliches Fülle-Syndrom *(Biao-Shi-Zheng)*, da der Patient hier nicht schwitzt und da ein straffer *(Jin)* Puls vorliegt.

B) Hohlorgan-Syndrome des *Tai-Yang (Tai-Yang-Fu-Zheng)*

Wenn bei einer Erkrankung des *Tai-Yang*-Meridians die Funktion des zugehörigen Hohlorgans, der Blase, beeinträchtigt ist, wird als erstes die Verdampfungsfunktion *(Qi-Hua)* unausgewogen, und es entwickelt sich ein Syndrom der Wasseransammlung im *Tai-Yang (Tai-Yang Xu-Shui-Zheng)*. Wenn störende Hitze *(Re-Xie)* den *Tai-Yang*-Meridian entlangläuft und sich im Unteren Erwärmer staut, entsteht durch diese Hitze und durch Blutblockierung *(Xue-Yu)* ein Syndrom der Blut-Ansammlung im *Tai-Yang (Tai-Yang Xu-Xue-Zheng)*.

7.4.1.1.3 Syndrom der Wasseransammlung im *Tai-Yang (Xu-Shui-Zheng)*

Hauptsymptome: Fieber, Schweißausbrüche, trockener Mund, Erbrechen unmittelbar nach dem Trinken von Flüssigkeit, behindertes Wasserlassen, oberflächlicher *(Fu)* Puls.

Erklärung: Fieber, Schwitzen, oberflächlicher *(Fu)* Puls sind typische Krankheitszeichen einer äußeren Wind-Erkrankung des *Tai-Yang (Tai-Yang Zhong-Feng-Zheng)*. Der trockene Mund, das Erbrechen unmittelbar nach dem Trinken und das erschwerte Wasserlassen zeigen eine unnormale Verdampfungsfunktion der Blase *(Pang-Guang Qi-Hua Shi-Chang)* an, bei der sich Körpersäfte angesammelt und gestaut *(Jin-Ye Ting-Ju)* haben. Die Krankheit wird hier von der Wasser-Störung *(Shui-Xie)* erzeugt.

Therapie: Das *Yang* leiten, das Wasser in Bewegung setzen *(Tong-Yang Xing-Shui)*, das Äußere befördern, das Innere entwässern *(Wai-Shu Nei-Li)*.

7.4.1.1.4 Syndrom der Blutansammlung im *Tai-Yang (Tai-Yang Xu-Xue-Zheng)*

Hauptsymptome: Spannungen und Härte im Unterbauch, psychische Erregung, die sich in schlimmeren Fällen bis zur Verrücktheit des Patienten steigern kann. Im Gegensatz zum Syndrom der Wasseransammlung ist hier das Urinlassen gut.

Erklärung: Wenn Hitze im Lauf des Meridians verläuft, kann sie zu einer Blut-Blockierung im Bereich des Unteren Erwärmers führen, wodurch der Unterbauch fest und gespannt wird. Die Erregungszustände oder die Verrücktheit des Patienten tritt auf, wenn das gestaute Blut *(Xue)* und die trübe Hitze *(Zhuo-Re)* so weit aufwärts dringen, daß sie das Herz-*Shen* erreichen und stören *(Shang-Rao-Xin-Shen)*. Alle diese Störungen haben nichts mit der Blase zu tun, weshalb das Wasserlassen in Ordnung ist.

Therapie: Die Hitze beruhigen bzw. sedieren, die Stauung auflösen *(Xie-Re Po-Yu)*.

Anmerkung: Wenn eine krankheitserzeugende Störung *(Xie)* im Verlaufe des *Tai-Yang*-Meridians bis zum zugehörigen Hohlorgan kommt, kann dies zwei verschiedene pathologische Zustände herbeiführen: 1. kann es ein *Qi-Fen*-Syndrom (vgl. Abschn. 7.4.2.2) auslösen und ein Syndrom der Wasseransammlung bewirken, 2. kann es ein *Xue-Fen*-Syndrom (vgl. Abschn. 7.4.2.4) auslösen und so ein Blut-Ansammlungs-Syndrom bewirken. Beide Syndrome lassen sich unterscheiden durch schlechtes (1.) und normales (2.) Wasserlassen.

C) Kombinierte Erkrankungen des *Tai-Yang (Tai-Yang Bing-Jian-Zheng)*

7.4.1.1.5 Kombinationen der äußerlichen Winderkrankung *(Zhong-Feng)* des *Tai-Yang (Tai-Yang Zhong-Feng-Jian-Zheng)*

Bei einer äußerlichen Winderkrankung des *Tai-Yang* können gleichzeitig noch andere pathologischen Symptome, sogenannte Komplikationen *(Bing-Jian)*, auftreten. Die häufigsten sind:

1. Behinderter Transport innerhalb des *Tai-Yang*-Meridians *(Tai-Yang-Jing-Shu Bu Li)*
   Symptome: Außer den im Abschnitt 7.4.1.1.1 genannten Symptomen tritt hier eine starke Steifheit des Nackens und Rückens auf.
   Erklärung: Wenn eine Wind-Störung *(Feng-Xie)* den Meridianverlauf des *Tai-Yang* befällt, wird der Transport *(Shu)* innerhalb des Meridians behindert, so daß im Meridianverlauf, der am Rücken und Nacken entlangzieht, Steifheit und Verspannungen auftreten.
   Therapie: Auflockern der Muskeln, Vertreiben des Windes *(Jie-Ji Qu-Feng)*.
2. Das *Qi* der Lunge steigt in Gegenrichtung auf und verursacht Atembeschwerden *(Fei-Qi Shang-Ni Zuo-Chuan)*.
   Hauptsymptome: Außer den in Abschnitt 7.4.1.1.1 aufgeführten Symptomen finden sich hier Völlegefühl im Thorax mit Asthma.
   Erklärung: Dieser Zustand kommt dadurch zustande, daß die äußere Wind-Störung die Oberfläche des Körpers «fesselt» *(Feng-Xie Wai-Shu)*, wodurch die Lungenfunktion beeinträchtigt wird *(Fei-Qi Bu Li)*. Es kann auch sein, daß ein lange bestehendes Asthmaleiden vorliegt und daß der Patient zusätzlich von einer äußeren Störung angegriffen wird, was seinen Zustand verschlimmert und das *Qi* der Lunge in Gegenrichtung nach oben treibt.

Therapie: Auflockern der Muskeln, Vertreiben des Windes *(Jie-Ji Qu-Feng)* und gleichzeitig Regulieren des *Qi* der Lunge *(Jian-Li Fei-Qi)*.

7.4.1.1.6 Kombinationen der oberflächlichen Kälte-Verletzung des *Tai-Yang* *(Tai-Yang Shang-Han-Jian-Zheng)*

Bei diesem Krankheitszustand treten außer der im Abschnitt 7.4.1.1.2 geschilderten Symptomatik noch andere Symptome auf:

1. Behinderung des Meridian-Transports im *Tai-Yang (Tai-Yang-Jing-Shu Bu Li)*.
   Hauptsymptome: Es finden sich alle Symptome der oberflächlichen Kältestörung des *Tai-Yang*, wie sie im Abschnitt 7.4.1.1.2 geschildert werden. Gleichzeitig leidet der Patient unter starker Nacken- und Rückensteife.
   Erklärung: In diesem Fall dringt die Kältestörung in den *Tai-Yang* ein *(Han-Xie Qin-Fan Tai-Yang)*, wodurch der normale Transport im Meridian beeinträchtigt wird, sodaß Nacken- und Rückensteifheit auftreten, die stärker und schwerer sind als bei der entsprechenden Komplikation der oberflächlichen Wind-Störung des *Tai-Yang*, die im Abschnitt 7.4.1.1.5 beschrieben wird.
   Therapie: Den Patienten zum Schwitzen bringen, die Kälte verteilen *(Fa-Han San-Han)*, gleichzeitig Regulieren des Meridianverlaufs *(Jian-shu Jing-Mai)*.
2. Äußere Kälte und innere klare Schleimflüssigkeiten *(Wai-Han Nei-Yin)*.
   Hauptsymptome: Außer den im Abschnitt 7.4.1.1.2 geschilderten Symptomen findet sich hier Husten und Atemnot, verbunden mit dünnem, weißem und klarem Schleim *(Tan)*.
   Erklärung: Dieser Krankheitszustand entsteht infolge einer Schädigung durch oberflächliche Kälte, die sich nicht auflöst *(Han-Biao Bu Jie)*, wobei sich im Körperinneren Wasser ansammelt *(Nei-Jia Shui-Qi)*. Das Zusammenwirken der äußeren und inneren Störung führt dabei zu einer Beeinträchtigung der Lungenfunktionen des Verbreitens und Herableitens *(Xuan-Jiang)*, wodurch der Husten, die Atemnot und der Auswurf bedingt sind.
   Therapie: Den Patienten schwitzen lassen, die Kälte verteilen *(Fa-Han San-Han)*, zugleich Auflösen und Beseitigen der Schleimflüssigkeiten *(Juan-Chu Shui-Yin)*.
3. Äußere Kälteblockierung mit gleichzeitiger Stauung des *Yang* im Körperinneren *(Wai-Han Kun-Bi, Yang-Yu Yu Li)*.

Hauptsymptome: Neben den im Abschnitt 7.4.1.1.2 geschilderten Symptomen finden sich hier gleichzeitig nervöse Unruhe und psychische Erregungszustände des Patienten.
Erklärung: Bei diesem Krankheitszustand findet an der Körperoberfläche *(Biao)* ein Kampf zwischen Abwehrkraft des Organismus *(Zheng)* und äußerer Störung *(Xie)* statt, wobei der Patient nicht schwitzen kann, sodaß das im Körper angestaute *Yang (Yang-Yu)* nicht an die Oberfläche durchzubrechen vermag. Aus diesem Grunde treten Nervosität und innere Unruhe auf. Es kann auch sein, daß die äußerliche Blockierung der Kälte-Störung das Schwitzen verhindert, wobei Wasser-Nässe *(Shui-Shi)* nicht vom Körper ausgeschieden werden kann, sodaß als zusätzliche Symptome Schweregefühl im Körper und in den Extremitäten mit Ödembildung auftreten.
Therapie: Den Patienten zum Schwitzen bringen, die Hitze (im Körperinneren) kühlen *(Fa-Han Qing-Re)*.

7.4.1.2 Krankheits-Syndrome des *Yang-Ming*

Ein Krankheits-Syndrom des *Yang-Ming* bildet das schwerste Stadium des Kampfes zwischen krankheitserzeugender Störung *(Xie)* und Widerstandskraft des Körpers *(Zheng)*. Meist entsteht dieses Syndrom, weil sich eine im *Tai-Yang* befindliche äußere Störung nicht auflöst *(Bu-Jie)* und deshalb im Körperinneren eine Hitze-Störung *(Re-Xie)* mit Fieber usw. entsteht. Ein *Yang-Ming*-Syndrom kann aber auch entstehen, wenn infolge falscher ärztlicher Behandlung die Körpersäfte geschädigt wurden *(Jin-Shang)*, so daß sich Trockenheit im Magen und Darm *(Wei-Chang Gan-Zao)* mit Stuhlverstopfung entwickelt.

Die Erkrankung des *Yang-Ming* wird in der chinesischen Medizin unterteilt in ein Krankheits-Syndrom des entsprechenden Meridians und ein Krankheits-Syndrom des zugehörigen Hohlorgans. Bei der Meridian-Erkrankung des *Yang-Ming* verbreitet sich störende Hitze *(Xie-Re)* über den ganzen Körper des Patienten, löst jedoch noch keine Trockenheit und Blockierung und keine Stuhlverstopfung aus. Bei der Hohlorgan-Erkrankung bildet sich demgegenüber als Folge der Trockenheit und Hitze *(Zao-Re)* ein Fülle-Zustand in Magen und Darm, bei dem Stuhlverstopfung auftritt.

7.4.1.2.1 Meridian-Syndrom des *Yang-Ming*

Hauptsymptome: Hitzegefühl am ganzen Körper, Schweißausbrüche, trockener Mund mit starkem Durst, Nervosität; trockener, gelber Zungenbelag, stromartiger, weiter und großer *(Hong-Da)* Puls.

Erklärung: Bei diesem Syndrom befindet sich die störende Hitze *(Xie-Re)* im Zustand des sogenannten «*Qi-Fen*» (vgl. Abschnitt 7.4.2.2) des *Yang-Ming*. Deshalb empfindet der Kranke große Hitze im ganzen Körper, die die Körpersäfte *(Jin-Ye)* bedroht und zu Schweißausbrüchen führt. Durch den Schweißverlust werden die Körpersäfte zusätzlich geschädigt, infolgedessen wird die Hitzestörung noch stärker. Der Patient hat einen trockenen Mund und starken Durst. Wenn die Hitze nach oben steigt und das Herz-*Shen* stört, wird der Kranke nervös und unruhig. Auch der gelbe, trockene Zungenbelag entsteht durch die üppige Hitzestörung, die die Körpersäfte *(Jin)* schädigt. Da infolge der starken Hitze die *Yang*-Funktionen des Körpers sehr verstärkt werden, hat der Patient einen weiten, stromartigen und großen *(Hong-Da)* Puls.

Therapie: Kühlen der Hitze, Erzeugen von Körperflüssigkeiten *(Qing-Re Sheng-Jin)*.

7.4.1.2.2 Hohlorgan-Syndrom des *Yang-Ming*

Hauptsymptome: Hitzegefühl am ganzen Körper, Temperaturerhöhungen am Nachmittag, Schweißausbrüche; Verstopfung, Schmerzen und Völlegefühl im Bauch, bei denen die Palpation oder Massage als unangenehm empfunden wird; Nervosität und Erregungszustände, in schweren Fällen geistige Verwirrung mit Unruhezuständen. Tiefer kräftiger Fülle-Puls *(Chen-Shi You Li)*, trockener gelber oder körniger bzw. stacheliger, gelber Zungenbelag.

Erklärung: Durch die Verstauung des trockenen Darminhalts im Körperinneren entsteht Verstopfung. Dabei laufen die Funktionen der Hohlorgane nicht regelrecht ab *(Fu-Qi Bu Li)*, der Patient fühlt sich voll und gebläht, sein Bauch ist schmerzhaft und druckempfindlich. Da im Inneren des Körpers Hitze dampfartig aufsteigt *(Li-Re Zheng-Teng)*, hat der Patient Schweißausbrüche am ganzen Körper. Die Stärke des *Qi* des *Yang-Ming* ist nachmittags am größten; deshalb nimmt um diese Zeit der körpereigene Widerstand gegen die Störung *(Xie)* zu, und der Patient hat wellenartige Hitze. Wenn die trockene Hitze *(Zao-Re)* des Magens aufsteigt und das Herz-*Shen* stört, ist der Patient unruhig, führt wirre Reden und ist schlimmstenfalls geistig verwirrt.

Ein Zeichen für die Fülle-Hitze im Körperinneren ist der tiefe Fülle-Puls *(Chen-Shi)*. Der gelbe, körnige bzw. stachlige Zungenbelag ist ein Zeichen für eine Stauung trockener Hitze im Körperinneren.

Therapie: Die trockene Stauung herauswaschen *(Dang-Di Zao-Jie)*.

7.4.1.2.3 Durch Nässe-Hitze erzeugte Gelbsucht-Erkrankung des *Yang-Ming* *(Yang-Ming-Bing Shi-Re-Fa-Huang)*

Hauptsymptome: Hitzegefühl am ganzen Körper, Gelbfärbung der Augen und des Körpers, wobei das Gelb eine leuchtende Farbe hat. Innere Unruhe, trockener Mund; Völlegefühl im Abdomen, harter Stuhl, Ausscheidung geröteten Urins. Gelber, klebriger Zungenbelag, gleitender schneller *(Hua-Shu)* Puls.

Erklärung: Wenn Nässe und Hitze im Körper gemeinsam verdampfen, tritt Gallenflüssigkeit heraus, deshalb haben die Augen und der ganze Körper eine gelbe Farbe. Die Gelbfärbung ist leuchtend, da es sich hier um ein *Yang*-Gelb handelt. Die Hitze wird durch die Nässe blockiert, so daß sie sich nicht nach außen verbreiten kann; der Patient hat keine Schweißausbrüche, aber Hitzegefühl am ganzen Körper. Gleichzeitig hindert die Hitze die Nässe, so daß diese vom Körper nicht ausgeschieden werden kann, deshalb ist der Urin spärlich und gerötet. Durch die Hitze werden ferner die Mundtrockenheit und die innere Unruhe verursacht. Das Völlegefühl im Abdomen und der klebrige Zungenbelag sind demgegenüber Anzeichen der Nässe.

Therapie: Die Hitze kühlen, die Nässe ausscheiden *(Qing-Re Li-Shi)*.

7.4.1.2.4 Syndrom der Blutansammlung im *Yang-Ming* *(Yang-Ming Xu-Xue-Zheng)*

Hauptsymptome: Normalerweise ist bei einer *Yang-Ming*-Erkrankung der Stuhl hart. In diesem Fall kann aber der Patient seinen Stuhl, der schwarzgefärbt und glänzend ist, doch gut entleeren. Der Kranke leidet unter Gedächtnisschwäche.

Erklärung: Es handelt sich hier um eine Verbindung einer äußeren Hitzestörung *(Xie-Re)* mit Blut, das sich seit einiger Zeit in Magen und Darm angesammelt hat. Das vorhandene Blut macht den Stuhl trotz der Hitze und der dadurch bedingten Härte des Kots weich und geschmeidig, weshalb die Darmentleerung leicht erfolgt. Auch die schwarze glänzende Farbe des Stuhlgangs ist durch das im Darm verborgene Blut bedingt. Wenn trübe Hitze *(Zhuo-Re)* aufsteigt und das Herz-*Shen* stört, leidet der Kranke an Gedächtnisstörungen.

Therapie: Öffnen der Blockierung, Beruhigen bzw. Sedieren der Hitze *(Po-Yu Xie-Re)*.

7.4.1.3 Krankheitssyndrome des *Shao-Yang*

Eine Erkrankung des *Shao-Yang* sitzt halb oberflächlich, halb im Körperinneren *(Ban-Biao Ban-Li)*. Sie entsteht entweder vom *Tai-Yang* aus, von wo die Erkrankung weiter zum Inneren vordringt und den *Shao-Yang*-Meridian erreicht, oder sie entsteht durch eine Schwäche des *Qi* und Blut, bei der die pathogene Störung ins Körperinnere vordringt, hier mit der Abwehrkraft des Körpers *(Zheng-Qi)* kämpft und dabei im *Shao-Yang*-Meridian stecken bleibt.

7.4.1.3.1 Gewöhnliches Krankheitssyndrom des *Shao-Yang (Shao-Yang-Bing Zhu-Zheng)*

Hauptsymptome: Bitterer Geschmack im Mund, trockene Kehle, Augenflimmern, wechselnde Kälte- und Fieberzustände; Völlegefühl im Thorax und an den Rippen; Appetitlosigkeit, Brechreiz, weißer, schlüpfriger Zungenbelag, gespannter *(Xian)* Puls.

Erklärung: Bei einer Erkrankung des dem *Shao-Yang* zugehörigen Gallenblasen-Meridians befindet sich Hitze *(Re)* in der Gallenblase, deshalb hat der Patient einen bitteren Geschmack im Mund. Die Hitze schädigt die Körpersäfte *(Jin)*, so daß Trockenheit in der Kehle entsteht. Wenn die Hitze im Körper hochsteigt, hat der Patient Augenflimmern. Diese drei Symptome: der bittere Mundgeschmack, die trockene Kehle und das Flimmern vor den Augen sind die drei Haupterscheinungen einer *Shao-Yang*-Erkrankung. Da die Störung *(Xie)* halb an der Oberfläche, halb im Körperinneren sitzt, werden durch den Kampf zwischen Störung *(Xie)* und Widerstandskraft *(Zheng)* wechselnde Kälte- und Hitze-Zustände hervorgerufen. Da sich der *Shao-Yang*-Meridian am Brustkorb und an den Rippen ausbreitet, entsteht bei seiner Erkrankung eine Beeinträchtigung des *Qi*-Flusses im Meridian, weshalb Völlegefühl im Thorax und an den Rippen auftreten. Das Hohlorgan Gallenblase steht in Verbindung mit der Leber. Wenn die Galle erkrankt ist, befindet sich die Leber in einem Blockierungszustand *(Gan-Yu)*, dadurch kann sie ihre Funktionen des Transports und der Ausscheidung *(Shu-Xie)* nicht normal erfüllen (vgl. Abschnitt 3.2.1.4.2), und der Patient leidet an Appetitlosigkeit. Ist die Funktion von Leber und Gallenblase blockiert *(Gan-Dan Qi-Yu)*, wird dadurch auch der Magen beeinflußt. Die Magenfunktionen sind dann ebenfalls nicht ausgeglichen *(Wei-Qi Bu He)*, das *Qi* des Magens steigt in Gegenrichtung hoch *(Shang-Ni)*, wodurch Brechreiz bedingt wird. Wenn Feuer und Hitze in *Shao-Yang* blockiert sind, führt dies zu Erregungszuständen des Patienten. Der weiße, schlüpfrige Zungenbelag ist ein Zeichen dafür, daß die Funktionen des Transports und der Ausscheidung *(Shu-Xie)* der Leber nicht normal sind, wodurch sich Körpersäfte ansammeln *(Jin-Qi-Ning-Ju)*. Der gespannte *(Xian)* Puls deutet auf eine Blockierung des *Qi* von Leber und Galle hin.

Therapie: Harmonisieren und Lösen des *Shao-Yang (He-Jie Shao-Yang)*.

7.4.1.3.2 Kombinationen mit dem Krankheitssyndrom des *Shao-Yang*

1. Kombination mit einer Meridian-Erkrankung des *Tai-Yang*
   Hauptsymptome: Fieber, schwache Kälteempfindlichkeit, Steifheit und Schmerzen in den Gelenken von Armen und Beinen, leichtes Erbrechen, Übelkeit im Magen, Appetitlosigkeit.
   Erklärung: Als Zeichen einer mangelnden Lockerheit der Oberfläche des *Tai-Yang (Tai-Yang-Biao Bu Jie)* finden sich hier Fieber, leichte Kälteempfindlichkeit sowie Schmerzen und Steifheit in Armen und Beinen. Als Symptome einer Unausgewogenheit der Funktionen des *Shao-Yang (Shao-Yang Zhi Qi Bu He)* finden sich Völlegefühl im Thorax und an den Rippen, leichtes Erbrechen, Übelkeit im Magen mit Appetitlosigkeit. Es handelt sich dabei um ein gemeinsames Krankheitsbild des *Tai-Yang* und des *Shao-Yang*.
   Therapie: Sowohl den *Tai-Yang* als auch den *Shao-Yang* lösen *(Liang-Jie Tai-Yang Shao-Yang)*.
2. Kombinationen mit einer Erkrankung des *Yang-Ming*-Hohlorgans
   Hauptsymptome: Unstillbares Erbrechen, Nervosität, gedrückte Stimmung und leichte Erregungszustände.
   Erklärung: Als typisches Symptom eines *Shao-Yang*-Syndroms findet sich hier das unstillbare Erbrechen. Die Nervosität, die gedrückte Stimmung und leichte Erregbarkeit sind Zeichen einer Hitze-Stauung *(Re-Jie)* im *Shao-Yang* und *Yang-Ming*.
   Therapie: Sowohl den *Yang-Ming* als auch den *Shao-Yang* lösen *(Liang-Jie Yang-Ming Shao-Yang)*.
3. Kombination mit einem Leere-Kälte-Syndrom der Milz
   Hauptsymptome: Druckgefühl oder Schmerz im Thorax und an den Rip-

pen, wobei die Schmerzen unter Umständen bis zum Rücken und zu den Schulterblättern ausstrahlen können. Bitterer Geschmack im Mund, Nervosität, Appetitlosigkeit; nicht geformter, dünner Stuhl mit 2 bis 3 Entleerungen am Tage, geblähtes Abdomen; gespannter langsamer kraftloser *(Xian-Chi Wu Li)* Puls, weißer Zungenbelag.
Erklärung: Als typische Erscheinungen eines gewöhnlichen *Shao-Yang*-Syndroms finden sich hier Druckgefühl und Schmerzen im Thorax und an den Rippen, bitterer Geschmack im Mund, Nervosität und Appetitlosigkeit. Als Zeichen eines Leere-Kälte-Syndroms in der Milz und damit des *Tai-Yin (Tai-Yin Pi-Xu-Han-Zheng)* finden sich ein dünner, nicht geformter Stuhl, Blähungen, ein langsamer Puls und ein weißer Zungenbelag.
Therapie: Ausgleichen und Lösen des *Shao-Yang (He-Jie Shao-Yang)*, zugleich Wärmen der Milz *(Wen-Pi)*.

7.4.1.4 Krankheitssyndrome des *Tai-Yin*

Eine Erkrankung des *Tai-Yin* entsteht entweder dadurch, daß eine Störung *(Xie)* in den Mittleren Erwärmer eingedrungen ist – oder aber durch eine falsche ärztliche Diagnose und Behandlung. Voraussetzungen zur Entstehung eines solchen Syndroms ist eine *Yang*-Leere und *Qi*-Schwäche im Mittleren Erwärmer *(Zhong-Jiao Yang-Xu Qi-Shuai)* und eine Behinderung der Transportfunktion der Milz durch Kälte und Nässe *(Han-Shi Bu Yun)*, wobei Kälte und Nässe gleichzeitig nicht ausgeschieden werden können. Ferner eine geschwächte Funktion von Milz und Magen.

Sämtliche Erkrankungen der drei *Yin (Tai-Yin, Shao-Yin, Jue-Yin)* gehören zu den inneren Syndromen *(Li-Zheng)*; die Erkrankung des *Tai-Yin* ist dabei leichter und sitzt oberflächlicher als die des *Shao-Yin* und des *Jue-Yin*. Sie entspricht dem Anfangsstadium eines inneren Leere-Kälte-Syndroms *(Li-Xu-Han-Zheng)*, wobei man bedenken muß, daß *Tai-Yin* (Milz) und *Yang-Ming* (Magen) eine Oberfläche-Innen-Beziehung *(Biao-Li)* haben, daß ihre Meridiangefäße ineinandergreifen und die jeweiligen Speicher- und Hohlorgane eng verbunden sind, so daß sie sich im Krankheitsfalle gegenseitig leicht beeinflussen können. Ein Unterschied zwischen beiden besteht hier allerdings in bezug auf Leere und Fülle; denn es heißt in der chinesischen Medizin: «Ein Füllezustand entspricht dem *Yang-Ming*, ein Leere-Zustand entspricht dem *Tai-Yin*» (265).

Hauptsymptome: Völlegefühl im Bauch, Erbrechen, Appetitlosigkeit, Durchfall mit gelegentlichen Bauchschmerzen, aber keine Druckempfindlichkeit auf dem Bauch; der Patient liebt Wärme, der Mund ist nicht trocken, der Zungenkörper ist hell mit weißem Zungenbelag, der Puls ist langsam *(Chi)* oder sanft *(Huan)*.

Erklärung: Völlegefühl und Bauchschmerzen sind Symptome, die sowohl bei einer *Yang-Ming* als auch bei einer *Tai-Yin*-Erkrankung auftreten. Bei einem *Yang-Ming*-Syndrom ist der Patient auf dem Bauch jedoch druckempfindlich; außerdem sind Schmerzen und Völlegefühl nicht vorübergehend, der Stuhlgang ist hart und trocken, es besteht eine innere Fülle *(Li-Shi)*. Beim *Tai-Yin*-Syndrom sind Völlegefühl und Bauchschmerzen demgegenüber wechselnd; der Patient ist nicht druckempfindlich, er liebt Wärme und leidet an Durchfällen, was einer inneren Leere und Kälte *(Li-Xu-Han)* entspricht. Wenn Kälte und Leere die Milz und den Magen schädigen, kann das *Qi* der Milz nicht aufsteigen *(Pi-Qi Bu Sheng)*, deshalb entstehen Durchfälle. Infolge der nicht normal absteigenden Magenfunktion *(Wei-Qi Bu Jiang)* muß der Patient erbrechen. Durchfall und Erbrechen bewirken eine Leere im Mittleren Erwärmer *(Zhong-Xu)*, die zur Appetitlosigkeit führt. Als allgemeine Symptome von Kälte und Nässe *(Han-Shi)* der Milz finden sich ein langsamer sanfter *(Chi-Huan)* Puls und ein weißer Zungenbelag.

Therapie: Wärmen des Mittleren Erwärmers, Zerstreuen der Kälte *(Wen-Zhong San-Han)*.

7.4.1.5 Krankheitssyndrome des *Shao-Yin*

Die wichtigsten Ursachen eines *Shao-Yin*-Syndroms sind *Yang*-Leere und innere Kälte *(Yang-Xu Li-Han)*, was sich entweder in einer Funktionsschwäche des Herzens oder der Nieren ausdrückt. Eine Erkrankung des *Shao-Yin* kann auf drei Arten entstehen:

1. durch das Eindringen einer Störung *(Xie)* in den zugehörigen Meridianverlauf,
2. durch eine *Yang*-Leere mit einer der Kälte entsprechenden körperlichen Konstitution, bei der eine äußere Störung bis zum Mittleren Erwärmer vordringen kann,
3. als Folge einer inneren Schädigung des *Yang* der Niere durch übermäßiges Schwitzen.

Der *Shao-Yin* entspricht dem Herzen und der Niere, er ist nach der Lehre der chinesischen Medizin der Ursprung von Feuer und Wasser *(Shui-Huo Zhi Ben)* und die Wurzel von *Yin* und *Yang (Yin-Yang Zhi Gen)*. Wenn eine Störung *(Xie)* das *Shao-Yin* schädigt, kann sich das *Yin* zu Kälte umwandeln

(Yin-Hua Han), das *Yang* kann sich zu Hitze umwandeln *(Yang-Hua Re)*. Bei einer sogenannten «*Shang-Han*-Erkrankung» (vgl. Abschnitt 7.4.1.1.2), die bis zum *Shao-Yin* vordringen kann, liegt indessen meist ein Kälte-Syndrom mit *Yang*-Leere vor.

Die mit dem *Shao-Yin* verbundene Niere steht mit der zum *Tai-Yang* gehörigen Blase in einer Oberfläche-Inneres*(Biao-Li)*-Beziehung. Die Niere ist das Wasser-Speicherorgan, die Blase ist das Wasser-Hohlorgan. Beide üben eine bedeutsame Funktion auf den Wasserhaushalt des menschlichen Körpers aus. Es ist zu beachten, daß bei einer *Shao-Ying*-Erkrankung oft die Symptome einer Wasseransammlung *(Ting-Shui)* oder einer Wasserüberschwemmung *(Shui-Qi Fan-Lan)* auftreten.

7.4.1.5.1 Syndrome der Kälte-Umwandlung des *Shao-Yin (Shao-Yin Han-Hua-Zheng)*

1. *Yang*-Leere-Kälte-Syndrom
   Hauptsymptome: Der Patient hat kein Fieber und ist kälteempfindlich, seine Arme und Beine sind steif und kalt; er ist schläfrig, hat dünnen Stuhlgang, einen trockenen Mund, leidet an Brechreiz ohne Erbrechen; ist innerlich erregt, sein Urin ist weiß, der Zungenkörper ist hell mit weißem Belag, der Puls ist fadenförmig *(Wei)*.
   Erklärung: Wenn der Patient kein Fieber hat und kälteempfindlich ist, handelt es sich um eine Erkrankung, die im *Yin* entsteht. Weil dabei das *Yang* im Leerezustand ist, können Arme und Beine nicht warm werden, sie sind kalt und steif. Wegen der *Yang*-Leere von Herz und Niere bei gleichzeitiger üppiger *Yin*-Kälte im Körperinneren ist der Patient sehr schläfrig. Wegen der *Yang*-Leere mit Kälte im Körperinneren ist der Stuhlgang dünn und die Körpersäfte *(Jin-Ye)* können nicht verdampft werden, so daß Mundtrockenheit entsteht. Die *Yin*-Kälte unterdrückt das *Yang*, deshalb ist dieses zu kraftlos, um Widerstand zu leisten, weshalb beim Patienten Brechreiz und Erregung entstehen, nicht aber Erbrechen. Als allgemeine Symptome einer *Yang*-Leere finden sich reichliche Ausscheidung eines weißen, klaren Urins, ein fadenförmiger *(Wei)* Puls und ein heller Zungenkörper.
   Therapie: Rasches Erwärmen des *Shao-Yin (Ji-Wen Shao-Yin)*.
2. Syndrom des üppigen *Yin* mit Behinderung des *Yang (Yin-Cheng Ge Yang-Zheng)*
   Hauptsymptome: Kalte, steife Arme und Beine, Durchfall mit unverdauten Nahrungsresten; keine Kälteempfindlichkeit des Patienten, rote Gesichts-

farbe, fadenförmiger *(Wei)*, nahezu verschwindender Puls.

Erklärung: Da das *Yang-Qi* im Zustand der Leere ist, sind Arme und Beine steif und kalt. Wegen der üppigen starken inneren Kälte hat der Patient Durchfall, der unverdaute Nahrungsreste enthält. Wegen der *Yang*-Leere mit üppiger Kälte ist der Kranke nicht kälteempfindlich, sondern hat ein gerötetes Gesicht. Der fadenförmige *(Wei)* fast nicht mehr vorhandene Puls spricht für eine extrem starke *Yin*-Kälte, durch die das *Yang* an die äußeren Körperpartien abgedrängt wird. Dieses nach außen abgedrängte *Yang* ist der Grund, weshalb der Patient eine gerötete Gesichtsfarbe hat und nicht kälteempfindlich ist.

Therapie: Zurückkehren des *Yang*, Retten der Gegenläufigkeit *(Hui-Yang Jiu-Ni)*.

3. Syndrom der Wasserüberschwemmung durch *Yang*-Leere *(Yang-Xu Shui-Fan-Zheng)*

Hauptsymptome: Schwindel, Augenflimmern, Herzklopfen und Unbehagen im Oberbauch; Unruhe in den Extremitäten, im Rumpf, in Sehnen und Muskeln; Schwanken des Patienten beim Stehen, schlechtes Wasserlassen, Durchfall und Bauchschmerzen; Schmerzen und Schweregefühl an den Schultern und im Rücken; dunkle Gesichtsfarbe, von Wasser triefender Zungenbelag, tiefer gespannter *(Chen-Xian)* Puls.

Erklärung: Durch die *Yang*-Leere des *Shao-Yin* hat der Organismus die Kontrolle über das Wasser verloren. Eine Wasserstörung steigt im Körper auf und verursacht eine Überschwemmung *(Fan-Lan)*; es entstehen Schwindel, Augenflimmern und Herzklopfen. Blockiert das Wasser das klare *Yang (Shui-Zu Qing-Yang)*, führt dies zu einer Yang-Leere und Schwäche des Körpers; die Sehnen-Gefäße *(Jin-Mai)* werden nicht genügend erwärmt und ernährt, es entstehen Sehnen- und Muskelzuckungen, Zittern am ganzen Körper und schwankende Bewegungen beim Stehen des Patienten. Infolge der *Yang*-Leere kann die Verdampfungsfunktion *(Qi-Hua)* im Körper nicht stattfinden, weshalb der Patient nur schlecht Wasser lassen kann. Durch die *Yang*-Leere kann auch die Wasser-Störung schlecht kontrolliert werden; sie erzeugt eine Wasser-Überschwemmung mit folgenden Symptomen: Stauung des Wassers im Darm mit Bauchschmerzen und Durchfall, Aufsteigen der Wasserstörung zu den Schultern und zum Rücken, wo Schmerzen und Schweregefühl entstehen. Die dunkle Gesichtsfarbe und die schlüpfrige, von Wasser «tropfende» Zunge sind ein Zeichen der *Yang*-Leere, wegen der sich die Wasser-Störung nicht auflöst *(Shui-Xie Bu Hua)*. Auch der tiefe und gespannte *(Chen-Xian)* Puls deutet auf eine Erkrankung durch Kälte und Wasser hin.

Therapie: Das *Yang* erwärmen, das Wasser ausscheiden *(Wen-Yang Li-Shui).*

7.4.1.5.2 Syndrome der Hitze-Umwandlung des *Shao-Yin (Shao-Yin Re Hua-Zheng)*

1. *Yin*-Leere-Hitze-Syndrom *(Yin-Xu-Re-Zheng)*
   Hauptsymptome: trockener Mund und trockene Kehle, Nervosität, Schlaflosigkeit, gelber Urin, dunkelrote Zunge, feiner schneller *(Xi-Shu)* Puls.
   Erklärung: Der trockene Mund und die trockene Kehle bedeuten, daß das Wasser der Niere die oberen Körperpartien nicht erreicht. Da bei diesem Zustand das Herz-Feuer nicht kontrolliert bzw. eingeschränkt werden kann und sich im Körper nicht abwärts senkt *(Xia-Jiang)*, ist der Patient nervös und kann nicht schlafen. Die dunkelrote Zunge und der schnelle Puls sind allgemeine Symptome einer *Yin*-Leere mit Hitze.
   Therapie: Das Wasser ernähren, das Feuer ableiten bzw. sedieren *(Zi-Shui Xie-Huo).*
2. *Yin*-Leere-Syndrom mit Wasseransammlung *(Yin-Xu Shui-Ting-Zheng)*
   Hauptsymptome: Husten, Erbrechen, Durst, Nervosität und Schlaflosigkeit; erschwertes Wasserlassen, rote Zunge mit weißem Belag, gespannter feiner schneller *(Xian-Xi-Shu)* Puls.
   Erklärung: Die *Yin*-Leere erzeugt Hitze. Diese Hitze verbindet sich mit Wasser und führt zu einer Wasser-Stauung, deshalb ist das Urinlassen erschwert. Wenn Wasser und Hitze in Gegenrichtung zur Lunge aufsteigen *(Shui-Re-Ni Yu Fei)*, hat der Patient Husten, steigen sie in Gegenrichtung zum Magen auf, muß der Kranke erbrechen. Wenn Hitze das Herz stört, ist der Kranke nervös und kann nicht schlafen. Infolge der Wasser-Hitze-Stauung *(Shui-Re Yun-Yu)* können die Körpersäfte *(Jin-Ye)* nicht umgewandelt werden und der Patient ist durstig. Die rote Zunge ist ein Zeichen der *Yin*-Leere mit Hitze. Der weiße Zungenbelag und der gespannte Puls sind Symptome einer Verstauung wässriger Flüssigkeiten im Körperinneren *(Shui-Yin Nei-Jie).*
   Therapie: Das *Yin* pflegen *(Yu-Yin)*, das Wasser ausscheiden *(Li-Shui)*, das Feuer kühlen *(Qing-Re).*

7.4.1.6 Krankheitssyndrome des *Jue-Yin*

Das *Jue-Yin* gilt in der chinesischen Medizin als das Ende des *Yin* und als der Anfang des *Yang*; es ist gewissermaßen das «*Yang*» im «*Yin*», das heißt:

das im *Yin* schon enthaltene *Yang* (vgl. Abschnitt 2.1). Wenn eine Erkrankung das *Jue-Yin* erreicht, handelt es sich meist um einen extremen Entwicklungszustand der vorliegenden Störung: entweder um extreme Kälte *(Han-Ji)* oder um extreme Hitze *(Re-Ji)*. Dabei ist zu bedenken, daß nach den Gesetzen der chinesischen Medizin extreme Kälte Hitze, extreme Hitze Kälte erzeugt. Aus diesem Grunde werden hier in der Praxis oft gemischte gegensätzliche Kälte- und Hitzezustände bzw. *Yin*- und *Yang*-Zustände beobachtet. Die Erkrankungen des *Jue-Yin* sind vielgestaltig. Man unterscheidet in der chinesischen Medizin hauptsächlich:

1. das gemischte Kälte-Hitze*(Jue)*-Syndrom durch Askariden *(Hui-Jue-Zheng)*,
2. das *Jue*-Syndrom mit starker Hitze *(Jue-Re Sheng-Fu-Zheng)*,
3. den in Gegenrichtung verlaufenden *Jue*-Zustand *(Jue-Ni)* von Armen und Beinen, bei dem entweder ein Kälte-*Jue*-Syndrom oder ein Hitze-*Jue*-Syndrom vorliegt.
4. Auch Durchfall-Zustände und Erbrechen werden von der chinesischen Medizin zu den *Jue*-Syndromen gerechnet. Im vorliegenden Lehrbuch werden aber zwecks besserer Übersichtlichkeit nur das Kälte-*Jue*-Syndrom, das Hitze-*Jue*-Syndrom und das Askariden-*Jue*-Syndrom beschrieben.

7.4.1.6.1 Kälte-*Jue*

Hauptsymptome: Steife und kalte *(Jue-Leng)* Arme und Beine, kein Fieber aber Kälteempfindlichkeit, heller Zungenkörper, fadenförmiger *(Wei)* oder feiner *(Xi)* Puls, der kaum noch tastbar ist.

Erklärung: Bei einem Kälte-*Jue*-Syndrom liegt eine *Yang*-Leere mit üppigem *Yin* vor, wobei die Funktionen *(Qi)* von *Yin* und *Yang* nicht miteinander in glatter Verbindung stehen, weshalb Arme und Beine steif und kalt sind. Die Kälteempfindlichkeit des Patienten, sein fadenförmiger *(Wei)* Puls, seine helle Zunge sind Anzeichen einer *Yang*-Leere mit üppiger Kälte *(Yang-Xu Han-Cheng)*. Damit verbunden ist auch eine Blut-Leere mit Kälte, die ebenfalls zu den steifen, kalten Extremitäten beiträgt und für den feinen *(Xi)*, fast nicht mehr vorhandenen Puls verantwortlich ist. Das Kälte-*Jue*-Syndrom gehört zu den *Yin*-Kälte-Syndromen *(Yin-Han-Zheng)*; es wird deshalb in der chinesischen Medizin auch «verstautes *Yin*» *(Yin-Jue)* genannt.

Therapie: Zurückkehren des *Yang*, Erretten der Gegenläufigkeit *(Hui-Yang Jiu-Ni)*, Wärmen und Durchgängigmachen der Blutgefäße *(Wen-Tong Xue-Mai)*.

7.4.1.6.2 Hitze-*Jue*

Hauptsymptome: Kalte und steife *(Jue-Leng)* Arme und Beine, psychische Erregung mit innerem Brennen *(Fan-Re)*, trockener Mund mit Durstgefühl; rötlich-gelber Urin, gelber Zungenbelag, gleitender *(Hua)* Puls. Die kalten, steifen Arme und Beine können gelegentlich von Hitzewellen überlaufen werden. In der chinesischen Medizin nennt man diesen Zustand allgemein «verstautes *Yang*» *(Yang-Jue)*.

Erklärung: Die kalten und steifen *(Jue-Leng)* Arme und Beine sind hier dadurch bedingt, daß die Funktionen von *Yin* und *Yang* nicht mehr im normalen wechselseitigen Kontakt stehen. Das gleichzeitige Auftreten von innerer Unruhe mit brennender Hitze, trockenem Mund mit Durstgefühl, gelbem Urin, gelbem Zungenbelag und gleitendem *(Hua)* Puls deutet auf eine Hitze-Stauung im Körperinneren *(Re-Yun Yu Nei)* hin, wobei sich das *Yin* in den äußeren Körperpartien staut *(Zu-Yin Yu Wai)*. Es handelt sich hier um ein Syndrom der Hitze-Verstauung *(Re-Jue)*. Wenn die Hitzesymptomatik nicht dauernd besteht, sondern der Patient nur von Zeit zu Zeit starke Hitzebelästigung mit innerer Unruhe spürt und kalte, steife Arme und Beine hat, ist dies ein Zeichen dafür, daß das *Yang* im Inneren des Körpers gestaut ist, wobei das *Yin* an der Oberfläche festgehalten wird. Es handelt sich hier um ein Syndrom der *Yang*-Verstauung *(Yang-Jue-Zheng)*.

Therapie: Im ersten Fall (ohne Hitzewellen der Arme und Beine) Kühlen der Hitze, Ausgleichen des *Yin (Qing-Re He-Yin)*. Im zweiten Fall (mit Hitzewellen der Extremitäten) Sammeln des *Yin*, Ausscheiden der Hitze *(Lian-Yin Xie-Re)*.

7.4.1.6.3 Askariden-(Spülwürmer-)*Jue (Hui-Jue)*

Hauptsymptome: Kalte und steife *(Jue-Leng)* Arme und Beine, Durst; der Patient fühlt einen Hitze-Schmerz im Herzen, wenn das *Qi* bis zum Herzen hochsteigt; unstillbare Durchfälle, Appetitlosigkeit trotz Hungergefühl, Erbrechen von Askariden nach dem Essen.

Erklärung: Nach der Lehre der chinesischen Medizin handelt es sich hier um einen gemischten Kälte-Hitze-Zustand, bei dem gleichzeitig Askariden *(Hui-Chong)* im Körper des Patienten vorliegen. Als Zeichen des Hitze-Syndroms finden sich Durst, zum Herzen hochsteigendes *Qi* und Hitze-Schmerzen im Herzen. Als Zeichen des Kälte-Syndroms finden sich unstillbare Durchfälle, Hungergefühl ohne Appetit und Erbrechen von Askariden nach dem Essen. Da bei diesem gemischten Kälte-Hitze-Syndrom *Yin* und *Yang* nicht in Übereinstimmung sind, finden sich steife und kalte *(Jue-Leng)* Extremitäten. Wenn die Askariden im Körper nach oben steigen, rufen sie nach Ansicht der chinesischen Medizin beim Patienten Unruhe hervor und führen zum Erbrechen nach dem Essen.

Therapie: Ausgleichen und Regulieren von Kälte und Hitze *(Tiao-Li Han-Re)*, Harmonisieren des Magens und Abtreiben der Askariden *(He-Wei Qu-Hui)*.

7.4.2 Krankheits-Syndrome des *Wei*, des *Qi*, des *Ying* und des Blutes *(Wei-Qi-Ying-Xue Bian-Zheng)*

Wei, Qi, Ying und *Xue* sind dem Leser schon aus dem Abschnitt 3.1 dieses Buches bekannt. Es handelt sich dabei um die Körperabwehr *(Wei)*, die Körperfunktionen *(Qi)* im weitesten Sinne, um die Ernährung *(Ying)* und um das Blut *(Xue)*. In der Pathologie der chinesischen Heilkunde werden die Begriffe *Wei, Qi, Ying* und Blut zur Zusammenfassung vier verschiedener Arten von Wärme-Hitze-Erkrankungen verwendet, wobei sie zugleich vier unterschiedliche Stadien einer Wärme-Hitze-Krankheit repräsentieren. Das leichteste Stadium wird dabei durch das «*Wei*» repräsentiert, d. h. wenn eine äußere Störung in den Körper eindringt, sitzt sie zunächst oberflächlich im Bereich der Körperabwehr, des «*Wei*», und zerteilt und vermindert *(Fen)* dieses gewissermaßen. Darum heißt diese Erkrankung «*Wei-Fen*». Das *Wei-Fen*-Syndrom betrifft die Lunge, die Haut und die Haare, da diese mit der Körperoberfläche in enger Verbindung stehen.

Wenn die Erkrankung schwerer und im Körperinneren weiter vorgedrungen ist, spricht die chinesische Medizin davon, daß sie das *Qi* «zerteilt» *(Fen)*, deshalb heißt dieses ernstere Krankheitsstadium chinesisch «*Qi-Fen*». Dabei ist die Wärme-Hitze-Störung *(Wen-Re-Xie)* weiter ins Körperinnere vorgedrungen, hat die inneren Organe erreicht, ist aber noch nicht ins Blut eingetreten. Die beiden Formen des *Wei-Fen* und des *Qi-Fen* nennt die chinesische Medizin mit einem gemeinsamen Begriff «*Qi*-Erkrankungen» im Gegensatz zu den «Blut-Erkrankungen», zu denen das *Ying-Fen* und das *Xue-Fen* gehören. Die chinesische Medizin spricht hier von «Blut-Krankheiten» *(Xue-Bing)*, weil die Wärme-Hitze-Störung in diesen Fällen bis ins Blut vordringt.

Das leichtere Stadium einer Bluterkrankung nennt man «*Ying-Fen*». In diesem Fall sitzt die Hitzestörung in der Ernährungsschicht des Herzens *(Xin-Ying)*, worunter das Herz und der Herzbeutel zu verstehen sind. Da das Herz zuständig ist für das Blut und die Ausgewogenheit des ganzen Organismus, bedeutet die *Ying*-Hitze *(Ying-Fen)* nahezu dasselbe wie die Blut-Hitze, nämlich eine schwere und ernste Erkrankung. Den noch schwereren Zustand dieser Erkrankung, bei dem gewissermaßen das Blut zerteilt und vermindert *(Fen)* wird, nennt die chinesische Medizin *«Xue»*(Blut)-*«Fen»*. Dabei ist die Hitze des Blutes weit vorgedrungen, bis zum Blut der Leber, wodurch

1. das Blut geschädigt *(Hao-Xue)* und
2. das Blut bewegt *(Dong-Xue)* wird.

Diese «Bewegung des Blutes» *(Dong-Xue)* bedeutet, daß sich das Blut ungeregelt und zügellos im Körper bewegt, was durch die Blut-Hitze *(Xue-Re)* hervorgerufen wird, so daß verschiedenste Blutungen oder Hämatome entstehen. Die Schädigung des Blutes *(Hao-Xue)* führt zu einer Beeinträchtigung und einem Mangelzustand an Essenz-Blut *(Jing-Xue)* und zu einer Schädigung der Körpersäfte *(Jin-Ye)*. Da im Körper nicht genügend Blut gebildet wird, werden die Sehnen des Körpers unzureichend ernährt, und es entwickelt sich pathologischer Wind *(Feng)* im Körperinneren. Die Körperflüssigkeiten *(Jin-Shui)* nehmen ab, es kommt zum Zustand des «sterbenden *Yin*» *(Wang-Yin)* und damit zu weiteren Wasserverlusten (vgl. Abschn. 6.2.2).

Die Syndrom-Diagnostik von *Wei-Qi-Ying* und Blut wird in der chinesischen Medizin hauptsächlich bei den Wärme-Hitze*(Wen-Re)*-Erkrankungen verwendet. Nach den Grundsätzen der chinesischen Pathologie gehören die äußeren krankheitserzeugenden Störungen Wind, Hitze, Sommerhitze und Trockenheit zu den eigentlichen Wärme-Hitze-Störungen. Bei Patienten, deren Konstitution von Natur aus zur *Yang*-Hitze *(Yang-Re)* neigt, verwandelt sich aber auch leicht eine äußere Störung vom *Yin*-Charakter, also eine Kälte *(Han)* und Nässe *(Shi)*, in Trockenheit *(Zao)* bzw. in Wärme-Hitze *(Wen-Re)*. Aus diesem Grunde ist die Wärme-Hitze-Symptomatik bei allen äußerlich ansteckenden, fieberhaften Erkrankungen *(Wai-Huo Re-Bing)* häufig. Die wichtigsten pathophysiologischen Begleiterscheinungen sind:

1. *Yang*-Hitze schädigt das *Yin (Yang-Re Shang-Yin)*,
2. Schädigung der Körpersäfte, Beeinträchtigung des Blutes *(Shang-Jin Hao-Xue)*.

Es ist zu beachten, daß sich die wechselseitige Beziehung zwischen *Wei-Qi-Ying-Xue* (Blut) hinsichtlich der Diagnostik nicht nur auf den Stärkegrad und den Sitz der Hitzestörung erstreckt, sondern auch auf das Maß der Schädigung der Körpersäfte und des Blutes *(Jin-Xue)*. Wenn die Erkrankung im *«Wei»* oder im *«Qi»* sitzt, werden hauptsächlich die Körpersäfte *(Jin-Ye)* geschädigt. Sitzt sie im *«Ying»* oder im Blut, betrifft die Beschädigung hauptsächlich das Blut *(Shang-Xue)* oder, wenn die Erkrankung zu einer ausgesprochenen Beeinträchtigung des Blutes *(Hao-Xue)* geführt hat, sie betrifft das *Yin (Shang-Yin)*. Im *Wei*-Stadium wird das *Yin* nicht stark geschädigt, da hier die störende Hitze leicht ist und nur oberflächlich sitzt. Die Trockenheits-Symptome sind dementsprechend auch ziemlich schwach ausgeprägt; meist finden sich trockener Husten ohne Schleim, trockener Hals mit Halsschmerzen, leichte Nervosität und leichter Durst. Erreicht die Hitze das *Qi*-Stadium, werden die Zeichen einer Schädigung der Körpersäfte deutlicher. Man findet stärkere Nervosität, einen trockenen Mund mit Durstgefühl, Trockenheit im Darm mit Verstopfung, was auf eine erhebliche Abnahme der Körpersäfte hinweist. Wenn die Schädigung der Körpersäfte das Blut erreicht, befindet sich die Störung im Stadium des *Ying-Fen*. Wird das Blut selbst erheblich geschädigt, handelt es sich um ein *Xue-Fen*-Syndrom.

Nach der Lehre der chinesischen Medizin stehen das *Qi* und die Körpersäfte *(Jin)* in einer dialektischen Beziehung, wobei das *Qi* dem *Yang* entspricht, die Körpersäfte dem *Yin*. Bei allen Wärme-Erkrankungen muß man das Verhältnis zwischen *Qi* und Blut *(Qi-Xue)* gut unterscheiden, da es in enger Beziehung steht zur Schädigung der Körpersäfte oder zur Verletzung des Blutes durch Wärme-Hitze *(Wen-Re)*. Es besteht eine wechselseitige Beziehung zwischen Körpersäften *(Jin)* und Blut, wobei zu berücksichtigen ist, daß Körpersäfte und Blut der gleichen Quelle entstammen. Das Verhältnis zwischen Körpersäften *(Jin)* und Blut bildet eine Voraussetzung zur Einteilung der verschiedenen Wärme-Hitze-Erkrankungen *(Wen-Re-Bing)*, nach *Wei*, *Qi*, *Ying* und Blut *(Xue)*.

7.4.2.1 Das *Wei-Fen*-Syndrom

Ein *Wei-Fen*-Syndrom tritt meist auf im *Anfangsstadium* einer Wärme-Hitze-Erkrankung, wobei die Krankheit gewöhnlich an der Haut, in den Haaren und an der Lunge sitzt. Es handelt sich hier um ein oberflächliches *(Biao)* Stadium einer Wärme-Hitze-Erkrankung. Die Hauptsymptome sind: leichte Wind- und Kälte-Empfindlichkeit, Fieber, leichtes Durstgefühl; Husten mit wenig Schleim oder mit schwer löslichem Schleim, roter Zungenrand und rote Zungenspitze, oberflächlicher schneller *(Fu-Shu)* Puls. Die wichtigsten Symptome sind hier die leichte Wind- und Kälteempfindlichkeit, das Fieber, der rote Zungenrand und die gerötete Zungenspitze sowie der schnelle *(Shu)* Puls.

Das *Wei-Fen*-Syndrom wird in zwei Gruppen unterteilt:

1. Die Wärme-Hitze sitzt hauptsächlich an der Haut und an den Haaren,

2. die Wärme-Hitze befindet sich hauptsächlich in der Lunge.

Die Therapie der beiden Gruppen geht davon aus, die Hitze zu vertreiben, und die Körperoberfläche *(Biao)* aufzulockern, wodurch sich ein Ausweg für die krankheitserzeugende Störung ergibt, die dann nämlich durch die Schweißporen ausgeschieden werden kann. Die chinesische Medizin kennt kühlende Medikamente, die diese Hitze beseitigen, wobei diese ohne Beeinträchtigung der Körpersäfte *(Jin-Ye)* ausgetrieben wird. Diese speziellen Medikamente haben also eine hitzevertreibende und die Körpersäfte schützende Wirkung. Diese Therapie wird je nach Art der Hitzeerkrankung und nach der Lokalisierung im einzelnen Fall modifiziert.

7.4.2.1.1 Die Störung *(Xie)* sitzt an Haut und Haaren

Hauptsymptome: Fieber, leichte Wind- und Kälte-Empfindlichkeit, oberflächlicher schneller Puls, Husten, Halsschmerzen, Durst.

Erklärung: Hier liegt eine Wärme-Hitze-Erkrankung vor, deshalb hat der Patient Fieber. Da sich die Störung *(Xie)* an der Haut und in den Haaren befindet, ist die äußere Abwehrfunktion *(Wei-Wai Zhi Qi)* geschädigt, weshalb der Patient wind- und kälteempfindlich ist. Da sich die störende Hitze *(Xie-Re)* an der Körperoberfläche befindet, ist der Puls oberflächlich und schnell *(Fu-Shu)*. Für die chinesische Medizin hängt die Lunge eng mit Haut und Haaren zusammen; deshalb treten auch Lungensymptome auf, wenn die Störung an der Haut und an den Haaren sitzt, nämlich Husten und Halsschmerzen. Der Durst ist ein Zeichen der Wärmeschädigung der Körpersäfte *(Wen-Xie Shang-Jin)*.

Therapie: Kühlen und Zerstreuen der oberflächlichen Hitze *(Qing-San Biao-Re)*.

7.4.2.1.2 Die Störung sitzt in der Lunge

Hauptsymptome: Husten mit wenig Schleim oder mit schlecht lösbarem Schleim, Halsschmerzen, leichte Wind- und Kälteempfindlichkeit, leichtes Fieber.

Erklärung: Husten und Halsschmerzen treten hier auf, da die Wärme-Hitze in der Lunge sitzt. Wärme und Hitze schädigen die Körpersäfte, deswegen hat der Patient nur wenig schleimigen Auswurf bzw. Schleim, der sich nur schwer löst. Da sich bei dieser Erkrankung die krankheiterzeugende Störung *(Xie)* hauptsächlich in der Lunge befindet, sind das Fieber sowie die Wind- und Kälteempfindlichkeit nur leicht.

Therapie: Verbreitung der Lunge, Zerstreuen der Hitze *(Xuan-Fei San-Re)*.

7.4.2.2 Das *Qi-Fen*-Syndrom

Wenn die Wärme-Hitze das *Qi-Fen* erreicht, tritt die Krankheit in ein schwereres Stadium als beim *Wei-Fen*.

Die Hauptsymptome sind dann: keine Kälteempfindlichkeit, sondern Hitze-Empfindlichkeit. Hier sitzt die Erkrankung nämlich nicht mehr an Haut und Haaren, sondern ist ins Körperinnere *(Li)* vorgedrungen. Deshalb ist der Kranke auch nicht mehr wind- und kälteempfindlich. Die krankheitserzeugende Hitze *(Re)* ist ins Körperinnere eingetreten, darum ist der Patient hitzeempfindlich.

Die chinesische Medizin unterscheidet zwei Wege, auf denen eine Wärme-Hitze-Erkrankung zum *Qi-Fen*-Stadium vordringt:

1. ausgehend vom *Wei-Fen*, wobei der Patient zunächst kälteempfindlich ist und Fieber hat, während er bei Eintritt ins *Qi-Fen*-Stadium nicht mehr kälteempfindlich ist, sondern hitzeempfindlich wird;
2. wenn die Wärme-Hitze das *Qi-Fen*-Stadium unmittelbar erreicht, wobei der Erkrankung keine leichte Kälte- und Windempfindlichkeit mit Fieber – die dem *Wei-Fen* entsprechen – vorausgehen, sondern sogleich die *Qi-Fen*-Symptome mit Hitzeempfindlichkeit auftreten. Erreicht die Hitze das *Qi-Fen*-Stadium, handelt es sich um ein inneres Hitze-Syndrom *(Li-Re-Zheng)*. Hinsichtlich der unterschiedlichen Lokalisation der Hitze unterscheidet man beim *Qi-Fen*-Stadium eine Lungen-Hitze, eine Zwerchfell-Hitze, eine Muskel-Hitze, eine Leber- und Gallen-Hitze, eine Darmhitze usw.

7.4.2.2.1 Wärme-Hitze in der Lunge

Die Lunge gehört zu den fünf Speicherorganen, sie entspricht dem *Yin* und dem Inneren *(Li)*. Wenn Wärme-Hitze ins Körperinnere *(Li)* eindringt, kann ein Lungen-Hitze-Syndrom entstehen. Dabei besteht ein Unterschied zu dem in Abschnitt 7.4.2.1.2 erläuterten Krankheitszustand der Lunge, der vom *Wei-Fen* ausgeht, mit einer Störung der Haut und der Haare in Verbindung steht und bei dem die krankheitserzeugende Störung *(Bing-Xie)* an der Oberfläche *(Biao)* sitzt.

Hauptsymptome: Husten mit Atembeschwerden und Brustschmerzen; Durstgefühl, Schwitzen, Schweißausbrüche ohne Auflösung der Hitze; gelber Zungenbelag, schneller *(Shu)* Puls. Wenn die Trockenheit der Lunge sehr stark wird, hat der Patient Husten, einen trockenen Mund und spuckt weißen, blasigen Schaum aus, der wie Seifenschaum aussieht.

Erklärung: Infolge der Lungen-Hitze läuft die normale Funktion des Herabsteigens *(Jiang)* nicht ab, weshalb Husten, Atembeschwerden, Brustschmerzen entstehen. Wenn die Hitze ins Innere des Körpers *(Li)* eindringt, hat der Kranke Durst und schwitzt. Da die Krankheit nicht an der Oberfläche *(Biao)*, sondern im Körperinneren *(Li)* sitzt, löst sich die Hitze trotz der Schweißausbrüche nicht auf, der Zungenbelag ist gelb und der Puls schnell *(Shu)*. Der Husten und die Atemnot, der trockene Mund der weiße, schaumige und blasenartige Auswurf sind ein Zeichen für eine starke Schädigung der Flüssigkeiten der Lunge *(Fei-Jin)*. Hier liegt ein Syndrom der «verwelkten Lunge» *(Fei-Wei)* vor, das einem Zustand starker Trockenheit in der Lunge entspricht (vgl. Abschn. 6.1.1.5.1).

Therapie: 1. Bei Übertragung der Erkrankung vom *Wei-Fen:* Verbreiten und Herableiten der Lunge-Hitze *(Xuan Jiang Fei-Re)*. 2. Bei unmittelbarem Krankheitsbeginn im *Qi-Fen*-Stadium: Kühlen und Befeuchten der Lunge und Aktivierung der Funktion des Herableitens *(Qing-Run Jiang-Fei)*.

7.4.2.2.2 Hitze-Stauung am Zwerchfell *(Re-Yu Xiong-Ge)*

Hauptsymptome: Druck und Spannungsgefühl im Thorax; wellenartig auftretendes Hitzegefühl, Nervosität, Schlaflosigkeit, schneller *(Shu)* Puls, gelber Zungenbelag; Füllezustand des Darms mit Verstopfung.

Erklärung: Mit der Bezeichnung «Zwerchfell» *(Xiong-Ge)* meint die chinesische Medizin keine spezifische Körperstruktur und kein Organ, sondern lediglich eine topographische Bestimmung. Diese steht in engem Zusammenhang zur Lunge, zum Magen, zur Leber und Galle. Wenn eine Hitze-Störung das Zwerchfell erreicht, kommt es zu Unausgewogenheiten an verschiedenen Speicher- und Hohlorganen, wobei der *Qi*-Mechanismus *(Qi-Ji)*, insbesondere das normale Auf- und Absteigen *(Sheng-Jiang)*, gestört wird. Deshalb entsteht ein Druckgefühl im Thorax mit Erregung und Nervosität.

Therapie: 1. Bei Übertragung von *Wei-Fen*: Kühlen und Durchlassen der gestauten Hitze *(Qing-Tou Yu-Re)*. 2. Bei Beginn der Erkrankung im *Qi-Fen:* sowohl Oberfläche als auch Inneres lösen *(Biao-Li Liang-Jie)*.

7.4.2.2.3 Hitze befindet sich im Magen *(Re-Ru Yu-Wei)*

Hauptsymptome: Starkes Hitzegefühl, starke Schweißausbrüche und großer Durst; großer weiter bzw. stromartiger *(Hong-Da)* Puls, nervöse Unruhe im Herzen; trockener gelber Zungenbelag. Falls durch die starken Schweißausbrüche die Körpersäfte und die mit ihnen in wechselseitiger Beziehung stehenden Funktionen des Körperinneren geschädigt wurden *(Jin-Qi Nei-Shang)*, kann der Puls leer *(Xu)* oder kaum noch tastbar sein.

Erklärung: Wenn die Wärme-Hitze-Störung das Körperinnere erreicht, verdampft und verbrennt sie im Magen. Die chinesische Medizin spricht hier von einer «inneren Überschwemmung durch Hitze» *(Re-Cong Nei-Fan)*. Dieser Zustand teilt sich nach außen den Muskeln mit, die Körpersäfte werden bis in die äußeren Körperschichten abgedrängt, dadurch entstehen starke Hitze und schwere Schweißausbrüche. Der große Durst des Patienten kommt durch eine gravierende Schädigung der Körpersäfte zustande. Die Hitze treibt das *Qi* an, so daß dieses verdampft und der Puls weit bzw. stromartig und groß *(Hong-Da)* wird. Wenn die schweren Schweißausbrüche aufgehört haben und das *Qi* zerstreut ist, tritt ein Syndrom der großen Leere in den Körperfunktionen und Körpersäften *(Qi-Jin Da-Xu)* auf, weshalb der Puls leer *(Xu)* erscheint und manchmal kaum noch zu tasten ist.

Therapie: 1. Bei Übertragung der Erkrankung aus dem *Wei-Fen:* Kühlen der Hitze und Erzeugen von Körpersäften *(Qing-Re Sheng-Jin)*. 2. Bei direktem Krankheitsbeginn im *Qi-Fen:* Fördern des *Qi* und Befestigen der Schädigung *(Yi-Qi Gu-Tuo)*.

7.4.2.2.4 Hitze-Stauung in Leber und Gallenblase *(Re-Yu Gan-Dan)*

Hauptsymptome: Brechreiz, trockener Mund, Durstgefühl, innere Erregung mit Schlafstörungen, Schmerzen an den Rippen, gelber Zungenbelag, gespannter schneller *(Xian-Shu)* Puls.

Erklärung: Da sich die Hitze-Störung in Leber und Galle befindet, hat der Patient Schmerzen an den Rippen, einen bitteren Geschmack im Mund und einen gespannten *(Xian)* Puls. Der Brechreiz ist eine Folge des Versagens der normalen Magenfunktion des Herabsteigens *(Jiang)*, er hängt außerdem mit einer gestörten Ausgewogenheit zwischen Leber und Magen zusammen. Infolge einer Verwirrung und Störung des Herz-*Shen* durch die Hitze in Leber und Galle leidet der Patient an Erregungszuständen und Schlafstörungen. Der schnelle Puls und die gelbe Zunge sind typische Hitze-Symptome.

Therapie: Die Hitze beruhigen bzw. kühlen, die Blockierung auflockern *(Qing-Re Jie-Yu).*

7.4.2.2.5 Wärme-Hitze befindet sich im Darm

Hier unterscheidet die chinesische Medizin zwei Formen:

1. Wärme und Hitze erzeugen Verstopfung,
2. Wärme und Hitze verursachen Durchfälle.

1. Darmtrockenheit mit Verstopfung *(Chang-Zao Bian-Mi)*
   Hauptsymptome: trockener Stuhl mit Obstipation oder aber bei Darmentleerung nur Ausscheidung von klarem Wasser. Feuchtes Hitzegefühl mit Schweißausbrüchen; Bauchschmerzen mit Abwehr gegen Palpation und Druck des Abdomens, rötlicher Urin; trockene Zunge, tiefer voller *(Chen-Shi)* Puls.
   Erklärung: Wenn Wärme und Hitze die Körpersäfte geschädigt haben, können die Körperflüssigkeiten den Darm nicht mehr befeuchten, der Stuhl wird hart und trocken, der Patient leidet an Verstopfung. Wenn die Stockung des Stuhlgangs etwas weiter vom After entfernt ist, kommt bei der Entleerung nur klares, grünliches Wasser heraus; dieser Zustand entspricht auch einer Verstopfung. Die chinesische Medizin nennt ihn «Hitze-Verstauung mit seitlichem Herausfließen» *(Re-Jie Pang-Liu)* (266). Die Bauchschmerzen mit Druckempfindlichkeit des Abdomens sind ein Zeichen einer Stauung von trockenem Stuhl im Körperinneren. Der rötliche Urin und die trockene Zunge entstehen durch eine Schädigung der Körpersäfte infolge der Hitze im Körperinneren. Der tiefe volle *(Chen-Shi)* Puls ist ein typisches Symptom des hier vorliegenden inneren Fülle-Syndroms *(Li-Shi-Zheng).*
   Therapie: Die Trockenheit befeuchten, den Stuhlgang abführen *(Run-Zao* Tong-Bian).
2. Durchfall durch Darm-Hitze *(Chang-Re Xia-Li)*
   Hauptsymptome: Mehrmals täglich Darmentleerungen mit brennendem Gefühl am After; schneller Puls, Durst, gelber, trockener Zungenbelag.
   Erklärung: Wenn die Hitze im Darm nach unten drängt, entstehen mehrmals täglich Darmentleerungen mit brennendem Gefühl am After. Der schnelle Puls, der Durst, der gelbe, trockene Zungenbelag sind Zeichen einer Schädigung der Körpersäfte durch starke Hitze.
   Therapie: Die Hitze ausscheiden, die Körpersäfte nach oben leiten *(Xie-Re Sheng-Jin).*

7.4.2.3 Das *Ying-Fen*-Syndrom

Wenn Wärme und Hitze das Blut erreichen, ist das in der chinesischen Medizin ein *«Ying-Feng-Syndrom»*, die leichtere Form der Erkrankung. Die Störung befindet sich dabei im Herzen und in den Gefäßen des Perikards *(Bao-Luo)*.

Folgende Hauptsymptome treten auf: Hitze im Blut *(Xue-Re)* und geistige Verwirrung. Wenn sich die äußere Störung gleichzeitig im *Wei-Fen* und auch bereits im Stadium der *Ying*-Hitze befindet, oder wenn man bei einem *Ying*-Hitze-Zustand bzw. einem *Ying-Fen*-Syndrom (was dasselbe ist) am Patienten einen pickeligen Ausschlag bemerkt, heißt dies in der chinesischen Medizin «gemeinsame Störung von *Ying* und *Wei*» *(Ying-Wei-He-Xie)*. Es gibt drei verschiedene Wege, auf denen eine Wärme-Hitze-Erkrankung zum *Ying-Fen* gelangen kann:

1. Die Störung wird vom Stadium des *Wei-Fen* übertragen. Dabei geht die Wärme-Hitze-Störung nicht vom *Wei-Fen* zunächst ins *Qi-Fen*, sondern wandert direkt zum *Ying-Fen*. Man nennt dies in der chinesischen Medizin «sich in entgegengesetzter Richtung zum Perikard fortpflanzen» *(Ni-Chuan Xin-Bao)*.
2. Die Erkrankung wird über das *Qi-Fen* übertragen, und man kann zunächst die typische Hitze-Symptomatik des *Qi-Fen* (einschließlich Nässe-Hitze und Kälte-Schädigung mit Entwicklung von Trockenheit und Wärme im Körperinneren) beobachten, worauf später dann die Erscheinungen des *Ying-Fen* auftreten.
3. Die Wärme-Störung *(Wen-Xie)* erreicht direkt das *Ying-Fen*-Stadium. Hier gehen keine *Wei-Fen* und *Qi-Fen*-Symptome voraus; es erscheinen die Krankheitszeichen des *Ying-Fen*-Syndroms unmittelbar.

7.4.2.3.1 Hitze verletzt das Ernährungs-*Yin* *(Re-Shang Ying-Yin)*

Hauptsymptome: Dunkelrote Zunge, Hitzegefühl des Patienten am ganzen Körper mit nächtlicher Steigerung; Nervosität, Schlaflosigkeit, geistige Verwirrung; feiner und schneller *(Xi-Shu)* Puls.

Erklärung: Der dunkelrote Zungenkörper ist ein Zeichen der Hitze im Blut *(Xue-Re)*. Eine dunkelrote Zunge bei einer Wärme-Hitze-Erkrankung deutet darauf hin, daß sich die Hitze nicht mehr im Stadium des *Wei* oder *Qi* befindet, sondern bereits das *Ying* und das Blut erreicht hat. Als Erscheinung einer *Yin*-Leere ist das vor allem nachts auftretende Hitzegefühl am Körper zu werten. Das *Yin* ist geschädigt, weil die Hitzestörung *(Re-Xie)* das *Ying* und das Blut erreicht hat. Gelangt die Hitze zu den ernährenden Schichten des Herzens (d. h. zum Herz-*Ying*), wird das Herz-*Sheng* gestört, und der Patient leidet an Nervosität, Schlaflosigkeit und geistiger Verwirrung. Da die Hitze im Blut das *Yin* verletzt, ist der Puls nicht oberflächlich und weit bzw. stromartig *(Fu-Hong)*, wie bei den Stadien des *Wei-Fen* und *Qi-Fen*, sondern fein und schnell *(Xi-Shu)*.

Therapie: Das *Ying* kühlen, die Hitze herausleiten *(Qing-Ying Tou-Re)*.

7.4.2.3.2 Hitze dringt ins Perikard *(Re-Ru Xin-Bao)*

Hauptsymptome: Geistige Verwirrung mit Unfähigkeit Menschen und Dinge zu erkennen, eventuell auch andauernder verwirrter Halbschlaf mit Sprechen im Schlaf oder Selbstgesprächen; dunkelrote Zunge.

Erklärung: Nach Auffassung der chinesischen Medizin ist das Herz zuständig für das Gemüt *(Shen-Zhi)*. Wenn Hitze ins Perikard, den Herzbeutel *(Xin-Bao)* eingedrungen ist, entstehen geistige Verwirrung und psychische Erregung. Die Symptomatik der «Blut-Hitze» (vgl. Abschnitt 7.4.2.3.1) zeigt an, daß Hitze in das Stadium des *Ying-Fen* eingetreten ist. Wenn Hitze ins Perikard eindringt, liegen die gleichen Ursachen vor wie beim Eindringen der Hitze ins Blut und ins *Ying*, weshalb das Hauptsymptom, eine dunkelrote Zunge, das gleiche ist. Als Zeichen der geistigen Verwirrung kommt beim Eindringen der Hitze ins Perikard der Halbschlafzustand des Patienten mit Sprechen im Schlaf hinzu.

Therapie: Das Herz kühlen, den Verstand klären *(Qing-Xin Kai-Qiao)*.

7.4.2.3.3 Gemeinsame Krankheitsstörung von *Ying* und *Wei* *(Ying-Wei He-Xie)*

Hauptsymptome: Leichte Wind- und Kälteempfindlichkeit, dunkelroter Zungenkörper, nächtliches Hitzegefühl mit Schlaflosigkeit, ferner geistige Verwirrung mit wirren Reden, schneller *(Shu)* Puls. Bei Hitze im *Ying-Fen*-Stadium Hautausschlag mit geröteten Pickeln.

Erklärung: Wenn sich Wind-Kälte im Stadium des *Wei-Fen* befindet und nicht auflöst, kann Hitze in das *Ying-Fen*-Stadium abgedrängt werden, was in der chinesischen Medizin «gemeinsame Störung von *Ying* und *Wei*» genannt wird. Der Patient empfindet dabei leichte Abneigung gegen Wind und Kälte, was ein Symptom von Wärme-Hitze in der Abwehr der Lunge *(Fei-Wei)* ist.

Hier liegt also eine Störung vor, die sich nicht nur im *Ying-Fen* befindet, worauf der Arzt eben durch die leichte Wind- und Kälte-Empfindlichkeit des Patienten neben der Symptomatik der Hitze im *Ying-Fen* hingewiesen wird. Der Ausschlag mit den roten Pickeln kommt durch die Beteiligung der Haut und der Haare zustande; er ist ebenfalls ein Anzeichen der Beteiligung der Körperabwehr, des *Wei*. Die Röte der Pickel steht in Verbindung mit der Hitze im *Ying-Fen*, auch dies ist ein typisches Symptom für die hier vorliegende gemeinsame Störung der Ernährungs- und Abwehrfunktion *(Ying-Wei)*.

Therapie: Sowohl die Ernährungsfunktion als auch die Abwehrfunktion klären *(Liang-Qing Ying-Wei)*.

7.4.2.4 Das Blut-*(Xue-)Fen*-Syndrom

Das *Xue-Fen*-Syndrom, zu deutsch etwa «Syndrom der Zerteilung und Verminderung des Blutes», ist das tiefste Stadium des Eindringens einer Wärme-Hitze-Störung in das Blut. Diese Erkrankung spielt sich meist an der Leber und an der Niere ab. Bei einer Schädigung der Leber unterscheidet die chinesische Medizin zwei in der Klinik häufig auftretend Arten:

1. Die Hitze zwingt das Blut, sich maßlos zu bewegen *(Xue-Re Wang-Xing)*, wobei die Leber die Fähigkeit zur Speicherung des Blutes *(Zang-Xue)* verloren hat, was zu Blutungen führt (vgl. Abschnitt 3.2.1.4.1). Dabei können dann Bluterbrechen, Nasenbluten, Blut im Stuhl, Hautblutungen und Hämatome auftreten. Die chinesische Medizin nennt diesen Zustand «bewegtes Blut» *(Dong-Xue)*.
2. Wenn eine Hitzestörung das Blut schädigt *(Re-Xie Hao-Xue)*, kann das Blut die Sehnen *(Jin)* nicht ernähren, was zu Krämpfen und Zuckungen in den Sehnen-Gefäßen *(Jin-Mai)* führt. Diesen Zustand nennt die chinesische Heilkunde «bewegter Wind» *(Dong-Feng)*. Auch bei einer Schädigung der Niere im Zusammenhang mit dem *Xue-Fen*-Syndrom unterscheidet man zwei hauptsächliche Krankheitstypen, die beide auf einer starken Schädigung des Blutes mit wechselseitiger Schädigung von Körpersäften und Blut *(Jin-Xue-Zhuan-Xiang)* beruhen. Dadurch kann a) ein Syndrom der *Yin*-Schädigung, b) ein Syndrom des sterbenden *Yin* mit Wasserverlust *(Wang-Yin Shi-Shui)* entstehen.

Hitze kann auf zwei Wegen in das *Xue-Fen*-Stadium eintreten:

1. übergeleitet vom *Qi-Fen*, wobei die Erkrankung direkt vom *Qi-Fen* auf das *Xue-Fen* übergeht;

2. übertragen vom *Ying-Fen*, wobei zunächst die typische Symptomatik des *Ying-Fen* mit geistiger Verwirrung infolge Blut-Hitze usw. entsteht, die dann in eine *Xue-Fen*-Symptomatik übergeht.

7.4.2.4.1 Maßlose Bewegung des Blutes durch Hitze *(Xue-Re Wang-Xing)*

Hauptsymptome: Blutungen, im einzelnen: Bluterbrechen, Nasenbluten, Blut im Stuhl, Hautblutungen, Hämatome, Störungen der Periodenblutung usw. Die chinesische Medizin weist darauf hin, daß die Blut-Farbe bei diesen Blutungen dunkelrot bis violett sei. Es tritt Fieber auf, das in der Nacht ansteigt, der Patient ist erregt, schläft wenig, hat heiße Hand- und Fußflächen, eine gerötete Zunge und einen schnellen *(Shu)* Puls. Gleichzeitig verspürt er im ganzen Körper starkes Hitzegefühl, hat Durst und heftige Schweißausbrüche. Die chinesische Medizin spricht hier davon, daß Hitze im *Qi* vorliegt, wobei sowohl das *Qi* als auch das Blut «brennt» bzw. «geröstet wird» *(Qi-Xue Liang-Fan)*.

Erklärung: Die Blutungen entstehen, weil die Hitze im Blut das Blut «bewegt» *(Dong-Xue)*. Zu den Blutungen werden auch die Hämatome in der Haut und im Unterhautgewebe gerechnet. Auch die dunkelrote bis violette Färbung des Blutes gilt als Zeichen dafür, daß sich Hitze im Blut befindet. Das bei Nacht ansteigende Fieber und die fieberheißen Hand- und Fußflächen sind Symptome der Blut-Hitze bei einer *Yin*-Leere *(Xue-Re Yin-Xu)*. Wenn die Hitze im Blut das Herz-*Shen* erreicht und stört, leidet der Patient an Erregungszuständen und Schlafstörungen.

Therapie: Das Blut kühlen, die Blockierung auflösen *(Leng-Xue San-Yu)*. Beim «Brennen» bzw. «Rösten» von *Qi* und Blut *(Qi-Xue Liang-Fan)* muß man sowohl das *Qi* als auch das Blut kühlen *(Liang-Qing Qi-Xue)*.

7.4.2.4.2 Bewegter Wind durch Leber-Hitze *(Gan-Re Dong-Feng)*

Hauptsymptome: Kopfschmerzen mit Schwindel und Augenflimmern, Zukkungen, gerötete Augen; Nervosität, Fieber, Mundtrockenheit; steifer Rücken und Nacken, was sich bis zu krampfartigen Starrezuständen steigern kann; dunkelrote Zunge, gespannter schneller *(Xian-Shu)* Puls. Wenn sich gleichzeitig noch Hitze im *Qi* *(Qi-Re)* befindet, hat der Patient Hitzegefühl in den Muskeln oder Hitze im Darm mit Verstopfung, was von der chinesischen Medizin «bewegter Wind durch *Qi*-Hitze» *(Qi-Re Dong-Feng)* genannt wird.

Erklärung: Die Kopfschmerzen, der Schwindel, das Augenflimmern, die Zuckungen und die geröteten Augen entstehen durch starke Hitze im Lebermeridian *(Gan-Jing-Re)*. Die Nervosität und die Mundtrockenheit zeigen eine Schädigung der Körpersäfte und des Blutes durch Wärme-Hitze an. Die Versteifungen in Nacken und Rücken, die gelegentlichen Krampfzustände und Sehnenverspannungen werden durch ungenügende Blutversorgung der Sehnen verursacht. Die dunkelrote Zunge, der gespannte, schnelle Puls, entstehen durch eine Schädigung der Leber infolge Blut-Hitze *(Xue-Re Shang-Gan)*.

Therapie: Die Leber kühlen, den Wind auslöschen *(Qing-Gan Xi-Feng)*.

7.4.2.4.3 Blut-Hitze verletzt das *Yin (Xue-Re Shang-Yin)*

Hauptsymptome: Hitzegefühl am ganzen Körper, rotes Gesicht, heiße Hand- und Fußflächen, trockener Mund und trockene Zunge. Es können auch Müdigkeit und Schwerhörigkeit bzw. Taubheit auftreten, mit leerem *(Xu)* kraftlosem Puls. Ferner gibt es hier als Krankheitssymptome ständige Nervosität, Schlaflosigkeit, Hitzegefühl am Nachmittag und Kältegefühl am Morgen.

Erklärung: Die heißen Hand- und Fußflächen, das gerötete Gesicht, der trockene Mund und die Taubheit sind Zeichen einer *Yin*-Leere mit oberflächlich schwimmendem *Yang (Yin-Xu Yang-Fu)*. Die Müdigkeit und der leere *(Xu)* Puls zeigen einen Mangel an Essenz *(Jing)* und Blut an. Nervosität und Schlaflosigkeit entstehen, weil infolge der *Yin*-Leere üppiges Feuer entsteht, das das Herz-*Shen* stört. Hitzegefühl am Nachmittag und Kältegefühl am Morgen sind Symptome für eine Schädigung des *Yin* durch Blut-Hitze, wobei zu beachten ist, daß die Hitze bzw. das Fieber durch die *Yin*-Leere noch zusätzlich gesteigert wird.

Therapie: Kräftigen des *Yin*, Ernähren der Körpersäfte *(Zi-Yin Yang-Ye)*. Wenn der Patient nervös ist und an Schlaflosigkeit leidet: Stärken des *Yin* und Ableiten des Feuers *(Zi-Yin Xie-Huo)*. Bei Hitze am Nachmittag und Kälte am Vormittag: Ernähren des *Yin*, Kühlen der Hitze *(Yang-Yin Qing-Re)*.

7.4.2.4.4 Sterbendes *Yin* mit Wasserverlust *(Wang-Yin Shi-Shui)*

Hauptsymptome: Abmagerung des Patienten, runzlige Lippen und geschrumpfte Zunge, trockene Zähne mit Zahnbelag, trockenes Zahnfleisch; eingefallene, glanzlose Augen, Schläfrigkeit, beide Wangen gerötet; Hände und Füße steif und kalt *(Jue-Leng)*, Zuckungen, Händezittern, fadenförmiger feiner *(Wei-Xi)* Puls, der fast nicht mehr tastbar ist. Der Patient kann auch an Krampfanfällen durch «bewegten Wind» *(Dong-Feng)* leiden.

Erklärung: Der Zustand des «sterbenden *Yin*» *(Wang-Yin)* ist wesentlich schwerer als der einer *Yin*-Schädigung *(Shang-Yin)*, weil hier im ganzen Organismus Wasser- bzw. Flüssigkeitsverluste eintreten. Nach der Lehre der chinesischen Medizin ist die Niere zuständig für die fünf Körpersäfte *(Wu-Ye)*, zu denen der Schweiß, die Tränen, der (dickflüssige) Speichel, die Nasenflüssigkeit und die (dünnflüssige) Spucke gerechnet werden. Deshalb sitzt in diesem Fall die Haupterkrankung *(Ben-Bing Zhong-Dian)* an den Nieren. Runzeln an Fingerbeeren und Zehen, runzlige Lippen, eine verschrumpfte Zunge, trockene Zähne, ausgedörrtes Zahnfleisch und eingefallene Augen sind wichtige Symptome eines Wasserverlusts bei sterbendem *Yin*. Hier ist der ganze Körper in einem Schwäche- und Leere-Zustand von *Yin* und Blut *(Yin-Xue Kui-Xu)*; außerdem liegt ein Mangel an Körperflüssigkeit *(Shui-Ye)* vor. Dies sind Anzeichen, daß die *Yin*-Funktionen des Körpers vom Absterben bedroht sind, wobei sich auch das isolierte *Yang* nicht mehr halten kann. Symptome dafür sind: die geröteten Wangen, die Schläfrigkeit, der fadenförmige *(Wei)*, kaum noch tastbare Puls. Die kalten und steifen Arme und Beine zeigen an, daß das *Yang* isoliert ist, an der Oberfläche schwimmt *(Yang-Fu Yu Shang)* und sich nicht normal in Armen und Beinen verteilen kann; es handelt sich um einen Hitze-*Jue*-Zustand (vgl. Abschnitt 7.4.1.6.2). Weil die Sehnen nicht genügend ernährt werden, zittern dem Kranken die Finger, was symptomatisch für einen sogenannten «Leere-Wind ist, der sich im Inneren bewegt» *(Xu-Feng Nei-Dong)*. Wenn stärkere Zuckungen der Arme und Beine infolge «bewegten Windes» auftreten, ist dies ein Zeichen dafür, daß die Niere die Leber nicht ausreichend ernährt *(Shen Bu Yang-Gan)* und deshalb ein «Leere-Wind» *(Xu-Feng)* entsteht.

Therapie: Das *Yin* versorgen, das *Yang* (im *Yin*) verbergen *(Zi-Yin Qian-Yang)*.

7.4.3 Krankheits-Syndrome der Drei Erwärmer *(San-Jiao Bian-Zheng)*

Die Methode der Syndrom-Diagnostik der Drei Erwärmer bei äußerlich ansteckenden Wärme-Hitze-Erkrankungen wird vor allem dann angewendet, wenn die Hitze mit Nässe *(Shi-Re)* kombiniert ist. Bei einer Nässe-Hitze-Erkrankung handelt es sich hauptsächlich um eine Störung durch Nässe, die den *Yin*-Störungen *(Yin-Xie)* zugeordnet wird. Anders als die reine Wärme-Hitze-Störung *(Wen-Re-Xie)*, die vornehmlich das *Yin* und die Körpersäfte schädigt *(Shang-Yin-Ye)* und zum *Ying-Fen* und *Xue-Fen* vordrängt, beschränkt sich eine Nässe-Hitze-Erkrankung hauptsächlich auf die Schädigung der beiden Stadien *Wei-Fen* und *Qi-Fen*. Da sich bei einer Nässe-Hitze-Erkrankung die Hitze innerhalb der Nässe befindet, zeigen sich beim Patienten nicht selten Symptome einer gemischten Kälte-Hitze, weil zwischen Nässe und Kälte – die beide *Yin*-Störungen sind – besonders enge Beziehungen bestehen. Tatsächlich handelt es sich allerdings nicht um eine echte Kälte, sondern nur die Krankheitszeichen sehen nach Kälte-Symptomatik aus. Ebenfalls handelt es sich bei der gemischten Kälte-Hitze nicht um eine echte Hitze, nur die Symptome sehen nach einem Hitzezustand aus. Hier fällt die Unterscheidung, ob sich die Störung im *Wei-Fen* oder im *Qi-Fen* befindet oft sehr schwer, so daß die dialektische Diagnostik nach *Wei-Qi-Ying* und Blut, die im Abschnitt 7.4.2 dargestellt wurde, nicht weiterhilft, zumal sie auch keine Erklärung für die Entstehung, Entwicklung und Umwandlung der Krankheitssymptomatik zu geben vermag. Auch die Diagnostik der sechs Meridianverläufe *(Liu-Jing)*, die im Abschnitt 7.4.1 behandelt wird, vermag hier keine adäquate Erklärung über die vorliegende Nässe-Hitze-Erkrankung zu geben; deshalb wird dabei in der chinesischen Medizin die Diagnostik der Drei Erwärmer herangezogen.

Nässe gilt in der chinesischen Medizin als schwere, trübe Störung von *Yin*-Charakter *(Zhong-Zhuo Yin-Xie)*, die die Eigenschaft hat, von oben nach unten abzusteigen. Die Theorie der Drei Erwärmer ermöglicht es, diese Eigenschaft einer Nässe-Störung bei Interpretation der Krankheitsentstehung zu berücksichtigen. Ohnehin gelten die Drei Erwärmer als Durchgangsstationen für Wasser-Nässe *(Shui-Shi)* und *Qi*. Ihre Lage im Körper und die Topographie der wichtigen inneren Organe, die auf den Oberen, Mittleren und Unteren Erwärmer verteilt sind (vgl. Abschnitt 3.2.2.6), ermöglicht die Zuordnung einer Nässe-Hitze-Störung zu den drei Etagen des Oberen, Mittleren und Unteren Erwärmers im Sinne eines Anfangs-, Mittel- und Endstadiums der vorliegenden Nässe-Hitze-Krankheit.

Der Ausgangspunkt einer den Körper schädigenden Nässe-Hitze-Störung ist stets der Obere Erwärmer. In diesem Fall sitzt die Erkrankung an der Lunge, der Haut und in den Haaren. Da Milz und Magen besonders enge Beziehungen zur Nässe haben, treten bei diesem Anfangsstadium einer Nässe-Hitze-Störung *(Shi-Re Shang-Ren)* oft auch Nässe-Symptome an der Milz, am Magen und in den Muskeln auf. Nach der Lehre der chinesischen Heilkunde verabscheut die Milz die Nässe und ist zuständig für Transport und Umwandlung von Wasser-Nässe im Organismus (vgl. Abschnitt 3.2.1.3). Der Schwerpunkt einer Erkrankung des Oberen Erwärmers wird immer hauptsächlich in einer Nässe-Störung der Lunge, der Haut und der Haare liegen.

Wenn die Erkrankung den Mittleren Erwärmer erreicht, spricht man in der chinesischen Medizin vom «mittleren Stadium einer Nässe-Hitze-Erkrankung». Die Symptomatik spielt sich dabei vor allem an der Milz und am Magen ab, wobei in erster Linie die Transport- und Umwandlungsfunktion *(Yun-Hua)* infolge der Nässe-Störung beeinträchtigt ist. Dabei gibt es zwei Möglichkeiten der Störung: Entweder wird der Nahrungsbrei *(Shui-Gu)* nicht verdaut, oder die Wasser-Nässe im Körper wird nicht umgewandelt *(Shui-Shi Bu Hua)*. Da die pathologische Nässe die Eigenschaft des «Trüben» *(Zhuo)* hat, da sie klebrig und dickflüssig ist, verläuft ihr Übergang vom Oberen zum Mittleren Erwärmer sehr langsam. Bei einer Nässe-Hitze-Erkrankung des Mittleren Erwärmers finden sich deshalb meist gleichzeitig noch Symptome einer Störung des Oberen Erwärmers; der Schwerpunkt der Erkrankung liegt aber im Mittleren Erwärmer, und zwar in Milz und Magen, wobei vor allem die Umwandlung *(Hua)* und der Transport *(Yun)* gestört sind. Bei einer Nässe-Hitze-Erkrankung des Mittleren Erwärmers gibt es folgende drei Entwicklungsmöglichkeiten:

1. Die Nässe-Hitze wandelt sich um zu Trockenheit, wobei die Konstitution des Patienten so ist, daß aus Nässe-Hitze *Yang*-Hitze oder *Yin*-Leere wird, die sich zu Wärme, Trockenheit und Hitze verändert. Als Zwischenstadium kann hierbei noch eine Stufe der Schleim-Hitze *(Tan-Re)* durchlaufen werden, die dadurch entsteht, daß Nässe und Hitze durch das *Yang-Qi* verdampft werden, so daß sich Schleim bildet. Anschließend entwickelt sich daraus gewöhnlich ein *Qi-Fen*-Syndrom mit Wärme-Hitze (vgl. Abschnitt 7.4.2.2); oder es kommt zu einer Verletzung des *Yin* durch die Hitze-Störung *(Xie-Re Shang-Yin)*, die sich bis zum Blut fortpflanzt und einen Hitzezustand im *Ying* und im Blut bildet. Diese Erkrankung behandelt man wie eine Wärme-Hitze-Krankheit, da sich hierbei die Krankheitssymptomatik verändert hat.
2. Bei einer *Yin*-Kälte-Konstitution des Patienten verwandelt sich die Nässe-Hitze-Störung meist zu einer Kälte-Nässe-Krankheit um, die nach den Grundlagen der inneren Medizin oder nach den Prinzipien einer Kälte-Störung der drei *Yin*-Meridiane *(Shang-Han San-Yin)* behandelt wird (vgl. die Abschnitte 7.4.1.4, 7.4.1.5 und 7.4.1.6).
3. Die Nässe-Hitze kann sich vom Mittleren zum Unteren Erwärmer weiterentwickeln, womit das letzte Stadium einer Nässe-Hitze-Störung erreicht wird. Bei diesem Zustand einer Nässe-Hitze-Schädigung des Patienten *(Shi-*

Re Shang-Ren) werden vor allem die Blase und der Dickdarm stark geschädigt, was sich durch schwere Beeinträchtigung des Stuhlgangs und des Wasserlassens zeigt.

7.4.3.1 Nässe-Hitze im Oberen Erwärmer *(Shang-Jiao Shi-Re)*

Wenn sich eine Nässe-Hitze-Erkrankung im Oberen Erwärmer befindet, ist dies der Anfang einer Nässe-Hitze-Schädigung des Menschen. Hierbei ist die Hitze-Symptomatik meist nicht stark, es herrschen klinische Zeichen der Nässe vor. In manchen Fällen erscheint auch zunächst eine Kälte-Nässe-Symptomatik, und die typischen Hitze-Erscheinungen treten erst einige Tage nach Krankheitsbeginn auf. In solchen Fällen ist die Kälteempfindlichkeit des Patienten bei Beginn der Erkrankung ein typischer Hinweis.

Hauptsymptome: Kälteempfindlichkeit, leichtes Fieber – oder auch kein Fieber und kein Schwitzen aber Schmerzen und Schweregefühl im Körper; Spannung, Druck und Schmerzen im Kopf, Taubheit, Schweigsamkeit des Patienten, Energiemangel; Appetitlosigkeit, weißer, klebriger Zungenbelag, schwacher *(Ru)* kraftloser Puls. Außerdem hat der Patient Geräusche im Darm, Durchfall oder trockenen Husten.

Erklärung: Nässe ist eine *Yin*-Störung, weshalb die Hitze-Symptomatik zu Anfang der Erkrankung oft verschleiert wird bzw. nur leicht verläuft und die Kälteempfindlichkeit im Vordergrund steht. Die Nässe bedrängt in diesem Fall die Muskeln an der Körperoberfläche *(Shi Kun Ji-Biao)*; die Poren der Haut und damit das *Wei* sind undurchlässig, der Patient kann deshalb nicht schwitzen und hat Schmerzen im ganzen Körper. Die Nässe ist eine Störung von schwerem, trübem Charakter. Wenn sie den Patienten angreift, fühlt sich dessen Körper schwer an, und er empfindet eine dumpfe Spannung im Kopf. Die trübe Nässe *(Shi-Zhuo)* deckt das klare *Yang (Qing-Yang)* gewissermaßen zu, deshalb leidet der Kranke an Taubheit und Energiemangel und ist schweigsam. Da die Nässe das *Yang* von Milz und Magen stört, ist der Patient appetitlos, hat Darmgeräusche und Durchfall, eine Symptomatik, die entsteht, weil die Milz nach der Lehre der chinesischen Medizin «die Nässe verabscheut» *(Pi-E-Shi)*. Als allgemeine Symptome einer Nässe-Erkrankung finden sich ein klebriger Zungenbelag und ein schwacher *(Ru)* Puls. Der trockene Husten ist ein Hinweis darauf, daß die Milz-Nässe nicht sehr stark ist, so daß sich noch kein Schleim bilden konnte.

Therapie: Wärmen und Zerstreuen der oberflächlichen Nässe *(Wen-San Biao-Shi)*.

7.4.3.2 Nässe-Hitze im Mittleren Erwärmer

Wenn sich Nässe und Hitze im Mittleren Erwärmer befinden, wurde die Störung stets vom Oberen Erwärmer her übertragen. Bei diesem Krankheitsstadium ist die Hitze-Symptomatik stärker als beim Befall des Oberen Erwärmers. Vor allem tritt am Nachmittag intensives Hitzegefühl im Körper auf, wobei das Fieber aber nie sehr hoch wird. Da bei diesem Krankheitszustand Milz und Magen durch Nässe und Hitze stark geschädigt sind, wird der Transport und die Umwandlung von Speisebrei *(Yun-Hua Shui-Gu)* und die Aufnahmefähigkeit des Magens für die Speisen sehr beeinträchtigt. Durch die Wasser-Nässe *(Shui-Shi)* wird die Transport-Funktion der Milz zusätzlich geschädigt, so daß Kraftlosigkeit mit Schweregefühl und schlechtes Wasserlassen auftreten.

Hauptsymptome: Hitze am Körper mit nicht sehr hohem Fieber; Spannung und Völlegefühl im Thorax und im Oberbauch; Appetitlosigkeit, dünner, nicht geformter Stuhl, spärliche Ausscheidung von gelbem Urin; hellgelbe Farbe des Gesichts und der Augen, Zungenbelag grauweiß und gelblich. Der Patient wirkt stumpfsinnig, der Puls ist schwach *(Ru)*, der Kranke hat ein Kältegefühl an den Waden. Als Symptome einer inneren Schleim-Hitze-Störung *(Tan-Re Nei-Rao)* treten gleichzeitig Husten mit viel Schleim, Schmerzen im ganzen Körper, Verwirrungszustände und Schweigsamkeit des Patienten auf.

Erklärung: Da sich hierbei die Hitze in der Mitte der Nässe befindet, ist das Fieber nicht hoch und die Hitze im Körper nicht stark. Ein Druckgefühl im Thorax und im Oberbauch entsteht deshalb, weil sich die Nässe im Körperinneren *(Li)* staut. Die Nässe schädigt Milz und Magen, weshalb der Appetit schlecht ist und der Patient dünnen, ungeformten Stuhlgang hat. Da die Milz die Wasser-Nässe nicht transportieren und umwandeln kann, scheidet er nur wenig Urin aus, hat einen grauen Zungenbelag und einen schwachen *(Ru)* Puls. Nässe-Hitze erzeugt eine gelbe Farbe; die Gesichts- und Augenfarbe spielt ins Hellgelbe, und auch der Zungenbelag ist gelb. Als Folge der Nässe-Blockierung kann das klare *Yang* nicht aufsteigen, so daß die *Yang*-Funktionen die Spitzen der Extremitäten nicht erreichen können. Der Patient pflegt stur vor sich hinzustarren und hat Kältegefühl an den Waden.

Therapie: Kühlen und Umwandeln von Nässe und Hitze *(Qing-Hua Shi-Re)*.

Anmerkung: Die Milz ist die Quelle zur Schleimerzeugung im menschlichen Körper, die Lunge ist der Behälter des Schleims. Schleim entsteht durch Milz-Nässe, Husten mit viel Schleimproduktion kann die Folge sein. In diesem Fall ist die Therapie: Klären und Auflösen von Schleim und Nässe *(Qing-Hua Tan-Shi)*, wozu es in der chinesischen Medizin besondere Medikamente gibt.

Bei gestauter Nässe und Hitze hat der Patient Schmerzen im ganzen Körper; dann hat die Therapie die Nässe-Hitze zu verbreiten und aufzulösen *(Xuan-Hua Shi-Re)*.

Wenn der Patient verwirrt und geistig nicht klar ist, spricht das für eine Schleim-Störung, die durch Nässe und Hitze erzeugt wird *(Shi-Re Niang-Tan)*, wobei das Herz in Mitleidenschaft gezogen wird. In diesem Fall ist die Therapie: Beseitigung des Schleims, den Patienten zur Klarheit bringen *(Huo-Tan Kai-Qiao)*.

Bei einer Umwandlung der Nässe-Hitze zu Wärme kann auch ein Schleim-Hitze-Syndrom entstehen; der Patient empfindet Kälte und Hitze mit Beklemmungsgefühlen, ist nervös und wird von Brechreiz gequält. Die Therapie ist dann: Kühlen und Auflösen von Schleim und Hitze *(Qing-Hua Tan-Re)*.

7.4.3.3 Nässe-Hitze im Unteren Erwärmer

Eine Nässe-Hitze-Erkrankung im Unteren Erwärmer wird stets vom Mittleren Erwärmer aus übertragen. Die Krankheit spielt sich hier am Dickdarm oder an der Blase ab. Dabei ist eine Unterscheidung dieses Zustandes von den Erkrankungen des Oberen und Mittleren Erwärmers relativ einfach, weil bei einem Befall des Unteren Erwärmers Störungen des Stuhlgangs und des Wasserlassens ganz im Vordergrund stehen.

7.4.3.3.1 Nässe-Blockierung in der Blase *(Shi-Zhi Pang-Guang)*

Hauptsymptome: Der Kranke kann kein Wasser lassen, er leidet an Schwindelzuständen, Spannungsgefühl und Schmerzen im Kopf; er hat Druckgefühl im Ober- und Unterbauch, sein Stuhlgang ist schlecht; die Zunge hat einen grau-weiß-gelben, klebrigen Belag, der Puls ist schwach *(Ru)*.

Erklärung: Da eine Nässe-Stauung der Blase vorliegt, ist die Verdampfungsfunktion *(Qi-Hua)* schlecht, Wasser-Nässe kann nicht zu Urin umgewandelt und vom Körper ausgeschieden werden. Der Patient kann kein Wasser lassen, manchmal wird einen ganzen Tag lang kein Urin ausgeschieden. Der Schwindel, der Kopfschmerz und der Druck im Kopf, die Spannung und das Völlegefühl im Ober- und Unterbauch sind typische Zeichen von Nässe und Hitze im Mittleren und Oberen Erwärmer. Wenn gleichzeitig eine Nässe-

Stauung im Dickdarm besteht, tritt Verstopfung auf. Der grau-weiß-gelbe, klebrige Zungenbelag und der schwache *(Ru)* Puls sind allgemeine Symptome einer Nässe-Hitze-Erkrankung.

Therapie: Die Nässe leicht ableiten *(Dan-Shen Li-Shi)*.

7.4.3.3.2 Nässe-Blockierung im Dickdarm

Hauptsymptome: Volles, verstopftes Abdomen, kein Stuhlgang, Druckgefühl im Oberbauch; graugelber Zungenbelag, Schwindel und schwacher *(Ru)* Puls.

Erklärung: Der Patient hat keinen Stuhlgang, deshalb ist das Abdomen voll und verstopft. Hier treten keine Symptome der Wärme-Hitze, wie z. B. Nervosität, Durst, gelber, trockener Zungenbelag usw. auf, da *keine trokkene* Stuhlansammlung vorliegt. Das Völlegefühl im Oberbauch, der graue Zungenbelag, der Schwindel und der schwache *(Ru)* Puls deuten darauf hin, daß eine Nässe-Hitze-Erkrankung vorliegt. Dabei staut sich die Nässe im Dickdarm *(Shi-Zhi Da-Chang)*, und die Darmentleerung ist schwierig.

Therapie: Die trüben Stoffe bzw. die Nässe ableiten, die Stauung auflösen *(Dao-Zhuo Xing-Zhi)*.

7.5 Zusammenfassung

Die Diagnostik nach den acht Leitprinzipien der chinesichen Medizin *(Ba-Gang Bian-Zheng)* ist ein einheitliches Ganzes. Die einzelnen Prinzipien (Oberfläche–Inneres, Kälte–Hitze, Leere–Fülle, *Yin-Yang*) können deshalb niemals isoliert verwendet werden, sondern sind stets im Zusammenhang miteinander zu sehen. Zwar muß der praktisch tätige Arzt, wenn er traditionelle chinesische Medizin betreibt, als erstes die Eigenschaften der einzelnen Prinzipien kennenlernen, um die Wechselbeziehungen, Umwandlungen und Vermischungen sowie die echten und falschen Zustände der acht Prinzipien unterscheiden zu können. In seiner ärztlichen Tätigkeit muß er sich des hier herrschenden Zusammenhangs aber bewußt sein. Andererseits kann eine gründliche Diagnostik und eine richtige therapeutische Entscheidung erst erfolgen, wenn der Arzt die einzelnen Züge einer Erkrankung nach den acht Leitprinzipien vollkommen analysiert hat.

Ähnlich ist es mit der Syndrom-Diagnostik nach dem *Qi*, dem Blut und den Körpersäften *(Jin-Ye)*. Auch hier herrscht ein enger Zusammenhang des

Qi, des Blutes und der Körpersäfte zu den inneren Organen, außerdem besteht eine innere Verbindung von *Qi*, Blut und Körpersäften untereinander. Dazu ein Beispiel: Eine *Qi*-Leere bezieht sich nach der Theorie der chinesischen Medizin in erster Linie auf die Lunge, eine Blut-Leere in erster Linie auf das Herz; denn bekanntlich ist die Lunge zuständig für das *Qi*, das Herz ist zuständig für das Blut. Transport und Umwandlung der Körpersäfte *(Jin-Ye)* sind in erster Linie abhängig von der Milz, dann aber auch vom Verhältnis zwischen Milz, Lunge und Nieren.

Qi und Blut erzeugen sich gegenseitig: Eine *Qi*-Leere führt stets zu einem Mangel an Blut, eine Blut-Leere führt zu einem Mangel an *Qi*. Körpersäfte *(Jin)* und Blut befinden sich gleichzeitig in den Gefäßen des Kreislaufsystems, beide sind von der Antriebskraft des *Qi* abhängig. Es ist also notwendig, bei der dialektischen Bewertung des *Qi*, des Blutes und der Körpersäfte diese hinsichtlich ihrer inneren Verbindungen zu analysieren und sie außerdem in enger Verbindung mit den Speicher- und Hohlorganen zu versehen.

Bei der Syndrom-Diagnostik der inneren Organe geht es hauptsächlich um die Krankheitssymptome an den fünf Speicherorganen, weniger um die Symptomatik der sechs Hohlorgane, die nach Auffassung der chinesischen Medizin von den fünf Speicherorganen abhängen und von diesen gesteuert werden. Vor allem bei den gemischten inneren Erkrankungen, bei denen eine Symptomatik von Speicher- und Hohlorganen gleichzeitig auftritt, liegt der Schwerpunkt der Diagnostik und Therapie stets bei den Speicherorganen. Nehmen wir einen Leere-Kälte-Zustand des Dünndarms, bei dem die Trennung zwischen klaren *(Qing)* und trüben *(Zhuo)* Flüssigkeiten bzw. Substanzen nicht richtig durchgeführt werden kann. Der pathologische Schwerpunkt dieser Störung liegt stets in einer Leere der Milz, durch die Wasser-Nässe nicht transportiert und umgewandelt wird. Bei einer unzureichenden Verdampfungsfunktion der Blase liegt meist eine Leere des *Qi* der Niere vor, die deswegen im Mittelpunkt der Pathologie und der Therapie steht.

Immer steht bei der dialektischen Diagnostik der inneren Organe die Beurteilung der Krankheits-Syndrome im Mittelpunkt, die sich aus zahlreichen einzelnen Symptomen zusammensetzt. Um ein solches Syndrom richtig festlegen zu können, muß der Arzt alle einzelnen Symptome kennen und einordnen, wenn er eine richtige Diagnose stellen will. In der traditionellen chinesischen Medizin ist es deshalb sehr wichtig, die pathologische Bedeutung eines jeden einzelnen Symptoms genau zu verstehen, da gerade bei den zusammengesetzten Krankheitsbildern widersprüchliche Symptome erscheinen können. Nur wenn der Arzt mit der Physiologie der Körperstrukturen und inneren Organe und mit den Grundzügen der Pathologie bestens vertraut ist, kann er durch die Vielfalt veränderlicher Symptome hindurch zur Erkenntnis von Syndromen und damit zur Einsicht in das Wesen der Erkrankung vorstoßen.

Bei der Syndrom-Diagnostik der sechs großen Meridianverläufe handelt es sich um eine Zusammenfassung von sechs Gruppen von Kälteschädigungen und äußerlich ansteckenden Hitze-Erkrankungen, die sechs verschiedenen Stadien der Krankheitsentwicklung entsprechen. Diese Diagnostik anhand der sechs großen Meridiane basiert auf den pathologischen Veränderungen an den Speicher- und Hohlorganen und am Meridian-System. Sie ist gewissermaßen eine Zusammenfassung der gestörten Funktionen der inneren Organe und Meridiane bei einem Befall des menschlichen Organismus durch eine Störung. Dabei ist die Dialektik der sechs großen Meridianverläufe nicht nur eine Grundlage zum Verständnis der äußerlich ansteckenden fieberhaften Erkrankungen *(Wai-Huo Re-Bing)*, sie ist außerdem ein Weg zum Verständnis verschiedenster innerer Krankheitsstörungen des Körpers, die auf diese Weise analysiert werden können. Die Diagnostik der sechs großen Meridiane wird in der chinesischen Medizin ergänzt durch die Syndrome des *Wei-Qi-Ying-Xue* und durch die Syndrome der Drei Erwärmer. Damit hat der traditionelle chinesische Arzt ausreichende Möglichkeiten zur Differenzierung äußerlich ansteckender Wärme-Erkrankungen.

Die Syndrom-Diagnostik des *Wei-Qi Ying-Xue* wird vor allem bei Wärme-Hitze-Erkrankungen verwendet. Sie bietet einen Weg, die Entwicklung einer äußerlich ansteckenden, fieberhaften Erkrankung im Körper zu verfolgen und anhand verschiedener Symptome den Sitz der störenden Wärme-Hitze in *Wei*, *Qi*, *Ying* oder Blut *(Xue)* und damit die Tiefe des Eindringens der Erkrankung in den Körper festzustellen. Neben der Zuordnung der Wärme-Hitze zu einem der vier verschiedenen Stadien der Entwicklung kommt es in der Hauptsache darauf an, den Stärkegrad der Hitzeeinwirkung und den Grad der Schädigung der Körpersäfte und des Blutes *(Jin-Xue)* festzustellen.

Auch die Syndrom-Diagnostik nach den Drei Erwärmern bezieht sich auf die Differenzierung der äußerlich ansteckenden Wärme-Hitze-Krankheiten; vor allem dient sie zur Einstufung und Unterscheidung der Nässe-Hitze-Störungen. Je nach Sitz der Nässe-Hitze-Erkrankung im Oberen, Mittleren oder Unteren Erwärmer handelt es sich um das Anfangsstadium, das Mittelstadium und das Endstadium bei der Entwicklung einer Nässe-Hitze-Krankheit im menschlichen Organismus. Die dialektische Diagnostik nach den acht Leitprinzipien ist die wichtigste Methode bei der Syndrom-Diagnostik der chinesischen Medizin überhaupt. Jeder Arzt, der Methoden der traditionellen chinesischen Medizin einschließlich der Akupunktur, anwendet, muß dieses

Prinzip verstehen, um eine Krankheit überhaupt analysieren und anschließend eine vernünftige Therapie aufstellen zu können. Im Mittelpunkt steht dabei die Pathologie des *Qi* und Blut, der Körpersäfte *(Jin-Ye)* und der inneren Organe. Zusätzlich werden die Diagnostik nach den sechs großen Meridianen, nach *Wei-Qi* und *Ying*-Blut *(Xue)* sowie nach den Drei Erwärmern angewandt, um äußerlich ansteckende Kälteerkrankungen, Wärme-Hitze-Krankheiten und Nässe-Hitze-Krankheiten zu differenzieren. Natürlich haben auch diese verschiedenen Erkrankungen untereinander enge Verbindungen. Beispielsweise löst eine Wärme-Hitze-Krankheit, die zum *Qi-Fen*-Stadium führt, nahezu die gleiche Symptomatik aus wie eine Kälteschädigung des *Yang-Ming (Shang-Han de Yang-Ming)*, sie ist deshalb von dieser Krankheit kaum zu unterscheiden. Wenn eine Nässe-Hitze-Störung Trockenheit entwickelt und in das *Ying*-Blut*(Xue)*-Stadium eindringt, ist die vorliegende Erkrankung von einer unmittelbaren Schädigung des *Ying* und *Xue* durch Wärme-Hitze kaum noch zu unterscheiden. So lassen sich die drei Hauptarten der Syndrom-Diagnostik (Acht Leitprinzipien, Speicher- und Hohlorgane, sechs Meridiane einschließlich *Wei-Qi-Ying-Xue* und Drei Erwärmer) in der Praxis vielfältig miteinander kombinieren.

8 Allgemeine Regeln zur Krankheitsverhütung und -behandlung

8.1 Krankheitsverhütung

Schon im alten China war es die erste Pflicht des Arztes, Krankheiten zu verhüten, erst in zweiter Linie kam die ärztliche Behandlung der bereits ausgebrochenen Erkrankung. Das gilt auch heute in der Volksrepublik China in weitem Maße; die Krankheitsvorbeugung spielt eine große Rolle in der Gesundheitspolitik des modernen China.

Bereits im altchinesischen Medizin-Klassiker «*Su-Wen*» wird die Bedeutung der Behandlung v o r Ausbruch der Erkrankung *(«Zhi Wei-Bing»)* betont (267). Man kann diese vorbeugende Einstellung zur Erkrankung auf zweierlei Weise verwirklichen:

1. Vorbeugungsmaßnahmen am Gesunden treffen,
2. nach Ausbruch einer Erkrankung ihre Verschlimmerung verhüten.

8.1.1 Vorbeugungsmaßnahmen bei Gesunden

In bezug auf Verhütung von Krankheiten hat die chinesische Medizin im Laufe der Jahrhunderte und Jahrtausende reiche Erfahrungen gemacht. Man hatte dabei in China schon früh erkannt, daß die geistige Einstellung und der Wille des Patienten in engem Zusammenhang mit den normalen Abläufen im menschlichen Körper und mit der Entstehung von Krankheiten steht. Man wußte, daß starke oder chronische psychische Irritationen das *Yin* und *Yang* aus dem Gleichgewicht bringen können, daß sie zu einer Unausgewogenheit zwischen *Qi* und Blut führen, eine Leere der Abwehrkraft des Menschen *(Zheng-Qi)* bewirken und so dem Eindringen einer äußeren Störung *(Wai-Xie)* in den menschlichen Körper Vorschub leisten. Es war deshalb üblich, Geist und Körper ausgewogen zu halten, wozu allgemein gymnastische Übungen empfohlen wurden.

Ein altes chinesisches Sprichwort heißt: «Ein fließendes Wasser stinkt nicht, und an einer Türklinke befindet sich kein Ungeziefer.» (268) Dies wies den Chinesen von jeher auf die Notwendigkeit körperlicher Bewegung hin, da diese krankheitsverhütend wirkt. In der *Han*-Dynastie erfand der bedeutende chinesiche Arzt *Hua-Tuo* gymnastische Übungen nach den «fünf Tieren», wobei er empfahl, die Bewegungen des Tigers, des Bären, des Schimpansen, des Hirsches und der Vögel zur Erhaltung des körperlichen Wohlbefindens nachzuahmen. *Hua-Tuo,* der in der Zeit von 110 bis 207 n. Chr. lebte, ein bedeutender Chirurg war und auch wichtige Beiträge zur Akupunktur leistete, wies durch diese gymnastischen Übungen darauf hin, wie man seine Gelenke lockern, den Kreislauf anregen und Krankheiten verhüten kann. (269) Seine Tier-Gymnastik hat im Laufe der Jahrhunderte mannigfaltige Änderungen und Ergänzungen erfahren. Noch heute führen in China allmorgendlich Millionen Menschen die Bewegungsfolgen des *Tai-Ji-Chuan* aus, die sich von *Hua-Tuos* Übungen herleiten, treiben Gymnastik mit einem Holzschwert oder mit einem Speer usw. Alles das dient zur Verbesserung der körperlichen Kondition und zur Stärkung der Abwehrkraft des Organismus. Ferner wird in China, heute wie im Altertum, auf Sauberkeit und Hygiene, mäßiges Essen und Trinken, Ausgleich zwischen Arbeit und Ruhe, Anpassung an die Veränderung der Jahreszeiten und andere Schutzmaßnahmen zur Verhinderung des Eindringens äußerer Störungen *(Wai-Xie)* in den Körper geachtet. Man kannte auch eine Krankheitsvorbeugung durch Medikamente. So erwähnt das Buch *«Su-Wen»* «kleine Goldperlen» zur Vorbeugung gegen ansteckende Krankheiten (270). Mindestens seit dem 16. Jahrhundert wurde in China das Blutserum von Menschen, die nach einer Krankheit genesen waren, noch nicht Erkrankten zur Prävention eingeimpft, unter anderem als Vorbeugungsmaßnahme gegen Pocken. So hat die chinesische Medizin auf ihre Weise einen originellen Weg gefunden, der der modernen künstlichen Immunisierung und Schutzimpfung vorausging. Ferner war in China bekannt, daß man zur Desinfektion gegen ansteckende Krankheiten mit Schwefel oder bestimmten Kräuterstoffen Räucherungen durchführen kann, was ebenfalls zur Vorbeugung gegen ansteckende Krankheiten diente.

So ist die Krankheitsvorbeugung ein wichtiger Bestandteil der Lehre der chinesischen Medizin, und die moderne westliche Heilkunde kann aus dieser Quelle noch manche Anregung gewinnen können.

8.1.2 Verhütung einer Verschlimmerung nach Krankheitsausbruch

Vorbeugungsmaßnahmen zu treffen, ohne daß eine Krankheit vorliegt, muß als ideale, aktive Methode der Krankheitsbekämpfung gelten. Oft läßt sich diese Methode allerdings nicht mehr anwenden, da ein Mensch bereits erkrankt ist. In diesem Fall soll er sich jedoch so früh wie möglich behandeln lassen, um eine Verschlimmerung seines Leidens zu verhindern. In diesem Sinne heißt es im altchinesischen Buch «*Ling-Shu*»: «Der gute Arzt wird seinen Kranken bereits behandeln, wenn die Erkrankung noch nicht voll ausgebrochen ist. Er wird den Patienten bereits mit Nadeln stechen, wenn dessen Abwehrkräfte von der Krankheit noch nicht zu sehr geschwächt, die Kraft der äußeren Störung noch nicht zu groß geworden ist.» (271) (272) Ebenso meint das Buch «*Su-Wen*»: «Wenn eine äußere Störung *(Xie)* den Menschen befällt, geht dies so rasch wie ein Gewitter. Der Klügste behandelt die Störung, wenn sie an der Haut und in den Haaren sitzt. Weniger gut ist es, sie zu behandeln, wenn sie im Muskel sitzt. Noch schlechter ist es, sie zu behandeln, wenn sie sich in Sehnen und Gefäßen *(Jin-Mai)* befindet. Sehr schlecht ist es, wenn sich die Störung bereits in den sechs Hohlorganen befindet; am ungünstigsten ist die Behandlung, wenn die Störung in den Speicherorganen sitzt.» (273) Daraus läßt sich die Ansicht der alten chinesischen Ärzte ableiten, daß eine äußere Störung ins Körperinnere vordringt, wenn man sie nicht rechtzeitig behandelt. Sie kann sich von der Oberfläche *(Biao)* zum Inneren *(Li)* vordrängen, sie kann die inneren Organe angreifen, wodurch die Erkrankung komplizierter, die Heilung schwieriger wird. Der Arzt sollte deshalb die Regeln der Krankheits*entwicklung* kennen und alle Wege der Verschlimmerung der Erkrankung berücksichtigen, damit er rechtzeitig die richtige Behandlung durchführen kann. Hierzu ein Beispiel: Die chinesische Medizin hat die klinische Erfahrung gemacht, daß Lebererkrankungen häufig zur Milz übergeleitet werden. Deshalb wird in den Kliniken der chinesischen Medizin bei der Behandlung der Leber meist auch die Milz gestärkt und der Magen ausgeglichen *(Jian-Pi He-Wei)*, wobei es sich um eine praktische Anwendung des Prinzips der Verhütung einer Krankheitsverschlimmerung handelt.

8.2 Regeln zur Krankheitsbehandlung

Die Behandlungsregeln der chinesischen Medizin beruhen auf der praktischen ärztlichen Erfahrung vieler Generationen. Sie gelten sowohl für die Anwendung von Medikamenten als auch für die Therapie mit Akupunktur. Der theoretische Schwerpunkt dieser Behandlungsregeln liegt in der ganzheitlichen Betrachtungsweise der chinesischen Medizin und in der dialektischen Methodik. Dabei bilden die vier diagnostischen Methoden den Weg zur Analyse der Einheit des Patienten, zum dialektischen Erfassen der einzelnen Symptome und zur endgültigen diagnostischen Entscheidung mit anschließender Therapie.

Das grundlegende Vorgehen ist dabei ziemlich einfach. Bei einem Leere-Syndrom *(Xu-Zheng)* wird beispielsweise das Verfahren des Auffüllens bzw. Tonisierens *(Bu-Fa)* angewandt, bei einem Fülle-Syndrom *(Shi-Zheng)* das Verfahren des Ablassens bzw. Sedierens *(Xie-Fa)*. So ist das Auffüllen der Leere und das Ablassen der Fülle eine der grundlegenden Behandlungsregeln der chinesischen Medizin. Wenn der Arzt die richtige Diagnose gestellt hat, wie dies im 7. Kapitel dieses Buches erläutert wird, kann er daraus unschwer eine passende Behandlungsmethode ableiten. Dabei ist zu bedenken, daß die in diesem 8. Kapitel mitgeteilten Behandlungsregeln stets nur einige Grundtypen der Behandlung darstellen, von denen weitere Formen abgeleitet werden können. Beispielsweise kann das Prinzip der Tonisierung bzw. Ergänzung einer Leere *(Bu-Xu)* auf andere Arten des Tonisierens übertragen werden, beispielsweise auf das Tonisieren des *Qi (Bu-Qi)*, das Tonisieren bzw. Ergänzen des Blutes *(Bu-Xue)*, das Ernähren des *Yin (Zi-Yin)*, das Stärken des *Yang (Zhuang-Yang)* usw.

Im einzelnen kennt man in der chinesischen Medizin folgende Prinzipien der Krankheitsbehandlung:

1. Die Abwehrkraft unterstützen, die Störung vertreiben *(Fu-Zheng Qu-Xie)* (s. Abschnitt 8.2.2.3),
2. Vordringliche Beseitigung der Krankheitsursache oder der äußeren Symptomatik *(Biao-Ben Huan-Ji)* (s. Abschnitt 8.2.2.2),
3. Auffüllen bzw. Tonisieren der Leere, Ablassen bzw. Sedieren der Fülle *(Xu-Shi Bu-Xie)* (s. Abschnitt 8.2.2.4),
4. Normale Krankheitsbehandlung oder Behandlung durch Gegenmittel *(Zheng-Zhi Fan-Zhi)* (s. Abschnitt 8.2.2.5),
5. Behandlung gleicher Erkrankungen mit verschiedenen Heilmethoden *(Tong-Bing Yi-Zhi)* (s. Abschnitt 8.2.3.2),
6. Behandlung verschiedener Krankheiten mit der gleichen Heilmethode *(Yi-Bing Tong-Zhi)* (s. Abschnitt 8.2.3.2),
7. Behandlung nach der Jahreszeit *(Yin-Shi Zhi-Yi)* (s. Abschnitt 8.2.3.1.1), nach der geographischen Lage *(Yin-Di Zhi-Yi)*, (s. Abschnitt 8.2.3.1.2) und nach der persönlichen Eigenart des Patienten *(Yin-Ren Zhi-Yi)* (s. Abschnitt 8.2.3.1.3).

Diese sieben Behandlungsprinzipien werden in der traditionellen chinesischen Medizin unter drei übergeordneten Aspekten angewandt:

1. Das aktive Zusammenwirken von Arzt und Patient bei der Behandlung. Dieser Gesichtspunkt gilt für alle sieben Behandlungsprinzipien.
2. Bei der Behandlung den Hauptwiderspruch der Erkrankung beherrschen

(Zhua-Zhu Yao Mao-Dun). Dieser Gesichtspunkt gilt für die Behandlungsprinzipien 1–4 (s. Abschnitt 8.2.2.).

3. Unmittelbares Erfassen der vorliegenden Situation *(Ju-Ti Qing-Kuang Ju-Ti Fen-Xi).* Dieser Grundsatz gilt für die Behandlungsprinzipien 5, 6 und 7 (s. Abschnitt 8.2.3).

8.2.1 Aktive Zusammenarbeit von Arzt und Patienten bei der Heilung

Schon seit ihren Anfängen gilt in der traditionellen chinesischen Medizin der Lehrsatz, daß bei der Krankenbehandlung die wichtigste Leistung stets vom erkrankten Menschen selber, nicht vom Arzt, zu erbringen sei. Die dadurch bedingte aktive Einstellung des chinesischen Patienten zu seiner Heilung gehört zu den besonderen Merkmalen der chinesischen Heilkunde. Sie könnte, würde sie von der westlichen Medizin aufgenommen, das Arzt-Patient-Verhältnis im Abendland von Grund auf revolutionieren.

Bereits im altchinesischen Klassiker *«Su-Wen»* heißt es: «Die Erkrankung ist die Ursache *(Ben)*, die ärztliche Arbeit bzw. Behandlung ist nur äußerlich *(Biao)*. Wenn diese äußerliche *(Biao)* Maßnahme die Ursache *(Ben)* nicht beseitigen kann, wird die Krankheitsstörung *(Xie-Qi)* nicht vertrieben.» (274) Mit dem Satz «Die Erkrankung ist die Ursache» meinten die alten chinesischen Ärzte, daß sich bei einer Krankenbehandlung die wichtigste Veränderung im Patienten selbst vollziehe, daß der Patient also bei der Krankenbehandlung der eigentlich entscheidende Faktor sei. Demgegenüber steht der Arzt an zweiter Stelle, denn «die ärztliche Behandlung ist nur äußerlich». Das bedeutet erstens, daß zwischen Arzt und Patient eine so gute Zusammenarbeit zustande kommen muß, daß dem Patienten einsichtig wird, wieso eine Erkrankung in seinem Körper entstehen konnte und zweitens, daß danach der Patient selbst Maßnahmen ergreift, um seine Abwehrkraft *(Zheng)* zu stärken und zusätzliche Schädigungen zu vermeiden. Wer jemals in der Volksrepublik China in einem Krankenhaus ärztlich gearbeitet hat, kennt die vernünftige Einstellung chinesischer Patienten, die von der oft irrationalen Erwartungshaltung westlicher Patienten gegenüber der Medizin grundverschieden ist.

Im Westen werden der Öffentlichkeit seit Jahrzehnten die unglaublichen Fortschritte der wissenschaftlichen Heilkunde gepredigt, mit dem Ergebnis, daß der westliche Mensch die eigene Initiative bei der Gesunderhaltung oder Genesung nur noch selten ergreift. Er überläßt alles, was mit seinem Wohlergehen zusammenhängt, den Ärzten, die er gern zu «Halbgöttern in Weiß» befördert, wenn sie ihm nur die Verantwortung für seine Gesundheit abnehmen.

Eine der unumgänglichen Folgen dieser irrationalen Einstellung ist die Kostenexplosion im Gesundheitswesen, mit der heute alle westlichen Industriestaaten zu kämpfen haben. In China hat es, bedingt durch eine jahrtausendealte Kultur und eine unverbildete Einsicht chinesischer Ärzte und Patienten, derartige Auswüchse nie gegeben. Diese alte chinesische Einstellung entspricht auch der Auffassung des dialektischen Materialismus, wonach die Ursache jeder Entwicklung nicht in ihren äußeren Aspekten, sondern in ihrem Inneren, genau: in der Widersprüchlichkeit dieses Inneren, liegt. Auf die Medizin angewandt heißt das zweierlei:

1. Die Krankheitssymptome, so unangenehm sie auch sein mögen, sind nur höchst selten mit der Krankheitsursache identisch. Diese liegt im Patienten selbst, sie ist nur zu oft durch dessen unvernünftige Lebensweise oder durch psychische Fehlhaltungen entstanden und muß vom Arzt sorgfältig aufgedeckt werden, damit der Kranke seine Einstellung ändern kann.
2. Eine wirklich ursächliche Therapie hat dementsprechend stets direkt am Patienten anzusetzen und diesen zur persönlichen Mitarbeit zu motivieren, damit die in ihm selbst begründete Krankheitsursache möglichst an der Wurzel kuriert werden kann. Die ärztliche Behandlung ist dagegen nur der äußere Aspekt der Heilung.

In der chinesischen Medizin gelten alle Therapien – Arzneimittel, Akupunktur, Massagen, Bäderbehandlungen usw. – als *äußere* Faktoren einer Heilkur. Der entscheidende Faktor ist demgegenüber der *Mensch*, nicht die «Dinge», die man zur Heilung verwendet, weil eine tatsächliche Heilung nur im Menschen wirksam werden kann. So gehört es zu den üblichen Aufgaben des Arztes im modernen China, seinen Patienten zu einem «revolutionären Optimismus» zu führen, damit er aus der vernünftigen Kooperation zwischen Arzt und Patient den «inneren Widerspruch in sich selbst lösen und damit die Erkrankung vertreiben kann».

Dieser innere Widerspruch läßt sich natürlich gut mit der Theorie der alten chinesischen Heilkunde durch *Ying* und *Yang* erklären. Hier findet sich die gleiche dynamische Einstellung wie beim dialektischen Materialismus. Diese Einstellung hat in den letzten Jahrzehnten zu bedeutenden medizinischen Fortschritten in China geführt. Als Beispiel sei die Behandlung von Taubheit bzw. Taubstummheit angeführt. Hier wird der Patient nicht nur mit Akupunktur behandelt, er muß auch sein Gehör und seine Sprechfähigkeit systematisch trainieren, um seine schlummernden Fähigkeiten allmählich zu entwickeln. Auch die aus China stammende Behandlung von Knochenbrüchen mit Schienung durch kleine Platten, die die Bewegung der Gelenke ermöglicht, läßt eine frühzeitige Aktivierung des Kuanken bald nach der Verletzung zu, wobei wesentlich bessere Erfolge erzielt werden als bei der früher üblichen Ruhigstellung des gebrochenen Gliedes.

8.2.2 Die Beherrschung des Hauptwiderspruchs der vorliegenden Erkrankung

Eines der Grundprinzipien jeder Krankheitsbehandlung in der chinesischen Medizin ist die sogenannte «Beherrschung des Hauptwiderspruchs» *(Zhua-Zhu Yao Mao-Dun)* der vorliegenden Erkrankung. Dieser Begriff, der sich aus dem dialektischen Denken der chinesischen Medizin herleitet, bedeutet folgendes: Jede Erkrankung enthält eine komplizierte Entwicklung des Ansteigens und Abfallens von natürlicher Abwehrkraft *(Zheng)* und pathogener Störung *(Xie)*, von Stärke bzw. Üppigkeit *(Zheng)* oder Schwäche *(Shuai)* von *Yin* und *Yang*. Innerhalb dieses Verlaufs ergeben sich bei dialektischer Betrachtung zahlreiche Widersprüche, beispielsweise zwischen *Yin* und *Yang* zwischen Abwehrkraft und Störung, zwischen Äußerem *(Biao)* und Inneren *(Li)*, zwischen Kälte *(Han)* und Hitze *(Re)*, Leere *(Xu)* und Fülle *(Shi)*, zwischen Blut *(Xue)* und Funktion *(Qi)*, zwischen Funktion *(Qi)* und Körpersäften *(Jin)*, zwischen Herz *(Xin)* und Niere *(Shen)*, zwischen Speicherorganen *(Zang)* und Hohlorganen *(Fu)* usw. Der wichtigste Schlüssel bei der Behandlung einer Erkrankung ist die diagnostische Erkenntnis und therapeutische Beseitigung des hauptsächlichen Widerspruchs, der bei dem jeweils vorliegenden Krankheitsfall auftritt.

Im einzelnen wird in der chinesischen Medizin der Hauptwiderspruch nach fünf Gesichtspunkten behandelt:

1. Bei der Krankheitsbehandlung nach den Krankheits*ursachen* forschen *(Qiu-Ben)*.
2. Frage nach vordringlicher Behandlungsbedürftigkeit der Krankheitsursache *(Ben)* oder der äußeren Symptomatik *(Biao)*.
3. Unterstützen der Abwehrkraft *(Fu-Zheng)* und Vertreibung der Störung *(Qu-Xie)*.
4. Auffüllen bzw. Tonisieren der Leere *(Bu-Xu)* und Ablassen bzw. Sedieren der Fülle *(Xie-Shi)*.
5. Entscheidung für eine «entgegengesetzte Behandlung» *(Fan-Zhi)* oder für eine «übereinstimmende Behandlung» *(Zheng-Zhi)*.

8.2.2.1 Vor der Krankheitsbehandlung die Ursache feststellen *(Zhi-Bing Qiu-Ben)*

Um bei einer Erkrankung deren Ursachen zu erkennen, versucht der chinesische Arzt nach der Theorie der chinesischen Heilkunde das Wesen der vorliegenden Erkrankung zu erfassen. Die Behandlung erfolgt danach aufgrund der Krankheitserkennung. Indessen treten bei jedem Krankheitsverlauf unterschiedliche Symptome bzw. Zustände des Patienten auf, die nur äußere Erscheinungen der vorliegenden Krankheit sind. Alle diese Symptome und Erscheinungen gilt es zusammenzufassen und zu durchschauen; sie müssen nach den Regeln der Krankheitserkennung der chinesischen Medizin analysiert *(Fen-Shi)* und logisch-kausal deduziert *(Tui-Li)* werden, um hinter den Krankheitserscheinungen das eigentliche Wesen der Erkrankung zu finden.

Hierzu ein Beispiel: Kopfschmerzen können entstehen durch äußere Störungen *(Wai-Gan)*, durch Blutleere *(Xue-Xu)*, durch Schleim-Nässe *(Tan-Shi)*, durch Blutstauung *(Yu-Xue)*, durch ein heftig aufsteigendes *Yang* der Leber usw. Hier gilt es, zur kausalen Krankheitsbehandlung die vorliegende Ursache der Kopfschmerzen zu erkennen und danach die jeweils indizierte Behandlungsart einzusetzen; also bei äußerer Störung das Auflockern der Körperoberfläche *(Jie-Biao)*, bei Blutleere das Ernähren des Blutes *(Yang-Xue)*, bei Schleim-Nässe das Trocknen der Nässe und das Auflösen des Schleims *(Zao-Shi Hua-Tan)*, bei Blutstauung das Beleben des Blutes und das Auflösen der Stauung *(Huo-Xue Hua-Yu)*, beim heftigen Aufsteigen des Leber-*Yang* das Beruhigen der Leber *(Ping-Gan)* und das Verbergen des *Yang* *(Qian-Yang)*. Dies wäre jeweils das Kontrollieren des Hauptwiderspruchs der vorliegenden Erkrankung.

8.2.2.2 Vordringliche Behandlungsbedürftigkeit von Krankheitsursachen *(Ben)* oder äußerer Symptomatik *(Biao)*

Die Begriffe der Krankheitsursache *(Ben)* und der äußeren Symptomatik *(Biao)* dienen in der chinesischen Medizin dazu, um bei den dialektischen Widersprüchlichkeiten einer Erkrankung Haupt- und Nebensachen zu unterscheiden. Dies sei an einem Beispiel erläutert: Innerhalb der dialektischen Beziehung zwischen Abwehrkraft *(Zheng)* und krankheitserzeugender Störung *(Xie)* gilt in der Theorie der chinesischen Medizin die Abwehrkraft als die Ursache *(Ben)*, die krankheitserzeugende Störung *(Xie)* als äußerer Faktor, der nur bei einer Schwächung der Abwehrkraft des inneren Faktors wirksam werden kann. Die Krankheitsursache ist hier also die Abschwächung der

Widerstandskraft *(Zheng)*, die äußere Erscheinung der Erkrankung *(Biao)* wird von der vorliegenden Störung *(Xie)* bedingt.

Dies läßt sich auf die Lokalisation einer Erkrankung im Körper anwenden: Hier gelten die inneren Organe als «Krankheitsursache» *(Ben)*, die Körperoberfläche gilt als «Schauplatz der äußeren Symptomatik» *(Biao)*. Bei der Akupunkturbehandlung gelten dementsprechend die Speicher- und Hohlorgane *(Zang-Fu)* als *«Ben»*, die Meridiane und Nebengefäße *(Jing-Luo)* als *«Biao»*. Ferner werden die Akupunkturpunkte an Armen und Beinen bei der Nadeltherapie als *«Ben»* bezeichnet, die Punkte am Kopf und Rumpf als *«Biao»*.

Geht man von zeitlichen Bestimmungen bei einer Krankheit aus, gilt die als erstes auftretende Erkrankung als Ursache *(Ben)*, die darauf folgende spätere Erkrankung als äußerliche Symptomatik *(Biao)*. Innerhalb eines Krankheitsverlaufes gibt es besonders bei komplizierten Erkrankungen nicht selten mehrere Widersprüche. Einer davon ist der Hauptwiderspruch, die übrigen sind untergeordnete Widersprüche. Dabei ist zu beachten, daß ein nebensächlicher Widerspruch im Laufe einer Krankheitsentwicklung zu einem Hauptwiderspruch werden kann oder daß ein neuer Widerspruch auftreten kann, wenn der alte Widerspruch noch nicht gelöst ist. Krankheitsverläufe sind häufig kompliziert und vielgestaltig. Nicht selten finden sich wichtige Krankheitssymptome mit unwichtigen vermischt, leichte Erscheinungen neben schweren. Bei der Behandlung muß der Arzt deshalb unbedingt klar entscheiden, welchen dialektischen Widerspruch er bei der Therapie zuerst angeht und welchen er als nebensächlich vernachlässigen kann. Er muß vor allem erkennen, welche Art der Krankheitsbehandlung zum Wohl des Patienten dringend ist, und welche er zurückstellen kann.

8.2.2.2.1 Vorgehen in dringenden Fällen

Im allgemeinen gilt in der chinesischen Medizin der Grundsatz, daß in dringenden, akuten Krankheitsfällen zunächst die äußere Symptomatik *(Biao)* behandelt wird. Dabei ist Voraussetzung, daß diese äußere Symptomatik für den Patienten so bedrohlich wird, daß bei Nichtbehandlung sein Leben auf dem Spiel steht. Nehmen wir als Beispiel eine Lebererkrankung, bei der als äußere Erscheinung *(Biao)* ein Aszites, Atemnot, schlechter Stuhlgang und erschwertes Wasserlassen auftritt. Hier muß zunächst der äußerliche *(Biao)* Symptomenkomplex – der Aszites, die Atemnot, das erschwerte Wasserlassen – behandelt werden, erst danach darf die Behandlung der Ursache *(Ben)* nämlich der erkrankten Leber erfolgen. Ähnlich ist es bei der Behandlung blutender Ösophagusvarizen infolge eines Leberleidens oder bei einem schweren Blutsturz infolge einer Lungentuberkulose. Hier muß ebenfalls zunächst das *«Biao»* behandelt und die Blutung gestillt werden. Erst danach darf man das *«Ben»*, die eigentliche Ursache, behandeln.

8.2.2.2.2 Behandlung nicht dringlicher Fälle

In allen nicht unmittelbar dringenden Krankheitsfällen behandelt man nach den Regeln der chinesischen Heilkunde zunächst die Ursache, das *«Ben»*. Dies gilt vor allem für chronische Erkrankungen. Wenn beispielsweise bei einer Lungentuberkulose nachmittags Fieber auftritt und der Patient Husten hat, liegt nach der Lehre der chinesischen Medizin ursächlich eine *Yin*-Leere mit Trockenheit der Lunge *(Yin-Xu Fei-Zao)* vor. Hier darf die Behandlung nicht an den äußeren Symptomen *(Biao)* erfolgen. Man darf das Fieber nicht wegtreiben und den Husten stillen. Hier muß die Ursache, das *«Ben»*, mit der Methode der Ernährung des *Yin* und des Befeuchtens der Lunge *(Zi-Yin Run-Fei)* behandelt werden. Erst wenn die *Yin*-Leere und die Trockenheit der Lunge beseitigt sind, und wenn dadurch die Widerstandskraft *(Zheng)* des Körpers erhöht wurde, werden das Fieber und der Husten von selbst abklingen.

In der Klinik der chinesischen Medizin richtet man sich also nach der Regel: Bei dringenden, akuten Erkrankungen muß das *«Biao»* behandelt werden, bei nicht dringenden, chronischen das *«Ben»*. Bei gemischten Fällen hat der Arzt je nach vorliegendem Krankheitsbild zu entscheiden. Wird beispielsweise ein an chronischer Bronchitis Erkrankter zusätzlich noch von einer Störung *(Xie)* angegriffen, wie dies im Winter leicht geschieht, wenn sich Patienten erkälten, muß zunächst das *«Biao»* behandelt werden, d. h. die Verbreitungsfunktion der Lunge gefördert und die Oberfläche aufgelockert *(Xuan-Fei Jie-Biao)* werden, damit man Wind und Kälte vertreibt *(Fa-San Feng-Han)*. Erst wenn die äußere Störung beseitigt ist, kann sich der Arzt der Behandlung der inneren Organe zuwenden, um die Widerstandskraft des Körpers zu erhöhen und die völlige Gesundheit wieder herzustellen.

8.2.2.2.3 Gleichzeitige Behandlung von äußerer Symptomatik *(Biao)* und Krankheitsursache *(Ben)*

Wenn bei einer Erkrankung die äußere Symptomatik und die Krankheitsursache gleichwertig sind, verwendet die chinesische Medizin die Methode der gleichzeitigen Behandlung von «*Biao*» und «*Ben*». Bei der Erkältung eines Patienten mit einer Leere des *Qi* kombiniert man so die beiden Methoden 1. Auflockern der Oberfläche *(Jie-Biao)* und 2. Stärken des *Qi (Yi-Qi)* zu gleicher Zeit. Oder wenn eine Wärme-Hitze-Erkrankung vorliegt, bei der sich eine Hitze-Fülle des Magens und Darms nicht auflöst, so daß eine erhebliche Schädigung der *Yin*-Säfte *(Yin-Ye)* entsteht, setzt man die beiden Methoden 1. Abführen des Darmes *(Xie-Xia)* und 2. Ernähren der Säfte *(Zi-Ye)* gemeinsam ein.

Bei einer gleichzeitigen Behandlung der Ursache *(Ben)* und der äußerlichen Krankheitserscheinungen *(Biao)* wird nicht etwa die Behandlungswirkung eingeschränkt, sondern gesteigert, was die Krankheitszeit gewöhnlich verkürzt. Würde man bei der oben erwähnten Erkältung mit *Qi*-Leere des Patienten nur das *Qi* stärken, so würde die oberflächlich sitzende Erkältung nicht beseitigt und die Krankheitsdauer wäre relativ lang. Würde man andererseits nur den oberflächlichen Erkältungszustand durch Auflockern der Körperoberfläche *(Jie-Biao)* behandeln, würde der Kranke starke Schweißausbrüche bekommen, wodurch seine Abwehrkraft *(Zheng-Qi)* Schaden nimmt. Wenn der Arzt bei der erwähnten Wärmeerkrankung mit Hitze-Fülle, die das *Yin* schädigt, nur auf die Entleerung des Darmes hinarbeitet, werden die *Yin*-Säfte des Organismus nur noch mehr geschädigt. Deshalb muß hier gleichzeitig auch eine Verbesserung der Körpersäfte angestrebt werden, wenn man die Erkrankung in den Griff bekommen will; es muß also gleichzeitig das «*Ben*» und das «*Biao*» behandelt werden. Es wäre nach den Regeln der chinesischen Medizin ein Kunstfehler, hier anders vorzugehen. Zur richtigen Anwendung der verschiedenen Therapien bewährt sich dabei stets der wichtige Grundsatz der chinesischen Heilkunde, niemals einen einzelnen Aspekt eines dialektischen Wirkungspaares gesondert zu betrachten, sondern stets die Gesamtheit der Situation im Auge zu behalten. Man wird also auch hier nicht die Ursache von ihren äußeren Auswirkungen streng trennen, sondern beides im wechselseitigen Zusammenhang sehen.

Für die Praxis empfiehlt sich immer die Faustregel, bei einem Fall zu unterscheiden, ob eine akute Erkrankung vorliegt, die dringender Behandlung bedarf, oder ob es sich um einen chronischen Krankheitsfall handelt, bei dem sich die Behandlung über längere Zeit erstrecken kann. In dringenden Fällen pflegt man zunächst die äußeren Krankheitserscheinungen *(Biao)* in Angriff zu nehmen, in nicht dringenden, chronisch verlaufenden, wird man zunächst auf die eigentliche Krankheitsursache *(Ben)* einzuwirken versuchen. Dabei soll man stets im Auge haben, den Hauptwiderspruch unter Kontrolle zu bringen. Wenn der Arzt bei der Therapie mit chinesischer Medizin kein klares Bild vom jeweils vorliegenden *«Ben»* und *«Biao»* hat, wenn er die Hauptsache von den Nebensachen nicht unterscheiden kann, wird die Wirkung seiner Behandlung beeinträchtigt, die Krankheit zögert sich hinaus, das Leben des Patienten kann in Gefahr geraten. Der Arzt muß außerdem wissen, daß die Relation zwischen *Ben* und *Biao* bei ein und derselben Krankheit nicht unveränderlich gleich bleiben muß. Äußerliche Symptomatik und Krankheitsursache können sich (analog *Yin* und *Yang*) unter bestimmten Umständen ineinander umwandeln. Deshalb ist es in der klinischen Praxis nötig, bei demselben Patienten das *Ben* und *Biao* gelegentlich neu zu bestimmen, und den vorliegenden Hauptwiderspruch der Erkrankung des öfteren zu überprüfen.

8.2.2.3 Unterstützung der Abwehrkraft und Vertreiben der Störung *(Fu-Zheng Qu-Xie)*

Jeder Krankheitsverlauf kann nach der Lehre der chinesischen Medizin als Kampf bzw. Widerspruch zwischen Abwehrkraft des Organismus *(Zheng-Qi)* und krankheitserzeugender Störung *(Xie-Qi)* angesehen werden. Dabei wird die Behandlung stets darauf abzielen, das Kräfteverhältnis zwischen Abwehrkraft und Störung so zu beeinflussen, daß die Abwehrkraft gefördert und die äußere Störung vertrieben wird, damit sich die Erkrankung zum Besseren wendet. Sämtliche Behandlungsmethoden der chinesischen Medizin basieren deshalb auf den beiden Grundsätzen:

1. Unterstützung der körpereigenen Abwehrkraft *(Fu-Zheng)*,
2. Vertreibung der krankheitserzeugenden Störung *(Qu-Xie)*.

Die Abwehrkraft kann durch bestimmte Medikamente, durch Akupunktur, Diät, Training oder andere Maßnahmen gesteigert werden. Unter der «Vertreibung der pathogenen Störung» versteht die chinesische Medizin ganz allgemein das Besiegen der vorliegenden Erkrankung und die Wiederherstellung der Gesundheit. Die Regel des Förderns der Abwehrkraft und des Vertreibens der Störung ist anwendbar für alle Krankheitszustände, bei denen der Hauptwiderspruch in einer Leere der Widerstandskraft *(Zheng-Xu)* liegt. In der klinischen Praxis werden dabei je nach Fall unterschiedliche Methoden angewandt, beispielsweise das Fördern des *Qi (Yi-Qi)*, das Ernähren des Blutes *(Yang-Xue)*, das Versorgen des *Yin (Zi-Yin)*, das Unterstützen des *Yang (Zhu-Yang)* usw.

Der Begriff des «Vertreibens der krankheitserzeugenden Störung» bezieht sich auf die Medikamente, die die jeweils vorliegende Störung vertreiben können oder auf sonstige Behandlungsmethoden wie Nadelstechen und Moxabrennen, Operationen usw., die das gleiche bewirken. Indem hier die Störung *(Xie)* vertrieben wird, wird natürlich gleichzeitig die Abwehrkraft *(Zheng)* gefördert. Die Regel des Vertreibens der äußeren Störung ist anwendbar bei allen Krankheitszuständen, deren Hauptwiderspruch in einer üppig starken krankheitserzeugenden Störung *(Xie-Cheng)* liegt. In der klinischen Praxis verwendet man dabei die Methoden des Schwitzens, des Abführens, des Erbrechens, der Auflockerung und des Kühlens *(Qing-Jie)*, des Leitens und des Vernichtens *(Xiao-Dao)*.

Bei Anwendung der Regel von der Förderung der Abwehrkraft und Vertreibung der Störung muß der Arzt sorgfältig die wechselseitige Beziehung zwischen Abwehrkraft und Störung beachten, muß Stärke und Schwäche der allgemeinen Verfassung des Patienten einschätzen, stets den Hauptwiderspruch genau verfolgen und die Krankheitsentwicklung im Auge behalten. Dabei kann man die Förderung der Abwehrkraft als therapeutischen Schwerpunkt benutzen, man kann aber auch das Hauptgewicht der Behandlung auf die Vertreibung der Störung legen. Es läßt sich auch so vorgehen, daß man zunächst die Abwehrkraft stärkt, danach die Störung vertreibt oder umgekehrt, zunächst die Störung austreibt, anschließend die Abwehrkraft stärkt. Schließlich kann man auch beides zu gleicher Zeit durchführen.

Die Methode der Förderung der Abwehrkraft wird vor allem angewandt bei einer ausgesprochenen Leere der Körperabwehr *(Zheng-Xu)*, bei der keine besonders starke Störung vorliegt, so daß die Leere der Abwehrkraft *(Zheng-Xu)* den Hauptwiderspruch bildet. Die Methode des Austreibens der Störung wird demgegenüber angewandt bei einem Überwiegen der Störung, mit einer Fülle an Störung *(Xie-Shi)* bei nur unerheblicher Leere und Schwäche der Körperabwehr, so daß die Fülle-Störung den Hauptwiderspruch der vorliegenden Krankheitssituation bildet. Die vorrangige Förderung der Abwehrkraft mit anschließender Vertreibung der Störung wird also angewendet bei einer Leere der Abwehrkraft ohne starke Störung oder aber bei einer Leere der Abwehrkraft mit starker krankheitserzeugender Störung. Bei diesem Vorgehen ist die Leere der Abwehrkraft des Patienten die Hauptsache. Wenn man in diesem Fall gleichzeitig mit der Förderung bzw. Tonisierung der Abwehrkraft auch die äußere Störung angehen würde, liefe man als Therapeut Gefahr, dadurch die körpereigene Abwehr noch mehr zu verletzen. Deshalb muß in diesem Fall zunächst die Abwehrkraft, das *«Zheng-Qi»*, gestärkt werden, erst dann darf man die Störung, das *«Xie»*, aus dem Körper vertreiben. Umgekehrt wird die vorrangige Vertreibung der Störung mit anschließender Stärkung der Abwehrkraft angewendet, wenn eine Fülle an krankheitserzeugender Störung mit mäßiger Leere der Abwehrkraft vorliegt oder wenn eine Fülle der krankheitserzeugenden Störung vorliegt und die Abwehrkraft gleichzeitig im Leerezustand ist. Würde man bei dieser Krankheitssituation gleichzeitig die Abwehr stärken und die Störung vertreiben, könnte man dadurch die krankheitserzeugende Störung noch unterstützen.

Die gleichzeitige Anwendung beider Methoden geschieht bei etwa gleichmäßig ausgewogener Leere der Abwehrkraft und Stärke der äußeren Störung. Dabei muß der Arzt aber gut unterscheiden, ob nicht etwa doch die Leere der Abwehrkraft im Vordergrund steht oder ob umgekehrt nicht etwa die Fülle der krankheitserzeugenden Störung im Vordergrund der Situation steht. Immer wenn sich die Leere der Abwehrkraft bei einem Patienten in einem kritischen Stadium befindet, bildet die Abwehrschwäche die Hauptsache der vorliegenden Situation. Deshalb muß hier diese Abwehr zunächst gefördert werden, bevor man die äußere Störung vertreibt. Bei der Verwendung chinesischer Medikamente gibt man in diesem Fall außer den tonisierenden *(Bu)* Mitteln stets noch einige Stoffe hinzu, die in der Lage sind, die äußere Störung zu vertreiben *(Qu-Xie)*. Umgekehrt bildet das Vertreiben der äußeren Störung die Hauptsache der Therapie, wenn die Fülle an krankheitserzeugender Störung so stark ist, daß sie unmittelbare Gefahren mit sich bringt. Hierbei ist dann natürlich das Vertreiben der Störung die Hauptsache der Therapie, gleichzeitig kann man die Abwehrkraft vorsichtig fördern. Bei der Verordnung chinesischer Medikamente gibt man in solchen Fällen außer den Mitteln zur Vertreibung der Störung noch einige tonisierende *(Bu)* Arzneien hinzu.

Bei jeder gleichzeitigen Anwendung beider Behandlungsprinzipien, der Stärkung der Abwehr und Vertreibung der Störung muß der Arzt den Grundsatz beachten, daß er bei einer Stärkung der Abwehr niemals einen Rest der krankheitserzeugenden Störung *(Xie)* hinterläßt, und daß er bei der Vertreibung einer äußeren Störung niemals der körpereigenen Abwehr des Patienten *(Zheng)* schadet.

8.2.2.4 Auffüllen bzw. Tonisieren der Leere und Ablassen bzw. Sedieren der Fülle *(Bu-Xu Xie-Shi)*

Entsprechend den Leere- und den Fülle-Krankheiten in der chinesischen Medizin gibt es eine dazugehörige Behandlungsmethode des Auffüllens *(Bu)* und des Ablassens bzw. Sedierens *(Xie)*. Bei der Anwendung des im Abschnitt 8.2.2.3 dargestellten Behandlungsprinzips der Förderung der Abwehrkraft und Vertreibung der Störung handelt es sich im Grunde um ein Auffüllen einer Leere und ein Ablassen einer Fülle; denn das Stärken der Abwehr entspricht dem Füllen einer Leere, das Vertreiben der Störung entspricht dem Ablassen einer pathologischen Fülle.

Die Symptomatik der Leere und Fülle ist bei den unterschiedlichen Erkrankungen sehr komplex, sie kann sich in allen möglichen Krankheitserscheinungen äußern. Dementsprechend sind auch die speziellen Methoden der chinesischen Medizin beim Vorliegen einer Leere bzw. Fülle mannigfaltig. Im Buch «*Su-Wen*» werden die verschiedenen therapeutischen Prinzipien der chinesischen Medizin folgendermaßen geschildert: «Das Verstreute zusammenbringen, das Verstaute zerstreuen, die Trockenheit auffeuchten, das Dringende (bzw. Eilige) besänftigen, das Harte erweichen, das Weiche härten, das Schwache stärken, das Starke (bzw. Gespannte) ablassen...» und weiter: «Das Hohe erniedrigen, das Niedrige erhöhen, das Harte auflockern, das von außen Eindringende wegschaffen, bei Überanstrengung wärmen (oder stärken), das Beharrende angreifen, die Trockenheit benässen ... das Verletzte wärmen (oder stärken)» (275). In dieser Beschreibung werden verschiedene krankhafte Leere- und Füllezustände mit verschiedenen Methoden des Anfüllens bzw. Tonisierens einer Leere *(Bu-Xu)* und des Ablassens bzw. Sedierens einer Fülle *(Xie-Shi)* kombiniert.

8.2.2.4.1 Methoden zur Auffüllung bzw. Tonisierung eines Leere-Syndroms

1. «Das Verstreute zusammenführen» *(San-Zhe Shou-Zhi)*. Diese Methode bezieht sich auf die Verausgabung der Essenz-Funktion *(Jing-Qi)*, wobei diese im Körper nicht konserviert werden kann. Die Symptomatik umfaßt nächtliche Schweißausbrüche, spontanes Schwitzen, Spermathorroe usw. Zur Therapie werden hier die Methoden des Erhaltens und Sammelns sowie des Befestigens und Zusammenziehens *(Shou-Lian Gu-Se)* angewandt.
2. «Die Trockenheit anfeuchten» *(Zao-Zhe Run-Zhi)* und die «Trockenheit gleitend machen» *(Zao-Zhe Ru-Zhi)*. Diese Methode wird angewandt, wenn die Körpersäfte *(Jin-Ye)* im Inneren des Organismus nicht ausreichend sind, so daß dadurch Krankheiten entstehen. Beispielsweise kann eine *Yin*-Leere mit Trockenheit der Lunge *(Yin-Xu Fei-Zao)* trockenen Husten und Heiserkeit bewirken. Eine Trockenheit des Darmes *(Chang-Zao)* kann zur Verstopfung, zu trockener, rissiger Haut und so weiter führen. Die Behandlungsmethode ist hier das Befeuchten der Trockenheit mit Erzeugen von Körpersaft *(Run-Zao Sheng-Jin)*.

3. «Das Dringende besänftigen» *(Ji-Zhe Huan-Zhi)*. Diese Methode wird verwendet, wenn im Körper Spannungszustände und Krämpfe auftreten, die Schmerzen oder Kontrakturen der Sehnen erzeugen. In solchen Fällen behandelt man mit der Methode des vorsichtigen Abschwächens *(Gan-Huan)*.
4. «Das Weiche härten» *(Cui-Zhe Jian-Zhi)*. Diese Methode wird bei Zuständen der Kraftlosigkeit, beispielsweise bei rachitischer Knochenerweichung *(Ruan-Gu-Bing)* angewandt, wobei man darauf abzielt, die Sehnen und Knochen zu stärken *(Qiang-Jian Jin-Gu)*.
5. «Die Schwäche stärken» *(Shuai-Zhe Bu-Zhi)*. Diese Methode wird bei allgemeinen Leere- und Schwächezuständen eingesetzt, zum Beispiel bei einer *Qi*-Leere, Blut-Leere, *Yin*-Leere, *Yang*-Leere usw. Die Behandlungsmethode ist hier das Tonisieren und Fördern *(Bu-Yi)*.
6. «Das Niedrige erhöhen» *(Xia-Zhe Ju-Zhi)*. Diese Methode wird angewandt, wenn Erkrankungen auftreten, bei denen sich als Folge einer *Qi*-Leere Körperorgane oder Funktionen abwärts senken, beispielsweise bei einem Prolaps des Rektum, beim Prolaps Uteri, bei der Senkung innerer Organe, bei Durchfällen, unregelmäßiger Periodenblutung usw. Hier setzt der chinesische Arzt die Methoden des Tonisierens und Hebens des *Qi (Bu-Qi Sheng-Ti)* oder die des Förderns und Befestigens des *Qi (Yi-Qi Gu-Se)* ein.
7. «Die körperliche Erschöpfung wärmen bzw. stärken» *(Lao-Zhe Wen-zhi)* und «das Verletzte stärken bzw. wärmen» *(Sun-Zhe Wen-Zhi)*. Diese Methoden werden bei Leere- und Schwächezuständen angewandt, die durch alle möglichen Überanstrengungen entstanden sind, zum Beispiel bei durch Übermüdung mit innerer Schädigung *(Xu-Lao Nei-Shang)* aufgetretenem Schwindel, Herzbeklemmungen, Kurzatmigkeit mit Kraftlosigkeit in Armen und Beinen usw. Die hier angewendeten therapeutischen Techniken heißen Wärmen und Ergänzen bzw. Tonisieren *(Wen-Bu)*.

8.2.2.4.2 Methoden zum Ablassen bzw. zur Sedierung eines Fülle-Syndroms

1. «Verteilung des Gestauten» *(Yi-Zhe San-Zhi)* und «Zerstreuung des Blokkierten» *(Jie-Zhe San-Zhi)*. Diese Methoden werden bei Zuständen einer psychischen Blockierung *(Qing-Zhi Yi-Yu)* bei Stauungen und Blockierungen des *Qi*, pathogene Störungen *(Xie-Qi)*, Stauungen des Blutes oder des Schleims *(Tan)* angewandt. Beispielsweise bei einer Blockierung des *Qi* der Leber *(Gan-Yu Qi-Zhi)*, bei der Schmerzen und Druckgefühl unter den Rippen auftreten, oder bei Bildungen von knotigen Verdickungen und flek-

kigen Verfärbungen infolge einer Stauung und Blockierung von *Qi* und Blut *(Qi-Xue-Yu-Zhi)*. Die hier in Frage kommenden Behandlungstechniken sind das Verteilen *(Shu-San)* oder das Auflösen *(Xiao-San)*.

2. «Erweichung des Harten» *(Jian-Zhe Ruan-Zhi)*, sowie «Auflösung des Harten» *(Jian-Zhe Xiao-Zhi)*. Diese beiden Methoden werden angewandt bei festen, klumpigen Verhärtungen im Abdomen oder bei knotigen Verdickungen in den Muskeln (Gelosen), beispielslweise bei Schwellungen im Bauch, bei Geschwulsten *(Ji)*, beim Schleim-Kern *(Tan-He)* usw. Die Behandlung besteht hier im Aufweichen der Härte *(Ruan-Jian)* und im Auflösen *(Xiao-Xiao)*.
3. «Das Gespannte ablassen bzw. sedieren» *(Qiang-Zhe Xie-Zhi)*. Diese Methode wird angewandt, wenn die Abwehrkraft des Körpers nicht im Zustand der Leere und die krankheitserzeugende Störung in einem üppigen Füllezustand ist, zum Beispiel bei einer Fülle-Hitze von Magen und Darm mit trockenem Stuhl und Verstopfung. Dann verwendet man die therapeutische Technik des Ablassens und Abführens *(Gong-Zhu Xie-Xia)*.
4. «Das Hohe erniedrigen» *(Gao-Zhe Yi-Zhi)*. Diese Methode findet bei allen Erkrankungen Anwendung, bei denen das *Qi* in Gegenrichtung hochsteigt *(Qi Shang-Ni)*, beispielsweise beim heftigen Aufsteigen des *Yang* der Leber *(Gan-Yang Shang-Kang)* mit Schwindel und Augenflimmern, oder beim Aufsteigen des Magen-*Qi* in Gegenrichtung mit Erbrechen; beim Versagen der Lungenfunktionen des Reinigens und Herableitens *(Su-Jiang)* mit Atemnot usw. Die Behandlungstechnik der chinesischen Medizin heißt für all diese Fälle «die Uneinigkeit ausgleichen, das Erhöhte herabführen» *(Ping-Yi Jiang-Ni)*.
5. «Das von außen Eindringende wegschaffen» *(Ke-Zhe Chu-Zhi)*. Dabei geht es um Krankheitszustände, die durch äußere Störungen *(Wai-Xie)* bedingt sind, beispielsweise durch Wind und Kälte, Wind und Hitze, Wind und Nässe usw. Die Behandlungstechnik heißt in diesem Fall Vertreiben und Wegschaffen der krankheitserzeugenden Störung *(Qu-Chu Xie-Qi)*.
6. «Das Beharrende angreifen» *(Liu-Zhe Gong-Zhi)*. Diese Methode betrifft Stauungszustände der Speicher- und Hohlorgane, die nicht ausgeschieden werden können, zum Beispiel Verdauungsstörungen, Ansammlung von klaren Schleimflüssigkeiten, wässrige Ödeme, Störungen der Periodenblutung infolge Blutstauungen *(Xue-Yu)* bei Frauen usw. Die chinesische Medizin behandelt dabei mit dem Verfahren des «Ablassens und Abführens» *(Gong-Zhu Xie-Xia)*.

Alle oben erwähnten Methoden sind nur speziellere Bezeichnungen für das Auffüllen bzw. Tonisieren einer Leere und das Ablassen bzw. Sedieren einer

Fülle. In der Praxis finden sich Leere und Fülle oft ineinander verschränkt und miteinander vermischt. Es ist für den behandelnden Arzt nicht immer leicht, beides zu unterscheiden. Dennoch muß er stets nach dem Grundprinzip handeln, bei Fülle zu sedieren und bei Leere zu tonisieren. Bei einem Zustand mit schwacher Fülle und schwacher Leere muß man Leere und Fülle gleichzeitig behandeln. Wenn indessen ein üppiger Füllezustand mit einem sarken Leerezustand vorliegt, muß zunächst die Leere behandelt werden, da beim Kampf zwischen Abwehrkraft des Patienten *(Zheng)* und Störung *(Xie)* die Abwehrkraft *(Zheng-Qi)* stets der sogenannte Hauptwiderspruch ist.

8.2.2.5 Die normale Krankheitsbehandlung und die Behandlung durch Gegenmittel *(Zheng-Zhi Fan-Zhi)*

Die normale Krankenbehandlung *(Zheng-Zhi)* bedeutet in der chinesischen Medizin, daß ein Therapeutikum eingesetzt wird, das direkt gegen die Erkrankung gerichtet ist. Deshalb kann man diese Behandlungsweise auch «Behandlung durch Gegenmittel» *(Ni-Zhi)* nennen. Dies ist nicht zu verwechseln mit der Krankheitsbehandlung, bei der gerade das umgekehrte Verfahren angewandt wird (chinesich: *Fan-Zhi)*. Hier stimmt nämlich die Behandlung mit dem Erkrankungszustand überein, man nennt sie deshalb auch «übereinstimmende Behandlung» *(Cong-Zhi)*.

Dazu heißt es im Buch *«Su-Wen»*: «Die entgegengesetzte Behandlung ist die normale *(Zheng)* Krankheitsbehandlung, die übereinstimmende *(Cong)* Behandlung ist die entgegengesetzte *(Fan)* Behandlung» (276).

Bei der normalen Krankenbehandlung *(Zheng-Zhi)* verordnet der chinesische Arzt nach dem Analysieren der klinischen Escheinungen und Krankheitssymptome, nach Feststellung des Krankheitscharakters hinsichtlich Kälte oder Hitze, Leere oder Fülle Mittel, die dem Krankheitszustand entgegenwirken. Beispielsweise werden dabei die Methoden der «Behandlung von Kälte durch Hitze» *(Han-Zhe Re-Zhi)*, oder der «Behandlung von Hitze durch Kälte» *(Re-Zhe Han-Zhi)*, des «Auffüllens bzw. Tonisierens der Leere» *(Xu-Ze Bu Zhi)* und des «Ablassens bzw. Sedierens der Fülle» *(Shi-Ze Xie Zhi)* angewandt.

Weil in der klinischen Praxis die Krankheitssymptome in den meisten Fällen mit der Natur der vorliegenden Erkrankung übereinstimmen, ist die normale *(Zheng)* Behandlung das am meisten verwendete therapeutische Prinzip in der Praxis. So zeigen Kälte-Erkrankungen meist eine Kälte-Symptomatik, Hitze-Erkrankungen eine Hitze-Symptomatik, Leere-Erkrankungen eine Leere-Symptomatik, Fülle-Erkrankungen eine Fülle-Symptomatik.

Bei einigen komplizierten und schweren Erkrankungen stimmen die Krankheitssymptome jedoch nicht mit dem eigentlichen Krankheitscharakter überein, sondern vermitteln dem Betrachter ein falsches Bild. Dazu gehört beispielsweise der Zustand eines «üppigen *Yin* mit sich widersetzendem *Yang*» *(Yin-Cheng Ge-Yang),* wobei es sich in Wirklichkeit um ein echtes Kältesyndrom mit falscher Hitze handelt. Oder auch der Zustand eines «üppigen *Yang* mit sich widersetzendem *Yin*» *(Yang-Cheng Ge-Yin),* wobei es sich um ein Syndrom der echten Hitze mit falscher Kälte handelt. Ferner gehört hierher das Krankheitsbild der Milz-Leere mit Versagen der Transportfunktion *(Pi-Xu Bu Yun),* bei dem Blähungen des Abdomens mit Verdauungsstörungen und Durchfall auftreten, was leicht mit einem Hitze-Nässe-Syndrom verwechselt werden kann. Bei all diesen Zuständen muß der Arzt hinter den Krankheitserscheinungen das wahre Wesen der vorliegenden Störung erkennen und behandeln, und dies geschieht durch Medikamente und Methoden, die mit dem Krankheitszustand *übereinstimmen,* was in der chinesischen Medizin als «entgegengesetzte Behandlung» *(Fan-Zhi)* bezeichnet wird. Die in der Praxis meist gebrauchten Arten dieser entgegengesetzten *(Fan)* Behandlung sind:

1. das Behandeln einer Hitze-Symptomatik mit Hitze *(Re-Yin Re-Yong),*
2. das Behandeln einer Kälte-Symptomatik mit Kälte *(Han-Yin Han-Yong),*
3. das Behandeln einer Verstauungs-Erkrankung mit verstauenden Mitteln *(Se-Yin Se-Yong),*
4. das Behandeln einer sogenannten «durchleitenden» Erkrankung mit durchleitenden Methoden *(Tong-Yin Tong-Yong).*

8.2.2.5.1 Das Behandeln einer Hitze-Symptomatik durch Hitze

Hierbei werden mit Medikamenten vom Hitzecharakter Hitzesymptome behandelt, und zwar in Fällen, bei denen Fieber und rote Gesichtsfarbe nicht durch Hitze, sondern durch Kälte verursacht wurden. Wenn diese Hitzesymptome durch Hitze entstehen, handelt es sich nach der Lehre der chinesischen Medizin um eine «echte Hitze» *(Zhen-Re).* In solchen Fällen besteht die Behandlung im Kühlen dieser Hitze *(Qing-Re).*

Wenn jedoch die *Yin*-Kälte der inneren Organe allzu stark wird, wird das *Yang* im Organismus nach außen abgedrängt, und es entstehen ebenfalls Fieber und ein gerötetes Gesicht. Hier handelt es sich um eine «falsche Hitze» *(Jia-Re).* Die Behandlung besteht in solchen Fällen in der Anwendung von leichten Hitze-Medikamenten *(Yong-Wen Re-Yao)*, wobei also die Hitzesymptomatik der Erkrankung mit Hitze behandelt wird.

8.2.2.5.2 Das Behandeln einer Kälte-Symptomatik durch Kälte

Hierbei werden gegen Kältesymptome Medikamente vom Kälte-Charakter eingesetzt. Ein solcher Fall tritt beispielsweise ein, wenn eine Hitze-Störung im Körperinneren verstaut ist, so daß im Inneren das *Yang* blockiert wird und eine übermäßig starke innere Hitze entsteht. Dann drängt das *Yin* nach außen, und es ergibt sich das Krankheitsbild eines Hitze-*Jue*-Syndroms (vgl. Abschnitt 7.4.1.6.2). Man behandelt hier den Zustand der «falschen Kälte» *(Jia-Han)* mit Medikamenten vom Kältecharakter, also die Kälte-Symptomatik mit Kälte.

8.2.2.5.3 Die Behandlung einer Stauungs-Erkrankung mit stauenden Methoden *(Se-Yin Se-Yong)*

Bei diesem Verfahren werden Krankheitssymptome der Verstauung und Blockierung mit Medikamenten behandelt, die die vorliegende Stauung noch verstärken. Das wird zum Beispiel notwendig bei nicht ausreichender Funktion des Mittleren Erwärmers mit einer Milz-Leere und gestörter Transportfunktion der Milz, wodurch Blähungen im Abdomen auftreten können. Dann verwendet man die Methode «die Milz stärken, das *Qi* fördern» *(Jian-Pi Yi-Qi)*. Oder bei einer durch *Qi*-Leere und Blutarmut bedingten Stockung der Periodenblutung *(Bi-Jing)* verwendet die chinesische Medizin die Methoden des «Stärkens und Ernährens von *Qi* und Blut» *(Bu-Yi Qi-Xue)*, was mit Hilfe von Medikamenten geschieht. Dies sind Beispiele für die Behandlung einer Stauung mit verstauenden Methoden.

8.2.2.5.4 Die Behandlung von durchleitenden Erkrankungen mit durchleitenden Methoden *(Tong-Yin Tong-Yong)*

Diese Methode wird beispielsweise angewandt, wenn infolge einer Nahrungsblockierung *(Shi-Ji)* im Darm Durchfall entsteht, den man mit Abführmitteln behandeln muß. Oder wenn man eine Blutung, die durch Blutblockierung *(Yu-Xue)* entstanden ist, mit Medikamenten behandelt, die das Blut beleben die die Stauung auflösen *(Huo-Xue Zhu-Yu)*.

An dieser Stelle ist folgendes festzuhalten: Die entgegengesetzte Behandlung *(Fan)* unterscheidet sich von der normalen *(Zheng)* Krankheitsbehandlung, weil bei ihr die Behandlungsmethode den gleichen Charakter hat wie der vorliegende Krankheitszustand. Sie zielt indessen auch auf die eigentliche Krankheitsursache ab, die man herausfindet, wenn man mit der Diagnostik der tatsächlichen Grundstörung der Erkrankung auf die Spur kommt und den Hauptwiderspruch der Krankheit beherrscht. So gesehen ist dann die entgegengesetzte *(Fan)* Behandlung im Grunde auch eine normale *(Zheng)* Behandlung; denn «entgegengesetzt» ist sie nur der äußeren Symptomatik, nicht aber der eigentlichen verborgenen Krankheitsursache.

Außerdem gibt es in der chinesischen Medizin noch eine sogenannte «unterstützende entgegengesetzte Behandlung» *(Fan-Zuo-Fa)*, die eingesetzt wird, wenn sich eine Krankheit zu einem kritischen Stadium entwickelt, wobei das *Yin* oder *Yang* nach außen abgedrängt wird und sich ein falsches Bild ergibt. Die gleiche Methode wird gelegentlich auch bei einem besonders starken Kälte- oder Hitze-Syndrom eingesetzt. Wenn nämlich Kälte ausschließlich mit Hitze oder Hitze ausschließlich mit Kälte behandelt wird, kann beim Patienten manchmal eine Reaktion der Abwehr und der Verdrängung *(Ge-Ju)* auftreten, bei der er erbricht, nachdem er die Medikamente eingenommen hat, was deren Wirkung selbstverständlich beeinträchtigt. In solchen Fällen wendet der chinesische Arzt die obengenannte Behandlung der «Unterstützung durch Entgegengesetzes» *(Fan-Zuo-Fa)* an, indem er der Medizin eine Art Katalysator *(You-Dao)* zusetzt, um den Widerwillen bzw. die Abwehr *(Ge-Ju)* gegenüber den Medikamenten auszuschalten.

In der Praxis gibt es zwei Arten dieser «*Fan-Zuo*-Behandlung»:

1. Man gibt im Rezept Medikamente hinzu, die die Wirkung der gesamten Arznei durch ihren den Gegenmitteln entgegengesetzten Charakter unterstützen *(Fan-Zuo)*. So wird beispielsweise bei Medikamenten von leichtem Hitzecharakter etwas an kälteartigen Medikamenten hinzugefügt.
2. Man kann die «*Fan-Zuo*»-Behandlung auch so anwenden, daß ein Hitze-Syndrom zwar mit Medikamenten von Kältecharakter behandelt wird, diese aber in erhitztem Zustand eingenommen werden. Umgekehrt kann man ein Kältesyndrom mit Medikamenten vom Hitzecharakter behandeln, die man den Patienten kalt einnehmen läßt. So heißt es im Buch «*Su-Wen*»: «Wenn man Hitze durch Kälte behandelt, soll man die Behandlung durch Wärme einleiten. Wenn man Kälte durch Hitze behandelt, soll man die Behandlung durch Kühle einleiten». (277) Auch in späteren Jahrhunderten war es in der chinesischen Medizin stets üblich, «bei Medikamenten vom Kältecharakter Ingwer hinzuzugeben und die ganze Mischung heiß einneh-

men» zu lassen (278). Ingwer gilt in der chinesischen Medizin als Medikament mit Hitze-Wirkung.

8.2.3 Das klare Erfassen der vorliegenden Situation

Schon seit frühesten Zeiten war der chinesischen Medizin bekannt, daß eine Erkrankung und ihr Verlauf von vielerlei Faktoren beeinflußt werden: vom Klima, von der geographischen Ansiedlung des Patienten, von psychischen Faktoren, von der Ernährung, von körperlicher Anstrengung, von Müdigkeit usw. Auch die Konstitution des Kranken hat einen entscheidenden Einfluß auf die Krankheitsentwicklung. Deswegen müssen bei einer sinnvollen Behandlung alle diese Faktoren berücksichtigt werden; der Arzt muß also die vorliegende Situation des Patienten in jeder Hinsicht klar erfassen.

8.2.3.1 Krankheitsbehandlung nach der Jahreszeit, der geographischen Lage und der individuellen Eigenart des Patienten

8.2.3.1.1 Behandlung nach der Jahreszeit

Es ist allgemein bekannt, daß die Jahreszeiten einen Einfluß auf die normalen Funktionen des menschlichen Körpers haben und auch Krankheiten entscheidend beeinflussen können. Die Wärme des Frühjahrs, die Hitze des Sommers, die Kühle des Herbstes und die Kälte des Winters üben ganz unterschiedliche Wirkungen auf den Menschen aus. Deshalb werden in der chinesischen Medizin entsprechend den verschiedenen Jahreszeiten auch unterschiedliche Medikamente verordnet, was man in der Praxis «Behandlung nach der Jahreszeit» nennt.

Beispielsweise sind während des Sommers die Hautporen geöffnet und scheiden Schweiß aus; im Winter sind die Poren fest geschlossen. Beim Auftreten einer äußerlichen Wind-Kälte-Erkrankung darf man während des Sommers nicht zu scharfe und zu heiße *(Xin-Wen)* Medikamente verordnen, da sonst eine übermäßige Schweißproduktion entstehen würde, die die Körpersäfte verletzt *(Shang-Jin-Qi)*, und zu einer Verschlimmerung der Erkrankung bzw. zu einer neuen Erkrankung führen würde. Im Winter dagegen kann man gut scharfe, heiße Medikamente, die die Körperoberfläche auflockern *(Xin-Wen Jie-Biao)* verwenden, damit die Erkrankung durch einen starken Schweißausbruch geheilt wird.

Hier ist auch zu bedenken, daß der Sommer in China stets viel Regen, Nässe und Feuchtigkeit mit sich bringt, so daß die auftretenden Erkrankungen meistens mit Nässe *(Shi)* verbunden sind. In China fügt der Arzt bei der medikamentösen Behandlung stets ein gewisses Quantum an nässelösenden *(Hua-Shi Shen-Shi)* Medikamenten bei.

8.2.3.1.2 Behandlung nach der geographischen Lage

In der chinesischen Medizin ist es außerdem üblich, unterschiedliche Medikamenten-Verordnungen je nach geographischer Lage zu geben. Je nach Klima und Lebensgewohnheiten der Menschen an verschiedenen Orten sind die Funktionen des menschlichen Organismus und die Entstehung von Krankheiten unterschiedlich. Deshalb heißt die entsprechende Regel: «Krankheitsbehandlung nach der geographischen Lage.». Beispielsweise herrscht in den Höhenlagen des nordwestlichen Chinas ein kaltes Klima, bei dem hauptsächlich Wind-Kälte-Erkrankungen auftreten. Die Ärzte verwenden deshalb in diesen Regionen kalte-kühle *(Han-Liang)* Medikamente mit besonderer Vorsicht, warme-heiße *(Wen-Re)* Medikamente jedoch in erhöhtem Maße. Im Südosten Chinas ist das Land flach, das Klima ist warm und feucht bzw. naß, bei den Erkrankungen herrschen die Wärme-Hitze-Syndrome und die Nässe-Hitze-Syndrome vor. Medikamente vom Wärme-Hitze*(Wen-Re)*- oder vom Nässeunterstützenden *(Zhu-Shi)* Charakter werden hier deshalb nur mit Vorsicht verwendet, erfrischende und kühle *(Qing-Liang)* und nässeauflösende *(Hua-Shi)* Medikamente dagegen in erhöhtem Maße.

8.2.3.1.3 Individuelle Krankheitsbehandlung

Medikamente werden in der chinesischen Medizin auch nach dem Lebensalter, dem Geschlecht, der Konstitution, der Lebensweise und der psychischen Verfassung des Patienten unterschiedlich verordnet. Diese Regel heißt: «Krankheitsbehandlung gemäß der Person» *(Yin-Ren Zhi-Yi)*. Bei gleichen Krankheiten, aber z. B. einem Altersunterschied muß die Menge der verordneten Medikamente unterschiedlich sein. So ist die Erwachsenendosis in der westlichen wie in der chinesischen Medizin größer als die Dosis für Kinder. Bei älteren Leuten besteht meist eine geschwächte Lebenskraft *(Sheng-Ji Shuai-Jian)*, das *Qi* und das Blut sind schwach, die Erkrankungen zeichnen sich häufig durch ein Leere-Syndrom oder eine Leere an Abwehrkraft mit einer Fülle an krankheitserzeugender Störung *(Zheng-Xu Xie-Shi)* aus. Hier muß zunächst die Leere der Abwehrkraft gestärkt bzw. tonisiert *(Bu)* werden, anschließend muß die Fülle der krankheitserzeugenden Störung beseitigt werden. Das muß jedoch so geschehen, daß die Abwehrkraft *(Zheng)* nicht noch zusätzlich geschädigt wird.

Bei Kindern ist das *Qi* und Blut noch nicht völlig entwickelt, Speicher- und Hohlorgane sind zart, die Lebenskraft und der Wachstumsprozeß sind aber stark und üppig *(Sheng-Ji Wang-Cheng)*. Die chinesische Medizin spricht deshalb bei Kindern von einem unentwickelten *Yang*-Körper *(Zhi-Yang Zhi Ti)*. Bei Kleinkindern, die auf die Pflege durch andere angewiesen sind, entstehen Krankheiten meist durch Hunger oder übermäßige Nahrungszufuhr oder auch durch zu starke Kälte bzw. Hitze. Man soll deshalb bei der Behandlung von Kleinkindern auf eine ausreichende Therapie abzielen; keine zu starken Medikamente, auch keine übermäßig tonisierenden bzw. aufbauenden *(Bu)* Stoffe verordnen, da dies zu einer Umwandlung der Erkrankung in andere Störungen führen oder auch das Wachstum des Kindes beeinträchtigen könnte.

Auch bei der Frau liegen spezielle physiologische Abläufe vor, die sich in besonderen pathologischen Entwicklungen äußern können. Die Periodenblutung, der Ausfluß, die Schwangerschaft und die Geburt eines Kindes sind Umstände, die bei der Verordnung von Medikamenten oder bei Anwendung von Akupunktur sorgfältig zu beachten sind. Stets soll bei der Behandlung mit Methoden der chinesischen Medizin darauf geachtet werden, daß eine eventuell bestehende abnorme Periodenblutung normalisiert und ein Ausfluß beseitigt wird. Bei einer Schwangerschaft darf man keine Medikamente verordnen, die durchdringend *(Jun-Li)* sind, zu Blutungen reizen *(Po-Xue)*, abtreibende *(Hua-Qiao)*, ableitende *(Zou-Chuan)* oder giftige *(Du)* Wirkung haben, um eine Fehlgeburt zu vermeiden. Nach einer Geburt sollen Medikamente verordnet werden, die die Leere und Schwäche des *Qi* und des Blutes *(Qi-Xue Kui-Xu)* in Betracht ziehen und die auch gegen Blutungen wirksam sind.

Daß bei gleicher Erkrankung, aber unterschiedlicher Konstitution verschiedener Patienten eine unterschiedliche medikamentöse Verordnung zu erfolgen hat, ist in der chinesischen Medizin anders als in der westlichen Arzneiverordnung. Bei einem Patienten mit einer «*Yang*-Hitze-Konstitution» soll man mit der Verordnung von Wärme-Hitze-Medikamenten vorsichtig sein. Bei einem Menschen mit «*Yin*-Kälte-Konstitution» darf man keine Medikamente mit starker Kältewirkung verwenden. Dieses Prinzip veranlaßt den chinesischen Arzt, von vornherein einen Krankheitszustand nicht isoliert von der Konstitution des Patienten und dessen Umwelt zu betrachten. Es erzieht ihn dazu, den Patienten, seine Umwelt, seine Erkrankung und die Therapie als Ganzes zu sehen und die unterschiedlichen Eigenschaften verschiedener Menschen zu berücksichtigen. Eine maximal erfolgreiche Behandlung ist wohl zu erzielen, wenn man die Jahreszeit, die geographische Lage, die individuellen Besonderheiten des Patienten im weitesten Sinne in den Therapieplan einbezieht.

8.2.3.2 Unterschiedliche Behandlung gleicher Krankheiten und gleiche Behandlung unterschiedlicher Krankheiten *(Tong-Bing Yi-Zhi, Yi-Bing Tong-Zhi)*

Bei Erkrankungen mit gleicher Symptomatik können Krankheitsursachen, Pathologie und Entwicklung verschieden sein. Deshalb muß man manchmal ähnliche bzw. gleiche Krankheitsbilder mit verschiedenen Methoden behandeln. Nehmen wir z. B. einen grippalen Infekt, der als Wind-Kälte-Syndrom oder als Wind-Hitze-Syndrom entstehen kann, wobei Krankheitsursachen und pathologische Entwicklung verschieden sind. Hier muß natürlich auch die Behandlung verschieden sein. Im einen Fall, nämlich beim Wind-Kälte-Syndrom, wird die Methode des «leichten Erwärmens und Auflockerns der Oberfläche» *(Xin-Wen Jie-Biao)* angewandt, im anderen Fall, beim Wind-Hitze-Syndrom, wird das Verfahren des «leichten Abkühlens mit Auflockern der Oberfläche» *(Xin-Liang Jie-Biao)* benutzt.

Bei den äußerlich ansteckenden Wärme-Hitze-Erkrankungen *(Wai-Gan Wen-Re-Bing)* gibt es vier unterschiedliche Syndrome: die des *Wei*, des *Qi*, des *Ying* und des Blutes *(Xue)* (vgl. Abschnitt 7.4.2). Dementsprechend gibt es für jede Art eine besondere Behandlungsmethode, nämlich

1. für das «*Wei-Fen*» die Methode des Auflockerns der Oberfläche *(Jie-Biao)*,
2. für das «*Qi-Fen*» die Methode des Kühlens des *Qi (Qing-Qi)*,
3. für das «*Ying-Fen*» die Methode des Kühlens des *Ying (Qing-Ying)*,
4. für das «Blut*(Xue)-Fen*» die Methode des Abkühlens des Blutes *(Liang-Xue)*.

Die gleiche Behandlung verschiedener Erkrankungen beruht darauf, daß verschiedene Erkrankungsarten die gleichen Ursachen, die gleiche pathologische Entwicklung haben oder sich im gleichen Entwicklungsstadium befinden können. Deshalb kann man hier gleiche Behandlungsmethoden anwenden. Mit einem Syndrom des «Sich-nach-unten-Senkens bei einer *Qi*-Leere» *(Qi-Xu Xia-Xian)* sind beispielsweise so verschiedene Erscheinungen wie längerer Durchfall, länger dauernde Dysenterie, Prolaps des Rektums oder Prolaps

Uteri verbunden. Da diese alle nach der Theorie der chinesischen Medizin auf der gleichen Krankheitsursache beruhen, kann man hier eine gemeinsame Behandlungsmethode anwenden, nämlich das Fördern und das Erhöhen des *Qi (Yi-Qi Sheng-Di)*. Ein weiteres Beispiel: Bei Schlaflosigkeit, Herzklopfen und unregelmäßiger Periodenblutung kann als einheitliche Ursache eine gemeinsame Leere von Herz und Milz *(Xin-Pi Liang-Xu)* vorliegen. Man verwendet hier logischerweise für die drei verschiedenen Krankheitsbilder eine einheitliche Behandlungsmethode, nämlich das Stärken und Fördern von Herz und Milz *(Bu-Yi Xin-Pi)*.

Im Grunde geht es bei der individuellen Behandlung eines Patienten nach Jahreszeit, geographischer Lage und persönlichen Bedingungen sowie bei dem Prinzip der verschiedenen Behandlung gleicher Krankheiten bzw. der gleichen Behandlung verschiedener Krankheiten, um die Verwirklichung des ganzheitlichen Konzepts der chinesischen Medizin in Verbindung mit geschickter Handhabung der dialektischen Diagnostik. Diese Geschicklichkeit im Umgang mit den theoretischen Grundbegriffen der chinesischen Medizin, die als Fundament einer großen ärztlichen Kunst verwendet werden, muß vom Arzt in langen Jahren praktischer klinischer Erfahrung erworben werden.

8.3 Zusammenfassung

Zur wirksamen Krankheitsverhütung und -vorbeugung muß es das höchste Ziel des Arztes sein, eine optimale Aktivität des Patienten zu entwickeln. Arzt und Patient müssen innere und äußere Faktoren erkennen, die zur Entwicklung einer Krankheit beitragen, sie müssen eng zusammenarbeiten, damit sie gemeinsam die vorliegende Erkrankung besiegen.

Die Medizin des heutigen China, zusammengesetzt aus alter ärztlicher Erfahrung der traditionellen chinesischen Heilkunde und exakter wissenschaftlicher Erkenntnis der modernen medizinischen Forschung, kann der westlichen Welt heute in vielen Punkten als Beispiel dienen. Ein Leitspruch, der gegenwärtig in allen Kliniken und Arztpraxen in der Volksrepublik China gilt, heißt: «Zuerst kommt die Krankheitsvorbeugung.» Diesem Wahlspruch sollte auch die westliche Heilkunde nachgehen; sie wird dabei vieles für sie Neues entdecken, das westlichen Patienten in neuartiger Weise nützen und schließlich auch im Westen die neue, bessere Medizin entstehen lassen kann, die wir alle so dringend benötigen. Dazu gehört nicht nur, Krankheiten an der Entstehung zu verhindern, es gehört auch dazu, sie von Anfang an so gezielt und rational zu behandeln, daß Verschlimmerungen auf jeden Fall vermieden werden.

Der westliche Arzt, der sich mit chinesischer Medizin auseinandersetzt, muß sich bemühen, durch die Prinzipien der Syndrom-Diagnostik und Therapie hindurchzuschauen, die Krankheitssymptome klar zu erkennen und das Wesen der vorliegenden Erkrankung nach der Theorie der alten chinesischen Heilkunde zu erfassen. Dann wird seine Behandlung direkt auf den Krankheitscharakter gerichtet und erfolgreich sein. Dazu gehört es, daß der Arzt Krankheitsursache *(Ben)* und äußere Symptomatik *(Biao)* im Sinne der chinesischen Medizin genau unterscheidet. Er muß Haupt- und Nebensachen *(Zhu-Ci)* der Erkrankung genau auseinanderhalten, muß das leichte *(Qing)* vom Schweren *(Zhong)*, das Dringende *(Ji)* vom nicht Dringenden *(Huan)* unterscheiden, um die vorliegende Erkrankung zu beherrschen. Dabei hat er nach den Grundgesetzen der Dialektik den Hauptwiderspruch zu erkennen und aufzulösen. Zum Können eines Arztes gehört auch das klare Erfassen der vorliegenden Situation (wie es im Abschnitt 8.2.3 erläutert wurde), damit der Patient nach der Jahreszeit, der geographischen Ansiedlung und seiner individuellen Eigenart richtig behandelt wird. Die chinesische Medizin orientiert sich dialektisch nach Syndromen *(Bian-Zheng)*. Auch die Regeln zur Krankheitsverhütung und -vorbeugung sowie die in diesem Abschnitt erklärten speziellen Behandlungsregeln sind dialektisch fundiert und nur bei dialektischer Anwendung wirksam.

9 Vergleich zwischen westlichen und chinesischen Diagnosen mit Zuordnung der chinesischen Therapie

Bereits im Abschnitt 1.4 haben wir erläutert, daß sich das theoretische System der traditionellen chinesischen Heilkunde auf die gleiche Wirklichkeit bezieht, die auch die westliche Medizin im Auge hat. Chinesische Patienten leiden an den gleichen Beschwerden wie westliche, und der traditionelle chinesische Arzt steht bei seiner täglichen Arbeit der gleichen Realität gegenüber wie sein moderner westlicher Kollege.

Nachdem in den vorangegangenen Kapiteln die Wege beschrieben wurden, auf denen der Arzt zu einer traditionellen chinesischen Diagnose gelangt, soll hier nun abschließend die gemeinsame Wirklichkeit von chinesischer und westlicher Medizin durch einen tabellarischen Vergleich zwischen westlichen und chinesischen Diagnosen aufgezeigt werden. Neben diesem Diagnosenvergleich enthält die Tabelle 32 ferner das zugehörige chinesische Therapieverfahren, das sich unmittelbar aus der gestellten chinesischen Diagnose ableitet. Bei der westlichen Diagnose «Schwindel» und der chinesischen Diagnose «*Leber-Yang* steigt störend auf» kommen beispielsweise als kausale chinesische Therapie, d. h. zur ursächlichen Beseitigung der vorhandenen Störung nur die Verfahren des Beruhigens der Leber, des Auslöschens des Windes und des Verbergens des *Yang (Ping-Gan Xi-Feng Qian-Yang)* in Frage. Bei einem Nieren-Leere-Asthma wird kausal therapiert durch Tonisieren der Niere, Aufnehmen des *Qi* und Beruhigen des Asthmas *(Bu-Shen Na-Qi Ding-Chuan)* usw.

Grundsätzlich müssen bei westlichen Patienten, die mit Methoden der chinesischen Medizin behandelt werden, in westlichen Ländern immer zwei Diagnosen gestellt werden:

1. eine westliche,
2. eine traditionelle chinesische.

Wenn bei uns heute ein Patient nur aufgrund einer chinesischen Diagnose behandelt wird, hat dies als ärztlicher Kunstfehler zu gelten. Wir haben in den Abschnitten 1.4.2 und 1.4.3 ausführlich erläutert, worin sich die Methodik und die Treffsicherheit der traditionellen chinesischen Medizin und der modernen westlichen Heilkunde unterscheiden. Die westliche Diagnose dient zur Absicherung des nach der chinesischen Medizintheorie erhobenen diagnostischen Befundes. Dabei wird die exakte, objektive und quantitative westliche Krankheitserkennung (Labortests, Elektrokardiographie, Elektroencephalographie, Röntgenkontrolle usw.) eingesetzt.

Nach genau gestellter, mittels moderner westlicher Untersuchungsverfahren abgesicherter chinesischer Diagnose müssen in der Therapie oft westliche und chinesische Behandlungsmethoden miteinander verbunden werden. Nur bei einem Teil der Patienten wird die traditionelle chinesische Therapie ausreichen, um die vorliegende Erkrankung nicht bloß symptomatisch, sondern ursächlich anzugehen und zu heilen. Bei einer anderen Patientengruppe wird ausschließlich moderne westliche Therapie als Mittel der Wahl zum Einsatz kommen. Bei einer weiteren Gruppe müssen traditionelle chinesische und moderne westliche Therapieformen zur Heilung der vorliegenden Erkrankung miteinander kombiniert werden. Eine Darstellung, wie diese Verbindung im Einzelfall zu erfolgen hat, würde den Rahmen des vorliegenden Lehrbuchs überschreiten; sie bleibt deshalb einer gesonderten Publikation vorbehalten. Es versteht sich wohl von selbst, daß die diagnostischen und therapeutischen Methoden der chinesischen Medizin für den Patienten risikolos nur von approbierten Ärzten, nicht aber von Heilpraktikern, Sinologen, Masseuren oder sonstigen medizinischen Laien ausgeübt werden können.

Tabelle 32

Westliche Diagnose	Chinesische Diagnose *(Bian-Zheng)*	Chinesisches Therapie-Verfahren
1. Grippaler Infekt	a) Wind-Kälte-Grippe	a) Leicht erwärmen *(Xin-Wen)*, Auflockern der Oberfläche *(Jie-Biao)*, Verbreiten der Lunge *(Xuan-Fei)*, Verteilen der Kälte *(San-Han)*
	b) Wind-Hitze-Grippe	b) Leicht abkühlen *(Xin-Liang)*, Auflockern der Oberfläche *(Jie-Biao)*, Verbreiten der Lunge *(Xuan-Fei)*, Kühlen der Hitze *(Qing-Re)*
2. Husten und Asthma	A) durch äußerliche Infektion *(Wai-Gan)*	
	a) Wind-Kälte-Husten (-Asthma)	a) Vertreibung bzw. Beförderung des Windes *(Shu-Feng)*, Verteilen der Kälte *(San-Han)*, Verbreitung der Lunge *(Xuan-Fei)*, Stillen des Hustens *(Zhi-Ke)*, Stillen des Asthmas *(Ping-Chuan)*
	b) Wind-Hitze-Husten (-Asthma)	b) Vertreibung bzw. Beförderung des Windes *(Shu-Feng)*, Kühlen der Hitze *(Qing-Re)*, Verbreitung der Lunge *(Xuan-Fei)*, Stillen des Hustens *(Zhi-Ke)*, Stillen des Asthmas *(Ping-Chuan)*
	c) Lunge-Trockenheits-Husten	c) Kühlen der Lunge *(Qing-Fei)*, Anfeuchten der Trockenheit *(Run-Zao)*, Stillen des Hustens *(Zhi-Ke)*
	d) Lungen-Hitze-Husten (-Asthma)	d) Kühlen der Lunge *(Qing-Fei)*, Umwandlung des Schleims *(Hua-Tan)*, Stillen des Hustens *(Zhi-Ke)*, Beruhigen des Asthmas *(Ping-Chuan)*
	B) durch innere Schädigung *(Nei-Shang)*	
	e) Schleim-Nässe-Husten (-Asthma)	e) Trocknen der Nässe *(Zao-Shi)*, Umwandlung des Schleims *(Hua-Tan)*, Stillen des Asthmas *(Ping-Chuan)*
	f) *Yin*-Leere-Husten	f) Nähren des *Yin* *(Zi-Yin)*, Befeuchten der Lunge *(Run-Fei)*, Umwandlung des Schleims *(Hua-Tan)*, Stillen des Hustens *(Zhi-Ke)*

Westliche Diagnose	Chinesische Diagnose *(Bian-Zheng)*	Chinesisches Therapie-Verfahren
	g) Lungen-Leere-Asthma	g) Fördern des *Qi (Yi-Qi)*, Stillen des Hustens *(Zhi-Ke)*, Beruhigen des Asthmas *(Ding-Chuan)*
	h) Nieren-Leere-Asthma	h) Tonisieren (Stärken) der Niere *(Bu-Shen)*, Aufnehmen des *Qi (Na-Qi)*, Beruhigen des Asthmas *(Ding-Chuan)*
Anhang 1: Bronchitis	a) Bei akuter Bronchitis s. 2. A): Husten und Asthma durch äußerliche Infektion	a) s. 2.a, b, c und d
	b) Bei chronischer Bronchitis s. 2. B): Husten und Asthma durch innere Schädigung	b) s. 2.e, f, g und h
Anhang 2: Bronchialasthma	A) Während des Anfalls:	
	a) Kälte-Asthma	a) Wärmen der Lunge *(Wen-Fei)*, Umwandeln der klaren Schleim-Flüssigkeiten *(Hua-Yin)*, Stillen des Asthmas *(Ping-Chuan)*. (Vgl. auch 2.a)
	b) Hitze-Asthma	b) Kühlen der Hitze *(Qing-Re)*, Sedieren der Lunge *(Xie-Fei)*, Stillen des Asthmas *(Ping-Chuan)*. (Vgl. auch 2.b)
	c) Schleim-Asthma	c) Umwandeln des Schleims *(Hua-Tan)*, Herableiten des *Qi (Jiang-Qi)*, Stillen des Asthmas *(Ping-Chuan)*. (Vgl. auch 2.e)
	B) In den anfallsfreien Intervallen:	
	d) Lungen-Leere	d) Tonisieren der Lunge *(Bu-Fei)*, Befestigen der Oberfläche *(Gu-Biao)*
	e) Milz-Leere	e) Kräftigen der Milz *(Jian-Pi)*, Fördern des *Qi (Yi-Qi)*
	f) Nieren-Leere	f) Wärmen der Niere *(Wen-Shen)*, Aufnehmen des *Qi (Na-Qi)*
	f 1) Nieren-*Yang*-Leere	

Westliche Diagnose	Chinesische Diagnose *(Bian-Zheng)*	Chinesisches Therapie-Verfahren
	f 2) Nieren-*Yin*-Leere	f 2) Ernähren des *Yin (Zi-Yin)*, Tonisieren bzw. Stärken der Niere *(Bu-Shen)*
3. Vertigo (Schwindel)	a) Leber-*Yang* steigt störend auf (7.3.1.4.2)	a) Die Leber beruhigen *(Ping-Gan)*, den Wind auslöschen *(Xi-Feng)*, das *Yang* verbergen *(Qiang-Yang)*
	b) Herz und Milz sind beide leer (7.3.3.2)	b) Herz und Milz tonisieren und fördern *(Bu-Yi Xin-Pi)*
	c) unzureichendes Nieren-*Yin* (7.3.1.5.2)	c) Tonisieren der Niere *(Bu-Shen)*, Fördern des *Yin (Yi-Yin)*
	d) trüber Schleim blockiert den mittleren Erwärmer (7.4.3.2)	d) Stärken der Milz *(Jian-Pi)*, Vertreiben der Nässe *(Qu-Shi)*, Umwandeln des Schleims *(Hua-Tan)*
Anhang: Labyrinth-Schwindel (u. a. Morbus Menière)	3 Ursachen: 1. Wind-*Yang* steigt störend auf 2. Blockierung durch trüben, in Gegenrichtung verlaufenden Schleim 3. Leber und Niere sind nicht ausreichend *(Bu-Zu)*	
	a) gemischtes Leere-Fülle-Syndrom	a) Vertreiben der Störung *(Qu-Xie)*, Tonisieren des *Yin (Bu-Yin)*
	b) überwiegendes Leere-*(Pian-Xu)*-Syndrom	b) Tonisieren des *Qi (Bu-Qi)*, Ernähren des Blutes *(Yang-Xue)*, Nähren und Tonisieren von Leber und Niere *(Zi-Bu Gan-Shen)*
	c) überwiegendes Fülle-*(Pian-Shi)*-Syndrom	c) Beruhigen der Leber *(Zhen-Gan)*, Auslöschen des Windes *(Xi-Feng)*, Umwandeln des Schleims *(Hua-Tan)*, Vertreiben der Nässe *(Qu-Shi)*
	d) Neigung zu starkem Leber-Feuer (7.3.1.4.3)	d) Kühlen und Ableiten des Leber-Feuers *(Qing-Xie Gan-Huo)*

Westliche Diagnose	Chinesische Diagnose *(Bian-Zheng)*	Chinesisches Therapie-Verfahren
4. Hypertonie	a) Leber-Feuer flammt aufwärts (7.3.1.4.3)	a) Beruhigen der Leber *(Ping-Gan)*, Kühlen bzw. Klären der Hitze *(Qing-Re)*. Oder: Kühlen und Abführen des Leber-Feuers *(Qing-Xie Gan-Huo)*
	b) *Yin*-Leere mit sehr starkem *Yang*	b) Ernähren des *Yin (Zi-Yin)*, Verbergen des *Yang (Qing-Yang)*
	c) Leere des *Yin* von Leber und Nieren (7.3.3.10)	c) Ernähren und Tonisieren bzw. Stärken von Leber und Nieren *(Zi-Bu Gan-Shen)*
	d) *Yin* und *Yang* sind beide leer (7.1.1.4.3)	d) Ernähren des *Yin (Zi-Yin)*, Tonisieren des *Yang (Bu-Yang)*
5. Kopfschmerzen (einschließlich Migräne)	A) durch äußere Ursachen	
	a) Wind-Kälte-Kopfschmerz	a) Befördern bzw. Vertreiben des Windes *(Shu-Feng)*, Verteilen der Kälte *(San-Han)*
	b) Wind-Hitze-Kopfschmerz	b) Befördern bzw. Verreiben des Windes *(Shu-Feng)*, Kühlen der Hitze *(Qing-Re)*
	c) Wind-Nässe-Kopfschmerz	c) Vertreiben des Windes *(Qu-Feng)*, Besiegen der Nässe *(Sheng-Shi)*
	B) durch innere Schädigung	
	d) Leber-*Yang*-Kopfschmerz	d) Beruhigen der Leber *(Ping-Gan)*, Verbergen des *Yang (Qian-Yang)*
	e) *Qi*-Leere-Kopfschmerz	e) Fördern des *Qi (Yi-Qi)*, Aufwärtsleiten des *Yang (Sheng-Yang)*
	f) Blut-Leere-Kopfschmerz	f) Ernähren des Blutes *(Yang-Xue)*, Fördern des *Yin (Yi-Yin)*
	g) Nieren-Leere-Kopfschmerz	g) Vermehren bzw. Ernähren des *Yin (Zi-Yin)*, Tonisieren bzw. Stärken der Nieren *(Bu-Shen)*
	h) Schleim-Nässe-Kopfschmerz	h) Stärken der Milz *(Jian-Pi)*, Vertreiben der Nässe *(Qi-Shi)*, Umwandeln des Schleims *(Hua-Tan)*
	i) Blut-Stauungs-Kopfschmerzen	i) Beleben des Blutes *(Huo-Xue)*, Vertreiben der Stauung *(Qu-Yu)*

Westliche Diagnose	Chinesische Diagnose *(Bian-Zheng)*	Chinesisches Therapie-Verfahren
6. Angina Pectoris	a) Schleim-Stauung und Bi-Blockierung	a) Öffnen des Schleims *(He-Tan)*, Durchgängig machen des *Yang* *(Tong-Yang)*, Beleben des Blutes *(Huo-Xue)*, Vertreiben der Stauung *(Qu-Yu)*
	b) *Yin*-Leere mit sehr starkem *Yang*	b) Pflegen des *Yin* und Verbergen des *Yang* *(Yu-Yin Qian-Yang)*, Auflösen der Stauung, Durchgängigmachen der *Luo*-Gefäße *(Hua-Yu Tong-Luo)*
	c) *Qi* und Blut sind beide leer	c) Fördern des *Qi* und Ernähren des Blutes *(Yi-Qi Yang-Xue)*, Durchgängigmachen der Gefäße und Schmerzstillung *(Tong-Mai Zhi-Tong)*
7. Herzinfarkt	A) Akuter Zustand	
	a) Schleim-Blockierung und Blutstauung	a) Öffnen des Schleims und Durchgängigmachen des *Yang* *(He-Tan Tong-Yang)*, Beleben des Blutes und Vertreiben der Stauung *(Huo-Xue Qu-Yu)*, Ordnen des Qi und Schmerzstillung *(Li-Qi Zhi-Tong)*
	b) Völlige Leere *(Xu-Tuo)* des Herz-*Yang*	b) Fördern des *Qi*, Zurückkehren des *Yang* und Retten der Gegenläufigkeit *(Yi-Qi Hui-Yang Jiu-Ni)*
	B) Erholungs-Phase	
	c) *Yin* und *Yang* sind beide leer	c) Gemeinsames Stärken von *Yin* und *Yang* *(Shuang-Bu Yin-Yang)*, Beleben des Blutes und Durchgängigmachen der Gefäße *(Huo-Yue Tong-Mai)*
	d) *Qi* und Blut sind beide leer	d) Fördern des *Qi* und Ernähren des Blutes *(Yi-Qi Yang-Xue)*, Beleben des Blutes und Durchgängigmachen der Gefäße *(Huo-Xue Tong-Mai)*
8. Durchfall	A) Akuter Durchfall	
	a) Nässe-Hitze dringt abwärts	a) Kühlen der Hitze und Umwandeln der Nässe *(Qi-Re Hua-Shi)*

Westliche Diagnose	Chinesische Diagnose *(Bian-Zheng)*	Chinesisches Therapie-Verfahren
	b) Kälte-Nässe sinkt herab	b) Auflockern der Oberfläche und Verteilen der Kälte *(Jie-Biao San-Han)*, die Nässe mit aromatischen Arzneien auflösen *(Fang-Xiang Hia-Shi)*
	c) Innere Schädigung durch Diätfehler	c) Verdauen der Nahrung und Ableiten der Stauung *(Xiao-Shi Dao-Zhi)*
	B) Chronischer Durchfall	
	d) Leere und Schwäche des *Qi* der Milz (7.3.1.3.1)	d) Stärken der Milz und Stillen des Durchfalls *(Jian-Pi Zhi-Xie)*
	e) Leere des *Yang* von Milz und Niere (7.3.3.9)	e) Erwärmen der Niere und Stärken der Milz *(When-Shen Jian-Pi)*
	f) eine üppige Leber beeinträchtigt die Milz (7.3.3.7)	f) Leber und Milz in Übereinstimmung bringen *(Tiao-He Gan-Pi)*
9. Dysenterie *(Li-Bing)*	a) Nässe-Hitze-Dysenterie	a) Kühlen und Ausscheiden von Nässe und Hitze *(Qing-Li-Shi-Re)*, Bewegen des *Qi* und Ausgleichen des Blutes *(Xing-Qi He-Xue)*
	b) Infektiöse Dysenterie	b) Kühlen der Hitze, Auflösen des Giftes, Kühlen des Blutes *(Qing-Re Jie-Du Liang-Xue)*
	c) Appetitlosigkeit-Dysenterie *(Jin-Kou-Bing)*	c) Ausgleichen des Magens und Herableiten der Gegenläufigkeit *(He-WeiJiang-Ni)*, Ernähren des *Yin* und Kühlen der Hitze *(Zi-Yin Qing-Re)*
	d) Leere-Kälte-Dysenterie	d) Wärmen und Tonisieren von Milz und Niere *(Wen-Bu Pi-Shen)*, Befestigen des Darms und Stillen des Durchfalls *(Gu-Chang Zhi-Xie)*
	e) Intermittierende Dysenterie	e) Stärken der Milz und Fördern des *Qi* *(Jian-Pi Yi-Qi)*
10. Magenschmerzen	A) Fülle-Syndrom	
	a) Magenschmerzen durch *Qi*-Blockierung	a) Beförderung der Leber, Ordnen des *Qi*, Harmonisieren des Magens *(Shu-Gan Li-Qi He-Wei)*

Westliche Diagnose	Chinesische Diagnose *(Bian-Zheng)*	Chinesisches Therapie-Verfahren
	b) Magenschmerzen durch Hitze-Stauung	b) Beförderung der Leber, Ausscheiden der Hitze, Harmonisieren des Magens *(Shu-Gan Xie-Re He-Wei)*
	c) Magenschmerzen durch Blut-Stauung	c) Beleben des Blutes, Vertreiben der Stauung *(Huo-Xue Qu-Yu)*, Ordnen des *Qi* und Schmerzbekämpfung *(Li-Qi Zhi-Tong)*
	d) Magenschmerzen durch Kälte-Erstarrung	d) Wärmen des Magens und Verteilen der Kälte *(Wen-Wei San-Han)*
	e) Magenschmerzen durch Nahrungsstockung (7.3.2.2.3)	e) Verdauen der Nahrung, Ableiten der Stockung, Harmonisieren des Magens *(Xiao-Shi Dao-Zhi He-Wei)*
	B) Leere-Syndrom	
	f) Leere und Kälte von Milz und Magen	f) Erwärmen des mittleren Erwärmers, Stärken der Milz, Harmonisieren des Magens *(Wen-Zhong Jian-Pi He-Wei)*
	g) Leere des Magen-*Yin* (7.3.2.2.4)	g) Stärken und Ernähren des Magen-*Yin* *(Zi-Yang Wei-Yin)*
11. Ulcus ventriculi (Magengeschwür)	Milz-Leere, Leber-Stauung, Unausgewogenheit von Leber und Magen (7.3.1.3.1, 7.3.1.4.1, 7.3.3.8)	Beförderung der Leber, Ordnen des *Qi*, Stärken der Milz und Harmonisieren des Magens *(Shu-Gan Li-Qi Jian-Pi He-Wei)*
12. Gastritis (Magenschleimhautentzündung)	a) Leere und Schwäche von Milz und Magen	a) Stärken der Milz, Harmonisieren des Magens *(Jian-Pi He-Wei)*
	b) Milz-Leere mit Nässe-Bedrängung (7.3.1a.3.1, 7.3.1.3.3)	b) Trocknen der Nässe, Stärpen der Milz *(Zao-Shi Jian-Pi)*
	c) Leere des Magen-*Yin* (7.3.2.2.4)	c) Stärken und Ernähren des Magen-*Yin* *(Zi-Yang Wei-Yen)*
13. Ikterus (Gelbsucht)	A) *Yang*-Gelbsucht	
	a) Hitze stärker als Nässe	a) Kühlen der Hitze, Ausscheiden der Nässe *(Qing-Re Li-Shi)*, Unterstützung durch Abführen *(Zuo-Yi Xie-Xia)*
	b) Nässe stärker als Hitze	b) Ausscheidung der Nässe, Umwandlung desTrüben *(Li-Shi Hua-Zhuo)*, Unterstützung durch Kühlen der Hitze *(Zuo-Yi Qing-Re)*

Westliche Diagnose	Chinesische Diagnose *(Bian-Zheng)*	Chinesisches Therapie-Verfahren
	c) Hitzegift im Körperinneren	c) Kühlen der Hitze und Auflösen des Giftes *(Qing-Re Jie-Du)*, Kühlen des Blutes und Retten des *Yin (Liang-Xue Jiu-Yin)*
	B) *Yin*-Gelbsucht	
	d) Kälte-Nässe-Gelbsucht	d) Wärmen der Kälte und Auflösen der Nässe *(Wen-Hua Han-Shi)*, Stärken der Milz und Harmonisieren des Magens *(Jian-Pi He-Wei)*
14. Infektiöse Hepatitis	A) Akute infektiöse Hepatitis (siehe 13 A: *Yang*-Gelbsucht)	
	B) Antikterische infektiöse Hepatitis	
	a) Leber-Stauung mit *Qi*-Blockierung, mangelnde Ausgewogenheit von Leber und Magen	a) Beförderung der Leber und Ordnen des *Qi (Shu-Gan-Li-Qi)*, Stärken der Milz und Harmonisieren des Magens *(Jian-Pi He-Wei)*
	C) Chronische Hepatitis	
	b) Mangelnde Ausgewogenheit zwischen Leber und Milz (Magen)	b) siehe 14 B a)
	c) *Qi*-Blockierung und Blut-Stauung	c) Beförderung der Leber und Ordnen des *Qi (Shu-Gan Li-Qi)*, Beleben des Blutes und Auflösen der Stauung *(Huo-Xue Hua-Yu)*
	d) Leere und Schwäche von Leber und Milz	d) Ernähren des Blutes und Besänftigen der Leber *(Yang-Xue Rou-Gan)*, Stärken der Milz und Harmonisieren des Magens *(Jian-Pi He-Wei)*
	e) *Qi* und *Yin* sind beide leer	e) Fördern des *Qi* und Stärken der Milz *(Yi-Qi Jian-Pi)*, Bereichern des *Yin* und Besänftigen der Leber *(Zi-Ying Rou-Gan)*
	f) Innere Blockierung durch Kälte und Nässe (*Yin*-Gelbsucht)	f) Wärmen und Umwandeln von Kälte und Nässe *(Wen-Hua Han-Shi)*

Westliche Diagnose	Chinesische Diagnose *(Bian-Zheng)*	Chinesisches Therapie-Verfahren
15. Störungen der Urinausscheidung (einschl. Harnwegsinfekt, Pollakisurie, Tuberkulose der Harnorgane, Nieren- und Blasensteine, Prostataleiden, Gonorrhoe u. a.) *(Lin-Zheng)*	a) Nässe-Hitze-*Lin*	a) Kühlen der Hitze, Ausscheiden der Nässe und Durchgängigmachen der Urinstörung *(Qing-Re Li-Shi Tong-Lin)*
	b) Stein-*Lin* (Nieren- und Blasensteine)	b) Kühlen der Hitze, Ausscheiden der Nässe *(Qing-Li Shi-Re)*, Durchgängigmachen der Urinstörung, Ausscheiden der Steine *(Tong-Lin Pai-Shi)*
	c) Blut-*Lin*	
	c 1) Fülle-Hitze	c 1) Kühlen der Hitze und Kühlen des Blutes *(Qing-Re Liang-Xue)*, Blutstillung *(Zhi-Xue)*
	c 2) Leere-Hitze	c 2) Ernähren des *Yin* und Kühlen der Hitze *(Yang-Yin Qing-Re)*
	d) *Qi-Lin*	
	d 1) Fülle-Syndrom	d 1) Leiten des *Qi* und Durchgängigmachen der Urinstörung *(Xing-Qi Tong-Lin)*
	d 2) Leere-Syndrom (Absinken durch *Qi*-Leere)	d 2) Tonisieren des *Qi* und Anheben der Senkung *(Bu-Qi Sheng-Ti)*
	e) Breiartiger Urin *(Gao-Lin)*	
	e 1) Fülle-Syndrom (Verknüpfung von Nässe und Hitze)	e 1) Kühlen und Umwandeln von Nässe und Hitze *(Qing-Hua Shi-Re)*
	e 2) Leere-Syndrom (Milz und Niere sind beide leer)	e 2) Tonisieren der Niere, Sichern der Urinspeicherung *(Bu-Shen Gu-She)*
	f) Chronische Störung der Urinausscheidung *(Lao-Lin)*	
	f 1) Milz und Niere sind beide leer	f 1) Tonisieren bzw. Stärken des Mittleren Erwärmers und Fördern des *Qi* *(Bu-Zhong Yi-Qi)*
	f 2) Unzureichendes *Yin* der Niere	f 2) Bereichern des *Yin* und Kühlen der Hitze *(Zi-Yin Qing-Re)*
16. Infektionen des Urogenitaltraktes	A) Akute Form	
	a) Nässe-Hitze-Störung dringt nach innen	a) Kühlen der Hitze, Ausscheiden der Nässe *(Qing-Re Li-Shi)*, Durchgängigmachen der Urinstörung *(Tong-Lin)*

Westliche Diagnose	Chinesische Diagnose *(Bian-Zheng)*	Chinesisches Therapie-Verfahren
	b) Nässe-Hitze sinkt vom Mittleren Erwärmer abwärts (erzeugt Nässe-Hitze-Stauung im unteren Erwärmer)	b) siehe a
	B) Chronische Form	
	a) Leere des *Yin* von Leber und Niere (erzeugt Nässe-Hitze im Unteren Erwärmer)	a) Bereicherung des *Yin*, Kühlen der Hitze *(Zi-Yin Qing-Re)*, Auflösen des Giftes und Ausscheiden der Nässe *(Jie-Du Li-Shi)*
	b) Leere des *Yang* von Milz und Niere (erzeugt Nässe-Hitze im Unteren Erwärmer)	b) Stärken der Milz und Fördern des *Qi* *(Jian-Pi Yi-Li)*, Tonisieren der Niere und Durchgängigmachen der Urinstörung *(Bu-Shen Tong-Lin)*
17. Nieren-,Ureter- und Blasensteine	a) Nässe-Hitze-Form	a) Abkühlen der Hitze und Ausscheiden der Nässe *(Qing-Li Shi-Re)*, Durchgängigmachen der Urinstörung und Ausscheiden der Steine *(Tong-Lin Pai-Shi)*
	b) Blockierungs-Form	b) Beleben des Blutes und Ordnen des *Qi* *(Huo-Xue Li-Qi)*, Durchgängigmachen der Urinstörung und Ausscheiden der Steine *(Tong-Lin Pai-Shi)* *Xiao-Shi)*
	c) Abwehr-Leere *(Zheng-Xu)*-Form	c) Stützen der Abwehrkraft und Auflösen der Steine *(Fu-Zheng*
18. Ödeme	A) *Yang*-Wasser	
	a) *Qi* der Lunge verbreitet sich nicht (Wind-Wasser)	a) Verbreiten der Lunge, Ausscheiden des Wassers *(Xuan-Fei Li-Shui)* [Vertreiben des Windes und Bewegen des Wassers *(Qu-Feng Xing-Shui)*]
	b) Nässe bedrängt das *Yang* der Milz (7.3.1.3.3)	b) Trocknen der Nässe und Ausscheiden des Wassers *(Zao-Shi Li-Shui)*

Westliche Diagnose	Chinesische Diagnose *(Bian-Zheng)*	Chinesisches Therapie-Verfahren
	B) *Yin*-Wasser	
	c) Leere und Schwäche des *Qi* der Milz (7.3.1.3.2)	c) Fördern des *Qi* und Ausscheiden des Wassers *(Yi-Qi Li-Shui)*
	d) Leere und Schwäche des *Yang* der Niere (7.3.1.5.1)	d) Wärmen der Niere und Ausscheiden des Wassers *(Wen-Shen Li-Shui)*
19. Nephritis	A) Akute Nephritis	
	a) äußerliche Ansteckung durch Wind-Störung	a) Vertreiben des Windes und Bewegen des Wassers *(Qu-Fen Xing-Shui)*
	b) Nässe-Hitze-Stauung dringt in den unteren Erwärmer	b) Kühlen der Hitze, Ausscheiden der Nässe und Kühlen des Blutes *(Qing-Re Li-Shi Liang-Xue)*
	B) Chronische Nephritis (s. 18 B), c und d (Milz-*Qi*-Leere und Nieren *Yang*-Leere)	
	c) Milz und Niere sind beide leer	c) Stärken der Milz, Wärmen der Niere und Ausscheiden des Wassers *(Jian-Pi Wen-Shen Li-Shui)*
20. Rheumatische Erkrankungen *(Bi-Zheng)*	A) Wind-Kälte-Nässe-*Bi*	
	a) Wind-*Bi* (wanderndes *Bi*) (6.2.3.7)	a) Vertreiben des Windes, Durchgängigmachen der *Luo*-Gefäße *(Qu-Feng Tong-Luo)*, Verteilen der Kälte und Beseitigung der Nässe *(San-Han Chu-Shi)*
	b) Kälte-*Bi* (Schmerz-*Bi*)	b) Wärmen der Meridiane und Verteilen der Kälte *(Wen-Jing San-Han)*, Vertreiben des Windes und Beseitigen der Nässe *(Qu-Feng Chu-Shi)*
	c) Nässe-*Bi* (haftendes *Bi*)	c) Stärken der Milz und Beseitigung der Nässe *(Jian-Pi Chu-Shi)*, Vertreiben des Windes und Verteilen der Kälte *(Qu-Feng San-Han)*

Westliche Diagnose	Chinesische Diagnose *(Bian-Zheng)*	Chinesisches Therapie-Verfahren
	B) Wind-Nässe-Hitze-*Bi*	Kühlen der Hitze und Vertreiben des Windes *(Qing-Re Qu-Feng)*, Umwandeln der Nässe und Durchgängigmachen der *Luo*-Gefäße *(Hua-Shi Tong-Luo)*
21. Rheumatische Arthritis	A) Akute rheumatische Arthritis s. 20 B (Wind-Nässe-Hitze-*Bi*)	Kühlen der Hitze, Beleben der *Luo*-Gefäße *(Qing-Re Huo-Luo)*, Vertreiben des Windes und Umwandeln der Nässe *(Qu-Feng Hua-Shi)*
	B) Chronische heumatische Arthritis s. 20 A (Wind-Kälte-Nässe-*Bi*)	Vertreiben des Windes, Verteilen der Kälte *(Qu-Feng San-Han)*, Beseitigen der Nässe und Schmerzstillung *(Chu-Shi Zhi-Tong)*
22. Psychiatrische Erkrankungen (Depressionen, Angstzustände, Schlaflosigkeit, Erregungszustände usw.)	a) Herz und Milz sind beide leer (7.3.3.2)	a) Tonisieren und Fördern von Herz und Milz *(Bu-Yi Xin-Pi)*
	b) Leere des *Yin* von Leber und Nieren (7.3.3.6)	b) Bereichern und Tonisieren von Leber und Nieren *(Zi-Bu Gan-Shen)*
	c) Leber-Stauung mit üppigem *Yang* (7.3.1.4.1)	c) Beförderung der Leber und Auflockerung der Blockierung *(Shu-Gan Jie-Yu)*, Kühlen der Hitze und Harmonisieren des Magens *(Qing-Re He-Wei)*
	d) Unzureichendes *Yang* der Niere (7.3.1.5.1a)	d) Wärmen und Tonisieren des *Yang* der Niere *(Wen-Bu Shen-Yang)*
	e) Blutleere mit Speicherorgan-Hitze	e) Ernähren des Blutes, Beruhigen des *Shen*, Verteilen der Stauung *(Yang-Xue An-Shen Shu-Yu)*
23. Hämatemesis (Bluterbrechen)	a) Starkes Magen-Hitze-Feuer (7.3.2.2.2)	a) Kühlen der Hitze und Ausscheiden des Feuers *(Qing-Re Xie-Huo)*
	b) *Qi*-Leere mit Unfähigkeit (das Blut) aufzunehmen	b) Tonisieren des *Qi* und Aufnehmen des Blutes *(Bu-Qi She-Xue)*
	c) Blut-Stauung im Magen	c) Beleben des Blutes, Vertreiben der Stauung *(Huo-Xue Qu-Yu)*

Westliche Diagnose	Chinesische Diagnose *(Bian-Zheng)*	Chinesisches Therapie-Verfahren
24. Hämoptoe (Bluthusten)	a) Starke Ansammlung von Lungen-Hitze b) *Yin*-Leere mi tüppigem Feuer	a) Kühlen der Lunge und Ausscheiden des Feuers *(Qing-Fei Xie-Huo)* b) Bereichern des *Yin* und Herabführen des Feuers *(Zi-Yin Jiang-Huo)*
25. Blutstühle (Melaena)	a) Fehlende Kontrolle des Blutes durch Milz-Leere b) Nässe und Hitze im Dickdarm	a) Stärken der Milz und Aufnehmen des Blutes *(Bu-Pi She-Xue)* b) Kühlen und Umwandeln von Nässe und Hitze *(Qing-Hua Shi-Re)*
26. Hämaturie	a) Nässe und Hitze im unteren Erwärmer b) *Yin*-Leere mit starkem Feuer	a) Kühlen der Hitze und Ausscheiden des Urins *(Qing-Re Li-Niao)* b) Bereichern des *Yin*, Herableiten des Feuers *(Zi-Yin Jiang-Huo)*
27. Subkutane Blutungen (Petechien)	a) Maßlose Bewegung des Blutes durch Hitze (7.4.2.4.1) b) Das *Qi* kann das Blut nicht aufnehmen	a) Kühlen der Hitze und Kühlen des Blutes *(Qing-Re Liang-Xue)* b) Tonisieren des *Qi*, Aufnehmen des Blutes *(Bu-Qi She-Xue)*
28. Masern	A) Einfache Masern a) Präruptives Stadium (Die giftige Störung drängt nach innen zum Lungen- und Milz-Meridian) b) Periode des Ausschlags (Hitzegift tritt vom Inneren *(Li)* nach außen *(Biao)*) c) Rekonvaleszenz: Hitze-Gift wird ausgeschieden	 a) Leicht kühlen, die Verbreitungsfunktion der Lunge gründlich fördern *(Xin-Liang Xuan-Tou)* b) Kühlen der Hitze und Auflösen des Giftes *(Qing-Re Jie-Du)*, zusätzliches Fördern des Ausschlags *(Zuo-Yi Tou-Zhen)* c) Ernähren des *Yin* und Ausgleichen des Mittleren Erwärmers *(Yang-Yen He-Zhong)*

Westliche Diagnose	Chinesische Diagnose *(Bian-Zheng)*	Chinesisches Therapie-Verfahren
	B) Komplizierte Form	
	d) Übermäßig üppige Gift-Störung in Speicher- und Hohlorganen (Abschließen der Lunge durch Hitze-Gift)	d) Verbreiten der Lunge und Auflösen des Giftes *(Xuan-Fei Jie-Du)*
	e) Beeinflussung des Rachens durch Hitze-Gift	e) Kühlen der Hitze und Behandeln des Rachens *(Xie-Re Li-Yan)*
	f) Absinken des Hitze-Giftes	f) Ausscheiden der Hitze und Auflösen des Giftes *(Xie-Re Jie-Du)*, Ordnen des *Qi* und Ableiten der Blockierung *(Li-Qi Dao-Zhi)*
	g) Eindringen der Störung in das *Jue-Yin* (Perikard-Organ und Leber-Meridian) (7.4.2 und 7.4.1.6.2)	g) Kühlen des *Yin*, Kühlen des Blutes und Auflösen des Giftes *(Qing-Yin Liang-Xue Jie-Du)*, zugleich Kühlen des Herzens und den Patienten zur Klarheit bringen *(Qing-Xin Kai-Qiao)* oder Beruhigen der Leber und Auslöschen des Windes *(Zhen-Gan Xi-Feng)*
29. Parotitis epidemica (Mumps)	A) Leichter Erkrankungszustand	
	a) Die Störung verbindet sich mit dem *Qi* und Blut, es kommt zur Blockierung des Gallenblasen-Meridians	a) Keine besondere Therapie erforderlich
	B) Komplizierter Erkrankungszustand	
	b) Giftige Störung (Hitze-Wind) greift das Körperinnere an, Unausgewogenheit der *Luo*-Gefäße des Gallenblasen-Meridians	b) Kühlen der Hitze und Auflösen des Giftes *(Qing-Re Jie-Du)*, Aufweichen der Verhärtung und Auflösen der Schwellung *(Ruan-Jian Xiao-Zhong)*

Westliche Diagnose	Chinesische Diagnose *(Bian-Zheng)*	Chinesisches Therapie-Verfahren
30. Encephalitis B	A) Akute Phase	
	a) *Wei-Fen-Qi-Fen*-Form (leichter bis mittelschwerer Typ) (7.4.2.1 und 7.4.2.2)	a) Leicht abkühlen und die Störung durchlassen *(Xin-Liang Tou-Xie)*, Kühlen der Hitze und Auflösen des Giftes *(Qing-Re Jie-Du)*
	b) *Qi-Fen-Ying-Fen*-Form (schwerer Typ)	b) Kühlen von *Qi* und *Ying* *(Qi-Ying-Liang-Qing)*
	c) *Ying-Fen-Blut- (Xue)-Fen*-Form *(bedrohlicher Typ)* (7.4.2.3 und 7.4.2.4)	c) Kühlen des *Ying* und Kühlen des Blutes *(Qing-Ying Liang-Xue)*, Auflösen des Giftes, Beruhigen der Krämpfe *(Jie-Du Zhen-Jing)*
	B) Rekonvaleszenz	
	d) Rest-Hitze noch nicht abgekühlt	d) Kühlen der Hitze und Ernähren des *Yin* *(Qing-Re Yang-Yin)*
	e) Leere-Wind bewegt sich im Inneren	e) Bereichern des *Yin*, Auslöschen des Windes *(Zi-Yin Xi-Feng)*
	f) Ungenügende Versorgung der Sehnen-Gefäße *(Jin-Mai)*	f) Tonisieren des *Qi* und Ernähren des Blutes *(Bu-Qi Yang-Xue)*, Vertreiben der Stauung und Durchgängigmachen der *Luo*-Gefäße *(Qu-Yu Tong-Luo)*
31. Lungenentzündung bei Kleinkindern	a) Wind und Hitze schädigen die Lunge (7.3.1.2.4)	a) Leicht abkühlen, Auflockern der Oberfläche *(Xin-Liang Jie-Biao)*, Kühlen der Hitze und Umwandeln des Schleims *(Qing-Re Hua-Tan)*
	b) Ansammlung starker Hitze in der Lunge	b) Kühlen der Hitze, Auflösen des Giftes *(Qing-Re Jie-Du)*, Umwandeln des Schleims und Stillen der Atemnot *(Hua-Tan Ding-Chuan)*
	c) Schleim und Hitze schließen die Lunge ab	c) Sedieren der Lunge, Auswaschen des Schleims, Stillen der Atemnot *(Xie-Fei Di-Tan Ding-Chuan)*
	d) Leere und Schwäche des Herz-*Yang* (7.3.1.1.1)	d) Zurückholen des *Yang*, Befestigen des Endzustandes *(Hui-Yang Gu-Tuo)*
	e) Die Hitzestörung dringt nach innen	e) Auslöschen des Windes, Beruhigen der Krämpfe *(Xin-Feng Zhen-Jing)*, Kühlen des Herzens und den Patienten zum Bewußtsein bringen *(Qing-Xin Kai-Qiao)*

Westliche Diagnose	Chinesische Diagnose *(Bian-Zheng)*	Chinesisches Therapie-Verfahren
	f) Festsitzende Störung bei Leere der Abwehrkraft	f) Fördern des *Qi*, Umwandeln des Schleims *(Yi-Qi Hua-Tan)*
32. Verdauungsstörungen bei Kleinkindern	a) Durchfälle und Verdauungsstörungen beim Abstillen	a) Verdauen der Nahrung, Ableiten der Blockierung *(Xiao-Shi Dao-Zhi)*
	b) Sommerhitze-Hitze- und Nässe-Durchfall	b) Kühlen der Hitze und Ausscheiden der Nässe *(Qing-Li Shi-Re)*
	c) Milz-Leere mit chronischem Durchfall	c) Stärken der Milz, Stillen des Durchfalls *(Jian-Pi Zhi-Xie)*
33. Menorrhagien	I) *Vorzeitige Menstruation*	
	A) Vorzeitige Blut-Hitze-Blutung	
	a) Blut *(Xue)-Fen*-Fülle-Hitze	a) Kühlen der Hitze und Kühlen des Blutes *(Qing-Re Liang-Xue)*
	b) *Yin*-Leere mit Leere-Hitze	b) Bereichern des *Yin*, Kühlen der Hitze *(Zi-Yin Qing-Re)*
	c) Leber-Blockierung erzeugt Hitze	c) Kühlen der Hitze, Auflockern der Blockierung *(Qing-Re Jie-Yu)*
	B) Vorzeitige *Qi*-Leere-Blutung	B) Tonisieren des *Qi*, Aufnehmen des Blutes *(Bu-Qi-She Xue)*
	II) *Verspätete Menstruation*	
	d) Verspätete Blutung durch Blut-Leere	d) Ernähren des Blutes, Fördern des *Qi (Yang-Xue Yi-Qi)*
	e) Verspätete Blutung durch Leere-Kälte	e) Wärmen der Meridiane, Verteilen der Kälte *(Wen-Jing San-Han*
	f) Verspätete Blutung durch *Qi*-Blockierung	f) Ordnen des *Qi*, Auflockern der Blockierung *(Li-Qi Jie-Yu)*
	III) *Völlig unregelmäßige Menstruation*	
	g) Leber-Stauung mit Nieren-Leere	g) Beförderung der Leber, Auflockern der Stauung *(Shu-Gan Jie-Yu)*, gleichzeitig Tonisieren der Niere *(Bu-Shen)*

Westliche Diagnose	Chinesische Diagnose *(Bian-Zheng)*	Chinesisches Therapie-Verfahren
34. Metrorrhagien (Dysfunktionelle Blutungen aus dem Uterus)	a) Maßlose Bewegung des Blutes durch Hitze (7.4.2.4.1)	
	a 1) Fülle-Hitze	a 1) Kühlen der Hitze und Kühlen des Blutes *(Qing-Re Liang-Xue)*, Blutstillung *(Zhi-Xue)*
	a 2) Leere-Hitze	a 2) Bereichern des *Yin* und Kühlen der Hitze *(Zi-Yin Qing-Re)*, Kühlen des Blutes und Blutstillung *(Liang-Xue Zhi-Xue)*
	b) Schädigung der *Luo*-Gefäße durch Blut-Stauung	b) Vertreiben der Stauung und Blutstillung *(Qu-Yu Zhi-Xue)*
	c) Unfähigkeit zur Aufnahme des Blutes durch Milz-Leere	c) Stärken des *Qi*, Aufnehmen des Blutes *(Bu-Qi She-Xue)*
	d) Mangelnde Festigkeit durch Nieren-Leere	d) Wärmen der Niere und Blutstillung *(Wen-Shen-Zhi-Xue)*
35. Dysmenorrhoe (schmerzhafte Periodenblutung)	a) Blockierung des *Qi*-Mechanismus	a) Verteilung (Beförderung)) der Blockierung und Schmerzstillung *(Shu-Yu Zhi-Tong)*
	b) Innere Blockierung durch Blut-Stauung	b) Vertreiben der Stauung und Schmerzstillung *(Qu-Yu Zhi-Tong)*
	c) Kälte-Nässe-Erstarrung	c) Anwärmen der Kälte und Umwandeln der Nässe *(Wen-Hua Han-Shi)*
	d) Nässe-Hitze-Verknotung	d) Kühlen der Hitze und Ausscheiden der Nässe *(Qing-Li Shi-Re)*, Vertreiben der Stauung und Schmerzstillung *(Qu-Yu Zhi-Tong)*
	e) Leere und Schwäche von *Qi* und Blut	e) Tonisieren des *Qi* und Ernähren des Blutes *(Bu-Qi Yang-Xue)*
36. Amenorrhoe	a) Leere und Schwäche des *Qi* und Blut	a) Fördern des *Qi*, Ernähren des Blutes *(Yi-Qi Yang-Xue)*
	b) Unzureichende (Funktion von) Leber und Niere	b) Bereichern und Tonisieren von Leber und Niere *(Zi-Bu Gan-Shen)*

Westliche Diagnose	Chinesische Diagnose *(Bian-Zheng)*	Chinesisches Therapie-Verfahren
	c) *Qi*-Blockierung und Blut-Stauung	c) Ordnen des *Qi*, Beleben des Blutes *(Li-Qi Huo-Xue)*, Vertreiben der Stauung und Durchgängigmachen der Meridiane *(Qu-Yu Tong-Jing)*
	d) Innere Blockierung durch Schleim-Nässe	d) Trocknen der Nässe, Umwandeln des Schleims *(Zao-Shi Hua-Tan)*
37. Fluor albus (Ausfluß)	a) Nässe-Hitze-Ausfluß	a) Kühlen der Hitze, Beseitigen der Nässe, den Ausfluß zum Stehen bringen *(Qing-Re Chu-Shi Zhi-Dai)*
	b) Milz-Leere-Ausfluß	b) Stärken der Milz, Fördern des *Qi* *(Jian-Pi Yi-Qi)*, Beseitigen der Nässe, den Ausfluß zum Stehen bringen *(Chu-Shi Zhi-Dai)*
	c) Nieren-Leere-Ausfluß	c) Wärmen der Nieren, den Ausfluß zum Stehen bringen *(Wen-Shen Zhi-Dai)*
38. Pelvi-Peritonitis (Bauchfellentzündung)	a) Ansammlung starken Hitze-Giftes	a) Kühlen der Hitze, Auflösen des Giftes *(Qing-Re Jie-Du)*, Auflösen der Stauung, Vertreiben der Nässe *(Hua-Yu Qu-Shi)*
	b) *Qi*-Blockierung und Blut-Stauung	b) Beleben des Blutes, Vertreiben der Stauung *(Huo-Xue Qu-Yu)*
39. Extrauteringravidität (Bauchhöhlenschwangerschaft)	Unausgewogenheit zwischen *Chong-Mai* und *Ren-Mai* mit Blockierung des *Qi*- und Bluttransportes	Beleben des Blutes, Auflösen der Stauung *(Huo-Xue Hua-Yu)*
40. Klimakterische Beschwerden	a) Leere des *Yin* von Leber und Niere (7.3.3.10)	a) Gemeinsames Tonisieren von Leber und Nieren *(Shuang-Bu Gan-Shen)*, Beruhigen der Leber und Verbergen des *Yang* *(Ping-Gan Qian-Yang)*
	b) Herz und Niere verbinden sich nicht (7.3.3.3)	b) Bereichern des *Yin*, Ernähren des Blutes, Beruhigen des *Shen* *(Zi-Yen Yang-Xue An-Shen)*, die Verbindung zwischen Herz und Nieren herstellen *(Jiao-Tong Xin-Shen)*
	c) Leere des *Yang* von Milz und Nieren (7.3.3.9)	c) Erwärmen und Tonisieren von Milz und Nieren *(Wen-Bu Pi-Shen)*

Westliche Diagnose	Chinesische Diagnose	Chinesisches Therapie-Verfahren
	d) *Yin* und *Yang* der Niere sind beide leer	d) Gemeinsames Tonisieren von *Ying* und *Yang* (*Shuang-Bu Yin-Yang*), Ausgleichen von *Chong-Mai* und *Ren-Mai* (*Tiao-He Chong-Ren*)
41. Furunkel, Karbunkel	A) Furunkel (*Jie*)	
	a) Feuer-Gift-Störung greift die Haut an	a) Kühlen der Hitze, Auflösen des Giftes (*Qing-Re Jie-Du*), Auflösen der Schwellung, Schmerzstillung (*Xiao-Zhong Zhi-Tong*)
	b) Hitze-Nässe-Gift-Störung sitzt in der Haut	b) siehe a)
	B) Karbunkel (*Jong*)	
	c) Anfangsstadium: Gift-Störung blockiert das *Qi* und Blut	c) Kühlen des Feuers, Auflösen des Giftes (*Qing-Huo Jie-Du*), Beleben des Blutes und Vertreiben der Stauung (*Huo-Xue Qu-Yu*)
	d) Eitriges Stadium: Nässe-Hitze-Feuer-Gift sammelt sich im Inneren an	d) Herauslassen des Eiters, Ableiten des Giftes (*Tou-Nong Pai-Du*)
	e) Erosionsstadium (bei mangelnder Abwehrkraft)	e) Tonisieren und Fördern des *Qi* und des Blutes (*Bu-Yi Qi-Xue*), Ausgleichen von Milz und Magen (*Tiao-Li Pi-Wei*)
42. Akute Mastitis (Brustdrüsen-entzündung)	a) Stauung des Leber-*Qi* (7.3.1.4.1)	a) Beförderung der Leber, Ordnen des *Qi* (*Shu-Gan Li-Qi*), Auflösen des Giftes und Ableiten der Muttermilch (*Jie-Du Tong-Ru*)
	b) Hitze-Ansammlung in Leber und Magen	b) Kühlen der Hitze, Auflösen des Giftes (*Qing-Re Jie-Du*), Vertreiben der Stauung und Ableiten der Muttermilch (*Yu-Yu Tong-Ru*)

Westliche Diagnose	Chinesische Diagnose	Chinesisches Therapie-Verfahren
43. Thrombophlebitis	a) *Yang*-Leere mit Kälte-Erstarrung	a) Erwärmen der Meridiane, Verteilen der Kälte *(Wen-Jing San-Han)*, Beleben des Blutes und Durchgängigmachen der*Luo*-Gefäße *(Huo-Xue Tong-Luo)*
	b) *Qi*-Blockierung und Blut-Stauung	b) Auflösen der Stauung und Schmerzstillung *(Hua-Yu Zhi-Tong)*, Beleben der *Luo*-Gefäße und Durchgängigmachen der Blutgefäße *(Huo-Luo Tong-Mai)*
	c) *Yin*-Leere mit üppigem Gift	c) Kühlen der Hitze und Auflösen des Giftes *(Qing-Re Jie-Du)*, Bereichern des *Yin* und Beleben des Blutes *(Zi-Yin Huo-Xue)*
44. Akute Apendizitis (Blinddarmentzündung)	a) Stauungs- und Blockierungsform (Blockierung des *Qi*-Mechanismus, Stauung des *Qi* und des Blutes)	a) Durchgängigmachen der Hohlorgane, Ableiten der Hitze *(Tong-Fu Xie-Re)*, Beleben des Blutes und Auflösen der Stauung *(Huo-Xue Hua-Yu)*
	b) Eitrige Form (trübe Nässe sammelt sich im Inneren an, die Blockierung erzeugt Hitze)	b) Kühlen der Hitze, Auflösen des Giftes *(Qing-Re Jie-Du)*, Beleben des Blutes und Auflösen der Stauung *(Huo-Xue Hua-Yu)*
	c) Eiter- und Geschwulst-Form: (*Qi*-Blockierung der Hohlorgane, trübes *Qi* steigt in Gegenrichtung hoch)	c) Beleben des Blutes und Zerbrechen der Blockierung *(Huo-Xue Po-Yu)*, Kühlen der Hitze und Ableiten des Eiters *(Qing-Re Pai-Nong)*
	d) Erosions-Form (üppige Hitze führt zur Gangrän (verfaulendes Fleisch))	d) Chirurgischer Eingriff
45. Obstipation (akute Form)	a) Knotenartige Verstopfung (Behinderung des *Qi*-Mechanismus der Darm-Hohlorgane)	a) Bewegen des *Qi* und Durchgängigmachen der Verknotung *(Xing-Qi Tong-Jie)*

Westliche Diagnose	Chinesische Diagnose	Chinesisches Therapie-Verfahren
	b) Verstopfung durch Stauung und Verknüpfung (Unausgewogenheit des Durchgangs und des Herableitens (Blockierung des *Qi*-Mechanismus))	b) Bewegen des *Qi*, Beleben des Blutes *(Xing-Qi Huo-Xue)*, Durchgängigmachen des Inneren und Vertreiben der klaren Schleimflüssigkeiten *(Tong-Li Zhu-Yin)* Andere Therapiemöglichkeiten: Durchgängigmachen des Inneren und Abwärtstreiben *(Tong-Li Gong-Xia)*, Bewegen des *Qi* und Auflösen der Blähungen *(Xing-Qi Xiao-Zhang)*
46. Akute Cholezystitis (einschließlich Cholelithiasis)	a) *Qi*-Stauungs-Typ a 1) Stauung des Leber-*Qi* a 2) Mangelnde Ausgewogenheit zwischen Leber und Galle, Milz und Magen b) Nässe-Hitze-Typ (Ansammlung von Nässe-Hitze im Mittleren Erwärmer)	a 1 und 2) Befördern der Leber und Auflösung der Blockierung *(Shu-Gan Jie-Yu)*, Ordnen des *Qi* und Schmerzstillung *(Li-Qi Zhi-Tong)* b) Kühlen und Ausscheiden von Nässe und Hitze aus Leber und Galle *(Qing-Li Gan-Dan Shi-Re)*
47. Askariden in den Gallenwegen	a) Kälte-Syndrom b) Hitze-Syndrom	a + b) Bezwingen der Askariden und Schmerzstillung *(Zhi-Hui Zhi-Tong)*
48. Akute Pankreatitis	Mangelnde Ausgewogenheit zwischen Leber und Magen, Blockierung des *Qi*-Mechanismus, innere Ansammlung von Nässe und Hitze	Ordnen und Abwärtstreiben des *Qi* *(Li-Qi Gong-Xia)*, Kühlen der Hitze und Auflösen des Giftes *(Qing-Re Jie-Du)*
49. Urtikaria	a) Wind-Hitze-Typ b) Wind-Kälte-Typ	a) Vertreiben des Windes, Kühlen der Hitze *(Shu-Feng Qing-Re)* b) Vertreiben des Windes, Verteilen der Kälte *(Shu-Feng San-Han)*
50. Ekzem	a) Nässe-Hitze begleitet von Wind	a) Vertreiben des Windes, Kühlen der Hitze, Beseitigen der Nässe *(Qu-Feng Qing-Re Chu-Shi)*

Westliche Diagnose	Chinesische Diagnose	Chinesisches Therapie-Verfahren
	b) Üppiger Wind mit Blut-Trockenheit	b) Nähren des Blutes und Vertreiben des Windes *(Yang-Xue Qu-Feng)*, Anfeuchten der Trockenheit und Stillen des Juckreizes *(Run-Zao Zhi-Yang)*
	c) Innere Ansammlung «angeborener» Hitze (Milchschorf)	c) Kühlen der Hitze, Beseitigen der Nässe, Vertreiben des Windes *(Qing-Re Chu-Shi Qu-Feng)*
51. Stomatitis	a) *Yin*-Leere mit üppigem Feuer	a) Bereichern des *Yin*, Herabführen des Feuers *(Zi-Yang Jiang-Huo)*
	b) Nässe bedrängt die leere Milz (7.3.1.3.3)	b) Fördern des *Qi*, Stärken der Milz *(Yi-Qi Jian-Ti)*, Kühlen der Hitze, Durchlassen der Nässe *(Qing-Re Shen-Shi)*
	c) Starkes Feuer in Milz und Magen	c) Kühlen der Hitze, Abführen des Feuers *(Qing-Re Xie-Huo)*, Kühlen des Blutes Darmentleerung *(Lian-Xue Tong-Bian)*
	d) Hitzeansammlung in Lunge und Magen	d) Kühlen der Lunge, Herableiten des Feuers *(Qing-Fei Jiang-Huo)*, Kühlen des Blutes, Durchlassen der Nässe *(Liang-Xue Shen-Shi)*
51.1 Bläschenförmige Stomatitis	e) Wind-Hitze-Nässe dringen nach innen, Verstauung von Milz und Magen, Nässe-Hitze verdampft nach oben	e) Vertreiben des Windes, Kühlen der Hitze, *(Shu-Feng Qing-Re)*, Auflösen des Giftes und Kühlen des Blutes *(Jie-Du Liang-Xue)*
51.2 Akute infektiöse Stomatitis	f) Üppiges Feuer im Oberen Erwärmer, starke Ansammlung von giftiger Hitze	f) Kühlen der Hitze, Auflösen des Giftes *(Qing-Re Jie-Du)*, Kühlen des Blutes und Durchsickern der Nässe *(Liang-Xue Shen-Shi)*
51.3 Allergische Stomatitis z. B. durch Arzneimittel	g) «Überschwemmung» durch Arznei-Gift	g) Kühlen der Hitze, Auflösen des Giftes *(Qing-Re Jie-Du)* Vertreiben des Windes und Kühlen des Blutes *(Shu-Feng Liang-Xue)*, Stärken der Milz und Durchlassen der Nässe *(Jian-Pi Shen-Shi)*

Westliche Diagnose	Chinesische Diagnose	Chinesisches Therapie-Verfahren
52. Mykotische Stomatitis	a) Hitze-Ansammlung in Herz und Milz	a) Kühlen der Hitze und Ausscheiden des Feuers *(Qing-Re Xie-Huo)*
	b) Leere des Magen-*Yin* (7.3.2.2.4)	b) Ernähren des *Yin,* Kühlen des Magens *(Yang-Yin Qing-Wei)*
53. Parodontose		
53.1 Akute Parodontose	a) Fülle-Feuer von Magen und Darm	a) Kühlen des Magens, Ableiten des Feuers *(Qing-Wei Xie-Huo)*
53.2 Chronische Parodontose	b) Zahnwackeln durch Nieren-Leere, (Leere-Feuer flammt aufwärts)	b) Fördern der Niere, Ernähren des *Yin,* Kühlen der Hitze *(Yi-Shen Yang-Yin Qing-Re)*
53.3 Entzündung des Zahnfleisches	c) Äußerliche Infektion durch Windstörung und Hitze-Gift (Hitze-Ansammlung in Milz und Magen)	c) Kühlen der Hitze, Auflösen des Giftes *(Qing-Re Jie-Du)*
54. Mandelentzündung (Tonsillitis)	A) Akute Tonsillitis	
	a) Störung sitzt an der Oberfläche, Lungen-Hitze-Syndrom	a) Vertreiben des Windes und Kühlen der Hitze *(Shu-Feng Qing-Re),* Auflösen des Giftes *(Jie-Du)*
	b) Hitze-Störung dringt nach innen, starke Hitze im Magen	b) Ausscheiden der Hitze *(Xie-Re),* Auflösen des Giftes *(Jie-Du),* Vermindern der Schwellung *(Xiao-Zhong)*
	B) Chronische Tonsillitis	
	c) Leere des *Yin* von Lunge und Niere mit Aufsteigen von Leere-Feuer	c) Ernähren des *Yin (Yang-Yin),* Kühlen der Lunge *(Qing-Fei),* Erzeugen von Körperflüssigkeit *(Sheng-Jin)* und Befeuchten der Trockenheit *(Run-Zao)*
55. Mittelohrentzündung (Otitis media)	A) Akuter Zustand	
	a) Ohne eitriges Sekret (oberflächliches Wind-Hitze-Syndrom)	a) Vertreiben des Windes, Kühlen der Hitze und Auflösen des Giftes *(Shu-Feng Qing-Re Jie-Du)*
	b) mit eitrigem Sekret (Eindringen von Wind-Hitze-Nässe)	b) Kühlen der Hitze und Ausscheiden der Nässe *(Qing-Xie Shi-Re),* Auflösen des Giftes, Beleben des Blutes und Ableiten des Eiters *(Jie-Du Huo-Xue Pai-Nong)*

Westliche Diagnose	Chinesische Diagnose	Chinesisches Therapie-Verfahren
	B) Chronischer Zustand	
	c) Ohne eitriges Sekret (unzureichende Funktion von Leber und Niere, oder Milz-Leere mit Blockierung von *Qi* und Blut durch Stauung der Störung *(Xie)*	c) Bewegen des *Qi* und Beleben des Blutes *(Xing-Qi Huo-Xue)*, Vertreiben der Störung und Öffnung frei machen *(Qu-Xie Tong-Qiao)*
	d) mit eitrigem Sekret (Milz-Leere mit Nässeansammlung)	d) Stärken der Milz und Durchlassen der Nässe *(Jian-Pi Shen-Shi)*
56. Entzündung der Nasennebenhöhlen (Sinusitis frontalis und maxillaris)	A) Akute Sinusitis	
	a) Starke Hitze und Wind im Lungen-Meridian	a) Säubern der Öffnung, Vertreiben des Windes und Verteilen der Hitze *(Qing-Qiao Qu-Feng San-Re)*
	b) Hitze-Ansammlung im Gallenblasen-Meridian	b) Kühlen der Galle und Ausscheiden der Hitze *(Qing-Dan Xie-Re)*, Bewegen des *Qi* und Freimachen der Öffnung *(Xing-Qi Tong-Qiao)*
	c) Nässe-Hitze im Milz-Meridian	c) Kühlen der Milz und Ausscheiden der Nässe *(Qing-Pi Xie-Shi)*
	B) Chronische Sinusitis	
	d) Leere des Lungen-*Qi* mit Wind und Kälte	d) Leichtes Tonisieren der Lunge, Vertreiben des Windes und Ausscheiden der Kälte *(Wen-Bu-Fei Shu-Xie Feng-Han)*
	e) Leere und Schwäche des Milz-*Qi*	e) Stärken der Milz und Fördern des *Qi* *(Jian-Pi Yi-Qi)*, Durchlassen und Ausscheiden der trüben Nässe *(Shen-Li Shi-Zhuo)*
57. Ohrensausen und Schwerhörigkeit	A) Fülle-Syndrom	
	a) Üppiges Leber-Galle-Feuer	a) Kühlen der Hitze, Ausscheiden des Feuers, Beruhigen der Leber *(Qing-Re Xie-Huo Ping-Gan)*
	b) Trüber Schleim steigt störend auf	b) Freimachen der Öffnung, Auflösen des Schleims, Herableiten des Trüben *(Li-Qiao Hua-Tan Jiang-Zhuo)*

Westliche Diagnose	Chinesische Diagnose	Chinesisches Therapie-Verfahren
	B) Leere Syndrom	
	c) Nieren-Leere mit Aufsteigen des Leere-*Yang*	c) Ernähren des *Yin* und Verbergen des *Yang (Zi-Yin Qian-Yang)*, Tonisieren der Niere und Freimachen der Öffnung *(Bu-Shen Yi-Qiao)*

10 Aussprache-Tabelle

Aussprache-Tabelle für die in *Pin-yin*-Umschrift transkribierten chinesischen Begriffe

KONSONANTEN

Chinesisches Phonetisches Alphabet	*Internationale Lautzeichen*	*Beispiele*
b	[b̥]	backen
p	[p‘]	packen
m	[m]	Mann
f	[f]	finden
d	[d̥]	landen
t	[t‘]	tot
n	[n]	nie
l	[l]	loben
g	[g̊]	geben
k	[k‘]	kaum
h	[x]	acht
j	[tç]	jeer (Englisch)
q	[tç‘]	cheer (Englisch
x	[ç]	ich
z	[ts]	stimmhaftes **d** + stimmhaftes **s**
c	[ts‘]	zeigen
s	[s]	lassen
zh	[tʂ]	jeune (Französisch)
ch	[tʂ‘]	deutsch
sh	[ʂ]	schaffen
r	[ʐ]	zwischen englischem **r** und französischem **j**
ng	[ŋ]	singen
y	[j]	jung
w	[w]	way (Englisch)

VOKALE

Chinesisches phonetisches Alphabet	Internationale Lautzeichen	Beispiele
a	[a]	lassen
o	[o]	Sonne
e	[ə]	beginnen
ê	[ɛ]	säen
i, yi	[i]	immer
u, wu	[u]	unten
ü, yu	[y]	über
ai	[ai	sein
ao	[au]	bauen
ou	[ou]	know (Englisch)
ei	[ei]	eight (Englisch)
ia, ya	[ia]	Jammer
iao, yao	[iau]	jauchzen
iou, iu, you	[iou]	jubeln
ie, ye	[iɛ]	jenseits
ua, wa	[ua]	waft (Englisch)
uai, wai	[uai]	wife (Englisch)
uo, wo	[uo]	woman (Englisch)
uei, ui, wei	[uei]	way (Englisch)
üe, yue	[yɛ]	ü+kurzes e
er	[ər]	err (Englisch)
-i (in zi, ci, si)	[ɿ]	verlängertes **z**
-i (in zhi, chi, shi, ri)	[ʅ]	vokalisiertes **r**

Vokale + n oder ng

an	[an]	kann
ian, yan	[iæn]	jenseits
uan, wan	[uan]	uan
üan, yuan	[yæn]	jüän
en	[en]	leben
uen, un, wen	[uen]	wen (Englisch
in, yin	[in]	in
ün, yun	[yn]	ü+n
ang	[aŋ]	bang
iang, yang	[iaŋ]	Jangtse
uang, wang	[uaŋ]	wang (Englisch)
ong	[uŋ]	Zeitung
iong, yong	[iuŋ]	jung
eng	[eŋ]	sung (Englisch)
ueng, weng	[ueŋ]	u+eng (Englisch)
ing, ying	[iŋ]	singen

Literaturverzeichnis

1. *Huang-di nei-jing su-wen,* Peking: *Ren-min wei-sheng chu-ban-she,* 1963 S. 1 f.
2. Grundlagen der chinesischen Medizin *(Zhong-yi-xue ji-chu),* komp. von *Bei-jing zhong-yi xue-yuan,* Shanghai: *Ren-min chu-ban she,* 1974, S. 1
3. *Huang-di nei-jing su-wen,* op. cit., Kap. 33, S. 197.
4. Op. cit., *Yi-pian,* Kap. 72, S. 581.
5. Klassische Akupunktur Chinas *(Huang-di nei-jing ling-shu).* Des gelben Kaisers Lehrbuch der Inneren Medizin, 2. Teil, übersetzt aus dem Chinesischen von Dr. med. Claus C. Schnorrenberger und Kiang Ching-Lien Stuttgart 1974, S. 318 ff.
6. *Huang-di nei-jing su-wen,* op. cit., Kap. 25, S. 158.
7. Op. cit., Kap. 9, S. 67.
8. *Huang-di nei-jing ling-shu (Ling-shu-jing bai-hua-jie),* hrsg. von Chen Bi-Liu und Zheng Zhuo-Ren, Peking: *Ren-min wei sheng chu-ban-she* 1963, Kap. 36, S. 287.
9. Claus C. Schnorrenberger, *Chen-Chiu,* Das neue Heilprinzip. Die chinesische Herausforderung der Nadel- und Moxa-Therapie: Modell für eine bessere Medizin, Freiburg 1975, S. 73 f.
10. *Huang-di nei-jing su-wen,* op. cit., Kap. 72, S. 581.
11. Op cit., Kap. 1, Seite 3.
12. Vgl. China Reconstructs, vol. XXI, No. 9, Sept. 1972, S. 20 ff.
13. Robert Hegglin, Differentialdiagnose innerer Krankheiten, 9. Aufl., Stuttgart 1963, S. XI ff.
14. Grundlagen der chinesischen Medizin, op. cit., S. 101 ff.
15. Hippokrates, Die Regelung der Lebensweise, in: Rowohlt-Klassiker Bd. 108/109, Hamburg 1962, S. 231 f.
16. Paracelsus, Theophrastus von Hohenheim, Sämtliche Werke, St. Gallen 1947, Bd. V, S. 146.
17. Mao Tse-tung, Ausgewählte Werke, Bd. I, Peking 1968, S. 365.
18. Op. cit., S. 367 f.
19. Claus C. Schnorrenberger, *Chen-Chiu* – Das neue Heilprinzip, op. cit. S. 55.
20. Schmidt/Schischkoff, Philosophisches Wörterbuch, Stuttgart 1969, S. 666

21. Op. cit., S. 187.
22. Sachsse, Hans, Naturerkenntnis und Wirklichkeit, Braunschweig 1967, S. 168.
23. Op. cit., S. 65.
24. Loc. cit.
25. Op. cit., S. 45.
26. Joseph Needham, Science and Civilisation in China, Cambridge 1956, vol. 2., S. 543.
27. The Academy of Traditional Chinese Medecine, An Outline of Chinese Acupuncture, Peking 1975, S. 7 und S. 3.
28. Vgl. Max Horkheimer in Selbstzeugnissen und Bilddokumenten. Dargegestellt von Helmut Gumnior und Rudolf Ringguth, Rowohlts Monographien, Hamburg 1973, S. 131.
29. Werner Heisenberg, Das Naturbild der heutigen Physik, Hamburg 1955, S. 21.
30. Karl Steinbuch und Simon Moser, Philosophie und Kybernetik 1970, S. 139.
31. G. Kellner, Zeitschrift für mikroskopisch-anatomische Forschung, 1966/1–2, 1966/3 und 1967/4.
32. O. Maresch, Das elektrische Verhalten der Haut. Vortrag auf dem 8. Internat. Akupunktur-Kongreß in Wien 1965.
33. Georg Kampik, Änderung erhöhter Serumlipide durch Akupunktur, in: Akupunktur – Theorie und Praxis, Heft 1, 1974, S. 24–32.
34. Journal of Neuraltransmission 37, 81–94, (1975): Riederer, Tenk Werner, Bischko, Rett und Krisper: Manipulation of Neurotransmitters by Acupuncture.
35. Carl Friedrich v. Weizsäcker, Die Einheit der Natur, München 1971.
36. Grundlagen der chinesischen Medizin, op. cit., S. 6.
37. Chinese Medical Journal, No. 2, February 1974, S. 20.
38. China's Medicine (9): 690–694, Sept. 1967, Acute Intestinal obstruction treated by traditional Chinese methods.
39. *Liu You-Fang,* Combined traditional and western medicine in the treatment of urinary calculi. The Academy of traditional Chinese Medicine, Peking, April 1977.
40. Grundlagen der chinesischen Medizin, op. cit., S. 7.
41. Loc. cit.
42. *Huang-di nei-jing su-wen*, op. cit., S. 31.
43. Grundlagen der chinesischen Medizin, op. cit., S. 7.
44. *Huang-di nei-jing su-wen*, op. cit., S. 48.

45. *Lei-jing fu-yi, Yi-yi-yi,* zit. nach Grundlagen der chinesischen Medizin, op. cit., S. 8.
46. *Huang-di nei-jing su-wen*, op. cit., Kap. 5, S. 33.
47. Op. cit., Kap. 7, S. 55.
48. Op. cit., Kap. 35, S. 200.
49. Grundlagen der chinesischen Medizin, op. cit., S. 8.
50. *Huang-di nei-jing su-wen*, Kap. 5, S. 42 f.
51. Grundlagen der chinesischen Medizin, op. cit., S. 8.
52. *Huang-di nei-jing su-wen*, op. cit., Kap. 5, S. 35.
53. Op. cit., Kap. 25, S. 160.
54. Op. cit., Kap. 3, S. 21.
55. Op. cit., Kap. 5, S. 46.
56. Op. cit., Kap. 74, S. 507.
57. *Shang-shu da-zhuan,* zit. nach Grundlagen der chinesischen Medizin, op. cit., S. 11.
58. *Huang-di nei-jing su-wen,* op. cit., Kap. 5, S. 31 ff.
59. Op. cit., Kap. 4, S. 22 ff.
60. *Lei-jing tu-yi,* zit. nach Grundlagen der chinesischen Medizin, op. cit., S. 12.
61. *Huang-di nei-jing su-wen*, Kap. 67, S. 386.
62. *Bian-Que nan-jing,* in *Gu-jin tu-shu ji-cheng, yi-bu quan-lu,* Bd. 2, Peking: *Ren-min wei-sheng chu-ban-she,* 1963, Kap. 61, S. 1437.
63. Op. cit., Kap. 77, S. 1445.
64. Mao Tse-tung, op. cit., S. 365.
65. H. Schipperges Moderne Medizin, Stuttgart, 1970, S. 66, op. cit. vol. 2, S. 265 f.
66. Op. cit., S. 238 f.
67. *Huang-di nei-jing ling-shu,* Kap. 12, S. 156.
68. *San-cai tu-hui,* komp. von *Wang Qi,* Nachdruck der *Wan-li*-Ausgabe von 1607, *Tai-bei: Cheng-Wen* 1970, Bd. IV, S. 1362–1391.
69. *Huang-di nei-jing su-wen,* op. cit., Kap. 4, S. 24.
70. *Huang-di nei-jing ling-shu,* op. cit., Kap. 10, S. 104.
71. *Huang-di nei-jing su-wen,* op. cit., Kap. 1, S. 6.
72. *Huang-di nei-jing ling-shu,* op. cit., Kap. 75, S. 522.
73. Op. cit., Kap. 71, S. 468.
74. Op. cit., Kap. 75, S. 519.
75. Op. cit., Kap. 18, S. 192.
76. Op. cit., Kap. 18, S. 193.

77. *Zhong-zang-jing,* zit. nach Grundlagen der chinesischen Medizin, op. cit., S. 18.
78. *Huang-di nei-jing ling-shu,* op. cit., Kap. 47, S. 341.
79. Op. cit., Kap. 30, S. 266.
80. Op. cit., Kap. 71, S. 468.
81. *Zhang-shi ji-tong,* zit. nach Grundlagen der chinesischen Medizin, op. cit., S. 19.
82. Lehrstoff der Akademie für traditionelle chinesische Medizin, Shanghai 1977.
83. Wie 82.
84. *Huang-di nei-jing ling-shu,* Kap. 47, S. 341.
85. Op. cit., Kap. 36, S. 288.
86. Op. cit., Kap. 81, S. 578.
87. Op. cit., Kap. 32, S. 273.
88. *Huang-di nei-jing su-wen,* op. cit., Kap. 13, S. 86.
89. *Huang-di nei-jing ling-shu,* op. cit., Kap. 8, S. 81.
90. Klassische Akupunktur Chinas, op. cit., S. 87 ff.
91. Carl Friedrich v. Weizsäcker, op. cit.
92. *Huang-di nei-jing su-wen,* Kap. 11, S. 77.
93. Op. cit., Kap. 44, S. 246.
94. Op. cit., Kap. 9, S. 67.
95. *Huang-di nei-jing ling-shu,* op. cit., Kap. 8, S. 82.
96. Op. cit., Kap. 30, S. 266.
97. Op. cit., Kap. 18, S. 198.
98. Grundlagen der chinesischen Medizin, op. cit., S. 21.
91. Loc. cit.
100. *Huang-di nei-jing ling-shu,* op. cit., Kap. 71, S. 475.
101. *Huang-di nei-jing su-wen,* op. cit., Kap. 5, S. 44.
102. Grundlagen der chinesischen Medizin, op. cit., S. 22.
103. *Huang-di nei-jing su-wen,* op. cit., Kap. 10, S. 72.
104. *Huang-di nei-jing ling-shu,* op. cit., Kap. 30, S. 266.
105. *Huang-di nei-jing su-wen,* op. cit., Kap. 21, S. 139.
106. Grundlagen der chinesischen Medizin, op. cit., S. 22.
107. *Huang-di nei-jing ling-shu,* Kap. 17, S. 189.
108. *Huang-di nei-jing su-wen,* op. cit., Kap. 74, S. 538.
109. Op. cit., Kap. 44, S. 246.
110. Op. cit., Kap. 29, S. 180.
111. *Huang-di nei-jing ling-shu,* op. cit., Kap. 17, S. 189.
112. Grundlagen der chinesischen Medizin, op. cit., S. 24.

113. *Huang-di nei-jing su-wen*, op. cit., Kap. 44, S. 246.
114. Op. cit., Kap. 44, S. 248.
115. Op. cit., Kap. 74, S. 538.
115a. Grundlagen der chinesischen Medizin, op. cit., S. 25.
116. *Huang-di nei-jing su-wen*, op. cit., Kap. 10, S. 70.
117. *Huang-di nei-jing ling-shu*, Kap. 17, S. 189.
118. *Huang-di nei-jing su-wen*, op. cit., Kap. 1, S. 5.
119. Grundlagen der chinesischen Medizin, op. cit., S. 26.
120. *Huang-di nei-jing ling-shu*, op. cit., Kap. 33, S. 245.
120a. Grundlagen der chinesischen Medizin, op. cit., S. 27.
121. *Huang-di nei-jing su-wen*, op. cit., Kap. 1, S. 5.
122. Op. cit., Kap. 10, S. 70.
123. *Huang-di nei-jing ling-shu*, op. cit., Kap. 17, S. 189.
123a. Grundlagen der chinesischen Medizin, op. cit., S. 27.
124. *Bian-Que nan-jing*, op. cit., S. 1423.
125. Grundlagen der chinesischen Medizin, op. cit., S. 27.
126. Loc. cit.
127. Op. cit., S. 28.
128. Loc. cit.
129. Op. cit., S. 28 f.
130. Op. cit., S. 29.
131. Loc. cit.
132. *Huang-di nei-jing su-wen*, op. cit., Kap. 8, S. 59.
133. *Huang-di nei-jing ling-shu*, op. cit., Kap. 18, S. 199.
134. Loc. cit.
135. Loc. cit.
136. *Bian-Que nan-jing*, op. cit., Kap. 38, S. 1425.
137. *Huang-di nei-jing su-wen*, op. cit., Kap. 21, S. 139.
138. Grundlagen der chinesischen Medizin, op. cit., S. 30.
139. Op. cit., S. 31.
140. Loc. cit.
141. Loc. cit.
142. Loc. cit.
143. *Huang-di nei-jing su-wen*, op. cit., Kap. 61, S. 327.
144. Loc. cit.
145. Grundlagen der chinesischen Medizin, op. cit., S. 31.
146. Op. cit., S. 32.
147. Op. cit., S. 32.
148. Op. cit., S. 33.

149. Loc. cit.
150. Loc. cit.
151. Loc. cit.
152. *Huang-di nei-jing su-wen,* op. cit., Kap. 29, S. 181.
153. Grundlagen der chinesischen Medizin, op. cit., S. 35.
154. Vgl. 102.
155. Grundlagen der chinesischen Medizin, op. cit., S. 35.
156. Lehrstoff der Akademie für traditionelle chinesische Medizin, Shanghai 1977.
157. *Kim Bong-Han,* On the Kyungrak System, Foreign Languages Publishing House, Pyöngyang, D.P.R.K., 1964.
158. Dr. med. Heng Jiang-Sheng, Akademie für traditionelle chinesische Medizin, Shanghai, persönliche Mitteilung 1977.
159. *Huang-di nei-jing ling-shu,* op. cit., Kap. 10, S. 140.
160. Grundlagen der chinesischen Medizin, op. cit., S. 37.
161. *Huang-di nei-jing ling-shu,* op. cit., Kap. 47, S. 340.
162. *Huang-di nei-jing su-wen,* op. cit., Kap. 56, S. 291.
163. Grundlagen der chinesischen Medizin, op. cit., S. 39.
164. Loc. cit.
165. *Huang-di nei-jing ling-shu,* op. cit., Kap. 10, S. 104 ff.
166. *Huang-di nei-jing su-wen,* Kap. 39, S. 218.
166a. Grundlagen der chinesischen Medizin, op. cit., S. 59 ff.
167. Op. cit., S. 59 ff.
168. Melzack, R., Wall. P. D., Pain mechanisms: A new theory. Science 150, 971 (1965).
169. Mitarbeiter des physiologischen Instituts Shanghai, persönliche Mitteilung 1977.
170. Grundlagen der chinesischen Medizin, op. cit., S. 59.
170a. Wie 169.
171. Chinese Medical Journal No. 8, August 1973, S. 105.
172. Scientia Sinica, vol. XVII, No. 1, February 1974, S. 112 ff.
173. Lehrstoff der Akademie für traditionelle chinesische Medizin, Shanghai 1977.
173a. Die Weltwoche, Zürich, Nr. 37 vom 17. 9. 1975, S. 27 (und anderswo).
173b. Journal of Neurotransmission 37, 81–94, 1975: Riederer, Tenk Werner, Bischko, Rett and Krisper: Manipulation of Neurotransmitters by Acupuncture, op. cit.
174. Grundlagen der chinesischen Medizin, op. cit., S. 60.
174a. Mayer, D. J., Price, D. D., Barber, J., Raffi, A.: Acupuncture analgesia:

Evidence for activation of pain inhibitory system as a mechanism of action, Advances in Pain research and Therapy, vol. 1, 751–754, New York, 1976.

174b. Henderson, R. S.: Endogenous Opiates – A Progress Report, Anaesth. Intens. Care (1977), 5, 140–145.

174c. Campan, L. et Lazorthes, G.: Chronique et perspectives d'une quinzaine d'années de recherches sur la douleur, Ann. anesth. Franc., XVIII, 3, 1977, 247–252.

174d. Mitarbeiter des physiologischen Instituts Shanghai, persönliche Mitteilung 1977.

174e. Dr. med. A. Dupont, Chef du clinic, Dpt. anesthesie reanimation, Hôpital St. Antoine, Paris, persönliche Mitteilung 1978.

174f. Vgl. 32.

175. Vgl. 29.

176. *Huang-di nei-jing su-wen,* op. cit., *Yi-pian,* Kap. 72, S. 581.

177. Op. cit., Kap. 33, S. 197.

178. *Huang-di nei-jing ling-shu,* op. cit., Kap. 6, S. 64.

179. Op. cit., Kap. 66, S. 451.

180. *Huang-di nei-jing su-wen,* op. cit., Kap. 12, S. 80.

181. *Huang-di nei-jing ling-shu,* op. cit., Kap. 66, S. 451.

182. *Huang-di nei-jing su-wen,* op. cit., *Yi-Bian,* Kap. 72, S. 577 ff.

183. Mao Tse-tung, Ausgewählte Werke, op. cit., Band I, S. 367 f.

184. *Huang-di nei-jing su-wen,* op. cit., Kap. 62, S. 340.

185. *Zhang Zhong-Jing, Jin-gui yao-lüe,* zit. nach Grundlagen der chinesischen Medizin, op. cit., S. 62.

186. Op. cit., S. 63.

187. Loc. cit.

188. M. Porkert, Die theoretischen Grundlagen der chinesischen Medizin, Wiesbaden 1973, S. 1 ff.

189. Claus C. Schnorrenberger und Greiner, P., Zur wissenschaftlichen Bewertung der Akupunktur, Z. Allg. Med. 53, 1706–1716 (1977).

190. Lehrstoff der Akademie für traditionelle chinesische Medizin, Shanghai 1977.

191. *Huang-di nei-jing su-wen,* op. cit., Kap. 60, S. 318.

192. *Huang-di nei-jing su-wen,* op. cit., Kap. 74, S. 538.

193. Op. cit., Kap. 5, S. 34.

194. Op. cit., Kap. 74, S. 539.

195. Op. cit., Kap. 74, S. 535.

196. Grundlagen der chinesischen Medizin, op. cit., S. 65.

197. *Huang-di nei-jing su-wen,* op. cit., Kap. 43, S. 245.
198. Op. cit., Kap. 39, S. 218.
199. Op. cit., Kap. 39, S. 221.
200. Op. cit., Kap. 67, S. 377.
201. Op. cit., Kap. 39, S. 222.
202. Grundlagen der chinesischen Medizin, op. cit., S. 65.
203. *Huang-di nei-jing su-wen,* op. cit., Kap. 74, S. 538.
204. Op. cit., Kap. 3, S. 16.
205. Grundlagen der chinesischen Medizin, op. cit., S. 66.
206. *Huang-di nei-jing su-wen,* op. cit., Kap. 71, S. 499.
207. Op. cit., Kap. 5, S. 34.
208. *Liu Wan-Su, Su-wen xuan-ji yuan-bing-shi,* zit. nach Grundlagen der chinesischen Medizin, op. cit., S. 67.
209. Grundlagen der chinesischen Medizin, op. cit., S. 67.
210. Loc. cit.
211. *Huang-di nei-jing su-wen,* op. cit., *Yi-pian,* Kap. 72, S. 581.
212. Grundlagen der chinesischen Medizin, op. cit., S. 68.
213. Loc. cit.
214. *Huang-di nei-jing su-wen,* op. cit., Kap. 5, S. 34.
215. Loc. cit.
216. Loc. cit.
217. Op. cit., Kap. 39, S. 221.
218. Grundlagen der chinesischen Medizin, op. cit., S. 69.
219. *Huang-di nei-jing ling-shu,* op. cit., Kap. 28, S. 255.
220. Op. cit., Kap. 8, S. 86.
221. Grundlagen der chinesischen Medizin, op. cit., S. 69.
222. *Huang-di nei-jing ling-shu,* op. cit., Kap. 63, S. 419 f.
223. *Huang-di nei-jing su-wen,* op. cit., Kap. 43, S. 242.
224. Op. cit., Kap. 39, S. 221.
225. Grundlagen der chinesischen Medizin, op. cit., S. 71.
226. Loc. cit.
227. *Jing-yue quan-shu,* zit. nach Grundlagen der chinesischen Medizin, op. cit., S. 73.
228. *Huang-di nei-jing su-wen,* op. cit., Kap. 28, S. 173.
228a. Grundlagen der chinesischen Medizin, op. zit., S. 75.
229. Op. cit., S. 75.
230. Klassische Akupunktur Chinas, op. cit., S. 318 ff.
231. *Huang-di nei-jing ling-shu,* op. cit., Kap. 45, S. 331 f.
232. Grundlagen der chinesischen Medizin, op. cit., S. 78.

233. *Huang-di nei-jing ling-shu,* op. cit., Kap. 49, S. 367.
234. Loc. cit.
235. Grundlagen der chinesischen Medizin, op. cit., S. 79.
236. *Huang-di nei-jing ling-shu,* op. cit., Kap. 30, S. 268.
237. *Huang-di nei-jing su-wen,* op. cit., Kap. 28, S. 173.
238. Grundlagen der chinesischen Medizin, op. cit., S. 80.
239. Op. cit, S. 81.
240. Grundlagen der chinesischen Medizin, op. cit., S. 85.
241. Op. cit., S. 91.
242. Op. cit., S. 92.
243. Lehrstoff der Akademie für traditionelle chinesische Medizin, Shanghai 1977.
244. Wie 243.
245. Wie 102.
246. *Huang-di nei-jing su-wen,* op. cit., Kap. 11, S. 78.
247. Op. cit., Kap. 29, S. 181.
248. *Zhen-jin ci-jin-fa,* hrsg. von der Akademie für traditionelle chinesische Medizin, Shanghai, Hongkong o. J., S. 73.
249. *Yi-pian,* zit. nach Grundlagen der chinesischen Medizin, op. cit., S. 98.
249a. *Zhang-Yi* (Verfasser), *Tan-qie-mai* (Abhandlung über die Pulstastung), Xi-Ling 1976, *Qing-hai ren-min chu-ban-she,* S. 5 ff.
249b. Loc. cit.
249c. Loc. cit.
250. Grundlagen der chinesischen Medizin, op. cit., S. 100.
251. *Huang-di nei-jing su-wen,* op. cit., Kap. 20, S. 436.
252. Vgl. 13.
253. Grundlagen der chinesischen Medizin, op. cit., S. 116.
254. *Lei-jing tu-yi,* zit. nach Grundlagen der chinesischen Medizin, op. cit., S. 117.
255. Grundlagen der chinesischen Medizin, op. cit., S. 120.
256. Op. cit., S. 122.
257. *Huang-di nei-jing su-wen,* op. cit., Kap. 74, S. 538.
258. *Huang-di nei-jing ling-shu,* op. cit., Kap. 10, S. 147.
259. Grundlagen der chinesischen Medizin, op. cit., S. 135.
260. *Huang-di nei-jing su-wen,* op. cit., Kap. 36, S. 183 ff.
261. *Zhang Zhong-jing, Shang-han-lun,* hrsg. vom *Shang-hai zhong-yi xue-yuan,* Shanghai: *Ren-min chu-ban-she* (Abt. für Grundlagentheorie der chinesischen Medizin), 1976.

262. *Ye-Tian-Shi, Wai-gan wen-re-pian,* zit. nach Grundlagen der chinesischen Medizin, op. cit., S. 141.
263. Grundlagen der chinesischen Medizin, loc. cit.
264. Loc. cit.
265. Op. cit., S. 145.
266. Op. cit., S. 149.
267. *Huang-di nei-jing su-wen,* op. cit., Kap. 2, S. 14.
268. Grundlagen der chinesischen Medizin, op. cit., S. 155.
269. *Tai-ji yun-dong (Tai-ji-quan*-Gymnastik), hrsg. vom Sportkommittee der Volksrepublik China, *Ren-min ti-yu chu-ban-she,* 1976, S. 1 f.
270. *Huang-di nei-jing su-wen,* op. cit., *Yi-pian,* Kap. 72, S. 582.
271. Klassische Akupunktur Chinas, op. cit., S. 373.
272. *Huang-di nei-jing ling-shu,* op. cit., Kap. 55, S. 388.
273. *Huang-di nei-jing su-wen,* op. cit., Kap. 5, S. 46.
274. Op. cit., Kap. 14, S. 87.
275. Op. cit., Kap. 74, S. 523.
276. Op. cit., Kap. 74, S. 541.
277. Op. cit., Kap. 70, S. 454.
278. Grundlagen der chinesischen Medizin, op. cit., S. 161.

Bei der Ausarbeitung benutzte chinesische Originalwerke

1. *Zhang Zhong-Jing (Zhang-Ji), Shang-han-lun* (Abhandlung über Kälteerkrankungen), herausgegeben von der Akademie für traditionelle Medizin Shanghai, Abt. für Grundlagentheorie der chinesischen Medizin, Shanghai: *Ren-min chu-ban-she,* 1976.
2. *Huang-di nei-jing su-wen,* Peking: *Ren-min-wei-sheng chu-ban she,* 1963,
3. *Huang-di nei-jing ling-shu (Ling-shu-jing bai-hua jie),* hrsg. von *Chen Bi-Liu* und *Zheng Zhuo-Ren,* Verlag: *Shao-hua wen-hua fu-wu-she,* Hongkong, o. J.
4. *Nan-jing,* in: *Gu-jin tu-shu ji-cheng, Yi-bu quan-lu,* Bd. 2, Peking: *Ren-min wei-sheng chu-ban-she,* 1963.
5. *Tai-ji-quan yun-dong* (Gymnastische Übungen des *Tai-ji-quan),* hrsg. vom Sportkommittee der Volksrepublik China, 1976.
6. *Zhong-guo yi-xue shi-jiang-yi* (Lehrstoff zur Geschichte der chinesischen Medizin), hrsg. von der Akademie für chinesische Medizin Peking, *Yi-yao wei-sheng chu-ban-she chu-ban,* 1974.

7. *Zhong-yi zhi-fa yu-fang-ji* (Therapie und Rezeptverordnung in der chinesischen Medizin), hrsg. von der Akademie für chinesische Medizin in *Cheng-Du,* Abtlg. für Therapie und Arzneiverordnung, *Ren-min-wei-sheng chu-ban-she,* 1975.
8. *Zhong-yi er-ke jian-bian* (Einführung in die chinesische Kinderheilkunde), hrsg. von der Akademie für traditionelle chinesische Medizin, Canton (Abt. für Kinderheilkunde), *Ren-min wei-sheng chu-ban-she,* 1972.
9. *Zhong-yi nei-ke jian-bian* (Einführung in die chinesische innere Medizin), hrsg. von der Akademie für traditionelle chinesische Medizin Shanghai (Abt. für Innere Krankheiten), *Ren-min wei-sheng chu-ban-she,* 1972.
10. *Shi-yong zhong-yi-xue* (Praxis der chinesischen Medizin), hrsg. von der Akademie für traditionelle chinesische Medizin Peking, Peking: *Ren-min chu-ban-she,* 1977.
11. *Nei-jing shi-yi* (Erklärungen zum Buche *Nei-Jing*), hrsg. von der Akademie für traditionelle chinesische Medizin Peking, Shanghai: *Ren-min chu-ban-she,* 1972.
12. *Bian-zheng shi-zhi gan-yao* (Abriß der Syndrom-Diagnostik und Therapie), hrsg. vom Revolutionskommittee der Akademie für traditionelle chinesische Medizin Peking, *Ren-min wei-sheng chu-ban-she,* 1974.
13. *Mai-jing* (Chinesische Puls-Lehre), *Jin*-Dynastie, Verfasser: *Wang-Shu He-Xun,* Hongkong: *Tai-ping shu-ju chu-ban,* 1975.
14. *Cang-xiang-xue shuo-de-li-lun yu yun-yong* (Theorie und Praxis der *Zang-xiang*-Lehre), hrsg. von der Gesellschaft für traditionelle chinesische Medizin in Shanghai, *Yi-yao-wei-sheng chu-ban-she chu-ban,* Hongkong o. J.
15. *Zhang-Yi, Tan-qie-mai* (Abhandlung über die Pulsdiagnostik), *Qing-Hai: Ren-min chu-ban-she,* 1976.
16. *Zhong-yi wai-ke jian-bian* (Einführung in die chinesische Chirurgie), hrsg. von der Akademie für traditionelle chinesische Medizin Shanghai (Abt. für Chirurgie), *Ren-min wei-sheng chu-ban-she,* 1972.
17. *Zhong-yi fu-ke jian-bian* (Einführung in die chinesische Frauenheilkunde), hrsg. von der Akademie für traditionelle chinesische Medizin *Cheng-Du* (Abt. für Gynäkologie), *Ren-min wei-sheng chu-ban-she,* 1972.
18. *Zhong-yi she-zhen* (Chinesische Zungendiagnostik), hrsg. von der Akademie für traditionelle Medizin Peking (Abt. für Diagnostik), *Shang-wu yin-shu-guan,* Hongkong 1970.
19. *Zhong-ye shen-zheng* (Chinesische Zungendiagnostik), hrsg. von der Akademie für traditionelle chinesische Medizin Peking (Abt. für theoretische Grundlagen), *Ren-min wei-sheng chu-ban-she,* 1977.

20. *Zhong-yi ming-ci shu-yu ci-dian* (Wörterbuch zur Terminologie der traditionellen chinesischen Medizin), hrsg. vom Forschungsinstitut für chinesische Medizin an der Akademie für chinesische Medizin in Canton, *Shang-wu yin-shu-guan*, Hongkong 1976.

Aus der einschlägigen Literatur in westlichen Sprachen wurden folgende Werke als Quellen verwendet:

1. Franz Hübotter, Die chinesische Medizin zu Beginn des XX. Jahrhunderts und ihr historischer Entwicklungsgang, Leipzig 1929.
2. ders., Chinesisch-tibetanische Pharmakologie und Rezeptur, Ulm 1957.
3. Joseph Needham, Science and Civilisation in China, Cambridge 1956 bis 1969, Bd. 1–5.
4. Gerhard Bachmann, Die Akupunktur – eine Ordnungstherapie, Ulm 1959.
5. An Outline of Chinese Acupuncture, The Academy of Traditional Chinese Medicine, Foreign Languages Press, Peking 1975.
6. Nguyen Van Nghi, Pathogénie et Pathologie Énergétiques en Médecine Chinoise, Marseille 1971.
7. Frederik F. Kao und John J. Kao, Acupuncture Therapeutics, New Haven, Conn. 1973.
8. Georg König und Ingrid Wancura, Neue chinesische Akupunktur, Lehrbuch und Atlas, Wien-München-Bern 1975.
9. dies., Einführung in die Chinesische Ohrakupunktur, Heidelberg 1973.
10. dies., Punkte und Regeln der neuen chinesischen Akupunktur, Wien-München-Bern 1976.
11. David C. Chu und Dorothy W. Chu, The principles of Chinese acupuncture medicine, Hongkong 1975.
12. P. F. M. Nogier, Traité d'Auriculotherapie, Sainte Ruffine 1969.

Namenverzeichnis

Stichwortverzeichnis

Bibliographie

Chinesische Original-Literatur

1.a *Ling-Shu-Jing*. Der Klassiker der Essenz des Geistes. Text kritisch verglichen von *Liu Heng-Ru*. *Ren-Min Wei-Sheng Chu-Ban-She* (Verlag der Volkshygiene), Peking 1964.

1.b *Ling-Shu-Jing*. Der Klassiker der Essenz des Geistes (Teil II). *Ren-Min Wei-Sheng Chu-Ban-She* (Verlag der Volkshygiene), Peking 1979.

1.c *Ling-Shu-Jing Bai-Hua-Jie*. Der Klassiker der Essenz des Geistes in Umgangssprache erklärt[1]. Von *Chen Bi-Liu* und *Zheng Zhuo-Ren* zusammengestellt. *Ren-Min Wei-Sheng Chu-Ban-She* (Verlag der Volkshygiene), Peking 1963.

1.1 *Lei-Jing*. Die Kategorien des (inneren) Klassikers (des gelben Kaisers). 32 Faszikeln in 2 Bd. Verfaßt und zusammengestellt von *Zhang Jie-Bin* (1563–1640 n. Chr.) in der *Ming*-Dynastie (1368–1644 n. Chr.). *Ren-Min Wei-Sheng Chu-Ban-She* (Verlag der Volkshygiene). Peking 1980.

1.2 *Huang-Di Nei-Jing Su-Wen Zhu-Zheng Fa-Wei.*
Huang-Di Nei-Jing Ling-Shu Zhu-Zheng Fa-Wei.
Kommentare des *Huang-Di Nei-Jing, Su-Wen* und *Ling-Shu,* von *Ma Shi (Zhong Hua)* zusammengestellt und kommentiert in der *Ming*-Dynastie (1368–1644 n. Chr.).

1.3 *Huang-Di Nei-Jing Su-Wen Ji-Zhu.*
Huang-Di Nei-Jing Ling-Shu Ji-Zhu.
Gesammelte Kommentare des *Huang-Di Nei-Jing, Su-Wen* und *Ling-Shu,* von *Zhang Zhi-Cong (Yin-An), Qing*-Dynastie (1644–1911 n. Chr.).

1.4 *Huang-Di Nei-Jing Tang-Chao Wang Bing Zhu. Deng-Deng Zhu-Zuo*. Kommentar des *Huang-Di Nei-Jing* von *Wang Bing (Qi Xuan-Zi)* (um 8.–9. Jh. n. Chr.) in der *Tang*-Dynastie (618–907 n. Chr.) und andere Kommentare.

1.1 bis 1.4 sind enthalten in:
Gu-Jin Tu-Shu Ji-Cheng Yi-bu Quan-Lu. Die vollständigen Aufzeichnungen der heilkundlichen Abteilung der Sammlung alter und neuer Bilder und Bücher. In 520 Faszikeln. 12 Bde. Kaiserliche Enzyklopädie 1762. Zusammengestellt von *Zhen Meng-Lei* und anderen, *Qing*-Dynastie (1644–1911 n. Chr.), Bd. I und Bd. II, 70 Faszikeln. *Ren-Min Wei-Sheng Chu-Ban-She* (Verlag der Volkshygiene), Peking 1959.

1.5 *Chong Guang-Bu-Zhu Huang-Di Nei-Jing Su-Wen*. Die grundlegenden Fragen des inneren Klassikers des gelben Kaisers erneut umfangreich ergänzend kommentiert. 24 Faszikeln in 2 Bd. Angeordnet und kommentiert von *Wang Bing (Qi Xuan-Zi)* in der *Tang*-Dynastie (618–907 n. Chr.). Shanghai Commercial Press, Shanghai 1955.

2\. *Huang-Di Nei-Jing Su-Wen*. Die grundlegenden Fragen (Teil I) des Klassikers des gelben Kaisers. *Ren-Min Wei-Sheng Chu-Ban-She* (Verlag der Volkshygiene), Peking 1978.

3.1 *Nan-Jing Jiao-Shi*. Der Klassiker der Schwierigkeiten verglichen und erklärt. Verfaßt von

[1] Deutsche Ausgabe: Klassische Akupunktur Chinas, Hrsg. Claus C. Schnorrenberger und *Kiang Ching-Lien*, Stuttgart 1974.

Bian-Que (ca. 407–310 v. Chr.). Verglichen und erklärt von der Akademie für chinesische Heilkunde, Nanking. *Ren-Min Wei-Sheng Chu-Ban-She* (Verlag der Volkshygiene), Peking 1979.

3.2 *Nan-Jing Ji-Zhu.* Gesammelte Kommentare zum Klassiker der Schwierigkeiten. 5 Faszikel. Von *Lü Guang, Wu*-Dynastie (22–280 n. Chr.) u. a. kommentiert. Von *Wang Jiu-Si, Ming*-Dynastie (1368–1644 n. Chr.), u. a. zusammengestellt. Shanghai Commercial Press, Shanghai 1955.

4. *Shang-Han-Lun.* Abhandlung über die fieberhaften Infektionskrankheiten. 10 Faszikel. Verfaßt von *Zhang Ji (Zhong-Jing)* aus *Nan-Yang* in der Provinz *Henan* (142–220 n. Chr.) in der späteren *Han*-Dynastie (25–221 n. Chr.). Angeordnet von *Wang Shu-He* (210–285 n. Chr.) in der *Qin*-Dynastie (265–420 n. Chr.). Verglichen und berichtigt von *Lin Yi* in der *Song*-Dynastie (960–1279 n. Chr.). Verglichen und in Holzblockdruckplatten geschnitten von *Zhao Kai-Mei*, ferner verglichen von *Chen Lin-Tong* in der *Ming*-Dynastie (1368–1644 n. Chr.). *Shang-Hai Ren-Min Chu-Ban-She* (Shanghaier Volksverlag), Shanghai 1976.

5. *Jin-Gui Yao-Lue Fang-Lun.* Die Abhandlung der Rezepturen des Wichtigen des Goldenen Schreines kurzgefaßt. Verfaßt von *Zhang Ji (Zhong-Jing)* aus *Nan-Yang* in der Provinz *Henan* (142–220 n. Chr.) in der späteren *Han*-Dynastie (25–221 n. Chr.). Gesammelt von *Wang Shu-He* (210–285 n. Chr.). Im Anhang textkritischer Vergleich mit anderen Ausgaben. *Ren-Min Wei-Sheng Chu-Ban-She* (Verlag der Volkshygiene), Peking 1973.

6. *Mai-Jing.* Der Klassiker des Pulses. 10 Faszikel. Von *Wang Shu-He* (210–285 n. Chr.) verfaßt in der *Qin*-Dynastie (265–420 n. Chr.). Von *Qian Xi-Zuo* vom goldenen Berg verglichen, mit dessen Nachwort datiert 1901. *Xiang-Gang Tai-Ping Shu-Ju*, Hongkong 1975.

7.1 *Huang-Di Jia-Yi Jing.* Der angeordnete Klassiker des gelben Kaisers. Gewöhnlich bekannt als der *Zhen-Jiu Jia-Yi Jing.* Der angeordnete Klassiker der Akupunktur und Moxibustion. 12 Faszikel, 4 Bde. Von *Huang Fu-Mi (Shi-An)* (215–286 n. Chr.) um 259 n. Chr. gesammelt und angeordnet in der *Qin*-Dynastie (265–420 n. Chr.). *Jiang-Zuo Shu-Lin* (Im Bücherwald links des Flusses), Steindruck, Shanghai 1917.

7.2 *Zhen-Jiu Jia-Yi Jing Jiao-Shi.* Der angeordnete Klassiker der Akupunktur und Moxibustion, verglichen und erläutert. 12 Faszikel, 2 Bde. Von *Huang Fu-Mi (Shi-An)* (215–286 n. Chr.) um 259 n. Chr. verfaßt. Verglichen und erklärt von der Akademie für Chinesische Heilkunde von *Shandong*. *Ren-Min Wei-Sheng Chu-Ban-She* (Verlag der Volkshygiene), Peking 1979.

8. *Zhou-Hou Bei-Ji-Fang.* Das Handbuch für Rezepturen zur Vorsorge bei Notfällen. Auch genannt *Zhou-Hou Cu-Jiu-Fang.* Das Handbuch für Rezepturen zur Rettung aus unerwarteten Notlagen. Schließlich auch betitelt: *Bai-Yi-Fang.* Die hundertundeins Rezepturen. 8 Faszikel. Verfaßt von *Ge Hong (Zhi-Chuan)* (281–341 n. Chr.) in der *Qin*-Dynastie (265–420 n. Chr.). Beigefügter Kommentar von *Tao Hong-Jing (Tong-Ming)* (452–536 n. Chr.) in der *Liang*-Dynastie (502–557 n. Chr.). Nochmals kommentiert von *Yang Yong-Dao* in der *Jin*-Dynastie (1115–1234 n. Chr.). *Ren-Min Wei-Sheng Chu-Ban-She* (Verlag der Volkshygiene), Peking 1963.

9. *Zhu-Bing-Yuan-Hou-Lun.* Die Symptome und Ursachen der Krankheiten. 50 Faszikel. Zusammengestellt von *Chao Yuan-Fang* um 610 n. Chr. in der *Sui*-Dynastie (589–617

n. Chr.). Enthalten in: *Zhong-Guo Yi-Xue Da-Cheng* (Das große Werk der chinesischen Heilkunde) *Shang-Hai Da-Dong Shu-Ju* (Shanghai Buchladen des großen Ostens), Shanghai 1936–1937.

10. *Huang-Di Nei-Jing Tai-Su.* Kommentar des gesamten inneren Klassikers des gelben Kaisers. Ursprünglicher Text in 30 Faszikeln, heute noch 23 Faszikel erhalten. Enthalten in Bd. 2 des Werkes: *Zeng-Bu Zhen-Ben Yi-Shu Ji-Cheng.* Die Ergänzung der kostbaren Bücher der gesammelten Werke der heilkundlichen Schriften. Bestehend aus 130 verschiedenen Werken in 393 Faszikeln in 24 Bänden. 1936 zusammengestellt in der Hauptsache von *Qiu Ji-Sheng.* Neuauflage des *Shi-Jie Shu-Ju Tai-Bei,* Taiwan 1971.

11. *Huang-Di Nei-Jing Ming-Tang Lei-Cheng.* Kommentar des inneren Klassikers des gelben Kaisers. Ursprünglicher Text 13 Faszikel, heute noch 1 Faszikel erhalten. Von *Yang Shang-Shan* auf kaiserlichen Befehl verfaßt und kommentiert in der *Sui*-Dynastie (581–618 n. Chr.). Enthalten in dem *Zeng-Bu Zheng-Ben Yi-Shu Ji-Cheng.* Die Ergänzung der kostbaren Bücher der gesammelten Werke der heilkundlichen Schriften, Bd. 2, s. unter 10.

12. *Bei-Ji Qian-Jin Yao-Fang.* Die wichtigen tausend goldenen Rezepturen zur Vorsorge bei Notfällen. 30 Faszikel. Von *Sun Si-Miao* (581–682 n. Chr.) in der *Tang*-Dynastie (618–907 n. Chr.) verfaßt. Enthalten in: *Zhong-Guo Yi-Xue Da-Cheng* (Das große Werk der chinesischen Heilkunde). *Shang-Hai Da-Dong Shu-Ju* (Shanghai Buchladen des großen Ostens), Shanghai 1936–1937.

13. *Qian-Jin Yi-Fang.* Die Flügelrezepturen der tausend goldenen Rezepturen. 30 Faszikel. Von *Sun Si-Miao* (581–682 n. Chr.) in der *Tang*-Dynastie (618–907 n. Chr.) verfaßt. Enthalten in: *Zhong-Guo Yi-Xue Da-Cheng* (Das große Werk der chinesischen Heilkunde). *Shang-Hai Da-Dong Shu-Ju* (Shanghai Buchladen des großen Ostens), Shanghai 1936–1937.

14. *Wai-Tai Bi-Yao.* Wichtiges und Geheimnisvolles des äußeren Turmes. 40 Faszikel. Verfaßt von *Wang Tao* (675–755 n. Chr.) in der *Tang*-Dynastie (618–906 n. Chr.). Mit Anmerkungen versehen von *Cheng Yen-Dao (Jing-Tong).* Enthalten in: *Zhong-Guo Yi-Xue Da-Cheng* (Das große Werk der chinesischen Heilkunde). *Shang-Hai Da-Dong Shu-Ju* (Shanghai Buchladen des großen Ostens), Shanghai 1936–1937. Neuer Nachdruck der um 1052 n. Chr. in der *Song*-Dynastie (960–1279 n. Chr.) herausgegebenen Holzblockdruckausgabe. Mit Anhang eines textkritischen Vergleiches der verschiedenen Ausgaben dieses Werkes. *Wen-Guang Tu-Shu You-Xian Gong-Si* (Bücher und Bilder des Lichtglanzes der Kultur GmbH) Taibei, Taiwan 1975, 3 Bde.

15. *Tong-Ren Zhen-Jiu-Shu-Xue Tu-Jing.* Die klassische Schrift der Illustrationen der Akupunktur- und Moxibustionspunkte an dem kupfernen Menschen. 3 Faszikel. Verfaßt von *Wang-Yi* (987–1067 n. Chr.) um 1026 n. Chr. in der nördlichen *Song*-Dynastie (960–1126 n. Chr.). Enthalten in: *Zhong-Guo Yi-Xue Da-Cheng* (Das große Werk der chinesischen Heilkunde). *Shang-Hai Da-Dong Shu-Ju* (Shanghai Buchladen des großen Ostens). Shanghai 1936–1937.

16. *Zhen-Jiu Zi-Sheng Jing.* Die Klassische Schrift der Unterstützung des Lebens der Akupunktur und Moxibustion. 7. Faszikel. Verfaßt von *Wang Zhi-Zhong (Shu-Quan)* um 1220 in der *Song*-Dynastie (960 - 1279 n. Chr.). Enthalten in: *Si-Ku Quan-Shu* (Die vollständigen Bücher der vier Schatzkammern), Shanghai Commercial Press. Photomechanische Wiedergabe.

17. *Bian-Que Xin-Shu.* Das Herzbuch des *Bian-Que.* (ca. 407–210 v. Chr.). 3 Faszikel. Verfaßt von *Dou Cai* um 1146 in der *Song*-Dynastie (960–1279 n. Chr.). *Jiang-Zuo Shu-Lin* (Bücherwald links des Flusses).

18. *Bei-Ji Jiu-Fa.* Die Moxa-Methode zur Vorsorge bei Notfällen. 1 Faszikel. Zusammengestellt von *Weng-Ren-Shi Ji-Nian* in der *Song*-Dynastie (960–1279 n. Chr.). Enthalten in: *San-San-Yi-Shu* (Drei-drei Heilkunde-Bücher). *San-San Yi-She* (Drei-drei Heilkunde-Gesellschaft), Hangzhou 1926.

19. *Tai-Ping Sheng-Hui Fang.* Die Rezepturen des Friedens der Güte der Heiligen. 100 Faszikel. Verfaßt und zusammengestellt von *Wang Huai-Yin, Wang You, Zheng Yan, Zhen Zhao-Yu* u. a. um 978 n. Chr. Herausgegeben um 992 n. Chr. in der *Song*-Dynastie (960–1279 n. Chr.). *Liu-Li Zhai Yi-Shi-Chong* (Die zehn heilkundlichen Werke des Studios der sechs Witterungen) 1793 n. Chr. *Xiu-Jing Tang Zang-Ban.* (Die Druckstöcke sind in der Halle zur Pflege der Ehrfurcht aufbewahrt).

20. *Ju-Men Shih-Quin.* Der konfuzianische Dienst an den Eltern. 15 Faszikel. Verfaßt von *Zhang Zi-He (Chong-Zheng)* (1156–1228 n. Chr.) in der *Jin*-Dynastie (1115–1234 n. Chr.). Enthalten in: *Zhong-Guo Yi-Xue Da-Cheng* (Das große Werk der chinesischen Heilkunde). *Shang-Hai Da-Dong Shu-Ju* (Shanghai Buchladen des großen Ostens), Shanghai 1936–1937.

21. *Zhen-Jing Zhi-Nan.* Führer durch die Akupunktur-Klassiker. Verfaßt von *Dou Han-Qing* (1196–1280 n. Chr.) in der *Jin*-Dynastie (1115–1234 n. Chr.). Enthalten in: *Zhen-Jiu Si-Shu Fu Yi-Chong* (Vier Bücher der Akupunktur und Moxibustion und ein weiteres im Anhang), *Yuan*-Dynastie (1279–1368 n. Chr.) um 1312 n. Chr.

22. *Wei-Sheng Bao-Jian.* Der kostbare Spiegel der Hygiene. 24 Faszikel und ein Ergänzungsfaszikel. Verfaßt von *Luo Tian (Qian-Fu)* in der *Yuan*-Dynastie (1279–1368 n. Chr.). *Ren-Min Wei-Sheng Chu-Ban-She* (Verlag der Volkshygiene), Peking 1963.

23. *Nan-Jing Ben-Yi.* Die eigentliche Bedeutung des Klassikers der Schwierigkeiten. 2 Faszikel. Von *Hua Shou (Bo-Ren)* um 1366 n. Chr. verfaßt in der *Yuan*-Dynastie (1279–1368 n. Chr.). Enthalten in: *Zhong-Guo Yi-Xue Da-Cheng* (Das große Werk der chinesischen Heilkunde). *Shang-Hai Da-Dong Shu-Ju* (Shanghai Buchladen des großen Ostens). Shanghai 1936–1937.

24. *Shi-Si-Jing-Luo Fa-Hui.* Die Erläuterung der vierzehn Meridiane. 3 Faszikel. Von *Hua-Shou (Bo-Ren)* um 1341 n. Chr. in der *Yuan*-Dynastie (1279–1368 n. Chr.) verfaßt. *Zhen-Jiu Za-Zhi* (Akupunktur- und Moxibustionszeitschrift), China 1936.

25. *Ji-Sheng Ba-Cui.* Das Hervorragende beim Unterstützen des Lebens. Eine Sammlung von neunzehn Werken über Heilkunde der *Jin-* (1115–1234 n. Chr.) und *Yuan*-Dynastie (1279–1368 n. Chr.), die meisten davon in abgekürzter Form, eine frühe Art von Sammlung heilkundlicher Werke. Zusammengestellt von *Du Si-Jing* um 1308, herausgegeben in der *Yuan*-Dynastie (s. o.). Changsha Commercial Press. Photomechanische Wiedergabe, Changsha 1938.

26. *Dan-Xi Xin-Fa.* Die Herzensmethode von *Dan-Xi.* 5 Faszikel. Dargelegt von *Zhu Zhen-Heng* (1281–1358 n. Chr.), auch genannt Zhu Dan-Xi (der Name der Gegend in der Zhejiang-Provinz, wo er sich aufhielt) in der *Yuan*-Dynastie (1279–1368 n. Chr.). Enthalten in: *Zhong-Guo Yi-Xue Da-Cheng* (Das große Werk der chinesischen Heilkunde). *Shang-Hai Da-Dong Shu-Ju* (Shanghai Buchladen des großen Ostens), Shanghai 1936–1937.

27. *Bian-Que Shen-Ying Zhen-Jiu Yu-Long Jing*. Die klassische Schrift des Jadedrachens der Akupunktur und Moxibustion der geistigen Entsprechung von *Bian-Que*. (ca. 407–310 v. Chr.). 1 Faszikel. Zusammengestellt und verfaßt von *Wang Guo-Rui* in der *Yuan*-Dynastie (1279–1368 n. Chr.). Enthalten in: *Si-Ku Quan-Shu* (Die vollständigen Bücher der vier Schatzkammern). Shanghai Commercial Press. Photomechanische Wiedergabe.

28. *Pu-Ji-Fang*. Die alleshelfenden Rezepturen. 420 Faszikel. Zusammengestellt von *Zhu Xiu* u. a. in der *Ming*-Dynastie (1368–1644 n. Chr.). *Ren-Min Wei-Sheng Chu-Ban-She* (Verlag der Volkshygiene), Peking 1960.

29. *Shen-Ying-Jing*. Die klassische Schrift der geistigen Entsprechung. 2 Faszikel. Verfaßt von *Zhen Hui (Shan-Tong)* in der *Ming*-Dynastie (1368–1644 n. Chr.).

30. *Zhen-Jiu Da-Quan*. Das große und vollständige Werk der Akupunktur und Moxibustion. 6 Faszikel. Verfaßt von *Xu Feng* um 1439 n. Chr. in der *Ming*-Dynastie (1368–1644 n. Chr.). *Ren-Min Wei-Sheng Chu-Ban-She* (Verlag der Volkshygiene), Peking 1958.

31. *Yi-Xue Gang-Mu*. Abriß der Heilkunde. 40 Faszikel. Verfaßt 1565 n. Chr. von *Lou Ying (Quan-Shan)* (1320–1389 n. Chr.) in der *Ming*-Dynastie (1368–1644 n. Chr.). Enthalten in: *Zhong-Guo Yi-Xue Da-Cheng* (Das große Werk der chinesischen Heilkunde). *Shang-Hai Da-Dong Shu-Ju* (Shanghai Buchladen des großen Ostens), Shanghai 1936–1937.

32. *Zhen-Jiu Ju-Ying*. Die Sammlung des Ausgezeichneten aus Akupunktur und Moxibustion. 4 Faszikel. Auch genannt: *Zhen-Jiu Ju-Ying Fa-Hui*. Die Sammlung des Ausgezeichneten der Akupunktur und Moxibustion erläutert. Verfaßt von *Gao Wu (Mei-Gu)* (herausgegeben 1529 n. Chr.) in der *Ming*-Dynastie (1368–1644 n. Chr.). *Shang-Hai Ke-Xue Ji-Shu Chu-Ban-She* (Shanghaier Verlag für Wissenschaft und Technik), Shanghai 1978.

33. *Xu Su-Wen Chao*. Fortsetzung der Randglossen zu den grundlegenden Fragen (des inneren Klassikers des gelben Kaisers). 9 Faszikel und ein Ergänzungsfaszikel. Verfaßt von *Hua Shou (Bo-Ren)* in der *Yuan*-Dynastie (1279–1368 n. Chr.). Fortgesetzt von *Wang Ji (Xing-Zhi)* (1463–1539 n. Chr.) in der *Ming*-Dynastie (1368–1644 n. Chr.). Enthalten in: *Shi-Shan Yi-Shu Ba-Zhong* (Acht heilkundliche Bücher des Steinberges), von *Wang Ji (Xing-Zhi)* s. o. verfaßt und 1634 herausgegeben. Neuer Steindruck von der *Shang-Hai Shi-Zhu Shan-Fang* (Bergstube des Steinbambus), Shanghai 1921.

34. *Zhen-Jiu Wen-Dui*. Katechismus der Akupunktur und Moxibustion. 3 Faszikel. Von *Wang Ji (Xing-Zhi)* (1463–1539 n. Chr.) 1530 n. Chr. herausgegeben. In der *Ming*-Dynastie (1368–1644 n. Chr.) verfaßt. *Shi-Shan Yi-Shu Ba-Zhong* (Acht heilkundliche Bücher des Steinberges), von *Wang Ji (Xing-Zhi)* s. o. verfaßt und 1634 herausgegeben. Neuer Steindruck von der *Shang-Hai Shi-Zhu Shan-Fang* (Bergstube des Steinbambus), Shanghai 1921.

35. *Lei-Jing Tu-Yi*.
Fu Lei-Jing Fu-Yi.
Die illustrierten Flügel der Kategorien des (inneren) Klassikers (des gelben Kaisers), 11 Faszikel. Im Anhang: Die angefügten Flügel der Kategorien des (inneren) Klassikers (des gelben Kaisers), 4 Faszikel. Verfaßt und zusammengestellt von *Zhang Jie-Bin* (1563–1640 n. Chr.) in der *Ming*-Dynastie (1368–1644 n. Chr.). *Ren-Min Wei Sheng Chu-Ban-She* (Verlag der Volkshygiene), Peking 1980.

36. *Ji-Jing Ba-Mai Kao.* Prüfung der acht außergewöhnlichen Meridiangefäße. 1 Faszikel. Verfaßt von *Li Shi-Zhen (Dong-Bi)* (1518–1593 n. Chr.), 1578 n. Chr. herausgegeben in der *Ming*-Dynastie (1368–1644 n. Chr.). Erschienen im Anhang des *Ben-Cao Gang-Mu von Li Shi-Zhen (Dong-Bi)* (s. d.), dem umfassendsten Kompendium der chinesischen Pharmakopoe, in 52 Faszikeln zuerst erschienen 1590 n. Chr. Von dieser umfangreichen Arzneisammlung gibt es mehrere Ausgaben.

37. *Yi-Xue Ru-Men.* Einführung in die Heilkunde. 7 Faszikel. Verfaßt von *Li Chan (Jian-Zhai)* (herausgegeben 1575 n. Chr.) in der *Ming*-Dynastie (1368–1644 n. Chr.). *Jiao-Jing Shan-Fang* (Steindruck der Bergstube zur Korrektur der Klassischen Schriften), 1913.

38. *Zhen-Jiu Da-Cheng.* Das große Werk der Akupunktur und Moxibustion. Auch genannt: *Zhen-Jiu Da-Quan.* Das große und vollständige Werk der Akupunktur und Moxibustion. 10 Faszikel. Verfaßt von *Yang Ji-Zhou (Ji-Shi)* (1522–1620 n. Chr.) in der *Ming*-Dynastie (1368–1644 n. Chr.), 1601 n. Chr. herausgegeben. Enthalten in: *Zhong-Guo Yi-Xue Da-Cheng* (Das große Werk der chinesischen Heilkunde). *Shang-Hai Da-Dong Shu-Ju* (Shanghaier Buchladen des großen Ostens), Shanghai 1936–1937. Neuerdings: *Ren-Min Wei-Sheng Chu-Ban-She* (Verlag der Volkshygiene), Peking 1973.

39. *Zhen-Fang Liu-Ji.* Die sechs Sammlungen von Akupunkturrezepturen. Von *Wu-Kun* (1551–1620 n. Chr.) in der *Min*-Dynastie (1368–1644 n. Chr.) verfaßt.

40. *Mi-Zhuan Chang-Shan Yang Jing-Zhai Zhen-Jiu Quan-Shu.* Das geheim überlieferte vollständige Buch der Akupunktur und Moxibustion von *Yang Jing-Zhai* aus *Chang-Shan.* 2 Faszikel. Verfaßt von *Zhen Yen.* Verglichen und berichtigt vom kaiserlichen Arzt *Zhang Ying-Shi,* unterstützt bei der Niederschrift von *Qu Yang-Wei.* Herausgegeben im Bücherwald von *Yü Bi-Quan* 1591 in der *Ming*-Dynastie (1368–1644 n. Chr.). Neuauflage der alten unveränderten Ausgabe: *Shang-Hai Wei-Sheng Chu-Ban-She* (Shanghaier Hygiene-Verlag), Shanghai 1957.

41. *Wen-Re Jing-Wei.* Kreuz und quer durch die Wärme-Hitze-Infektionskrankheiten. 5 Faszikel. Verfaßt von *Wang Shi-Xiong (Meng-Ying)* 1852 n. Chr. (1808–1866 n. Chr.) in der *Qing*-Dynastie (1644–1911 n. Chr.). Enthalten in: *Wu-Wang-Er-Wen He-Ke.* (Werke über Wärme-Hitze-Infektionskrankheiten von *Wu* und *Wang* zusammen herausgegeben) in 4 Faszikeln. Steindruck des *Wen-Lai-Shu-Ju* (Buchladen, der von der Literatur kommt), China 1903.

42. *Shen-Jiu-Jing-Lin.* Die Abhandlung über den Klassiker der göttlichen Moxibustion. Verfaßt von *Wu Yan-Cheng* in der *Qing*-Dynastie (1644–1911 n. Chr.).

43. *Zhen-Jiu Ji-Cheng.* Gesammeltes Werk der Akupunktur und Moxibustion. Verfaßt von *Liao Run-Hong* in der *Qing*-Dynastie (1644–1911 n. Chr.).

44. *Jing-Mai Tu-Kao.* Prüfung der Meridiangefäße mit Bildern. Verfaßt von *Zhen Hui-Chou* in der *Qing*-Dynastie (1644–1911 n. Chr.).

45. *Yi-Zong Jin-Jian Ci-Jiu Xin-Fa.* Die Essenz der Methode des Stechens und Brennens im goldenen Spiegel der Heilkunst. Enthalten in: *Yi-Zong Jin-Jian.* Der goldene Spiegel der Heilkunst. 90 Faszikel. 6 Bde. Eine Sammlung des gesamten Wissens der chinesischen Heilkunde, zusammengestellt auf Anordnung des Kaisers *Qian-Long* (Regierungszeit 1736–1796 n. Chr.) von *Wu Qian* u. a. Neu herausgegeben in Hongkong 1974. Faszikel Nr. 79–86.

46. *Xun-Jing Kao-Xue Bian.* Zusammenstellung der Prüfung der Akupunkturpunkte nach dem Meridianverlauf. *Ming*-Dynastie (1368–1644 n. Chr.). Verfasser unbekannt. *Shang-Hai Ke-Xue Ji-Shu Chu-Ban-She* (Shanghaier Verlag für Wissenschaft und Technik), Shanghai 1961.

47. *Zhen-Jiu Jing-Xue Tu-Kao.* Prüfung der Akupunkturpunkte und Meridiane des Stechens und Brennens, mit Bildern. Von *Huang Zhu-Zhai* verfaßt. *Ren-Min Wei-Sheng Chu-Ban-She* (Verlag der Volkshygiene), Peking 1957.

48. *Xin-Zhen-Jiu-Xue.* Neues Lehrbuch der Akupunktur und Moxibustion. Verfaßt von *Zhu Lian. Ren-Min Wei-Sheng Chu-Ban-She* (Verlag der Volkshygiene), Peking 1956.

49. *Zhong-Guo Zhen-Jiu-Xue.* Lehrbuch der chinesischen Akupunktur und Moxibustion. Verfaßt und zusammengestellt von *Cheng Dan-An. Ren-Min Wei-Sheng Chu-Ban-She* (Verlag der Volkshygiene), Peking 1957.

50. *Zhen-Jiu-Xue.* Lehrbuch der Akupunktur und Moxibustion. Akademie für chinesische Heilkunde der Provinz Jiangsu. *Shang-Hai Ren-Min Chu-Ban-She* (Shanghaier Volksverlag), Shanghai 1964.

51. *Zhong-Yi Xue-Yuan Ge-Ke Shi-Yong Jiao-Cai.* Probelehrmaterial aller Fachgebiete der Akademie für chinesische Medizin. Neu durchgesehene Ausgabe. Akademie für chinesische Heilkunde Peking. u. a.

52. *Zhen-Jiu Jing-Wai Ji-Xue Tu-Pu.* Illustriertes Register der besonderen Akupunkturpunkte außerhalb der Meridiane der Akupunktur und Moxibustion. Verfaßt von *Hao Jin-Kai.*

53. *Zhen-Jiu-Xue Shou-Ce.* Handbuch der Akupunktur und Moxibustion. Verfaßt von *Wang Xue-Tai.*

54. *Zhen-Jiu Lin-Chuang Qu-Xue Tu-Jie.* Erklärungen und Bilder zur klinischen Punktwahl der Akupunktur und Moxibustion. Zusammengestellt von der Akademie für chinesische Heilkunde Peking. *Ren-Min Wei-Sheng Chu-Ban-She* (Verlag der Volkshygiene), Peking 1970.

55. *'Tao-Zhen Liao-Fa.* Das Heilverfahren mit Porzellan-Nadeln. Verfaßt von *Tan Bao-Lin.*

56. *Mang-Zhen Liao-Fa.* Das Heilverfahren mit Halm-Nadeln. Verfaßt von der Krankenuntersuchungsabteilung für Akupunktur und Moxibustion der Stadt Peking.

57. *Ba-Guan Liao-Fa.* Das Heilverfahren mit Schröpfköpfen. Verfaßt von *Hou Kang-Guo* und *Zhan Yong-Zeng.*

58. *Qi-Xing-Zhen Liao-Fa.* Das Heilverfahren mit den Sieben-Sterne-Nadeln (Pflaumenblüten-Nadeln). Verfaßt von *Wu Yi-Qing.*

59. *Shi-Yong Nei-Ke-Xue.* Praktische innere Heilkunde. Erste Akademie der Heilkunde (bzw. Erste medizinische Fakultät) von Shanghai.

60. *Nung-Cun Yi-Sheng Shou-Ce.* Handbuch für den Landarzt. Akademie der Heilkunde Hubei.

61. *Kuai-Su Zhen-Ci Liao-Fa.* Schnelles Heilverfahren durch Stechen mit Nadeln, Shenyang Krankenhaus der Luftwaffe der chinesischen Volksbefreiungsarmee.

62. *Chang-Yong Xin-Yi-Liao-Fa Shou-Ce.* Handbuch der häufig verwendeten neuen Heilverfahren. Gesundheitsabteilung der Etappenabteilung des Militärbezirks Guangzhou (Canton).

63. *Xin-Yi-Liao-Fa Shou Ce.* Handbuch der neuen Heilverfahren. Gesundheitsabteilung der Etappenabteilung der Truppeneinheit Shenyang.
64. *Yi-Xue Wei-Sheng Pu-Ji Quan-Shu.* Die vollständigen Bücher der Volksausgabe der Hygiene und Heilkunde. Alle Fachgebiete. Erste Akademie der Heilkunde von Shanghai.
65. *Nei-Ke Shou-Ce.* Handbuch der inneren Heilkunde. Zweite Akademie der Heilkunde von Shanghai.
66. *Zhen-Jiu Xue-Wei Gua-Tu*[2]. Wandtafeln der Topographie der Akupunkturpunkte der Akupunktur und Moxibustion. Zusammengestellt von der Gesundheitsabteilung der Etappenabteilung der Truppeneinheit Guangzhou. Gemalt vom Revolutionskomitee der Akademie der Künste, Guangzhou. Verlag der Volkshygiene 1971.
67. *Chang-Jian-Bing Zhong-Yi Lin-Chuang Shou-Ce.* Klinisches Handbuch der chinesischen Heilkunde über häufig auftretende Krankheiten. Zusammengestellt vom ersten der Akademie für neue Heilkunde Jiangsu angeschlossenen Krankenhaus. *Ren-Min Wei-Sheng Chu-Ban-She* (Volksverlag der Hygiene), Peking 1973.
68. *Er-Zhen Liao-Fa.* Heilverfahren der Ohrakupunktur. Tierforschungsinstitut der Akademie für chinesische Wissenschaften, Shanghai. Commercial Press, Hongkong 1974.
69. *Zhong-Xi-Yi Jie-He Zhi-Liao Ji-Fu-Zheng.* Kombinierte chinesisch-westliche Behandlung akuter Baucherkrankungen. *Nan-Kai* Krankenhaus der Stadt Tianjin.
70. *Xiao-Er Ma-Bi-Zheng Hou-Yi-Zheng Xue-Wei-Ci-Ji Jie-Za-Liao-Fa.* Die Methode des Schnürverfahrens und der starken Stimulation der Akupunkturpunkte bei Spätfolgen der Kinderlähmung. Krankenhaus Nr. 208 der chinesischen Volksbefreiungsarmee.
71. *Shang-Hai Zhong-Yi-Xue-Yuan Ge-Ke Shi-Yong Jiao-Cai.* Probelehrmaterial aller Fachgebiete aus der Akademie für traditionelle chinesische Medizin Shanghai.
72. Zeitschriften über chinesische Heilkunde sowie alle periodisch veröffentlichten Zeitschriften der neuen Heilkunde und Medizin aus der Volksrepublik China.

Weitere wichtige chinesische Quellenwerke

1. *Huang-Di Su-Wen Zhi-Jie.* Die grundlegenden Fragen des inneren Klassikers des gelben Kaisers geradewegs erklärt. 9 Faszikel. Von *Gao Shi-Zong* verfaßt in der *Qing*-Dynastie. (1644–1911 n. Chr.) und mit Anmerkungen von *Yu-Tian-Xing. Ke-Xue Ji-Shu Wen-Xian Chu-Ban-She* (Verlag der Archive der Wissenschaft und Technik), Peking 1980.
2. *Su-Wen Ling-Shu Lei-Zuan Yue-Zhu.* Kurzer nach Kategorien zusammengestellter Kommentar der grundlegenden Fragen und der Essenz des Geistes (des inneren Klassikers des gelben Kaisers). 3 Faszikel. Zusammengestellt und kommentiert von *Wang Ang (Ren-An)* (1615–? n. Chr.) in der *Qing*-Dynastie (1644–1911 n. Chr.). Neu durchgesehen von *Xie Guan (Li-Heng)* (1879–1950). *Jin-Zang Shu-Ju Xin-Zhu-Shi* (Goldschatz-Buchladen) *Xin-Zhu-Shi.* Taiwan 1975.
3. *Nei-Jing Zhi-Yao.* Das wesentliche Wissen des *Nei-Jing* (Innerer Klassiker des gelben Kaisers), 2 Faszikeln. Zusammengestellt und kommentiert von *Li-Nian-E* (17. Jh. n. Chr.) in

[2] Deutsche Ausgabe in: Claus C. Schnorrenberger. Die topographisch-anatomischen Grundlagen der chinesischen Akupunktur. 3 Wandkarten mit Begleittext, 4. Aufl., Stuttgart 1985.

der *Ming*-Dynastie (1368–1644 n. Chr.). Ergänzend kommentiert von *Xie Xue (Sheng-Bao)* (1681–1770 n. Chr.) in der *Qing*-Dynastie (1644–1911 n. Chr.). Neu durchgesehen von *Xie Guan (Li-Heng)* (1879–1950). Shanghai Commercial Press, Shanghai 1955.

4. *Nei-Jing Gang-Yao.* Abriß des inneren Klassikers des gelben Kaisers. Vom Dozentenverband für das Studium chinesischer Heilkunde aus der Sicht der westlichen Medizin der Provinz Jiangsu und von der Abteilung zur Forschung und Lehre des Inneren Klassikers der Akademie für chinesische Heilkunde Nanüng herausgegeben. *Ren-Min Wei-Sheng Chu-Ban-She* (Verlag der Volkshygiene), Peking 1959.

5. *Shi-Shi Nei-Jing Xue.* Das Studium des Nei-Jing des Herrn *Shi.* Zusammengestellt und verfaßt von *Shi Yi-Ren. Xing-Lin Shu-She Hongkong,* ohne Datum.

6. *Nei-Jing Cuo-Yao Xin-Shi.* Auszug aus dem *Nei-Jing* neu erklärt. 6 Faszikel. Verfaßt von *Sen Dao Xuan-Sheng. Wan-Ye* Verlag, Hongkong, nicht datiert.

7. *Nei-Jing-Shi-Yi.*
Fu-Bian Yi-Jing Xuan-Du.
Erklärung des inneren Klassikers des gelben Kaisers. Im Anhang eine Zusammenstellung. Ausgewählte Lesetexte aus den klassischen Schriften der Heilkunde. In der Hauptsache zusammengestellt von der Pekinger Akademie für chinesische Medizin. *Shang-Hai Ren-Min Chu-Ban-She* (Shanghaier Volksverlag), Shanghai 1972.

8. *Nei-Jing Xuan-Du.* Ausgewählte Lesestücke aus dem inneren Klassiker des gelben Kaisers. In der Hauptsache von der Pekinger Akademie für chinesische Heilkunde zusammengestellt. *Shang-Hai Ke-Xue Ji-Shu Chu-Ban-She* (Shanghaier Verlag für Wissenschaft und Technik), Shanghai 1978.

9. *Nei-Nan-Jing Xuan-Shi.* Auswahl aus dem *Nei-Jing* und dem *Nan-Jing* erklärt von *Yan Hong-Zhen, Gao Guang-Zhen. Ji-Lin Ren-Min Chu-Ban-She (Ji-Lin* Volksverlag) Chang-Chun 1979.

10. *Nei-Jing Zhen-Jiu Lei-Fang Yu-Shi.* In Umgangssprache erklärte Akupunktur- und Moxarezepturen, in Gruppen nach Krankheitsarten geordnet, aus dem inneren Klassiker des gelben Kaisers. In der Hauptsache von *Zhang Shan-Chen* zusammengestellt. *Shan-Dong Ke-Xue Ji-Shu Chu-Ban-She* (Shandong Verlag für Wissenschaft und Technik), Ji-Nan (Tsinan) 1980.

11. *Nan-Jing Yi-Shi.* Der Klassiker der Schwierigkeiten übersetzt und erklärt. Zusammengestellt von der Abteilung zur Forschung und Lehre der Klassiker der Heilkunde. *Yi-Lin Shu-Ju* (Academy Press Co.), Hongkong/Kowloon, ohne Datum.

12. *Jiao-Zheng Tu-Zhu Nan-Jing.*
Jiao-Zheng Bin-Hu Mai-Xue.
Jiao-Zheng Ji-Jing Ba-Mai-Kao.
Jiao-Zheng Tu-Zhu Mai-Jue, Mai-Jue Fu-Fang.
Der Klassiker der Schwierigkeiten kommentiert und bebildert. Verglichen und berichtigt. 4 Faszikel. Die Pulslehre vom *Bin*-See. Verglichen und berichtigt. 1 Faszikel. Prüfung der acht außergewöhnlichen Meridiangefäße. Verglichen und berichtigt. 1 Faszikel. Die Merkverse über den Puls kommentiert und bebildert. Verglichen und berichtigt. 4 Faszikel. Mit einem Anhang von Rezepturen. 2 Bde. Kommentiert von *Chang Shi Xian (Tian-Cheng)* in der *Ming*-Dynastie (1368–1644 n. Chr.). *Xiang-Gang Yung-Jing-Tang Shu-Ju.* Der Hongkong-Buchladen der Halle der ewigen Klassischen Schriften, Hongkong 1936.

13. *Zhu-Jie Shang-Han-Lun.* Abhandlung über die fieberhaften Infektionskrankheiten, kommentiert und erläutert. 10 Faszikel. Verfaßt von *Zhang Ji (Zhong-Jing)* aus *Nan-Yang* in der Provinz *Henan* (142–220 n. Chr.) in der späteren *Han-Dynastie* (25–221 n. Chr.). Angeordnet von *Wang Shu-He* (210–285 n. Chr.) in der *Jin*-Dynastie (265–420 n. Chr.). Kommentiert von *Cheng Wu-Ji* aus *Liao She* in der Provinz *Shandong* in der *Song*-Dynastie (960–1279 n. Chr.). Verglichen von *Wang Ji-Zhuan* in der *Ming*-Dynastie (1368–1644 n. Chr.). *Yi-Yao Wei-Sheng Chu-Ban-She Xiang-Gang* (Arzneihygieneverlag), Hongkong 1976.

14. *Zhang Qing-Zi Shang-Han-Lun.*
Fu Shang-Han Ming-Li Lun.
Abhandlungen über die fieberhaften Infektionskrankheiten von *Zhang Qing-Zi* kommentiert. Im Anhang Abhandlung zum Verständnis der Prinzipien der Abhandlung über die Fieberinfektionskrankheiten. 3 Faszikel. Das erstere Werk ursprünglich von *Zhang Ji (Zhong-Jing)* (144–220 n. Chr.) aus *Nan-Yang* in der *Henan*-Provinz in der späteren *Han*-Dynastie (25–221 n. Chr.) verfaßt. Von *Wang Shu-He* (210–285 n. Chr.) aus *Gao-Bing,* Provinz *Shanxi,* in der *Jin*-Dynastie (265–420 n. Chr.) angeordnet. Von *Cheng Wu-Ji* aus *Liao-She* in der Provinz *Shandong* in der *Song*-Dynastie (960–1279 n. Chr.) kommentiert und erklärt. Von *Zhang Qing-Zi* (1589–1668 n. Chr.) aus *Qian-Tang* in der Provinz *Zhejiang* in der *Qing*-Dynastie (1644–1911 n. Chr.) verglichen und herausgegeben. Von *Cao Bing-Zhang* ebenso aus der *Qing*-Dynastie (s. o.) interpunktiert. Das letztere Werk im Anhang ist verfaßt und dargelegt von *Cheng Wu-Ji* aus *Liao-She* in der *Song*-Dynastie (960–1279 n. Chr.). Verglichen und geprüft von *Wu Mian-Xue* aus *Xin-An* in der *Ming*-Dynastie (1368–1644 n. Chr.), mit Interpunktion versehen von *Cao Bing-Zhang. Xiang-Gang Hong-Ye Shu-Ju,* Hongkong, Nachdruck nicht datiert.

15. *Shang-Han-Lai-Su-Ji.* Eine Sammlung von Abhandlungen zur Abhandlung über die fieberhaften Infektionskrankheiten. Dieses Werk besteht aus drei Teilen.
Shang-Han Lun-Zhu. Die Abhandlung der fieberhaften Infektionskrankheiten kommentiert, in 4 Faszikeln.
Shang-Han Lun-Yi. Die Flügel der Abhandlung der fieberhaften Infektionskrankheiten. 2 Faszikel.
Shang-Han Fu-Yi. Die angefügten Flügel zur Abhandlung der fieberhaften Infektionskrankheiten. 2 Faszikel.
Verfaßt und zusammengestellt von *Ke Qin (Yun-Bo)* aus *Ci-Qi* in der Provinz *Zhejiang, Qing*-Dynastie (1644–1911 n. Chr.). Verglichen und durchgesehen von *Ma Zhong-Hua (Xiang-Bei)* aus *Kun-Shan, Qing*-Dynastie (s. o.). *Shang-Hai Ke-Xue Ji-Shu Chu-Ban-She* (Shanghaier Verlag für Wissenschaft und Technik), Shanghai 1978.

16. *Shang-Han-Lun Qian-Zhu.* Die Abhandlung über die fieberhaften Infektionskrankheiten einfach kommentiert. 6 Faszikel. Gesammelte Kommentare von *Zhen Nian-Zu (Xiu-Yuan)* (1752–1823 n. Chr.) aus *Chang-Luo* in der Provinz *Fujian* in der *Qing*-Dynastie (1644–1911 n. Chr.) *Zhong-Guo Yi-Xue Shu-Ju* (Buchladen für chinesische Heilkunde), ohne Datum.

17. *Shang-Han Guan-Zhu Ji.* Sammlung der aneinandergereihten Perlen der Abhandlung über die fieberhaften Infektionskrankheiten. 8 Faszikel. Kommentiert von *You Yi (Zai-Jing)* (?–1749 n. Chr.) vom Berg wo man die Kraniche füttert, in der *Qing*-Dynastie (1644–1911 n. Chr.). *Shang-Hai Ke-Xue Ji-Shu Chu-Ban-She* (Shanghaier Verlag für Wissenschaft und Technik), Shanghai 1978.

18. *Shang-Han Liu-Jing Bian-Zheng Zhi-Fa.* Die Heilsmethode des Unterscheidens der Symptome der sechs Meridiane der Abhandlung über die fieberhaften Infektionskrankheiten. Zusammengestellt und kommentiert von *Chen Ming-Zong (Mu-Nan)* in der *Qing*-Dynastie (1644–1911 n. Chr.) *Wen-Guang Tu-Shu You-Xian Gong-Si* (Bücher und Bilder des Lichtglanzes der Kultur GmbH.) Taibei, Taiwan 1978.

19. *Shang-Han-Lun Jiang-Yi.* Die Abhandlung über die fieberhaften Infektionskrankheiten erklärt. In der Hauptsache von der Akademie für chinesische Heilkunde *Cheng-Du* zusammengestellt. *Yi-Yao Wei-Sheng Chu-Ban-She* (Arzneihygiene-Verlag), Hongkong 1973.

20. *Ding-Zheng Zhong-Jing Quan-Shu.*
Shang-Han-Lun Zhu.
Jin-Gui Yao-Lue Zhu.
Gesamtes Buch des *(Zhang) Zhong-Jing,* redigiert in 17 Faszikeln. Teil I: Die Abhandlungen über die Fieberinfektionskrankheiten, kommentiert. Teil II: Das Wichtige des Goldenen Schreines kurzgefaßt kommentiert. In 2 Bänden (Bd. I und II). Zusammengestellt von *Wu Qian* u. a. in der *Qing*-Dynastie (1644–1911 n. Chr.)
Enthalten in: *Yi-Zong Jin-Jian.* Der goldene Spiegel der Heilkunst. 90 Faszikel. 6 Bde. Eine Sammlung des gesamten Wissens der chinesischen Heilkunde, zusammengestellt auf Anordnung des Kaisers *Qiang-Long* (Regierungszeit 1736–1796 n. Chr.) von *Wu Qian* u. a. Herausgegeben 1742. *Ren-Min Wei-Sheng Chu-Ban-She* (Verlag der Volkshygiene), Peking 1979, 6 Bde.

21. *Shang-Han Jin-Gui Qian-Shi.* Die Abhandlungen über die fieberhaften Infektionskrankheiten und die Abhandlung der Rezepturen des Goldenen Schreines einfach erklärt. Von *Ou Yang-Qi. Xiang-Gang Hong-Ye Shu-Ju.* Hongkong Nachdruck 1980.

22. *Jin-Gui Yao-Lüe Yu-Yi.* Das Wichtige des Goldenen Schreines kurzgefaßt, in Umgangssprache übersetzt. Zusammengestellt von der Akademie zur Erforschung der chinesischen Heilkunde. *Ren-Min Wei-Sheng Chu-Ban-She* (Verlag der Volkshygiene), Peking 1974.

23. *Jin-Gui Yao-Lüe Jiang-Yi.* Das Wichtige des Goldenen Schreines kurzgefaßt, erklärt. In der Hauptsache zusammengestellt von der Akademie für chinesische Heilkunde Hubei. *Yi-Yao Wei-Sheng Chu-Ban-She* (Arzneihygieneverlag), Hongkong 1973.

24. *Jin-Gui Yu-Han-Jing Er Zhu.* Zwei Kommentare zur klassischen Schrift des Jadebehälters des Goldenen Schreines. 22 Faszikel. Herausarbeitung der Bedeutung durch *Zhao Liang (Yi-De)* in der *Ming*-Dynastie (1368–1644 n. Chr.). Ergänzend kommentiert von *Zhou Yang-Jun* in der *Qing*-Dynastie (1644–1911 n. Chr.). Shanghai Commercial Press, Hongkong 1971.

25. *Jin-Gui Yao-Lüe Qian-Zhu.* Das Wichtige des Goldenen Schreines kurzgefaßt mit einfachem Kommentar. 10 Faszikel. Originaltext von *Zhang Ji (Zhong-Jing)* aus *Nan-Yang* in der Provinz *Henan* (142–110 n. Chr.), spätere *Han*-Dynastie (25–221 n. Chr.). Gesammelte Kommentare von *Zhen Nian-Zu (Xiu-Yuan)* (1752–1823 n. Chr.) aus *Chang-Luo* in der Provinz *Fujian* in der *Qing*-Dynastie (1644–1911 n. Chr.). *Tai-Ping Shu-Ju,* Hongkong 1975.

26. *Jin-Gui Yao-Lüe Xin-Dian.* Das Kernbuch des Wichtigen des Goldenen Schreines kurzgefaßt, in 3 Faszikeln. Zusammengestellt und kommentiert von *You Yi (Zai-Jing)* (?–1749 n. Chr.) in der *Qing*-Dynastie (1644–1911 n. Chr.). Verglichen und kommentiert von der Shanghaier Akademie für Chinesische Heilkunde und der Abteilung zur Forschung und

Lehre der Grundlagentheorie der chinesischen Heilkunde. *Shang-Hai Ren-Min Chu-Ban-She* (Shanghaier Volksverlag), Shanghai 1975.

27. *Jin-Gui Yi.* Die Flügel des Goldenen Schreines. 8 Faszikel, 4 Bde. Gesammelt von *You Yi (Zai-Jing)* (?–1749 n. Chr.) vom Berg wo man die Kraniche füttert, in der *Qing*-Dynastie (1644–1911 n. Chr.). Durch Herrn *Xu Nan (Jin-Bing)* aus *Chang-Zhou* zur Korrektur gelesen. Shang-Hai Wen-Jui-Lou. Haus der Glücksverheißung der Literatur in Shanghai.

28. *Gao-Zhu Jiu-Gui Yao-Lüe.* Das Wichtige des Goldenen Schreines kurzgefaßt, kommentiert von *Gao.* Kommentiert von *Gao Xue-Shan* in der *Qing*-Dynastie (1644–1911 n. Chr.). *Shang-Hai Ke-Xue Ji-Shu Chu-Ban-She* (Shanghaier Verlag für Wissenschaft und Technik), Shanghai 1959.

29. *Jiu-Gui Yao-Lüe Shi-Yi.* Erklärung des Wichtigen des Goldenen Schreines kurzgefaßt. Verfaßt und zusammengestellt von *Huang Shu-Zeng. Ren-Min Wei-Sheng Chu-Ban-She* (Verlag der Volkshygiene), Peking 1963.

30. *Zhen-Jiu Su-Nan Yao-Zhi.* Das Wesentliche der Akupunktur und Moxibustion in den grundlegenden Fragen (des inneren Klassikers des gelben Kaisers) und im Klassiker der Schwierigkeiten.
Auch genannt: *Zhen-Jiu Jie-Yao.* Das Wesentliche der Akupunktur und Moxibustion in kurzer Form. Verfaßt von *Gao Wu (Mei-Gu)* in der *Ming*-Dynastie (1368–1644 n. Chr.). Enthalten in: *Zhong-Xi Yi-Xue Qun-Shu Guo-Cui* (Die Büchergruppe des Hervorragenden der Nation der chinesischen und westlichen Heilkunde), Steindruck der *Shang-Ye Tu-Shu-Guan* (Handelsbibliothek), China 1908. Neuerdings auch erschienen in: *Xiang-Gang Guang-Zhi Shu-Ju* (Buchladen der Umfassenden Weisheit), Hongkong, nicht datiert.

Guter Rat ist nicht teuer

Nachschlagewerke
und
Ratgeber
bei area

Synonymwörterbuch

ISBN-3-89996-490-X

Fremdwörterlexikon

ISBN-3-89996-101-3

ISBN-3-89996-410-1